增訂漢魏叢書

漢魏遺書鈔

第三册

高士傳序

孔子稱舉逸民天下之民歸心焉洪崖先生創高道於上皇之代許由善卷不降節於唐虞之朝是以易有束帛之義禮有元纁之制詩人發白駒之歌春秋顯子臧之節明堂月令以季春聘名士禮賢者然則高讓之士王政所先厲濁激貪之務也史班之載多所闕畧梁鴻頌逸民蘇順科高士或錄屈節雜而不純又近取秦漢不及遠古夫思其人猶愛其樹况稱其德而贊其事哉謐采古今八代之士身不屈於王

公名不耗於終始自堯至魏凡九十餘人雖執節若夷齊去就若兩龔皆不錄也皇甫謐撰

高士傳目錄

卷上

卷中

聘順欲以爲師順因使謝囂曰禮有來學義無往教
卽欲相師但入深山來囂聞叟然不致强屈其後囂
等諸姓皆滅唯順山棲安然以貧潔自終焉

鄭樸

鄭樸字子眞谷口人也修道靜默世服其淸高成帝
時元舅大將軍王鳳以禮聘之遂不屈揚雄盛稱其
德曰谷口鄭子眞耕于巖石之下名振京師馮翊人
刻石祠之至今不絕

李宏

李宏字仲元蜀人也居成都里中化之班白不負擔
男女不錯行宏嘗被召爲縣令鄉人共送之元無心
就行因共酣飲月餘不去刺史使人喻之仲元遂遊
犇不之官惟揚雄重之曰不夷不惠居于可否之間

向長

向長字子平河內朝歌人也隱居不仕性尚中和好
通老易貧無資食好事者更饋焉受之取足而反其
餘王莽大司空王邑辟之連年乃至欲薦之於莽固
辭乃止潛隱於家讀易至損益卦喟然歎曰吾已知
富不如貧貴不如賤但未知死何如生耳建武中男
女嫁娶旣畢敕斷家事勿相關當如我死也於是遂
肆意與同好北海禽慶俱遊五嶽名山竟不知所終

閔貢

閔貢字仲叔太原人也世稱節士雖周黨之潔淸自
以弗及也黨見仲叔食無菜遺以生蒜仲叔曰我欲
省煩耳今更作煩邪受而不食建武中應司徒侯霸
之辟旣至霸不及政事徒勞苦而已仲叔恨曰以仲
叔爲不足問邪不當辟也辟而不問是失人也遂辭

出投檄而去復以博士徵不至客居安邑老病家貧
不能得肉日買猪肝一片屠者或不肯與其令聞敕
吏常給焉仲叔怪問知之乃歎曰閔仲叔豈以口腹
累安邑邪遂去客沛以壽終

高士傳卷中終

高士傳卷下

王霸

王霸字儒仲太原廣武人也少立清節及王莽篡位棄冠帶絕交宦建武中徵到尚書拜稱名不稱臣有司問其故霸曰天子有所不臣諸侯有所不友司徒侯霸讓位於霸故梁令閻陽毀之曰太原俗黨儒仲頗有其風遂止以病歸隱居守志茅屋蓬戶連徵不至以壽終

嚴光

嚴光字子陵會稽餘姚人也少有高名同光武遊學及帝即位光乃變易姓名隱逝不見帝思其賢乃物色求之後齊國上言有一男子披羊裘釣澤中帝疑光也乃遣安車元纁聘之三反而後至司徒霸與光素舊欲屈光到霸所語言遣使西曹屬侯子道奉書光不起於牀上箕踞抱膝發書讀訖問子道曰君房素癡今爲三公寧小差否子道曰位已極足不癡也光曰遣卿來何言子道傳霸言光曰卿言不癡是非癡語也天子徵我三乃來人主尚不見當見人臣乎子道求報光曰我手不能書乃口授之使者嫌少可更足光曰買菜乎求益也霸封奏其書帝笑曰狂奴故態也車駕即日幸其館光臥不起帝即臥所撫其腹曰咄咄子陵不可相助爲理邪光又眠不應良久乃張目而言曰昔唐堯著德巢父洗耳士故有志何至相迫乎帝曰子陵我竟不能下汝邪於是升輿歎息而去復引光入論道舊故相對累日因共偃臥除爲諫議大夫不屈乃耕於富春山後人名其釣處爲嚴陵瀨焉建武十七年復特徵不至年八十終於家

牛牢

牛牢字君直世祖爲布衣時與牢交游嘗夜共講說讖言云劉秀當爲天子世祖曰安知非我萬一果然各言爾志牢獨默然世祖問之牢曰丈夫立義不與帝友衆大笑及世祖即位徵牢稱疾不至詔曰朕幼交牛君真清高士也恒有疾州郡之官常先到家致意焉刺史郡守是以每輒奉詔就家存問牢恒披髮稱疾不答詔命

東海隱者

東海隱者不知何許人也漢故司直王良之友建武中良以清節徵用歷位至一年復還通友不肯見而讓之曰不有忠信奇謀而取大位自知無德曷爲致此而復遽去何往來屑屑不憚煩也遂距良終身不納論者高之

梁鴻

梁鴻字伯鸞扶風平陵人也遭亂世受業太學博覽不爲章句學畢乃牧豕上林苑中曾誤遺火延及他舍鴻乃尋訪燒者問其所去失悉以豕償之其主猶

爲少鴻又以身居作執勤不懈鄰家耆老見鴻非恒人乃共責讓主人而稱鴻長者於是始敬異焉悉還其豕鴻不受而去歸鄉里勢家慕其高節多欲女之鴻並絕不娶同縣孟氏有女狀醜擇對不嫁父母問其故女曰欲得賢如梁伯鸞者鴻聞而聘之及嫁始以裝飾入門七日而鴻不答妻乃下請鴻曰吾欲裘褐之人可與俱隱深山者爾今乃衣綺縞傅粉墨豈鴻所願哉妻曰以觀夫子之志耳妾自有隱居之服乃更爲椎髻著布衣操作而前鴻大喜曰此真梁鴻妻也能奉我矣字之曰德曜孟光居有頃乃共入霸陵山中以耕織爲業詠詩書彈琴以自娛仰慕前世高士而爲四皓以來二十四人作頌因東出關過京師作五噫之歌肅宗求鴻不得乃易姓運期名耀字侯光與妻子居齊魯之間有頃又去適吳居皐伯通廡下爲人賃舂每歸妻爲具食舉案齊眉伯通察而異之乃方舍之於家鴻潛閉著書十餘篇疾且告主人曰昔延陵季子葬於嬴博之間不歸鄉里慎勿令我子持喪歸去及卒伯通等爲求葬地於吳要離冢

傍

高恢

高恢字伯達京兆人也少治老子經恬虛不營世務與梁鴻善隱於華陰山中及鴻東游思恢作詩曰鳥嚶嚶兮友之期念高子兮僕懷思想念恢兮爰集茲二人遂不復相見恢亦高抗匿耀終身不仕焉

臺佟

臺佟字孝威魏郡鄴人也不仕隱武安山中峰鑿穴而居采藥自業建初中州辟不就魏郡刺史執棗栗

爲贊見佟語良久刺史曰孝威居身如此甚苦如何佟曰佟幸得保終正性存神養和不屏營於世事以勞其精除可欲之志恬淡自得不苦也如明使君綏撫牧養夕惕匪懈反不苦耶遂去隱遁終身不見

韓康

韓康字伯休京兆霸陵人也常遊名山采藥賣於長安市中口不二價者三十餘年時有女子買藥於康怒康守價乃曰公是韓伯休邪乃不二價乎康歎曰我欲避名今區區女子皆知有我何用藥爲遂遯入

霸陵山中博士公車連徵不至桓帝時乃備元纁安車以聘之使者奉詔造康康不得已乃佯許諾辭安車自乘柴車冒晨先發至亭亭長以韓徵君當過方發人牛修道橋及見康柴車幅巾以爲田叟也使奪其牛康即釋駕與之有頃使者至奪牛翁乃徵君也使者欲奏殺亭長康曰此自老子與之亭長何罪乃止康因中路逃遁以壽終

丘訢

丘訢字季春扶風人也少有大材自謂無伍傲世不與俗人爲羣郡守始召見曰明府欲臣訢邪友訢邪師訢邪明府所以尊寵人者極於功曹所以榮辱人者已於髡廉一極一已皆訢所不用也郡守異之遂不敢屈

矯慎

矯慎字仲彥扶風茂陵人也少慕松喬導引之術隱遯山谷與南郡太守馬融并州刺史蘇章鄉里並時然二人純遠不及慎也汝南吳蒼甚重之因遺書以覩其志曰蓋聞黃老之言乘虛入冥藏身遠遯亦有

理國養人施於爲政至如登山絕迹神不著其證人不覩其驗吾從先生欲其可者於意何如昔伊尹不懷道以待堯舜之君方今盛明四海開闢巢許無爲箕山夷齊悔入首陽足下審能騎龍弄鳳翔嬉雲間者亦非狐兔燕雀所敢謀也慎不答年七十餘竟不肯娶後忽歸家自言死日及期果卒後人有見慎於燉煌者故前世異之或云神仙焉慎同郡馬瑤隱於汧山以兔罝爲事所居俗化百姓美之號馬牧先生焉

任棠

任棠字季卿少有奇節以春秋教授隱身不仕龐參爲漢陽太守到先就家候焉棠不與言但以薤一本水一盂置戶屏前自抱孫兒伏于戶下主簿白以爲倨傲參思其爲意良久曰棠置一盂水者欲諭太守清也投一本薤者欲諭太守擊强宗也抱孫兒當戶者欲諭太守開門卹幼也終參去不言語徵不至及卒鄉人圖畫其形至今稱任徵君也

贄恂

贄恂字季直伯陵之十二世孫也明禮易遂治五經博通百家之言又善屬文詞論清美渭濱弟子扶風馬融沛國桓驎等自遠方至者十餘人既通古今而性復溫敏不恥下問故學者宗之嘗慕其先人之高遂隱於南山之陰初馬融如恂受業恂愛其才因以女妻之融後果爲大儒文魁當世以是服恂之知人永和中常博求名儒公卿薦恂行侔顏閔學擬仲舒文參長卿才同賈誼實瑚璉器也宜在宗廟爲國碩輔由是公車徵不詣大將軍竇武舉賢良不就清名顯於世以壽終三輔稱獎

法真

法真字高卿扶風郿人也學無常家博通內外圖典關西號爲大儒弟子自遠而負笈嘗數百人真性恬靜寡欲不涉人間事太守請見之真乃幅巾詣謁太守曰昔魯哀公雖爲不肖而仲尼稱臣太守虛薄欲以功曹相屈光贊本朝何如真曰以明府見待有禮故敢自同賓末若欲吏之真將在北山之北南山之南矣太守懼然不敢復言凡辟公府賢良皆不就同郡田羽薦真曰處士法真體兼四業學窮典奧幽居恬泊樂以忘憂將蹈老氏之高蹤不爲元纁屈也臣願聖明就加袞職必能唱清廟之歌致來儀之鳳矣會順帝西巡羽又薦之帝虛心欲致前後四徵真曰吾既不能遯形遠世豈飲洗耳之水哉遂深自隱絕終不降屈友人郭正稱之曰法真名可得聞身難得而見逃名而名我隨避名而名我追可謂百世之師者矣乃共刊石頌之號曰元德先生年八十九中平五年以壽終

漢濱老父

漢濱老父者不知何許人也桓帝延熹中幸竟陵過雲夢臨沔水百姓莫不觀者有老父獨耕不輟尚書郎南陽張溫異之使問曰人皆來觀老父獨不輟何也老父笑而不答溫下道百步自與言老父曰我野人也不達斯語請問天下亂而立天子邪理而立天子邪立天子以父天下邪役天下以奉天子邪昔聖王宰世茅茨采椽而萬人以寧今子之君勞人自縱逸遊無忌吾爲子羞之子何忍欲人觀之乎溫大慚

問其姓名不告而去

徐穉

徐穉字孺子豫章南昌人也少以經行高於南州桓帝時汝南陳蕃爲豫章太守因推薦穉於朝廷由是五舉孝廉賢良皆不就連辟公府不詣未嘗荅命公薨輒身自赴弔太守黃瓊亦嘗辟穉至瓊薨歸葬江夏穉既聞即負笈徒步豫章三千餘里至江夏瓊墓前致酹而哭之後公車三徵不就以壽終

夏馥

夏馥字子治陳留圉人也少爲諸生質直不苟動必依道同縣高儉及蔡氏凡二家豪富郡人畏事之唯馥閉門不與高蔡通桓帝即位災異數發詔百司舉直言之士各一人太尉趙戒舉馥不詣遂隱身久之靈帝即位中常侍曹節等專朝禁錮善士謂之黨人馥雖不交時官然聲名爲節等所憚遂與汝南范滂山陽張儉等數百人並爲節所誣悉在黨中詔下郡縣各捕以爲黨魁馥乃頓足而嘆曰孽自已作空汙良善一人逃死禍及萬家何以生爲乃自翦鬚變服

易形入林慮山中爲冶工客作形貌毀悴積傭三年而無知者後詔委放儉等皆出馥獨嘆曰已爲人所棄不宜復齒鄉里矣留賃作不歸家人求不知其處後人有識其聲者以告同郡止鄉太守濮陽潛使人以車迎馥馥自匿不肯潛車三返乃得馥

郭太

郭太字林宗太原人也少事父母以孝聞身長八尺餘家貧郡縣欲以爲吏歎曰丈夫何能執鞭斗筲哉乃辭母與同縣宗仲至京師從屈伯彥學春秋博洽

無不通又審於人物由是名著於陳梁之間步行遇雨巾一角墊衆人慕之皆故折巾角士爭往從之載策盈車凡太知之于無名之中六十餘人皆言後驗以母喪歸徐穉來弔以生芻一束頓太廬前而去太曰此必南州高士徐孺子也詩不云乎生芻一束其人如玉吾不堪此喻耳凡司徒辟大常舉有道皆不就以建寧二年卒于家

申屠蟠

申屠蟠字子龍陳留外黃人也少有名節同縣緱氏

女玉爲父報讎外黃令梁配欲論殺玉蟠時年十五爲諸生進諫曰玉之節義足以感無恥之孫激忿辱之子不遭明時尚當表旌廬墓況在清聽而不加哀矜配善其言乃爲讞得減死論鄉人稱之蟠父母卒哀毀思慕不飲酒食肉十餘年遂隱居學治京氏易嚴氏春秋小戴禮三業先通因博貫五經兼明圖緯學無常師始與濟陰王子居同在太學子居病困以身託蟠蟠卽步負其喪至濟陰遇司隸從事於河鞏之間從事義之爲符傳護送蟠蟠不肯投傳於地而

去事畢還家前後凡蒲車特徵皆不就年七十四以壽終

袁閎

袁閎字夏甫汝南人也築室于庭中閉門不見客旦暮于室中向母禮拜雖子往亦不得見也子亦向戶拜而去首不著巾身無單衣足著木屐母死不制服位公車兩徵不詣范滂美而稱之曰隱不違親貞不絕俗可謂至賢矣

姜肱

姜肱字伯淮彭城廣戚人也家世名族兄弟三人皆孝行著聞肱年最長與二弟仲海季江同被臥甚相親友及長各娶兄弟相愛不能相離肱習學五經兼明星緯弟子自遠方至者三千餘人聲重於時凡一舉孝廉十辟公府九舉有道至孝賢良公車三徵皆不就仲季亦不應徵辟建寧二年靈帝詔徵爲犍爲太守肱得詔乃告其友曰吾以虛獲實遂籍聲價盛明之世尚不委質況今政在私門哉乃隱身遯命乘船浮海使者追之不及再以元纁聘不就卽拜太中

大夫又逃不受詔名振于天下年七十七卒于家

管寧

管寧字幼安北海朱虛人也靈帝末以中國方亂乃與其友邴原涉海依遼東太守公孫度虛館禮之其後中國少安人多南歸唯寧不還黄初中華歆薦寧寧知公孫淵必亂乃因徵辭還以爲太中大夫固辭不就寧凡徵命十至輿服四賜常坐一木榻上積五十五年未嘗箕踞榻上當膝皆穿常着布裙貉裘唯祠先人乃著舊布單衣加首絮巾遼東郡國圖形於

府殿號爲賢者

鄭元

鄭元字康成北海高密人也八世祖崇漢尚書元少好學長八尺餘須眉美秀姿容甚偉習孝經論語兼通京氏公羊春秋三正歷九章筭術周官禮記左氏春秋大將軍何進辟元州郡迫脅不得已而詣進設机杖之禮以待元元以幅巾見進一宿而逃去公府前後十餘辟並不就

任安

任安字定祖少好學隱山不營名利時人稱安曰任孔子連辟不就建安中讀史記魯連傳歎曰性以潔白爲治情以得志爲樂性治情得體道而不憂彼棄我取與時而無爭遂終身不仕時人號爲任徵君云

龐公

龐公者南郡襄陽人也居峴山之南未嘗入城府夫妻相敬如賓荆州刺史劉表延請不能屈乃就候之曰夫保全一身孰若保全天下乎龐公笑曰鴻鵠巢於高林之上暮而得所栖黿鼉穴於深淵之下夕而

得所宿夫趣舍行止亦人之巢穴也且各得其栖宿而已天下非所保也因釋耕於壟上而妻子耘於前表指而問曰先生苦居畎畝而不肯官祿後世何以遺子孫乎龐公曰世人皆遺之以危今獨遺之以安雖所遺不同未爲無所遺也表歎息而去後遂携其妻子登鹿門山因采藥不反

姜岐

姜岐字子平漢陽上邽人也少失父獨與母兄居治書易春秋恬居守道名重西州延熹中沛國橋元爲

漢陽太守召岐欲以爲功曹岐稱病不就元怒敕督郵尹益收岐若不起者趣椓其母而後殺岐益爭之元怒益撾之益得杖且諫曰岐少修孝義栖遲衡廬鄉里歸仁名宣州里實無罪狀益敢以死守之元怒乃止岐於是高名逾廣其母死喪禮畢盡讓平水田與兄岑遂隱居以畜蜂豕爲事教授者滿于天下營業者三百餘人辟州從事不詣民從而居之者數千家後舉賢良公府辟以爲茂才爲蒲坂令皆不就以壽終于家

荀靖

荀靖字叔慈潁川人也少有儁才以孝著名兄弟八人號曰八龍闔門悌睦隱身修學動止合禮弟爽字慈明亦以才顯於當時或問汝南許章曰爽與靖孰賢章曰皆玉也慈明外朗叔慈内潤太尉辟不就及卒學士惜之誄靖者二十六人潁陰令丘貞追號靖曰元行先生潁川太守王懷亦謚曰昭定先生

胡昭

胡昭字孔明潁川人也始避地　州不應袁紹之命武帝亦辟昭昭自陳本志帝曰人各有志出處不同勉卒高尚義不相屈昭乃隱陸渾山中躬耕樂道以經籍自娛至嘉平初年八十九卒于家

焦先

焦先字孝然世莫知其所出也或言生漢末及魏受禪常結草爲廬於河之湄獨止其中冬夏袒不著衣臥不設席又無蓐以身親土其體垢汙皆如泥漆不行人間或數日一食行不由邪徑目不與女子逆視口未嘗言雖有警急不與人語後野火燒其廬先因

露寢遭冬雪大至先袒臥不移人以爲死就視如故後百餘歲卒

高士傳卷下終

蓮社高賢傳

晉　撰人闕　金谿江幼光校

慧遠法師

法師、諱慧遠、姓賈氏、鴈門樓煩人、幼而好學、年十三、隨舅令狐氏遊學許洛、博綜六經、尤善莊老、宿儒先進、莫不服其深致、二十一欲度江從學范甯、適石虎暴死、南路梗塞、有志不遂、時沙門釋道安、建剎於大行常山、一面盡敬、以爲真吾師也。初聞安師講般若經、豁然開悟、歎曰、九流異議。皆糠粃耳。遂與母弟慧

持投簪受業、精思諷誦、以夜續晝、因求直道場、沙門曇翼每給燈燭之費、安師聞之曰、道士誠知人、師神明英越、志與理冥。至二十四、大善講貫、有客聞說實相義、往復問難、彌增疑昧、師爲引莊子之說以相比類、惑者釋然、安師因許令不廢外典、常臨衆歎曰、使道流東國者、其在遠乎。後隨安師南遊襄陽、值秦將符丕爲寇、乃分張徒屬、各隨所往、耆德臨岐、皆蒙誨益、唯師不聞一言、即跪請曰、獨無訓勑、懼非人類、安師曰、如汝者復何所慮、師乃與弟子數十人、南適荆

州、居上明寺、念舊與同門慧永約結屋於羅浮、太元六年（晉孝武帝）至潯陽、見廬山閑曠、可以息心。乃立精舍。以去水猶遠。舉杖扣地曰、若此可居。當使朽壤抽泉。言畢、清流涌出、潯陽亢旱、師詣池側讀龍王經、忽有神蛇從池而出、須臾大雨、歲竟有秋、因名龍泉精舍、永師先居廬山西林、欲邀同止、而師學侶寖衆、永乃謝刺史桓伊曰、遠公方當宏道。而貧道所棲隘不可處、時師夢山神告曰、此山足可棲神。願毋往。其夕大雨雷震、詰旦林麓廣闢。素沙布地。楩柟文梓、充布地

上。不知所自至。伊大敬感、乃爲建剎、名其殿曰神運、以在永師舍東、故號東林。時太元十一年也、此山儀形九疊、峻聳天絕。而所居盡林壑之美。背負爐峰。旁帶瀑布清流環階。白雲生棟。（廬山記匡裕先生殷周之際受道於仙人即巖成館人稱神仙之廬因名廬山潯陽記山高三千三百六十丈周二百五十里其山九疊水亦九派郡國志登陟九層包藏仙游）別營禪室。最居靜深。凡在瞻履。神清氣肅。師聞天竺佛影、是佛昔化毒龍瑞迹、欣感於懷、後因邪舍律士敘述光相、乃背山臨流、營築龕室、淡采圖寫、望如烟霧、復製五銘刻於石、江州太守孟懷玉

別駕王喬之、常侍張野、晉安太守殷隱、黃門毛修之、主簿殷蔚、參軍王穆夜、孝廉范悅之、隱士宗炳等、咸賦銘贊。（見廬山集）先是尋陽陶侃刺廣州、漁人見海中有神光、網之得金像、文殊誌云、阿育王所造。後商人於海東獲一圓光、持以就象、若彌縫然。侃以送武昌寒溪主僧珍、常往夏口、夜夢寺火、而此像室獨有神護、馳還寺、果焚、像室果存。及侃移督江州、迎像將還、至舟而溺、荆楚爲之謠曰、陶惟劍雄、像以神標、雲翔泥宿、邈何遥遥。可以誠至、難以力招。及寺成、師至江上

虔禱之、像忽浮出、遂迎至神運殿、造重閣以奉之。因製文殊瑞像讚、嘗謂諸教三昧、其名甚衆、功高易進、念佛爲先、既而謹律息心之士、絶塵淸信之賓、不期而至者、慧永（同師安公先居西林）慧持（遠師同母弟）道生、曇順（並羅什門弟）僧叡、曇恒、道昞、曇詵、道敬（並遠師門人）佛馱耶舍（此云覺明罽賓國人）佛馱跋陀羅（此云覺賢迦維衛國人）名儒劉程之（號遺民）、張野、周續之、張詮、宗炳、雷次宗等、結社念佛、世號十八賢、復率衆至百二十三人、同修淨土之業、造西方三聖像、建齋立誓、令劉遺民著發願文、而王喬之等復爲念佛三昧詩、以見志、師神貌嚴肅、瞻仰者則心戰。沙門有持如意致獻者、不敢陳、自竊留座隅而去。法師慧義、强正少可、謂師弟子慧寶曰、諸君庸淺、故於遠公望風推服。常至山値師講法華、欲致難、𨻶內悸流汗出、謂慧寶曰、此公古貌誠可敬服。殷仲堪任荆州、入山展敬、與師俱臨北澗松下、共談易道、終日忘倦。仲堪歎曰、師智識深明、實難庶幾。師亦曰、君之才辨如此流泉。（後人名其處曰聰明泉）司徒王謐、護軍王默、並欽慕風德、遥致敬禮。（王謐有書往反）盧循據江州、入山詣師。師

少與循父嘏同爲書生、及見循、歡然道舊、其徒諫曰、循爲國寇、得不爲人疑、師曰、我佛法中情無取舍、識者自能察之。此何足懼。及宋武進討循、設帳桑尾、左右曰、遠公素主廬山、與循交厚。宋武曰、遠公世表之大、何可疑也。乃遣使馳書、遺以錢帛。有行者嘗來侍師、善驅蛇、蛇爲盡去、因號辟蛇行者。有一虎往來府見形迹、未嘗傷人、人號遊山虎。師與社衆每遊憩山上方峰頂、患去水遠、他日有虎跑其石、水爲之出、因號虎跑泉。又於一峰製涅槃疏、因名擲筆峰。初是大

敎流行江東、經卷未備、禪法無聞、律藏多闕、師乃令弟子法淨法領等、遠越葱嶺、曠歲來還、皆獲梵本、昔安公在關中、請曇摩難提出阿毘曇心、其人未善晉言、頗多凝滯、後僧伽提婆至、師即請重譯及三法度論、於是二論乃興、師即製序以貽學者、聞鳩摩羅什入關、遣書通好、什荅書曰、傳譯來貺。粗聞風德。經言末代東方有護法菩薩。欽哉仁者、善宏其道、曇摩流支入秦、師遣弟子曇邕請於關中、出十誦律、流傳晉國、西土諸僧、咸稱漢地有大乘開士、每東向致禮、獻心

廬岳、及佛馱跋陀羅至、師即請出禪數諸經、於是禪戒典出自廬山、幾至百卷、先是此土未有泥洹常住之說。但言壽命長遠。師曰、佛是至極、至極則無變、無變之理、豈有窮耶、乃著法性論十四篇、羅什見而歎曰、邊方未見經、便闇與理合、秦主欽風、以大智度論新譯、致書求序、師以其文繁廣、乃抄其要為二十卷而為之序、羅什譯智論凡百卷桓元征殷仲堪、要師出虎溪、稱疾不往、元將入山、左右曰、昔殷仲堪禮敬於遠、請公勿屈、元曰、仲堪死人耳、及元見師、不覺屈膝。所懷問

難不復敢發、及語至征討、師即不荅、元後以震主之威、勸令登仕、師止辭以荅、元不能強、既而欲沙汰衆僧、下教僚屬曰、沙門之徒有能申述經誥、禁修行整者、始可以宣寄大化。其有違于此者、悉當罷黜、唯廬山道德所居。不在搜簡之列、師因致書廣立條制、元悉從之、初庾冰輔政、以沙門應敬王者、何充奏不應禮、及元在姑熟、復申冰議、師荅書曰、袈裟非朝宗之服、鉢盂非廊廟之器、塵外之容、不應致敬王者、乃著沙門不敬王者論五篇、一明在家者有天屬之愛、奉

主之禮。二明出家以求志、變俗以達道、豈得與世典同其禮敬。三明求宗不順化。宗謂泥洹不變、其化盡為宅、泥洹即涅槃翻不生不滅不順化者、其生可滅、其神可冥、冥神絕境、謂之泥洹、而不隨順於生、生化化流動無窮之境、斯所以不事王侯。高尚其事、豈復有所禮敬者哉、四明體極不兼應、謂歷代君王體極之主、但務方內而不可并御於方外、故曰不兼應、天地之道盡於運化、帝王之德理極於順通、與夫獨絕之致、不變之宗、優劣明矣。若夫如來之道、則無所不應矣、五明形

盡神不滅謂火之傳於薪猶神之傳於形火之傳異薪猶神之傳異形方生方死往來無窮但悟徹者反本惑理者逐物耳有頃元簒位即下書曰佛法宏誕所未能了初推奉主之情故令與今事既在已宜進諫光諸道人勿復致禮也桓元西奔安帝自江陵還京師輔國何無忌勸師候迎師稱疾不行帝遣使勞問師上書謝病帝復下詔慇答師嘗講喪服經當是禮記小記大記四制等篇雷次宗宗炳等並執卷承旨次宗後著義疏首稱雷氏宗炳寄書責之曰昔與足下面受於釋

和尚今便稱雷氏邪陸德明毛詩音義云周續之與雷次宗同受詩義於遠法師亦此類也釋惠安患山中無刻漏乃于水上立十二葉芙蓉因波隨轉分定晝夜以為行道之節謂之蓮花漏僧徹善篇牘嘗至山南攀松而笑和風遠集衆鳥悲鳴超然有自得之趣退諮於師曰律禁管絃歌舞若一吟一笑可得為乎師曰苟以亂意皆為非法徹唯此而止師居山三十年迹不入俗唯以淨土克勤於念初十一年澄心繫想三覩聖相沉厚不言後十九年七月晦夕於般若臺之東龕方從定之見阿彌陀佛身滿虛空圓光之中有諸化佛觀音勢至左右侍立又見水流光明分十四支流注上下演說苦空無常無我之音佛告之曰我以本願力故來安慰汝汝後七日當生我國又見佛馱邪舍慧持義熙八年先逝劉遺民義熙六年先逝在佛之側乃揖師曰師志在先何來之晚師語法淨惠寶曰吾始居此十一年中三見佛相今復見之吾生淨土必矣又曰七日之期斯為漸矣即寢疾製遺誡曰吾昔以知命之年託業此山自審有必盡之期便欲絕迹外緣以求其志良由性弱於斷

遂令同趣相引時賢過眷情以類感不覺形與運頹今年已八十三矣仰尋違離之誨俯慨自負之心徒令此生虛謝以悼往疾之深令於至時露骸松林之下即嶺為墳與土木同狀此乃古人之禮汝等勿違苟神理不昧庶達其誠大哀世尊亦當祐之以道門徒號慟若喪父母師以世情難割乃制七日展哀至期始順寂即義熙十二年八月六日也弟子不忍露屍與尋陽太守阮保奉全軀來葬於西嶺累石為塔謝靈運立碑以銘遺德張野作序自稱門人宗炳復

立碑於寺門以表德業師將終耆德請以豉酒治病師曰律無通文請飲米汁師曰日過中矣又請飲蜜和水乃令披律尋文卷未半而終所著經論諸序銘贊詩記凡十卷號廬山集（刻梓在紹興府庫）自佛圖澄道安師遠法師禁順僧叡五世爲國師云唐宣宗大中二年追謚辨覺大師昇元三年追謚正覺（南唐李先主年號晉高祖皇帝天福四年也）大宋太宗太平興國三年追謚圓悟大師凝寂之塔

慧永法師

西林法師慧永河内潘氏年十二出家事沙門竺曇現初集禪於恒山與遠師同依安法師期結宇羅浮及遠師爲安公所留師乃欲先度五嶺太元初至尋陽刺史陶範素挹道風乃留築廬山舍宅爲西林以奉師布衣蔬食清心克已容常含笑語不傷物峰頂别立茅室時往禪思至其室者常聞異香因號香谷一虎同居人至輒驅去遠師之來龍泉桓伊爲立東林三十年影不出山師居西林亦如之嘗因法事至近邑還山薄暮烏橋營主醉騎馬當道遮師不聽去師以杖指馬驚走營主仆地師捧慰之遂還營主病往寺悔罪師曰非貧道意爲禱之尋愈鎮南將軍何無忌鎮尋陽至虎溪請遠公及師遠公持名望從徒百餘高言華論舉止可觀師衲衣半脛荷錫捉鉢松下飄然而至無忌謂衆曰永公清散之風乃多於遠師也師標誠植願動在安養義熙十年在疾忽斂衣求屣欲起衆驚問師曰佛來也言終而化異香七日方歇葬于寺之西南春秋八十三唐元宗朝詔重建塔亭追謚覺寂大師實智之塔

慧持法師

法師慧持遠公母弟也幼讀書一日所記常敵十日年十八與兄同事安公徧學衆經遊刃三藏及公在襄陽遣遠公與師東下遂止廬山師形長八尺衲衣垂膝徒屬三百師爲上首豫章太守范甯請師講法華經阿毘曇論四方雲聚瑯琊王珣與范甯書問遠持二公孰愈甯誠謂賢兄賢弟珣復書曰但今如弟誠未之有況復賢邪羅什在關中遥相欽敬致書通好隆安三年辭兄入蜀遠留之曰人生愛聚汝獨

樂離、師曰、滯情愛聚者本不應出家、今既剃欲求道。止、以西方爲期耳、卽悵然而別、至成都、俾縣居龍淵寺、大宏佛法、升其堂者號登龍門。義熙八年頓寂、春秋七十六、臨終、遺命務嚴律儀、專心淨業、以東間經籍付道泓、西間法典付曇蘭、以泓行業清敏、蘭神悟天發、並能係軌師蹤焉。

道生法師

法師道生、魏氏、鉅鹿人、幼從竺法汰出家、披對經誥一覽能誦、年在志學、便登講座、吐納明辨、雖宿望莫

敢酬抗、初依廬山、常以入道之要、慧解爲本、乃與僧叡、慧嚴、慧觀等遊學長安、從羅什受業、關中僧徒咸仰神悟、嘗喟然歎曰、自經典東流、譯人重阻、多滯權文、鮮通圓義、若忘筌得魚、始可與言道矣。於是挍閱真俗、精練空有、研思因果、乃立善不受報及頓悟成佛義、又著二諦論、佛性常有論、佛無淨土論、應有緣論、並籠罩舊說、妙有淵旨、守文之徒、嫌嫉競起、師又以法顯三藏所翻泥洹經本先至六卷成文、經云除一闡提、皆有佛性、師云、夫禀質二儀、皆有涅槃、止闡提

含生之類、何得獨無佛性、蓋是經來未盡耳、乃唱闡提之人、皆得成佛、時大本未傳、孤明先發、舊學僧黨、以爲背經、遂顯大衆擯而遣之、師正容誓之曰、若我所說背經、當見身癘疾、若與實相不背、願舍壽之日踞師子座。遂拂衣而行、及後大經至聖行品云、一闡提人雖復斷善、猶有佛性、於是諸師皆爲媿服、師被擯南還、入虎丘山、聚石爲徒、講涅槃經、至闡提處、則說有佛性、且曰如我所說、契佛心否。羣石皆爲點頭、旬日學衆雲集、忽雷震青園佛殿、有龍升天、因改寺

曰龍光、師於寺請罽賓律師譯沙彌塞律傳於世、既而辭衆、復投廬山、預蓮社、久之還都、止青霞寺、宋文帝大會沙門、親御地筵、食至良久、衆疑過中、帝曰、始可中耳。生乃曰、白日麗天、天言始中、何得非中、遂舉箸而食、一衆從之、莫不歎其機辯、時王宏、范泰、顏延之並挹敬風猷、相從問道、元嘉十一年十二月庚子、於廬山升座說法、將畢、衆見麈尾紛然墜地、隱几而化、宛若入定。諸師聞之、益信前誓有證、翌日、葬於廬山之西阜、初關中僧肇始註維摩詰經、世咸玩味、師

乃更發深旨八服其妙所述維摩詰法華泥洹小品諸經皆有義疏時以師能推闡提得佛之義於是顯其頓悟不受報等論

曇順法師

法師曇順黃龍人幼出承訓羅什講釋群經妙盡色空無著之旨什歎曰此子奇品也後來廬山同修淨業寧蠻校尉劉遵孝於江陵立寺要師經始盛宏念佛三昧之道宋元嘉二年別衆坐逝異香滿室春秋七十九

僧叡法師

法師僧叡冀州人遊學諸方嘗行經蜀西界爲人所掠使牧羊有商客異之疑是沙門及問以經義無不綜達即出金贖之後遊歷天竺諸國還至關中從羅什諮禀經義羅什翻法華經以竺法護本云天見人人見天什曰以此言過質耶叡曰將非人天兩接兩得相見什喜遂用其文久之來入廬山依遠公修淨業既而適京師止烏衣寺講說衆經聽者推服宋彭城王義康要入第受戒師曰禮聞來學王乃入寺祗奉戒法王以貂裘奉師常用數坐王密以錢三萬買之師曰此雖非所宜服然王之所施不可棄也王聞益加敬謝靈運篤好佛理殊方俗音多所通解嘗以經中字音求諮於師因爲著十四音訓梵漢昭然元嘉十六年無疾告衆曰吾將行矣即面西合掌而亡衆見臥內有金蓮花倏爾而隱春秋八十五

曇恒法師

法師曇恒河東人童儒依遠公出家年甫十三便能講說內外典籍無不通貫德行精孤物情推服常有

羣鹿馴遶座隅自入廬山專志淨業義熙十四年端坐合掌厲聲念佛而化春秋七十一

道昞法師

法師道昞潁州人陳氏幼出家爲遠公弟子該通經兼明莊老志節孤峻言與行合念佛三昧究心無間義熙十四年豫章太守王虔入山謁敬請爲山中主用紹遠公之度衆以道源法嗣咸知宗仰元嘉十二年集衆念佛就坐而化春秋七十一

曇詵法師

法師曇詵廣陵人幼從遠公出家勤修淨業兼善講說註維摩經行於世常著窮通論以明宿修述蓮社錄以記往生又能別識鳥獸毛色俊鈍之性洞曉草木枝幹甘苦之味妙盡其理人知其有密證云元嘉十七年集衆謂曰自建寺以來至此五十年吾之西行最在其後即跏趺念佛百聲閉息遂絕春秋八十

道敬法師

法師道敬瑯琊王氏祖凝之刺江州遂從遠公出家年十七博通經論日記萬言每歎戒律終身難全願

淨六根但稟一戒以爲得度之要遠公知其堅正許之篤志念佛蚤夜弗替遠公歸寂乃入若邪山宋永初元年謂衆曰先師見命吾其行矣即端坐唱佛而化衆見光明滿室彌時方滅春秋五十二

佛馱邪舍尊者

尊者佛馱邪舍（晉云覺明）罽賓國婆羅門種有沙門至其家乞食父本外道怒歐之遂手足攣躄巫師謂曰坐犯賢聖即請此沙門悔過旬日乃瘳因令邪舍出家時年十三隨師行曠野與虎遇邪舍曰虎已飽必不傷人前行中道果見餘骸至十五誦經日至萬言以分衛廢業爲衆（梵語分衛晉言乞食）一羅漢來代乞食年十九誦經滿數百萬言性度簡傲不爲諸人重至二十猶爲沙彌復從舅氏學五明論世間法術（內外道皆有五明內五明者一聲明二醫方明三咒術明四工巧明五因明外五明者前四并同後一是符印明）至沙勒國待遇隆厚既而羅什至乃從學阿毗曇論十誦律什隨母反龜茲師遂留止行化符堅遣呂光伐龜茲執羅什師聞歎曰我與羅什未盡懷抱今忽羈虜相見何期後十年師東至龜茲盛宏法化羅什在姑臧

遣信要之師恐國人止其行取淸水以藥投之咒數十言與弟子洗足即夜便發比旦行數百里追之不及問弟子何所覺耶答曰唯聞疾風流聲兩目有淚師又咒水洗足乃止既達姑臧什已入長安聞姚主逼以妾媵歎曰羅什如好綿績何可使入棘林羅什勸姚主遣使迎師既至別立省寺於逍遙園四事供養一無所受將至分衛一食而已時羅什譯出十住經師更相徵決辭理方定師髭赤善解毗婆沙論時人號赤髭論主秦宏始中譯出四分律（四十四卷）長阿含

經（二十二卷）義熙八年來廬山入社後辭還本國自罽賓以虛空藏經一卷寄商客至涼州

佛馱跋陀羅尊者

尊者佛馱跋陀羅（晉云覺賢）姓釋迦迦維羅衛國人甘露飯王苗末也幼亡父母出家爲沙彌年十六博學羣經深達禪律嘗與僧伽達多共遊罽賓達多閉戶禪座忽見師來云暫往兜率致敬彌勒言訖便隱後益見其神變敬心祈問方知得不還果時姚秦沙門智嚴至罽賓覩法衆清淨慨然東顧曰我諸同輩未遇

真匠將何發悟即諮詢於衆孰能遂我所請流化東土僉應之曰跋陀羅其人也嚴乃要師裹糧而行經歷諸國至交趾附舶循海達於青州東萊聞鳩摩羅什在長安師往從之秦太子泓請師於東宮集衆說法與羅什論色空義師曰汝祇說得果中色空不說得因中色空什問何謂師曰一微空故衆微空衆微空故一微空一微空中無衆微衆微空中無一微往復數番羅什罔測秦主與供僧三千盛修人事而師禪靜自守忽謂弟子曰吾見本國五舶俱發衆謂妄言因共擯棄乃與弟子慧嚴慧觀四十餘人俱發至廬山香谷茇舍而居（茇蒲曷切草舍）時會蓮社遠公謂師被擯過由門人懸記五舶於律無犯即遣弟子曇邕致書秦主爲其解擯乃請師東林譯出禪數諸經自是江東始耽禪悅師志在遊化西適江陵持鉢分衛果見天竺五舶至此後還都立道場寺先是支法領於于闐得華嚴梵本三萬六千偈未經宣譯義熙十四年吳郡內史孟顗右衛將軍褚叔度請師爲主譯與沙門法業慧義惠嚴慧觀等爲筆授譯成六十卷有

二青衣且從池出灑掃研墨師先後譯出觀佛三昧經般泥洹經修行方便論及法顯所得大僧祇律凡十五部宋元嘉六年念佛而化塔於廬山北嶺

劉程之

劉程之字仲思彭城人漢楚元王之後妙善老莊旁通百氏少孤事母以孝聞自負才不預時俗初解褐爲府參軍謝安劉裕嘉其賢相推薦皆力辭性好佛理乃之廬山傾心自託遠公曰官祿巍巍欲何不爲答曰君臣相疑吾何爲之劉裕以其不屈乃旌其號

曰遺民、及雷次宗、周續之、宗炳、張詮、畢頴之等同來
廬山、遠公謂曰、諸君之來、豈宜思淨土之遊乎、程之
乃鐫石爲誓文以志其事、（文見廬山集）遂於西林澗北別
立禪坊、養志安貧、精研元理、兼持禁戒、宗張等咸歎
仰之、嘗貽書關中與什肇揚推經義、著念佛三昧詩、
以見專念坐禪之意、始涉半載、即于定中見佛光照
地皆作金色、居十五年、于正念佛中、見阿彌陀佛玉
毫光照、垂手慰接、程之曰、安得如來爲我摩頂、覆我
以衣、俄而佛爲摩頂、引袈裟以披之、他日念佛又見

入七寶池、蓮青白。其水湛湛。有人項有圓光、胸出卍
字（卍音萬是佛胸臆之相）指池水曰。八功德水。汝可飲之。程
之飲水甘美。及寤猶覺異香發於毛孔。乃自慰曰吾
淨土之緣至矣。復請僧轉法華經、近數百遍、居時廬
阜諸僧畢集、程之對像焚香再拜而祝曰、我以釋迦
遺教。故知有阿彌陀佛。此香先當供養釋迦牟尼如
來。次供養阿彌陀佛。復次供養妙法華經。所以得生
淨土由此經功德。願令一切有情俱生淨土。即與衆
別、臥床上、面西合手氣絕、勑子雍積土爲墳、勿用棺

晉安帝義熙六年也、春秋五十九（廬山集載感應事迹甚詳）

張野

張野、字萊民、居潯陽柴桑、與淵明有婚姻契、野學兼
華梵、尤善屬文、性孝友、田宅悉推與弟、一味之甘、與
九族共、州舉秀才、南中郎府功曹、州治中、徵拜散騎
常侍、俱不就、入廬山依遠公、與劉雷同尚淨業、及遠
公卒、謝靈運爲銘、野爲序、首稱門人、世服其義、義熙
十四年、與家人別、入室端坐而逝、春秋六十九、

周續之

周續之、字道祖、鴈門人、父殁、過江、因居豫章、八歲喪
母、哀戚過于成人、十二詣范甯受業、通五經五緯。時
號十經童子、養志閑居、窮研老易、公卿交辟、無所就、
入廬山事遠公、預蓮社、以爲身不可遺。餘累宜絕。遂
終身不娶、布衣蔬食、劉毅鎮姑熟、命爲撫軍、復辟太
學博士、俱不就、以嵇康高士傳得出處之正、爲之註
釋、宋武帝北伐、太子居守、迎館安樂寺、入講禮、月餘
復還山、江州太守劉柳薦于武帝、辟太尉掾、不就、武
帝踐祚、召至都、開館郭外、乘輿行幸、問禮經傲不可

長與我九齡射于矍圃三義辨析精奧上甚說或問身爲處士時踐王廷何也答曰心馳魏闕者以江湖爲桎梏情致兩忘者市朝亦巖穴耳時號通隱先生續之素患風痺不復堪講乃移病鍾山景平元年卒春秋六十七

張詮

張詮字秀碩野之族子也尚情高逸酷嗜典墳雖畊鋤猶帶經不釋朝廷徵爲散騎常侍不起庾悅以其貧起爲潯陽令笑曰古人以容膝爲安若屈志就祿

何足爲榮乃入廬山依遠公研窮釋典深有悟入宋景平元年無疾向西念佛安臥而卒春秋六十五

宗炳

宗炳字少文南陽人其母聰辨富於學識教受諸子皆有成炳妙善琹書尤精元理殷仲堪桓元並以主簿辟皆不就劉毅領荆州復辟爲主簿答曰棲丘飲谷三十年矣乃入廬山築室依遠公蓮社久之兄臧爲南平守逼與俱還江陵閑居絕俗劉裕辟太尉掾不就二兒卒累甚衆頗營稼穡武帝勑南郡長時致餼賚衡陽王義季在荆州親至其室炳角巾布衣引見不拜王曰處先生以重祿可乎對曰祿如秋草時過即腐宋受禪徵爲太子舍人元嘉初徵爲通直郎太子建徵爲中庶子並不應妻羅氏亦有尚志羅氏沒炳哀之過甚既而悲情頓釋謂沙門慧堅曰死生之分未易可達三復至教方能遣哀雅好山水往必忘歸西陟荆巫南登衡嶽因結宇山中懷尚平之志以疾還江陵歎曰老病俱至名山不可再登唯澄懷觀道臥以遊之凡所遊履悉圖之于室謂人曰撫琴

動操欲令衆山皆響宋元嘉二十四年卒春秋六十九

雷次宗

雷次宗字仲倫豫章南昌人博學明詩禮入廬山預蓮社立館東林之東元嘉十五年召至京師立學館雞籠山置生徒百員除給事中不拜久之還南昌公卿祖道以送與子姪書曰吾童稚之年已懷遠略弱冠託廬山事釋和尚遊餐風二十餘載淵匠既傾復與汝曹歸耕先壟山居谷飲忽復十年及今未老尚

可厲志成西歸之津梁自今以往家務大小一勿見關二十五年召拜散騎常侍不就復徵詣京師築室鍾山謂之招隱館稍自華林園入延賢堂爲太子諸王講禮經是年無疾而卒春秋六十三子肅之願傳泰業官至豫章郡丞

百二十三人傳

曇翼餘杭人初入廬山依遠公後入關中見羅什東還會稽入秦望山誦法華經十二年感普賢大士化女子身披采服攜筠籠一白豕大蒜兩根至師前曰妾入山采薇（上采服五采也彩俗下采薇采取也作采俗）日已斜豺狼縱橫歸無生理敢託一宿師却之力女復哀鳴不已遂

令居草牀上夜半號呼腹疼告師按摩師辭以持戒不應手觸女號呼愈甚師乃布裹錫杖遥爲按之翌日女以采服化祥雲豕變白象蒜化雙蓮凌空而上謂師曰我普賢菩薩特來相試郡太守孟顗聞於朝勅建法華寺（今天衣寺）初餘杭山沙門法志常誦法華有雉巢於庵側翔集座隅若聽受狀如是七年一日忽憔悴志曰汝能聽經必生人道明旦雉殞師爲瘞之夜夢童子拜曰因聽經得脫羽類今生山前王氏后其家設齋志方踵門兒曰我和尚來也志撫之曰汝我雉兒也解衣視腋下有雉毳三莖七歲令入山出家十六落髮以腋有毳因名以翼

曇邕楊氏關中人形長八尺雄武過人南來廬山依師遠公内外典籍無不綜習立茅屋於山西以自居止有弟子曇果澄思禪門一夕夢山神求受戒法果曰家師在此可往求之邕忽見一人著祫衣風神端雅從者三十人乞授戒師以果先夢知是山神乃爲說法授五戒畢神以外國二鉶爲襯禮謝而去師后

往荊州行化卒於竹林寺

僧濟入廬山問道精悟深要遠公歎曰紹隆大法其在汝乎及在疾遠公以燭遺之曰汝可憑此建心安養師執燭停想延僧誦淨土經至五更以燭授弟子元弼隨僧行道頃之覺自秉一燭浮空而行見阿彌陀佛接至於掌徧事諸佛須臾而覺喜曰吾以一夕觀念便蒙接引明日復于空中見佛菩薩謂弼曰佛來也即歛首西顧一息而終時方炎歊體三日不變

異香郁然
慧恭豫章豐城人與僧光慧堪慧蘭同志爲學光等
學力不逮恭而于淨土繫想則過人蘭誚恭曰君雖
力學博聞豈不知經云如聾奏音樂悅彼不自聞哉
曰學不可已孰能未死昧昧如癡哉後七年蘭等先
逝去時並有奇應又五年恭病且篤曰大道浩淵何
時可止死生去來吾何歸哉于是叩頭雨泣誓心安
養念不少間忽見無量壽佛以金臺前迎恭乘其上
見蘭等於臺上光明中而告之曰長生已居上品吾

等不勝慰喜但恨五濁淹延相依之晚耳恭於是日
告衆欣然奮迅而滅義熙十一年也（廬山集有恭道人臨終感應事）
法安初依遠公爲弟子妙善講說兼習禪業律身持
戒爲行尤精義熙中新陽邑社有暴虎居神廟樹下
前後害民以百數安遊其村居民皆早閉門避之樹
下禪坐須臾虎負人至見安驚喜跳伏安乃爲說法
授戒有頃而去明旦居民見安謂是神人相率禮敬
因改神廟立寺宇請安居之左右田園並捨爲寺業
嘗欲畫像須銅青處不可致忽夢一人臥床前云此

下有銅鐘覆卽掘之果得二鐘取青成像而以銅助
遠公鑄佛後不知所終
闕公則入廬山白蓮社既逝有同社人至洛陽白馬
寺夜中爲公則修忌祭忽一時林木殿宇皆作金色
空中有聲曰我是闕公則所生極樂國今已得生矣
言訖無所見
陸修靜吳興人早爲道士置館廬山時遠法師居東
林其處流泉匝寺下入於溪每送客過此輒有虎號
鳴因名虎溪后送客未嘗過獨陶淵明與修靜至語

道契合不覺過溪因相與大笑世傳爲三笑圖宋泰
始三年羽化于京師賜謚簡寂以故居爲觀（雲笈七籤本傳云元徽五年化）

不入社諸賢傳

陶潛字淵明（一字元亮）晉大司馬侃之曾孫少懷高尚著
五柳先生傳以自況時人以爲實錄初爲建威將軍
謂親朋曰聊欲絃歌爲三徑之資執事者聞之以爲
彭澤令郡遣督郵至縣吏白應束帶見之潛歎曰吾
不能爲五斗米折腰拳拳事鄉里小兒耶解印去縣

乃賦歸去來、及宋受禪、自以晉世宰輔之後、恥復屈身異代、居潯陽柴桑、與周續之劉遺民並不應辟命、世號潯陽三隱。嘗言夏月虛閒、高臥北窗之下、清風颯至、自謂羲皇上人。性不解音、畜素琴一張、絃徽不具、每朋酒之會、則撫而和之、曰但識琴中趣、何勞絃上聲。常往來廬山、使一門生二兒舁籃輿以行、時遠法師與諸賢結蓮社、以書招淵明、淵明曰、若許飲則往、許之、遂造焉、忽攢眉而去、宋元嘉四年卒、世號靖節先生、

謝靈運祖元有功晉室、靈運爲康樂公主孫、襲封康樂公、文章爲江左第一、（應爲江右指金陵也）嘗着木屐、上山則去前齒、下山則去後齒、尋山陟嶺、必造幽峻、至廬由一見遠公、肅然心伏、乃即寺築臺、翻涅槃經、鑿池植白蓮、時遠公諸賢、同修淨土之業、因號白蓮社、（或云爲東西二池）靈運嘗求入社、遠公以其心雜而止之

范甯字武子、篤學多所通覽、時浮虛相扇、儒雅日替、甯以其源始于王弼何晏、二人之辠、深於桀紂、乃著論非之、累遷中書侍郎、朝廷疑議、輒諮訪之、出補豫章太守、大設庠序、起學臺、工用彌廣、刺史王凝之上言抵罪、免官歸家、遠公招之入社、而甯竟不能往

十八賢傳始不著作者名、疑自昔出於廬山耳、熙寧間嘉禾賢良陳令舉舜俞、粗加刊正、大觀初沙門懷悟以事迹疎略、復爲詳補云

蓮社高賢傳　末

神僊傳序

予著内篇論神僊之事凡二十卷弟子滕升問曰先生云僊化可得不死可學古之得僊者豈有其人乎予荅曰秦大夫阮倉所記有數百人劉向所撰又七十餘人然神僊幽隱與世

異流世之所聞者猶千不得一者也故甯子入火而陵煙馬皇見迎於護龍方回變化於雲母赤將茹葩以隨風涓子餌术以著經嘯父別火於無窮務光游淵以哺薤仇生却老以食松邛疏煑石以練形琴高乘鯉於碭

中桂父改色以龜腦女丸七十以增容陵陽吞五脂以登高商邱咀菖蒲以無終雨師鍊五色以屬天子先轡兩虬於元塗周晉跨素鶴於緱氏軒轅控飛龍於鼎湖葛由策木羊於綏山陸通匝遐紀於橐盧蕭史乘鳳而

輕舉東方飄幘於京師犢子鬻桃以淪神主柱飛行以餌砂阮邱長存於睢嶺英氏乘魚以登遐脩羊陷石於西岳馬丹廻風以上徂鹿翁陟險而流泉園客蟬蛻於五華予今復抄集古之僊者見於僊經服食方及百家

之書先師所說耆儒所論以爲十卷以傳知眞識遠之士其繫俗之徒思不經微者亦不强以示之則知劉向所述殊甚簡略美事不舉此傳雖深妙奇異不可盡載猶存大體竊謂有愈於劉向多所遺棄也晉抱朴子葛洪稚川題

神仙傳目錄

神僊傳卷一

晉　葛洪著　貴溪龔學聲校

廣成子

廣成子者古之仙人也居崆峒之山石室之中黃帝聞而造焉曰敢問至道之要廣成子曰爾治天下會不待候而飛草木不待黃而落何足以語至道黃帝退而閒居三月後往見之膝行而前再拜請問治身之道廣成子答曰至道之精杳杳冥冥無視無聽抱神以靜形將自正必靜必清無勞爾形無搖爾精乃可長生慎內閉外多知為敗我守其一以處其和故千二百歲而形未嘗衰得我道者上為皇失吾道者下為土將去汝入無窮之門游無極之野與日月參光與天地為常人其盡死而我獨存矣

老子

老子者名重耳字伯陽楚國苦縣曲仁里人也其母感大流星而有娠雖受氣天然見於李家猶以李為姓或云老子先天地生或云天之精魄蓋神靈之屬或云母懷之七十二年乃生生時剖母左腋而出生

而自首故謂之老子或云其母無夫老子是母家之
姓或云老子之母適至李樹下而生老子生而能言
指李樹曰以此爲我姓或云上三皇時爲元中法師
下三皇時爲金闕帝君伏羲時爲鬱華子神農時爲
九靈老子祝融時爲廣壽子黄帝時爲廣成子顓頊
時爲赤精子帝嚳時爲祿圖子堯時爲務成子舜時
爲尹壽子夏禹時爲真行子殷湯時爲錫則子文王
時爲文邑先生一云守藏史或云在越爲范蠡在齊
爲鴟夷子在吳爲陶朱公皆見於羣書不出神仙正

經未可據也葛稚川云洪以爲老子若是天之精神
當無世不出俯尊就卑委逸就勞背清澄而入臭濁
棄天官而受人爵也夫有天地則有道術道術之士
何時暫乏是以伏羲以來至於三代顯名道術世世
有之何必常是一老子也皆由晚學之徒好奇尚異
苟欲推崇老子故有此說其實論之老子蓋得道之
尤精者非異類也按史記云老子之子名宗仕魏爲
將軍有功封於段至宗之子汪汪之子言言之元孫
瑕仕於漢瑕子解爲膠西王太傅家於齊則老子本

神靈耳淺見道士欲以老子爲神異使後代學者從
之而不知此更使不信長生之可學也何者若謂老
子是得道者則人必勉力競慕若謂是神靈異類則
非可學也或云老子欲西度關關令尹喜知其非常
人也從之問道老子驚怖故吐舌聃然遂有老聃之
號亦不然也今按九變及元生十二化經老子未入
關時固已名聃矣老子數易名字非但一聃而已所
以爾者按九宮及三五經及元辰經云人生各有厄
會到其時若易名字以隨元氣之變則可以延年度

厄今世有道者亦多如此老子在周乃三百餘年二
百年之中必有厄會非一是以名稱多耳欲正定老
子本末故當以史書實錄爲主并老仙經祕文以相
參審其他若俗說多虛妄洪按西昇中胎及復命苞
及珠韜玉機金篇內經皆云老子黄白色美眉廣顙
長耳大目疏齒方口厚脣額有三五達理日角月懸
鼻純骨雙柱耳有三漏門足蹈二五手把十文以周
文王時爲守藏史至武王時爲柱下史時俗見其久
壽故號之爲老子夫人受命自有神通遠見者稟氣

與常人不同應爲道主故能爲天神所濟衆仙所從
是以所出度世之法九丹八石金醴金液次存元素
守一思神歷藏行氣鍊形消災辟惡治鬼養性絕穀
變化厭勝教戒役使鬼魅之法凡九百三十卷符書
七十卷皆老子本起中篇所記者也自有目錄其不
在此數者皆後之道士私所增益非眞文也老子恬
淡無欲專以長生爲務者故在周雖久而名位不遷
也蓋欲和光同塵內實自然道成乃去蓋仙人也孔
子嘗往問禮先使子貢觀焉子貢至老子告之曰子

之師名丘相從三年而後可教焉孔子既見老子老
子告曰良賈深藏若虛君子盛德若愚去子之驕氣
與多欲淫志是皆無益於子也孔子讀書老子見而
問之曰何書曰易也聖人亦讀之老子曰聖人讀之
可也汝曷爲讀之其要何說孔子曰要在仁義老子
曰蚊虻噆膚通夕不得眠今仁義慘然而汨人心亂
莫大焉夫鵠不日浴而白烏不日染而黑天之自高
矣地之自厚矣日月自明矣星辰固自列矣草木固
自區矣夫子修道而趨則以至矣又何用仁義若擊

鼓以求亡羊乎夫子乃亂人之性也老子問孔子曰
亦得道乎孔子曰求二十七年而不得也老子曰使
道可獻人則人莫不獻之其君矣使道可進人則人
莫不進之其親矣使道可告人則人莫不告之兄弟
矣使道可傳人則人莫不傳之其子矣然而不可者
無他也中無主而道不可居也孔子曰邱治詩書禮
樂易春秋誦先王之道明周召之迹以千七十餘君
而不見用甚矣人之難說也老子曰夫六藝先王之
陳迹也豈其所陳哉今子所修者皆因陳迹也迹者

履之出而迹豈異哉孔子歸三日不談子貢怪而問
之孔子曰吾見人之用意如飛鳥者吾飾意以爲弓
弩射之未嘗不及而加之也人之用意如麋鹿者吾
飾意以爲走狗而逐之未嘗不銜而頓之也人之用
意如淵魚者吾飾意以爲鉤緡而投之未嘗不鉤而
制之也至於龍乘雲氣遊太清吾不能逐也今見老
子其猶龍乎使吾口張而不能翕舌出而不能縮神
錯而不知其所居也陽子見於老子老子告之曰虎
豹之文猿猴之捷所以致射也陽子曰敢問明王之

治老子曰明王之治功蓋天下而不以自巳化被萬物而使民不恃其有德而不稱其名位乎不測而遊乎無有者也老子將去而西出關以昇崑崙關令尹喜占風氣逆知當有神人來過乃掃道四十里見老子而知是也老子在中國都未有所授知喜命應得道乃停關中老子有客徐甲少賃於老子約日僱百錢計欠甲七百二十萬錢甲見老子出關遊行速索償不可得乃倩人作辭詣關令以言老子而爲作辭者亦不知甲巳隨老子二百餘年矣唯計甲所應得

直之多許以女嫁甲甲見女美尤喜遂通辭於尹喜得辭大驚乃見老子老子問甲曰汝久應死吾昔賃汝爲官卑家貧無有使役故以太元清生符與汝所以至今日汝何以言吾吾語汝到安息國固當以黃金計直還汝汝何以不能忍乃使甲張口向地其太元眞符立出於地丹書文字如新甲成一聚枯骨矣喜知老子神人能復使甲生乃爲甲叩頭請命乞爲老子出錢還之老子復以太元符投之甲立更生喜卽以錢二百萬與甲遣之而去幷執弟子之禮具以長生之事授喜喜又請教誡老子語之五千言喜退而書之名曰道德經焉尹喜行其道亦得仙漢竇太后信老子之言孝文帝及外戚諸竇皆不得不讀誦之皆大得其益故文景之世天下謐然而竇氏三世保其榮寵太子太傅疏廣父子深達其意知功成身退之義同日棄官而歸散金布惠保其淸貴及諸隱士其遵老子之術者皆外損榮華內養生壽無有顛沛於險世其洪源長流所潤洋洋如此豈非乾坤所定萬世之師表哉故莊周之徒莫不以老子爲宗也

彭祖

彭祖者姓籛諱鏗帝顓頊之元孫也殷末巳七百六十七歲而不衰老少好恬靜不卹世務不營名譽不飾車服唯以養生治身爲事王聞之以爲大夫常稱疾閑居不與政事善於補導之術服水桂雲母粉麋角散常有少容然性沈重終不自言有道亦不作詭惑變化鬼怪之事窈然無爲少周遊時還獨行人莫知其所詣伺候竟不見也有車馬而常不乘或數百日或數十日不持資糧還家則衣食與人無異常閉

氣内息從旦至中。乃危坐拭目。摩搦身體。舐脣咽唾。
服氣數十。乃起行言笑。其體中或疲倦不安。便導引
閉氣以攻所患。心存其體面九竅五臟四肢至於毛
髮。皆令具至。覺其氣雲行體中。故於鼻口中達十指
末。尋即體和。王自往問訊。不告。致遺珍玩前後數萬
金而皆受之。以恤貧賤。無所留。又采女者。亦少得道
知養性之方。年二百七十歲。視之如五六十歲。奉事
之於掖庭。爲立華屋紫閤。飾以金玉。乃令采女乘輜
軿往問道於彭祖。既而再拜請問延年益壽之法。彭

祖曰。欲舉形登天上補仙官。當用金丹。此九召太一
所以白日昇天也。此道至大。非君王之所能爲。其次
當愛養精神。服藥草。可以長生。但不能役使鬼神乘
虛飛行。身不知交接之道。縱服藥無益也。能養陰陽
之意。可推之而得。但不思言耳。何足怪問也。吾遺腹
而生。三歲而失母。遇犬戎之亂。流離西域。百有餘年
加以少枯。喪四十九妻。失五十四子。數遭憂患。和氣
折傷。冷熱肌膚不澤。榮衛焦枯。恐不度世。所聞淺薄。
不足宣傳。大宛山有青精先生者。傳言千歲。色如童
子。步行日過五百里。能終歲不食。亦能一日九食。眞
可問也。采女曰。敢問青精先生是何僊人者也。彭祖
曰。得道者耳。非僊人也。僊人者。或竦身入雲。無翅而
飛。或駕龍乘雲。上造天階。或化爲鳥獸。遊浮青雲。或
潛行江海。翱翔名山。或食元氣。或茹芝草。或出入人
間而人不識。或隱其身而莫之見。面生異骨。體有奇
毛。率好深僻。不交俗流。然此等雖有不死之壽。去人
情遠榮樂。有若雀化爲蛤。雉化爲蜃。失其本眞。更守
異氣。余之愚心。未願此已。入道當食甘旨。服輕麗。通

陰陽。處官秩耳。骨節堅彊。顏色和澤。老而不衰。延年
久視。長在世間。寒温風濕不能傷。鬼神衆精莫敢犯。
五兵百虫不可近。嗔喜毁譽不爲累。乃可爲貴耳。人
受氣雖不知方術。但養之得宜。常至百二十歲。不及
此者傷也。小復曉道。可得二百四十歲。加之可至四
百八十歲。盡其理者。可以不死。但不成僊人耳。養壽
之道。但莫傷之而已。夫冬溫夏涼。不失四時之和。所
以適身也。美色淑姿。幽閑娛樂。不致思慾之惑。所以
通神也。車服威儀。知足無求。所以一志也。八音五色

以悅視聽所以導心也凡此皆以養壽而不能斟酌之者反以速患古之至人恐下才之子不識事宜流遯不還故絕其源故有上士別牀中士異被服藥百裹不如獨臥五音使人耳聾五味使人口爽苟能節宜其宜適抑揚其通塞者不以減年得其益也凡此之類譬猶水火用之過當反爲害也不知其經脈損傷血氣不足內理空疎髓腦不實體已先病故爲外物所犯因氣寒酒色以發之耳若本充實豈有病也夫遠思強記傷人憂喜悲哀傷人喜樂過差忿怒不

解傷人汲汲所願傷人陰陽不順傷人有所傷者數種而獨戒於房中豈不惑哉男女相成猶天地相生也所以神氣導養使人不失其和天地得交接之道故無終竟之限人失交接之道故有傷殘之期能避衆傷之事得陰陽之術則不死之道也天地晝分而夜合一歲三百六十交而精氣和合故能生產萬物而不窮人能則之可以長存次有服氣得其道則邪氣不得入治身之本要其余吐納導引之術及念體中萬神有含影守形之事一千七百餘條及四時首

向責已謝過臥起早晏之法皆非眞道可以教初學者以正其身人受精養體服氣煉形則萬神自守其眞不然者則榮衛枯悴萬神自逝悲思所留者也人爲道不務其本而逐其末告以至言而不能信見約要之書謂之輕淺而不盡服誦觀夫太清北神中經之屬以此自疲至死無益不亦悲哉又人苦多事少能棄世獨往山居穴處者以道敎之終不能行是非仁人之意也但知房中閉氣節其思慮適飲食則得道也吾先師初著九節都解指韜形隱遯尤爲開明

四極九室諸經萬三千首爲以示始涉門庭者采女具受諸要以敎王王試之有驗殷王傳彭祖之術屢欲祕之乃下令國中有傳祖之道者誅之又欲害祖以絕之祖知之乃去不知所之其後七十餘年聞人於流沙之國西見之王不常行彭祖之術得壽三百歲氣力丁壯如五十時得鄭女妖婬王失道而殂俗間言傳彭祖之道殺人者由於王禁之故也後有黃山君者修彭祖之術數百歲猶有少容彭祖既去乃追論其言以爲彭祖經

魏伯陽

魏伯陽者吳人也。本高門之子。而性好道術。後與弟子三人入山作神丹。丹成。知弟子心懷未盡。乃試之。曰丹雖成。然先宜與犬試之。若犬飛。然後人可服耳。若犬死。即不可服。乃與犬食之。犬即死。伯陽謂弟子曰。作丹唯恐不成。既今成而犬食之死。恐是未合神明之意。服之恐復如犬。爲之奈何。弟子曰。先生當服之否。伯陽曰。吾背違世路。委家入山。不得道亦恥復還。死之與生。吾當服之。乃服丹。入口即死。弟子顧視

相謂曰。作丹以求長生。服之即死。當奈此何。獨一弟子曰。吾師非常人也。服此而死。得無意也。因乃取丹服之。亦死。餘二弟子相謂曰。所以得丹者。欲求長生耳。今服之旣死。焉用此爲。不服此藥。自可更得數十歲在世間也。遂不服。乃共出山。欲爲伯陽及死弟子求棺木。二子去後。伯陽即起。將所服丹納死弟子及白犬口中。皆起。弟子姓虞。遂皆仙去。道逢入山伐木人。乃作手書與鄉里人。寄謝二弟子。乃始懊恨。伯陽作參同契五行相類。凡三卷。其說是周易。其實假借爻象以論作丹之意。而世之儒者不知神丹之事。多作陰陽注之。殊失其旨矣。

神仙傳卷一終

神僊傳卷二

白石先生

白石先生者中黄丈人弟子也至彭祖時已二千歲餘矣不肯修昇天之道但取不死而已不失人間之樂其所據行者正以交接之道爲主而金液之藥爲上也初以居貧不能得藥乃養羊牧豬十數年間約衣節用置貨萬金乃大買藥服之常煑白石爲糧因就白石山居時人故號曰白石先生亦食脯飲酒亦食穀食日行三四百里視之色如四十許人性好朝

拜事神好讀幽經及太素傳彭祖問之曰何不服昇天之藥答曰天上復能樂此人間乎但莫使老死耳天上多至尊相奉事更苦於人間故時人呼白石先生爲隱遁僊人以其不汲汲於昇天爲仙官亦猶不求聞達者也

黄初平

黄初平者丹溪人也年十五家使牧羊有道士見其良謹便將至金華山石室中四十餘年不復念家其兄初起行山尋索初平歷年不得後見市中有一道士初起召問之曰吾有弟名初平因令牧羊失之四十餘年莫知死生所在願道君爲占之道士曰金華山中有一牧羊兒姓黄字初平是卿弟非疑初起聞之卽隨道士去求弟遂得相見悲喜語畢問初平羊何在曰近在山東耳初起往視之不見但見白石而還謂初平曰山東無羊也初平曰羊在耳兄但自不見之初平與初起俱往看之初平乃叱曰羊起於是白石皆變爲羊數萬頭初起曰弟獨得僊道如此吾可學乎初平曰唯好道便可得之耳初起便棄妻子

留住就初平學共服松脂茯苓至五百歲能坐在立亡行於日中無影而有童子之色後乃俱還鄉里親族死終略盡乃復還去初平改字爲赤松子初起改字爲魯班其後服此藥得僊者數十人

王遠

王遠字方平東海人也舉孝廉除郎中稍加中散大夫學通五經尤明天文圖讖河洛之要逆知天下盛衰之期九州吉凶如觀之掌握後棄官入山修道道成漢孝桓帝聞之連徵不出使郡國逼載以詣京師

遠低頭閉口不答詔。乃題宮門扇板四百餘字。皆說
方來之事。帝惡之。使削去。外字適去。內字復見。墨皆
徹板裏。削之愈分明。遠無子孫。鄉里人累世相傳供
養之。同郡太尉陳耽。為遠營道室。旦夕朝拜之。但乞
福。未言學道也。遠在陳家四十餘年。陳家曾無疾病
死喪。奴婢皆然。六畜繁息。田桑倍獲。遠忽語陳耽曰
吾期運當去。不得久停。明日日中當發。至時遠死。耽
知其僊去。不敢下着地。但悲啼嘆息曰。先生捨我。我
將何怙。具棺器。燒香就牀衣裝之。至三日夜。忽失其

屍。衣冠不解。如蛇蛻耳。遠卒後百餘日。耽亦卒。或謂
耽得遠之道化去。或曰。知耽將終。故委之而去也。初
遠欲東入括蒼山。過吳住胥門蔡經家。蔡經者小民
耳。而骨相當僊。遠知之。故住其家。遂語經曰。汝生命
應得度世。欲取汝以補官僚耳。然少不知道。今氣少
肉多。不得上去。當為屍解。如從狗竇中過耳。於是告
以要言。乃委經而去。經後忽身體發熱如火。欲得冷
水灌之。舉家汲水灌之。如沃焦石。如此三日。消耗骨
立。乃入室以被自覆。忽然失之。視其被內。唯有皮頭

足具如蟬蛻也。去十餘年。忽還家。容色少壯。鬢髮鬒
黑。語家人曰。七月七日。王君當來。其日可多作飲食
以供從官。至其日。經家乃借瓮器。作飲食百餘斛。羅
列布置庭下。是日。王君果來。未至。先聞金鼓簫管人
馬之聲。比近皆驚。莫知所在。及至經舍。舉家皆見遠
冠遠遊冠。朱衣。虎頭鞶囊。五色綬。帶劍。黃色少髭。長
短中形人也。乘羽車。駕五龍。龍各異色。前後麾節幡
旗。導從威儀奕奕。如大將軍也。有十二伍伯。皆以蠟
封其口。鼓吹皆乘龍。從天而下。懸集於庭。從官皆長

丈餘。不從道衢。既至。從官皆隱。不知所在。唯獨見遠
坐耳。須臾。引見經父母兄弟。因遣人召麻姑。亦莫知
麻姑是何人也。言曰。王方平敬報。久不到民間。今來
在此。想姑能暫來語否。須臾信還。不見其使。但聞信
語曰。麻姑再拜。不相見忽已五百餘年。尊卑有序。拜
敬無階。煩信承來在彼。食頃即到。先受命。當按行蓬
萊。今便暫往。如是當還。還便親覲。願未即去。如此兩
時。聞麻姑來。來時亦先聞人馬聲。既至。從官半於遠
也。麻姑至。蔡經亦舉家見之。是好女子。年可十八九

許於頂上作髻餘髮散垂至腰衣有文彩又非錦綺光彩耀目不可名狀皆世之所無也入拜遠遠爲之起立坐定各進行厨皆金盤玉杯無限也餚膳多是諸花而香氣達於內外擘脯而食之云麟脯麻姑自說云接侍以來已見東海三爲桑田向到蓬萊又水淺於往日會時略半耳豈將復爲陵陸乎遠嘆曰聖人皆言海中將復揚塵也麻姑欲見蔡經母及婦等時經弟婦新產數日姑見知之曰噫且止勿前即求少許米來得米擲之墮地謂以米祛其穢也視其米

皆成丹砂遠笑曰姑故年少也吾老矣不喜復作如此狡獪變化也遠謂經家人曰吾欲賜汝輩美酒此酒乃出天厨其味醇醲非俗人所宜飲飲之或能爛腸今當以水和之汝輩勿怪也乃以斗水合升酒攪之以賜經家人人飲一升許皆醉良久酒盡遠遣左右曰不足復還取也以千錢與餘杭姥乞酤酒須臾信還得一油囊酒五斗許信傳餘杭姥答言恐地上酒不中尊飲耳麻姑手爪似鳥經見之心中念曰背大癢時得此爪以爬背當佳也遠已知經心中所言

即使人牽經鞭之謂曰麻姑神人也汝何忽謂其爪可爬背耶但見鞭著經背亦莫見有人持鞭者遠告經曰吾鞭不可妄得也經比舍有姓陳者失其名嘗罷縣尉聞經家有神人乃詣門叩頭求乞拜見於是遠使引前與語此人便欲從驅使比於蔡經遠曰君且向日而立遠從後觀之曰噫君心邪不正終未可教以仙道當授君地上主者之職司臨去以一符并一傳著以小箱中與陳尉告言此不能令君度世止能存君本壽自出百歲向上可以禳災治病者命未

終及無罪者君以符到其家便愈矣若邪鬼血食作祟禍者便帶此符以傳敕吏遣其鬼君心中亦當知其輕重臨時以意治之陳以此符治病有效事之者數百家壽一百一十歲而死死後子弟行其符不復驗矣遠去後經家所作飲食數百斛皆盡亦不見有人飲食也經父母私問經曰王君是何神人復居何處經曰常在崑崙山往來羅浮括蒼等山山上皆有宮室主天曹事一日之中與天上相反覆者十數過地上五嶽生死之事皆先來告王君王君出城盡將

百官從行唯乘一黃麟將十數侍人每行常見山林在下去地常數百丈所到則山海之神皆來奉迎拜謁其後數十年經復暫歸家遠有書與陳尉其書廓落大而不工先是人無知方平名遠者因此乃知之陳尉家於今世世存錄王君手書并符傳於小箱中

伯山甫

伯山甫者雍州人也入華山中精思服食時時歸鄉里省親如此二百年不老到人家即數人先世以來善惡功過有如目見又知方來吉凶言無不效其外

甥女年老多病乃以藥與之女時年已七十轉還少色如桃花漢武遣使者行河東忽見城西有一女子笞一老翁俛首跪受杖使者怪問之女曰此翁乃妾子也昔吾舅氏伯山甫以神藥教妾妾教子服之不肯今遂衰老行不及妾故杖之使者問女及子年幾答曰妾有一百三十歲兒七十一後入華山去

馬鳴生

馬鳴生者臨淄人也本姓和字君賢少爲縣吏捕賊爲賊所傷當時暫死忽遇神人以藥救之便活鳴生無以報之遂棄職隨神初但欲治金瘡方耳後知有長生之道乃久隨之爲負笈西之女几山北到元丘南至廬江周遊天下勤苦歷年及受太陽神丹經三卷歸入山合藥服之不樂昇天但服半劑爲地仙恒居人間不過三年輒易其處時人不知是僊人也架屋舍畜僕從車馬並與俗人皆同如此展轉經歷九州五百餘年人多識之悉怪其不老後乃白日昇天而去

李八百

李八百蜀人也莫知其名歷世見之時人計其年八百歲因以爲號或隱山林或出市廛知漢中唐公昉有志不遇名師欲教授之乃先往試之爲作客傭賃者公昉不知也八百驅使用意異於他客公昉愛異之八百乃僞病困當欲死公昉即爲迎醫合藥費數十萬錢不以爲損憂念之意形於顏色八百又轉作惡瘡周徧身體膿血臭惡不可忍近公昉爲之流涕曰卿爲吾家使者勤苦歷年常得篤疾吾取醫欲令卿愈無所恡惜而猶不愈當如卿何八百曰吾瘡不

愈。須八舐之當可。公昉乃使三婢。三婢爲舐之。八百又曰。婢舐不愈。若得君爲舐之。卽當愈耳。公昉卽舐。復言無益。欲公昉婦舐之最佳。又復令婦舐之。八百又告曰。吾瘡乃欲差。當得三十斛美酒浴身當愈。公昉卽爲酒具著大器中。八百卽起入酒中浴。瘡卽愈。體如凝脂。亦無餘痕。乃告公昉曰。吾是僊人也。子有志。故此相試。子眞可教也。今當授子度世之訣。乃使公昉夫妻幷舐瘡三婢。以其浴酒自浴。卽皆更少。顏色美悅。以丹經一卷授公昉。公昉入雲臺山中作藥。

藥成服之僊去。

李阿

李阿者。蜀人。傳世見之不老。常乞於成都市。所得復散賜與貧窮者。夜去朝還。市人莫知所止。或往問事。阿無所言。但占阿顏色。若顏色欣然則事皆吉。若容貌慘戚則事皆凶。若阿含笑者則有大慶。微嘆者則有深憂。如此候之。未嘗不審也。有古強者。疑阿異人。常親事之。試隨阿還所宿。乃在青城山中。強後復欲隨阿去。然身未知道。恐有虎狼。私持其父大刀。阿見而怒強曰。汝隨我行。那畏虎也。取強刀以擊石。刀折壞。強憂刀敗。至旦隨出。阿問強曰。汝愁刀敗也。強言實恐父怪怒。阿則取刀左手擊地。刀復如故。強隨阿還成都。未至。道逢人奔車。阿以腳置其車下。轢腳皆折。阿卽死。強怖守視之。須臾阿起。以手撫腳而復如常。強年十八。見阿年五十許。強年八十餘。而阿猶然不異。後語人被崑崙山召當去。遂不復還也。

神僊傳卷二終

神仙傳卷三

河上公

河上公者、莫知其姓字、漢文帝時、公結草爲庵于河之濱。帝讀老子經、頗好之。勅諸王及大臣皆誦之。有所不解數事。時人莫能道之。聞時皆稱河上公解老子經義旨、乃使齎所不決之事以問。公曰、道尊德貴。非可遙問也。帝卽幸其庵、躬問之。帝曰、普天之下、莫非王土。率土之濱、莫非王臣。域中四大、王居其一。子雖有道、猶朕民也。不能自屈、何乃高乎。公卽撫掌坐

躍、冉冉在虛空中、去地數丈、俛仰而荅曰、余上不至天、中不累人、下不居地、何民臣之有。帝乃下車稽首曰、朕以不德、忝統先業、才小任大、憂於不堪。雖治世事、而心敬道、直以暗昧、多所不了。唯願道君有以敎之。公乃授素書二卷與帝、曰、熟研之、此經所疑皆了。不事多言也。余注此經以來、一千七百餘年、凡傳三人、連子四矣。勿以示非其人。言畢、失其所在、須臾雲霧晦冥、天地泯合。帝甚貴之。論者以爲文帝好老子之言、世不能盡通。故神人特下敎之。而恐漢文心未至信、故示神變。所謂聖人無常心、以百姓心爲心耶。

劉根

劉根者、字君安、京兆長安人也、少明五經、以漢孝成皇帝綏和二年舉孝廉、除郎中、後棄世學道、入嵩高山石室。㟪嶸峻絶之上、直下五千餘丈、冬夏不衣、身毛長一二尺。其顏色如十四五歲人。深目多鬚、鬢皆黃、長三四寸。每與坐、或時忽然變著高冠玄衣、人不覺換之時。衡府君自說先祖與根同歲者。至王莽時、頻使使者請根、根不肯往。衡府君使府掾王珍問起

居、根不荅。再令功曹趙公往山達敬、根唯言謝府君、更無他言。後潁川太守高府君到官、郡民大疫、死者過半。太守家大小悉得病。高府君復遣珍往求根、請消除疫氣之術。珍叩頭述府君之言。根敎言、於太歲宮氣上掘地、深三尺。以沙著其中、及酒沃之。君依言。病者悉愈、疫氣尋絶。每用有效。後太守張府君以根爲妖、遣吏召根、擬戮之。一府共諫府君、府君不解。如是諸吏達根、欲令根去。根不聽。府君使至請根、根曰、張府君欲吾何爲耶。間當至耳。若不去、恐諸君招咎。

謂卿等不敢來呼我也。根是日至府。時賓客滿座。府君使五十餘人持刀杖繩索而立。根顏色不作。府君烈聲問根曰。若有何道術也。答曰。唯唯。府君曰。能召鬼乎。曰。能。府君曰。既能。即可促鬼至廳前。不爾當大戮。根曰。召鬼至易見耳。借筆硯及奏按。鏘鏘然作銅鐵之聲。聞於外。又長嘯。嘯音非常清亮。聞者莫不肅然。衆客震悚。須臾廳上南壁忽開數丈。見兵甲四五百人傳呼。赤衣兵數十人齎刀劍將一車直從壞壁中入來。又壞壁復如故。根勑下車上鬼。其赤衣便乃發車上被。見下有一老翁老姥。大繩反縛囚之。懸頭廳前。府君熟視之。乃其亡父母也。府君驚愕流涕。不知所措。鬼乃責府君曰。我生之時。汝官未達。不得汝祿養。我死。汝何爲犯神仙尊官。使我被收困辱如此。汝何面目以立人間。府君下階叩頭。向根伏罪受死。請求放赦先人。根勑五百兵將囚出散遣之。車出去。南壁開。後車過壁復如故。既失車所在。根亦隱去。府君惆悵恍惚。狀若發狂。妻登時死。良久乃蘇。云見府君家先捉者大怒。言汝何故犯神仙尊官。使我見收。

今當來殺汝。其後一月。府君夫婦男皆卒。府掾王珍數得見。數承顏色。懽然時伏地叩頭。請問根學仙時本末。根曰。吾昔入山精思。無所不到。後如華陽山。見一人乘白鹿車。從者十餘人。左右玉女四人。執采旄之節。皆年十五六。餘載拜稽首。求乞一言。神人乃告余曰。爾聞有韓衆否。答曰。實聞有之。神人曰。我是也。余乃自陳曰。某少好道而不遇明師。頗習方書。按而爲之。多不驗。豈根命相不應度世也。有幸今日得遇大神。是根宿昔夢想之願。願見哀憐。賜其要訣。神未肯告余。余乃流涕自搏重請。神人曰。坐。吾將告汝。汝有仙骨。故得見吾耳。汝今髓不滿。血不煖。氣少腦減。筋息肉沮。故服藥行氣。不得其力。必欲長生。且先治病十二年。乃可服仙藥耳。夫仙道有昇天躡雲者。有遊行五岳者。有服食不死者。有尸解而仙者。凡修仙道。要在服藥。藥有上下。仙有數品。不知房中之事及行氣導引并神藥者。亦不能仙也。藥之上者。有九轉還丹太乙金液。服之皆立登天。不積日月矣。其次有雲母雄黃之屬。雖不即乘雲駕龍。亦可役使鬼神變化長生次乃草木諸藥。能治百病補虛駐顏斷穀益氣。不能使人不死也。上可數百歲下即全其所稟而已。不足久賴也。余頓首曰今日蒙教乃天也。神人曰必欲長生先去三尸。三尸去即志意定嗜慾除也。乃以神方五篇見授。云伏尸常以月望晦朔上天白人罪過。司命奪人算使人不壽。人身中神欲得人生。而尸欲得人死。人死則神散無形之中而成鬼。祭祀之則得歆饗。故欲人死也。夢與惡人鬭爭。此乃尸與神相戰也。余乃從其言合服之。遂以得仙。珍又每見棖書符了有所呼召。似人來取。或數聞推問有人咨對。及聞鞭撻之聲而悉不見其形。及地上時時有血。莫測其端也。棖乃教珍守一行氣存神坐三綱六紀謝過上名之法。棖後入鷄頭山仙去。

李仲甫

李仲甫者、豐邑中益里人也、少學道於王君、服水丹有效、兼行遁甲。能步訣隱形。年百餘歲轉少。初隱百日一年復見形。後遂長隱。但聞其聲與人對語飲食如常。但不可見。有書生姓張。從學隱形術。仲甫言卿

性褊急未中教。然守之不止。費用數十萬以供酒食。殊無所得。張患之、乃懷匕首往、先與仲甫語畢、因依其聲所在騰足而上。拔匕首左右刺斫。仲甫已在牀上、笑曰天下乃有汝輩愚人。道學未得而欲殺之、我寧得殺耶。我真能死汝。但恕其頑愚不足問耳。使人取一犬來置書生前。曰、視我能殺犬否。犬適至頭已墮地。腹已破。乃叱書生曰、我能使卿如犬行矣。書生下地叩頭乃止、遂赦之、仲甫有相識人、居相去五百餘里、常以張羅自業、一旦張羅得一鳥。視之乃仲甫也。語畢別去。是日仲甫已復至家。在民間三百餘年。後入西嶽山去不復還也。

李意期

李意期者本蜀人、傳世見之、漢文帝時人也、無妻息。人欲遠行速至者、意期以符與之。并丹書兩腋下。則千里皆不盡日而還。或說四方國土宮觀市鄽。人未曾見聞。說者意不解。意期則爲撮土作之、但盈寸。其中物皆是。須臾消滅。或行不知所之。一年許復還。於是乞食得物。即度與貧人。於城都角中作土窟居之。

冬夏單衣、飲少酒。食脯及棗栗、劉元德欲伐吳、報關羽之死、使迎意期、意期到甚敬之、問其伐吳吉凶、意期不答、而求紙畫作兵馬器仗十數萬、乃一一裂壞之。曰咄。又畫作一大人掘地埋之、乃徑還去。備不悅、果為吳軍所敗、十餘萬眾、纔數百人得還、甲器軍資畧盡、元德忿怒、遂卒於永安宮、意期少言、人有所問畧不對答、蜀人有憂患往問之。凶吉自有常候。但占其顏色、若懽悅則善。慘慼則惡。後入琅琊山中。不復見出也。

王興

王興者、陽城人也、居壺谷中、乃凡民也。不知書。無學道意。漢武上嵩山、登大愚室、不起道宮、使董仲舒東方朔等、齋潔思神、至夜忽見有仙人長二丈。耳出頭巔。垂下至肩。武帝禮而問之、仙人曰、吾九嶷之神也、聞中岳石上菖蒲一寸九節。可以服之長生。故來採耳。忽然失神人所在。帝顧侍臣曰、彼非復學道服食者。必中岳之神以喻朕耳。為之採菖蒲服之。經二年、帝覺悶不快。遂止。時從官多服。然莫能持久。唯王興聞仙人教武帝服菖蒲。乃採服之不息。遂得長生。鄰里老少皆云、世世見之、竟不知所之、

趙瞿

趙瞿者、字子榮、上黨人也、得癩病重垂死、或告其家云、當及生棄之、若死於家、則世世子孫相蛙耳、家人為作一年糧、送置山中、恐虎狼害之、從外以木砦之。瞿悲傷自恨。晝夜啼泣。如此百餘日。夜中忽見石室前有三人。問瞿何人。瞿度深山窮林之中。非人所行之處、必是神靈、乃自陳乞叩頭求哀。其人行諸砦中、

有如雲氣、了無所礙。問瞿必欲愈病。當服藥能否。瞿曰、無狀多罪。嬰此惡疾。已見疎棄。死在旦夕。若刖足割鼻而可活。猶所甚願、況服藥豈不能也。神人乃以松子松栢脂各五升賜之。告瞿曰、此不但愈病、當長生耳。服半可愈。愈即勿廢。瞿服之未盡、病愈。身體強徤。乃歸家。家人謂是鬼、具說其由、乃喜。遂更服之二年、顏色轉少。肌膚光澤。走如飛鳥。年七十餘、食雉兔皆嚼其骨、能負重更不疲極年百七十、夜臥忽見屋間光有如鏡者。以問左右、云不見。後一日一室內盡

明能夜書文。再見面上有二人長三尺，乃美女也，甚端正，但小耳。戲其鼻上如此二女稍長大至如人，不復在面上，出在前側，常聞琴瑟之聲，欣然懽樂。在人間三百餘年，常如童子顏色。入山不知所之。

王遥

王遥者，字伯遼，鄱陽人也。有妻無子，頗能治病，病無不愈者。亦不祭祀，不用符水針藥。其行治病，但以八尺布帊敷坐於地，不飲不食，須臾病愈，便起去。其有邪魅作禍者，遥畫地作獄，因召呼之，皆見其形，入在

獄中。或狐狸鼉蛇之類，乃斬而燔燒之，病者即愈。遥有竹篋長數寸。有一弟子姓錢，隨遥數十年，未嘗見遥開之。一夜大雨晦暝，遥使錢以九節杖擔此篋，將錢出，冒雨而行，遥及弟子衣皆不濕。所行道非所曾經。又常有兩炬火導前。約行三十里許，登小山入石室。室中有二人。遥既至，取弟子所擔篋發之，中有五舌竹簧三枚。遥自鼓一枚，以二枚與室中二人，並坐鼓之。良久，遥辭去，收三簧皆納篋中，使錢擔之。室中二人出送，語遥曰：卿當早來，何爲久在俗間。遥答曰：我如是當來也。遥還家百日，天復雨，遥夜忽大治裝。遥先有葛單衣及葛布巾，已五十餘年未嘗著，此夜皆取著之。其妻即問曰：欲捨我去乎？遥曰：暫行耳。妻曰：當將錢去不？遥曰：獨去耳。妻乃泣涕曰：焉且復少留。遥曰：如是還耳。因自擔篋而去之，遂不復還。後三十餘年，弟子見遥在馬蹄山中，顏色更少，蓋地仙也。

李常在

李常在者，蜀郡人也。少治道術，百姓累世奉事，計其年已四五百歲，而不老，常如五十許人。治病困者三

月、微者一日愈。在家有二男一女，皆已嫁娶，乃去。去時從其弟子曾家、孔家各請一小兒，年皆十七八。家亦不知常在欲何去，即遣送之。常在以青竹杖度二兒，遣歸置其家所臥之處，徑還，勿與家人語。二子承教，以杖歸家，家人了不見兒去，後乃各見死在牀上。二家哀泣殯埋之。百餘日，弟子從郫縣逢常在，將此二兒俱行。二兒與弟子泣語良久，各附書到二家。發棺視之，唯青竹杖耳，乃知非死。後三十餘年，居地肺山，更娶婦。常在先婦兒乃往尋求之，未至十日，常在

謂後妻曰吾兒欲來見尋吾當去可將余餅與之及至求父所在婦以金與之兒曰父捨我去數十年日夜思戀聞父在此故自遠來覲省不求財也乃止三十日父不還兒乃欺其母曰父不還我去矣至外藏於草間常在還語婦曰此兒詐言如是當還汝語之汝長不復須我我在法不復與汝相見乃去少頃兒果來母語之如此兒自知不復見其父乃泣涕而去後七十餘年常在忽去弟子見在虎壽山下居復娶妻有父子世世見之如故故號之曰常在

神仙傳卷三終

神仙傳卷四

劉安

漢淮南王劉安者漢高帝之孫也其父厲王長得罪徙蜀道死文帝哀之而裂其地盡以封長子故安得封淮南王時諸王子貴侈莫不以聲色游獵犬馬爲事唯安獨折節下士篤好儒學兼占候方術養士數千人皆天下俊士作內書二十二篇又中篇八章言神仙黄白之事名爲鴻寶萬畢三章論變化之道凡十萬言武帝以安辯博有才屬爲諸父甚重尊之特

詔及報書常使司馬相如等共定草乃遣使召安入朝嘗詔使爲離騷經傳受詔食時便成奏之安每宴見談說得失及獻諸賦頌晨入夜出乃天下道書及方術之士不遠千里卑辭重幣請致之於是乃有八公詣門皆鬚眉皓白門吏先密以白王王使閽人自以意難問之曰我王上欲求延年長生不老之道中欲得博物精義入妙之大儒下欲得勇敢武力扛鼎暴虎橫行之壯士今先生年已耆矣似無駐衰之術又無賁育之氣豈能究於三墳五典八索九邱鈎深

致遠窮理盡性乎三者既乏餘不敢通八公笑曰我聞王尊禮賢士吐握不倦苟有一介之善莫不畢至古人貴九九之好養鳴吠之技誠欲市馬骨以致騏驥師郭生以招羣英吾年雖鄙陋不合所求故遠致其身且欲一見王雖使無益亦豈有損何以年老而逆見嫌耶王必若見年少則謂之有道皓首則謂之庸叟恐非發石採玉探淵索珠之謂也薄吾老今則少矣言未竟八公皆變爲童子年可十四五角髻青絲色如桃花門吏大驚走以白王王聞之足不履跣

而迎登思僊之臺張錦帳象牀燒百和之香進金玉之几執弟子之禮北面叩首而言曰安以凡才少好道德羈鎖世務沈淪流俗不能遣累負笈山林然夙夜饑渴思願神明沐浴滓濁精誠淺薄懷情不暢邈若雲漢不期厚幸道君降屈是安祿命當蒙拔擢喜懼屛營不知所措唯願道君哀而教之則螟蛉假翼於鴻鵠可冲天矣八童子乃復爲老人告王曰余雖復淺識備爲先學聞王好士故來相從未審王意有何所欲吾一人能坐致風雨立起雲霧畫地爲江河

撮土爲山嶽一人能崩高山塞深泉收束虎豹召致蛟龍使役鬼神一人能分形易貌坐存立亡隱蔽六軍白日爲暝一人能乘雲步虛越海凌波出入無間呼吸千里一人能入火不灼入水不濡刃射不中冬凍不寒夏曝不汗一人能千變萬化恣意所爲禽獸草木萬物立成移山駐流行宮易室一人能煎泥成金凝鉛爲銀水錬八石飛騰流珠乘雲駕龍浮於太清之上在王所欲安乃日夕朝拜供進酒脯各試其向所言千變萬化種種異術無有不效遂授王丹經

三十六卷藥成未及服而太子遷好劍自以人莫及也於時郎中雷被召與之戲而被誤中遷遷大怒被怖恐爲遷所殺乃求擊匈奴以贖罪安聞不聽被大懼乃上書於天子云漢法諸侯壅閼不與擊匈奴其罪入死安合當誅武帝素重王不咎但削安二縣耳安怒被被恐死與伍被素爲交親伍被曾以千私得罪於安安怒之未發二人恐爲安所誅乃共誣告稱安謀反天子使宗正持節治之八公謂安曰可以去矣此乃是天之發遣王王若無此事日復一日未能

去世也。八公使安登山大祭。埋金地中。即白日昇天。八公與安所踏山上石皆陷成跡。至今人馬跡猶存。八公告安曰。夫有辭之人被人誣告者。共誣人當即死滅。伍被等今當復誅矣。於是宗正以失安所在推問。云王僊去矣。天子悵然。乃諷使廷尉張湯奏伍被云爲畫計。乃誅二被九族。一如八公之言也。漢史祕之。不言安得神僊之道。恐後世人主當廢萬機而競求於安道。乃言安得罪後自殺。非得僊也。按左吳記云。安臨去。欲誅二被。八公諫曰。不可。僊去不欲害行

虫。況於人乎。安乃止。又問八公曰。可得將素所交親俱至彼。便遣還否。公曰。何不得爾。但不得過五人。安即以左吳王眷傅生等五人至元洲。便遣還。吳記具說云。安未得上天。遇諸仙伯。安少習尊貴。稀爲卑下之禮。坐起不恭。語聲高亮。或誤稱寡人。於是僊伯主者奏安云不敬。應斥遣去。八公爲之謝過。乃見赦。謫守都廁三年。後爲散僊人。不得處職。但得不死而已。武帝聞左吳等隨王僊去更還。乃詔之親問。其由吳具以對。帝大懊恨。乃歎曰。使朕得爲淮南王者。視天下如脫屣耳。遂便招募賢士。亦冀遇八公。不能得。而爲公孫卿欒大等所欺。意猶不已。庶獲其真者。以安僊去分明。方知天下實有神仙也。時人傳八公安臨去時。餘藥器置在中庭。雞犬舐啄之。盡得昇天。故雞鳴天上。犬吠雲中也。

陰長生

陰長生者。新野人也。漢皇后之親屬。少生富貴之門。而不好榮貴。唯專務道術。聞馬鳴生得度世之道。乃尋求之。遂得相見。便執奴僕之役。親運履之勞。鳴生

不教其度世之法。但日夕別與之高談。論當世之事。治農田之業。如此十餘年。長生不懈。同時共事鳴生者十二人皆悉歸去。唯長生執禮彌肅。鳴生告之曰。子真能得道矣。乃將入青城山中。煮黃土爲金以示之。立壇西面。乃以太清神丹經授之。鳴生別去。長生乃歸。合之丹成。服半劑不盡。即昇天。乃大作黃金十數萬斤。以布惠天下貧乏。不問識與不識者。周行天下。與妻子相隨。一門皆壽而不老。在民間三百餘年。後於平都山東白日昇天而去。著書九篇云。上古僊

者多矣不可盡論但漢興以來得僊者四十五人連余爲六矣二十人尸解餘並白日昇天抱朴子曰洪聞諺書有之曰子不夜行則安知道上有夜行人今不得僊者亦安知天下山林間不有學道得僊者陰君已服神藥未盡昇天然方以類聚同聲相應便自與僊人相集尋索聞見故知此近世諸僊人數耳而俗民謂爲不然以己所不聞則謂無有不亦悲哉夫草澤間士以隱逸得志以經籍自娛不耀文彩不揚聲名不修求進不營聞達人猶不能識之況僊人亦

何急急令聞達朝闕之徒知其所云爲哉陰君自敘云漢延光元年新野山北子受僊君神丹要訣道成去世付之名山如有得者列爲眞人行乎去來何爲俗間不死之要道在神丹行氣導引俛仰屈伸服食草木可得延年不能度世以至乎仙子欲聞道此是要言積學所致無爲合神上士爲之勉力加勤下愚大笑以爲不然能知神丹久視長安於是陰君裂黃素寫丹經一通封一文石之函置嵩高山一通黃櫨之簡漆書之封以青玉之函置太華山一通黃金之簡刻而書之封以白銀之函置蜀綏山一封縑書合爲十篇付弟子使世世當有所傳付又著詩三篇以示將來其一曰惟余之先佐命唐虞爰逮漢世紫艾重紆予獨好道而爲匹夫高尚素志不仕王侯貪生得生亦又何求超跡蒼霄乘龍駕浮青雲承翼與我爲伍入火不灼蹈波不濡逍遙太極何慮何憂傲戲仙都顧愍群愚年命之逝如彼川流奄忽未幾泥土爲儔奔馳索死不肯暫休其二章曰予之聖師體道之眞升降變化喬松爲隣唯余同學十有二人寒苦

求道歷二十年中多怠墮志行不堅痛乎諸子命也自天天不妄授道必歸賢身沒幽壤何時可還嗟爾將來勤加精研勿爲流俗富貴所牽神道一成升彼九天壽同三光何但億千其三章曰惟余束髮少好道德棄家隨師東西南北委放五濁避世自匿三十餘年明山之側寒不遑衣饑不暇食思不敢歸勞不敢息奉事聖師承歡悅色面垢足胝乃見哀識遂受要訣恩深不測妻子延年咸享無極黃白已成貨財千億使役鬼神玉女侍側今得度世神丹之力陰君

處民間百七十年、色如女子、白日昇天而去、

張道陵

張道陵者、沛國人也、本太學書生、博通五經、晚乃歎曰、此無益於年命、遂學長生之道。得黃帝九鼎丹法。欲合之、用藥皆糜費錢帛。陵家素貧、欲治生營田牧畜、非已所長。乃不就、聞蜀人多純厚易可教化。且多名山。乃與弟子入蜀住鵠鳴山。著作道書二十四篇。乃精思錬志。忽有天人下、千乘萬騎。金車羽蓋。驂龍駕虎、不可勝數。或自稱柱下史、或稱東海小童。乃授

陵以新出正一明威之道。陵受之能治病、於是百姓翕然奉事之、以為師。弟子戶至數萬。即立祭酒、分領其戶。有如官長。并立條制。使諸弟子隨事輸出米絹器物紙筆樵薪什物等。領人修復道路、不修復者皆使疾病。縣有應治橋道。於是百姓斬草除溷。無所不為。皆出其意。而愚者不知是陵所造、將為此文從天上下也。陵又欲以廉恥治人。不喜施刑罰。乃立條制。使有疾病者。皆疏記生身已來所犯之辜。乃手書投水中、與神明共盟約。不得復犯法。當以身死為約。於

是百姓計愈邂逅疾病、輒當首過。一則得愈、二使羞慚。不敢重犯。且畏天地而改。從此之後、所違犯者皆改為善矣。陵乃多得財物、以市其藥。合丹丹成、服半劑、不願即昇天也。乃能分形作數十人。其所居門前水池。陵常乘舟戲其中。而諸道士賓客往來盈庭。蓋座上常有一陵。與賓客對談、共食飲。而真陵故在池中也。其治病事、皆採取元素。但改易其大較、轉其首尾。而大途猶同歸也。行氣服食。故用僊法。亦無以易。故陵語諸人曰、爾輩多俗態未除。不能棄世。正可得

吾行氣導引房中之事。或可得服食草木數百歲之方耳。其有九鼎大要、唯付王長。而後合有一人從東方來。當得之。此人必以正月七日日中到。具說長短形狀。至時果有趙昇者、恰從東方來。生平原相見。其形貌亦如陵所說。陵乃七度試昇、皆過。乃受昇丹經。七試者、第一試、昇到門不為通。使人罵辱四十餘日。露宿不去。乃納之。第二試、使昇於草中守黍驅獸。暮遣美女非常。託言遠行過寄宿。與昇接牀。明日又稱脚痛不去。遂留數日。亦復調戲。昇終不失正。第三試

昇行道忽見遺金三十餅昇乃走過不取第四令昇入山採薪三虎交前咬昇衣服唯不傷身昇不恐顏色不變謂虎曰我道士耳少年不爲非故不遠千里來事神師求長生之道汝何以爾也豈非山鬼使汝來試我乎須臾虎乃起去第五試昇於市買十餘匹絹付直訖而絹主誣之云未得昇乃脫己衣買絹而償之殊無恡色第六試昇守田穀有一人往叩頭乞食衣裳破弊面目塵垢身體瘡膿臭穢可憎昇愴然爲之動容解衣衣之以私糧設食又以私米遺之第

七試陵將諸弟子登雲臺絕巖之上下有一桃樹如人臂傍生石壁下臨不測之淵桃大有實陵謂諸弟子曰有人能得此桃實當告以道要于時伏而窺之者二百餘人股戰流汗無敢久臨視之者莫不却退而還謝不能得昇一人乃曰神之所護何險之有聖師在此終不使吾死於谷中耳師有教者必是此桃有可得之理故耳乃從上自擲投樹上足不蹉跌取桃實滿懷而石壁險峻無所攀緣不能得返於是乃以桃一一擲上正得二百二顆陵得而分賜諸弟子各一陵自食留一以待昇陵乃以手引昇衆視之見陵臂加長三二丈引昇昇忽然來還乃以向所留桃與之昇食桃畢陵乃臨谷上戲笑而言曰趙昇心自正能投樹上足不蹉跌吾今欲自試投下當應得大桃也衆人皆諫唯昇與王長嘿然陵遂投空不落桃上失陵所在四方皆仰上則連天下則無底往無道路莫不驚歎悲涕唯昇長二人良久乃相謂曰師則父也自投於不測之崖吾何以自安乃俱投身而下正墮陵前見陵坐局脚牀斗帳中見昇長二人笑曰

吾知汝來乃授二人道畢三日乃還歸治舊舍諸弟子驚悲不息後陵與昇長三人皆白日冲天而去衆弟子仰視之久而乃沒於雲霄也初陵入蜀山合丹半劑雖未冲舉已成地仙故欲化作七試以度趙昇乃如其志也

神仙傳卷五

泰山老父

泰山老父者莫知姓字漢武帝東巡狩見老翁鉏於道傍頭上白光高數尺怪而問之老人狀如五十許人而有童子之色肌膚光華不與俗同帝問有何道術對曰臣年八十五時衰老垂死頭白齒落遇有道者教臣絕穀但服朮飲水并作神枕枕中有三十二物其三十二物中有二十四物以當二十四氣八毒以應八風臣行之轉老為少黑髮更生齒落復出日行三百里臣今一百八十歲矣帝受其方賜玉帛老父後入岱山中每十年五年時還鄉里三百餘年乃不復還

巫炎

巫炎字子都北海人也漢駙馬都尉武帝出見子都於渭橋其頭上鬱鬱紫氣高丈餘帝召問之君年幾何所得何術而有異氣乎對曰臣年已百三十八歲亦無所得將行詔東方朔使相此君有何道術朔對曰此君有陰道之術武帝屏左右而問之子都對曰臣年六十五時苦腰痛腳冷不能自溫口乾舌苦滲涕出百節四肢疼痛又痺不能久立得此道以來七十三年今有子二十六人身體雖勇無所疾患氣力乃如壯時無所憂患帝曰卿不仁有道而不聞於朕非忠臣也子都對曰臣誠知此道為真然陰陽之事宮中之利臣子之所難言又行之皆逆人情能為之者少故不敢以聞帝曰勿謝戲君耳遂受其法子都年二百歲服餌水銀白日昇天武帝頗行其法不能盡用之然得壽最長於先帝也

劉憑

劉憑者沛人也有軍功封壽光金鄉侯學道於稷邱子常服石桂英及中嶽石硫黃年三百餘歲而有少容尤長於禁氣當到長安諸賈人聞憑有道乃往拜見之乞得侍從求見祐護憑曰可耳又有百餘人隨憑行并有雜貨約直萬金乃於山中逢賊數百人拔刃張弓四合圍之憑語賊曰汝輩作人當念溫良若不能展才布德居官食祿當勤身苦體夫何有靦面目豺狼其心相教賊道危人利已此是伏尸都市肉

纔爲禹之法汝等弓箭當何所用於是賊射諸客箭皆反着其身須臾之間大風折木飛沙揚塵憑大呼曰小物輩敢爾天兵從頭刺殺先造意者憑言絕而衆兵一時頓地反手背上不能復動張口短氣欲死其中首帥三人鼻中出血頭裂而死餘者或能語曰乞放余生改惡爲善於是諸客或斫殺者憑禁止之乃責之曰本擬盡殺汝猶復不忍今赦汝猶敢爲賊乎皆乞命曰便當易行不敢復爾憑乃勑天兵赦之遂各能奔走去嘗有居人妻病邪魅累年不愈憑

乃勑之其家宅傍有泉水水自竭中有一蛟枯死又有古廟廟間有樹樹上常有光人止其下多遇暴死禽鳥不敢巢其枝憑乃勑之盛夏樹便枯死有大蛇長七八丈懸其間而死後不復爲患憑有姑子與人爭地俱在太守坐姑子少黨而敵家多親助爲之言者四五十人憑反覆良久忽然大怒曰汝輩敢爾應聲有雷電霹靂赤光照耀滿屋於是敵人之黨一時頓地無所復知太守甚怖爲之跪謝曰願君侯少寬威靈當爲理斷終不使差失日移數丈諸人乃能起

漢孝武帝聞之詔徵而試之曰殿下有怪輒有數十人絳衣披髮持燭相隨走馬可劾否憑曰此小鬼耳至夜帝僞令人作之憑於殿上以符擲之皆面搶地以火焠口無氣帝大驚曰此非鬼也朕以相試耳乃解之後入太白山中數十年復歸鄉里顏色更少謨按前漢書王子侯及功臣表俱無金鄉侯劉憑不審其故

欒巴

欒巴者蜀郡成都人也少而好道不修俗事時太守躬詣巴請屈爲功曹待以師友之禮巴陵太守曰聞

功曹有道寧可試見一奇乎巴曰唯即平坐却入壁中去冉冉如雲氣之狀須臾失巴所在壁外人見化成一虎人並驚虎徑還功曹舍人往視虎虎乃巴成也後舉孝廉除郎中遷豫章太守廬山廟有神能於帳中共外人語飲酒空中投杯人往乞福能使江湖之中分風舉帆行各相逢巴至郡往廟中便失神所在巴曰廟鬼詐爲天官損百姓日久罪當治之以事付功曹巴自行捕逐若不時討恐其後遊行天下所在血食枉病良民責以重禱乃下所在推問山川社

稷求鬼踪跡此鬼於是走至齊郡化爲書生善談五經太守即以女妻之巴知其所在上表請解郡守往捕其鬼不出巴謂太守賢壻非人也是老鬼詐爲廟神今走至此故來取之太守召之不出巴曰出之甚易請太守筆硯奏案巴乃作符符成長嘯空中忽有人將符去亦不見人形一坐皆驚符至書生向婦涕泣曰去必死矣須臾書生自齎符來至庭見巴不敢前巴叱曰老鬼何不復爾形應聲即便爲一貍叩頭乞活巴勑殺之皆見空中刀下貍頭墮地太守女已

生一兒復化爲貍亦殺之巴去還豫章郡多鬼又多獨足鬼爲百姓病巴到後更無此患妖邪一時消滅後徵爲尚書郎正旦大會巴後到有酒容賜百官酒又不飲而西南向噀之有司奏巴不敬詔問巴巴曰臣鄉里以臣能治鬼護病生爲臣立廟今旦有耆老皆來臣廟中享臣不能早飲之是以有酒容臣適見成都市上火臣故漱酒爲爾救之非敢不敬當請詔問虛詔抵罪乃發驛書問成都已奏言正旦食後失火須臾有太雨三陣從東北來火乃止雨著人皆作酒氣後一旦忽大風雨天地晦冥對坐不相見因失巴所在尋問巴還成都與親故別稱不更還老幼皆於廟中送之云去時亦風雨晦冥莫知去處也

左慈

左慈字元放廬江人也明五經兼通星氣見漢祚將衰天下亂起乃嘆曰值此衰亂官高者危財多者死當世榮華不足貪也乃學道尤明六甲能役使鬼神坐致行廚精思於天柱山中得石室中九丹金液經能變化萬端不可勝記魏曹公聞而召之閉一石室

中使人守視斷穀期年乃出之顏色如故曹公自謂生民無不食道而慈乃如是必左道也欲殺之慈已知求乞骸骨曹公曰何以忽爾對曰欲見殺故求去耳公曰無有此意公切高其志不苟相留也乃爲設酒曰今當遠曠乞分杯飲酒公曰善是時天寒溫酒尚熱慈拔道簪以撓酒須臾道簪都盡如人磨墨初公聞慈求分杯飲酒謂當使公先飲以與慈耳而拔道簪以畫杯酒中斷其間相去數寸即飲半半與公公不善之未即爲飲慈乞盡自飲之飲畢以杯擲屋

棟杯懸搖動似飛鳥俯仰之狀若欲落而不落舉坐莫不視杯良久乃墜旣而已失慈矣尋問之還其所居曹公遂益欲殺慈試其能免死否乃勑收慈慈走入羣羊中而追者不分乃數本羊果餘一口乃知是慈化爲羊也追者語主人意欲得見先生暫還無怯也俄而有大羊前跪而曰爲審爾否吏相謂曰此跪羊慈也欲收之於是羣羊咸向吏言曰爲審爾否由是吏亦不復知慈所在乃止後有知慈處者告公公又遣吏收之得慈慈非不能隱故示其神化耳於是

受執入獄獄吏欲拷掠之戶中有一慈戶外亦有一慈不知孰是公聞而愈惡之使引出市殺之須臾忽失慈所在乃閉市門而索或不識慈者問其狀言眇一目着青葛巾青單衣見此人便收之及爾一市中人皆眇目着葛巾青衣卒不能分公令普逐之如見便殺後有人見知便斬以獻公公大喜及至視之乃一束茅驗其尸亦亡處所後有人從荊州來見慈刺史劉表亦以慈爲惑衆擬收害之表出耀兵慈意知欲見其術乃徐徐去因又詣表云有薄禮願以餉軍

表曰道人單僑吾軍人衆安能爲濟乎慈重道之表使視之有酒一斗器盛脯一束而十人共舉不勝慈乃自出取之以刀削脯投地請百人奉酒及脯以賜兵士酒三杯脯一片食之如常脯味凡萬餘人皆周足而器中酒如故脯亦不盡坐上又有賓客千人皆得大醉表乃大驚無復害慈之意數日乃委表去入東吳有徐墮者有道術居丹徒慈過之墮門下有賓客車牛六七乘欺慈云徐公不在慈知客欺之便去客卽見牛在楊樹杪行適上樹卽不見下卽復見行

樹上又車轂皆生荊棘長一尺斫之不斷推之不動客大懼卽報徐公有一老翁眇目吾見其不急之人因欺之云公不在去後須臾牛皆如此不知何等意公曰咄咄此是左公過我汝曹那得欺之急追可及諸客分布逐之及慈羅布叩頭謝之慈意解卽遣還去及至車牛等各復如故慈見吳主孫討逆復欲殺之後出遊請慈俱行使慈行於馬前欲自後刺殺之慈在馬前着木屐挂一竹杖徐徐而行討逆着鞭策馬操兵逐之終不能及討逆知其有術乃止後慈以

意告葛仙公言當入霍山合九轉丹，遂乃仙去。

壺公

壺公者，不知其姓名也。今世所有召軍符、召鬼神治病玉府符，凡二十餘卷，皆出自公，故總名壺公符。時汝南有費長房者，為市掾，忽見公從遠方來，入市賣藥，人莫識之。賣藥口不二價，治病皆愈。語買人曰：服此藥必吐某物，某日當愈。事無不效。其錢日收數萬，便施與市中貧乏饑凍者，唯留三五十。常懸一空壺於屋上，日入之後，公跳入壺中，人莫能見，唯長房樓

上見之，知非常人也。長房乃日日自掃公座前地，及供饌物，公受而不辭。如此積久，長房尤不懈，亦不敢有所求。公知長房篤信，謂房曰：至暮無人時更來。長房如其言即往。公語房曰：見我跳入壺中時，卿便可效我跳，自當得入。長房依言，果不覺已入。入後不復是壺，唯見仙宮世界，樓觀重門閣道，宮左右侍者數十人。公語房曰：我仙人也，昔處天曹，以公事不勤見責，因謫人間耳。卿可教，故得見我。長房下座頓首曰：肉人無知，積罪却厚，幸謬見哀憫，猶人剖棺布氣，生枯起朽，但恐臭穢頑弊，不任驅使，若見哀憐，百生之厚幸也。公曰：審爾大佳，勿語人也。公後詣長房於樓上曰：我有少酒，相就飲之。酒在樓下，長房使人取之，不能舉盎，至數十人莫能得上。乃白公，公乃下，以一指提上，與房共飲之。酒器如拳許大，飲之至暮不竭。告長房曰：我某日當去，卿能去乎？房曰：欲去之心不可復言。欲使親眷不覺知去，當有何計？公曰：易耳。乃取一青竹杖與房，戒之曰：卿以竹歸家，便可稱病，以此竹杖置卿所卧處，默然便來。房如公言，去後家人

見房已死，屍在牀，乃向竹杖耳，乃哭泣葬之。房詣公，恍惚不知何所。公乃留房於群虎中，虎磨牙張口欲噬房，房不懼。明日又內於石室中，頭上有一方石，廣數丈，以茅繩懸之，又諸蛇來嚙繩，繩即欲斷，而長房自若。公往撫之曰：子可教矣。又令長房啗屎，兼蛆長寸許，異常臭惡，房難之。公乃歎謝遣之曰：子不能仙道也，賜子為地上主者，可得壽數百歲。為傳封符一卷付之，曰：帶此可主諸鬼神，常稱使者，可以治病消災。房憂不得到家，公以一竹杖與之，曰：但騎此得到

家耳。房騎竹杖辭去、忽如睡覺、已到家、家人謂是鬼、具述前事、乃發棺視之、唯一竹杖、方信之。房所騎竹杖棄葛陂中、視之乃青龍耳。初去至歸、謂一日、推問家人、已一年矣。房乃行符收鬼治病、無不愈者。每與人同坐共語、常呵責嗔怒、問其故、曰嗔鬼耳。時汝南有鬼怪、歲輒數來郡中、來時從騎如太守入府打鼓、周行內外、爾乃還去、甚以為患。房因詣府廳事、正值此鬼來到府門前、府君馳入、獨留房。鬼知之、不敢前、房大叫呼曰、便捉前鬼來、乃下車伏庭前、叩頭乞曰

改過。房呵之曰、汝死老鬼、不念溫良、無故導從、唐突官府、自知合死否、急復真形。鬼須臾成大鼈、如車輪、頭長丈餘。房又令復人形、房以一札符付之、令送與葛陂君。鬼叩頭流涕、持札去。使人追視之、乃見符札立陂邊、鬼以頭繞樹而死。房後到東海、東海大旱三年。謂請雨者曰、東海神君前來淫葛陂夫人、吾係之、辭狀不測、脫然忘之、遂致久旱。吾今當赦之、令其行雨。即便有大雨。房有神術、能縮地脈、千里存在目前、宛然放之、復舒如舊也。

蓟子訓

蓟子訓者、齊人也。少嘗仕州郡、舉孝廉、除郎中、又從軍除駙馬都尉。人莫知其有道、在鄉里時、唯行信讓、與人從事。如此三百餘年、顏色不老。人怪之、好事者追隨之、不見其所常服藥物也。性好清澹、常閑居讀易、小小作文、皆有意義。見比屋抱嬰兒、訓求抱之、失手墮地、兒即死。鄰家素尊敬子訓、不敢有悲哀之色、乃埋瘞之。後二十餘日、子訓往問之曰、復思兒否。鄰曰、小兒相命應不合成人、死已積日、不能復思也。子

訓因出外、抱兒還其家。其家謂是死、不敢受。子訓曰、但取之、無苦、故是汝本兒也。兒識其母、見而欣笑、欲母取之、抱猶疑不信。子訓既去、夫婦共往視所埋兒、棺中唯有一泥兒、長六七寸。此兒遂得長成。諸老人鬚髮畢白者、子訓但與之對坐共語、宿昔之中、明旦皆黑矣。京師貴人聞之、莫不虛心渴見、無緣致之。有年少與子訓鄰居、為太學生、諸貴人作計、共呼太學生謂之曰、子勤苦讀書、欲規富貴、但召得子訓來、使汝可不勞而得矣。生許諾、便歸事子訓、灑掃供侍左

右數百日、子訓知意謂生曰、卿非學道、焉能如此、生尚諱之、子訓曰、汝何不以實對、妄爲虛飾、吾已具知卿意。諸貴人欲見我。我豈以一行之勞。而使卿不獲榮位乎。汝可還京。吾某日當往、生甚喜、辭至京、與貴人具說某日子訓當到、至期未發、生父母來詣子訓、子訓曰、汝恐吾忘、使汝見失信不仕耶、吾今食後即發、半日乃行二千里、既至、生急往拜迎、子訓、尚問誰欲見我、生曰、欲見先生者甚多、不敢枉屈、但知先生所至、當自來也、子訓曰、吾千里不倦、豈惜寸步乎、欲

見者語之、令各絕賓客、吾明日當各詣宅、生如言告諸貴人、各自絕客灑掃、至時子訓果來、凡二十三家、各有一子訓。諸朝士各謂子訓先到其家。明朝至朝各問子訓何時到宅、二十三人所見皆同、是所服飾顏貌無異、唯所言話隨主人意、答乃不同也、京師大驚異其神變如此、諸貴人並欲詣子訓、子訓謂生曰、諸貴人謂我重瞳八彩、故欲見我、今見我矣、我亦無所能論道、吾去矣、適出門、諸貴人冠蓋塞路而來、生具言適去矣、東陌上乘騾者是也、各走馬逐之不及、

如此半日、相去常一里許、終不能及、遂各罷還、子訓至陳公家、言曰、吾明日中時當去、陳公問遠近行乎、曰、不復更還也、陳公以葛布單衣一送之、至時子訓乃死、屍僵、手足交胷上、不可得伸、狀如屈鐵、屍作五香之芳氣、達於巷陌、其氣甚異、乃殯之棺中、未得出、棺中翕然作雷霆之音。光照宅宇、坐人頓伏、良久視其棺蓋、乃分裂飛於空中、棺中無人。但遺一隻履而已、須臾聞陌上有人馬蕭鼓之聲、徑東而去、乃不復見、子訓去後、陌上數十里、芳香百餘日不歇也、

神仙傳卷六

李少君

李少君者、齊人也、漢武帝招募方士、少君於安期先生得神丹爐火之方。家貧不能辦藥。謂弟子曰、老將至矣。而財不足。雖躬耕力作、不足以致辦。今天子好道。欲往見之、求爲合藥、可得恣意。乃以方上帝云、丹砂可成黃金、金成服之昇僊。臣常遊海上、見安期先生、食棗大如瓜。天子甚尊敬之。賜遺無數。少君常與武安侯飲食。座中有一老人年九十餘。少君問其名

乃言曾與老人祖父遊夜。見小兒從其祖父。吾故識之。時一座盡驚。又少君見武帝有故銅器。因識之曰、齊桓公常陳此器於寢座。帝按言觀其刻字、果齊之故器也。因以少君是數百歲人矣。視之如五十許人。面色肌膚。甚有光澤。口齒如童子。王公貴人聞其能令人不死。莫不仰慕。所遺金錢山積。少君乃密作神丹。丹成。謂帝曰、陛下不能絕驕奢。遣聲色。殺伐不止。喜怒不勝。萬里有不歸之魂。市曹有流血之刑。神丹大道、未可得成。乃以少藥方與帝。少君便稱疾。是夜帝夢與少君俱上嵩高山。半道有使者乘龍持節雲中來、言太乙請少君。帝遂覺。即使人問少君消息、且告近臣曰、朕昨夢少君捨朕去。少君乃病困。帝往視之。并使人受其方。事未竟而卒。帝曰、少君不死。故化去耳。及斂、忽失屍所在。中表衣悉不解、如蟬蛻也。帝猶增歎恨求少君不勤也。初少君與朝議郎董仲躬相親愛。仲躬宿有疾。體枯氣少。少君乃與其成藥二劑。并其方。用戊巳之草、後土脂、黃精根、獸沈、先莠之根、百卉花醸、亥月上旬合煎、銅器中使童子沐浴潔

淨、調其湯火、使合成雞子。三枚爲程。服盡一劑、身體便輕。服三劑、齒落更生。五劑、年壽長而不復傾。仲躬爲人剛直。博學五經。然不達道術。笑世人服藥學道。頻上書諫武帝。以爲人生有命。衰老有常。非道術所能延。意雖見其有異。將爲天性。非術所致。得藥竟不服。又不問其方。少君去後數月。仲躬病甚。常聞武帝說前夢。恨惜少君。仲躬憶少君所留藥。試服之。未半乃身體輕壯。其病頓愈。服盡。氣力如年少時。乃信有長生不死之道。解官行求道士。問其方。竟不能悉曉。

仲躬唯得髮不白。形容盛甚、年八十餘乃死。囑其子道生曰我少得少君方藥、初不信事。後得力無能解之。懷恨于黃泉矣。汝可行求人間方術之事。解其方意。長服此藥必度世也。時有文成將軍亦得少君術。事武帝。帝後遣使誅之。文成謝使者曰為吾謝帝。不能忍少日而敗大事乎。帝好自愛。後三十年求我於成山。方共事不相怨也。使者還見言之。帝令發其棺視之無所見。唯有竹筒一枚。帝疑其弟子竊其屍而藏之。乃收捕檢問其跡。帝乃大悔誅文成。後復徵諸

方士更於甘泉祀太乙。又別設一座祀文成。帝親執禮焉。

孔元方

孔元方許昌人也、常服松脂茯苓松實等藥、老而益少、容如四十許人、郄元節左元放皆為親友、俱棄五經當世之人事、專修道術、元方仁慈惡衣蔬食、飲酒不過一升、年有七十餘歲。道家或請元方會同飲酒。次至元方、元方作一令、以杖拄地、乃手把杖倒豎頭在下、足向上。以一手持杯倒飲。人莫能為也。元方有妻子。不畜餘財。頗種五穀。時失火。諸人並來救之。出屋下衣糧牀几。元方都不救。唯箕踞籬下視火。其妻促使元方助收物。元方笑曰何用惜此。又鑿水邊岸作一窟室。方廣丈餘。元方入其中斷穀。或一月兩月乃復還。家人亦不得往來。窟前有一栢樹。生道後棘草間委曲隱蔽。弟子有急欲詣元方窟室者。皆莫能知。後東方有一少年姓馮名遇。好道。伺候元方便尋窟室得見。曰人皆來不能見我。汝得見似可教也。乃以素書二卷授之。曰此道之要言也。四十年得傳一

人。世無其人。不得以年限足故妄授。若四十年無所授者。卽八十年而有二人可授者。卽頓授二人。可授不授為閉天道。不可授而授為泄天道。皆殃及子孫。我已得所傳。吾其去矣。乃委妻子入西嶽。後五十餘年、暫還鄉里、時人尚有識之者、

王烈

王烈者字長休。邯鄲人也、常服黃精及鉛、年三百三十八歲。猶有少容。登山歷險。行步如飛。少時本太學書生。學無不覽。常與人談論五經百家之言。無不識

傳中散大夫譙國嵇叔夜甚敬愛之數數就學共入山遊戲採藥後烈獨之太行山中忽聞山東崩地殷殷如雷聲烈不知何等往視之乃見山破石裂數百丈兩畔皆是青石石中有一穴口徑闊尺許中有青泥流出如髓烈取泥試丸之須臾成石如投熱蠟之狀隨手堅凝氣如粳米飯嚼之亦然烈合數丸如桃大用携少許歸乃與叔夜曰吾得異物叔夜甚喜取而視之已成青石擊之琤琤如銅聲叔夜即與烈往視之斷山已復如故烈入河東抱犢山中見一石室

室中有石架架上有素書兩卷烈取讀莫識其文字不敢取去却着架上暗書得數十字形體以示康康盡識其字烈喜乃與康共往讀之至其道徑了了分明比及又失其石室所在烈私語弟子曰叔夜未合得道故也又按神仙經云神山五百年輒開其中石髓出得而服之壽與天相畢烈前得者必是也河東聞喜人多累世奉事烈者晉永寧年中出洛下遊諸處與人共戲鬬射烈挽二石弓射百步十發矢九破的一年復去又張子道者年九十餘拜烈烈平坐受之座人怪之子道曰我年八九歲時見顏色與今無異吾今老矣烈猶有少容後莫知所之

焦先

焦先者字孝然河東人也年一百七十歲常食白石以分與人熟煮如芋食之日日入山伐薪以施人先自村頭一家起周而復始負薪以置人門外人見之鋪席與坐爲設食先便坐亦不與人語負薪來如不見人便私置於門間便去連年如此及魏受禪居河之湄結草爲庵獨止其中不設牀席以草蓐襯坐其

身垢污濁如泥潦或數日一食行不由徑不與女人交游衣敝則賣薪以買故衣着之冬夏單衣太守董經因往視之又不肯語經益以爲賢後遭野火燒其庵人往視之見先危坐庵下不動火過庵燼先方徐徐而起衣物悉不焦灼又更作庵天忽大雪人屋多壞先庵倒人往不見所在恐已凍死乃共拆庵求之見先熟卧於雪下顏色赫然氣息休休如盛暑醉卧之狀人知其異多欲從學道先曰我無道也或忽老忽少如此二百餘歲後與人別去不知所適所請者

竟不得一言也。

孫登

孫登者、不知何許人也、恒止山間穴地而坐。彈琴讀易。冬夏單衣。天大寒。人視之。輒被髮自覆身。髮長丈餘。又雅容非常。歷世見之。顔色如故。市中乞得錢物。轉與貧人。更無餘資。亦不見食。時楊駿爲太傅。使傳迎之。問訊不答。駿遣以一布袍。亦受之。出門就人借刀斷袍。上下異處。置於駿門下。又復斫碎之。時人謂爲狂。後乃知駿當誅斬。故爲其象也。駿録之不放去。

登乃卒死。駿給棺埋之於振橋。後數日有人見登在董馬坡。因寄書與洛下故人。嵇叔夜有邁世之志。曾詣登。登不與語。叔夜乃扣難之。而登彈琴自若。久之。叔夜退。登曰少年才優而識寡。劣於保身。其能免乎。俄而叔夜竟陷大辟。叔夜善彈琴。於是登彈一絃之琴。以成音曲。叔夜乃歎息絶思也。

呂文敬

呂恭、字文敬。少好服食。將一奴一婢於太行山中採藥。忽見三人在谷中。問恭曰。子好長生乎。乃勤苦艱險如是耶。恭曰實好長生。而不遇良方。故採服此藥。冀有微益耳。一人曰我姓呂。字文起。次一人曰我姓孫。字文陽。次一人曰我姓王。字文上。三人皆太清太和府仙人也。時來採藥。當以成新學者。公既與我同姓。又字得吾半支。此是公命當應長生也。若能隨我採藥。語公不死之方。恭即拜曰。有幸得遇仙人。但恐暗塞多罪。不足教授耳。若見采收。是更生之願也。即隨仙人去二日。乃授恭秘方一首。因遣恭去。曰可視鄉里。恭即拜辭。三人語恭曰。公來二日。人間已二百

年矣。恭歸家。但見空宅。子孫無復一人也。乃見鄉里數世後人趙輔者。問呂恭家人皆何所在。輔曰君從何來。乃問此久遠人也。吾昔聞先人說云。昔有呂恭者。持奴婢入太行山採藥。遂不復還。以爲虎狼所食。已二百餘年矣。恭有數世子孫呂習者。居在城東十數里。作道士。民多奉事之。推求易得耳。恭承輔言。到習家。扣門問訊。奴出問公從何來。恭曰此是我家。我昔隨仙人去。至今二百餘年。習聞之驚喜。跣出拜曰。仙人來歸。悲喜不能自勝。公因以神方授習而去。習

已年八十服之即還少壯至二百歲乃入山中子孫世世不復老死

沈建

沈建丹陽人也世爲長吏建獨好道不肯仕宦學道引服食之術還年却老之法又能治病病無輕重治之即愈奉事之者數百家建嘗欲遠行寄一婢三奴驢一頭羊十口各與藥一丸語主人曰但累屋不煩飲食也便去主人大怪之曰此客所寄十五口不留寸資當若之何建去後主人飲奴婢奴婢聞食氣皆

逆吐不用以草飼驢羊驢羊避去不食或欲抵觸主人大驚愕百餘日奴婢體貌光澤勝食之時驢羊皆肥如飼建去三年乃還各以藥一丸與奴婢驢羊乃飲食如故建遂斷穀不食輕舉飛行或去或還如此三百餘年乃絕跡不知所之也

董奉

董奉者字君異侯官人也吳先主時有少年爲奉本縣長見奉年四十餘不知其道罷官去後五十餘年復爲他職行經侯官諸故吏人皆老而奉顏貌一如往日問言君得道邪吾昔見君如此吾今已皓首而君轉少何也奉曰偶然耳又杜燮爲交州刺史得毒病死死已三日奉時在彼乃往與藥三丸內在口中以水灌之使人捧舉其頭搖而消之須臾手足似動顏色漸還半日乃能起坐後四日乃能語云死時奄忽如夢見有十數烏衣人來收燮上車去入大赤門徑以付獄中獄各一戶戶纔容一人以燮內一戶中乃以土從外封塞之不復見外光忽聞戶外人言云太乙遣使來召杜燮又聞除其戶土良久引出見有

車馬赤蓋三人共坐車上一人持節呼燮上車將還至門而覺燮遂活因起謝曰甚蒙大恩何以報效乃爲奉起樓於庭中奉不食他物唯啖脯棗飲少酒燮一日三度設之奉每來飲食或如飛鳥騰空來坐食了飛去人每不覺如是一年餘辭燮去燮涕泣留之不住燮問欲何所之莫要大船否奉曰不用船唯要一棺器耳燮即爲具之至明日日中時奉死燮以其棺殯埋之七日後有人從容昌來奉見囑云爲謝燮好自愛理燮聞之乃啓殯發棺視之唯存一帛一面

書作人形。一面丹書作符。後還豫章廬山下居。有一人中有癘疾垂死。載以詣奉叩頭求哀之。奉使病人坐一房中。以五重布巾蓋之。使勿動。病者云初聞一物來舐身。痛不可忍。無處不匝。量此舌廣一尺許。氣息如牛。不知何物也。良久物去。奉乃往池中以水浴之。遣去。告云不久當愈。勿當風。十數日。病者身赤無皮。甚痛。得水浴痛即止。二十日皮生即愈。身如凝脂。後忽大旱。縣令丁士彥議曰。聞董君有道。當能致雨。乃自齎酒脯見奉。陳大旱之意。奉曰。雨易得耳。因視

屋曰。貧道屋皆見天。恐雨至何堪。令解其意。曰先生但致雨。當爲立架好屋。明日士彥自將人吏百餘輩運竹木起屋。立成。方聚土作泥。擬數里取水。奉曰。不須爾。暮當大雨。乃止。至暮即大雨。高下皆平。萬民大悅。奉居山不種田。日爲人治病。亦不取錢。重病愈者使栽杏五株。輕者一株。如此數年。計得十萬餘株。鬱然成林。乃使山中百禽群獸游戲其下。卒不生草。常如芸治也。後杏子大熟。於林中作一草倉。示時人曰。欲買杏者。不須報奉。但將穀一器置倉中。即自往取一器杏去。常有人置穀來少而取杏去多者。林中羣虎出吼逐之。大怖急挈杏走。路傍傾覆。至家量杏。一如穀多少。或有人偷杏者。虎逐之到家。嚙至死。家人知其偷杏。乃送還奉。叩頭謝過。乃却使活。奉每年貨杏得穀。旋以賑救貧乏。供給行旅不逮者。歲二萬餘斛。縣令有女爲精邪所魅。醫療不効。乃投奉治之。若得女愈。當以侍巾櫛。奉然之。即召得一白鼉長數丈。陸行詣病者門。奉使侍者斬之。女病即愈。奉遂納女爲妻。久無兒息。奉每出行。妻不能獨住。乃乞一女養

之。年十餘歲。奉一日竦身入雲中去。妻與女猶存其宅。賣杏取給。有欺之者。虎還逐之。奉在人間三百餘年乃去。顏狀如三十時人也。

神仙傳卷六終

神仙傳卷七

太元女

太元女姓顓名和少喪父或相其母子皆曰不壽惻然以爲憂常曰人之處世一失不可復生況聞壽限之促非修道不可以延生也遂行訪明師洗心求道得王子之術行之累年遂能入水不濡盛雪寒時單衣氷上而顏色不變身體溫煖可至積日又能徙官府宮殿城市屋宅於他處視之無異指之即失其所在門戶櫝櫃有關鑰者指之即開指山山摧指樹樹

折更指之即復如故將弟子行山間日暮以杖叩石即開門戶入其中屋宇床褥幃帳廩供酒食如常雖行萬里所在常爾能令小物忽大如屋大物忽小如毫芒或吐火張天噓之即滅又能坐炎火之中衣履不燃須臾之間或化老翁或爲小兒或爲車馬無所不爲行三十六術甚効起死迴生救人無數不知其何所服食亦無得其術者顏色益少鬢髮如鴉忽白日昇天而去

西河少女

西河少女者神仙伯山甫外甥也山甫雍州人入華山學道精思服食時還鄉里省親族二百餘年容狀益少入人家即知其家先世已來善惡功過有如目擊又知將來吉凶言無不效見其外甥女年少多病與之藥女服藥時年已七十稍稍還少色如嬰兒漢遣使行經西河於城東見一女子笞一老翁頭白如雪跪而受杖使者怪而問之女子答曰此是妾兒也昔妾舅伯山甫得神仙之道隱居華山中愍妾多病以神藥授妾漸復少壯今此兒妾令服藥不肯致此

衰老行不及妾妾恚之故因杖耳使者問女及兒年各幾許女子答云妾年一百三十歲兒年七十一矣此女亦入華山而去

程偉妻

漢期門郎程偉妻得道者也能通神變化偉不甚異之偉當從駕出行而服飾不備甚以爲憂妻曰止闕衣耳何愁之甚耶即致兩匹縑忽然自至偉亦好黃白之術煉時即不成妻乃出囊中藥少許以器盛水銀投藥而煎之須臾成銀矣偉欲從之受方終不能

得云偉骨相不應得過之不已妻遂歷然而死尸解而去

麻姑

漢孝桓帝時神仙王遠字方平降於蔡經家將至一時頃聞金鼓簫管人馬之聲及舉家皆見王方平戴遠遊冠着朱衣虎頭鞶囊五色之綬帶劍少鬚黄色中形人也乘羽車駕五龍龍各異色麾節幡旗前後導從威儀奕奕如大將軍鼓吹皆乘麟從天而下懸集於庭從官皆長丈餘不從道行既至從官皆隱不

知所在唯見方平與經父母兄弟相見獨坐久之即令人相訪經家亦不知麻姑何人也言曰王方平敬報姑余久不在人間今來在此想姑能暫來語乎有頃使者還不見其使但聞其語云麻姑再拜不見忽已五百餘年尊卑有敘修敬無階煩信來承在彼登山顛倒而先受命當按行蓬萊今便暫往如是當還還便親覲願未即去如此兩時間麻姑至矣來時亦先聞人馬簫鼓聲既至從官半於方平麻姑至蔡經亦舉家見之是好女子年十八九許於頂中作髻餘

髮垂至腰其衣有文章而非錦綺光綵耀目不可名狀入拜方平方平爲之起立坐定召進行廚皆金盤玉杯餚膳多是諸花果而香氣達於内外擘脯行之如柏靈云是麟脯也麻姑自說云接侍以來已見東海三爲桑田向到蓬萊水淺淺于往者會時略半也豈將復還爲陵陸乎方平笑曰聖人皆言海中復揚塵也姑欲見蔡經母及婦姪時弟婦新産數十日麻姑望見乃知之曰噫且止勿前即求少許米得米便擲之擲地視其米皆成真珠矣方平笑曰姑故年少

吾老矣了不喜復作此狡獪變化也方平語經家人曰吾欲賜汝輩酒此酒乃出天厨其味醇醲非世人所宜飲飲之或能爛腸今當以水和之汝輩勿怪也乃以一升酒合水一斗攪之賜經家飲一升許良久酒盡方平語左右曰不足遠取也以千錢與餘杭姥相聞求其沽酒須臾信還得一油囊酒五斗許信傳餘杭姥答言恐地上酒不中尊飲耳又麻姑鳥爪蔡經見之心中念言背大癢時得此爪以爬背當佳方平已知經心中所念即使人牽經鞭之謂曰麻姑神

人也汝何思謂爪可以爬背耶但見鞭着經背亦不見有人持鞭者方平告經曰吾鞭不可妄得也是日又以一符傳授蔡經鄰人陳尉能檄召鬼魔救人治疾蔡經亦得解蛻之道如蛻蟬耳經常從王君遊山海或暫歸家王君亦有書與陳尉多是篆文或眞書字廓落而大陳尉世世寶之宴畢方平麻姑命駕昇天而去簫鼓道從如初焉

樊夫人

樊夫人者劉綱妻也綱仕爲上虞令有道術能檄召

鬼神禁制變化之事亦潛修密證人莫能知爲理尚清靜簡易而政令宣行民受其惠無水旱疫毒鷙暴之傷歲歲大豐暇日常與夫人較其術因俱坐堂上綱作火燒客碓屋從東起夫人禁之即滅庭中兩株桃夫妻各呪一株使相鬬擊良久綱所呪者不如數走出籬外綱唾盤中即成鯉魚夫人唾盤中成獺食魚綱與夫人入四明山路阻虎綱禁之虎伏不敢動適欲往虎即滅之夫人徑前虎即面向地不敢仰視夫人以繩繫虎於床脚下綱每共試術事事不勝將

昇天縣廳側先有大皂莢樹綱昇樹數丈方能飛舉夫人平坐冉冉如雲氣之昇同昇天而去

嚴清

嚴清會稽人家貧常於山中作炭忽有一人與清語不知其異人也臨別以一卷書與清曰汝得長生故以相授當以潔器盛之置於高處清授之後得其術入霍山仙去

帛和

帛和字仲理遼東人也入地肺山事董奉奉以行氣

服朮法授之告和曰吾道盡此不能得神丹金砂周遊天下無山不往汝今少壯廣求索之和乃到西城山事王君王君語和大道訣曰此山石室中當熟視北壁當見壁有文字則得道矣視壁三年方見文字乃古人之所刻太清中經神丹方及三皇天文大字五岳眞形圖皆著石壁和諷誦萬言義有所不解王君乃授之訣後入林慮山爲地仙林慮一名隆慮其山南連大行北接恒岳有仙人樓高五十丈

東陵聖母

東陵聖母廣陵海陵人也適杜氏師劉綱學道能易形變化隱見無方杜不信道常怒之聖母理疾救人或有所詣杜恚之愈甚訟之官云聖母姦妖不理家務官收聖母付獄頃之已從獄窗中飛去衆望見之轉高入雲中留所着履一雙在窗下於是遠近立廟祠之民所奉事禱之立効常有一青鳥在祭所人有失物者乞問所在青鳥卽飛集盜物人之上路不拾遺歲月稍久亦不復介至今海陵縣中不得為姦盜之事大者卽風波沒溺虎狼殺之小者卽復病也

葛元

葛元字孝先從左元放受九丹金液仙經未及合作常服餌木尤長於治病鬼魅皆見形或遣或殺能絶穀連年不饑能積薪烈火而坐其上薪盡而衣冠不灼飲酒一斛便入深泉澗中臥酒解乃出身不濡濕元備覽五經又好談論好事少年數十人從元游學嘗舟行見器中藏書札符數十枚因問此符之驗能為何事可得見否元曰符亦何所為乎卽取一符投江中逆流而上曰何如客曰異矣又取一符投江中停立不動須臾下符上上符下三符合一處元乃取之又江邊有一洗衣女元謂諸少年曰吾為卿等走此女何如客曰善乃投一符于水中女便驚走數里許不止元曰可以使止矣復以一符投水中女卽止還人問女何怖而走答曰吾自不知何故也元常過主人主人病祭祀道精人而使元飲酒精人言語不遜元大怒曰奸鬼敢爾敕五伯曳精人縛柱鞭脊卽見如有人牽精人出者至庭抱柱解衣投地但聞鞭聲血出淋漓精人故作鬼語乞命元曰赦汝死罪汝能令生人病愈否精人曰能元曰與汝三日期病者不愈當治汝精人乃見放元嘗行過廟此神常使往來之人未至百步乃下騎乘中有大樹數十株上有群鳥莫敢犯之元乘車過不下須臾有大風廻逐元車塵埃漫天從者皆辟易元乃大怒曰小邪敢爾卽舉手止風風便止元還以符投廟中樹上鳥皆墮地而死後數日廟樹盛夏皆枯尋廟屋火起焚燒悉盡元見買魚者在水邊元謂魚主曰欲煩此魚至河伯處可乎魚人曰魚已死矣何能為元曰無苦也乃以

魚與元元以丹書紙背魚腹擲魚水中俄頃魚還躍
上岸吐墨書青色如大葉而飛去元常有賓後來者
出迎之坐上又有一元與客語迎送亦然時天寒元
謂客曰貧居不能人人得爐火請作火共使得煖元
因張口吐氣赫然火出須臾滿屋客盡得如在日中
亦不甚熱諸書生請元作可以戲者元時患熱方仰
卧使人以粉粉身未及結衣答曰熱甚不能起作戲
元因徐徐以腹揩屋棟數十過還復牀上及下冉冉
如雲氣腹粉着屋棟連日尚在元方與客對食食畢

漱口口中飯盡成大蜂數百頭飛行作聲良久張口
羣蜂還飛入口中元嚼之故是飯也元手拍牀蝦蟆
及諸蟲飛鳥燕雀魚鱉之屬使之舞皆應絃節如人
元止之即止元冬中能爲客設生瓜夏致氷雪又能
取數十錢使人散投井中元徐徐以器於上呼錢出
於是一一飛從井中出悉入器中元爲客致酒無人
傳杯杯自至人前或飲不盡杯亦不去畫流水即爲
逆流十丈許于昔有一道士頗能治病從中國來欺
人言我數百歲元知其詐後會衆坐元謂所親曰欲

知此公年否所親曰善忽有人從天上下舉座矚目
良久集地着朱衣進賢冠入至此道士前曰天帝詔
問公之定年幾許而欺誑百姓道士大怖下牀長跪
答曰無狀實年七十三元因撫手大笑忽然失朱衣
所在道士大慙遂不知所之吳大帝請元相見欲加
榮位元不聽求去不得以客待之常共遊宴坐上見
道間人民請雨帝曰百姓請雨安可得乎元曰易得
耳即便書符著社中一時之間天地晦冥大雨流注
中庭平地水尺餘帝曰水寧可使有魚乎元曰可復

書符水中須臾有大魚百許頭亦各長一二尺走水
中帝曰可食乎元曰可遂使取治之乃眞魚也常從
帝行舟遇大風百官船無大小多濡沒元船亦淪失
所在帝歎曰葛公有道亦不能免此乎乃登四望山
使人鈎船船沒已經宿忽見元從水上來既至尚有
酒色謝帝曰昨因侍從而伍子胥見彊牽過卒不得
捨去煩勞至尊暴露水次元每行卒逢所親要于道
間樹下折草刺樹以杯器盛之汁流如泉杯滿即止
飲之皆如好酒又取土石草木以下酒入口皆是鹿

脯其所刺樹以杯承之杯至即汁出杯滿即止他人取之終不爲出也或有請元元意不欲往主人彊之不得已隨去行數百步元腹痛止而卧地須臾死舉頭頭斷舉四肢四肢斷更臭爛蟲生不可復近請之者遽走告元家更見元故在堂上此人亦不敢言之走還向元死處已失元尸所在與人俱行能令去地三四尺仍並而步又元游會稽有賈人從中國過神廟廟神使主簿敎語賈人曰欲附一封書與葛公可爲致之主簿因以函書擲賈人船頭如釘着不可取

及達會稽即以報元元自取之即得語弟子張大言曰吾爲天子所逼留不遑作大藥今當尸解八月十三日日中當發至期元衣冠入室卧而氣絕其色不變弟子燒香守之三日夜半忽大風起發屋折木聲如雷炬滅良久風止忽失元所在但見委衣床上帶無解者旦問隣家隣家人言了無大風風止止一宅籬落樹木皆敗折也

神仙傳卷七終

神仙傳卷八

鳳綱

鳳綱者漁陽人也常採百草花以水漬封泥之自正月始盡九月末止埋之百日煎九火卒死者以藥内口中皆立活綱常服此藥至數百歲不老後入地肺山中仙去

衛叔卿

衛叔卿者中山人也服雲母得仙漢元封二年八月壬辰孝武皇帝閒居殿上忽有一人乘雲車駕白鹿

從天而下來集殿前其人年可三十許色如童子羽衣星冠帝乃驚問曰爲誰答曰吾中山衛叔卿也帝曰子若是中山人乃朕臣也可前共語叔卿本意謁帝謂帝好道見之必加優禮而帝今云是朕臣也於是大失望默然不應忽焉不知所在帝甚悔恨即遣使者梁伯至中山推求叔卿不得見但見其子名度世即將還見帝問云汝父今在何所對曰臣父少好仙道常服藥導引不交世事委家而去已四十餘年云當入太華山也帝即遣使者與度世共之華山求

壽其父。到山下。欲上輙火。不能上也。積數十日。度世謂使者曰。豈不欲令吾與他人俱往乎。乃齋戒獨上。未到其嶺。於絶巖之下。望見其父與數人博戲於石上。紫雲鬱鬱於其上。白玉爲牀。又有數仙童執幢節立其後。度世望而再拜。叔卿曰。汝來何爲。度世曰。帝甚恨前日倉卒不得與父言語。今故遣使者梁伯與度世共來。願更得見父也。叔卿曰。前爲太上所遣。欲誡帝以大災之期。及救危厄之法。國祚可延。而彊梁自貴。不識眞道。而反欲臣我。不是告語。是以去耳。今

當與中黄太乙共定天元。吾終不復往耳。度世曰。不審向與父並坐是誰也。叔卿曰。洪崖先生、許由、巢父、火低公、飛黄子、王子晉、薛容耳。今世向大亂。天下無聊。後數百年間。土滅金亡。汝歸當取吾齋室西北隅大柱下玉函。函中有神素書。取而按方合服之。一年可能乘雲而行。道成來就吾於此。勿得爲漢臣也。亦不復爲語帝也。度世於是拜辭而去。下山見梁伯。不告所以。梁伯意度世必有所得。乃叩頭於度世求乞道術。先是度世與之共行。見伯情行溫實。乃以語之。梁伯。但不見柱下之神方耳。後掘得玉函。封以飛仙之香。取而餌服。乃五色雲母。遂合藥服之。與梁伯俱仙去。留其方與子。而世人多有得之者。

墨子

墨子者。名翟。宋人也。仕宋爲大夫。外治經典。内修道術。著書十篇。號爲墨子。世多學者。與儒家分途。務尚儉約。頗毁孔子。有公輸般者。爲楚造雲梯之械以攻宋。墨子聞之。往詣楚。脚壞。裂裳裹足。七日七夜到見公輸般而説之曰。子爲雲梯以攻宋。宋何罪之有。餘

於地而不足於民。殺所不足而爭所有餘。不可謂智。宋無罪而攻之。不可謂仁。知而不爭。不可謂忠。爭而不得。不可謂彊。公輸般曰。吾不可以已。言於王矣。墨子見王曰。於今有人捨其文軒。鄰有一弊輿而欲竊之。舍其錦繡。鄰有短褐而欲竊之。舍其梁肉。鄰有糟糠而欲竊之。此爲何若人也。王曰。若然者必有狂疾。翟曰。楚有雲夢之麋鹿。江漢之魚龜。爲天下富。宋無雉兎鮒魚。猶梁肉與糟糠也。楚有杞梓豫章。宋無數丈之木。此猶錦繡之與短褐也。臣聞大王更議攻宋

有與此同。主曰善哉。然公輸般已爲雲梯。謂必取宋。於是見公輸般。墨子解帶爲城。以幞爲械。公輸般乃設攻城之機。九變而墨子九拒之。公輸之攻城械盡。而墨子之守有餘也。公輸般曰吾知所以攻子矣。吾不言。墨子曰吾知子所以攻我。我亦不言。王問其故。墨子曰公輸之意不過殺臣。謂宋莫能守耳。然臣弟子禽滑釐等三百人。早已操臣守禦之器。在宋城上而待楚寇矣。雖殺臣不能絶也。楚乃止。不復攻宋。墨子年八十有二。乃歎曰世事已可知。榮位非常。保將

委流俗以從赤松子游耳。乃入周狄山。精思道法。想像神仙。於是數聞左右山間有誦書聲者。墨子卧後。又有人來以衣覆足。墨子乃伺之。忽見一人。乃起問之曰君豈非山岳之靈氣乎。將度世之神仙乎。願且少留。誨以道要。神人曰知子有志好道。故來相候。子欲何求。墨子曰願得長生。與天地相畢耳。於是神人授以素書朱英丸方道靈教戒五行變化凡二十五篇。告墨子曰子有仙骨。又聰明。得此便成。不復須師。墨子拜受合作。遂得其驗。乃撰集其要。以爲五行記。乃得地仙。隱居以避戰國。至漢武帝時。遣使者楊違束帛加璧以聘墨子。墨子不出。視其顏色。常如五十許人。周游五嶽。不止一處。

孫博

孫博者。河東人也。有清才。能屬文。著書百餘篇。誦經數十萬言。晚乃好道。治墨子之術。能令草木金石皆爲火光。照數里。亦能使身成火。口中吐火。指大樹生草則焦枯。更指還如故。又有人亡奴。藏匿軍中者。捕之不得。博語奴主曰吾爲卿燒其營舍。奴必走出。卿

但諦伺捉之。於是博以一赤丸子擲軍門。須臾火起燭天。奴果走出。乃捉得之。博乃復以一青丸子擲之。火即滅。屋舍百物如故不損。博每作火有所燒。他人以水灌之。終不可滅。須臾自止之。方止。行水火中不沾灼。亦能使千百人從已蹈之。俱不沾灼。又與人往水上布席而坐。飲食作樂。使衆人舞於水上。又山間石壁地上盤石。博入其中。漸見背及兩耳。良久都沒。又能吞刀劍數千枚。及壁中出入。如孔穴也。能引鏡爲刀。屈刀爲鏡。可積時不改。須博指之。乃復如故。後

入林慮山服神丹而仙去

天門子

天門子者姓王名綱尤明補養之要故其經曰陽生立於寅純木之精陰生立於申純金之精天以木投金無往不傷故陰能疲陽也陰人所以著脂粉者法金之白也是以真人道士莫不留心注意精其微妙審其盛衰我行青龍彼行白虎取彼朱雀煎我元武不死之道也又陰人之情也每急於求陽然而外自戕抑不肯請陽者明金不為木屈也陽性氣剛燥志

節疎略至於遊宴言和氣柔辭語卑下明木之畏於金也天門子既行此道年二百八十歲猶有童子之色乃服珠醴得仙入玄洲山去也

玉子

玉子者姓韋名震南郡人也少好學衆經周幽王徵之不出乃歎曰人生世間日失一日去生轉遠去死轉近而但貪富貴不知養性命命盡氣絶則死位為王侯金玉如山何益於灰土乎獨有神仙度世可以無窮耳乃師長桑子具受衆術別造一家之法著道書百餘篇其術以務魁為主而精於五行之意演其微妙以養性治病消災散禍能起飄風發屋折木作雷雨雲霧能以木瓦石為六畜龍虎立成能分形為百千人能涉江海含水噴之皆成珠玉亦不變或時閉氣不息舉之不起推之不動屈之不曲伸之不直或百日數十日乃起每與子弟行各丸泥為馬與之皆令閉目須臾成大馬乘之日行千里又能吐氣五色起數丈見飛鳥過指之即墮臨淵投符召魚鼈之屬悉來上岸能令弟子舉眼見千里外物亦不能久

也其務魁時以器盛水著兩肘之間噓之水上立有赤光輝輝起一丈以此水治病病在內飲之在外者洗之皆立愈後入崆峒山合丹白日昇天而去

沈羲

沈羲者吳郡人學道於蜀中但能消災治病救濟百姓不知服藥物功德感天天神識之羲與妻賈共載詣子婦卓孔寧家還逢白鹿車一乘青龍車一乘白虎車一乘從者皆數十騎皆朱衣仗矛帶劍輝赫滿道問羲曰君是沈羲否羲愕然不知何等答曰是也

何為問之騎人曰義有功於民心不忘道自少小以來履行無過壽命不長年壽將盡黃老今遣仙官來下迎之伯郎薄延之乘白鹿車是也度世君司馬生青龍車是也迎使者徐福白虎車是也須臾有三仙人羽衣持節以白玉簡青玉介丹玉字授義義不能識遂載義升天昇天之時道間鋤耘人皆共見不知何等斯須大霧霧解失其所在但見義所乘車牛在田食苗或有識是義車牛以語義家弟子恐是邪鬼將義藏山谷間乃分布於百里之內求之不得四百

餘年忽還鄉里推求得數世孫名懷喜懷喜告曰聞先人說家有先人仙去久不歸也留數十日說初上天時云不得見帝但見老君東向而坐左右勑義不得謝但默坐而已宮殿鬱鬱如雲氣五色元黃不可名狀侍者數百人多女少男庭中有珠玉之樹衆芝叢生龍虎成羣游戲其間聞琅琅如銅鐵之聲不知何等四壁熠熠有符書着之老君身形略長一丈披髮文衣身體有光耀須臾數玉女持金按玉杯來賜義曰此是神丹飲者不死夫妻各一杯壽萬歲乃告言飲服畢拜而勿謝服藥後賜棗二枚大如雞子脯五寸遺義曰暫還人間治百姓疾病如欲上來書此符懸之竿杪吾當迎汝乃以一符及仙方一首賜義義奄忽如寐已在地上多得其符驗也

陳安世

陳安世京兆人也爲權叔本家傭賃稟性慈仁行見禽獸常下道避之不欲驚之不踐生蟲未嘗殺物年十三四叔本好道思神有二仙人託爲書生從叔本游以觀試之而叔本不覺其仙人也久而意轉怠叔

本在內方作美食而二仙復來詣門問安世曰叔本在否答曰在耳入白叔本叔本即欲出其婦引還而止曰餓書生輩復欲求飽腹耳於是叔本使安世出答言不在二人曰前者云在旋言不在何也答曰大家君教我云耳二人善其誠實乃謂叔本勤苦有年今適値我二人而乃懈怠是其不遇幾成而敗乃問安世曰汝好游戲耶答曰不好也又曰汝好道乎答曰好而無由知之二人曰汝審好道明日早會道北大樹下安世承言早往期處到日西不見一人乃起

欲去。曰書生定欺我耳。二人已在其側。呼曰安世汝來何晚也。答曰早來但不見君耳。二人曰吾端坐在汝邊耳。須三期之而安世輒早至。知可教。乃以藥二丸與安世。誡之曰汝歸勿復飲食。別止於一處。安世承誡。二人常來往其處。叔本怪之。曰安世處空室。何得有人語。往輒不見。叔本曰向聞多人語聲。今不見一人。何也。答曰我獨語耳。叔本見安世不復食。但飲水止。忘別位。疑非常人。自知失貫。乃歎曰夫道尊德貴。不在年齒。父母生我。然非師則莫能使我長生。先

聞道者即爲師矣。乃執弟子之禮。朝夕拜事之。爲之灑掃。安世道成。白日昇天。臨去。遂以要道術授叔本。叔本後亦仙去矣。

劉政

劉政者。沛人也。高才博物。學無不覽。以爲世之榮貴乃須臾耳。不如學道。可得長生。乃絕進取之路。求養生之術。勤尋異聞。不遠千里。苟有勝己。雖奴客必師事之。復治墨子五行記。兼服朱英丸。年百八十餘歲。色如童子。能變化隱形。以一人分作百人。百人作千人。千人作萬人。又能隱三軍之衆。使成一叢林木。亦能使成鳥獸。試取他人器物。易置其處。人不知覺。又能種五果立使華實可食。坐致行廚飯膳。俱數百人。又能吹氣爲風。飛砂揚石。以手指屋宇山陵壺器。便欲頹壞。復指之即還如故。又能化生美女之形。及作水火。又能一日之中行數千里。能噓水興雲。奮手起霧。聚土成山。刺地成淵。能忽老忽少。乍大乍小。入水不沾。步行水上。召江海中魚鼈蛟龍黿鼉。即皆登岸。又口吐五色之氣。方廣十里。直上連天。又能躍上下

去地數百丈。後去不知所在。

神仙傳卷九

茅君

茅君者幽州人學道於齊二十年道成歸家父母見之大怒曰汝不孝不親供養尋求妖妄流走四方欲笞之茅君長跪謝曰某受命上天當應得道事不兩遂違遠供養雖日多無益今乃能使家門平安父母壽考其道已成不可鞭辱恐非小故父怒不已操杖向之適欲舉杖杖即摧成數十段皆飛如弓激矢中壁壁穿中柱柱陷父乃止茅君曰向所言正慮如此

邂逅中傷人耳父曰汝言得道能起死人否茅君曰死人罪重惡積不可得生横傷短折即可起耳父使爲之有驗茅君弟在仕至二千石當之官鄉里送者數百人茅君亦在座乃曰余雖不作二千石亦當有神靈之職某月某日當之官賓客皆曰願奉送茅君曰顧肯送誠君甚厚意但當空來不須有所損費吾當有以供待之至期賓客並至大作宴會皆青縑帳幄下鋪重白氈奇饌異果芬芳羅列妓女音樂金石俱奏聲震天地聞於數里隨從千餘人莫不醉飽及迎官來文官則朱衣素帶數百人武官則甲兵旌旗器仗耀日結營數里茅君與父母親族辭別乃登羽蓋車而去麾幡蓊鬱驂虬駕虎飛禽翔獸躍覆其上流雲彩霞霏霏繞其左右去家十餘里忽然不見遠近爲之立廟奉事之茅君在帳中與人言語其出入或發人馬或化爲白鶴人有病者往請福常煮雞子十枚以内帳中須臾一一擲出還之歸破之若其中黄者病人當愈若有土者即不愈常以此爲候

孔安國

孔安國者魯人也常行氣服鉛丹年二百歲色如童子隱潛山弟子隨之數百人每斷穀入室一年半復出益少其不入室則飲食如常與世人無異安國爲人沉重尤寶惜道要不肯輕傳其奉事者五六年審其爲人志性乃傳之有陳伯者安樂人也求事安國安國以爲弟子留三年知其執信乃謂之曰吾亦少更勤苦尋求道術無所不至遂不能得神丹八石登天之法唯受地仙之方適可以不死而昔事海濱漁父漁父者故越相范蠡也乃易姓隱名以避凶世哀

我有志授我秘方服餌之法以得度世則大仙司誠子期姜伯塗山皆千歲之後更少壯吾受道以來服藥三百餘年以其一方授惟仲卿仲卿年八十四服藥已三十三年矣視其肌體氣力甚健鬢髮不白口齒完堅子往與相見事之陳伯遂往事之受其方亦度世不老又有張合妻年五十服之反如二十許人一縣怪之八十六生一男又教數人皆四百歲後入山去亦有不度世者由於房中之術故也

尹軌

尹軌者字公度太原人也博學五經尤明天文星氣河洛讖緯無不精微晚乃學道常服黃精華日三合計年數百歲其言天下盛衰安危吉凶未嘗不効服佩漆竹筒十數枚中皆有藥言可辟兵疫常與人一丸令佩之會世大亂鄉里多罹其難惟此家免厄又大疫時或得粒許大塗門則一家不病弟子黃理居陸渾山中患虎暴公度使其斷木爲柱去家五里四方各埋一柱公度即印封之虎即絕迹到五里輒還有怪鳥止屋上者以白公度公度爲書一符着鳥所鳴處至夕鳥伏死符下或有人遭喪當葬而貧汲汲無以辦公度過省之孝子遂說其孤苦公度爲之愴然令求一片鉛公度入荆山架小屋於爐火中銷鉛以所帶藥如米大投鉛中攪之乃成好銀與之告曰吾念汝貧困不能營葬故以拯救慎勿多言也有人負官錢百萬身見收縛公度於富人借數千錢與之令致錫得百兩復銷之以藥方寸匕投之成金還官後到太和山中仙去也

介象

介象者字元則會稽人也學通五經博覽百家之言能屬文後學道入東山善度世禁氣之術能於茅草燃火煑雞而不燋令一里內人家炊不熟雞犬三日不鳴不吠令一市人皆坐不能起隱形變化爲草木鳥獸聞有五丹經周旋天下尋求之不得其師乃入山精思冀遇神仙憊極臥石上有一虎往舐象額象寤見虎乃謂之曰天使汝來侍衛我汝且停若山神使汝試我即疾去虎乃去象入山谷上有石子紫色光綵甚好大如雞子不可稱數乃取兩枚谷深不能

前乃還於山中見一美女年十五六許顔色非常被服五綵蓋神仙也象乞長生之方女曰子可送手中物着故處乃可汝未應取此物吾故止待汝象送石還見女子在前處語象曰汝血食之氣未盡斷穀三年更來吾止此象歸斷穀三年復往見此女故在前處乃以還丹經一首授象告之曰得此便得仙勿復他爲也乃辭歸象常往弟子駱廷雅舍帷下屏牀中有數生論左傳義不平象傍聞之不能忍乃忿然爲决耆生知非常人密表薦於吳主象知之欲去曰恐

官事拘束我耳廷雅固留吳王徵至武昌甚尊敬之稱爲介君詔令立宅供帳皆是綺繡遺黄金千鎰從象學隱形之術試還後宫出入閨闥莫有見者如此不一嘗爲吳主種瓜菜百菓皆立生可食吳主共論膾魚何者最美象曰鯔魚膾爲上吳主曰論近道魚耳此出海中安可得邪象曰可得乃令人於殿庭中作方埳汲水滿之并求鈎象起餌之垂綸於埳須臾果得鯔魚吳主驚喜問象可食不象曰故爲陛下取作生膾安敢取不可食之物乃使厨下切之吳主曰聞蜀使來得蜀薑作虀甚好恨爾時無此象曰蜀薑豈不易得願差所使者可付直吳主指左右一人以錢五十付之象書一符以著青竹杖中使行人閉目騎杖杖止便買薑訖復閉目此人承言騎杖須臾止已至成都不知是何處問人知是蜀市乃買薑于時吳使張温先在蜀既於市中相識甚驚便作書寄其家此人買薑畢捉書負薑騎杖閉目須臾已還吳厨下切膾適了象又能讀諸符文如讀書無誤謬者或不信之取諸雜符除其注以示象象皆一一别之其

幻法種種變化不可勝數後告言病帝遣左右姬侍以美梨一奩賜象象食之須臾便死帝埋葬之以日中時死晡時已至建業所賜梨付苑吏種之吏後以表聞先主即發棺視之唯一符耳帝思之與立廟時時躬往祭之常有白鶴來集座上遲廻復去後弟子見在蓋竹山中顔色轉少

蘇仙公

蘇仙公者桂陽人也漢文帝時得道先生早喪所怙鄉中以仁孝聞宅在郡城東北出入往來不避燥濕

至於食物不憚精粗先生家貧常自牧牛與里中小
見更日爲牛郎先生牧之牛則徘徊側近不驅自歸
餘小兒牧牛牛則四散跨岡越嶮諸兒問曰爾何術
也先生曰非汝輩所知常乘一鹿先生常與母共食
母曰食無鮓他日可往市買也先生於是以筯插飯
中攜錢而去斯須即以鮓至母食未畢母曰何處買
來對曰便縣市也母曰便縣去此百二十里道途逕
嶮往來遽至汝欺我也欲杖之先生跪曰買鮓之時
見舅在市與我語云明日來此請待舅至以驗虛實

母遂寬之明曉舅果到云昨見先生便縣市買鮓母
即驚駭方知其神異先生曾持一竹杖時人謂曰蘇
生竹杖固是龍也數歲之後先生灑掃門庭修飾墻
宇友人曰有何邀迎答曰僊侶當降俄頃之間乃見
天西北隅紫雲氤氳有數十白鶴飛翔其中翩翩然
降於蘇氏之門皆化爲少年儀形端美如十八九歲
人怡然輕舉先生斂容逢迎乃跪白母曰某受命當
僊被召有期儀衛已至當違色養即便拜辭母子歔
欷母曰汝去之後使我如何存活先生曰明年天下

疾疫庭中井水簷邊橘樹可以代養井水一升橘葉
一枚可療一人兼封一櫃留之有所闕乏可以扣櫃
言之所須當至愼勿開也言畢即出門踟躕顧望聳
身入雲紫雲捧足羣鶴翱翔遂昇雲漢而去來年果
有疾疫遠近悉求母療之皆以水及橘葉無不愈者
有所闕乏即扣櫃所須即至三年之後母心疑因即
開之見雙白鶴飛去自後扣之無復有應母年百餘
歲一旦無疾而終鄉人共葬之如世人之禮葬後忽
見州東北牛脾山紫雲蓋上有號哭之聲咸知蘇君

之神也郡守鄉人皆就山弔慰但聞哭聲不見其形
郡守鄉人苦請相見空中答曰出俗日久形貌殊凡
若當露見誠恐驚怪固請不已即出半面示一手皆
有細毛異常人也因謂郡守鄉人曰遠勞見慰途逕
險阻可從直路而還不須廻顧言畢即見橋亘嶺傍
直至郡城行次有一官吏輒廻顧遂失橋所墮落江
濱乃見一赤龍於橋下宛轉而去先生哭處有桂竹
兩枝無風自掃其地恒淨三年之後無復哭聲因見
白馬常在嶺上遂改牛脾山爲白馬嶺自後有白鶴

來止郡城東北樓上。人或挾彈彈之。鶴以爪攫樓板似漆書云。城郭是。人民非。三百甲子一來歸。吾是蘇君。彈何爲。至今修道之人每至甲子日。焚香禮於蘇公之故第也。按御覽引此傳云。蘇僊公名林。字子元。周武王時漢陽曲水人。與此微有不同。

成僊公

成僊公者。諱武丁。桂陽臨武烏里人也。後漢時年十三。身長七尺。爲縣小吏。有異姿。少言。大度。不附人。人謂之癡。少有經學。不授於師。但有自然之性。時先被使京還。過長沙郡。投郵舍不及。遂宿於野樹下。忽聞

樹上人語云。向長沙市藥。平旦視之。乃二白鶴。僊公異之。遂往市。見二人罩白傘相從而行。先生遂呼之。設食。食訖便去。曾不顧謝。先生乃隨之。行數里。二人顧見先生。語曰。子有何求而隨不止。先生曰。僕少出陋賤。聞君有濟生之術。是以侍從耳。二人相向而笑。遂出玉函看素書。果有武丁姓名。於是與藥二丸。令服之。二人語先生曰。君當得地僊。遂令還家。明照萬物。獸聲鳥鳴悉能解之。先生到家。後縣使送餉府君。府君周昕有知人之鑒。見先生。呼曰。汝何姓名也。對曰。姓成。名武丁。縣司小吏。府君異之。乃留在左右。久之。署爲文學主簿。嘗與衆共坐。聞羣雀鳴而笑之。衆問其故。答曰。市東車翻覆米。羣雀相呼往食。遣視之。信然也。時郡中寮吏豪族皆怪不應引寒小之人以亂職位。府君曰。此非卿輩所知也。經旬日。乃與先生居閤直。至年初元會之日。三百餘人。令先生行酒。酒巡遍訖。先生忽以杯酒向東南噀之。衆客愕然怪之。府君曰。必有所以。因問其故。先生曰。臨武縣火。以此救之。衆客皆笑。明日司儀上事。稱武丁不敬。即遣使

往臨武縣驗之。縣人張濟上書稱。元日慶集飲酒。晡時火忽延燒廳事。從西北起。時天氣清澄。南風極烈。見陣雲自西北直聳而上。徑止縣。大雨。火即滅。雨中皆有酒氣。衆疑異之。乃知先生蓋非凡人也。後府君令先生出郡城西立宅居止。只有母一小弟及兩小兒。比及二年。先生告病。四宿而殞。府君自臨殯之。經兩日猶未成服。先生友人從臨武來。於武昌岡上逢先生乘白騾西行。友人問曰。日將暮。何所之也。答曰。暫往迷溪。斯須却返。我去向來忘大刀在戶側。履在

雞棲上可過語家人收之。友人至其家，聞哭聲大驚，曰：吾向來於武昌岡逢先生共語，云暫至迷溪，斯須當返，令過語家人收刀并履，何得爾乎。其家人云：刀履并入棺中，那應在外。即以此事往啓府君，府君遂令發棺視之，不復見尸，棺中唯一青竹杖長七尺許，方知先生託形僊去。時人謂先生乘騾於武昌岡，乃改爲騾岡，在郡西十里也。

郭璞

郭璞字景純，河東人也。周識博聞，有出世之道，鑒天文地理、龜書龍圖、爻象讖緯、安墓卜宅，莫不窮微，善測人鬼之情狀。李洪範林明道論景純善於遥寄，綴文之士皆同宗之。晉中興，王導受其成旨以建國社稷，璞盡規矩制度，仰範太微星辰，俯則河洛黄圖，夫帝王之作，必有天人之助者矣。王敦鎮南州，欲謀大逆，乃召璞爲佐。時明帝年十五，一夕集朝士，問太史：王敦果得天下邪？史臣曰：王敦致天子，非能得天下。明帝遂單騎微行，直入姑孰城。敦正與璞食，璞久之不白敦。敦驚曰：吾今同議定大計，卿何不即言？璞曰：

向見日月星辰之精靈，五岳四海之神祇，皆爲道從翼衛。下官震悸失守，不即得白。將軍敦使問，謂是小奚戲馬，檢定非也。遣三十騎追，不及。敦曰：吾昨夜夢在石頭城外江中扶犂而耕，占之。璞曰：大江扶犂耕，亦自不成反，反亦無所成。敦怒，謂璞曰：卿命盡幾何？璞曰：下官命盡今日。敦誅璞，江水暴上市，璞尸出城南坑，見璞家載棺器及送終之具已在坑側，兩松樹間上有鵲巢，璞逆報家書所言也。謂伍伯曰：吾年十三時，於栅塘脱袍與汝，吾命應在汝手中，可用吾刀。伍伯感昔念惠，銜涕行法，殯後三日，南州市人見璞貨其平生服飾，與相識共語，非但一人。敦不信，開棺無尸。璞得兵解之道，今爲水仙伯，注山海經、夏小正、爾雅方言，著遊僊詩、江賦、卜繇客傲洞林云。

尹思

尹思者字小龍，安定人也。晉元康五年正月十五夜坐屋中，遣兒視月中有異物否。兒曰：今年當大水，中有一人被蓑帶劍。思自視之曰：將有亂卒至。兒曰：何以知之？曰：月中人乃帶甲仗矛，當大亂三十年，復當

小清耳後果如其言

神仙傳卷九終

神仙傳卷十

沈文泰

沈文泰者九疑人也得紅泉神丹法土符延年益命之道服之有效欲之崑崙留安息二十餘年以傳李文淵曰土符却不去服藥行道無益也文淵遂受秘要後亦昇仙後以竹根汁煮丹及黃白去三尸法出此二人矣

涉正

涉正字元眞巴東人也說秦始皇時事了了似及見

者漢末從二十弟子入吳莫有見其開目者有一弟子固請之正乃爲開目目開時有音如霹靂而光如電照于弟子皆不覺頓伏良久乃能起正已復還閉目正道成莫見其所服食施行而授諸弟子皆以行氣絕房室及服石腦小丹事

皇化

九靈子姓皇名化得還年却老胎息內視之要五行之道其經曰此術可以辟五兵却虎狼安全己身營護家門保子宜孫內外和穆人見則喜不見則思既

宜從軍又利遠客他人謀已消滅不成千殃萬禍伏而不起杜奸邪之路絕妖怪之門呪咀之者其災不成猒蠱之者其禍不行天下諸賢皆來宗已領神靈之心得百姓之意在人間五百餘年顏色益少後復煉丹乃登仙去

北極子

北極子姓陰名恒其經曰治身之道愛神爲寶養性之術死入生出常能行之與天相畢因生求生眞生矣以鐵治鐵之謂眞以人治人之謂神後服神丹仙去

李修

絕洞子姓李名修其經曰弱能制强陰能弊陽常若臨深履危御奔乘駕長生之道也年四百餘歲顏色不衰著書四十篇名曰道源服還丹昇天也

柳融

南極子姓柳名融能含粉成雞子吐之數十枚煑而啖之與雞子無異黃中皆餘粉少許如指端者取杯呪之卽成龜煑之可食腸藏皆具而杯成龜殼煑取肉則殼還成杯矣取水呪之卽成美酒飲之醉人舉手卽成大樹人或折其細枝以刺屋間連日猶在以漸萎壞與眞木無異也服雲霜丹得僊去

葛越

黃盧子姓葛名越甚能治病千里寄姓名與治之皆愈不必見病人身也善氣禁之道禁虎狼百蟲皆不得動飛鳥不得去水爲逆流一畢年二百八十歲力舉千鈞行及走馬頭上常有五色氣高丈餘天下大旱時能到淵中召龍出催促便升天使作雨數數如此一旦與親故別乘龍而去遂不復還

陳永伯

陳永伯者南陽人也得淮南王七星散方試按合服之二十一日忽然不知所在永伯有兄子名增族年十七亦服之其父繫其足閉密戶中晝夜使人守視之二十八日亦復不見不知所之本方云服之三十日得仙陳氏二子服未三十日而失所在後人不敢服僊去必有僊官來迎但人不見之耳

董仲君

董仲君者臨淮人也少行氣煉形年百餘歲不老常見誣繫獄佯死臭爛生蟲獄家衆出而後復生尸解而去

王仲都

王仲都漢人也一云道士學道於梁山遇太白眞人授以虹丹能禦寒暑已二百許年漢元帝召至京師試其方術嘗以嚴冬之月從帝而遊令仲都單衣乘駟馬車於上林昆明池環水馳走帝御狐裘而猶覺寒仲都貌無變色背上氣蒸烋烋然又當盛夏曝之

日中圍以十爐火口不稱熱身不流汗後亦仙去桓君山著新論稱其人

離明

太陽子姓離名明本玉子同年友也玉子學道已成太陽子乃事玉子爲弟子之禮不敢懈怠然玉子特親愛之有門人三千餘人莫與其比也好酒常醉頗以此見責然善爲五行之道雖鬢髮班白而肌膚豐盛面目光華三百餘歲猶自不改玉子謂之曰汝當理身養性而爲衆賢法師而低迷大醉功業不修大藥不合雖得千歲猶未足以免死況數百歲者乎此凡庸所不爲況於達者乎對曰晚學性剛俗態未除故以酒自驅其驕慢如此者七寶樹之術深得道要服丹得仙時時在世間五百歲中面如少童多酒故其鬢髮皓白也

劉京

劉京者本漢文帝時侍郎也從邯鄲張君學道受餌雲母朱英方服之百三十餘歲視之如三十許人能知吉凶之期又能爲人祭天益命或延得十年五年

至魏武帝時京遊諸弟子家皇甫隆聞而隨事之以雲母九子方教隆隆合服之得三百歲不能盡其道法故不得度世又有王公於京處得九子丸時王公已七十歲服之御八十妾生二十兒騎馬獵行日二百里飲酒一斛不醉得壽二百歲

清平吉

清平吉沛國人漢高皇帝時衛卒也至光武時容色不老後尸解去百餘年復還鄉里數日間又尸解而去

黃山君

黃山君者修彭祖之術年數百歲猶有少容亦治地仙不取飛昇彭祖既去乃追論其言爲彭祖經得彭祖經者便爲木中之松栢也

靈壽光

靈壽光者扶風人也年七十餘而得朱英丸方合而服之致得其效轉更少壯年如二十時漢獻帝建安元年光已二百二十歲常寄寓於江陵胡田家無疾而卒田殯埋之百餘日人復見在小黃寄書與田田

得書掘發棺之中一無所有釘亦不脫唯履在棺中

李根

李根字子源許昌人也有趙買者聞其父祖言傳世見根買爲兒時便隨事根至買年八十四而根年少不老嘗住壽春吳太文家太文從之學道作金銀法立成根能變化入水火中坐致行廚能供二十人皆精細之饌四方奇異之物非當地所有也怨告太文曰王凌當收壽春當陷兵中不復君可急徙去太文竊以語弟弟無意泄之王凌聞之以爲妖言惑衆乃

使人收根欲殺之根時乃方欲書疏奄聞外有千餘人圍吳家求根根語太文父曰勿勿但語吾不知官自來捜之非日去矣太文出戶還顧窺根失所在左右書器物皆不復見於是官兵入索囷倉衣篋之中無處不徧不得根及良久太文出見根故在向坐儼然如故語太文曰王太尉當族誅卿弟泄語十日中當卒死皆果如言弟子家又有以女給根者此女知書根出行竊取根素書一卷讀之得根自記其學道經疏云以漢元封中學道於某甲時年計根已七百

餘年也又太文說根兩目童子皆方按仙經云八百歲人童子方也根告諸弟子言我不得神丹大道之訣唯得地僊方爾壽畢天地然不爲下土之士也

黃敬

黃敬字伯嚴武陵人也少讀誦經書仕州爲部從事後棄世學道於霍山八十餘年復入中岳專行服氣斷穀爲吞吐之事胎息內視召六甲玉女存陰陽符又思赤星在洞房前轉大如火周身至二百歲轉還少壯道士王紫陽數往見之求要言敬告紫陽曰吾

不修服藥之道，但守自然，益地仙耳，何足詰問，問新野陰君神丹昇天之法，此眞大道之極也，子可從之。人能除遣嗜欲，如我者亦可以學我所爲也。紫陽因請不止，敬告紫陽曰：大關之中有輔星，想而見之，翁習成赤童在焉，指朱庭，指而捺之，煉身形，消遣三尸，除死名，寄能守之，可長生，失之不久，淪幽冥。紫陽受之，得長生之道也。

甘始

甘始者，太原人也。善行氣，不飲食，又服天門冬，行房中之事，依容成元素之法，更演益之，爲一卷，用之甚有近效，治病不用針灸湯藥，在世百餘歲，乃入王屋山仙去。

平仲節

括蒼山有學道者平仲節，河中人，以大胡亂中國時（謂劉淵劉聰也）來渡江，入括蒼山，受師宋君存心鏡之道，具百神行洞房事，如此積四十五年，中精思身形更少。體有眞氣，晉穆帝永和元年五月一日，中央黃老遣迎，仍日乘雲駕龍，自日升天，今在滄浪雲臺。

宮嵩

宮嵩者，琅琊人也。有文才，著書百餘卷，師事仙人于吉。漢元帝時，嵩隨吉於曲陽泉上，遇天仙授吉靑縑朱字太平經十部。吉行之得道，以付嵩。後上此書，書多論陰陽否泰災眚之事，有天道地道人道，云治國者用之，可以長生，此其旨也。嵩服雲母數百歲，有童子之色，後出入紵嶼山仙去。

王眞

王眞字叔經，上黨人也。年七十九，乃學道，行胎息之術，斷穀三十餘年，容少而色美，行及走馬，力兼數人。魏武帝聞之，召相見，似三十許人，意疑其詐，遂驗問其鄉里，皆異口同辭，多自兒童時見之者。眞年已四百歲矣。武帝乃信其道，甚加欽禮焉。郄元節事眞十餘年，眞以蒸丹小餌法授之，容常不衰，後登女几山仙去。

陳長

陳長在紵嶼山上，已六百餘歲。紵嶼山中人爲架屋，每四時烹殺以祭之。長亦不飲食，顏色如六十歲人，諸奉事者每有疾病卽以器盛長乞祭水飲之皆愈紆嶼山上累世相承事之莫知其所來及服食本末紆嶼在東海中吳中周詳者誤到其上畱三年乃得還具說之如此紆嶼其山地方圓千里上有千餘家有五穀成熟莫知其年紀風俗與吳同

班孟

班孟者不知何許人或云女子也能飛行終日又能坐空虛之中與人言語又能入地中初沒足至腰及胸漸漸但餘冠幘良久而盡沒不見又以指刺地卽

成泉井而可汲引又吸人屋上瓦瓦卽飛入人家人家有桑果數千株皆聚之成積如山如此十餘日吹之各還本處又能含墨舒紙著前嚼墨噴之皆成文字滿紙各有意義後服酒餌丹年四百歲更少容入大冶山中仙去

董子陽

董子陽少知長生之道隱博落山中九十餘年但食桃飲石泉後逢司馬季主季主以導僊八方與之遂度世

東郭延

東郭延者山陽人服雲散能夜書有數十人乘虎豹來迎比鄰盡見之與親友辭別而去云詣崑崙山

戴孟

戴孟本姓燕名濟字仲微漢明帝時人也入華山及武當山受裴君玉佩金璫經及受石精金光符復有太微黃書能周遊名山

魯女生

魯女生長樂人初餌胡麻及朮絕穀八十餘年日少

壯色如桃花日能行三百里走及麞鹿傳世見之云三百餘年後采藥嵩高山見一女人曰我三天太上侍官也以五岳眞形與之幷告其施行女生道成一旦與知友故人別云入華山去後五十年先相識者逢女生華山廟前乘白鹿從玉女三十人幷令謝其鄉里故人

陳子皇

陳子皇得餌朮要方服之得仙去霍山妻姜氏疾病其婿用餌朮法服之病自愈安壽一百七十歲登山

取术重擔而歸不息不極顏色氣如二十許人。

封衡

封衡，字君達，隴西人也，幼學道，通老莊學，勤訪眞訣，初服黃連五十年，後入鳥獸山採藥，又服术百餘年，還鄉里，如二十許人，聞有病死者，識與不識，便以腰間竹管藥與之，或下鍼，應手立愈，受詣精氣不極視大言。凡圖籍傳記無不習誦，復過魯女生，授還丹訣及五嶽眞形圖，遂周遊天下。故山官水神潛相迎伺，而凶鬼怪物無不竄避，人或疑之，以矢刃刺禦，皆不

能害。常駕一青牛，人莫知其名，因號青牛道士。魏武帝問養性大略，師曰：體欲常勞，食欲常少，勞勿過極，少勿過虛，去肥濃，節酸鹹，減思慮，損喜怒，除馳逐，愼房室，則幾於道矣。故聖人春夏養陽，秋冬養陰，以順其根，以契造化之妙。有二侍者，一負書笈，一攜藥笥，有容成養氣術十二卷，墨子隱形法一篇，靈寶衛生經一卷，笥有煉成水銀霜、黃連屑等，在人間僅二百餘年，後入元丘山，不見。

神仙傳卷十終

孔叢序

孔叢子世傳漢孔鮒撰。鮒字子魚，一名甲，魏相子順之子也。秦并六國，召鮒爲魯國文通君，拜少傅。始皇三十四年，丞相斯議令燔書，鮒懼遺典之滅亡也，方來之無徵也，違令之禍烈

也，乃與其弟子襄歸藏書壁中，隱居嵩山之陽。無何，陳涉起爲楚王，聘鮒爲博士，鮒以目疾辭退，而著是書，乃蒐稱仲尼而下子思伋、子上白、子高穿、子順愼之言行，列爲六卷。至漢孝武朝，太常孔臧又以所著賦與書合

爲一卷附焉曰孔叢子云蓋言有善而叢聚之也嗚呼是書也果鮒之手筆否耶按漢志無孔叢子而儒家有孔臧十篇雜家有孔甲盤盂二十六篇宋晁氏謂孔叢子疑即漢志所謂孔甲盤盂者也然考顔監註云甲黃

帝史或曰夏帝孔甲疑皆非又史稱田蚡學盤盂書註亦云黃帝史謂鮒著盤盂豈徵信哉朱子云其文軟弱不類西京多似東漢人語愚謂或子豐季彥輩集先世遺文而成之故其書東京始行謂爲盤盂書則不可抑

其自孔子則無疑也乃去孔臧所贅而刻之丁丑夏日大梁李熑　志

孔叢總目

目錄終

孔叢卷上

漢　魯人孔鮒著　新建裘紹漢校

嘉言第一

夫子適周見萇宏言終退萇宏語劉文公曰吾觀孔仲尼有聖人之表河目而隆顙黃帝之形貌也修肱而龜背長九尺有六寸成湯之容體也然言稱先王躬履謙讓洽聞強記博物不窮抑亦聖人之興者乎劉子曰方今周室衰微而諸侯力爭孔丘布衣聖將安施萇宏曰堯舜文武之道或弛而墜禮樂崩喪亦

正其統紀而已矣既而夫子聞之曰吾豈敢哉亦好禮樂者也　陳惠公大城因起凌陽之臺未終而坐法死者數十人又執三監吏夫子適陳聞之見陳侯與俱登臺而觀焉夫子曰美哉斯臺自古聖王之爲城臺未有不戮一人而能致功若此者也陳侯默而退遂竊赦所執吏既而見夫子問曰昔周作靈臺亦戮人乎荅曰文王之興附者六州六州之衆各以子道來故區區之臺未及期日而已成矣何戮之有乎夫以少少之衆能立大大之功唯君爾　子張曰女子必漸乎二十而後嫁何也孔子曰十五許嫁而後從夫是陽動而陰應男唱而女隨之義也以爲績組紃織紝者女子之所有事也黼黻文章之義婦人之所有大功也必十五以往漸乎二十然後可以通乎此事通乎此事然後乃能上以孝於舅姑下以事夫養子也　宰我使於齊而反見夫子曰梁邱據遇虺毒三旬而後瘳朝齊君齊君會大夫衆賓而慶焉弟子與在賓列大夫衆賓並復獻攻療之方弟子謂之曰夫所以獻方將爲病也今梁邱已療矣而諸夫子

乃復獻方方將安施意欲梁邱大夫復有虺害當用之乎衆坐默然無辭弟子此言何如夫子曰汝說非也夫三折肱爲良醫梁邱子遇虺毒而獲療猶有與之同疾者必問所以已之之方焉衆人爲此故各言其方欲售之以已人之疾也凡言其方者稱其良也且以參據所以已之之方優劣耳　夫子適齊晏子就其館既宴其私焉曰齊其危矣譬若載無轄之車以臨千仞之谷其不顛覆亦難冀也子吾心也子以齊爲游息之館當或可救子幸不吾隱也夫子曰夫

死病無可爲醫。夫政令者，人君之銜轡，所以制下也。今齊君失之已久矣，子雖欲挾其輔而扶其輪，良弗及也。抑猶可以終齊君及子之身，過此以往，齊其田氏矣。

齊東郭亥欲攻田氏，執贄見夫子而訪焉。夫子曰：子爲義也，丘不足與計事。揖子貢使荅之。子貢謂之曰：今子士也，位卑而圖大。位卑則人不附也，圖大則人懼之，殆非子之任也。盍姑已乎？夫以一縷之任，繫千鈞之重，上縣之於無極之高，下垂之於不測之深，旁人皆哀其絕，而造之者不知其危，子之謂乎。

馬方駭鼓而驚之，繫方絕重而填之，馬奔車覆，六轡不禁，繫絕於高，墜入於深，其危必矣。東郭亥免戰而跪曰：吾已矣，願子無言。既而夫子告子貢曰：東郭亥欲爲義者也，子亦告之以難易則可矣，奚至懼之哉。

宰我問君子尚辭乎。孔子曰：君子以理爲尚，博而不要，非所察也；繁辭富說，非所聽也。唯知者不失理。孔子曰：吾於予取其言之近類也，於賜取其言之切事也。近類則足以喻之，切事則足以懼之。

論書第二

子張問曰：聖人受命必受諸天，而書云受終於文祖，何也？孔子曰：受命於天者，湯武是也；受命於人者，舜禹是也。夫不讀詩書易春秋，則不知聖人之心，又無以別堯舜之禪、湯武之伐也。

子張問曰：禮丈夫三十而室，昔者舜三十徵庸，而書云有鰥在下曰虞舜，何謂也？曩所聞諸夫子曰：聖人在上，君子在位，則內無怨女，外無曠夫。堯爲天子而有鰥在下，何也？孔子曰：夫男子二十而冠，冠而後娶，古今通義也。舜父頑母嚚，莫克圖室家之端焉，故逮三十而謂之鰥也。詩

云：娶妻如之何，必告父母。父母在則宜圖婚，若已殁則已之娶必告其廟。今舜之鰥，乃父母之頑嚚也，雖堯爲天子，其如舜何。

子夏問書大義。子曰：吾於帝典見堯舜之聖焉，於大禹、皋陶謨、益稷見禹、稷、皋陶之忠勤功勳焉，於洛誥見周公之德焉。故帝典可以觀美，大禹謨、禹貢可以觀事，皋陶謨、益稷可以觀政，洪範可以觀度，謂皇極彝倫之度 秦誓可以觀義，五誥可以觀仁，甫刑可以觀誡。通斯七者，則書之大義舉矣。

孔子曰：書之於事也，遠而不闊，近而不迫，志盡而不

怨辭順而不諂吾於高宗肜日見德有報之疾也苟由其道致其仁則遠方歸志而致其敬焉吾於洪範見君子之不忍言人之惡而質人之美也發乎中而見乎外以成文者其惟洪範乎　子張問曰堯舜之世一人不刑而天下治何則以教誠而愛深也龍子以爲一夫而被以五刑敢問何謂　子曰不然五刑所以佐教也龍子未可謂能爲書也　子夏讀書既畢而見於夫子夫子謂曰子何爲於書子夏對曰書之論事也昭昭然若日月之代明離離然若星辰之

錯行上有堯舜之道下有三王之義凡商之所受書於夫子者志之於心弗敢忘雖退而窮居河濟之間深山之中作壤室編蓬戶常於此彈琴以歌先王之道則可以發憤慷喟忘己貧賤故有人亦樂之無人亦樂之上見堯舜之德下見三王之義忽不知憂患與死也夫子愀然變容曰嘻子殆可與言書矣雖然其亦表之而已未覩其裏也夫闚其門而不入其室惡覩其宗廟之奧百官之美乎　宰我問書云納于大麓烈風雷雨弗迷何謂也孔子曰此言人事之應乎天也堯既得舜歷試諸難已而納之於尊顯之官使大錄萬機之政是故陰陽清和五星不悖烈風雨各以其應不有迷錯愆伏明舜之行合於天也　宰我曰敢問禋于六宗何謂也孔子曰所宗者六皆潔祀之也埋少牢於太昭所以祭時也祖迎於坎壇所以祭寒暑也主於郊宮所以祭時也夜明所以祭月也幽禜所以祭星也雩禜所以祭水旱也禋於六宗此之謂也　書曰茲予大享于先王爾祖其從與享之季桓子問曰此何謂也孔子曰古之王者臣有大

功死則必祀之於廟所以殊有績勸忠勤也盤庚舉其事以厲其世臣故稱焉桓子曰天子之臣有大功者則既然矣諸侯之臣有大功者可以加之乎孔子曰勞能定國功加於民大臣死難雖食之公廟可也桓子曰其位次如何孔子曰天子諸侯之臣生則有列於朝死則有位於廟其序一也　書曰維高宗報上甲微（上甲微契後八世湯之先也）定公問曰此何謂也孔子對曰此謂親盡廟毀有功而不及祖有德而不及宗故於每歲之大嘗而報祭焉所以昭其功德也公曰先

召僖公功德前行（或作前列）可以與於報乎孔子曰丘聞
昔虞夏商周以帝王行此禮者則有矣自此以下未
之知也　定公問曰周書所謂庸庸祗祗威威顯民
何謂也孔子對曰不失其道明之於民之謂也夫能
用可用則正治矣敬可敬則尚賢矣畏可畏則服刑
恤矣君審此三者以示民而國不興未之有也　子
張問書云奠高山何謂也孔子曰高山五嶽定其差
秩祀所視焉子張曰其禮如何孔子曰牲幣之物五
嶽視三公小名山視子男子張曰仁者何樂於山孔

子曰夫山者巋然高子張曰高則何樂爾孔子曰夫
山草木植焉鳥獸蕃焉財用出焉直而無私焉四方
皆伐焉直而無私與吐風雲以通乎天地之間陰陽
和合雨露之澤萬物以成百姓咸饗此仁者之所以
樂乎山也　孟懿子問書曰欽四鄰何謂也孔子曰
王者前有疑後有丞左有輔右有弼謂之四近言前
後左右近臣當畏敬之不可以非其人也周文王胥
附奔輳先後禦侮謂之四鄰以免乎羑里之害懿子
曰夫子亦有四鄰矣孔子曰吾有四友焉自吾得回

也門人加親是非胥附乎自吾得賜也遠方之士日
至是非奔輳乎自吾得師也前有光後有輝是非先
後乎自吾得仲由也惡言不至於門是非禦侮乎
孔子見齊景公梁丘據自外而至公曰何遽對曰陳
氏戮其小臣臣有辭焉是故遲公笑而目孔子曰周
書所謂明德慎罰陳子明德也罰人而有辭非不慎
矣孔子答曰昔康叔封衛統三監之地命爲孟侯周
公以成王之命作康誥焉稱述文王之德以成勅誡
之文其書曰惟乃丕顯考文王克明德慎罰克明德

者能顯用有德舉而任之也慎罰者并心而慮之衆
平然後行之致刑錯也此言其所任不失德所罰不
失罪不謂已德之明也公曰寡人不有過言則安得
聞吾子之教也　書曰其在祖甲不義惟王公西赤
曰問諸晏子湯及太甲武丁祖乙天下之大君夫太
甲爲王居喪行不義同稱君何也孔子曰君子之於
人計功而除過太甲即位不明居喪之禮而干冢宰
之政伊尹放之於桐憂思三年追悔前愆起而復位
謂之明王以此觀之雖四於三王不亦可乎　魯哀

公問書稱夔曰於予擊石拊石百獸率舞庶尹允諧何謂也孔子對曰此言善政之化乎物也古之帝王功成作樂其功善者其樂和樂和則天地猶且應之況百獸乎夔爲帝舜樂正實能以樂盡治理之情公曰然則政之大本莫尚夔乎孔子曰夫樂所以歌其成功非政之本也衆官之長既咸熙熙然後樂乃和焉公曰吾聞夔一足有異於人信乎孔子曰昔重黎舉夔而進又欲求人而佐焉舜曰夫樂天地之精也唯聖人爲能和六律均五音知樂之本以通八風夔

能若此一而足矣故曰一足非一足也公曰善

記義第三

季桓子以粟千鍾餼夫子夫子受之而不辭既而以頒門人之無者子貢進曰季孫以夫子貧故致粟夫子受之而以施人無乃非季孫之意乎子曰何對曰季孫以爲惠也子曰然吾得千鍾所以受而不辭者爲季孫之惠且以爲寵也夫受人財不以成富與季孫之惠於一人豈若惠數百人哉　泰莊子死孟武伯問於孔子曰古者同寮有服乎答曰然同寮有相友之義貴賤殊等不爲同官聞諸老聃昔者虢叔閎天太顛散宜生南宮适五臣同寮比德以贊文武及虢叔死四人者爲之服朋友之服古之達禮者行之也　公父文伯死室人有從死者其母怒而不哭相室諫之其母曰孔子天下之賢人也不用於魯退而去是子素宗之而不能隨今死而內人從死者二人焉若此於長者薄於婦人厚也既而夫子聞之曰季氏之婦尚賢哉子路愀然對曰夫子亦好人之譽己乎夫子死而不哭是不慈也何善爾子曰怒其子之

不能隨賢所以爲尚賢者吾何有焉其亦善此而已矣　衛出公使人問孔子曰寡人之任臣無大小一一自觀察之猶復失人何故答曰如君之言此即所以失之也人既難知非言問所及觀察所盡且人君之慮者多多慮則意不精以不精之意察難知之人宜其有失也君未之聞乎昔者舜臣堯官才任士堯一從之左右曰人君用士當自任耳目而取信於人無乃不可乎堯曰吾之舉舜已耳目之矣今舜所舉人吾又耳目之是則耳目人終無已已也君苟付可

付則已不勞而賢才不失矣　子貢問曰昔孫文子
以衛侯哭之不哀知其將爲亂不敢舍其重器而行
盡寘諸戚而善晉大夫二十人或稱其知何如孔子
曰人知其爲知也吾未知其爲知也子貢曰敢問何
謂也子曰食其祿者必死其事孫子知衛君之將不
君不念伏死以爭而素規去就尸利攜貳非人臣也
臣而有不臣之心明君所不赦幸哉孫子之以此免
戮也　孔子使宰予使於楚楚昭王以安車象飾因
宰予以遺孔子焉宰予曰夫子無以此爲也王曰何

故對曰臣以其用思其所在觀之有以知其然王曰
言之宰予對曰自臣侍從夫子以來竊見其言不離
道動不違仁貴義尚德清素好儉仕而有祿不以爲
積不合則去退無吝心妻不服綵妾不衣帛車器不
雕馬不食粟道行則樂其治不行則樂其身此所以
爲夫子也若夫觀目之麗靡窈窕之淫音夫子過之
弗之視過之弗之聽也故臣知夫子之無用此車也
王曰然則夫子何欲而可對曰方今天下道德寢息
其志欲興而行之天下誠有欲治之君能行其道則

夫子雖徒步以朝固猶爲之何必遠辱君之重貺乎
王曰乃今而後知孔子之德也大矣宰予歸以告孔
子孔子曰二三子以予之言何如子貢對曰未盡夫
子之美也夫子德高則配天深則配海若予之言行
事之實也夫子曰夫言貴實使人信之舍實何稱乎
是賜之華不若予之實也　孔子適齊齊景公讓登
夫子降一等景公三辭然後登既坐曰夫子降德辱
臨寡人寡人以爲榮也而降階以遠自絕於寡人寡
人未知所以爲罪孔子答曰君惠顧外臣君之賜也

然以匹夫敵國君非所敢行也雖君私之其若義何
　顏讎由善事親子路義之後讎以非罪執於衛將
死子路請以金贖焉衛人將許之既而二三子納金於
子路以入衛或謂孔子曰受人之金以贖其私昵義
乎子曰義而贖之貧取於友非義而何愛金而令不
華陷辟凡人且猶不忍況二三子於由之所親乎詩
云如可贖兮人百其身苟出金可以生人雖百倍古
人不以爲多故二三子其欲由也成其義非汝之所
知也　孔子讀詩及小雅喟然而歎曰吾於周南召

南見周道之所以盛也於栢舟見匹婦執志之不可易也於淇澳見學之可以為君子也於考槃見遁世之士而不悶也於木瓜見包且之禮行也於緇衣見好賢之心至也於雞鳴見古之君子不忘其敬也於伐檀見賢者之先事後食也於蟋蟀見陶唐儉德之大也於下泉見亂世之思明君也於七月見豳公之所造周也於東山見周公之先公而後私也於狼跋見周公之遠志所以為聖也於鹿鳴見君臣之有禮也於彤弓見有功之必報也於羔羊見善政之有應

也於節南山見忠臣之憂世也於蓼莪見孝子之思養也於四月見孝子之思祭也於裳裳者華見古之賢者世保其祿也於采菽見古之明王所以敬諸侯也

孔子晝息於室而鼓琴焉閔子自外聞之以告曾子曰嚮也夫子之音清徹以和淪入至道今也更為幽沈之聲幽則利欲之所為發沈則貪得之所為施夫子何所感而若是乎吾從子入而問焉曾子曰諾二子入問夫子夫子曰然女言是也吾有之向見猫方取鼠欲其得之故為之音也女二人者孰識諸曾子對曰閔子夫子曰可與聽音矣

刑論第四

仲弓問古之刑教與今之刑教孔子曰古之刑省今之刑繁其為教古有禮然後有刑是以刑省今無禮以教而齊之以刑刑是以繁書曰伯夷降典折民維刑謂先禮以教之然後繼以刑折之也夫無禮則民無耻而正之以刑故民苟免

孔子適衛衛將軍文子問曰吾聞魯公父氏不能聽獄信乎孔子答曰不知其不能也夫公父氏之聽獄有罪者懼無罪者耻

文子曰有罪者懼是聽之察刑之當也無罪者耻何乎孔子曰齊之以禮則民耻矣刑以止刑則民懼矣文子曰今齊之以刑刑猶弗勝何禮之齊孔子曰以禮齊民譬之於御則轡也以刑齊民譬之於御則鞭也執轡於此而動於彼御之良也無轡而用策則馬失道矣文子曰以御言之左手執轡右手運策不亦速乎若徒轡無策馬何懼哉孔子曰吾聞古之善御者執轡如組兩驂如舞非策之助也是以先王盛於禮而薄於刑故民從命今也廢禮而尚刑故民彌暴

文子曰吳越之俗無禮而亦治何也孔子曰夫吳越之俗男女無別同厠而浴民輕相犯故其刑重而不勝由無禮也中國之教爲外內以別男女異器服以殊等類故其民篤而法其刑輕而勝由有禮也 孔子曰民之所以生者衣食也上不教民民匱其生飢寒切於身而不爲非者寡矣故古之於盜惡之而不殺也今不先其教而一殺之是以罰行而善不反刑張而罪不省夫赤子知慕其父母由審故也況爲政者尊其賢者而與其不賢者以化民乎知審此二者

則上盜息上盜猶大盜也 書曰茲殷罰有倫子張問曰何謂也孔子曰不失其理之謂也今諸侯不同德國君異法折獄無倫以意爲限是故知法之難也子張曰古之知法者與今之知法者異乎孔子曰古之知法者能遠能遠者止其源而以禮教先之今之知法者不失有罪不失有罪其於怨寡矣能遠則於獄其防深矣寡怨近乎溢防深治乎本書曰維敬五刑以成三德言敬刑所以爲德也 書曰非從維從孔子曰君子之於人也有不語也無不聽也況聽訟乎必盡其辭矣夫聽訟

者或從其情或從其辭辭不可從必斷以情書曰人有小罪非眚乃惟終自作不典式爾有厥罪小乃不可不殺乃有大罪非終乃爲眚災適爾旣道極厥辜時乃不可殺 曾子問聽獄之術孔子曰其大法有三焉治必以寬寬之之術歸於察察之之術歸於義是故聽而不寬是亂也寬而不察是慢也察而不中義是私也私則民怨故善聽者雖不越辭辭不越情情不越義書曰上下比罰無僭亂辭 書曰哀矜折獄仲弓問曰何謂也孔子曰古之聽訟者察貧窮哀

孤獨及鰥寡老弱不肖而無告者雖得其情必哀矜之死者不可生斷者不可屬若老而刑之謂之悖弱而刑之謂之剋不赦過謂之逆率過以小罪謂之枳受刑先王之道也書曰大辟疑赦又曰與其殺不辜一作疾猶傷也夫過則宜宥若率以爲小罪亦傷乎義故宥過赦小罪老弱不寧失不經 書曰若保赤子子張問曰聽訟可以若此乎孔子曰可哉古之聽訟者惡其意不惡其人求所以生之不得其所以生乃刑之君必與衆共焉今之聽訟者不惡其意而惡其人求所以殺是反古之

道也 孟氏之臣叛武伯問孔子曰如之何荅曰臣人而叛天下所不容也其狀自反子姑待之三旬果自歸孟氏武伯將執之訪于夫子夫子曰無也子之於臣禮意不至是以去子今其自反罪以反除又何執焉子修禮以待之則臣夫子將安往武伯乃止

記問第五

夫子閒居喟然而歎子思再拜請曰意子孫不修將忝祖乎羨堯舜之道恨不及乎夫子曰爾孺子安知吾志子思對曰伋於進膳亟聞夫子之教其父析薪其子弗克負荷是謂不肖伋每思之所以大恐而不解也夫子忻然笑曰然乎吾無憂矣世不廢業其克昌乎

子思問於夫子曰爲人君者莫不知任賢之逸也而不能用賢何故子曰非不欲也所以官人任能者由於不明也其君以譽爲賞以毀爲罰賢者不居焉

子思問於夫子曰伋聞夫子之詔正俗化民之政莫善於禮樂也管子任法以治齊而天下稱仁焉是法與禮樂異用而同功也何必但禮樂哉子曰堯舜之功百世不殺仁義之風遠也管仲任法身死

則法息嚴而寡恩也若管仲之知足以定法材非管仲而專任法終必亂成矣

子思問於夫子曰物有形類事有真僞必審之奚由子曰由乎心心之精神是謂聖推數究理不以疑 心誠神通則數不能遁 周其所察聖人難諸

趙簡子使聘夫子夫子將至焉及河聞鳴犢與竇犨之見殺也迴輿而旋之衛使鄹遂爲操曰周道衰微禮樂陵遲文武既墜吾將焉歸周遊天下靡邦可依鳳鳥不識珍寶梟鴟眷然顧之慘然心悲巾車命駕將適唐都黃河洋洋攸攸之魚臨津不濟還轅息鄹傷予道窮哀彼無辜翱翔于衛復我舊廬從吾所好其樂只且

哀公使以幣如衛迎夫子而卒不能賞用也故夫子作丘陵之歌曰登彼丘陵峛崺其阪 丘陵謂王宰也阪指諸侯 仁道在邇求之若遠遂迷不復自嬰屯蹇喟然迴慮題彼泰山 題顧也泰山謂魯也 鬱確其高梁甫迴連枳棘充路陟之無緣將伐無柯患茲蔓延惟以永歎涕霣潺湲 梁甫太山之下小山指三桓也

楚王使使奉金幣聘夫子宰予冉有曰夫子之道至是行矣遂請見問夫子曰太公勤身苦志八十而遇文王孰與許

山之賢夫子曰許由、獨善其身者也。太公、兼利天下
者也。然今世無文王之君也。雖有太公、孰能識之。乃
歌曰大道隱兮禮爲基。賢人竄兮將待時。天下如一
欲何之。　叔孫氏之車子曰鉏商、樵於野而獲獸焉、
衆莫之識、以爲不祥、棄之五父之衢。冉有告夫子、曰
麕身而肉角、豈天之妖乎、夫子曰今何在。吾將觀焉。
遂往、謂其御高柴曰、若求之言其必麟乎。到視之果
信。言偃問曰、飛者宗鳳。走者宗麟。爲其難致也。敢問
今見其誰應之。子曰天子布德。將致太平。則麟鳳龜

龍先爲之祥。今宗周將滅。天下無主。孰爲來哉。遂泣
曰予之於人。猶麟之於獸也。麟出而死。吾道窮矣。乃
歌曰唐虞世兮麟鳳遊。今非其時吾何求。麟兮麟兮
我心憂。

雜訓第六

子上雜所習、請於子思、孔白字子上子思之子也雜者諸子百家子思曰
先人有訓焉。學必由聖。所以致其材也。厲必由砥。所
以致其刃也。故夫子之教。必始於詩書。而終於禮樂。
雜說不與焉。又何請。子思謂子上曰白乎。吾嘗深有

思而莫之得也。於學則寤焉。吾嘗企有登而莫之見
也。登高則覩焉。是故雖有本性。而加之以學。則無惑
矣。　縣子問子思曰、縣子名瑣魯人吾聞同聲者相好、子之
先君見子產時、則兄事之。而世謂子產仁愛、稱夫子
聖人、是謂聖道事仁愛乎、吾未諭其人之孰先後也、
故質於子、子思曰然、子之問也。昔季孫問子游亦若
子之言也。子游答曰以子產之仁愛。譬夫子其猶浸
水之與膏雨乎。康子曰子產死、鄭人丈夫舍玦珮、婦
女舍珠瑱。巷哭三月。竽瑟不作。夫子之死也。吾未聞

魯人之若是也。奚故哉。子游曰夫浸水之所及也則
生。其所不及則死。故民皆知焉。膏雨之所生也廣。莫
大焉。民之受賜也。普矣。莫識其由來者。上德不德。是
以無德。季孫曰善。　縣子曰其然。　孟子車尚幼。請見
子思。子思見之。甚悅其志。命子上侍坐焉。禮敬子車
甚崇。子上不願也。客退。子上請曰、白聞士無介不見
女無媒不嫁。孟孺子無介而見大人。悅而敬之。白也
未諭。敢問。子思曰然。吾昔從夫子於郯。遇程子於塗
傾蓋而語。終日而別。命子路將束帛贈焉。以其道同

於君子也今孟子車孺子也言稱堯舜性樂仁義世所希有也事之猶可況加敬乎非爾所及也　子思在魯使以書如衛問子上子上北面再拜受書伏讀然後與使者宴遂爲復書返中庭北面再拜以授使者旣受書然後退使者還魯問子思曰吾子堂上南面立授臣書事畢送臣子上中庭拜授臣書而不送何也子思曰拜而不送敬也使而送之宥也　魯人有同姓死而弗弔者人曰在禮當免不免當弔不弔有司罰之如之何子之無弔也答曰吾以其疏遠也

子思聞之曰無恩之甚也昔者季孫（季康子）問於夫子曰百世之宗有絕道乎子曰繼之以姓義無絕也故同姓爲宗合族爲屬雖國子之尊不廢其親所以崇愛也是以綴之以食序列昭穆萬世婚姻不通忠篤之道然也　魯穆公訪於子思曰寡人不得嗣先君之業三年矣未知所以爲令名者且欲掩先君之惡以揚先君之善使談者有述焉爲之若何願先生教之也子思答曰以伋所聞舜禹之於其父非勿欲也以爲私情之細不如公義之大故弗敢私之云耳責以虛飾之教又非伋所得言公曰思之可以利民者子思曰願有惠百姓之心則莫如一切除非法之事也毀不居之室以賜窮民奪嬖寵之祿以賑困匱無令人有悲怨而後世有聞見抑亦可乎公曰諾　縣子問子思曰顏回問爲邦夫子曰行夏之時若是殷周異正爲非乎子思曰夏數得天堯舜之所同也殷周之王征伐革命以應乎天因改正朔若云天時之改耳故不相因也夫受禪於人者則襲其統受命於天者則革之所以神其事如天道之變然也三統之義

夏得其正是以夫子云　穆公問於子思曰立太子有常乎答曰有之在周公之典公曰昔文王舍適而立其次微子舍孫而立其弟是何法也子思曰殷人質而尊其尊故立弟周人文而親其親故立子亦各其禮也文質不同其禮則異文王舍適立次權也公曰苟得行權豈唯聖人唯賢與愛立也子思曰聖人不以權教故立制垂法順之爲貴者必欲犯何有於異公曰舍賢立聖舍愚立賢何如子思曰唯聖立聖其文王乎不及文王者則各賢其所愛不殊於適何

以限之必不能齊賢愚之分藉父兄群臣卜於祖廟亦權之可也

孟軻問牧民何先子思曰先利之曰君子之所以教民亦仁義固所以利之乎子思曰上不仁則下不得其所上不義則樂為亂也此為不利大矣故易曰利者義之和也又曰利用安身以崇德也此皆利之大者也

居衛第七

子思居衛言苟變於衛君曰其材可將五百乘君任軍旅率得此人則無敵於天下矣衛君曰吾知其材可將然變也嘗為吏賦於民而食人二雞子以故弗用也子思曰夫聖人之官人猶大匠之用木也取其所長棄其所短故杞梓連抱而有數尺之朽良工不棄何也知其所妨者細也卒成不訾之器今君處戰國之世選爪牙之士而以二卵棄干城之將此不可使聞於鄰國者也衛君再拜曰謹受教矣

子思適齊齊君之嬖臣美鬚眉立乎側齊君指之而笑且言曰假貌可相易寡人不惜此之鬚眉於先生也子思曰非所願也所願者唯君修禮義富百姓而伋得寄

寄於君之境內從繈負之列其榮多矣若無此鬚鬣非伋所病也昔堯身修十尺眉分八彩實聖舜身修八尺有奇面頷無毛亦聖禹湯文武及周公勤思勞體或折臂望視或禿骭背僂亦聖不以鬚眉美鬣為稱也人之賢聖在德豈在貌乎且吾性無鬚眉而天下王侯不以此損其敬由是言之伋徒患德之不邵美也不病毛鬚之不茂也

子思謂子上曰有可以為公之尊而富貴人衆不與焉者非唯志乎成其志者非唯無欲乎夫錦繢紛華所服不過溫體三牲大牢所食不過充腹知以身取節者則知足矣苟知足則不累其志矣

曾子謂子思曰昔者吾從夫子巡守於諸侯夫子未嘗失人臣之禮而猶聖道不行今吾觀子有傲世主之心無乃不容乎子思曰時移世異人有宜也當吾先君周制雖毀君臣固位上下相持若一體然夫欲行其道不執禮以求之則不能入也今天下諸侯方欲力爭競招英雄以自輔翼此乃得士則昌失士則亡之秋也伋於此時不自高人將下吾不自貴人將賤吾舜禹揖讓湯武用師非故相

詭乃各時也

子思在齊尹文子生子不類怒而杖之告子思曰此非吾子也吾妻殆不婦吾將黜之子思曰若子之言則堯舜之妃復可疑也此二帝聖者之英而丹朱商均不及匹夫以是推之豈可類乎然舉其多者有此父斯有此子道之常也若夫賢父之有愚子此由天道自然非子之妻之罪也尹文子曰先生止之願無言文留妻矣

孟軻問子思曰堯舜文武之道可力而致乎子思曰彼人也我人也稱其言履其行夜思之晝行之滋滋焉汲汲焉如農之赴

時商之趨利惡有不至者乎

子思謂孟軻曰自大而不修其所以大不大矣自異而不修其所以異不異矣故君子高其行則人莫能階也遠其志則人莫能及也禮接於人人不敢慢辭交於人人不敢侮其唯高遠乎

申祥問曰子張之子殷人自契至湯而王周人自棄至武王而王同嚳之後也周人追王大王王季文王而殷人獨否何也子思曰文質之異也周人之所追大王王迹起焉又曰文王受命斷虞芮之訟伐崇邦退犬戎追王大王王季何也子思曰狄人攻

大王大王召耆老而問焉曰狄人何來耆老曰欲得菽粟財貨大王曰與之與之至無而狄人不止大王又問耆老曰狄人何欲耆老曰欲土地大王曰與之耆老曰君不爲社稷乎大王曰社稷所以爲民也不可以所爲民者亡民也耆老曰君縱不爲社稷不爲宗廟乎大王曰宗廟者私也不可以吾私害民遂杖策而去過梁山止乎岐下豳民之束修奔而從之者三千乘一止而成三千乘之邑此王道之端也成王於是追而王之王季其子也承其業廣其基焉雖同

追王不亦可乎

羊客問子思曰古之帝王中分天下使二公治之謂之二伯周自后稷封爲王者後子孫據國至大王王季文王此固世爲諸侯矣焉得爲西伯乎子思曰吾聞諸子夏殷王帝乙之時王季以功九命作伯受珪瓚秬鬯之賜故文王因之得專征伐此以諸侯爲伯猶周召之君爲伯也

子思年十六適宋宋大夫樂朔與之言學焉朔曰尚書虞夏數四篇善也下此以訖于秦費效堯舜之言耳殊不如也子思答曰事變有極正自當耳假令周公堯舜不更

時異處其書同矣。樂朔曰凡書之作、欲以喻民也。簡易爲上、而乃故作難知之辭、不亦繁乎。子思曰書之意兼復深奧訓詁成義古人所以爲典雅也曰昔魯委巷亦有似君之言者、伋答之曰道爲知者傳。苟非其人道不傳矣今君何似之甚也樂朔不悅而退曰孺子辱吾、其徒曰魯雖以宋爲舊、然世有讎焉請攻之、遂圍子思、宋君聞之、不待駕而救子思子思既免、曰文王困於羑里作周易祖君屈於陳蔡作春秋吾困於宋可無作乎。於是撰中庸之書四十九篇

巡狩第八

子思遊齊陳莊伯與登泰山而觀、見古天子巡狩之銘焉、陳子曰我生獨不及帝王封禪之世、子思曰子不欲爾今周室卑微諸侯無霸假以齊之衆連鄰國以輔文武子孫之有德者。則齊桓晉文之事不足言也陳子曰非不悅斯道力不堪也、子聖人之後吾願有聞焉、敢問昔聖帝明王巡狩之禮可得聞乎、子思曰凡求聞者爲求行之也。今子自計必不能行欲聞何爲。陳子曰吾雖不敏亦樂先生之道於子何病而不吾告也。子思乃告之曰古者天子將巡狩、必先告於祖禰。命史告羣廟及社稷圻內名山大川告者七日而徧親告用牲史告用幣申命冢宰而後淸道而出或以遷廟之主行載於齋車每舍奠焉。及所經五嶽四瀆皆有牲幣歲二月東巡狩至于岱宗柴于上帝望秩于山川所過諸侯各待於境天子先問百年者所在而親問之然後覲方岳之諸侯有功德者則發爵賜服以順陽義無功者則削黜貶退以順陰義命史采民詩謠以觀其風命市納賈察民之所好惡

以知其志命典禮正制度均量衡考衣服之等協時月日辰入其疆遺老失賢掊克在位則君免山川社稷有不親舉土荒民遊爲無教無教者則君退民淫僭上爲無法無法者則君罪入其疆土地墾闢養老尊賢俊傑在位則君有慶遂南巡五月至於南嶽又西巡八月至於西嶽又北巡十有一月至於北嶽其禮皆如岱宗歸反舍於外次三日齋親告於祖禰用特。命有司告羣廟社稷及圻內名山大川而後入聽朝此古者明王巡狩之禮也。陳子曰諸侯朝於天子

盟會霸主則亦告宗廟山川乎子思曰告哉陳子曰王者巡狩不及四嶽諸侯盟會不越鄰國則其禮同乎異乎子思曰天子封圻千里公侯百里伯七十里子男五十里虞夏殷周之常制也其或出此封者則其禮與巡狩朝會無變其不越封境雖行如國陳子曰古之義也吾今而後知不學者淺之為人也

公儀第九

魯人有公儀僭者數本皆作潛砥節礪行樂道好古恬於榮利不事諸侯子思與之友穆公因子思欲以為相

謂子思曰公儀子必輔寡人參分魯國而與之一子其言之子思對曰如君之言則公儀子愈所以不至也君若饑渴待賢納用其謀雖蔬食水飲伋亦願在下風今徒以高官厚祿釣餌君子無信用之意公儀子之智若魚鳥可也不然則彼將終身不躡乎君之庭矣且臣不佞又不任為君操竿下釣以蕩守節之士也　閭邱溫見田氏將必危齊欲以其邑叛而適魯穆公聞之謂子思曰子能懷之則寡人割邑如其邑以常宗子思曰伋雖能之義所不為也公曰何子

思對曰彼為人臣君將敗弗能扶而叛之逆臣制國弗能以其身死而逃之此罪誅之人也伋縱不能討而又要利以召姦非忍行也　穆公問子思曰吾聞龐櫚氏子不孝其行何如對曰臣聞明君之為政尊賢以崇德舉善以勸民則四方之內孰敢不化若夫過行是細人所識不治其本而問其過臣不知所以也公曰善　穆公謂子思曰子之書所記夫子之言或者以謂子之辭子思曰臣所記臣祖之言或親聞之者有聞之於人者雖非正其辭然猶不失其意焉

且君之所疑者何公曰於事無非子思曰無非所以得臣祖之意也就如君言以為臣之辭臣之辭無非則亦所宜貴矣事既不然又何疑焉　穆公謂子思曰縣子言子之為善不欲人譽己信乎子思對曰非臣之情也臣之修善欲人知之知之而譽臣是臣之為善有勸也此所願而不可得者也若臣之修善而人莫知莫知則必毀臣是臣之為善而受毀也此臣所不願而不可避者也若夫雞鳴為善孳孳以至夜半而曰不欲人之知恐人之譽己臣以謂斯人也者

非虛則愚也胡毋豹（魯人）謂子思曰子好大世莫能
容子也盍亦隨時乎子思曰大非所病所病不大也
凡所以求容於世為行道也毀道以求容何行焉
大不見容命也毀大而求容罪也吾弗改矣　子思
居貧其友有饋之粟者受一車焉或獻樽酒束脩子
思弗為受也或曰子取人粟而辭吾酒脯是辭少而
取多也於義則無名於介則不全而子行之何也子
思曰然伋不幸而貧於財至乃困乏將恐絕先人之
祀夫以受粟為周乏也酒脯則所以飲宴也方乏於

食而乃飲宴非義也吾豈以為介哉度義而行也或
者擔其酒脯以歸　穆公問子思曰吾國可興乎子
思曰可公曰為之奈何對曰苟君與大夫慕周公伯
禽之治行其政化開公家之惠杜私門之利結恩百
姓修禮鄰國其興也勃矣　子思曰吾之富貴甚易
而由不能夫不取於人謂之富不辱於人謂之貴不
取不辱其於富貴庶矣哉

抗志第十

曾申（參之子）謂子思曰屈己以伸道乎抗志以貧賤乎

子思曰道伸吾所願也今天下王侯其孰能哉與屈
己以富貴不若抗志以貧賤屈己則制於人抗志則
不愧於道　子思居衛衛人釣於河得鰥魚焉其大
盈車子思問之曰鰥魚魚之難得者也子如何得之
對曰吾始下釣垂一魴之餌鰥過而弗視也更以豚
之半體則吞之矣子思喟然曰鰥雖難得貪以死餌
士雖懷道貪以死祿矣　子思居衛魯穆公卒縣子
使乎衛聞喪而服謂子思曰子雖未臣魯父母之國
也先君宗廟在焉奈何不服子思曰吾豈愛乎禮不

得也縣子曰請問之答曰臣而去國君不掃其宗廟
則為之服寄公寓乎是國而為國服吾既無列於魯
而祭在衛吾何服哉是寄臣而服所寄之君則舊君
無服明不二君之義也縣子曰善哉我未之思也
衛君言計是非而羣臣和者如出一口子思曰以吾
觀所為君不君臣不臣者也公丘懿子曰何乃若是
子思曰人主自臧則眾謀不進事是而臧之猶却眾
謀況和非以長乎夫不察事之是非而悅人之讚已
闇莫甚焉不度理之所在而阿諛求容諂莫甚焉君

闇臣諂以居百姓之上民弗與也若此不已國無類矣 子思謂衛君曰君之國事將日非矣君曰何故對曰有由然焉君出言皆自以爲是而卿大夫莫敢矯其非卿大夫出言亦皆自以爲是而士庶莫敢矯其非君臣既自賢矣而羣下同聲賢之賢之則順而有福矯之則逆而有禍故使如此如此則善安從生詩曰具曰予聖誰知烏之雌雄抑亦似衛之君臣乎

衛君問子思曰寡人之政何如答曰無非君曰寡人不知其不肖亦望其如此也子思曰希旨容媚則

君親之中正弼非則君疏之夫能使人富貴貧賤者君也在朝之士孰肯舍所以見親而取其所以見疏者乎是故競求射君之心而莫敢有非君之非者此臣所謂無非也公曰然乎寡人之過也今知改矣答曰君弗能焉口順而心不懌者臨其事必疣君雖有命臣未敢受也 司徒文子改葬其叔父問服於子思子思曰禮父母改葬緦既葬而除不忍無服送至親也非父母無服無服則弔而加麻文子曰喪服既除然後乃葬則其服何服答曰三年之喪未葬服不變除何有爲期大功之喪服其所除之服以葬既葬而除之其虞也吉服以行事也 公叔木謂申祥曰衛公叔文子之子定公十四年奔魯木或作朱春秋作戍吾於子思親而敬之子思未吾察也申祥以告曰人求親敬於子子何辱焉子思答曰義也申祥曰請聞之答曰公叔氏之子愛人之同已慢而不知賢夫其親敬非心見吾所以親敬也以人口而親敬吾則亦以人口而疏慢吾矣申祥曰其不知賢奈何答曰有龍穆者徒好飾美辭說觀於坐席相人眉睫以爲之意天下之淺人也而公

叔子交之橋子良修實而不修名爲善不爲人之知已不撞不發如大鐘然天下之深人也而公叔子與之同邑而弗能知此其所以爲愛同已而不知賢也

子思自齊反衛衛君館而問曰衛敬公先生魯國之士然不以衛之褊小猶步玉趾而慰存之願有賜於寡人也子思曰臣羇旅於此而辱君之威尊亟臨蓽門其榮多矣欲報君以財幣則君之府藏已盈而伋又貧欲報君以善言恐未合君志而徒言不聽也顧未有可以報君者唯進賢爾衛君曰賢固寡人之所

願也子思曰未審君之願將何以爲君曰必用以治政子思曰君弗能也君曰何故答曰衛國非無賢才之士而君未有善政是賢才不見用故也君曰雖然願聞先生所以爲賢者答曰君將以名取士耶以實取士耶君曰必以實子思曰衛之東境有李音者賢而有實者也君曰其父祖何也答曰世農夫也衛君乃胡盧大笑曰寡人不好農農夫之子無所用之且世臣之子未悉官之子思曰臣稱李音稱其賢才也周公大聖康叔大賢今魯衛之君未必皆同其祖考

李音父祖雖善農則音亦未必與之同也君言世臣之子未悉官之則臣所謂有賢才而不見用果信矣臣之問君固疑君之取士不以實也今君不問李音之所以爲賢才而聞其世農夫因笑而不愛則君取士果信名而不由實者也衛君屈而無辭

衛君曰夫道大而難明非吾所能也今欲學術何如子思曰君無然也體道者逸而不窮任術者勞而無功古之篤道君子生不足以喜之利何足以動之死不足以禁之害何足以怨之（禁或作忌 怨或作懼）故明於死生之分通於利害之變雖以天下易其脛毛無所槩於志矣是以與聖人居使窮士忘其貧賤使王公簡其富貴君無然也衛君曰善

齊王謂子思曰今天下擾擾諸侯無伯吾國大人衆圖帝何如子思曰不可也君不能去君貪利之心王曰何如子思曰夫水之性清而土壤汩之人之性安而嗜欲亂之故能有天下者必無以天下爲者也能有名譽者必無以名譽爲者也達此則其利心外矣

衛將軍文子之內子死復者曰皐媚女復子思聞之曰此女氏之字非夫氏之名

也婦人於夫氏以姓氏稱禮也

費子陽（魯大夫家臣）謂子思曰吾念周室將滅泣涕不可禁也子思曰然此亦子之善意也夫能以智知可知而不能以智知未可知危之道也今以一人之身憂世之不治而泣涕不禁是憂河水之濁而以泣清之也其爲無益莫大焉故微子去殷紀季入齊良知時也唯能不憂世之亂而患身之不治者可與言道矣

齊王戮其臣不辜謂子思曰吾知其不辜而適觸吾忿故戮之以爲不足傷義也子思曰文王葬枯骨而天下知仁商紂

斬朝涉而天下稱暴夫義者不必徧利天下也暴者不必盡虐海內也以其所施而觀其意民乃去就焉今君因心之忿遷戮不辜以為無傷於義此非臣之所敢知也王曰寡人實過乃今聞命請改之　衛公子交見於子思曰先生聖人之後執清高之操天下之君子莫不服先生之大名也交雖不敏竊慕下風願師先生之行幸顧恤之子思曰公子不宜也夫清高之節不以私自累不以利煩意擇天下之至道行天下之正路今公子紹康叔之緒處戰伐之世當務

收英雄保其疆土非所以明臧否立規檢修匹夫之行之時也　衛公子交饋馬四乘於子思曰交不敢以此求先生之歡而辱先生之潔也先生久降於鄙土蓋為賓主之儀焉子思曰伋寄命以來度身以服衛之衣量腹以食衛之粟矣又且朝夕受酒脯及祭膰之賜衣食已優意氣已定以無行志未敢當車馬之貺禮雖有爵賜人不踰父兄今重進公子之盛言則有失禮之僭焉若何公子曰交已言於君矣答曰不可為人子者三賜不及車馬公子曰我未之聞也

謹受教　穆公欲相子思子思不願將去魯魯君曰天下之王亦猶寡人也去將安之子思答曰蓋聞君子猶鳥也疑之則舉今君既疑矣又以已限天下之君臣竊為言之過也　齊王謂子思曰先生名高於海內吐言則天下之士莫不屬耳目今寡人欲相梁起起也名少願先談說之也子思曰天下之士所以屬耳目者欲伋之言是非當也今君使伋虛談於起則天下之士必改耳目矣耳目既改又無益於起是兩有喪也故不敢承命齊君曰起之不賢何也子思

曰君豈未之知乎厚於財物必薄於德自然之道也今起以貪成富聞於諸侯而無救施之惠焉以好色聞於齊國而無男女之別焉有一於此猶受其咎而起二之能無累乎王曰寡人之言實過願先生赦焉

子思見老萊子老萊子聞穆公將相子思老萊子曰若子事君將何以為乎子思曰順吾性情以道輔之無死亡焉老萊子曰不可順子之性也子性剛而傲不肖又且無所死亡非人臣也子思曰不肖固人之所傲也夫事君道行言聽則何所死亡道不行言

不聽。則亦不能事君。所謂無死亡也。老萊子曰子不見夫齒乎。齒堅剛卒盡相磨。舌柔順終以不弊。子思曰吾不能爲舌。故不能事君。

孔叢卷上終

孔叢卷下

公孫龍第十一

公孫龍者、平原君之客也、好刑名、以白馬爲非白馬、或謂子高曰、子高孔穿之字孔箕之子伋之元孫此人小辨而毀大道、子盍往正諸、子高曰大道之悖天下之校枉也。吾何病焉、或曰雖然、子爲天下故往也、子高適趙、與龍會平原君家、謂之曰僕居魯、遂聞下風、而高先生之行也、願受業之日久矣、然所不取於先生者、獨不取先生以白馬爲非白馬爾、誠去非白馬之學、則穿請爲

弟子、公孫龍曰、先生之言悖也、龍之學、正以白馬非白馬者也、今使龍去之、則龍無以教矣、今龍爲無以教、而乃學於龍、不亦悖乎、且夫學於龍者、以智與學不逮也、今教龍去白馬非白馬、是先教也、而後師之、不可也、先生之所教龍者、似齊王之問尹文也、齊王曰、寡人甚好士、而齊國無士、尹文曰、今有人於此、事君則忠、事親則孝、交友則信、處鄉則順、有此四行者、可謂士乎、王曰善、是眞吾所謂士者也、尹文曰王得此人。肯以爲臣乎、上曰所願不可得也、尹文曰使此

人於廣庭大衆之中見侮而不敢鬬王將以爲臣乎王曰夫士也見侮而不鬬是辱則寡人不以爲臣矣尹文曰雖見侮而不鬬是未失所以爲士也然而王不以爲臣則鄉所謂士者乃非士乎夫王之令殺人者死傷人者刑民有畏王令故見侮終不敢鬬是全王之法也而王不以爲臣是罰之也且王以不敢鬬爲辱必以敢鬬爲榮是王之所賞吏之所罰也上之所是法之所非也賞罰是非相與曲謬雖十黄帝固所不能治也齊王無以應且白馬非白馬者乃子先

君仲尼之所取也龍聞楚王張繁弱之弓載忘歸之矢以射蛟兕於雲夢之囿反而喪其弓左右請求之王曰止也楚人遺弓楚人得之又何求乎仲尼聞之曰楚王仁義而未遂亦曰人得之而已矣何必楚乎若是者仲尼異楚人於所謂人也夫是仲尼之異楚人於所謂人而非龍之異白馬於謂馬悖也先生好儒術而非仲尼之所取也欲學而使龍去所以教雖百龍之智固不能當前也子高莫之應退而告人曰言非而博巧而不理此固無所不答也異日平原君

會衆賓而延子高平原君曰先生聖人之後也不遠千里來顧臨之欲去夫公孫子白馬之學今是非未分而先生翻然欲高逝可乎子高曰理之至精者則自明之豈任穿之退哉平原君曰至精之說可得聞乎答曰其說皆取之經傳不敢以意春秋記六鷁退飛覩之則六察之則鷁鷁猶馬也六猶白也覩之得見其白察之則知其馬色以名別內由外顯謂之白馬名實當矣若以絲麻加之女工爲緇素青黄色名雖殊其質則一是以詩有素絲不曰絲素禮有緇布

不曰布緇犧牛元武此類甚衆先舉其色後名其質萬物之所同聖賢之所常也君子之謂貴當物理不貴繁辭若尹文之折齊王之所言與其法錯故也穿之所說於公孫子高其智悅其行也去白馬之說智行固存是則穿未失其所師者也稱此云云沒其理矣是楚王之言楚人忘弓楚人得之先君夫子探其本意欲以示廣其實狹之故曰不如亦曰人得之而已也是則異楚王之所謂楚非異楚王之所謂人也以此爲喻乃相擊切矣凡言人者總謂人也亦猶言

馬者總謂馬也楚自國也白自色也欲廣其人宜在
去楚欲正名色不宜去白恍察此理則公孫之辨破
矣平原君曰先生言於理善矣因顧謂衆賓曰公孫
子能答此乎燕客史由對曰辭則有焉理則否矣
公孫龍又與子高記論於平原君所辨理至於臧三
耳公孫龍言臧之三耳甚辨析子高弗應俄而辭出
明日復見平原君曰疇昔公孫之言信辨也先生實
以爲何如答曰然幾能臧三耳矣雖然實難僕願得
又問於君今爲臧三耳甚難而實非也謂臧兩耳甚

孔叢　卷下　四

易而實是也不知君將從易而是者乎亦從難而非
者乎平原君弗能應明日謂公孫龍曰公無復與孔
子高辨事也其人理勝於辭公辭勝於理辭勝於理
終必受詘　李寅言曾良於平原君欲仕之平原君
以問子高子高曰不識也平原君曰良常得見於先
生矣故敢問子高曰世人多自稱上用我則國無患
夫用智莫若覩其身其身且猶不免於患國用之亦
烏得無患乎平原君曰良之有患特不明也居家理
治可移於官良能殖貨故欲仕之子高曰未可知也

今有人於此身脩計明而貧者志不存也身不脩會
計闇而富者非盜無所得之也

儒服第十二

子高衣長裾振褎袖方屐麄翣 翣扇也 見平原君君曰
吾子亦儒服乎子高曰此布衣之服非儒服也儒服
非一也平原君曰請吾子言之答曰夫儒者居位行
道則有衮冕之服統御師旅則有介冑之服從容徒
步則有若穿之服故曰非一也平原君曰儒之爲名
何取爾子高曰取包衆美兼六藝動靜不失中道

孔叢　卷下　五

子高遊趙平原君客有鄒文季節者與子高相善及
將還魯諸故人訣既畢文節送行三宿臨別文節流
涕交頤子高徒抗手而已分背就路其徒問曰先生
與彼二子善彼有戀戀之心未知後會何期悽愴流
涕而先生厲聲高揖此無乃非親親之謂乎子高曰
始焉謂此二子丈夫爾乃今知其婦人也人生則有
四方之志豈鹿豕也哉而常聚乎其徒曰若此二子
之泣非邪答曰斯二子良人也有不忍之心若於取
斷必不足矣其徒曰凡泣者一無取乎子高曰有二

焉大姦之人以泣自信婦人懦夫以泣著愛　平原君與子高飲強子高酒曰昔有遺諺堯舜千鍾孔子百觚子路嗑嗑尚飲十榼古之聖賢無不能飲也吾子何辭焉子高曰以穿所聞賢聖以道德兼人未聞以飲食也平原君曰即如先生所言則此言何生子高曰生於嗜酒者蓋其勸厲獎戲之辭非實然也平原君欣然曰吾不戲子無所聞此雅言也　平原君問子高曰吾聞子之先君親見衛夫人南子又云南遊過乎阿谷而交辭於漂女信有之乎答曰士之相

信聞流言而不信者何哉以其所已行之事占之也昔先君在衛衛君問軍旅焉拒而不告問不已攝駕而去攝取也衛君請見猶不能終何夫人之能覿乎古者大饗夫人與焉於時禮儀雖廢猶有行之者意衛君夫人饗夫子則夫子亦弗獲已矣若夫阿谷之言起於近世殆是假其類以行其心者之為也　子高適齊會秦兵將至信陵君懼造子高之館而問所勝之禮焉子高曰命勇謀之將以禦敵先使之迎於敵所從來之方為壇祈克於五帝衣服隨其方色執事

人數從其方之數牲則用其方之牲祝史告於社稷宗廟邦域之內名山大川君親素服誓衆於太廟曰某人不道侵犯大國二三子尚皆同心比力死守將帥稽首再拜受命既誓將帥勒士卒陳於廟之右君立太廟之庭祝史立於社百官各警其事御於君以待命乃大鼓於廟門詔將帥命卒習射三發擊刺三行告廟用兵於敵也五兵備效乃鼓而出以即敵此諸侯應敵之禮也信陵君曰敬受教信陵君問子高曰古者軍旅賞人必於祖戮人必於社其義何也答

曰賞功於祖告分之均示不敢專也戮罪於社告中於土示聽之當也　陳庄魏人性多穢訾每得酒食必先撥捐之然後乃食子高告之曰子無然也似有態者昔君子之於酒食有率嘗之義無捐放之道假其可食其上下如擇假令不潔其下滋甚陳庄曰吾知其無益意欲如此子高曰意不可恣也夫木之性以檃括自直可以人而不如木乎子不見夫雞耶聚穀如陵跱而啄之若縱子之意則與雞豈有異乎陳庄跪曰吾今而後知過矣請終改之　子高任司馬文

為將於齊與燕戰而敗齊君曰以子賢明故信子也答曰君知穿孰若周公齊君曰周公聖人而子賢者弗如也子高曰然臣固弗如周公也以臣之知文孰若周公之知其弟齊君曰兄弟審於他人子高曰君之言是也夫以周公之聖兄弟相知之審而近失於管蔡明人難知也臣與文相見觀其材志察其所履齊國之士弗能過也書曰知人則哲惟帝難之穿何慚焉且曹子為魯三與齊戰三敗失地然後以勇敢之節奮三尺之劍要桓公管仲於盟壇卒敢其所喪

夫君子之敗如日月之蝕人各有能文庸可棄於今燕以詐破文是文不能於詐也臣之稱文稱其武勇才藝不稱其詐也文雖敗臣固不失其所稱為齊君屈辭而不黜司馬文

對魏王第十三

魏王問人主所以為患（魏安釐王）子高對曰建大臣而不與謀嬖倖者言用則知士以疎自疑（自疑上之疎己也）嬖臣以過微幸者內則射合主心外則挺主之非此人主之大患也

子高謂魏王曰臣入魏國見君之二

計臣為張叔謀有餘范威智不逮然其功一也王曰叔也有餘威也不逮何同乎答曰駑驥同轅伯樂為之咨嗟玉石相揉和氏為之嘆息故賢愚共貫則能士匿謀真偽相錯則正士結舌叔雖有餘猶威不逮也

魏王問何如可謂大臣子高荅曰大臣則必取眾人之選能犯顏諫爭公正無私者計陳事成主裁其賞事敗臣執其咎主任之而無疑臣當之而弗避君總其美臣行其義然則君不猜於臣臣不隱於君故動無過計舉無敗事是以臣主並各有得也

信

陵君問曰古之善為國至於無訟其道何由答曰由乎政善也上下勸德而無私德無不化俗無不移眾之所譽政之所是也眾之所毀政之所非也毀譽是非與政相應所以無訟也

齊王行車裂之刑羣臣諍之弗聽子高見於齊王曰聞君行車裂之刑無道之刑也而君行之臣竊以為下吏之過也王曰寡人以民多犯法為法之輕也子高曰然此誠君之盛意也夫人含五常之性有喜怒哀樂喜怒哀樂無過其節節過則毀於義民多犯法以法重無所措手足也

今天下悠悠士無定處有德則往無德則去欲規霸王之業與衆大國爲難而行酷刑以懼遠近國內之民將叛四方之士不至此乃亡國之道君之下吏不具以聞徒恐逆主意以爲憂不慮不諫之危亡其所矜者小所喪者大故曰下吏之過也臣觀之又非徒不諍而已也心知此事之爲不可將有非議在後則陽曰君忿意實然我諫諍必有龍逢比干之禍是爲虛自居於忠正之地而闇推君主使同於桀紂也且夫爲人臣見主非而不諍以陷主於危亡罪之大者

也人主疾臣之弼已而惡之資臣以箕子比干之忠惑之大者也齊王曰謹聞命遂除車裂之法焉　子高見齊王齊王問誰可臨淄宰稱管穆焉王曰穆容貌陋民不敬答曰夫見敬在德且臣所稱稱其材也君王聞晏子趙文子乎晏子長不過三尺面貌惡齊國上下莫不宗焉趙文子其身如不勝衣其言如不出口非但體陋辭氣又吶吶然其相晉國晉國以寧諸侯敬服皆有德故也以穆軀形方之二子猶愈賢之昔臣常行臨淄市見屠商焉身修八尺鬚髯如戟面正紅白市之男女未有敬之者無德故也王曰是所謂祖龍始者也（祖龍始乃屠商姓名）誠如先生之言於是乃以管穆爲臨淄宰

陳士義第十四

魏王遣使者奉黃金束帛聘子順爲相（孔武後名斌字子順子高之子也）子順謂使者曰若王信能用吾道吾道固爲治世也雖疏食飲水吾猶爲之若徒欲制服吾身委以重祿吾猶一夫爾則魏王不少於一夫子度魏王之心以告我使者曰魏國狹小乏於聖賢寡君久聞下

風願委國先生親受教訓如肯降節豈惟魏國君臣是賴其亦社稷之神祇實永受慶於是乃之魏魏王郊迎謂子順曰寡人不肖嗣先君之業先生聖人之後道德懿邵幸見顧臨願圖國政對曰臣羈旅之臣慕君高義是以戾此君辱貺而問以政事敢不敬受君之明命　魏王朝羣臣問理國之所先季文對曰惟在知人王未之應子順進曰知人則哲帝堯所病故四凶在朝鯀任無功大豈樂然哉人難知故也今文之對不稱吾君之所能行而乃欲強吾君以聖人

所難此不可行之說也王曰先生言之對曰當今所急在修仁尚義崇德敦禮以接鄰國而已昔舜命衆官群臣競讓德禮之致也苟使朝臣皆有推賢之心主雖不知人則臣位必當若皆以知人爲治則人主宜未過堯且共目所不見者亦必漏矣王曰善矣

秦王得西戎利刀以之割玉如割木焉以示東方諸侯魏王問子順曰古亦有之乎對曰周穆王大征西戎西戎獻錕鋙之劍火浣之布其劍長尺有咫鍊鋼赤刃用之切玉如泥焉是則古亦有焉王曰火浣之

布若何對曰周書火浣布垢必投諸火布則火色垢乃灰色出火振之皜然疑乎雪焉王曰今何以獨無對曰秦貪而多求求欲無厭是故西戎閉而不致此以素防絕之也然則人主貪欲乃異物所以不至不可不慎也

魏王曰吾聞道士登華山則長生不死意亦願之對曰古無是道非所願也王曰吾聞信之對曰未審君之所聞親聞之於不死者耶聞之於傳聞者耶君聞之於傳聞者妄也若聞之於不死者今安在在者君學之勿疑不在者君勿學無疑

李由之母少寡與李音竊相好而生由由有才藝仕於魏王甚愛之或曰李由母姦不知其父不足貴也王以告由且曰吾不以此賤子也雖然古之聖賢亦有似子者乎吾將舉以折毀子者李由對曰今人不通於遠在臣欲言誰耳且孔子少孤則亦不知其父者也孔子母死殯於五父之衢人見之皆以爲孤葬問鄹曼父之母得合葬於防此則聖人與臣同者也王笑曰善子順聞之問魏王曰李由安得斯言王曰假以自顯無傷也對曰虛造謗言以誣聖人非無傷也且

夫明主之於臣唯德所在不以小疵妨大行也昔鬬子文生於淫而不害其爲令尹今李由可則寵之何患於人之言而使橫生不然之說若欺有知則有知不受若欺凡人則凡人無知必亦問臣則臣亦不爲君之故誣祖以顯由也如此群臣更知由惡此必聚矣所謂求白潔而益其垢猶抱石以救溺愈不濟矣

魏王使相國脩好鄰國遂連和於趙趙王既賓之而燕問子順曰今寡人欲求北狄不知其所以然答曰誘之以其所利而與之通市則自至矣王曰寡人

欲因而弱之若與交之分我國貨散於夷狄是彊之也可乎答曰夫與之市者將以我無用之貨取其有用之物是故所以弱之之術也王曰何謂我之無用彼之有用答曰衣服之物則有珠玉五綵飲食之物則有酒醪五熟五味也此即我之所有而彼之所利者也夷狄之貨唯牛馬旃裘弓矢之器是其所饒而輕以與人者也以吾所有易彼所饒如斯不已則夷狄之用將糜於衣食矣殆可舉棰而驅之豈徒弱之而已乎趙王曰敬受教

枚產魏人問子順曰臣匱於財聞猗頓善殖貨欲學之然先生同國也當知其術願以告我答曰然知之猗頓魯之窮士也耕則常飢桑則常寒聞陶朱公富往而問術焉朱公告之曰子欲速富當畜五牸於是乃適西河大畜牛羊於猗氏之南十年之間其滋息不可計貲擬王公馳名天下以興富於猗氏故曰猗頓且夫爲富者非唯一術今子徒問猗頓何也枚產曰亦將問之於先生也答曰吾貧而子問以富術縱有其術是不可用之術也昔人有言能得長生者道士聞而欲學之比往言者死矣

道士高蹈而恨夫所欲學學不死也其人已死而猶恨之是不知所以爲學也今子欲求殖貨而問術於我我且自貧安能教子以富乎子之此問有似道士之學不死者也

東里閭魏人空腹而好自賢欲自親於子順子順不下或曰夫君子之交於世士亦取其一節而已東閭子疏達亮直大丈夫也求爲先生役而先生無意接之斯者無乃非周公之交人乎子順曰此吾所以行周公之行也夫東閭子外質頑拙有似疏直然內懷容媚諂魅非大丈夫之節也若其度骸稱膚面目鬚眉實美於人聖人論士不以爲貴者無益於德故也然東閭子中不應外侮慢世士郎所謂愚人而謂人爲愚者也持其虛狀以不德於人此乃周公之所罪何交之有

宮他魏人見子順曰他困貧賤將欲自託富貴之門庶克免乎子順曰夫富而可以託貧貴而可以寄賤者天下寡矣非信義君子明識窮達則不可今子所欲託者誰也宮他曰將適趙公子子順曰非其人矣雖好養士自奉而已終弗能稱也宮他曰將適燕相國子順曰彼徒兒介蜴易

各濟其私無求賢之志不足歸也宮他曰將適齊田氏子順曰齊大國也其士大夫皆有自多之心不能容子也他曰然則何向而可子順曰吾勿識也宮他曰唯先生知人願告所擇將往庇焉子順曰齊子之欲則宜若郈成子者也昔郈成子自魯聘晉過乎衛右宰穀臣止而觴之陳樂而不作送以寶璧反過而不辭其僕曰日者右宰之觴吾子甚歡也今過而不辭何也成子曰夫止而觴我與我歡也陳樂而不作告我哀也送我以璧寄之我也若由此觀之衛其有

亂乎背衛三十里聞甯喜作難右宰死之還車而臨三舉而歸反命於君乃使人迎其妻子隔宅而居之分祿而食之其子長而反其璧夫子聞之曰智可與微謀仁可與託孤廉可以寄財者其郈成子之謂乎今子求若人之比庇焉可也宮他曰循先生之言舍先生將安之請從執事子順辭不得已乃言之魏王而升諸朝

子順相魏改嬖寵之官以事賢才奪無任之祿以賜有功諸喪職秩者不悅乃造謗言文咨魏人以告且曰夫不害前政而有成孰與變之而起謗

哉子順曰民不可與慮始久矣古之善為政者其初不能無謗子產相鄭三年而後謗止吾先君之相魯三月而後謗止今吾為政日新雖不能及聖賢庸知謗止獨無時乎文咨曰子產之謗嘗亦聞之未識先君之謗何也子順曰先君初相魯魯人謗誦曰麛裘而芾投之無戾芾之麛裘投之無郵及三年政成化既行民又作誦曰袞衣章甫實獲我所章甫袞衣惠我無私文咨喜曰乃知先生亦不異乎聖賢矣

魏王謂子順曰吾欲致天下之士奈何子順對曰昔周

穆王問祭公謀父曰吾欲得天下賢才對曰去其帝王之色則幾乎得賢才矣今臣亦請君去其尊貴之色而已王曰吾欲得無欲之士為臣何如子順曰人之可使以有欲也故欲多者其所得用亦多欲少者其所得用亦少夫夷齊無欲雖文武不能制君安得而臣之

論勢第十五

魏王問相國曰今秦負強以無道陵天下天下莫不患寡人欲割國之半以親諸侯求從事於秦可乎子

順對曰以臣觀之殆無益也今天下諸侯畏秦之日久矣數被其毒無欲復之之志心無所討委國於游說之士游說之士挾強秦以爲資賣其國以收利乂手服從弁不能制如君之謀未獲其利而祇爲名適足以速秦之首誅則無以得之不如守常以須其變也王曰秦其遂有天下乎對曰必然焉雖然取不以道得不以道自古以來未有能終之者五國西誅秦子順會之秦未入境而還諸侯留兵於成皋子順謂市丘子曰此師楚爲之主今兵罷而不散殆有異意

君其備之市丘子曰先生幸而教之願以國寄先生子順許諾遂見楚王曰王約五國而西伐秦事既不集又失師於市丘謗君者或以君欲攻市丘以償兵費天下之士且以是輕君而重秦又且不義君之爲矣王可不卜交乎楚王曰奈何子順曰王出令使五國勿攻市丘五國重王則聽王之令矣不重王則且反王之令而攻市丘以此卜五國交王之輕重必明矣楚王敬諾而五國散　趙開魏將以求親於秦子順謂趙王曰（趙悼襄王）此君之下吏計過也比目之魚所以不見得於人者以偶視而俱走也今秦有兼吞天下之志日夜伺間不忘於側息也趙魏與之鄰接而強弱不敵秦所以不敢圖并趙魏者徒以二國併目周旋者也今無故自離以資強秦天下拙謀無過此者故臣曰君之下吏計過也夫連雞不能上棲亦猶二國構難不能自免於秦也願王熟慮之趙王曰敬受教　韓與魏有隙子順謂韓王曰昭釐侯一世之明君也（韓宣惠王乃昭釐侯之子）申不害一世之賢相也韓與魏敵侔之國而釐侯執圭見梁君者非好卑而惡尊慮

過而計失也與嚴敵爲隣而動有滅亡之變獨勁不能支二難故降心以相從屈巳以求存也申不害慮事而言忠臣也昭釐侯聽而行之明君也今韓弱於始之韓魏弱於始之魏秦強於始之秦而背先人之舊好以區區之衆居二敵之間非良策也齊楚遠而難恃秦魏呼吸而至舍近而求遠是以虛名自累而不免近敵之困者也爲王計者莫如除小忿全大好也吳越之人同舟濟江中流遇風波其相救如左右手者所患同也今不恤所同之患是不如吳越之舟

人也。韓王曰善。　秦兵攻趙。魏大夫以爲於魏使子順曰。何謂。曰勝趙則吾因而服焉。不勝趙則可乘弊而擊之。子順曰。不然。秦自孝公以來。戰未嘗屈。今皆良將。何弊之乘。大夫曰。縱其勝趙。於我何損。鄰之不修。國之福也。子順曰。秦貪暴之國也。勝趙必復他求。吾恐於時受其師也。先人有言。燕雀處屋。子母相哺煦煦然其相樂也。自以爲安矣。竈突炎上。棟宇將焚。燕雀顏不變。不知禍之及己也。今子不悟趙破患將及己。可以人而同於燕雀乎。　齊攻趙。圍廩丘。趙使

孔青帥五萬擊之。剋齊軍。獲尸三萬。趙王詔勿歸其尸。將以困之。子順聘趙。問王曰。不歸尸。其困何也。曰其父兄子弟悲苦無已。廢其產也。子順曰。非所以困之也。死一也。歸尸與不悲苦胡異焉。以臣愚計。貧齊之術。乃宜歸尸。王曰。何謂。對曰。使其家遠來迎尸。不得事農。一費也。歸所葬。使其送死終事。二費也。二年之中。喪卒三萬。三費也。欲無困貧。不能得已。王曰善。既而齊大夫聞其子順之謀。曰。君子之謀。其利溥哉。

子順相魏凡九月。陳大計輒不用。乃喟然歎曰。不見用。是吾言之不當也。言不當於主。而居人之官食人之祿。是尸利也。尸利素餐。吾罪深矣。退而以病致事。魏王遣使入其館謝曰。寡人昧於政事。不顯明是非。以啟罪於先生。今知改矣。願先生爲百姓故幸起而教之。辭曰。臣有犬馬之疾。不任國事。苟得從四民之列。子弟供魏國之征。乃君惠也。敢辱君命。以速刑書。人謂子順曰。王不用子。子其行乎。答曰。吾將行如之山東。則山東之國將并於秦。秦爲不義。義所不入。遂寢於家。　秦急攻魏。王恐。或謂子順曰。如之何。答

日吾私有計。然豈能賢於執政。故無言焉。魏王聞之。駕如孔氏。親問焉。曰國亡矣。如之何。對曰。夫棄之不如用之之易也。死之不如棄之之易也。人能棄之弗能用也。能死之不能棄也。今王亡地數百里。亡城數十而患不解。是王棄之非用之也。秦之強。天下無敵。魏之弱甚矣。而王是以質秦。景閔王爲太子時嘗質於秦此王能使不能棄之也。是重過也。若能用臣之計。則斷地不足傷國。卑體不足苦身。患除怨報矣。今秦四境之內。執政以下。固口與嫪氏乎。與呂氏乎。門閭之下。廊廟

之上猶皆如是今王誠能割地賂秦以爲嫪毒功是身尊秦以固嫪毒王是以國贊嫪毒也則嫪毒勝矣於是太后之德王也深如骨肉王之交最爲天下之主矣孰不棄呂氏而從嫪毒天下皆然則王怨必報矣（按此策甚疎必非子順語）

執節第十六

趙孝成王問曰昔伊尹爲臣而放其君其君不怨何行而得乎此也子順答曰伊尹執人臣之節而弼其君以禮亦行此道而已矣王曰方以放君爲名而先

生稱禮何也子順曰以禮括其君使入於善也曰其說可得聞乎答曰其在商書太甲嗣立而干冢宰之政伊尹曰惟王舊行不義習與性成予不狎于不順王始即桐邇于先王其訓罔以後人迷王往居憂允思厥祖之明德是言太甲在喪不明乎人子之道而欲知政於是伊尹使之居桐近湯之墓處憂哀之地放之不俾知政三年服竟然後反之即所以奉禮執節事太甲者也率其君以義強其君以孝道未有行此見怨也王曰善哉我未之聞也　魏安釐王問子

順曰馬回之爲人雖少才文梗梗亮直（綆一作）有大丈夫之節吾欲以爲相可乎答曰知臣莫若君何有不可至於亮直之節臣未明也王曰何故答曰聞諸孫卿云其爲人也長目而豕視者必體方而心圓每以其法相人千百不失臣見回非不偉其體幹也然甚疑其目王卒用之三月果以謟得罪　新垣固謂子順曰賢者所在必興化致治今子相魏未聞異政而即自退其有志不得自何去之速也答曰以無異政所以自退也且死病無良醫今秦有吞食天下之心

以義事之固不獲安救亡不暇何化之興昔伊摯在夏呂望在商而二國不理豈伊呂之不欲哉勢不可也當如今日山東之國弊而不振三晉割地以求安二周折節而入秦燕齊宋楚已屈服矣以此觀之不出二十年天下盡爲秦乎　季節見於子順子順賜之酒辭問其故對曰今日家之忌日也故不敢飲子順曰飲也（禮忌日不樂而已未有無飲者）禮雖服衰麻見於君及先生與之粱肉無辭所以敬尊長而不敢遂其私也忌日方於有服則輕矣　魏安釐王問天下之高士子

順曰世無其人也抑可以爲次其魯仲連乎王曰魯
仲連強作之者非體自然也答曰人皆作之作之不
止乃成君子文武欲作堯舜而至焉昔我先君夫子
欲作文武而至焉作之不變習與體成習與體成則
自然矣　虞卿著書名曰春秋魏齊曰子無然也春
秋孔聖所以名經也今子之書大抵談說而已亦以
爲名何答曰經者取其事常也可常則爲經矣且不
爲孔子其無經乎齊問子順子順曰無傷也魯之史
記曰春秋經因以爲名焉又晏子之書亦曰春秋吾

聞泰山之上封禪者七十有二君其見稱述數不盈
十所謂貴賤不嫌同名也　邯鄲之民以正月之旦
獻雀於趙王而綴之以五綵趙王大悅申叔以告子
順曰王何以爲也對曰正旦放之示有生也子順曰
此委巷之鄙事爾非先王之法也且又不令申叔曰
敢問何謂不令答曰夫雀者取其名焉則宜受之於
上不宜取之於下下人非所得制爵也而王悅此殆
非吉祥矣昔虢公祈神神賜之土田是失國而更受
田之祥也今以一國之王受民之雀將何悅哉　申

叔問曰犬馬之名皆因其形色而名焉惟韓盧宋鵲
獨否何也子順答曰盧黑色鵲白色非色而何
魏公子無忌死韓君將親弔焉其子榮之以告子順
子順曰必辭之禮鄰國君弔君士之今君不命子則
子無所受其君也其子辭韓韓君乃止　子高以爲
趙平原君霸世之士惜其不遇時也其子子順以爲
衰世之好事公子無伯相之才也申叔問子順曰子
之家公有道先生既論之矣今子易之是非焉在答
曰言貴盡心亦各其所見也若是非則明智者裁之

申叔問子順曰禮爲人臣三諫不從可以稱其君
之非乎答曰禮所不得也曰叔也昔者逮事有道先
生問此義焉而告叔曰得稱其非者所以使天下人
君不敢遂其非也子順曰然吾亦聞之是亡考起時
之言非禮意也禮受放之臣不說人以無罪先君大
子曰事君欲諫不欲陳言不欲顯君之非也申叔曰
然則晏子叔向皆非禮也答曰此二大夫相與私燕
言及國事未以爲非禮也晏子既陳履賤而踊貴於
其君其君爲之省刑然以及叔向叔向聽晏子之私

又承其問所宜亦答以其事也、　魏王問子順曰、寡人聞昔者上天神異后稷而爲之下嘉穀、周以遂興、往中山之地無故有穀、非人所爲、云天雨之、反亡國、何故也、答曰、天雖至神。自古及今未聞下穀與人也、詩美后稷能大教民種嘉穀以利天下。故詩曰、誕降嘉種、猶書所謂稷降播種、農殖嘉穀、皆說種之其義一也。若中山之穀。妖恠之事。非所謂天祥也。　趙王問相於平原君、平原君曰、鄒文可、趙王曰、其行如何、對曰、夫孔子高天下之高士也、取友以行、交游以道、

文與之遊、稱曰好義、王其用之、王卒不用、後以平原君言問子順、且曰、先生知之乎、答曰、先父之所交也。何敢不知、王曰、寡人雖失之在前、猶願聞其行於先生也。答曰、行不苟合。雖賤不渝、君子人也。王遂禮之。固以老辭、　趙王問子順曰、寡人聞孔氏之世自正考父以來、儒林相繼、仲尼重之以大聖、自茲以降、世業不替、天下諸侯咸賓禮焉、先生承其緒、作二國師、從古及今、載德流聲、未有若先生之嗣、率由前訓、將與天地相敝矣、答曰、君先祖父並稟聖人之性、如君王之言也、至如臣者、學行不敏。苟食於趙、祿仕於魏、幸遇二國之君寬以容之。若乃師也、未敢承命。假令賴君之願、後世克祚、不忝前人、不泯祖業、豈徒一家之賜哉。亦天下之慶也、王曰、必然必然、

獨治第十七

子魚生於戰國之世、長於兵戎之間、然獨樂先王之道、講習不倦、季則謂子魚曰、丈夫不生則已、生則有云爲於世者也。今先生淡泊世務、脩無用之業、當身不蒙其榮、百姓不獲其利。竊爲先生不取也。子魚曰、

不如子之言也。武者可以進取。文者可以守成。今天下將擾擾焉。終必有所定。子脩武以助之取。吾脩文以助之守。不亦可乎、且吾不才。無軍旅之任。徒能保其祖業。優游以卒歲者也。　秦始皇東并、子魚謂其徒叔孫通曰、子之學可矣、盍仕乎、對曰、臣所學於先生者、不用於今、不可仕也、子魚曰、子之材能見時變、今爲不用之學、殆非子情也、叔孫通遂辭去、以法仕秦、　尹曾謂子魚曰、子之讀先王之書。辯奚以爲。答曰、爲治也。世治則助之行道。世亂則獨治其身。治之

至也陳餘謂子魚曰秦將滅先王之籍而子為書籍之主其危矣子魚曰顧有可懼者必或求天下之書焚之書不出則有禍吾將先藏之以待其求求至無患矣

子魚居衛與張耳陳餘相善耳餘魏之名士也秦滅魏求耳餘懼走命陳勝吳廣起兵於陳欲以誅秦餘謂陳王曰今必欲定天下取王侯者其道莫若師賢而友智孔子之孫今在魏居亂世能正其行脩其祖業不為時變其父相魏以聖道輔戰國見利不易操名諸侯世有家法其人通材足以幹天下

博知足以慮未形必宗此人天下無敵矣陳王大悅遣使者齎千金加束帛以車三乘聘焉爾又使謂子魚曰天下之事已可見矣今陳王興義兵討不義子宜速來以集其事王又問子賢欲諮良謀虛意相望也子魚遂往陳王郊迎而執其手議世務子魚以霸王之業勸之王悅其言遂尊以博士為太師諮度焉

子魚名鮒甲陳人或謂之子鮒或稱孔甲陳勝既立為王其妻之父兄往焉勝以衆兵待之長揖不拜無加其禮其妻之父怒曰怙亂僭號而傲長者不能久矣不辭而去陳王跪謝遂不為顧王心慚焉遂適博士太師之館而言曰予雖丈夫哉然寡於禮義以啟於姻婭唯先生幸訓誨之使免於戾可乎子魚曰王所問者善也敢固無辭以對乎今以禮言耶則禮無不拜且宗族婚媾又與衆賓異敬者也故而加親自古以然也王曰雖已失之於前庶欲改之於後也願先生脩則其事必遵奉焉對曰昔唐堯內親九族外協萬邦禮以婚為昆弟妻之父母為外舅姑由是明之則拜之可知夫婚親之義非宗賢之類也雖自

已臣莫敢不敬昔魏信陵君嘗以此質臣之父臣之父曰於諸母之昆弟妻之諸父則以親配德年以上雖拜之可也勿於已者揖之可也此出於人情而可常者也王曰善哉請問同姓而服不及者其制何耶對曰先王制禮雖國君有合族之道宗人掌其列繼之以姓而無別醊之以食而無殊各隨本屬之隆殺屬近則死為之免屬遠則弔之而已禮之正也是故臣之家哭孔氏之別姓於弗父之廟哭孔氏則於夫子之廟此有據而然也周之道雖百世婚姻不通重

先君之同體也王跪曰先生之言厥義博哉寡人雖固敢不盡心

問軍禮第十八

陳王問太師曰行軍之禮可得備聞乎答曰天子有道禮樂征伐自天子出自天子出必以歲之孟秋賞軍帥武人於朝簡練傑俊任用有功命將選士以誅不義於是孟冬以級授軍司徒搢扑北面而誓之誓於社以習其事先期五日太史筮於祖廟擇吉日齋戒告於郊社稷宗廟既筮則獻兆於天子天子使有司以牲特告社告以所征之事而受命焉舍奠於帝學以受成然後乃類於上帝柴於郊以出以齋車遷廟之主及社主行大司馬職奉之無遷廟主則以幣帛皮圭告於祖禰謂之主命亦載齋車凡行主皮圭幣帛皆每舍奠焉而後就館主車止於中門之外外門之內廟主居於道左社主居於道右其所經名山大川皆祭告焉及至敵所將戰太史卜戰日卜右御先期三日有司明以敵人罪狀告之史史定誓命戰日將帥陳列車甲卒伍於軍門之前有司讀誥誓使

周定三令五申既畢遂禱戰祈克於上帝然後即敵將士戰全已克敵史擇吉日復禡於所征之地柴於上帝祭社奠祖以告克者不頓兵傷士也戰不克則不告也凡類禡皆用甲丙戊庚壬之剛日有司簡功行賞不稽於時其用命者則加爵受賜於祖奠之前其奔北犯令者則加刑罰戮於社主之前然後鳴金振旅有司徧告捷於時所有事之山川既至舍於國外三日齋以特牛親格於祖禰然後入設奠以反主若主命則卒奠斂主埋之於廟兩階間反社主如初迎之禮舍奠於帝學以訊馘告大季於群吏用備樂饗有功於祖廟舍爵策勳焉謂之飲至天子親征之禮也陳王曰其命將出征則如之何太師曰古者大將受命而出則忘其國即戎師陳則忘其家故天子命將出征親潔齋盛服設奠於祖以詔之大將先入軍吏畢從皆北面再拜稽首而受天子當階南面命授之節鉞大將受天子乃東向西面而揖之亦弗御也然後告太社冢宰執蜃宜於社之右南面授大將大將北面稽首再拜而受之承所頒賜於軍吏其出

不類其克不稱職之所在有大山川則祈焉禱克於五帝捷則報之振旅復命簡異功勤親告廟告社而後適朝禮也王曰將居軍中之禮勝敗之變則如之何太師曰將帥尚左士卒尚右出國先鋒入國後殿介胄在身執銳在列雖君父不拜若不幸君敗則驛騎赴告於載櫜韔天子素服哭於庫門之外三日大夫素服哭於社亦如之亡將失城則皆哭七日天子使使迎於軍命將帥無請罪然後將帥結草自縛袒右肩而入盡喪禮也王曰行古禮如何大師曰古之

禮固爲於今也有其人行其禮則可無其人行其禮則民弗與也

答問第十九

陳人有武臣謂子鮒曰夫聖人者誠高材美稱也吾謂聖人之知必見未形之前功垂於身後立教而戾天弗犯吐言而辯士不破也子之先君可謂當之矣然韓子立法其所以異夫子之謂者紛如也予每探其意而校其事持久歷遠過姦勸善韓氏未必非孔子未必得也吾今而後乃知聖人無世不有前聖後聖法制固不一也若韓非者亦當世之聖人也子鮒曰子信之爲然是固未免凡俗也今世人有言高者必以極天爲稱言下者必以深淵爲名是資勢之談而無其實者也好事而未鑿也必言經以自輔援聖以自賢欲以取信於羣愚而度其說也若諸子之書其義皆然吾先君之所自志也請略說一隅而君子審其信否焉武臣曰諾子鮒曰乃者趙韓共并知氏趙襄子之行賞先加具臣而後有功韓非書云夫子善之引以張本然後難之豈有不似哉然實詐也何

以明其然昔我先君以春秋哀公十六年四月己丑卒至二十七年荀瑤與韓趙魏伐鄭遇東垣而還是時夫子卒已十一年矣而晉四卿皆在也後悼公十四年知氏乃亡此先後甚遠而韓非公稱之曾無怍意是則世多好事之徒皆非之罪也故吾以是默口於小道塞耳於諸子久矣而子立尺表以度天植寸指以測淵矇大道而不悟信誣說以疑聖殆非所望也武臣叉手跪謝施施而退遂告人曰吾自以爲學之博矣而可否於孔氏方知學不在多要在精之也

陳王問太師曰寡人不得爲賢所推而得南面稱孤其幸多矣今旣賴二三君子且又欲規久長之圖何施而可荅曰信王之言萬世之福也敢稱古以對昔周代殷乃興滅繼絕以爲政首今誠法之則大國定不携抑久長之本王曰周存二代別有三恪其事云何荅曰封夏殷之後以爲二代紹虞帝嗣備爲三恪恪敬也禮之如賓客也非謂特有二代別有三恪也凡所以立二代者備王道通三統也王曰三統者何荅曰各自用其正朔二代與周是謂三統王曰六

國之後君吾不能封也遠世之王於我何有吾自舉不及於周又安能純法之乎

陳王涉讀國語言申生事顧博士曰始予信聖賢之道乃今知其不誠也先生以爲何如荅曰王何謂哉王曰晉獻惑聽讒而書又載驪姬夜泣公而以信入其言人之夫婦夜處幽室之中莫能知其私焉雖黔首猶然況國君乎予以是知其不信乃好事者爲之辭將欲成其說以誣愚俗也故使予并疑於聖人也博士曰不然也古者人君外朝則有國史內朝則有女史舉則左史書之言則右史書之以無諱示後世善以爲式惡以爲戒廢而不記史失其官故凡若晉侯驪姬牀笫之私房中之事不得掩焉若夫設教之言驅群俗使人入道而不知其所以者也今此皆書實事累累若貫珠可無疑矣王曰先生眞聖人之後風也今幸得聞命寡人無過焉

陳王涉使周章爲將西入關以誅秦秦使將章邯拒之陳王以秦國之亂也有輕之之意勢若有餘而不設敵備博士太師諫曰章邯秦之名將周章非其敵也今王使章需然自得而不設備臣竊

惑焉夫雖天之所舍其禍福吉凶大者在天小者由人今王不修人利以應天祥若跌而不振悔之無及也王曰寡人之軍先生無累也請先生息慮也又諫曰臣聞兵法無恃敵之不我攻恃吾之不我攻也今恃敵而不自恃非良計也王曰先生所言計策深妙予不識也先生休矣已而告人曰儒者可與守成難與進取信哉博士他日彼諫曰臣聞國大兵衆無備難恃一人善射百夫決拾章邯梟將卒皆死士也周章若懦使彼席卷來前莫有當其鋒者王曰先生所

稱寡人昧昧焉願以人間近事喻之答曰流俗之事臣所不忍也今王命之敢不盡情願王察之也臣昔在梁梁人有陽由者其力扛鼎伎巧過人骨騰肉飛手搏蹺獸國人懼之然無治室之訓禮教不立妻不畏憚浸相泄瀆方乃積怨妻坐於牀笞焉左手建杖右手制其頭妻亦奮恚因授以背使杖擊之而自撮其陰由乃仆地氣絕而不能興鄰人聞其凶凶也窺而見之趨而救之妻愈恚忿莫肯舍旃或發其裳然後乃放夫以無敵之伎力而劣於女子之手者何也

輕之無備故也今王與秦角強弱非若由之夫妻也而輕秦過甚臣是以懼故區區之心欲王備患之也王曰譬類誠佳然實不同也弗聽周章果敗而無後救邯遂進兵擊陳王師大敗　博士凡仕六旬老于陳將沒戒其弟子曰魯天下有仁義之國也戰國之世講頌不衰且先君之廟在焉吾謂叔孫通處濁世而清其身學儒術而知權變是今師也宗於有道必有令圖歸必事焉

孔叢卷下終

詰墨

漢　魯人　孔鮒　著

墨子稱景公問晏子以孔子而不對又問三皆不對公曰以孔子語寡人者衆矣俱以爲賢人今問子而不對何也晏子曰嬰聞孔子之荆知白公謀而奉之以石乞勸下亂上教臣弒君非聖賢之行也

詰之曰楚昭王之世夫子應聘如荆不用而反周旋乎陳宋齊衛楚昭王卒惠王立十年令尹子西乃召

王孫勝以爲白公（史云二年）是時魯哀公十五年也夫子自衛反魯居五年矣白公立一年然後乃謀作亂亂作在哀公十六年秋也夫子已卒十旬矣墨子雖欲謗毀聖人虚造妄言奈此年世不相值何

墨子曰孔子至齊見過公公悅之封之於尼谿晏子曰不可夫儒浩居而自順立命而怠事崇喪遂哀盛用繁禮其道不可以治國其學不可以導家公曰善

詰之曰卽如此言晏子爲非儒惡禮不欲崇喪遂哀

也祭傳記晏子之所行未有以異於儒焉又景公問所以爲政晏子荅以禮云景公曰禮其可以治乎晏子曰禮於政與天地並此則未有以惡於禮也晏桓子卒晏嬰斬衰枕草苴絰帶杖菅菲食粥居於倚廬遂哀三年此又未有以異於儒也若能以口非之而躬行之晏子所弗爲

墨子曰孔子怒景公之不封巳乃樹鴟夷子皮於田常之門

詰之曰夫樹人爲信巳也記曰孔子適齊惡陳常而終不見(卽常)田常病之亦惡孔子交相惡而又任事其然矣記又曰陳常弒其君孔子齋戒沐浴而朝請討之觀其終不樹子皮審矣

墨子曰孔子爲魯司寇舍公家而奉季孫

詰之曰若以季孫爲相司寇統焉奉之自法也若附意季孫季孫既受女樂則孔子去之季孫欲殺囚則孔子赦之非苟順之謂也

墨子曰孔子厄於陳蔡之閒子路烹豚孔子不問肉之所由來而食之剝人之衣以沽酒孔子不問酒之所由來而飲之

詰之曰所謂厄者沽酒無處藜羹不粒乏食七日若烹豚飲酒則何言乎厄斯不然矣且子路爲人勇於見義縱有豚酒不以義不取之可知也又何問焉

墨子曰孔子諸弟子子貢季路輔孔悝以亂衞陽虎亂魯佛肸以中牟叛漆雕開形殘

詰之曰如此言衞之亂子貢季路爲之耶斯不待言而了矣陽虎欲見孔子孔子不見何弟子之有佛肸以中牟叛召孔子則有之矣爲孔子弟子未之聞也且漆雕開形殘非行巳之致何傷於德哉

墨子曰孔子相魯齊景公患之謂晏子曰鄰有聖人國之憂也今孔子相魯爲之若何晏子對曰君其勿憂彼魯君弱主也孔子聖相也不如陰重孔子欲以相齊則必強諫魯君魯君不聽將適齊君勿受則孔子困矣

詰之曰按如此辭則景公晏子畏孔子之聖也上乃云非聖賢之行上下相反若晏子悖可也否則不然矣

墨子曰孔子見景公公曰先生素不見晏子乎對
曰晏子事三君而得順焉是有三心所以不見也
公告晏子晏子曰三君皆欲其國安是以嬰得順
也聞君子獨立不慙於影今孔子伐樹削迹不自
以爲辱身窮陳蔡不自以爲約始吾望儒貴之今
則疑之
詰之曰若是乎孔子晏子交相毀也小人有之君子
則否孔子曰靈公汙而晏子事之以潔莊公怯而晏
子事之以勇景公侈而晏子事之以儉晏子君子也

梁丘據問晏子曰事三君而不同心而俱順焉仁人
固多心乎晏子曰一心可以事百君百心不可以事
一君故三君之心非一也而嬰之心非三也孔子聞
之曰小子記之晏子以一心事三君君子也如此則
孔子譽晏子非所謂毀而不見也景公問晏子曰若
人之衆則有孔子乎對曰孔子者君子行有節者也
晏子又曰盈成匡父之孝子兄之弟弟也其父尚爲
孔子門人門人且以爲貴則其師亦不賤矣是則晏
子亦譽孔子可知也夫德之不修己之罪也不幸而
屈於人己之命也伐樹削迹絕糧七日何約乎哉若
晏子以此而疑儒則晏子亦不足賢矣
墨子曰景公祭路寢聞哭聲問梁丘據對曰魯孔
子之徒也其母死服喪三年哭泣甚哀公曰豈不
可哉晏子曰古者聖人非不能也而不爲者知其
無補於死者而深害生事故也
詰之曰墨子欲以親死不服三日哭而已於意安者
卒自行之空用晏子爲引而同乎已適證其非耳且
晏子服父禮則無緣非行禮者也

曹明問子魚曰（子魚孔鮒）觀子詰墨者之辭事義相反墨
者妄矣假使墨者復起對之乎答曰苟得其理雖百
墨吾益明白焉失其正雖一人猶不能當前也墨子
之所引者矯晏子晏子之善吾先君先君之善晏子
其事庶盡乎曹明曰可得聞諸子魚曰昔齊景公問
晏子曰吾欲善治可以霸諸侯乎對曰官未具也臣
亟以聞而君未肯然也臣聞孔子聖人然猶居處勌
惰廉隅不修則原憲季羔侍氣鬱而疾志意不通則
仲由卜商侍德不盛行不勤則顏閔冉雍侍今君之

朝臣萬人兵車千乘不善之政加於下民者衆矣未能以聞者臣故曰官未備也此又晏子之善孔子者也。子曰晏平仲善與人交久而敬之。此又孔子之貴晏子者也。曾明曰吾始謂晏子可疑今則決妄不疑矣。

詰墨終

新語序

漢班固論列劉向父子所校書爲藝文志又卽歆所奏七畧中序六藝爲九種首之以儒家者流稱其出於司徒之官游文於六經之中留意於仁義之際宗師仲尼以重其言雖未必盡然要亦有近似者矣書凡五十三家而陸賈新語十二篇實存焉予讀其書信固之知言又歎司馬遷之雄於文也遷傳賈拜大中大夫時時前說稱詩書高帝罵之曰乃公居馬上得之安事詩書賈曰馬上得之寧可

以馬上治乎湯武逆取而以順守之文武並用長久之術也昔者吳王夫差智伯極武而亡秦任刑法不變卒滅趙氏鄉使秦以并天下行仁義法先聖陛下安得而有之帝有慙色謂賈曰試爲我著秦所以失天下吾所

以得之者及古成敗之國賈凡著十二篇今其書不下數千言而其要旨不越遷數言於是乎知遷之雄於文序事覈而明可指也然遷尚豪俠喜縱橫而稱其固辨士固稍知重儒術既列其書於儒又贊其身名俱榮爲

優於酈婁建通輩賈亦有以自致之哉故知人不可以無所見有所見必不能掩矣先儒議其逆取順守之說及秦雖行仁義不可及者秦漢辨士豈足及此要之亦爲高帝既定天下而言之耳其書亦不復見此論豈遷

以已見文飾其說而致然歟若其兩使南粵調和平勃以平諸呂自爲大有功於漢其識見議論非惟椎埋屠狗之輩所不及而一時射利賣友採芝綿蕞之徒亦豈可企哉其書所論亦正且多崇儉尚靜等語似亦有啟

文景蕭曹之治者但無段落條理如先儒所論賈誼之失自是當時急於論事動人主聽不暇精擇渾融觀還謂其每奏一篇帝輒稱善其稱新語又出於他人可見其隨時論奏非若後世之著述次第成一家言也其所分篇目則固所稱向輒條其篇目撮其旨意奏之者必非其所自定然其言既與遷傳合而篇次至於今不訛且雄偉麤壯漢中葉以來所不及其爲眞本無疑秦漢之書傳至於今無訛妄如此者良亦鮮哉方今承平既

久文章熾興有識者或病其過於細而弱也故往往捜秦漢之佚書而梓之然辨鑒未精以僞爲眞則害道壞教亦有之矣予竊病焉適過桐鄉訪宗合族而得其令莆陽李君梓是書見聽予素聞李君學博意誠履樸守謙而斂於政事今觀是益可見其見之明而擇之精也樂書諸其首君名廷梧字仲陽以已未進士來已二年此又仕優而學之一端云宏治壬戌歲日長至華亭錢福序

新語目錄

卷上

卷下

目錄終

新語總評

王充玩子雲之篇樂于居千石之官挾桓君山之書富於積猗頓之財韓非之書傳在秦庭始皇歎曰獨不得與此人同時陸賈新語每奏一篇高祖左右稱曰萬歲夫歎思其人與喜稱萬歲豈可空爲哉誠見其美懽氣發於內也

又云世儒之愚有趨他之感鴻文之人陳陸賈之說

都穆云文章與時高下質而不俚必曰先秦兩漢若陸賈新語殆其一也

新語卷上

漢　楚人陸賈著　新淦周世煒校

道基第一

傳曰。天生萬物以地養之聖人成之功德參合而道
術生焉故曰張日月列星辰序四時調陰陽布氣治
性次置五行春生夏長秋收冬藏陽生雷電陰成雪
霜養育羣生一茂一亡潤之以風雨曝之以日光溫
之以節氣降之以殞霜位之以衆星制之以斗衡苞
之以六合羅之以紀綱改之以災變告之以禎祥動

之以生殺悟之以文章故在天者可見在地者可量
在物者可紀在人者可相故地封五嶽畫四瀆規洿
澤通水泉樹物養類苞殖萬根纍形養精以立羣生
不違天時不奪物性不藏其情不匿其詐故知天者
仰觀天文知地者俯察地理跂行喘息蜎飛蠕動之
類水生陸行根著葉長之屬為寧其心而安其性蓋
天地相承氣感相應而成者也於是先聖乃仰觀天
文俯察地理圖畫乾坤以定人道民始開悟知有父
子之親君臣之義夫婦之道長幼之序於是百官立

王道乃生民人食肉飲血衣皮毛至於神農以為行
蟲走獸難以養民乃求可食之物嘗百草之實察酸
苦之味教民食五穀天下人民野居穴處未有室屋
則與禽獸同域於是黃帝乃伐木搆材築作宮室上
棟下宇以避風雨民知室居食穀而未知功力於是
后稷乃列封疆畫畔界以分土地之所宜闢土殖穀
以用養民種桑麻致絲枲以蔽形體當斯之時四瀆
未通洪水為害禹乃決江疏河通之四瀆致之於海
大小相引高下相受百川順流各歸其所然後人民

得去高險處平土川谷交錯風化未通九州絕隔未
有舟車之用以濟深致遠於是奚仲乃橈曲為輪因
直為轅駕馬服牛浮舟杖楫以代人力鑠金鏤木分
苞燒殖以備器械於是民知輕重好利惡難避勞就
逸於是皐陶乃立獄制罪懸賞設罰異是非明好惡
檢奸邪消佚亂民知畏法而無禮義於是中聖乃設
辟雍庠序之教以正上下之儀明父子之禮君臣之
義使强不凌弱衆不暴寡弃貪鄙之心興清潔之行
禮義獨行綱紀不立後世衰廢於是後聖乃定五經

明六藝承天統地窮事缺一字微原情立本以緒人倫宗諸天地缺一字修篇章垂諸來世被諸鳥獸以匡衰亂天人合策原道悉備智者達其心百工窮其巧乃調之以管絃絲竹之音設鐘鼓歌舞之樂以節奢侈正風俗通文雅後世淫邪增之以鄭衛之音民弃本趨末技巧横出用意各殊則加雕文刻鏤傳致膠漆丹青玄黄琦瑋之色以窮耳目之好極工匠之巧夫驢騾駱馳犀象瑇瑁琥珀珊瑚翠羽珠玉山生水藏擇地而居潔清明朗潤澤而濡磨而不磷涅而不淄天

氣所生神靈所治幽閒清淨與神浮沉莫之効力為用盡情為器故曰聖人成之所以能統物通變治情性顯仁義也夫人者寬博浩大恢廓密微附遠寧近懷來萬邦故聖人懷仁仗義分明纖微忖度天地危而不傾佚而不亂者仁義之所治也行之於親近而疎遠悅修之於閨門之内而名譽馳於外故仁無隱而不著無幽而不彰者虞舜蒸蒸於父母光耀於天地伯夷叔齊餓於首陽功美垂於萬代太公自布衣昇三公之位累世享千乘之爵知伯仗威任力兼三晉

而亡是以君子握道而治缺一字德而行席仁而坐杖義而彊虛無寂寞通動無量故制事因短而動益長以圓制規以矩立方聖人王世賢者建功湯舉伊尹周任呂望行合天地德配陰陽承天誅惡克暴除殃將氣養物明缺一字設光耳聽八極目覩四方忠進讒退直立邪亡道行姦止不得兩張缺二字本理杜漸消萌夫謀事不竝仁義者後必敗殖不固本而立高基者後必崩故聖人防亂以經藝工正曲以準繩德盛者威廣力盛者驕衆齊桓公尚德以霸秦二世尚刑

而亡故虐行則怨積德布則功興百姓以德附骨肉以仁親夫婦以義合朋友以義信君臣以義序百官以義承曾閔以仁成大孝伯姬以義建至貞守國者以仁堅固佐君者以義不傾君以仁治臣以義平鄉黨以仁恂恂朝廷以義便便美女以貞顯其行烈士以義缺一字其名陽氣以仁生陰節以義降鹿鳴以仁求其羣關雎以義鳴其雄春秋以仁義貶絶詩以仁義存亡乾坤以仁和合八卦以義相承書以仁敘九族君臣以義制忠禮以仁盡節樂以禮升降仁者道

之紀義者聖之學學之者明失之者背之者亡陳力就列以義建功師旅行陣德仁爲固仗義而彊調氣養性仁者壽長美才次德義者行方君子以義相褒小人以利相欺愚者以力相亂賢者以義相治穀梁傳曰仁者以治親義者以利尊萬世不亂仁義之所治也

術事第二

善言古者合之於今能述遠者考之於近故說事者上陳五帝之功而思之於身下列桀紂之敗而戒之

於已則德可以配日月行可以合神靈登高及遠達幽洞冥聽之無聲視之無形世人莫覩其兆莫知其情校修五經之本末道德之眞僞既缺一字其意而不見其人世俗以爲自古而傳之者爲重以今之作者爲輕淡於所見甘於所聞惑於外貌失於中情聖人貴寬而世人賤衆五穀養性而棄之於地珠玉無用而寶之於身故舜棄黃金於嶄嵒之山禹捐珠玉於五湖之淵將以杜淫邪之欲絕琦瑋之情道近不必出於久遠取其致要而不成春秋上不及五帝下不至三王述齊桓晉文之小善魯之十二公至今之爲政足以知成敗之効何必於三王故古人之所行者亦與今世同立事者不離道德調弦者不失宮商天道調四時人道治五常周公與堯舜合符瑞二世與桀紂同禍殃文王生於東夷大禹出於西羌世殊而地絕法合而度同故聖賢與道合愚者與禍同懷德者應以福挾惡者報以凶德薄者位危去道者身亡萬世不易法古今同紀綱故良馬非獨騏驥利劍非惟干將美女非獨西施忠臣非獨呂望今有馬而無

王良之御有劍而無砥礪之功有女而無芳澤之飾有士而不遭文王道術蓄積而不舒美玉韞匵而深藏故懷道者須世抱樸者待工道爲智者設馬爲御者良賢爲聖者用辯爲智者通書爲曉者傳事爲見者明故制事者因其則服藥者因其良書不必起仲尼之門藥不必出扁鵲之方合之者善可以爲法因世而權行故性藏於人則氣達於天纖微浩大下學上達事以類相從聲以音相應道唱而德和仁立而義興王者行之於朝匹夫行之於田治末者調其本

端影者正其形養其根者則枝葉茂志氣調者即道冲故求遠者不可失於近治影者不可忘其容上明而下清君聖而臣忠或圖遠而失近或道塞而路窮季孫貪顓臾之地而變起於蕭墻之内夫進取者不可不顧難謀事者不可不盡忠故形立則德散佞用則忠亡詩云式訛爾心以畜萬邦言一心化天下而缺二字國治此之謂也

輔政第三

夫居高者自處不可以不安履危者任杖不可以不

固自處不安則墜任杖不固則仆是以聖人居高處上則以仁義爲巢乘危履傾則以聖賢爲杖故高而不墜危而不仆者堯以仁義爲巢舜以禹稷契爲杖故高而益安動而益固然處高之安乘克讓之敬德配天地光被四表功垂於無窮名傳於不朽蓋自處得其巢任杖得其材也秦以刑罰爲巢故有覆巢破卵之患以趙高李斯爲杖故有傾仆跌傷之禍何哉所任非也故杖聖者帝杖賢者王杖仁者霸杖義者强杖讒者滅杖賊者亡故懷剛者久而缺持柔者久而長躁疾者爲厥速遲重者爲常存尚勇者爲悔近溫厚者行寬舒懷促急者必有所虧柔懦者制剛强小慧者不可以禦大小辯者不可以說衆商賈巧爲販賣之利而屈爲貞良邪臣好爲詐僞自媚飾非而不能爲公方藏其端巧逃其事功故智者之所短不如愚者之所長文公種米曾子駕羊相士不熟信邪失方察察者有所不見恢恢者何所不容朴直質者近忠便巧者近亡君子遠熒熒之色放錚錚之聲絕恬美之味疏嗌嘔之情天道以大制小以重顛輕以

小治大亂度干貞讒夫似賢美言似信聽之者惑觀之者冥故蘇秦尊於諸侯商鞅顯於西秦世無賢知之君孰能別其形故堯放驩兜仲尼誅少正卯甘言之所嘉缺一字不爲之傾惟堯知其實仲尼見其情故干聖王者誅過賢君者刑遭凡王者貴觸亂世者榮鄭儋亡齊而歸魯齊有九合之名而魯有乾時之恥夫據千乘之國而信讒佞之計未有不亡者也故詩云讒人罔極交亂四國衆邪合黨以回人君邦危民亡不亦宜乎

無爲第四

夫道莫大於無爲，行莫大於謹敬。何以言之？昔虞舜治天下，彈五絃之琴，歌南風之詩，寂若無治國之意，漠若無憂民之心，然天下治。周公制作禮樂，郊天地，望山川，師旅不設，刑格法懸，而四海之內，奉供來臻，越裳之君，重譯來朝，故無爲也有訣乃無爲也。秦始皇帝設爲車裂之誅，以歛姦邪，築長城於戎境，以備胡越，征大吞小，威震天下，將帥橫行，以服外國，蒙恬討亂於外，李斯治法於內，事逾煩天下逾亂，法逾滋而

姦逾熾，兵馬益設而敵人逾多。秦非不欲爲治，然失之者，乃舉措暴衆而用刑太極故也。是以君子尚寬舒以苞身，行中和以統遠，民畏其威而從其化，懷其德而歸其境，美其治而不敢違其政。民不罰而畏罪，不賞而歡悅，漸漬於道德，被服於中和之所致也。夫法令者所以誅惡，非所以勸善，故曾閔之孝，夷齊之廉，豈畏死而爲之哉？教化之所致也。故曰堯舜之民，可比屋而封，桀紂之民，可比屋而誅者，教化使然也。故近河之地濕，近山之土燥，以類相及也。故山川出雲雨，丘阜生缺一字氣，四瀆東流，百川無不從，小者從大，少者從多。夫王者之都，南面之君，百姓之所取法缺二字，舉措動作，不可失法則也。昔者周襄王不能事後母，出居於鄭，而下多叛其親。秦始王驕奢靡麗，好作高臺榭，廣宮室，則天下豪富制屋宅者，莫不倣之，設房闥，備廐庫，繕雕琢刻畫之好，博玄黃琦瑋之色，以亂制度。齊桓公好婦人之色，妻姑姊妹，而國中多淫於骨肉。楚平王奢侈縱恣，不能制下檢民以德，增駕百馬而行，欲令天下人饒財富利，明不可及，於是

楚國逾奢，君臣無別。故上之化下，猶風之靡草也。王者尚武於朝缺一字，農夫繕甲於田。故君之御下，民奢侈者則應之以儉，驕淫者則統之以理，未有上仁而下殘，上義而下爭者也。孔子曰：移風易俗，豈家至之哉？先之於身而已矣。

辨惑第五

夫衆事者，或爲善而不稱善，或不善而稱善者，何？視之者謬而論之者誤也。故行或合於世，或順於耳，斯乃阿上之意，從上之旨，操直而乖方，懷曲而合邪，因

其剛柔之勢爲作縱横之術故無忤逆之言無不合
之義者昔哀公問於有若曰年饑用不足如之何有
若對曰盍徹乎盍損上而歸之於下則忤於耳而不
合於意遂逆而不用也此所謂正其行而不苟合於
世也有若豈不知阿哀公之意爲益國之義哉夫君
子直道而行知必屈辱而不避也故行不敢苟合言
不爲苟容雖無功於世而名足稱也雖言不用於國
家而舉措之言可法也故殊於世俗則身孤於士衆
夫邪曲之相銜枉橈之相錯缺一字直故不得容其間

諂佞之相扶讒口之相譽無高而不可上無深而不
可往者何以當背衆多而辭語諧合夫衆口之毀譽
浮石沉木羣邪所抑以直爲曲視之不察以白爲黑
夫曲直之異形白黑之異色乃天下之易見也然自
謬也或不能分明其是非者衆邪誤之矣至如秦二
世之時趙高駕鹿而從行王曰丞相何爲駕鹿高曰
馬也王曰丞相誤也以鹿爲馬高曰陛下以臣言不
然願問羣臣臣半言鹿半言馬當此之時秦王不能
自信其自而從邪臣之說夫馬鹿之異形衆人所知

也然不能分別是非也況於闇昧之事乎易曰二人
同心其義斷金羣黨合意以傾一君孰不移哉昔人
有與曾子同姓亦名參有人告其母參殺人母織如
故有人復來告如是者三曾子母乃投杼踰垣而去
曾子之母非不知子不殺人也言之者衆夫流言之
並至雖眞聖不敢自安況凡人乎魯定公之時與齊
侯會於夾谷孔子行相事兩君升壇兩相處下兩相
欲揖君臣之禮濟濟備焉齊人鼓譟而起欲執魯公
孔子歷階而上不盡一等而立謂齊侯曰兩君合好

以禮相率以樂相化臣聞嘉樂不野合犧象之薦不
下堂夷狄之民何求爲命司馬請止之定公曰諾齊
侯逡巡而避席曰寡人之過退而自責大夫罷會齊
人使優旃儛於魯公之幕下傲戲欲候魯君之隙以
執定公孔子歎曰君辱臣當死使司馬行法斬焉首
足異門而出於是齊人懼然而恐君臣易操不安其
故行乃歸魯四邑之侵地終無乘魯之心鄰缺一字振
動人懷嚮魯之意强國驕君莫不恐懼邪臣佞人變
行易慮天下之政缺二字而折中而定公拘於三家陪

於衆口不能卒用孔子者內無獨見之明外惑邪臣之黨以弱其國而亡其身權歸於三家邑土單於彊無以制其剛詩云有斧有柯言何以治之也

愼微第六

夫建大功於天下者必先修於閨門之內垂大名於萬世者必先行之於纖微之事是以伊尹負鼎居於有莘之野修達德於草廬之下躬執農夫之作意懷帝王之道身在衡門之裏志圖八極之表故釋負鼎之志爲天子之佐尅夏立商誅逆征暴除天下之患

辟殘賊之類然後海內治百姓寧曾子孝於父母昏定晨省調寒溫適輕重勉之於糜粥之間行之於衽席之上而德美重於後世此二者修之於內著之於外行之於小顯之於大顏回一簞食一瓢飲在陋巷之中人不堪其憂回也不改其樂是已若當時定公不覺悟信季孫之計背貞臣之策以獲拘弱之名而喪丘山之功不亦惑乎故邪臣之蔽賢猶浮雲之鄣日月也非得神靈之化罷雲霽翳令歸山海然後乃得覩其光明暴天下之濡濕照四方之晦冥今上無明王聖主下無貞正諸侯誅鉏姦臣賊子之黨解釋凝滯紕繆之結然後忠良方直之人則得容於世而施於政故孔子遭君暗臣亂衆邪在位政道隔於王家仁義閉於公門故作丘陵之歌傷無權力於世大化絕而不通道德施而不用故曰無如之何者吾末如之何也已矣夫言道因權而立德因勢而行不在其位者則無以齊其政不操其柄者則無以正其時夫禮以行之遜以出之蓋力學而誦詩書凡人所能爲也若欲移江河動太山故人力所不能也如調心

在已背惡向善不貪於財不苟於利分財取寡服事取勞此天下易知之道易行之事也豈有難哉若造父之御馬羿之用弩則所謂難也君子不以其難爲之也故不知以爲善也絕氣力尚德也夫目不能別黑白耳不能別清濁口不能言善惡則所謂不能也故設道者易見曉所以通凡人之心而達不能之行道者人之所行也夫大道履之而行則無不能故謂之道孔子曰道之不行也言人不能行之故謂顏淵日用之則行舍之則藏惟我與爾有是夫言顏淵道

蓏於世而莫之用。猶人不能懷仁行義。分別纖微。忖度天地。乃苦身勞形。入深山。求神仙。棄二親。捐骨肉。絕五穀。廢詩書。背天地之寶。求不死之道。非所以通世防非者也。若湯武之君。伊呂之臣。因天時而行罰。順陰陽而運動。上瞻天文。下察人心。以寡服衆。以弱制強。革車三百。甲卒三千。征敵破衆。以報大讐。討逆亂之君。絕煩濁之原。天下和平。家給人足。匹夫行仁。商賈行信。齊天地。致鬼神。河出圖。洛出書。因是之道。寄之天地之間。豈非古之所謂得道者哉。夫播布革。

亂毛髮。登高山。食木實。視之無優游之容。聽之無仁義之辭。忽忽若狂痴。推之不往。引之不來。當世不蒙其功。後代不見其才。君傾而不扶。國危而不持。寂寞而無鄰。寥廓而獨寐。可謂避世。非謂懷道者也。故殺身以避難則非計也。懷道而避世則不忠也。是以君子居亂世。則合道德。採微善。絕纖惡。修父子之禮。以及君臣之序。乃天地之通道。聖人之所不失也。故隱之則為道。布之則為文。詩在心為志。出口為辭。矯以雅僻。砥礪鈍才。雕琢文邪。抑定狐疑。通塞理順。分別

然否。而情得以利。而性得以治。綿綿漠漠。以道制之。察之無兆。遁之恢恢。不見其行。不覩其仁。湛然未悟。久之乃殊。論思天地。動應樞機。俯仰進退。與道（字缺二）藏之於身。優游待時。故道無廢而不興。器無毀而不治。孔子曰。有至德要道以順天下。言德行而其下順之矣。

新語卷上終

新語卷下

資執第七

質美者以通爲貴，才良者以顯爲能。何以言之？夫楩枏豫章，天下之名木，生於深山之中，產於溪谷之傍，立則爲太山衆木之宗，仆則爲萬世之用，浮於山水之流，出於冥冥之野，因江河之道，而達於京師之下，因於斧斤之功，舒其文彩之好，精捍直理，密緻博通，蟲蝎不能穿，水濕不能傷，在高柔軟，入地堅彊，無膏澤而光潤生，不刻畫而文章成，上爲帝王之御物，下

則賜公卿，庶賤不得以備器械。閉絕以關梁，及隘於山阪之阻，隔於九阬之隄，仆於嵬崔之山，頓於窅冥之溪，樹蒙籠蔓延而無間，石崔嵬嶄岩而不開，廣者無舟車之通，狹者無步擔之蹊，商賈所不至，工匠所不窺，知者所不見，見者所不知，功棄而德亡，腐朽而枯傷，轉於百仞之壑，惕然而獨僵，當斯之時，不如道傍之枯楊，纍纍結屈，委曲不同，然生於大都之廣地，近於大匠之名工，則材器制斷，規矩度量，堅者補朽，短者續長，大者治罇，小者治觴，飾以丹漆，斁以明光，上備大牢，春秋禮庠，褒以文采，立禮矜莊，冠帶正容，對酒行觴，卿士列位，布陳宮堂，望之者目眩，近之者鼻芳。故事閉之則絕，次之則通，抑之則沉，興之則揚，處地楩梓，賤於枯楊，德美非不相絕也，才力非不相懸也，彼則槁枯而遠棄，此則爲宗廟之器者，通與不通亦如是也。夫窮澤之民，據犁嗃報之士，或懷不羈之才，身有堯舜皋陶之美，綱紀存乎身，萬世之術藏於心，然身不用於世者，缺二字之通故也。夫公卿之子弟，貴戚之黨友，雖無過人之才，然在尊重之位者，輔

助者強，飾之者巧，靡不達也。昔扁鵲居宋，得罪於宋君，出亡之衛，衛人有病將死者，扁鵲至其家，欲爲治之，病者之父謂扁鵲曰：吾子病甚篤，將爲迎良醫治，非子所能治也。退而不用，乃使靈巫求福請命，對扁鵲而咒，病者卒死，靈巫不能治也。夫扁鵲天下之良醫，而不能與靈巫爭用者，知與不知也。故事求遠而失近，廣藏而狹棄，斯之謂也。昔宮之奇爲虞公畫計，欲辭晉獻公璧馬之賂，而不假之夏陽之道，豈非金石之計哉？然虞公不聽者，惑於珍怪之寶也。鮑丘之

德行非不高於李斯趙高也然伏隱於嵩廬之下而不錄於世利口之臣害之也凡人莫不知善之爲善惡之爲惡莫不知學問之有益於已怠戲之無益於事也然而爲之者情欲放溢而人不能勝其志也人君莫不知求賢以自助近賢以自輔然賢聖或隱於田里而不預國家之事者乃觀聽之臣不明於下則閉塞之譏歸於君閉塞之譏歸於君則忠賢之士棄於野忠賢之士棄於野則佞臣之黨存於朝佞臣之黨存於朝則下不忠於君下不忠於君則上不明於下上不明於下是故天下所以傾覆也

至德第八

夫欲建國彊威辟地服遠者必得之於民欲立功興譽垂名流光顯榮華者必取之於身故據萬乘之國持百姓之命苞山澤之饒主士衆之力而功不在於身名不顯於世者乃統理之非也天地之性萬物之類懷道者衆歸之恃刑者民畏之歸之則附其側畏之則去其域故設刑者不厭輕爲德者不厭重行罰者不患薄布賞者不患厚所以親近而致疏遠也夫形重者則身勞事衆者則心煩心煩者則刑罰縱横而無所立身勞者則百端廻邪而無所就是以君子之爲治也塊然若無事寂然若無聲官府若無吏亭落若無民閭里不訟於巷老幼不愁於庭近者無所議遠者無所聽郵驛無夜行之吏鄉閭無夜名之征犬不夜吠烏不夜鳴老者息於堂丁壯者耕耘於田在朝者忠於君在家者孝於親於是賞善罰惡而潤色之興辟雍庠序而教誨之然後賢愚異議廉鄙異科長幼異節上下有差强弱相扶小大相懷尊卑相

承鴈行相隨不言而信不怒而威豈恃堅甲利兵深刑刻法朝夕切切而後行哉昔晉厲齊莊楚靈宋襄秉大國之權杖衆民之威軍師横出陵轢諸侯外驕敵國内克百姓鄰國之讐結於外臣下之怨積於内而欲建金石之功終傳不絶之世豈不難哉故宋襄死於泓水之戰三君弑於臣子之手皆輕用師而尚威力以至於斯故春秋重而書之嗟歎而傷之是三君皆强其盛而失國急其刑而自賊斯乃去事之戒來事之師也晉莊公一年之中以三時興築作之役

規固山林草澤之利與民爭田魚薪菜之饒刻桷丹
楹眩曜靡麗收十二之稅不足以供回邪之欲繕不
用之好以缺一字婦人之目財盡於驕淫人力能於不
急上困於用下饑於食乃遣臧孫辰請缺二字於齊倉
廩空匱外人知之於是爲宋陳衛所伐賢臣出叛臣
亂子般殺而魯缺二字公子牙慶父之屬敗上下之序
亂男女之別繼位者無所定逆亂者無所懼於是齊
桓公遣大夫高子立僖公而誅夫人逐慶父而還季
子然後社稷復存子孫反業豈不謂微弱者哉故爲

威不強還自亡立法不明還自傷魯莊公之謂也故
春秋穀缺

懷慮第九

缺二字慮者不可以立計持兩端者不可以定威故治
外者必調內平遠者必正近綱缺一字天下勞神八極
者則憂不存於家養氣治性思通精神延壽命者則
志不缺一字於外據土子民治國治衆者不可以圖利
治產業則教化不行而政令不從蘇秦張儀身尊於
位名顯於世相六國事六君威振山東橫說諸侯國

異辭人異意欲合弱而制強持橫而御縱內無堅計
身無定名功業不平中道而廢身死於凡人之手爲
天下所笑者乃由辭語不一而情欲放佚故也故管
仲相桓公詘節事君專心一意身無境外之交心無
歙斜之慮正其國如制天下尊其君而屈諸侯權行
於海內化流於諸夏失道者誅秉義者顯舉一事而
天下從出一政而諸侯靡故聖人執一政以繩百姓
持一槩以等萬民所以同一治而明一統也故天一
以大成數人一以缺一字成倫楚靈王居千里之地享

百邑之國不先仁義而尚道德懷奇伎缺四字陰陽合
物怪作乾谿之臺立百仞之高欲登浮雲窺天文然
身死於棄缺三字魯莊公據中土之地承聖人之後不
修周公之業繼先人之體尚權杖威有萬人之力懷
兼人之強不能存立子糾國侵地奪以洙泗爲境夫
世人不學詩書行仁義缺一字聖人之道極經藝之深
乃論不驗之語學不然之事圖天地之形說災變之
異缺二字王之法異聖人之意惑學者之心移衆人之
志指天畫地是非世事動人以邪變驚人以奇怪聽

之者若神祇之者如與然猶不可以濟於厄而度其身或觸罪（缺二字）法不免於辜戮故事不生於法度道不本於天地可言而不可行也可聽而不可傳也可（缺一字）翫而不可大用也故物之所可非道之所宜道之所宜非物之所可是以制事者不可（缺一字）設道者不可通目以精明耳以主聽口以別味鼻以聞芳手以之持足以之行各受一性不得兩兼兼則心惑二路者行窮正心一堅久而不忘在上不逸爲下不傷執一統物雖寡必衆心佚情散雖高必崩氣泄生疾

壽命不長顛倒無端失道不行故氣感之符淸潔明光情素之表恬暢和良調密者固安靜者祥志定心平血脈乃彊秉政圖（缺一字）兩失其中方戰士不耕朝士不商邪不好直圓不亂方違戾相錯撥剌難匡故欲理之君閉利門積德之家必無災殃利絕而道著武讓而德興斯乃持久之道常行之法也

本行第十

（缺二字）德爲上行以仁義爲本故尊於位而無德者黜富於財而無義者刑賤而好德者尊貧而有義者榮

段干木徒步之士修道行德魏文侯過其閭而軾之夫子陳蔡之厄豆飯菜羹不足以接餒二三子布弊褞袍不足以避寒倥傯屈厄自處甚矣然而夫子當於道二三子近於義自布衣之士上（缺一字）天子下齊庶民而累其身而匡上也及閔周室之衰微禮義之不行也厄挫頓仆歷說諸侯欲匡帝王之道反天下之政身無其立而世無其主周流天下無所合意大道隱而不舒羽翼摧而不申自（缺三字）深授其化以厚終始追治去事以正來世案紀圖錄以知性命表定

六藝以（缺三字）善惡不相干貴賤不相侮強弱不相凌賢與不肖不得相踰科第相序爲萬（缺三字）而不絕功傳而不衰詩書禮樂爲得其所乃天道之所立大義之所行也豈以（缺三字）威耶夫人之好色非脂粉所能飾大怒之威非氣力所能行也聖人乘天威合天氣承天功象天容而不與爲功豈不難哉夫酒池可以泛舟糟丘可以望遠豈貧於財哉統四海之權主九州之衆豈弱於力哉然功不能自存威不能自守非爲貧弱乃道德不存乎身仁義不加於天下也故察

於財而昏於道者衆之所謀也果於力而寡於義者兵之所圖也故君子篤於義而薄於利敏於事而慎於言所（缺三字）功德也故曰不義而富且貴於我如浮雲夫身帶璧玉膺環佩服府藏珍（缺四字）酌含銀刻鏤可以夸小人非所以厚於己而濟於事也高臺百仞金（缺四字）籠雕飾所以疲百姓之力非所以扶弱存亡者也故聖人卑宮室而高道德（缺二字）服而謹仁義不損其行以增其容不虧其德以飾其身國不興無事之功家不藏無用之器所以稀力役而省貢獻也璧

玉珠璣不御於上則翫好之物棄於下雕刻繢畫不納於君則淫伎曲巧絕於民夫釋農桑之事入山海採珠璣求瑶琨探沙谷捕翡翠（缺一字）瑇瑁搏犀象消筋力散布泉以極耳目之好以快淫邪之心豈不謬哉未見先道而後利近德而遠色者也

明誡第十一

君（缺二字）政可以及遠臣篤於信可以致大何以言之湯以七十里之封而升帝王之位周公以（缺四字）比德於五帝斯乃口出善言身行善道之所致也安危之

効吉凶之（缺一字）一出於身（缺二字）之道成敗之驗一起於行堯舜不易日月而興桀紂不易星辰而亡天道不改而人道易也夫持天地之政操四海之綱（缺二字）不可以失度動作不可以離道謬誤出於口則亂及萬里之外況刑及無罪於獄而殺及無辜於市乎故世衰道亡非天之所為也乃國君者有所取之也惡政生於惡氣惡氣生於災異蝮蟲之類隨氣而生虹蜺之屬因政而見治道失於下則天文應於上惡政流於民則蟲災生於地賢君智則知隨變而改緣類

而試思之於（缺三字）變聖人之理恩及昆蟲澤及草木乘天氣而生隨寒暑而動者莫不延（缺四字）傾耳而聽化聖人察物無所遺失上及日月星辰下至鳥獸草木昆蟲（缺三字）鷁之退飛治五石之所隕所以不失纖微至於鴝鵒來冬多麋言鳥獸之類（缺三字）也十有二月李梅實十月殞霜不煞菽言寒暑之氣失其節也鳥獸草木尚欲各得其所綱之以法紀之以數而況於人乎聖人承天之明正日月之行錄星辰之度因天地之利等高下之宜設山川之便平四海分九州

同好惡一風俗易曰天垂象見吉凶聖人則之天出善道聖人得之言御占圖歷之變下衰風化之失以匡衰盛紀物定世後無不可行之政無不可治之民故曰則天之明因地之利觀天之化推演萬事之類散之於（缺二字）之間調之以寒暑之節養之以四時之氣同之以風雨之化故絕國異俗莫不知（缺三字）樂則歌哀則哭蓋聖人之教所齊一也夫善道存於身無遠而不至惡行著於（缺三字）而不去周公躬行禮義郊祀后稷越裳奉貢重譯而臻麟鳳草木緣化而應殷

紂（缺二字）微子棄骨肉而亡行善則鳥獸悅行惡則臣子恐是以明者可以致遠闇者可以（缺一字）近故春秋書衛侯之弟鱄出奔晉書鱄絕骨肉之親棄大夫之位越先人之境附他人之域窮涉寒饑織屨而食不明之效也

思務第十二

夫長於變者不可窮以詐遁於道者不可驚以恠詟於辭者不可惑以言達於義者不可動以（缺一字）是以君子廣思而博聽進退循法動作合度聞見欲衆而采擇欲謹學問欲（缺四字）欲致見邪乃知其直觀花乃知其實目不淫炫燿之色耳不亂阿（缺六字）之以晉楚之富而志不回談之以喬松之壽而行不易然後能一其道而定其操（缺六字）功凡人則不然目放於富貴之榮耳亂於不死之道故多棄其所長而求其所短得其所亡而失其所有是以吳王夫差知度艾陵之可勝而不悟勾踐將以破凶也故（缺二字）或見一利而喪萬機求一福而致萬禍夫學者通於神靈之變化曉於天地之開闔（缺三字）弛張性命之短長富貴之所

在貧賤之所亡則手足不勞而耳目不亂思慮不（缺二字）計策不誤上訣是非於天文其次定狐疑於世務廢興有所據轉移有所守故道（缺五字）事可法也昔舜禹因盛而治孔子承衰而作功聖人不空出賢者不虛生（缺六字）而歸於善斯乃天地之法而制其事則世之便而設其義故聖人不必同道（缺六字）好者不必同色而皆美醜者不必同狀而皆惡天地之數斯命之象也日（缺八字）八宿並列各有所主萬端異路千法異形聖人因其勢而調之使小大不得相（缺一字）方圓不

得相干分之以度紀之以節。星不晝見日不夜照雷不冬發霜不夏降臣不凌君。則陰不缺二字陽盛夏不暑隆冬不霜黑氣苞日彗星揚缺二字虹蜺冬見蟄蟲夏藏熒惑亂宿衆星失行聖人因天變而正其失理其端而正其本堯承蚩尤之失而思欽缺三字君子見惡於外則知變於內桀紂不缺一字則湯武不仁才惑於衆非者而改之於缺七字亂之於朝廷而匹夫治之於閨門是以接輿老萊所以避世於窮缺五字而遠其尊也君子行之於幽閑小人厲之於士衆老子曰上

德不德。缺六字虛也夫口誦聖人之言身學賢者之行久而不弊勞而不廢雖未爲君缺六字已孔子曰行夏之時乘殷之輅服周之冕樂則韶舞放鄭聲遠佞人缺三字道而行之於世雖非堯舜之君則亦堯舜也今之爲君者則不然治不法缺三字而曰今之世不可以道德治也爲臣者不師稷契周公之政則曰今之民不可以缺四字爲子者不執曾閔之賢朝夕不休藎節不倦則曰家人不敬也學者無缺四字晝夜不懈循禮而動則曰世所不行也自人君至于庶人未有法聖人缺五字爲善者寡爲惡者衆易曰豐其屋蔀其家闚其戶闃其無人缺四字治之耳故仁者在位而仁人來義士在朝而義士至是以墨子之門多缺四字之門多道德文武之朝多賢良秦王之庭多不祥故善者必有所缺三字惡者必有所因而來善惡不空出禍福不妄作唯心之所向志之所行而已。

新語卷下終

新書序

余昔承乏選部時偶於京國書肆中得賈太傅新書鈔本凡若干卷余手披目覽口誦心惟始而駭終而不知神與之接融融瀼瀼不知旨之樂之詠之歎之於是乎乃知太傅之生值

漢室初造光嶽氣完之時通乎天人精微之蘊窮乎歷代治亂之故洞乎萬物榮悴之情究乎禮樂形政之端貫通乎仁義道德之原故正言竑議卓卓乎其奇偉悠悠乎其浚長鑿鑿乎非有援據如江河瀰漫而莫測其涯也如風霆變化而莫見其迹也如雲霞卷舒出沒晻靄千態萬狀而莫可名言也世之稱近古者亦在是矣所宜珍重不啻若湯盤周鼎而毋敢忽焉正德甲戌余致政家居長沙郡守陸公以誼謫于長沙去今千有餘

歲

國朝既崇祀享之禮但傳長沙時所著新書獨無傳焉乃檢閱郡齋故櫝中得版刻數十片計其脫落尚多因詢於予予即出是本補刻遂成完書屬予為序予惟太傅高世之才始出

天縱漢劉向稱其通達國體雖古之伊管未能遠過班史痛其不用但謂其天年早終雖不至公卿未爲不遇誼過長沙作賦以弔汨羅而太史公傳於屈原之後明其若屈原之忠而遭棄逐也宋歐陽公謂其所陳孝文

略施其術猶能比德於成康況用於朝廷之間坐於廊廟之上則舉大漢之風登三皇之肖猶決壅裨墜爾蘇公論其爲王者之佐如其所言雖三代何以遠過此數公者故有定論誠毋容加喙於其間顧其書之在霄壤

中上則爲德星爲慶雲下則爲朱草爲醴泉光景常新而精神不虧亘萬古猶一日奈何自宋淳熙辛丑提學漕使程公版刻之後三百餘禩僅得一陸公補輯殘缺爲書再行是何寥寥知賞之難也非惟嘉惠後學廣其

見聞以資博識慎而擇之而立身行己之道亦寓焉中間如鑒秦俗之薄惡指漢風之奢僭請定經制述三代之長久深戒刑罰明孤秦之速亡譬人主之如堂所以優臣子之禮置天下於大器所以示安危之幾凡憂民

傳職官大人政等篇皆經濟之大略又有國與天下者之所當鑒也郡守公名相字良弼弘治癸丑進士累官南京吏曹郎中英名偉績有所自也政尚平恕有古循吏風今觀是益可見其知所擇而其藴畜之富未可量也故不揆愚陋僭書于端以識歲月云正德九年菊月吉旦長沙黄寶序

新書目錄

卷三

卷四

卷五

卷六

卷七

卷八

目錄終

新書卷一

漢　雒陽賈誼著　新城陳希祖校

過秦上

秦孝公據崤函之固。擁雍州之地。君臣固守以窺周室。有席卷天下、包舉宇內、囊括四海之意、并吞八荒之心。當是時也、商君佐之。內立法度、務耕織、脩守戰之具。外連衡而鬭諸侯。於是秦人拱手而取西河之外。孝公既沒、惠文武昭襄蒙故業、因遺策、南取漢中。西舉巴蜀。東割膏腴之地、北收要害之郡。諸侯恐懼。

會盟而謀弱秦、不愛珍器重寶肥饒之地、以致天下之士。合從締交、相與爲一。當此之時、齊有孟嘗、趙有平原、楚有春申、魏有信陵。此四君者、皆明智而忠信。寬厚而愛人、尊賢而重士。約從離衡、兼韓魏燕趙宋衛中山之衆。於是六國之士、有甯越、徐尚、蘇秦、杜赫之屬爲之謀。齊明、周最、陳軫、召滑、樓緩、翟景、蘇厲、樂毅之徒通其意。吳起、孫臏、帶佗、兒良、王廖、田忌、廉頗、趙奢之朋制其兵。嘗以什倍之地、百萬之衆、仰關而攻秦。秦人開關而延敵。九國之師、逡巡而不敢進。秦無亡矢遺鏃之費。而天下諸侯已困矣。於是縱散約解。爭割地而賂秦。秦有餘力而制其弊。追亡逐北。伏尸百萬。流血漂櫓。因利乘便。宰割天下。分裂山河。強國請伏。弱國入朝。施及孝文王莊襄王。享國日淺。國家無事。及至始皇。奮六世之餘烈。振長策而御宇內。吞二周而亡諸侯。履至尊而制六合。執敲朴以鞭笞天下。威振四海。南取百粵之地。以爲桂林象郡。百粵之君。俛首係頸。委命下吏。乃使蒙恬北築長城而守藩籬。郤匈奴七百餘里。胡人不敢南下而牧馬。士不敢彎弓而報怨。於是廢先王之道。燔百家之言。以愚黔首。墮名城。殺豪俊。收天下之兵。聚之咸陽。銷鋒鍉。鑄以爲金人十二。以弱天下之民。然後踐華爲城。因河爲池。據億丈之城。臨不測之谿以爲固。良將勁弩守要害之處。信臣精卒。陳利兵而誰何。天下已定。始皇之心。自以爲關中之固。金城千里。子孫帝王萬世之業也。始皇既沒。餘威振于殊俗。然而陳涉甕牖繩樞之子。氓隸之人而遷徙之徒也。材能不及中庸。非有仲尼墨翟之賢。陶朱猗頓之富。躡足行伍之間而

俛起阡陌之中。率疲散之卒。將數百之衆。轉而攻秦。斬木爲兵。揭竿爲旗。天下雲集而響應。贏糧而景從。山東豪傑遂並起而亡秦族矣。且夫天下非小弱也。雍州之地。崤函之固自若也。陳涉之位。不尊於齊楚燕趙韓魏宋衛中山之君也。鉏耰棘矜。不銛於鉤戟長鎩也。謫戍之衆。非抗九國之師也。深謀遠慮。行軍用兵之道。非及曩時之士也。然而成敗異變。功業相反何也。試使山東之國與陳涉度長絜大。比權量力。則不可同年而語矣。然秦以區區之地。致萬乘之權。招八州而朝同列。百有餘年矣。然後以六合爲家。崤函爲宮。一夫作難而七廟墮。身死人手。爲天下笑者。何也。仁義不施。而攻守之勢異也。

過秦下

秦滅周祀。并海內。兼諸侯。南面稱帝。以四海養。天下之士。斐然鄉風。若是何也。曰近古之無王者久矣。周室卑微。五霸既滅。令不行於天下。是以諸侯力政。強凌弱。衆暴寡。兵革不休。士民罷弊。今秦南面而王天下。是上有天子也。即元元之民冀得安其性命。莫不

虛心而仰上。當此之時、專威定功。安危之本在於此矣。秦王懷貪鄙之心、行自奮之智、不信功臣、不親士民、廢王道而立私權。禁文書而酷刑法。先詐力而後仁義、以暴虐爲天下始。夫并兼者高詐力、安定者貴順權。以此言之、取與攻守不同術也。秦雖離戰國而王天下。其道不易、其政不改、是以其所以取之守之者異也。孤獨而有之、故其亡可立而待也。借使秦王計上世之事、並殷周之迹、以制御其政、後雖有淫驕之主、猶未有傾危之患也。故三王之建天下、名號顯

美、功業長久。今秦二世立、天下莫不引領而觀其政。夫寒者利短褐、而饑者甘糟糠。天下嗷嗷、新主之資也。此言勞民之易爲仁也。嚮使二世有庸主之行、而任忠賢、臣主一心而憂海內之患、縞素而正先帝之過、裂地分民以封功臣之後、建國立君以禮天下、虛囹圄而免刑戮、除去收孥汚穢之罪、使各反其鄉里、發倉廩、散財幣、以賑孤獨窮困之士、輕賦少事、以佐百姓之急、約法省刑、以持其後、使天下之人皆得自新、更節脩行、各愼其身、塞萬民之望、而以盛德與天

下、集矣、卽四海之內、皆歡然各自安樂其處、惟恐有變。雖有狡害之民、無離上之心、則不軌之臣無以飾其智、而暴亂之奸弭矣。二世不行此術、而重以無道、壞宗廟與民、更始作阿房之宮、繁刑嚴誅、吏治刻深、賞罰不當、賦斂無度、天下多事、吏不能紀、百姓困窮而主不收卹。然後奸僞並起、而上下相遁、蒙罪者衆、刑僇相望於道、而天下苦之。自群卿以下至于衆庶、人懷自危之心、親處窮苦之實、咸不安其位、故易動也。是以陳涉不用湯武之賢、不藉公侯之尊、奮臂於

大澤而天下響應者、其民危也。故先王者見終始之變、知存亡之由、是以牧民以道、務在安之而已矣。天下雖有逆行之臣、必無響應之助。故曰安民可與行義、而危民易與爲非、此之謂也。貴爲天子、富有四海、身在於戮者、正傾非也。是二世之過也。秦并兼諸侯山東三十餘郡、修津關、據險塞、繕甲兵而守之。然陳涉率散亂之衆數百、奮臂大呼、不用弓戟之兵、鉏耰白梃、望屋而食、橫行天下。秦人阻險不守、關梁不閉、長戟不刺、彊弩不射。楚沛深入、戰於鴻門、曾無藩籬

之難。於是山東諸侯並起。豪俊相立。秦使章邯將而東征。章邯因其三軍之衆要市於外。以謀其上。群臣之不相信可見於此矣。子嬰立而遂不悟。借使子嬰有庸主之材而僅得中佐。山東雖亂。三秦之地可全而有。宗廟之祀未當絶也。秦地被山帶河以爲固。四塞之國也。自繆公以來至於秦王。二十餘君。常爲諸侯雄。此豈世世賢哉。其勢居然也。且天下嘗昔日同心并力攻秦矣。當此之世。賢智并列。良將行其師。賢相通其謀。然困於阻險而不能進。秦乃延入戰而爲

之開關。百萬之徒逃北而遂壞。然困於嶮阻而不能進者。豈勇力智慧不足哉。形不利。勢不便也。秦雖小邑。伐并大城。守險塞而軍。高壘毋戰。閉關據阨。荷戟而守之。諸侯起於匹夫。以利合。非有素王之行也。其交未親。其民未附。名曰亡秦。其實利之也。彼見秦阻之難犯也。必退師。安士息民。以待其弊。收弱扶罷。以令國君。不患不得意於海内。貴爲天子。富有四海。而身爲擒者。其救敗非也。秦王足已而不問。遂過而不變。二世受之。因而不改。暴虐以重禍。子嬰孤立無親

危弱無輔。三主之惑。終身不悟。亡不亦宜乎。當此時也。世非無深謀遠慮知化之士也。然所以不敢盡忠拂過者。秦俗多忌諱之禁也。忠言未卒於口而身爲糜沒矣。故天下之士傾耳而聽。重足而立。拑口而不言。是以三主失道而忠臣不敢諫。智士不敢謀也。天下已亂。奸臣不上聞。豈不悲哉。先王知壅蔽之傷國也。故置公卿大夫士以飾法設刑而天下治。其強也禁暴誅亂而天下服。其弱也五霸征而諸侯從。其削也内守外附而社稷存。故秦之盛也。繁法嚴刑而天

下震。及其衰也。百姓怨而海内叛矣。故周五序得其道而千餘載不絶。秦本末並失。故不能長久。由是觀之。安危之統相去遠矣。鄙諺曰。前事之不忘。後事之師也。是以君子爲國。觀之上古。驗之當世。參之人事。察盛衰之理。審權勢之宜。去就有序。變化應時。故曠日長久而社稷安矣。

宗首

今或親弟謀爲東帝。親兄之子西鄉而擊。今吳又見告矣。天子春秋鼎盛。行義未過。德澤有加焉。猶尚若

此。況莫大諸侯權力且十此者乎。然而天下少安什何也、大國之王幼在懷袵。漢所置傅相方握其事數年之後、諸侯王大抵皆冠。血氣方剛。漢之所置傅歸休而不肯仕。漢所置相稱病而賜罷、彼自丞尉以上徧置其私人、如此。有異淮南濟北之爲耶。此時而乃欲爲治安、雖堯舜不能。臣故曰時且過矣。上弗蚤圖。疑且歲間所不欲焉。黄帝曰、日中必熭、操刀必割。令令此道順而全安甚易。弗肯早爲、已乃墮骨肉之屬而抗剄之。豈有異秦之季世乎、且謂天何權不甚奇

而數削。人豈可得也。夫以天子之位。用天子之力。乘今之時。因天之助。尚憚以危爲安。以亂爲治。假設陛下居齊桓之處、將不合諸侯而匡天下乎。至今則陛下訣甚矣。時且失矣。心竊踴躍。離今春難爲已。天傾時傾足力傾能孰視。而弗肯理以傾時之失。豈不靡哉。可以爲良天下而稱特以爲此藉也。竊爲陛下惜痛之甚在上幸少留計焉、

數寧

臣竊惟事勢可爲痛惜者一。可爲流涕者二。可爲長太息者六。若其他倍理而傷道者。難徧以疏舉。進言者皆曰天下已安矣。臣獨曰未安。或者曰天下已治矣。臣獨曰未治。恐逆意觸死罪、雖然誠不安。誠不治。故不敢顧身。敢不昧死以聞。夫曰天下安且治者。非至愚無知。固諛者耳。皆非事實知治亂之體者也。夫抱火措之積薪之下而寢其上。火未及燃。因謂之安。偷安者也。方今之勢。何以異此。夫本末舛逆。首尾橫決。國制搶攘。非有紀也。胡可謂治。陛下何不一令以數日之間。令臣得熟數之於前。因陳治安之策。陛下

試擇焉。何甚傷哉。射獵之娛。與安危之機。孰急也。臣聞之、自禹已下五百歲而湯起、自湯已下五百餘年而武王起、故聖王之起、大以五百爲紀、自武王已下過五百歲矣、聖王不起何怪矣、及秦始皇帝似是而卒非也、終於無狀、及今天下集於陛下、臣觀寬大知通。竊曰足。以操亂業。握危勢。若今之賢也、明通以足天紀。又當天宜。請陛下爲之矣、然又未也者、又將誰須也。使爲治勞知慮。苦身體。乏馳騁鐘鼓之樂。勿爲可也。樂與今同耳。因加以常安。四望無患。因諸侯附

親執道致忠而信上耳。因上不疑其臣。無族罪。兵革不動。民長保首領耳。因德窮至遠、近者匈奴、遠者四荒。苟人迹之所能及。皆鄉風慕義。樂爲臣子耳。因天下富足。資財有餘。人及十年之食耳。因民業朴。順而樂從令耳。因官事甚約。獄訟盜賊可少。斟有耳。大數旣得。則天下順治。海內之氣清和咸理。則萬生遂茂。晏子曰。唯以政順乎爲神。可以益壽。晏子曰。至治之極。父無死子。兄無死弟。塗無襁褓之葬。各以其順終。穀食之法。固百以是。則至尊之壽輕百年耳。古者五

帝皆踰百歲。以此言信之。因王爲明帝。股肱爲明臣。名譽之美、垂無窮耳。禮祖有功、宗有德。始取天下爲功。始治天下爲德。因觀成之廟。稱爲大宗。上配大祖。與漢亡極耳。因卑不疑尊。賤不踰貴。尊卑貴賤明若黑白。則天下之衆不疑眩耳。因經紀本於天地。政法倚於四時。後世無變。故無易常。襲迹而長久耳。臣竊以爲建久安之勢。成長治之業。以承祖廟、以奉六親、至孝也。以幸天下、以治群生、神明咸億、社稷久饗、至仁也。立經陳紀、輕重同得、後可以爲萬世法程、後雖

有愚幼不肖之嗣、猶得蒙業而安。至明也。壽並五帝澤施至遠、於陛下何損哉。以陛下之明通。因使少知治體者、得佐下風。致此治非有難也。陛下何不一爲之、及其可素陳於前、願幸無忽。一夫者。臣謹稽之天地、驗之往古、案之當時之務。日夜念此至熟也。獨太息悲憤、非特敢忽也。雖使禹舜復生而爲陛下計。無以易此。爲之有數。必萬全無傷。臣敢以寸斷。陛下幸試召大臣有識者使計之。有能以爲不便天子不利天下者。臣請死。

藩傷

夫樹國必審相疑之勢。下數被其殃。主數爽其憂。因餓數動彼必將有惟者生焉。禍之所離。豈可豫知。故甚非所以安主上。非所以活大臣者也。甚非所以全愛子者也。旣以令之爲藩臣矣。爲人臣下矣。而厚其力。重其權。使有驕心而難服從也。何異於善砥鏌鋣而予射子。自禍必矣。愛之故使飽粱肉之味。玩金石之聲。臣民之衆。土地之博。足以奉養宿衛其身。然而權力不足以徼幸。勢不足以行逆。故無驕心。無邪行。

奉法畏令聽從必順長生安樂而無上下相疑之禍活大臣全愛子孰精於此且藩國與制力非獨少也制令其有子以國其子未有子者建分以須之子生而立其身而子夫將何失於實無喪而保國無忠子孫世世與漢相須長沙可以久矣所謂生死而骨肉何以異此

藩彊

竊迹前事大抵彊者先反淮陰王楚最彊則最先反韓王信倚胡則又反貫高因趙資則又反陳豨兵精

彊則又反彭越用梁則又反黥布用淮南則又反盧綰國比最弱則最後反長沙乃纔二萬五千戶耳力不足以行逆則功少而最完埶疏而最忠全骨肉時長沙無故者非獨性異人也其形埶然矣曩令樊酈絳灌據數十城而王今雖以殘亡可也令韓信黥布彭越之倫列爲徹侯而居雖至今存可也然則天下大計可知已欲諸王皆忠附則莫若令如長沙欲臣子勿菹醢則莫若令如樊酈絳灌欲天下之治安天子之無憂莫如衆建諸侯而少其力力少則易使以義國小則無邪心若與臣下相殘與骨肉相欽茹天下雖危無傷也則莫如循令之故而勿變以前觀之其國最大者反最先

大都

昔楚靈王問范無宇曰我欲大城陳蔡葉與不羹賦車各千乘焉亦足以當晉矣又加之以楚諸侯其來朝乎范無宇曰不可臣聞大都疑國大臣疑主亂之謀也都疑則交爭臣疑則並令禍之深者也今大城陳蔡葉與不羹或不克不足以威晉若克之以資財

實之以重祿之臣是輕本而重末也臣聞尾大不掉末大必折此豈不施威諸侯之心哉然終爲楚國大患者必此四城也靈王弗聽果城陳蔡葉與不羹實之以兵車充之以大臣是歲也諸侯果朝居數年陳蔡葉與不羹或奉公子棄疾內作難楚國雲亂王遂死於乾溪於宇守亥之井爲計若此豈不痛也哉悲夫本細末大弛必至心時乎時乎可痛惜者此也天下之勢方病大瘇一脛之大幾如要一指之大幾如股臣聞尾大不掉末大必折惡病也平居不可屈信

一二指搐身固無聊也失今弗治必爲痼疾後雖有扁鵲弗能爲已悲夫枝拱荷大弛必至心此所以竊爲陛下患也病非徒尰也又苦跛盭上古蹠字下古戾字蹠盭不可行也元王之子帝之從弟也今之王者從弟之子也惠王親兄之子也今之王者兄子之子也親者或無分地以安天下疏者或專大權以偪天子臣故曰非徒病尰也又苦跛盭也可痛哭者此病是也

等齊

諸侯王所在之宮衛織履蹲夷以皇帝所在宮法論

之郎中謁者受謁取告以官皇帝之法予之事諸侯王或不廉潔平端以事皇帝之法罪之曰一用漢事諸侯王乃事皇帝也推是則諸侯之王乃將至尊也然則天子之與諸侯臣之與下宜撰然齊等若是乎天子之相號爲丞相黃金之印諸侯之相號爲丞相黃金之印而尊無異等秩加二千石之上天子列卿秩二千石諸侯列卿秩二千石則臣已同矣人主登臣而尊今臣既同則法惡得不齊天子衛御號爲大僕銀印秩二千石諸侯之御號曰大僕銀印秩二千石則御已齊矣御既已齊則車飾具惡得不齊天子親號云太后諸侯親號云太后天子妃號曰后諸侯妃號曰后然則諸侯何損而天子何加焉妻既已同則夫何以異天子宮門曰司馬闌入者爲城旦諸侯宮門曰司馬闌入者爲城旦殿門俱爲殿門闌入之罪亦俱棄市宮牆門衛同名其嚴一等罪已鈞矣天子之言曰令令甲令乙是也諸侯之言曰令令儀之言是也天子卑號皆稱陛下諸侯卑號稱陛下天子車曰乘輿諸侯車曰乘輿乘輿等也衣被次齊貢死

經緯也苟工巧而志欲之唯冒上獸主次也然則所謂主者安居臣者安在人之情不異面目狀貌同類貴賤之別非人人天根著於形容也所持以別貴賤明尊卑者等級勢力衣服號令也亂且不息滑曼無紀天理則同人事無別然則所謂臣主者非有相臨之具尊卑之經也特面形而膚之耳近習乎晝近貌然後能識則疏遠無所放衆庶無以期則下惡能不疑其上君臣同倫異等同服則上惡能不眩於其下孔子曰長民者衣服不貳從容有常以齊其民則民

德一詩云彼都人士狐裘黃裳行歸于周萬民之望孔子曰爲上可望而知也爲下可述而志也則君不疑於其臣而臣不惑於其君而此之不行沐瀆無界可爲長太息者此也

服疑

衣服疑者是謂爭先厚澤疑者是謂爭賞權力疑者是謂爭强等級無限是謂爭尊彼人者近則冀幸疑則比爭是以等級分明則下不得疑權力絶尤則臣無冀志故天子之於其下也加五等已往則爲臣例

臣之於下也加五等以往則以爲僕僕則亦臣禮也然稱僕不敢稱臣者尊天子避嫌疑也制服之道取至適至和以予民至美至神進之帝奇服文章以等上下而差貴賤是以高下異則名號異則權力異則事勢異則旗章異則符瑞異則禮寵異則秩祿異則冠履異則衣帶異則環佩異則車馬異則妻妾異則澤厚異則宮室異則牀席異則器皿異則飲食異則祭祀異則死喪異則故高則此品周高下則此品周下加人者品此臨之埤人者品此承之遷則品此者進絀則品此者損貴周豐賤周謙貴賤有級服位有等等級既設各處其檢人循其度擅退則讓上循則誅建法以習之設官以牧之是以天下見其服而知貴賤望其章而知其勢位人定其心各著其目故衆多而天下不眩傳遠而天下識祇卑尊已著上下已分則人倫法矣於是主之與臣若日之與星以臣不幾可以疑主賤不幾可以冒貴下不凌等則上位尊臣不踰級則主位安謹守倫紀則亂無由生

益壤

陛下即不爲千歲之治安知今之勢豈過一傳再傳哉諸侯猶且人恣而不制豪橫而大强也至其相與持之以縱横之約相親耳漢法令不可得行矣猶且槀立而服强也今淮陽之比大諸侯僅過黑子之比於面耳豈足以爲禁御哉而陛下所恃以爲藩捍者以代淮陽耳代北邊與强匈奴爲鄰僅自完足矣唯皇太子之所恃者亦以之二國耳今淮陽之所有適足以餌大國耳方今制在陛下制國命而令子適足以爲餌大國豈可謂工哉人主之行異布衣布衣者

飾小行競小廉以自託於鄉黨邑里人主者唯天下安社稷固不耳故黃帝者炎帝之兄也炎帝無道黃帝伐之涿鹿之野血流漂杵誅炎帝而兼其地天下乃治高皇帝瓜分天下以王功臣反者如蝟毛而起高皇帝以爲不可故蘄去不義諸侯而虛其國擇良日立諸子洛陽上東門之外諸子畢王而天下乃安故大人者不怵小廉不牵小行故立大便以成大功今淮南地遠者或數千里越兩諸侯而縣屬於漢其吏民繇役往來長安者自悉而補中道衣敝錢用諸

費稱此其苦屬漢而欲得王至甚逋逃而歸諸侯者已不少矣此終非可久以爲奉地也陛下豈如蚤便其勢且令他人守郡豈如令子臣之愚計願陛下舉淮南之地以益淮陽郎有後患割淮陽北邊一二列城與東郡以益梁郎無後患代可徙而都睢陽梁起新郪以北著之河淮陽包陳以南揵之江則大諸侯之有異心者破膽而不敢謀今所恃者代淮陽二國耳皇天子亦恃之如臣計梁足以捍齊趙淮陽足以禁吳楚則陛下高枕而臥終無山東之憂矣臣竊以

爲此陛下之利也若使淮南久縣屬漢特以資奸人耳陛下幸少留意者臣昧死以聞臣誼竊昧死願得伏前陳施下臣誼所以爲治安陛下幸以少須臾之間聽以驗之於事未有妨損也臣聞聖主問其臣而不自造事故爲人臣得畢盡其愚忠惟陛下財幸今陛下將不意之人與之積衆之財此非有子胥白公之報於廣都之中者郎疑有專諸荆軻起兩柱之間其策安便哉此所謂假賊兵爲虎翼者矣願陛下少留意計之

新書卷一終

新書卷二

權重

諸侯勢足以專制。力足以行逆。雖令冠處女勿謂無敢。勢不足以專制。力不足以行逆。雖生夏育有仇讎之怨。猶之無傷也。然天下當今恬然者。遇諸侯之俱少也。後不至數歲。諸侯皆冠。陛下且見之矣。豈不苦哉。力當能爲而不爲。畜亂宿禍。高拱而不憂。其紛也宜也。甚可謂不知且不仁。夫秦自逆。日夜深惟。苦心竭力。危在存亡。以除六國之禍。今陛下力制天下。頤

指而如意。高拱以成六國之禍。難以言知矣。苟身常無事。畜亂宿禍。未在所制也。亂媒日長。孰視而不定。萬年之後。傳之老母弱子。使曹勃不能制。可謂仁乎。

五美

海內之勢。如身之使臂。臂之使指。莫不從制。諸侯之君敢自殺不敢反。志知必葅醢耳。不敢有異心。輻湊並進。而歸命天子。天下無可以徼倖之權。無起禍召亂之業。雖在細民。且知其安。故天下咸知陛下之明。割地定制。齊爲若干國。趙楚爲若干國。制既各有理矣。於是齊悼惠王之分地盡而止。趙幽王楚元王之子孫亦各以次受其祖之分地。燕吳淮南他國皆然。其分地衆而子孫少者。建以爲國。空而置之。須其子孫生者。舉使君之。諸侯之地。其削頗入漢者。爲徙其侯國。及封其子孫於彼也。所以數償之。故一寸之地。一人之衆。天子無所利焉。誠以定制而已。故天下咸知陛下之廉。地制一定。宗室子孫莫慮不王。制定之後。下無背叛之心。上無誅伐之志。上下懽親。諸侯順附。故天下咸知陛下之仁。地制一定。則帝道還明。而

臣心還正。法立而不犯。令行而不逆。貫高利幾之謀不生。柴奇開章之計不萌。細民鄉善。大臣效順。上使然也。故天下咸知陛下之義。地制一定。臥赤子天下之上而安。植遺腹。朝委裘。而天下不亂。社稷長安。宗廟久尊。傳之後世。不知其所窮。故當時大治。後世誦聖。一動而五美附。陛下誰憚而久不爲此。

制不定

炎帝者。黃帝同父母弟也。各有天下之半。黃帝行道而炎帝不聽。故戰涿鹿之野。血流漂杵。夫地制不得

自黃帝而以困以高皇帝之明聖威武也旣撫天下卽天子之位而大臣爲逆者乃幾十發以帝之勢身勞於兵間紛然幾無天下者數矣淮陰侯韓王信陳豨彭越黥布及盧綰皆功臣也所嘗愛信也所愛化而爲仇所信反而爲寇可不怪也地里蚤定豈有此變陛下卽位以來濟北一反淮南爲逆今吳又見告皆其薄者也莫大諸侯澹然而未有故者天下非有固安之術也特賴其尚幼偷猥之數也且異姓負彊而動者漢已幸而勝之矣又不易其所以然同姓襲

是迹者而處骨肉相動又既有徵矣其勢盡又復然殃禍之變未知所移長此安窮明帝處之尚不能以安後世奈何屠牛坦一朝解十二牛而芒刃不頓者所排擊所剝割皆衆理也然至髖髀之所非斤則斧矣仁義恩厚此人主之芒刃也權勢法制此人主之斤斧也勢已定權已足矣乃以仁義恩厚因而澤之故德布而天下有慕志今諸侯王皆衆髖髀也釋斤斧之制而欲嬰以芒刃臣以爲刃不折則鈌耳胡不用之淮南濟北勢不可也

審微

善不可謂小而無益不善不可謂小而無傷非以善爲一足以利天下小不善爲一足以亂國家也當夫輕始而傲微則其流必至於大亂是故子民者謹焉彼人也登高則望臨深則窺人之性非窺且望也勢使然也夫事有逐奸勢有召禍老聃曰爲之於未有治之於未亂管仲曰備患於未形上也語曰焰焰弗滅炎炎奈何萌芽不伐且折斧柯智禁於微次也事之適亂如地形之惑人也機漸而往俄而東西易面

人不自知也故墨子見衢路而哭之悲一跬而繆千里也昔者衞侯朝於周周行問其名曰衞侯辟疆周行還之曰啓疆辟疆天子之號也諸侯弗得用衞侯更其名曰燬然後受之故善守上下之分者雖空名弗使踰焉古者周禮天子葬用隧諸侯縣下周襄王出逃伯斶晉文公率師誅賊定周國之亂復襄王之位於是襄王賞以南陽之地文公辭南陽卽死得以隧下襄王弗聽曰周國雖微未之或代也天子用隧伯父用隧是二天子也以地爲少余請益之文公乃

退禮、天子之樂宮縣、諸侯之樂軒縣、大夫直縣、士有琴瑟、叔于奚者、衞之大夫也、曲縣者、衞君之樂禮也、繁纓者、君之駕飾也、齊人攻衞、叔于奚率師逆之、大敗齊師、衞於是賞以溫、叔于奚辭溫而請曲縣繁纓以朝、衞君許之、孔子聞之曰、惜也、不如多與之邑、夫樂者所以載國、國者所以載君、彼樂亡而禮從之、禮亡而政從之、政亡而國從之、國亡而君從之。惜也、不如多予之邑。宓子治亶父、於是齊人攻魯、過亶父、始父老請曰、麥已熟矣、今迫齊寇、民不及刈穫、請令民

人出自刈、附郭者歸、可以益食、且不資寇、三請、宓子弗聽、俄而麥畢資於齊寇、季孫聞之怒、使人讓宓子曰、豈不可哀哉、民乎寒耕熱耘、曾弗得食也、弗知猶可。聞或以告、而夫子弗聽、宓子蹴然曰、今年無麥、明年可樹、令不耕者得穫、是樂有寇也。且一歲之麥、於魯不加彊、喪之不加弱、令民有自取之心、其創必數年不息。季孫聞之慙曰、使穴可入、吾豈忍見宓子哉。故明者之感奸由也蚤、其除亂謀也遠、故邪不前達。

階級

人主之尊、辟無異堂陛、陛九級者、堂高大幾六尺矣。若堂無陛級者、堂高殆不過尺矣。天子如堂、羣臣如陛、衆庶如地。此其辟也。故陛九級上、廉遠地、則堂高。陛亡級、廉近地、則堂卑。高者難攀、卑者易陵。理勢然也。故古者聖王制爲列等、內有公卿大夫士、外有公侯伯子男、然後有官師小吏、施及庶人、等級分明、而天子加焉。故其尊不可及也。鄙諺曰、欲投鼠而忌器。此善喻也。鼠近於器、尚憚而弗投、恐傷器也。況乎貴大臣之近於主帝乎。廉恥禮節以治君子、故有賜死

而無僇辱。是以係縛榜笞髡刖黥劓之罪、不及士大夫。以其離主上不遠也。禮不敢齒君之路馬、蹴其芻者有罪、見君之凡杖則起、遭君之乘輿則下、入正門則趨。君之寵臣雖或有過、刑僇不加其身、尊君之勢也。此則所以爲主上豫遠不敬也、所以體貌羣臣而厲其節也。今自王侯三公之貴、皆天子之所改容而禮之也、古天子之所謂伯父伯舅也、令與衆庶徒隸同黥劓髡刖笞傌弃市之法。然則堂下不亡陛乎、被僇辱者不太迫乎。廉恥不行也。大臣無乃握重權大

官而有徒隸無耻之心乎。夫望夷之事，二世見當以重法者，投鼠而不忌器之習也。臣聞之曰：履雖鮮弗以加枕，冠雖敝弗以苴履。夫嘗已在貴寵之位，天子改容而嘗體貌之矣，吏民嘗俯伏以敬畏之矣，今而有過，令廢之可也，退之可也，賜之死可也。若夫束縛之，係緤之，輸之司寇，編之徒官，司寇、牢正、徒長、小吏罵詈而榜笞之，殆非所以令衆庶見也。夫卑賤者習知尊貴者之一旦吾亦乃可以加此也，非所以習天下也，非尊尊貴貴之化也。夫天子之所嘗敬，衆庶之

所嘗寵，死而死耳，賤人安得如此而頓辱之哉。豫讓事中行之君，智伯伐中行，滅之，豫讓移事智伯。及趙滅智伯，豫讓釁面變容，吞炭變聲，必報襄子，五起而弗中。襄子一夕而五易卧。人問豫讓，讓曰：中行衆人畜我，故衆人事之；智伯國士遇我，故爲之國士用。故此一豫讓也，反君事讐，行若狗彘，已而折節致忠，行出乎烈士，人主使然也。故人主遇其大臣如遇犬馬，彼將犬馬自爲也；如遇官徒，彼將官徒自爲也。頑頓無耻，奊胡結反苟無節，廉耻不立，則且不自好，苟容而

可見利則逝，見便則奪。主上有敗，則因而推之矣；主上有患，則吾苟免而已，立而觀之耳；有便吾身者，則欺賣而利之耳。人主將何便於此？羣下至衆，而主上至少也，所託財器職業者率於羣下也。俱無耻，俱苟安，則主罷病。故古者禮不及庶人，刑不至君子，所以厲寵臣之節也。古者大臣有坐不廉而廢者，不謂不廉，曰簠簋不飾；坐穢汙姑婦姊姨母男女無別者，不謂汙穢，曰帷簿不脩；坐罷軟不勝任者，不謂罷軟，曰下官不職。故貴大臣定其有罪矣，猶未斥然至以呼

之也，尚遷就而爲之諱也。故其在大譴大訶之域者，聞譴訶則白冠氂纓，盤水加劍，造請室而請其罪耳，上弗使執縛係引而行也。其有中罪者，聞命而自弛，上不使人頸盭而加也。其有大罪者，聞令則北面再拜，跪而自裁，上不使人捽抑而刑之也，曰：子大夫自有過耳，吾遇子有禮矣。遇之有禮，故羣臣自憙；厲以廉耻，故人務節行。上設廉耻禮義以遇其臣，而羣臣不以節行而報其上者，即非人類也。故化成俗定，則爲人臣者主爾忘身，國爾忘家，公爾忘私，利不苟就

害不苟去唯義所在。主上之化也。故父兄之臣。誠死宗廟。法度之臣。誠死社稷。輔翼之臣。誠死君上。守衛捍敵之臣。誠死城廓封境。故曰聖人有金城者。比物此志也。彼且爲我死。故吾得與之俱生。彼且爲我亡。故吾得與之俱存。夫將爲我危。故吾得與之皆安。顧行而忘利。守節而伏義。故可以託不御之權。可以託六尺之孤。此厲廉恥行禮義之所致也。主上何喪焉。此之不爲而顧彼之久行。故曰可爲長太息者此也。

新書卷二終

新書卷三

俗激

大臣之俗。特以簿書不報。小期會不答耳。以爲大故不可矣。天下之大指舉之而激俗流失世壞敗矣。固恬弗知怪。大故也。如刀筆之吏。務在筐箱而不知大體。陛下又弗自憂。故如此哉。夫邪俗日長。民相然席於無廉恥禮義。非循也。豈爲人子背其父。爲人臣固忠於君哉。豈爲人弟欺其兄。爲人下固信其上哉。陛下雖有權柄事業。將何所寄之。管子曰。四維。一曰禮。

二曰義。三曰廉。四曰恥。四維不張。國迺滅亡。使管子愚無識人也則可。使管子而少知治體。則是豈不可爲寒心。今世以侈靡相競。而上無制度。棄禮義。捐廉恥日甚。可謂月異而歲不同矣。逐利乎口耳。慮念非顧行也。今其甚者。則大父矣。則大母矣。踝嫗矣。刺兄矣。盜者虡採柱下之金。掇寢戶之簾。搴兩廟之器。白晝大都之中。剽吏而奪之金。矯僞者出幾拾萬石粟。賦六百餘萬錢。乘傳而行郡諸侯。此其無行義之尤至者已。其餘猖蹶而趨之者。乃豕羊驅而往。是類管子謂四維不張者與竊爲陛下惜之以臣之意吏慮不動於耳目。以爲是特適然耳夫移風易俗使天下移心而鄉道。類非俗吏之所能爲也。陛下又不自憂竊爲陛下惜之。夫立君臣等上下。使父子有禮。六親有紀。此非天所爲人之所設也。夫人之所設。弗爲立持。不植則僵不脩則壞。秦滅四維不張故臣乖而相攘上下亂賤而無差。父子六親殃僇而失其宜奸人並起萬民離畔。凡十三歲而社稷爲墟。今四維猶未備也故奸人冀幸而衆心疑惑矣。豈如今定經制令

主主臣臣。上下有差。父子六親。各得其宜。奸人無所冀幸。羣衆信上而不疑惑哉。此業一定。世世常安而後有所持循矣。若夫經制不定。是猶度江河無維楫中流而遇風波也。船必覆矣悲夫備不豫具之也可不察乎。

時變

秦國失理。天下大敗衆掩寡。知欺愚勇劫懦壯淩衰。攻擊奮者爲賢貴人善突盜者爲忻諸侯設諂而相飾設輹而相紹者爲知。天下亂至矣是以大賢起之威振海內德從天下。曩之爲秦者今轉而爲漢矣。今者何如。進取之時去矣。并兼之勢過矣。胡以孝弟循順爲。善書而爲吏耳。胡以行義禮節爲。家富而出官耳。驕耻偏而爲祭尊。黥劓者攘臂而爲政。行爲狗彘也。苟家富財足。隱机盱視而爲天子耳。唯告罪昆弟。欺突伯父。逆於父母乎。然錢財多也。衣服循也。我何妨爲。世之基公雖愛季母妻公之接女乎車馬嚴也。走犬良也。矯誣而家美。盜賊而財多。何傷。欲交吾擇貴寵者而交之。欲勢擇吏權者而使之。取婦嫁子。非

有權勢。吾不與婚姻。非貴有戚。不與兄弟。非富大家、不與出入。因何也。今俗侈靡以出相驕。出倫踰等以富過其事相競。今世貴空爵而賤良。俗靡而爭奸富民不爲奸而貧爲里母也。廉吏釋官而歸爲邑笑。居官敢行奸而富爲賢吏。家處者犯法爲利爲材士。故兄勸其弟。父勸其子。則俗之邪至於此矣。商君違禮義。棄倫理。并心於進取。行之三歲。秦俗日敗。秦人有子。家富子壯則出分。家貧子壯則出贅。假父耰鉏杖彗耳。慮有德色矣。母取瓢椀箕帚。慮立誶語。抱哺其

子與公併踞婦姑不相說則反脣而睨其慈子嗜利
而輕簡父母也念罪非有倫理也亦不同禽獸僅焉
耳然猶并心而赴時者曰功成而敗義耳蹶六國兼
天下求得矣然不知反廉耻之節仁義之厚信幷兼
之法遂進取之業凡十三歲而社稷爲墟不知守成
之數得之之術也悲夫

瑰瑋

天下有瑰政於此予民而民愈貧衣民而民愈寒使
民樂而民愈苦使民知而愈不知避縣網甚可瑰也

今有瑋術於此奪民而民益富也不衣民而民益煖
苦民而民益樂使民愈愚而民愈知不罹縣網陛下
無意少聽其數與夫雕文刻鏤周用之物繁多纖微
苦窳之器日變而起民弃完堅而務雕鏤纖巧以相
競高作之宜一日今十日不輕能成用一歲今半歲
而弊作之費日挾巧用之易弊不耕而多食農人之
食是天下之所以困窮而不足也故以末予民民大
貧以本予民民大富黼黻文繡纂組害女工且夫百
人作之不能衣一人方且萬里不輕能具天下之力

勢安得不寒世之俗侈相耀人慕其所不如悚迫於
俗願其所未至以相競高而上非有制度也今雖刑
餘鬻妾而賤衣服得過諸侯擬天子是使天下公得
冒主而夫人務侈也冒主務侈則天下寒而衣服不
足矣故以文繡衣民而民愈寒以布帛褫民民必煖
而有餘布帛之饒矣夫奇巧末技商販游食之民形
佚樂而心縣愆志苟得而行淫侈則用不足而蓄積
少矣即遇凶年必先困窮迫身則苦饑甚焉今敺民
而歸之農皆著於本則天下各食於力末技游食之

民轉而緣南畮則民安心勸業而無縣愆之心無苟
得之志行恭儉蓄積而人樂其所矣故曰苦民而民
益樂也世淫侈矣飾知巧以相詐利者爲知士敢犯
法禁昧大奸者爲識理故邪人務而日起奸詐繁而
不可止罪人積下衆多而無時已君臣相冒上下無
辨此生於無制度也今去淫侈之俗行節儉之術使
車輿有度衣服器械各有制數制數已定故君臣絕
尤而上下分明矣擅過則讓上位僭者誅故淫侈不
得生知巧詐謀無爲起奸邪盜賊自爲止則民離罪

遠矣知巧計不起所謂愚故曰使愚而民愈知不罹縣網此四者使君臣相冒上下無別天下困貧奸詐盜賊並起罪人蓄積無已者也故不可不急速救也

孽産子

民賣産子得爲之繡衣編經履偏諸緣入之閑中是古者天子后之服也后之所以廟而不以燕也而衆庶得以衣孽妾白縠之衣薄紈之裏緹以偏諸美者黼繡是古者天子之服也今貴富人大賈者喪資若兄弟嘉會召客得以被墻古者以天下奉一帝一后

而節適今貴人大賈屋壁得爲帝服賈婦優倡下賤産子得爲后飾然而天下不屈者殆未有也且主帝之身自衣皁綈而靡賈侈貴墻得被繡后以緣其領孽妾以緣其履此臣之所謂舛也且試觀事理夫百人作之不能衣一人也欲天下之無寒胡可得也一人耕之十人聚而食之欲天下之無饑胡可得也饑寒切於民之肌膚欲其無爲奸邪盜賊不可得也國已素屈矣奸邪盜賊特須時爾歲適不爲如雲而起耳若夫不爲兒室滿胡可勝撫也夫鎛此而有安上者殊未有也今也平居則無疵施不敬而素寬有故必困然而獻計者類曰無動爲大耳夫無動而可以振天下之敗者何等也曰爲大矣治可也若爲大亂豈若其小悲夫俗至不敬也至無等也至冒其上也進計者猶曰無爲可爲長太息者此也

銅布

銅布於下爲天下菑何以言之銅布於下則民鑄錢者大抵必雜石鉛鐵焉黥罪日繁此一禍也銅布於下僞錢無止錢用不信民愈相疑此二禍也銅布於

下采銅者棄其田疇家鑄者損其農事穀不爲則鄰於饑此三禍也故不禁鑄錢則錢常亂黥罪日積是陷阱也且農事不爲有罪爲菑故民鑄錢不可不禁止禁鑄錢必以死罪鑄錢者禁則錢必還重錢重則盜鑄錢者起則死罪又復積矣銅使之然也故銅布於下其禍博矣今博禍可除七福可致何謂七福上收銅勿令布下則民不鑄錢黥罪不積一銅不布下則僞錢不繁民不相疑二銅不布下不得采銅不得鑄錢則民反耕田矣三銅不布下畢歸於上上挾銅

積以御輕重錢輕則以術斂之錢重則以術散之則錢必治矣四挾銅之積以鑄兵器以假貴臣小大多少各有制度以別貴賤以差上下則等級明矣五挾銅之積以臨萬貨以調盈虛以收奇羨則官必富而末民困矣六挾銅之積制吾弃財以與匈奴逐爭其民則敵必壞矣此謂之七福故善爲天下者因禍而爲福轉敗而爲功今顧退七福而行博禍可爲長太息者此其一也

壹通

所謂建武關函谷臨晉關者大抵爲備山東諸侯也天子之制在陛下今大諸侯多其力因建關而備之若秦時之備六國也豈若定地勢使無可備之患因行兼愛無私之道罷關一通而下無以區區獨有關中者所謂禁游宦諸侯及無得出馬關者豈不曰諸侯得衆則權益重其國衆車騎則力益多故明爲之法無資諸侯於臣之計疏山東孽諸侯不令似一家者其精於此矣豈若一定地制令諸侯之民人騎二馬不足以爲患益以萬夫不足以爲害令不定大興數起禁不服人心害兼覆之義不便天子都長安而以淮南東南邊爲奉地彌道數千不輕致輸郡或乃越諸侯而有免侯之地於遠方調均發徵又且必同大國包小國而爲境小國闕大國而爲都小大駮躒遠近無衰天子諸侯封畔之經至無狀也以藩國資彊敵以列侯餌篡夫至不得也陛下奈何久不正此

屬遠

古者天子地方千里中之而爲都輸將繇使其遠者不在五百里而至公侯地百里中之而爲都輸將繇

使其遠者不在五十里而至輸將者不苦其勞繇使者不傷其費故遠方人安其居士民皆有驩樂其土此天下之所以能長久也及秦而不然秦不能分尺寸之地欲盡自有之耳輸將起上海而來一錢之賦數十錢之費不輕能致也上之所得者甚少而民毒苦之甚深故陳勝一動而天下不振今漢越兩諸侯之中分而乃以廬江爲之奉地雖秦之遠邊過此不遠矣今此不輸將不奉王非奉地義也尚安用此而久縣其心哉若令此如奉地之義是復秦之迹也竊

以爲不便夫淮南窳民貧鄉也繇使長安者自悉以補行中道衣行勝已羸弊矣彊提荷弊衣而至慮非假貸自詣非有以所聞也履蹻不數易不足以至錢用之費稱此苦甚竊以所聞縣令丞相歸休者慮非甚彊也不見得從者夫行數千里絕諸侯之地而縣屬漢其勢終不可久漢往者家號泣而送之其來繇使者家號泣而遣之俱不相欲也甚苦屬漢而欲王類至甚也逋逃而歸諸侯者類不少矣陛下不之蚤定毋以資奸人

親疏危亂

陛下有所不爲矣臣將不敢不畢陳事制假設令天下如曩時也淮陰侯尚王楚黥布王淮南彭越王梁韓信王韓張敖王趙貫高爲相盧綰王燕陳豨在代令六七諸公皆無恙案其國而居當是時陛下即天子之位試能自安乎哉臣有以知陛下之不能也天下殽亂高皇帝與諸侯併肩而起非有側室之勢以豫席之也諸侯幸者乃得爲中涓其次僅得爲舍人高皇帝南面稱帝諸公皆爲臣材之不逮至遠也高皇帝五年即天子之位割膏腴之地以王有功之臣多者百餘城少者乃三四十縣德至渥也然其後十年之間反者九起幾危天下者六七陛下之與諸公也非親角材而臣之也又非身親封王之也自高皇帝不能以是一歲爲安陛下獨安能以是自安也然尚有可諉者曰疏臣請試言其親者假令齊悼惠王王齊元王王楚中山王王趙幽王王淮陽共王王梁靈王王燕厲王王淮南六七貴人皆無恙各案其國而居當是時陛下即天子之位能爲治乎臣又竊

知陛下之不能也諸侯王雖名爲人臣實皆有布衣昆弟之心慮無不帝制而天子自爲者擅爵人赦死罪甚者或戴黃屋漢法非立漢令非行也雖離道如淮南王者令之安肯聽召之焉可致幸而至法安可得加動一親戚天下環視而起天下安可得制也陛下之臣雖有悍如馮敬者適啓其口匕首已陷於胸矣陛下雖賢誰與領諸侯此所謂親也者故疏必危親必亂陛下之因今以爲治安奈何知其必且危亂也然且吟齘而堅控守之爲何如制以縲相懸臣能

令知亂如今利百金

憂民

王者之法民三年耕而餘一年之食九年而餘三年之食三十歲而民有十年之蓄故禹水八年湯旱七年甚也野無青草而民無饑色道無乞人歲復之後猶禁陳耕古之爲天下誠有具也王者之法國無九年之蓄謂之不足無六年之蓄謂之急無三年之蓄曰國非其國也今漢興三十年矣而天下愈屈食至寡也陛下不省邪未獲耳富人不貸貧民且饑天時

不收請賣宅鬻子既或聞耳曩頃不雨令人寒心一雨爾慮若更生天下無蓄若此甚極也其在王法謂之何必須困至乃慮窮至乃圖不亦晚乎竊伏念之愈使人悲然則所謂國無人者何謂也有天下而欲其安者豈欺陛下者哉上弗自憂將以誰偷五歲小康十歲一凶三十歲而一大康蓋曰大數自人人相食至於今若千年矣即不幸有方二三千里之旱天下何以相救卒然邊境有數十萬衆聚天下將何以餽之矣兵旱相承民填溝壑剽盜攻擊者興繼而起

中國失救外敵必駭一日而及此之必然且用事之人未必此省爲人上弗自省憂然事困乃驚而督下曰此天也可奈何事既無如憂之何及方今始秋時可善爲陛下少間可使臣從丞相御史計之臣議詔所自用秩二千石上雖幸使誼計勿厚疏殆無傷也有時矣

解縣

天下之勢方倒縣竊願陛下省之也凡天子者天下之首也何也上也蠻夷者天下之足也何也下也蠻

夷徵令是主上之操也天子共貢是臣下之禮也足反居上首顧居下是倒縣之勢也天下倒縣莫之能解猶謂國有人乎非特倒縣而已也又類躄且病痱夫躄者一面病痱者一方痛今西爲上流東爲下流故隴西爲上東海爲下則北境之倒也西郡北郡雖有長爵不輕得復五尺已上不輕得息苦甚矣中地左戍延行數千里糧食餽饟至難矣斥候者望烽燧而不敢卧將吏戍者或介胄而睡而匈奴欺侮侵掠未知息時於焉信威廣德甚難臣故曰一方病矣醫

能治之而上弗肯使也。天下倒縣甚苦矣。竊爲陛下惜之。進諫者類以爲是固不可解也。無具甚矣。陛下肯幸聽臣之計。請陛下舉中國之禍而從之匈奴。中國乘其歲而富彊。匈奴伏其辜而殘亡。係單于之頸而制其命。伏中行說而笞其背。舉匈奴之衆唯上之令。殺之乎生之乎。次也。陛下威嚴大信。德義廣遠。據天下而必固。稱高號誠所宜。俛視中國。遠望四夷。莫不如志矣。然後退齋三日以報高廟。令天下無愚智男女皆曰皇帝果大聖也。胡恐以陛下之明承天下

之資。而久爲戎人欺傲若此。可謂國無人矣。

威不信

古之正義。東西南北。苟舟車之所達。人迹之所至。莫不率服。而後云天子。德厚焉。澤湛焉。而後稱帝。又加美焉。而後稱皇。今稱號甚美。而實不出長城。彼非特不服也。又大不敬。邊長不寧。中長不靜。譬如伏虎。見便必動。將何時已。昔高帝起布衣而服九州。今陛下杖九州而不行於匈奴。竊爲陛下不足。且事有甚逆者焉。其義尤要。天子者天下之首也。何也。上也。蠻夷者天下之足也。何也。下也。蠻夷徵令。是主上之操也。天下共貢。是臣下之禮也。足反居上。首顧居下。是倒植之勢也。天子之勢倒矣。莫之能理。猶爲國有人乎。德可遠施。威可遠加。舟車所至。可使如志。而特搦然數百里而威令不信。可爲流涕者此也。

新書卷三終

新書卷四

匈奴

竊料匈奴控弦大率六萬騎。五口而出介卒一人。五六三十此即戶口三十萬耳。未及漢千石大縣也。而敢歲言侵盜。屢欲亢禮。妨害帝義。甚非道也。陛下何不使能者一試理此。將爲陛下以耀蟬之術振之。爲此立一官置一吏以主匈奴。誠能此者雖以千石居之可也。陛下肯聽其事計。設令中國日治。匈奴日危。大國大富。匈奴適亡。咤犬馬行。理勢然也。將必以匈

奴之衆。爲漢臣民制之。令千家而爲一國。列處之塞外。自隴西延安至遼東。各有分地以衛邊。使備月氏灌窳之變。皆屬之。其置郡然後罷戎休邊。民天下之兵。帝之威德內行。外信。四荒悅服。則愚臣之志快矣。不然。帝威不遂。心與嘿嘿。竊聞匈奴當今遂羸。此其示武昧利之時也。而建隆義渠東胡諸國。又頗來降。以臣之愚。匈奴動疑。將一材而出奇。厚贄以責漢。不大興不已。旁午走急數十萬之衆。積於此方。天下安得食而饋之。臨事而重困。則難爲工矣。陛下何不蚤

圖建國者曰。匈奴不敬。辭言不順。負其衆庶。時爲寇盜。撓邊境。擾中國。數行不義。爲我狡猾。爲此奈何。對曰。臣聞強國戰智。王者戰義。帝者戰德。故湯祝網而漢陰降。舜舞干羽而三苗服。今漢帝中國也。宜以厚德懷服四夷。舉明義。將示遠方。則舟車之所至。人迹之所及。莫不爲畜。又且孰敢紛然不承帝意。陛下爲臣建三表。設五餌。以此與單于爭其民。則下匈奴猶振槁也。夫無道之人。何宜敢捍此其久。陛下肯幸用臣之計。臣且以事勢諭天子之言。德匈奴大衆之信

陛下也。爲通言耳。必行而弗易。夢中許人。覺且不背其信。陛下已諾。若日出之灼灼。故聞君一言。雖有微遠。其志不疑。仇讎之人。其心不殆。若此則信諭矣。所孤莫不行矣。一表。臣又且以事勢諭陛下之愛。令匈奴之自視也。苟胡面而戎狀者。其自以爲見愛於天子也。猶若子之遻慈母也。若此則愛諭矣。此謂一表。臣又且諭陛下之好。令胡之自視也。苟其技之所長與其所工。一可以當天子之意。若此則好諭矣。此謂二表。愛人之狀。好人之技。仁道信爲大操。帝義也。愛

好有實已諾可期十死一生彼必將至此謂三表凡賞於國者不可以均賞均則國窮而尚薄不足以動人故善賞者踔之駮轢之從而時厚之令視之足見也誦之足語也乃可傾一國之心陛下幸聽臣之計則臣有餘財匈奴之來者家長已上固必衣繡家少者必衣文錦將爲銀車五乘大雕畫之駕四馬載綠蓋從數騎御驂乘且雖單于之出入也不輕都此矣令匈奴降者時時得此而賜之耳一國聞之者見之者希心而相告人冀幸以爲吾至亦可此得此將以

壞其目一餌匈奴之使至者若大降者也大衆之所聚也上必有所召賜食焉飯物故四五盛美胾膹炙肉且醢醢方數尺於前令一人坐此胡人欲觀者固百數在旁得賜者之喜也且笑且飯味皆所嗜而所未嘗得也令來者時時得此而饗之耳一國聞之者見之者垂涎而相告人徐悼其所自以吾至亦將得此將以此壞其口一餌降者之傑也若使者至也上必使人有所召客焉令得召其知識胡人之欲觀者勿禁令婦人傅白墨黑繡衣而侍其堂者二三十人或薄或揜爲其胡戲以相飯上使樂府幸假之倂樂吹簫鼓鞀倒挈面者更進舞者蹁者時作少間擊鼓舞其偶人莫時乃爲戎樂攜手胥彊上客之後婦人先後扶侍之者固十餘人使降者時或得此而樂之耳一國聞之者見之者希盱相告人人忣忣唯恐其後來至也將以此壞其耳一餌凡降者陛下之所召幸若所以約致也陛下必有時有所富必令此有高堂邃宇善厨處大囷京廐有編馬庫有陣車奴婢諸嬰兒畜生具令此時大具召胡客饗胡使上幸令官

助之具假之樂令此其居處樂虞囷令之畜皆過其故王慮出其單于或時時賜此而爲家耳匈奴一國傾心而冀人人忣忣惟恐其後來至也將以此壞其腹一餌於來降者上必時時而有所召幸拊循而後得入官夫胡大人難親也若上於故嬰兒召貴人子好可愛者上必召幸大數十人爲此繡衣好閒且出則從居則更侍上卽饗胡人也大觳抵也客胡使也功士武士固近侍傍胡嬰兒得近侍側故貴人更進得佐酒前上乃幸自御此薄使付酒錢時人偶人爲

間則出繡衣具帶服賓餘時以賜之。上即幸拊胡嬰
兒擣遒之、戲弄之、乃授炙幸自啗之、出好衣閑且自
爲贛之。上起胡嬰兒或前或後。胡貴人既得奉酒出
則服衣佩綬貴人而立於胡。令數人得此而居耳。一
國聞者見者希盱而欲、人人忣忣惟恐其後來至也。
將以此壞其心。一餌、故牽其目、牽其耳。牽其口、牽其
腹、四者已牽、又引其心、安得不來。下胡抑抎也、此謂
五餌。若夫大變之應、大約以權決塞、因宜而行、不可
務形、尊翁至重、相室多其長吏、衆門大夫皆謀士也。

必足之財、且用吾人、且用其尊、觀其限、窺其謀、中外
符節適構拘也。夫或人且安得久捍若此。故三表已
諭、五餌既明、則匈奴之中乖而相疑矣。使單于寢不
聊寐、食不甘口、揮劍挾弓而蹲穹廬之間、左視右視
以爲盡仇也。彼其羣臣雖欲毋走、若虎在後、衆欲無
來、恐或斬之。此謂勢然。其貴人之見單于猶迕虎狼
也、其南面而歸漢也、猶弱子之慕慈母也。其衆之見
將吏猶噩迕仇讐也、南鄉而欲走漢、猶水流下也。將
至單于無臣之使、無民之守、夫惡得不係頸頓顙請

歸陛下之義哉。此謂戰德。彼匈奴見器且引衆而遠
去。連此有數、夫關市者、固匈奴所犯滑而探求也。願
上遣使厚與之和、已不以許之大市、使者反、因於要
險之所多爲鑿開、衆而延之、關吏卒使足以自守。大
每一關、屠沽者、賣飯食者、美臛炙膹者、每物各一二
百人、則胡人著於長城下矣。是王將彊北之必攻其
王矣。以匈奴之饑、飯羹啗膹喗潍多飲酒、此則亡
竭可立待也。賜大而愈饑、多財而愈困、漢者所希心
而慕也。則匈奴貴人以其千人至者顯其二三、以其

萬人至者、顯其十餘人。夫顯榮者招民之機也。故遠
期五歲、近期二年之內、匈奴亡矣。此謂德甚。或曰建
三表、明五餌、盛資翁主、禽敵國而后止、費至多也、惡
得財用而足之。對曰、請無敢費御府銖金尺帛、然而
臣有餘資。問曰、何以。對曰、國有二族、方亂天下、甚於
匈奴之爲邊患也。使上下踈躇、逆天下窾貧盜賊罪
人蓄積無已、此二族爲祟也。上去二族、弗使亂國、天
下治富矣。臣賜二族、使祟匈奴、過足言者。或曰天子
不悚人民宪之、曰苟或非天子民、尚豈天子也。詩曰、

普天之下莫非王土率土之濱莫非王臣王者於天下苟舟車之所至人迹之所及雖蠻夷戎狄孰非天子之所作也而慉渠頗率天子之民以不聽天子則慉渠大罪也今天子自爲懷其民天子之理也豈有怵人之民哉

勢卑

匈奴侵甚侮甚遇天子至不敬也爲天下患至無已也以漢而歲致金絮繒綵楚入貢職於蠻夷也顧爲戎人爲諸侯也執既卑辱而禍且不息長此何窮陛

下胡恐以帝皇之號特居此實竊料匈奴之衆不過漢一千石大縣以天下之大而困於一縣之小甚竊爲執事羞之陛下有意胡不使臣一試理此夫胡人於古小諸侯之所鉏權而服也奚宜敢悍若此以臣爲屬國之官以主匈奴因幸行臣之計半歲之內休屠飯失其口矣少假之間休屠繫頸以草膝行頓顙請歸陛下之義唯上財幸而後復羅履屬國之官臣賜歸伏田廬不復游末廷則忠臣之志快矣今不獵猛敵而獵田彘不搏反寇而搏畜兎所獵得毋小所搏得毋急乎繁細是虞不圖大患非所以爲安

淮難

一竊恐陛下接王淮南諸子曾不與如臣者熟計之也淮南王來入赴下乘之君陛下爲稽顙謝罪皇太后之前淮南王曾不譙讓敷留之罪無加身者舍人橫制等室之門陛下追而赦之吏曾不省捕王入於天子國橫行不辜而無譴乃賜美人多載黃金而歸侯邑之在其國者畢從之佗所陛下於淮南王不可謂薄矣然而淮南王天子之法咫蹂促而費用也皇

帝之令咫批傾而不行天下孰不知天子選功臣有職者以爲之相吏王僅不踏蹴而逐耳無不稱病而走者天下孰弗知日接持怨言以誹謗陛下之爲皇太后之餽賜逆拒而不受天子使者奉詔而弗得見僵卧以發書天下孰不知聚罪人奇狡少年通機奇之徒啓章之等而謀爲東帝天下孰弗知淮南王罪已明陛下赦其死罪解之金道以爲之神其人自病死陛下何負天下大指孰以王之死爲不當陛下無負也如是則淮南王罪人之身也淮南子罪人之子

也奉尊罪人之子適足以負謗於天下耳無解細於前事且世人不以肉爲心則已若以肉爲心人之可知也今淮南子少壯聞父辱狀是立咫焉泣沾衿卧咫泣交項腸至腰肘如繆維耳豈能須臾忘哉是而不知是非人也陛下治天下之命而淮南王至如此極其子舍陛下而更安所歸其怨爾特曰執未便事未發含亂而不敢言若誠其心豈忘陛下哉白公勝所爲父報仇者報大父與諸伯父叔也令尹子西司馬子綦皆親其父也無不盡傷昔者白公之爲亂也

非欲取國代七也爲發憤快志爾故欲七首以衝仇人之匈固爲要俱靡而已耳固非冀生也今淮南王雖小黥布嘗用之耳漢存特幸耳夫擅仇人足以危漢之資於策安便雖割而爲四四子一心未異也豫讓爲智伯報趙襄子五起而不取者無他資力少也子胥之報楚也有吳之衆也白公成亂也有白公之衆也闔閭富故然使鱄諸刺吳王僚燕太子丹富故然使荆軻殺秦王政今陛下將尊不德之人與之衆積之財此非有白公子胥之報於廣都之中者即疑有鱄諸荆軻起於兩柱之間其策安便哉此所謂假賊兵爲虎翼者也願陛下留意計之

無蓄

禹有十年之蓄故免九年之水湯有十年之積故勝七歲之旱夫蓄積者天下之大命也苟粟多而財有餘何嚮而不濟以攻則取以守則固以戰則勝懷柔附遠何招而不至管子曰倉廩實而知禮節衣食足而知榮辱民非足也而可治之者自古及今未之嘗聞古人曰一夫不耕或爲之饑一婦不織或爲之寒

生之有時而用之無節則物力必屈古之爲天下者至悉也故其蓄積足恃今背本而趨末食者甚衆是天下之大殘也從生之害者甚盛是天下之大賊也汰流淫佚侈靡之俗日以長是天下之大祟也殘賊公行莫之或止大命泛敗泛方勇反覆也莫之振救何計者也事情安所取生之者甚少而靡之者甚衆天下之執何以不危漢之爲漢幾四十歲矣公私之積猶可哀痛也故失時不雨民且狼顧矣歲惡不入請賣爵鬻子既或聞耳矣安有爲天下阽危若此而上不驚

者世未之有饑荒天下之常也。禹湯被之矣。即不幸有方二三千里之旱。國何以相恤。卒然邊境有急。數十百萬之聚。衆國何以餽之矣。兵旱相乘。天下大屈。勇力者聚徒而橫擊。罷夫羸老易子孫而齩其骨。故法未畢通也。遠方之能者並舉而爭起矣。爲人上者乃試而圖之。豈將有及乎。可以爲富安天下而直以爲此廩廩也。竊爲陛下惜之。王制曰。國無九年之蓄。謂之不足。無六年之蓄。謂之急。無三年之蓄。國非其國也。其王制若此之迫。陛下奈何不促使計。所以爲此可以流溺者又是也。

鑄錢

廼者竊聞吏復鑄錢者。民人抵罪。多者一縣百數。少者十數家。屬知識及吏之所疑。繫因榜笞及犇走者類甚不少。僕未知得驗。然其刑必然抵禍罪者固乃始耳。此無息時事甚不少。於上大不便。願陛下幸無忽。法使天下公得顧租鑄錢。鑄錢之情非殽鉛鐵及錫雜銅也。不可得贏。而殽之甚微。又易爲。無異鹽羹之易。而其利甚厚。張法雖公鑄。舍賜而鑄者情必奸僞也。名曰顧租公鑄法也。而實皆黥罪也。有法若此。上將何賴焉。夫事有召禍而法有起奸。今令細民操造幣之勢。各隱屏其家而公鑄作。因欲禁其厚利微奸。雖黥罪日報。其勢不止。此理然也。夫日著以請之。則吏隨而揜之。爲民設阱。孰積於是。上弗蚤圖之。民勢且盡矣。曩禁鑄錢死罪積下。今公鑄錢黥罪積下。雖少異乎。未甚也。民方陷溺。上弗具救乎。且世民用錢縣異而郡不同。或用輕錢。百加若干。輕小異行。或用重錢平稱。不受法錢。不立將使天下操權族而吏

急一之乎。則大煩苛而民弗任。且力不能而勢不可施。縱而弗苛乎。則郡縣異而市肆不同。小大異用錢文大亂。夫苟非其術。則何鄉而可哉。夫農事不爲而采銅日煩。釋其耒耨。冶鎔鑪炭。奸錢日煩。正錢日亡。善人怵而爲奸邪。愿民陷而之刑僇。黥罪繁積。吏民且日鬭矣。少益於今。將甚不祥。奈何而忽。國知患此。吏議必曰禁之。禁之不得其術。其傷必大。何以圖之。令禁鑄錢。錢必還重。四錢之衆必還二錢耳。重則盜鑄錢如雲而起。則弃市之罪又不足以禁矣。姦不勝

而禁法數潰雜言已大事也久亂而數兆蚤振恐不
稱陛下之明凡治不得應天地星辰有動非小故也
或累王德陛下不可以怠方今始倈望可善圖也

新書卷四終

新書卷五

傅職

或稱春秋而爲之聳善而抑惡以革勸其心教之禮
使知上下之則宜或爲之稱詩而廣道顯德以馴明
其志教之樂以疏其穢而填其浮氣教之語使明於
上世而知先王之務明德於民也教之故志使知廢
興者而戒懼焉教之任術使能紀萬官之職任而知
治化之儀教之訓典使知族類疏戚而隱比馴焉此
所謂學太子以聖人之德者也或明惠施以道之忠

明長短以道之信明度量以道之義明等級以道之
禮明恭儉以道之孝明敬戒以道之事明慈愛以道
之仁明僩雅以道之文明除害以道之武明精直以
道之罰明正德以道之賞明齊肅以道之教此所謂
教太子也左右前後莫非賢人以輔相之威儀以先
後之攝體貌以左右之制義行以宜翼之章恭敬以
監行之勤勞以勸之孝順以內之敦篤以固之忠信
以發之德言以揚之此所謂順者也此傅人之道也
非賢者不能行天子不諭於先聖王之德不知君國

畜民之道。不見義禮之正。丕不博古之典傳。不閑於威儀之數。詩其予學業之不法。凡此其屬太師之任也。職之、天子不姻於親戚。不惠於庶民。無忠於刑獄。無經於百官。不哀於喪。不敬戎事。不信於諸侯。不誠於賞罰。不厚於賜予侈於左右近臣。吝愛於疏遠卑賤。欲大行大禮大義大道不從太師之教。傅之任也。古者魯周公職之。天子處位敬。教誨諷誦詩書禮樂之不經不法。不音聲不中律。將學趨讓進退節度不以無容。視瞻俯仰周旋無節。妄咳唾。數顧不比順。隱琴瑟。凡此其屬太保之任公職之。天子燕辟廢其學。左右之習詭。諸侯遇賓大人不知文雅之辭。答左右諾之適。簡聞小誦之不博不習。凡此甚也。古者史佚職之。天子居處出入不以不以制御器在側不以度。雜綵從美忝喜不以義

賦與譙讒不以節。小行小禮小義小道。凡此其屬少傅之任也。天子居處燕私。安所易樂而湛。夜漏屏人而數飲酒而醉。食肉而飽。飽而彊。饑而惏。暑而暍。寒而嗽。寢而莫宥。坐而莫侍。行而莫先莫後。尚自為開戶。自取玩好。自執器。無函領還而御器之不舉不藏。拆毀喪傷。凡此其屬少保之任也。干戚戈羽之舞。管籥琴瑟之會。號呼謌謠聲音不中律。燕樂雅誦頌樂序。凡此其屬詔工之任也。不知日月之不時節。不知先王之諱與國之大忌。不知風雨雷電之眚。凡此

其屬太史之任也。

保傅

殷為天子。三十餘世而周受之。周為天子。三十餘世而秦受之。秦為天子。二世而亡。人性非甚相遠也。何殷周之君有道之長。而秦無道之暴也。有故可知也。古之王者。太子初生。固舉以禮。使士負之。有司齊肅端冕見之南郊。見于天也。過闕則下。過廟則趨。孝子之道也。故自為赤子時教固已行矣。昔者周成王幼在襁褓之中。召公為太保。周公為太傅。太公為太師。

保保其身體傅傅之德義師道之教訓此三公之職
也於是爲置三少皆上大夫也曰少保少傅少師是
與太子燕居者也故孩提有識三公三少固明孝仁
禮義以道習之逐去邪人不使見惡行於是皆選天
下之端士孝弟博聞有道術者以衛翼之使與太子
居處出入故太子初生而見正事聞正言行正道左
右前後皆正人也習與正人居之不能毋正也猶生
長於齊之不能不齊言也習與不正人居之不能毋
不正猶生長於楚之不能不楚言也故擇其所嗜必

先受業乃得嘗之擇其所樂必先有習乃得爲之孔
子曰少成若天性習慣如自然是殷周之所以長有
道也及太子少長知好色則入于學學者所學之官
也學禮曰帝入東學上親而貴仁則親疏有序而恩
相及矣帝入南學上齒而貴信則長幼有差而民不
誣矣帝入西學上賢而貴德則賢智在位而功不遺
矣帝入北學上貴而尊爵則貴賤有等而下不踰矣
帝入太學承師問道退習而考於太傅太傅罰其不
則而匡其不及則德智長而理道得矣此五學者既

成於上則百姓黎民化輯於下矣學成治就是殷周
所以長有道也及太子既冠成人免於保傅之嚴則
有司過之史有徹膳之宰天子有過史必書之史之
義不得書過則死而宰收其膳宰之義不得收膳則
死於是有進善之旌有誹謗之木有敢諫之鼓瞽史
誦詩工誦箴諫大夫進謀士傳民語習與智長故切
而不愧化與心成故中道若性是殷周之所以長有
道也三代之禮天子春朝朝日秋暮夕月所以明有
敬也春秋入學坐國老執醬而親饋之所以明有孝

也行以鸞和步中采齊趨中肆夏所以明有度也其
於禽獸見其生不忍見其死聞其聲不忍食其肉故
遠庖廚所以長恩且明有仁也食以禮徹以樂失度
則史書之工誦之三公進而讀之宰夫減其膳是天
子不得爲非也明堂之位曰篤仁而好學多聞而道
慎天子疑則問應而不窮者謂之道道者導天子以
道者也常立於前是周公也誠立而敢斷輔善而相
義者謂之充（一本作輔）充者充天子之志也常立於左是
太公也絜廉而切直匡過而諫邪者謂之拂拂者拂

天子之過者也。常立於右。是召公也。博聞而強記。捷給而善對者。謂之承。承者承天子之遺忘者也。常立於後。是史佚也。故成王中立而聽朝。則四聖維之。是以慮無失計。而舉無過事。殷周之所以長久者。以其輔翼天子有此具也。及秦而不然。其俗固非貴辭讓也。所尚者告訐也。固非貴禮義也。所尚者刑罰也。故趙高傅胡亥而教之獄。所習者非斬劓人。則夷人之三族也。故今日即位而明日射人。忠諫者謂之誹謗。深為之計者謂之妖言。其視殺人若艾草菅然。豈胡亥之性惡哉。彼其所以習道之者非其理故也。鄙諺曰。不習為吏。而視已事。又曰。前車覆而後車戒。夫殷周之所以長久者。其已事可知也。然而不能從者。是不法聖智也。秦世之所以亟絕者。其轍迹可見也。然而不避。是後車又將覆也。夫存亡之變。治亂之機。其要在是矣。天下之命縣於太子。太子之善在於蚤諭教與選左右。夫心未濫而先諭教。則化易成也。夫開於道術知義理之指。則教之功也。若其服習積貫。則左右而已矣。夫胡越之人。生而同聲。嗜慾不異。及其

長而成俗也。累數譯而不能相通。行者有雖死而不相為者。則教習然也。臣故曰。選左右蚤諭教最急。夫教得而左右正。則太子正矣。太子正而天下定矣。書曰。一人有慶。兆民賴之。此時務也。

連語

紂。聖天子之後也。有天下而宜然。苟背道棄義。釋敬慎而行驕肆。則天下之人其離之若崩。其背之也。而不約而若期。夫為人主者。誠奈何而不慎哉。紂將與武王戰。紂陳其卒。左臆右臆。鼓之不進。皆還其刃。顧以鄉紂也。紂走還於寢廟之上。身鬭而死。左右弗肯助也。紂之官位與紂之軀棄之王門之外。民之觀者皆進蹴之。蹈其腹。蹷其腎。踐其肺。履其肝。周武王乃使人帷而守之。民之觀者搴帷而入。提石之者猶未肯止。可悲也。夫孰為民主。直與民為仇。殃忿若此。夫民尚踐盤其軀。而況有其民政教乎。嗟甚。臣竊聞之曰。善不可謂小而無益。不善不可謂小而無傷。夫牛之為胎也。細若鼷鼠。紂損天下自象箸始。故小惡大惡一類也。過敗雖小。皆紂之罪也。周諺曰。前車覆而

後車戒。今前車已覆矣。而後車不知戒。不可不察也。梁嘗有疑獄。半以爲當罪。半以爲不當罪。雖梁王亦疑。梁王曰、陶之朱叟以布衣而富侔國。是必有奇智。乃召朱公而問之曰。梁有疑獄。吏半以爲當罪。半以爲不當罪。雖寡人亦疑。爲吾決是奈何。朱公曰、臣鄙人也。不知當獄。然臣家有二白璧。其色相如也。其徑相如也。其澤相如也。然其價也。一者千金。一者五百金。王曰、徑與色澤皆相如也。一者千金。一者五百金。何也。朱公曰、側而視之。其一者厚倍之。是以千金。王曰善、故獄疑則從去。賞疑則從予。梁國大說、以臣竊觀之。墻薄則亟壞。繒薄則亟裂。器薄則亟毀。酒薄則亟酸。夫薄而可以曠日持久者。殆未有也。故有國畜民施政教者。臣竊以爲厚之而可耳。抑臣又竊聞之曰。有上主者。有中主者。有下主者。上主者可引而上。不可引而下。下主者可以引而下。不可引而上。中主者可以引而上。可以引而下。故上主者堯舜是也。夏禹契后稷與之爲善則行。鯀讙兜欲引而爲惡則誅。故可與爲善而不可與爲惡。下主者桀紂是也。隰

侯惡來進與爲惡則行。比干龍逢欲引而爲善則誅。故可與爲惡而不可與爲善。所謂中主者、齊桓公是也。得管仲隰朋則九合諸侯。豎貂易牙則餓死胡宮。蟲流而不得葬。故材性乃上主也。賢人必合。而不肖人必離。國家必治。無可憂者也。若材性下主也。邪人必合。賢正必遠。坐而須亡耳。又不可勝憂矣。故其可憂者唯中主爾。又似練絲。染之藍則青。染之緇則黑。無善佐則亡。此其不可不憂者耳。詩曰、芃芃棫樸、薪之槱之、濟濟辟王、左右趨之。此言左右日以善趨也。故臣竊以爲諫左右急也。

輔佐

大相、上承大義而啓治道。總百官之要。以調天之宜。正身行。廣教化。脩禮樂以美風俗。兼領而和一之。以合治安。故天下失宜。國家不治。則大相之任也。上執政職。大拂秉義立誠以翼上志。直議正辭以持上行。批天下之患。匡諸侯之過。令或繆而不通。臣或詻而不義。大拂之任也。中執政職。大輔聞善則以獻。知善則以獻。明號令。正法則。領度量。論賢良。次官職。以時

巡循使百吏敬率其業故經義不褻賢不肖失序大
輔之任也下執事職道行典知變化以爲規是非明
利官。掌僕及輿馬之度羽旄旌旗之制步驟徐疾之
節。春夏秋冬。馬之倫色。居車之容。登降之禮。見規宜
諭見過則調。故職不率義則道行之任也。調訊典博
聞以掌騶乘領時從比賢能天子出則爲重右坐立
則爲位承聖帝之德音民之道禮義之正應事之理。
則職以箴刑獄之衆賞罰之誠已諾之信。百官之經
發祭之共戎事之誠身行之彊則職以諫過大臣之

敬遇小臣之惠。坐立之端言默之序。音聲之適揖讓
之容。俯仰之節。立事之色。則職以証。出入不從禮。衣
服不從制。御器不以度。迎送非其章。忿說忘其義。取
予失其節。安易而樂湛。則職以諫。故善不徹過不聞
侍從不諫則調訊之任也。典方。典容儀以掌諸侯遠
方之君。謀之班爵列位執任之約。朝覲宗遇會同享
聘貢職之數。辨其民人之衆寡。政之治亂。率意道順
辟淫犯禁之差。第天子巡狩則先循于其方。故或有
功德而弗舉。或有淫辟犯禁而不知。典方之任也。奉

常典天以掌宗廟社稷之祭祀天神地祇人鬼凡山
川四望國之諸祭吉凶妖祥占相之事序禮樂喪紀
國之禮儀。畢居其宜。以識宗室。觀民風俗審詩商命
禁邪言息淫聲。於四時之交。有事於南郊。以報祁天
明故歷天時不得。事鬼神不序。經禮儀人倫不正。奉
常之任也。桃師典春以掌國之衆庶四民之序以禮
義倫理教訓人民方春三月。緩施生遂動作百物是
時有事于皇考祖考 有脫文

問孝 闕

新書卷六

禮

昔周文王使太公望傅太子發，嗜鮑魚，而太公弗與，曰：禮，鮑魚不登於俎，豈有非禮而可以養太子哉。尋常之室無奧剸（恐當作阼）之位，則父子不別；六尺之輿無左右之義，則君臣不明。尋常之室，六尺之輿，處無禮，即上下踳逆，父子悖亂，而況其大者乎。道德仁義，非禮不成；教訓正俗，非禮不備；分爭辨訟，非禮不決；君臣上下父子兄弟，非禮不定；宦學事師，非禮不親；班

朝治軍，蒞官行法，非禮威嚴不行；禱祠祭祀，供給鬼神，非禮不誠不莊。是以君子恭敬撙節退讓以明禮。禮者所以固國家定社稷使君無失其民者也。主臣，禮之正也；威德在君，禮之分也；尊卑大小強弱有位，禮之數也。禮，天子愛天下，諸侯愛境內，大夫愛官屬，士庶各愛其家，失愛不仁，過愛不義。禮者所以守尊卑之經、強弱之稱者也。禮，天子適諸侯之宮，諸侯不敢自阼階。阼階者，主之階也。天子適諸侯，諸侯不敢有宮，不敢為主人，禮也。君仁臣忠，父慈子孝，兄愛弟敬，夫和妻柔，姑慈婦聽，禮之至也。君仁則不厲，臣忠則不二，父慈則教，子孝則協，兄愛則友，弟敬則順，夫和則義，妻柔則正，姑慈則從，婦聽則婉，禮之質也。禮者，臣下所以承其上也。故詩云：一發五豝，吁嗟乎騶虞。騶者，天子之囿也；虞者，囿之司獸者也。天子佐輿十乘，以明貴也；二牲而食，以優飽也。虞人翼五豝以待一發，所以復中也。人臣於是所尊敬，不敢以節待，敬之至也。甚尊其主，敬慎其所掌職，而志厚盡矣。作此詩者，以其事深見良臣順下之志也。者可以義矣，故其

歎之也長，曰：吁嗟乎，雖古之善為人臣者，亦若此而已。禮者所以節義而沒不還，故饗飲之禮，先爵於卑賤而后貴者始，羞殽膳下浹而樂人始奏，觴不下徧，君不嘗羞，殽不下浹，上不舉樂。故禮者所以恤下也。由余曰：乾肉不腐，則左右親；苞苴時有，筐篚時至，則羣臣附；官無蔚藏，腌陳時發，則戴其上。詩曰：投我以木瓜，報之以瓊琚，匪報也，永以為好也。上少投之，則下以軀償矣，弗敢謂報，願長以為好。古之蓄其下者，其施報如此。國無九年之蓄，謂之不足；無六年之蓄

調之急無三年之蓄國非其國也民三年耕必餘一年之食九年而餘三年之食三十歲相通而餘十年之積雖有凶旱水溢民無饑饉然後天子備味而食日舉以樂諸侯食珍不失鐘鼓之縣可使樂也者上下同之故禮國有饑人人主不飧國有凍人人主不裘報囚之日人主不舉樂歲凶穀不登臺扉榭徹于候馬不食穀馳道不除食減膳饗祭有闕故禮者自行之義養民之道也受計之禮主所親拜者二聞生民之數則拜之聞登穀則拜之詩曰君子樂胥受天

之祿胥者相也祿大福也大憂民之憂者民必憂其憂樂民之樂者民亦樂其樂與士民若此者受天之福矣禮聖王之於禽獸也見其生不忍見其死聞其聲不忍嘗其肉隱弗忍也故遠庖廚仁之至也不合圍不掩羣不射宿不涸澤豺不祭獸不田獵獺不祭魚不設網罟鷹隼不鷙睢而不逮不出植羅草木不零落斧斤不入山林昆蟲不蟄不以火田不麛不卵不刳胎不夭魚肉不入廟門鳥獸不成毫毛不登庖廚取之有時用之有節則物蕃多湯見祝網者置四面其祝曰從天墜者從地出者從四方來者皆離吾網湯曰嘻盡之矣非桀其孰爲此湯乃解其三面置其一面更教之祝曰昔蛛蝥作網今之人循緒欲左者左欲右者右欲高者高欲下者下吾取其犯命者其憚害物也如是漢南之國聞之曰湯之德及鳥獸矣四十國歸之詩曰王在靈囿麀鹿攸伏麀鹿濯濯白鳥皜皜王在靈沼於牣魚躍言德至也聖主所在魚鼈禽獸猶得其所況於人民乎故仁人行其禮則天下安而萬理得矣逮至德渥澤洽調和大暢則

天清澈地富煴物時熟民心不挾詐賊氣脈淳化攫齧搏擊之獸鮮毒蠚猛蚄之虫密毒山不蓄草木少薄矣鑠乎大仁之化也蚄丁音反

容經

志有四興朝廷之志淵然清以嚴祭祀之志諭然思以和軍旅之志怫然慍然精以厲喪紀之志漻然懣然憂以湫四志形中四色發外維如志色之經也容有四起朝廷之容師師然翼翼然整以敬祭祀之容遂遂然粥粥然敬以婉軍旅之容湢然肅然固以猛

喪紀之容怮然慴然若不還容經也視有四則朝廷之視端沶平衡祭祀之視視如有將軍旅之視固植虎張喪紀之視不沶垂綱視經也言有四術言敬以固朝廷之言也文言有序祭祀之言也屏風折聲軍旅之言也言若不足喪紀之言也言經也固順正視平肩正背臂如抱鼓足閒二寸端面攝纓端股整足體不搖肘曰經立因以微磬曰共立因以磬折曰肅立因以垂佩曰卑立立容也共音恭下同坐以經立之容肘不差而足不跌視平衡曰經坐微俯視尊者之膝

曰共坐仰首視不出尋常之內曰肅坐廢首佐肘曰卑坐坐容也跌從結反佐與低同行以微磬之容臂不搖掉肩不下上身似不則從然而任行容也掉徒弔反趨以微磬之容飄然翼然肩狀若沶足如射箭趨容也旋以微磬之容其始動也穆如驚倏其固復也旄如濯絲跸施之容也倏式六反跸步般反跪以微磬之容揄右而下進左而起手有抑揚各尊其紀跪容也拜以磬折之容吉事上左凶事上右隨前以舉項衡以下寧速無遲背項之狀如屋之丘拜容也丘未詳拜而未起伏容也坐

乘以經坐之容手撫式視五旅欲無顧顧不過轂小禮動中禮式大禮下坐車之容也乘繩證反下同立乘以經立之容右持綏而左臂詘存剱之緯欲無顧顧不過轂小禮據中禮式大禮下立車之容也禮介者不拜兵車不式不顧不言反抑式以應武容也兵車之容也若夫立而跛坐而蹁體怠懈志驕傲趮視數顧容色不比動靜不以度妄咳唾疾言嗟氣不順皆禁也跛彼寄反又作跛　智反蹁蒲堅反足不正也趮　令反數音朔比毗志反咳音慨唾吐卧反古者年九歲入就小學蹍小節焉業小道焉束髮就大學

蹍大節焉業大道焉是以邪放非辟無因入之焉諺曰君子重襲小人無由入正人十倍邪辟無由來古之人其謹於所近乎詩曰芃芃棫樸薪之槱之濟濟辟王左右趨之此言左右日以善趨也古者聖王居有法則動有文章位執戒輔鳴玉以行佩玉也上有葱珩下有雙璜衡牙蠙珠以約其間琚瑀以雜之行以采齊趨以肆夏步中規折中矩登車則馬行而鸞鳴鸞鳴而和應聲曰和和則敬故詩曰和鸞雝雝萬福攸同言動以紀度則萬福之所聚也故曰明君在

位可畏施舍可愛進退可度周旋可則容貌可觀作事可法德行可象聲氣可樂動作有文言語有章以承其上以接其等以臨其下以畜其民故爲之上者敬而信之等者親而重之下者畏而愛之民者肅而樂之是以上下和協而士民順一故能綜攝其國以藩衛天子而行義足法夫有威而可畏謂之威有儀而可象謂之文富不可爲量多不可爲數故詩曰威儀棣棣不可選也棣棣富也不可選衆也言接君臣上下父子兄弟內外大小品事之各有容志也子贛

由其家來謁於孔子孔子正顏舉杖磬折而立曰子之大親毋乃不寧乎放杖而立曰子之兄弟亦得無恙乎曳杖倍而行曰妻子家中得無病乎故身之倨佝手之高下顏色聲氣各有宜稱所以明尊卑別疏戚也子路見孔子之背磬折舉哀曰唯由也見孔子聞之曰由也何以遺亡也故過猶不及有餘猶不足也語曰況乎明王執中履衡言秉中適而據乎宜故威勝德則淳德勝威則施威之與德交若糾纆且畏且懷君道正矣質勝文則野文勝則質史文質彬彬然後君子

龍也者人主之辟也亢龍往而不返故易曰有悔悔者凶也潛龍入而不能出故曰勿用勿用者不可也龍之神也其惟蜚龍乎能與細細能與巨巨能與高高能與下下吾故曰龍變無常能幽能章故至人者在小不寶在大不窕狎而不能作習而不能順姚不惛卒不妄饒裕不羸迫不自喪明是審非察中居宜此之謂有威儀古之爲路輿也蓋圜以象天二十八橑以象列星軫方以象地三十輻以象月故仰則觀

天文俯則察地理前視則覩鸞和之聲側聽則觀四時之運此輿教之道也人主太淺則知闇大博則業厭二者異同敗其傷必至故師傅之道既美且施人慎其齊適疾徐任多少造而勿趣稍而勿苦省其所省而堪其所堪故力不勞而身大盛此全人之化也

春秋

楚惠王食寒菹而得蛭因遂吞之腹有疾而不能食令尹入問曰王安得此疾王曰我食寒菹而得蛭念譴之而不行其罪乎是法廢而威不立也非所聞也

譴而行誅則庖宰監食者法皆當死心又弗忍也故吾恐蛭之見也遂吞之令尹避席再拜而賀曰臣聞皇天無親惟德是輔王有仁德天之所奉也病不為傷是夕也惠王之後而蛭出故其久病心腹之積皆愈故天之視聽不可謂不察

衛懿公喜鶴鶴有飾以文繡而乘軒者賦斂繁多而不顧其民貴優而輕大臣羣臣或諫則面叱之及翟伐衛寇挾城堞矣衛君垂泣而拜其臣民曰寇迫矣士民其勉之士民曰君亦使君之貴優將君之愛鶴

以為君戰矣我儕棄人也安能守戰乃潰門而出走翟寇遂入衛君奔死遂喪其國故賢主者不以草木禽獸妨害人民進忠正而遠邪偽故民順附而臣下為用今釋人民而愛鳥獸遠忠道而貴優笑反甚矣人主之為人主也舉錯而不僨者杖賢也今倍其所主而棄其所杖其僨仆也不亦宜乎語曰禍出者禍反惡人者人亦惡之管子曰不行其野不違其馬此違其馬者也

鄒穆公有令食鳧鴈者必以秕毋敢以粟於是倉無秕而求易於民二石粟而易一石秕吏以請曰秕食鴈為無費也今求秕於民二石粟而易一石秕以秕食鴈則費甚矣請以粟食之公曰去非而所知也夫百姓煦牛而耕曝背而耘苦勤而不敢惰者豈為鳥獸也哉粟米人之上食也奈何其以養鳥也且汝知小計而不知大會周諺曰囊漏貯中而獨弗聞與夫君者民之父母也取倉之粟移之與民此非吾粟乎鳥苟食鄒之秕不害鄒之粟而已粟之在倉與其在民於吾何擇鄒民聞之皆知其私積之與公家為一

體也

楚王欲淫鄒君乃遺之技樂美女四人穆公朝覲而夕罷以妻死事之孤故婦人年弗稱者弗畜節於身而弗眾也王輿不衣皮帛御馬不食禾菽無淫僻之事無驕燕之行食不眾味衣不雜采自刻以廣民親賢以定國親民如子鄒國之治路不拾遺臣不[illegible]從若手之投心是故以鄒子之細魯衛不敢輕齊楚不能脅鄒穆公死鄒之百姓若失慈父行哭三月四境之鄰於鄒者士民鄉方而道哭抱手而憂行酤家不

售其酒屠者罷列而歸傲童不謳歌舂築者不相杵婦女扶珠瑱丈夫釋玦靬琴瑟無音朞年而後始復故愛出者愛反福往者福來易曰鳴鶴在陰其子和之其此之謂乎故曰天子有道守在四夷諸侯有道守在四鄰

宋康王時有爵生鸇於城之陬使史占之曰小而生大必伯於天下康王大喜於是滅滕伐諸侯取淮北之地乃愈自信欲霸之亟成故射天笞地伐社稷而焚之曰威服天地鬼神罵國老之諫者爲無頭之棺

以視有勇剖傴者之背斮朝涉之脛國人大駭齊王聞而伐之民散城不守王乃逃於郳侯之館遂得病而死故見祥而爲不可祥反爲禍

晉文公出畋前驅還白前有大蛇高若堤横道而處文公曰還車而歸其御曰臣聞祥則迎之妖則凌之今前有妖請以從吾者攻之文公曰不可吾聞之曰天子夢惡則脩道諸侯夢惡則脩政大夫夢惡則脩官庶人夢惡則脩身若是則禍不至今我有失行而天招以戒我若攻之是逆天命也乃歸齊宿而請於廟曰孤實不佞不能尊道吾罪一執政不賢左右不良吾罪二飭政不謹民人不信吾罪三本務不修以咎百姓吾罪四齊肅不莊粢盛不潔吾罪五請與賢遂能而章德行善以尊百姓毋復前過乃退而修政居三月而夢天誅大蛇曰爾何敢當明君之路文公覺使人視之蛇已魚爛矣文公大說信其道而行之不解遂至於伯故曰見妖而迎以德妖反爲福也

楚懷王心矜好高人無道而欲有伯王之號鑄金以象諸侯人君令大國之王編而先馬梁王御宋王驂

乘周召畢陳滕薛衛中山之君皆象使隨而趨諸侯聞之以爲不宜故與師而伐之楚王見士民爲用之不勸也乃徵役萬人且掘國人之墓國人聞之振動晝旅而夜亂齊人襲之楚師乃潰懷王逃適秦免尹殺之西河爲天下笑此好矜不讓之罪也不亦羞乎

齊桓公之始伯也翟人伐燕桓公爲燕北伐翟乃至於孤竹反而使燕君復召公之職桓君歸燕君送桓公入齊地百六十里桓公問於管仲曰禮諸侯相送固出境乎管仲曰非天子不出境桓公曰然則燕君

畏而失禮也寡人恐後世之以寡人爲存燕而欺之
也乃下車而令燕君還車乃割燕君所至而與之遂
溝而爲境而後去諸侯聞桓公之義口不言而心皆
服矣故九合諸侯莫不樂德扶興天子莫不勸從誠
退讓人孰弗戴也

二世胡亥之爲公子昆弟數人詔置酒饗羣臣召諸
子賜食先罷胡亥下陛視羣臣陳履杖善者因行踐
敗而去諸侯聞之莫不大息及二世即位皆知天下
必棄之

孫叔敖之爲嬰兒也出遊而還憂而不食其母問其
故泣而對曰今日吾見兩頭蛇恐去死無日矣其母
曰今蛇安在曰吾聞見兩頭蛇者必死吾恐他人又
見之吾已殺而埋之也其母曰無憂汝不死吾聞之
有陰德者天必報之以福果不死人聞之皆諭其能
仁也及爲令尹未治而國人信之

新書卷六終

新書卷七

先醒

懷王問於賈君曰人之謂知道者爲先醒何也賈君
對曰此博號也大者在人主中者在卿大夫下者在
布衣之士乃其正名非爲先醒也彼世主不學道理
則嘿然惛於得失不知治亂存亡之所由忳忳然猶
醉也而賢主者學問不倦好道不厭惠然獨先迺學
道理矣故未治也知所以治未亂也知所以亂未安
也知所以安未危也知所以危故昭然先寤乎所以

存亡矣故曰先醒辟猶俱醉而獨先發也故世主有
醒者有後醒者有不醒者昔楚莊王即位自靜三年
以講得失乃退僻邪而進忠正能者任事而後在高
位內領國政辟草而施教百姓富民恒一路不拾遺
國無獄訟當是時也周室壞微天子失制宋鄭無道
欺昧諸侯莊王圍宋伐鄭鄭伯肉袒牽羊奉簪而獻
國莊王曰古之伐者亂則整之服則舍之非利之也
遂弗受乃南與晉人戰於兩棠大克晉人會諸侯於
漢陽申天子之辟禁而諸侯說服莊王歸過申侯之

邑申侯進飯日中而王不食申侯請罪曰臣齋而具食甚潔中日而不飯臣敢請罪莊王喟然嘆曰非子之罪也吾聞之曰其君賢君也而又有師者王其君中君也而有師者伯其君下君也而羣臣又莫若者亡今我下君也而羣臣又莫若不穀不穀恐亡自憂也吾聞之世不絕賢天下有賢而我獨不得若吾生者何以食爲故莊王戚服大國義從諸侯戚然憂恐聖知在身而自錯不肖思得賢佐日中亡飯可謂明君矣謂先寤所以存亡此先醒也

昔宋昭公出亡至于境喟然嘆曰嗚呼吾知所以亡矣吾朝臣千人發政舉吏無不曰吾君聖者侍御者數百人被服而立無不曰吾君麗者吾外內不聞吾過吾是以至此吾困宜矣於是革心易行衣苴布食䭀餕晝學道而夕講之二年美聞於宋宋人車徒迎而復位卒爲賢君謚爲昭公既亡矣而乃寤所以存此後醒者也

昔者虢君驕恣自伐諂諛親貴諫臣誅逐政治踳亂國人不服晉師伐之虢人不守虢君出走至於澤中曰吾渴而欲飲其御乃進清酒曰吾饑而欲食御進腶脯粱糗虢君喜曰何給也御曰儲之久矣曰何故儲之對曰爲君出亡而道饑渴也君曰知寡人亡邪對曰知之曰知之何以不諫對曰君好諂諛而惡至言臣願諫恐先說亡虢君作色而怒御謝曰臣之言過也有閒君曰吾之亡者誠何也其御曰君弗知耶君之所以亡者以大賢也虢君曰賢人之所以存也亡何也對曰天下之君皆不肖夫疾君君之獨賢也故亡虢君喜據式而嘆曰嗟乎賢固若是苦耶遂徒

行即於山中居饑倦枕御膝而臥御以塊自易逃行而去君遂餓死爲禽獸食此已亡矣猶不悟所存亡此不醒者也故先醒者及時而伯後醒者三年而復不醒者枕土而死爲虎狼食嗚呼戒之哉

耳痹

竊聞之曰目見正而口言枉則害陽言吉錯之民而凶則敗倍道則死障光則晦無神而逆人則天必敗其事故昔者楚平王有臣曰伍子胥王殺其父而無罪奔走而之吳王曰父死而不死則非父之子也死

而非補則過計也與吾死而不一明不若舉天地以成名於是紆身而乃適闔閭治味以求親闔閭甚安之說其謀果其舉反其德用而任吳國之政也民保命而不失歲時熟而不凶五官公而不私上下調而無尤天下服而御四境靜而無虞然後忿心發怒出凶言陰必死提邪以伐楚五戰而五勝伏尸數十萬郢之門執高兵傷五臟之寶毀十龍之鍾撻平王之墓昭王失國而奔妻生虜而入吳故楚平王懷陰賊殺無罪殃既至此矣子胥發鬱冒忿輔闔閭而行大

虐還十五年闔閭沒而夫差即位乃與越人戰江上棲之會稽越王之窮至乎吃山草飲腑水易子而食於是履甓戴璧號咎告毋罪呼皇天使大夫種行成於吳王吳王將許子胥曰不可越國之俗勤勞而不慍好亂勝而無禮谿徼而輕絕俗好詛而倍盟放此類者鳥獸之儔徒狐狸之醜類也生之爲患殺之無咎請無與成大夫種拊心嗥啼沫泣而言信割白馬而爲犧指九天而爲證請婦人爲妾丈夫爲臣百世名寶因閒官爲積孤身爲關內諸侯世爲忠臣吳王不忍結師與成還謀而伐齊子胥進爭不聽忠言不用既得成稱善累聽以求民心於是上帝降禍絕吳命乎直江君臣乖而不調置社稷而分裂容臺振而掩敗犬羣嗥而入淵彘銜菹而適奧燕雀剖而蚖虵生食蘵菹而蛭口浴清水而遇蠆伍子胥見事之不可爲也何籠而自投水自扶而掛東門身鴟夷而浮江懷賊行虐深報而殃不辜禍至乎身矣越於是果逆謀負約襲剌夫差兼吳而拊闔閭事濟功成范蠡負石而蹈五湖大夫種系領謝室渠如處車裂回泉

自此之後句踐不樂憂悲薦至內崩而死故天之誅伐不可爲廣虛幽閒攸遠無人雖重襲石中而居其必知之乎若順誅伐順理而當辜殺三軍而無咎誅殺不當辜殺一匹夫其罪聞皇天故曰天之處高其聽卑其牧芒其視察故凡自行不可不謹慎也

諭誠

湯見設網者四面張祝曰自天下者自地出者自四方至者皆罹我網湯曰嘻盡之矣非桀其孰能如此令去三面舍一面而教祝之曰蛛蝥作網今之人脩

緒欲左者左欲右者右欲高者高欲下者下吾請受其犯命者士民聞之曰湯之德及禽獸矣而況我乎於是下親其上

楚昭王當房而立愀然有寒色曰寡人朝饑饉時酒二醖重裘而立猶憯憯然有寒氣將柰我元元之百姓何是日也出府之裘以衣寒者出倉之粟以賑饑者居二年闔閭襲郢昭王奔隨諸當房之賜者請還戰至死之寇闔閭一夕而五徙卧不能賴楚曳師而去昭王乃復當房之德也

昔楚昭王與吳人戰楚軍敗昭王走而屨決背而行失之行三十步復旋取屨及至於隨左右問曰王何曾惜一踦屨乎昭王曰楚國雖貧豈愛一踦屨哉惡與偕出弗與偕反也自是之後楚國之俗無相棄者

文王晝臥夢人登城而呼己曰我東北陬之槀骨也速以王禮葬我文王曰諾覺召吏視之信有焉文王曰速以人君葬之吏曰此無主矣請以五大夫禮文王曰吾夢中已許之矣奈何其倍之也士民聞之曰我君不以夢之故不倍槀骨況於生人乎於是下信其上

豫讓事中行之君智伯滅中行氏豫讓徙事智伯及趙襄子破智伯豫讓剸面而變容吞炭而爲啞乞其妻所而妻弗識乃伏刺襄子五起而弗中襄子患之食不甘味一夕五易卧見不全身人謂豫讓曰子不死中行而反事其讐何無可恥之甚也今必碎身糜軀以爲智伯何其與前異也豫讓曰我事中行之君與帷而衣之與關而枕之夫衆人畜我我故衆人事之及智伯分吾以衣服餌吾以鼎實舉被而爲禮是以國士遇我我故國士報之

退讓

昔梁大夫宋就爲邊縣令與楚鄰界梁亭楚亭皆種瓜梁亭劬力數灌其瓜瓜美楚亭田窳而稀灌其瓜瓜惡楚令以梁瓜之美怒其瓜之惡因往夜竊搔梁瓜皆有死焦者矣梁亭覺之因請其尉亦欲竊往報搔瓜宋就曰是搆怨召禍之道也令人竊爲楚亭夜灌其瓜令勿知也楚亭旦而往瓜則已灌瓜日以美楚亭怪而察之則梁亭之爲也楚令大悅因以聞楚

王楚王曰此梁之陰讓也乃謝以幣而請交於梁王翟王使使至楚楚王誇使者以章華之臺臺甚高三休乃至楚王曰翟國亦有此臺乎使者曰否翟窶國也惡見此臺也翟王之自爲室也堂高三尺壤陛三絫茆茨弗翦采椽弗刮且翟王猶以作之者大苦居之者大佚翟國惡見此臺也楚王媿

君道

紂作梏數千睨諸侯之不諂已者杖而梏之文王桎梏于羑里七年而後得免及武王克殷既定令殷之

民投撤桎梏而流之於河民輸梏者以手撤之弗敢墜也跪入之水弗敢投也曰昔者文王常擁此故愛思文王猶敬其梏況其法教乎詩曰濟濟多士文王以寧言輔翼賢王則身必已安也又曰弗識弗知順帝之則言士民說其德義則效而象之也文王志之所在意之所欲百姓不愛其死不憚其勞從之如集詩曰經始靈臺庶民攻之不日成之經始勿亟庶民子來文王有志爲臺令近規之民聞之者麏裹而志問業而作之日日以衆故弗趨而疾弗期而成命其臺曰靈臺命其囿曰靈囿謂其沼曰靈沼愛敬之至也詩曰王在靈囿麀鹿攸伏麀鹿濯濯白鳥皜皜王在靈沼於牣魚躍文王之澤下被禽獸洽于魚鼈咸若攸樂而況士民乎詩曰愷悌君子民之父母言聖王之德也易曰鶴鳴在陰其子和之言士民之報也書曰大道亶亶其去身不遠人皆有之舜獨以之去射而不中者不求之鏃而反修之於己君國子民者反求之己而君道備也

新書卷七終

新書卷八

官人

王者官人有六等一曰師二曰友三曰大臣四曰左右五曰侍御六曰廝役知足以爲源泉行足以爲表儀問焉則應求焉則得入人之家足以重人之家入人之國足以重人之國者謂之師知足以爲礲礪行足以爲輔助仁足以訪議明於進賢敢於退不肖內相匡正外相揚美謂之友知足以謀國事行足以爲民率仁足以合上下之驩國有法則退而守之君有

難則進而死之職之所守君不得以阿私託者大臣也脩身正行不怍於鄉曲道語談說不怍於朝廷知能不困於事業服一介之使能合兩君之驩執戟居前能舉君之失過不難以死持之者左右也不貪於財不淫於色事君不敢有二心居君旁不敢泄君之謀君有失過雖不能正諫以其死持之憔悴有憂色不勸聽從者侍御也柔色傴僂唯諛之行唯言之聽以睚眦之間事君者廝役也故與師爲國者帝與友爲國者王與大臣爲國者伯與左右爲國者彊與侍御爲國者若存若亡與廝役爲國者亡可立待也取師之禮黜位而朝之取友之禮以身先焉取大臣之禮皮幣先焉取左右之禮使使者先焉取侍御之禮以令至焉取廝役之禮以令召焉師至則淸朝而侍小事不進友至則淸殿而侍聲樂技藝之人不並見大臣奏事則徘優侏儒逃隱聲樂技藝之人不並奏左右在側聲樂不見侍御者在側子女不雜處故君樂雅樂則友大臣可以侍君樂燕樂則左右侍御者可以侍君開北房從薰服之樂則廝役從淸門治德

罷朝而論議從容澤燕夕時開北房從薰服之樂是以聽治論議從容澤燕矜莊皆殊序然後帝王之業可得而行也

勸學

謂門人學者舜何人也我何人也夫啓耳目載心意從立移徙與我同性而舜獨有賢聖之名明君子之實而我曾無鄰里之聞窮巷之知者獨何與然則舜僶俛而加志我儃僈而弗省耳夫以西施之美而蒙不潔則過之者莫不睨而掩鼻嘗傅白黱黑榆鋏陂

雜芷若䖝虱覘嗌口笑作態佻志從容爲說焉。則雖
王公大人孰能無悇憛養心而顛一覘之。今以二三
子材而蒙愚惑之智。予恐過之有掩鼻之容也。昔者
南榮跦醜聖道之忘乎己。故步陟山川。坌冒楚棘。彌
道千餘百舍。重繭而不敢久息。既遇老聃。噩若慈父。
鴈行避景。夔立蛇進。而后敢問見教。一論言若饑十
日而得大牢焉。是達若天地。行生後世。今夫子之達
佚乎老聃。而諸子之材不避榮跦。而無千里之遠。重
繭之患。親與巨賢連席而坐。對膝相視。從容談語。無

問不應。是天降大命以達吾德也。吾聞之。曰時難得
而易失也。學者勉之乎。天祿不重。

道術

曰數聞道之名矣。而未知其實也。請問道者何謂也
對曰道者所從接物也。其本者謂之虛。其末者謂之
術。虛者言其精微也。平素而無設儲也。術也者所從
制物也。動靜之數也。凡此皆道也。曰請問虛之接物
何如。對曰。鏡儀而居。無執不臧。美惡畢至。各得其當。
衡虛無私。平靜而處。輕重畢懸。各得其所。明主者南

面而正清虛而靜。令名自宣。命物自定。如鑑之應。如
衡之稱。有舋和之。有端隨之。物鞠其極。而以當施之。
此虛之接物也。曰請問術之接物何如。對曰人主仁
而境內和矣。故其士民莫弗親也。人主義而境內理
矣。故其士民莫弗順也。人主有禮而境內肅矣。故其
士民莫弗敬也。人主有信而境內貞矣。故其士民莫
弗信也。人主公而境內服矣。故其士民莫弗戴也。人
主法而境內軌矣。故其士民莫弗輔也。舉賢則民化
善。使能則官職治。英俊在位則主尊。羽翼勝任則民

顯。操德而固則威立。教順而必則令行。周聽則不蔽。
稽驗則不惶。明好惡則民心化。密事端則人主神。術
者接物之隊。凡權重者必謹於事。令行者必謹於言。
則過敗鮮矣。此術之接物之道也。其爲原無屈。其
應變無極。故聖人尊之。夫道之詳不可勝術也。曰請
問品善之體何如。對曰。親愛利子謂之慈。反慈爲嚚。
子愛利親謂之孝。反孝爲孽。愛利出中謂之忠。反忠
爲倍。心存恤人謂之惠。反惠爲鷙。兄敬愛弟謂之友。
反友爲虐。弟敬愛兄謂之悌。反悌爲敖。接遇慎容謂

之恭。反恭爲媟。接遇肅正謂之敬。反敬爲僈。言行抱一謂之貞。反貞爲僞。期果言當謂之信。反信爲慢。衷理不辟謂之端。反端爲趽。一作詖據當不傾謂之平。反平爲險。行善決衷謂之清。反清爲濁。辭利刻謙謂之廉。反廉爲貪。兼覆無私謂之公。反公爲私。方直不曲謂之正。反正爲邪。以人自觀謂之度。反度爲妄。以己量人謂之恕。反恕爲荒。惻隱憐人謂之慈。反慈爲忍。厚志隱行謂之潔。反潔爲汰。施行得理謂之德。反德爲怨。放理潔靜謂之行。反行爲汚。功遂自却謂之退。

反退爲伐。厚人自薄謂之讓。反讓爲冒。心兼愛人謂之仁。反仁爲疾。行充其宜謂之義。反義爲懞。剛柔得道謂之和。反和爲乖。合得密周謂之調。反調爲戾。懷賢不逮謂之寬。反寬爲阨。色衆容易謂之裕。反裕爲偏。欣憓可安謂之熅。反熅爲鷙。安柔不苛謂之良。反良爲齧。緣法循理謂之軌。反軌爲易。襲常緣道謂之道。反道爲辟。廣板自歛謂之儉。反儉爲侈。費弗過適謂之節。反節爲靡。昒佷勉善謂之慎。反慎爲怠。思惡勿道謂之戒。反戒爲傲。深知禍福謂之知。反知爲愚。

亟見窕察謂之慧。反慧爲童。動有文體謂之禮。反禮爲濫。容服有義謂之儀。反儀爲詭。行歸而過謂之順。反順爲逆。動靜攝次謂之比。反比爲錯。容志審道謂之僩。反僩爲野。辭令就得謂之雅。反雅爲陋。論物明辯謂之辯。反辯爲訥。纖微皆審謂之察。反察爲旄。誠動可畏謂之威。反威爲圂。臨制不犯謂之嚴。反嚴爲帳。仁義脩立謂之任。反任爲欺。伏義誠心謂之節。反節爲罷。持節不恐謂之勇。反勇爲怯。信理遂惔謂之敢。反敢爲揜。志操精果謂之誠。反誠爲殆。克行遂節

謂之必。反必爲怛。凡此品也。善之體也。所謂道也。故守道者謂之士。樂道者謂之君子。知道者謂之明。行道者謂之賢。且明且賢。此謂聖人。

六術

德有六理。何謂六理、道德性神明命。此六者德之理也。六理無不生也。已生而六理存乎所生之內。是以陰陽天地人盡以六理爲內度。內度成業。故謂之六法。六法藏內。變流而外遂。外遂六術。故謂之六行。是以陰陽各有六月之節。而天地有六合之事。人有

仁義禮智聖之行。行和則樂與樂則六此之謂六行陰陽天地之動也不失六行故能合六法人謹脩六行則亦可以合六法矣。然而人雖有六行。微細難識。唯先王能審之。凡人弗能自至。是故必待先王之教乃知所從事。是以先王爲天下設教。因人所有以之爲訓道人之情以之爲真。是故内法六法。外體六行以與書詩易春秋禮樂六者之術以爲大義謂之六藝。令人緣之以自脩脩成則得六行矣。六行不正。反合六法藝之所以六者法六法而體六行故也。故曰

六則備矣。六者非獨爲六藝本也。他事亦皆以六爲度聲音之道以六爲首以陰陽之節爲度。是故一歲十二月。分而爲陰陽各六月。是以聲音之器十二鍾。鍾當一月其六鍾陰聲。六鍾陽聲。聲之術律是而出故謂之六律六律和五聲之調。以發陰陽天地人之清聲而内合六法之道。是故五聲宮商角徵羽唱和相應而調和調和而成理謂之音聲五也必六而備故曰聲與音六。夫律之者象測之也。所測者六。故曰六律人之戚屬。以六爲法。人有六親。六親始曰父父

有二子。二子爲昆弟。昆弟又有子。子從父而昆弟。故爲從父昆弟。從父昆弟又有子。子從祖而昆弟。故爲從祖昆弟。從祖昆弟又有子。子從曾祖而昆弟。故爲曾祖昆弟。曾祖昆弟又有子。子爲族兄弟。備於六。此之謂六親。親之始於一人。世世别離。分爲六親。親戚非六。則失本末之度。是故六爲制而止矣。六親有次。不可相踰。相踰則宗族擾亂。不能相親。是故先王設爲昭穆三廟。以禁其亂。何謂三廟。上室爲昭。中室爲穆。下室爲孫嗣。令子各以其次上下更居三廟。以别親

疏。有制喪服。稱親疏以爲重輕。親者重。疏者輕。故復有麤衰齊衰大紅細紅緦麻。備六。各服其所當服。夫服則有殊。此先王之所以禁亂也。數度之道。以六爲法。數加於小而度出於居。數度之始。始於微細。有形之物。莫細於毫。是故立一毫以爲度始。十毫爲髮。十髮爲氂。十氂爲分。十分爲寸。十寸爲尺。備於六。故先王以爲天下事用也。事之以六爲法者。不可勝數也。此所言六。以効事之盡以六爲度者。謂六理可謂陰陽之六節。可謂天地之六事。可謂人之六行。

道德說

德有六理何謂六理曰道德性神明命此六者德之理也諸生者皆生於德之所生而能人象德者獨玉也寫德體六理盡見於玉也各有狀是故以玉效德之六理澤者鑑也謂之道腒如竊膏之理謂之德湛而潤厚而膠謂之性康若樂流謂之神光輝謂之明礐乎堅哉謂之命此之謂六理鑑生空竅而通之以道德生理通之以六德之畢離狀六德者德之有六理理離狀也性生氣而通之以曉理生變而通之以

化生識而通之以知命生形而通之以定德有六美何謂六美有德有道有仁有義有忠有密此六者德之美也道者德之本也仁者德之出也義者德之理也忠者德之厚也信者德之固也密者德之高也六理六美德之所生陰陽天地人與萬物也固爲所生法記故曰道此之謂道德此之謂德行此之謂行所謂行此者德也是故著此竹帛謂之書書者此之著者也詩者此之志者也易者此之占者也春秋者此之紀者也禮者此之體者也樂者此之樂者也祭祀鬼神爲此福者也博學辯義爲此辭者也道者無形平和而神道物有載物者畢以順理和適行故物有清而澤澤者鑑也監以道之神模貫物形通達空竅奉一出入爲先故謂之鑑鑑者所以能也見者目也道德施物精微而爲目是故物之始形也分先而爲目目成也形乃從是以人及有因之在氣莫精於目目清而潤澤若濡無毳穢雜焉故能見也由此觀之目足以明道德之潤澤矣故曰澤者鑑也生空竅通之以道德者離無而之有故潤則腒然濁而始形矣

故六理發焉六理所以爲變而生也所生有理然則物得潤以生故謂潤德德者變及物理之所出也未變者道之頌也道冰疑而變變及諸生之理皆道之化也各有條理以載於德德受道之化而發之各不同狀德潤故曰如膏謂之德德生理通之以六德之畢離狀性者道德造物物有形而道德之神專而爲一氣明其潤益厚矣濁而膠相連在物之中爲物莫生氣皆集焉故謂之性性神氣之所會也性立則神氣曉曉然發而通行於外矣與外物之感相應故曰

澤厚而膠謂之性性生氣通之以曉神者道德神氣發於性也康若樂流不可物效也變化無所不為物理及諸變之起皆神之所化也故曰若樂流謂之神理生變通之以化明者神氣在内則無光而為之明則有輝於外矣外内通一則為得失事理是非皆職於知故曰光輝謂之明明生識通之以知命者物皆得道德之施以生則澤潤性氣神明及形體之位分數度各有極量指奏矣此皆所受其道德非以嗜欲取捨然也其受此具也礐然有定矣不可得辭也故

曰命命者不得毋生生則有形形而道德性形神明命因載於物形故礐堅謂之命命生形通之以定物所道始謂之道所得以生謂之德德之有也以道為本故曰道者德之本也德生物又養物則物安利矣安利物者行仁也仁行出於德故曰仁者德之出也德生理理立則有宜適之謂義義者理也故曰義者德之理也德生物又養長之而弗離也德以安利德之遇物也忠厚故曰忠者德之厚也德之忠厚也信固而不易此得之常也故曰信者德之固也德生於

道而有理守理則合於道與道理密而弗離也故能物畜養養其不仰恃德此德之高而勿失則有道矣得而守之則有德矣行而無休則行成矣故曰道此謂之道行此謂之行諸此言者盡德變變世者理也書者著德之理於竹帛而陳之令人觀焉以著所從事故曰書者此之著者也詩者志德之理而明其旨令人緣之以自成也故曰詩者此之志者也易者察人之精德之理而與弗循而占其吉凶故曰易者此之占者也春秋者守往事之合德之理之與不合而

紀其成敗以為來事師法故曰春秋者此之紀者也禮者體德禮而為之節文成人事故曰禮者此之體者也樂者書詩易春秋禮五者之道備則合於德矣合則驩然大樂矣故曰樂者此之謂樂者也人能脩德之理則安利之謂福莫不慕福弗能必得而人心以為鬼神能與於利害是故其犧牲俎豆粢盛齋戒而祭鬼神欲以佐成福故曰祭祀鬼神為此福者也德之理盡施於人其在人也内而難見是以先王舉德之頌而為辭語以明其理陳之天下令人觀焉垂

人之後世辯議以審察之以轉於告是故弟子隨師而問受傳學以達其知而明其辭以立其誠議曰博學辯議爲此辭者也德畢施物物雖有知微細難識夫玉者真德鳥也六理在六明而易見也是以舉玉以論物之所受於德者與玉一體也

新書卷八終

新書卷九

大政上

聞之於政也民無不爲本也國以爲本君以爲本吏以爲本故國以民爲安危君以民爲威侮吏以民爲貴賤此之謂民無不爲本也聞之於政也民無不爲命也國以爲命君以爲命吏以爲命故國以民爲存亡君以民爲盲明吏以民爲賢不肖此之謂民無不爲命也聞之於政也民無不爲功也故國以爲功君以爲功吏以爲功國以民爲興壊君以民爲弱強吏

以民爲能不能此之謂民無不爲功也聞之於政也民無不爲力也故國以爲力君以爲力吏以爲力故夫戰之勝也民欲勝也攻之得也民欲得也守之存也民欲存也故吏率民而守而民不欲存則莫能以存矣故率民而攻民不欲得則莫能以得矣故率民而戰民不欲勝則莫能以勝矣故其民之於其上也接敵而喜進而不能止敵人必駭戰由此勝也夫民之於其上也接敵而懼退必走去戰由此敗也故夫菑與福也非降在天也必在士民也嗚呼戒之戒之

夫士民之志不可不要也。嗚呼戒之戒之。行之善也粹以爲福已矣。行之惡也粹以爲菑已矣。故受天之福者天不功焉。被天之菑則亦無怨天矣。行自爲取之也。知善而弗行謂之不明。知惡而弗改。必受天殃。天有常福。必與有德。天有常菑。必與奪民時。故夫民者至賤而不可簡也。至愚而不可欺也。故自古至於今。與民爲仇者。有遲有速。而民必勝之。知善而弗行謂之狂。知惡而不改謂之惑。故狂夫與惑者、聖王之戒也。而君子之愧也。嗚呼、戒之戒之。豈其以狂與惑

自爲之。明君而君子乎。聞善而行之如爭。聞惡而改之如讎。然後禍菑可離。然後保福也。戒之戒之。誅賞之愼焉。故與其殺不辜也。寧失於有罪也。故夫罪也者疑則附之去。已夫功也者疑則附之與。已則此無有毋罪而見誅。毋有有功而無賞者矣。戒之哉戒之哉。誅賞之愼焉。故古之立刑也。以禁不肖。以起怠惰之民也。是以一罪疑則弗遂誅也。故不肖得改也。故一功疑則必弗倍也。故愚民可勸也。是以上有仁譽而下有治名。疑罪從去。仁也。疑功從予。信也。戒之哉。

戒之哉。愼其下。故誅而不忌。賞而不曲。不反民之罪而重之。不滅民之功而棄之。故上爲非則諫而止之。以道紀之。下爲非則矜而恕之。道而赦之。柔而假之。故雖有不肖。民化而則之。故雖昔者之帝王。其所貴其臣者如此而已矣。人臣之道。思善則獻之於上。聞善則獻之於上。知善則獻之於上。夫民者、唯君者有之。爲人臣者助君理之。故夫爲人臣者。以富樂民爲功。以貧苦民爲罪。故君以知賢爲明。吏以愛民爲忠。故臣忠則君明。此之謂聖王。故官有假而德無假。位

有卑而義無卑。故位下而義高者。雖卑必貴。位高而義下者。雖貴必窮。嗚呼。戒之哉。行道不能窮困及之。夫一出而不可反者言也。一見而不可得揜者行也。故夫言與行者。知愚之表也。賢不肖之別也。是以智者愼言愼行以爲身福。愚者易言易行以爲身災。故君子言必可行也。然後言之。行必可言也。然後行之。嗚呼戒之哉戒之哉。行之者在身。命之者在人。此福菑之本也。道者福之本。祥者福之榮也。無道者必失福之本。不祥者必失福之榮。故行而不緣道者。其言

必不頋義矣故紂自謂天王也桀自謂天子也已滅之後民以相駡也以此觀之則位不足以爲尊而號不足以爲榮矣故君子之貴也士民貴之故謂之貴也故君子之富也士民樂之故謂之富也故君子之貴也與民以福故士民貴之故君子之富也與民以財故士民樂之故君子富貴也至於子孫而衰則士民皆曰何君子之道衰也數也不肖暴者禍及其身則士民皆曰何天誅之遲也夫民者萬世之本也不可欺凡居於上位者簡士苦民者是謂愚敬士安民

者是謂智夫愚智者士民命之者故夫民命者大族也民不可不畏也故夫民者多力而不可敵也嗚呼戒之哉與民爲敵者民必勝之君能爲善則吏必能爲善矣吏能爲善則民必能爲善矣故民之不善也吏之罪也吏之不善也君之過也嗚呼戒之戒之故夫士民者率之以道然後士民道也率之以義然後士民義也率之以忠然後士民忠也率之以信然後士民信也故爲人君者其出令也其如聲士民學之其如響曲折而從若其如景矣嗚呼戒之哉戒之哉

君鄉善於此則其默協民皆鄉善於彼矣猶景之象形也君爲惡於此則啍啍然協民皆爲惡於彼矣猶響之應聲也是故以聖王而君子乎執事而臨民者日戒慎一日則士民亦日戒慎一日矣以道先民也道者聖王之行也文者聖王之辭也恭敬者聖王之容也忠信者聖王之教也夫聖人也者賢知之師也仁義者明君之性也故堯舜禹湯之治天下也所謂明君也士民樂之皆卽位百年然後崩士民猶以爲大數也桀紂所謂暴亂之君也士民苦之皆卽位十

年而滅士民猶以爲大久也故夫諸侯者士民皆愛之則其國必興矣故士民皆苦之則國必亡矣故夫士民者國家之所樹而諸侯之本也不可輕也嗚呼輕本不祥實爲身殃戒之哉戒之哉

大政下

易使喜難使怒者宜爲君識人之功而忘人之罪者宜爲貴故曰刑罰不可以慈民簡泄不可以得士故欲以刑罰慈民辟其猶以鞭狎狗也雖久弗親矣故欲以簡泄得士辟其猶以弧怵鳥也雖久弗得矣尺

士者弗敬則弗至民者弗愛則弗附故欲求士必附惟恭與敬忠與信古今無易矣潞澤有枯木而國無枯土矣故有不能求士之君而無不可得之士有不能治民之吏而無不可治之民故君明而吏賢矣吏賢而民治矣故見其民而知其吏見其吏而知其君矣故君功見於選吏吏功見於治民故勸之其上者猶其下而上睹矣此道之謂也故治國家者行道之謂國家必寧信道而不爲國家必空故政不可不慎也而吏不可不選也而道不可離也嗚呼戒之哉離

道而災至矣無世而無聖或不得知也無國而無士或弗能得也故世未嘗無聖也而字有不得聖王則弗起也國未嘗無士也不得君子則弗助也聖明則士閒飾矣故聖王在上位則士百里而有一人則猶無有也故王者衰則士沒矣故暴亂在上位則千里而有一人則猶比肩也故國者有不幸而無賢士矣故自古而至於今澤有無水國無無士故士易得而難求也易致而難留也故求士而不以道周徧境內不能得一人焉故求士而以道則國中多有之此之謂士

易得而難求也故待士而以敬則士必至矣待士而不以道則士必去矣此之謂士易致而難留也王者有易政而無易國有易吏而無易民故因是國也而爲安因是民也而爲治故湯以紂之亂爲治武王以紂之北卒爲彊故民之治亂在於吏國之安危在於政是以明君在於政也慎之於吏也選之然後國興也故君能爲善則吏必能爲善矣吏能爲善則民必能爲善矣故民之不善也失之者吏也故民之善者吏之功也故吏之不善也失之者君也吏之善者君

之功也是故君明而吏賢而民治矣故苟上好之其下必化之此道之政也夫民爲言萌也萌之爲言盲也故惟上之所扶而以之民無不化也故曰民萌民萌哉直言其意而爲之名也夫民者賢不肖之杖賢不肖皆具焉故賢人得焉不肖者休焉技能輸焉忠信飾焉故民者積愚也故夫民者雖愚也明上選吏焉必使民與焉故士民譽之則明上察之見歸而舉之故士民苦之則明上察之見非而去之故王者取吏不忘必使民唱然後和之故夫民者吏之程也察吏

於民然後隨之。夫民至卑也使之取吏焉必取其愛焉故十人愛之有歸則十人之吏也百人愛之有歸則百人之吏也千人愛之有歸則千人之吏也萬人愛之有歸則萬人之吏也故萬人之吏也撰卿相焉夫民者諸侯之本也教者政之本也道者教之本也有道然後教也有教然後政治也政治然後民勸之然後國豐富也故國豐且富然後君樂也忠臣之功也臣之忠者君之明也臣忠君明此之謂政之綱也故國也者行之綱然後國臧也故君之信在於所信

所信不信雖欲論信也終身不信矣故所信不可不愼也事君之道不過於事父故不肖者之事父也不可以事君事長之道不過於事兄故不肖者之事兄也不可以事長使下之道不過於使弟故不肖者之使弟也不可以使下交接之道不過於爲身故不肖者之爲身也不可以接友慈民之道不過於愛其子故不肖者之愛其子不可以慈民居官之道不過於居家故不肖者之於家也不可以居官夫道者行之於父則行之於君矣行之於兄則行之於長矣行之於弟則行之於下矣行之於身則行之於友矣行之於子則行之於民矣行之於家則行之於官矣故士則未仕而能以試矣聖王選舉也以爲表也言之然後知其問謀焉然後知其極任之以事然後知其信故古聖王君子不素距人以此爲明察也國之治政在諸侯大夫士察之理在其與徒君必擇其臣而臣必擇所與故察明者賢乎人之辭不出於室而無不見也察明者乘人不出其宮而無所不入也故王者居於中國不出其國而明於天下之政何也則賢人

之辭也不離其位而境內親之者謂之人爲之行也故愛人之道言之者謂之其府故愛人之道行之者謂之其禮故忠諸侯者無以易敬士也忠君子者無以易愛民也諸侯不得士則不能興矣故君子不得民而不能稱矣故士能言道而弗能行者謂之器能行道而弗能言者謂之用能言而能行之者謂之實故君子訊其器任其用乘其實而治安興矣嗚呼人耳人耳諸侯即位享國社稷血食而政有命國無君也官有政長而民有所攸竊而政有命國無吏也官

駕百乘而食食千人政有命。國無人也、何也、君之爲言考也、故君也者道之所出也、賢人不舉而不肖人不去、此君無道也、故政謂此國無君也。吏之爲言理也。故吏也者理之所出也。上爲非而不敢諫。下爲善而不知勸、此吏無理也。故政謂此國無吏也。官駕百乘而食食千人、近側者不足以問諫、而出朝假不足以考度。故政謂此國無人也。嗚呼悲哉、君者群也、無人誰據、無據必蹶、政謂此國素亡也、

脩政語上

黃帝曰道若川谷之水、其出無已、其行無止、故服人而不爲佹、分人而不譐者、其惟道矣、故播之於天下而不忘者、其惟道矣。是以道高比於天、道明比於日、道安比於山。故言之者見謂智、學之者見謂賢、守之者見謂信、樂之者見謂仁、行之者見謂聖人。故惟道不可竊也、不可以虛爲也、故黃帝職道義、經天地、紀人倫、序萬物。以信與仁爲天下先。然後濟東海、入江內取綠圖、而濟積石、涉流沙、登於崑崙、於是還歸中國、以平天下、天下太平。唯躬道而已、

帝顓頊曰至道不可過也。至義不可易也、是故以後者復迹也、故上緣黃帝之道而行之。學黃帝之道而賞之。加而弗損。天下亦平也。

顓頊曰、功莫美於去惡而爲善。罪莫大於去善而爲惡、故非吾善善而已也、善緣善也。非惡惡而已也。惡緣惡也、吾日慎一日。其此已也、

帝嚳曰、緣道者之辭而學爲已。緣巧者之事而學爲巧、行仁者之操而學爲仁也、故節仁之器以脩其躬。而身專其美矣。故士緣黃帝之道而明之、學帝顓頊

之道而行之。而天下亦平也。

帝嚳曰德莫高於博愛人、而政莫高於博利人。故政莫大於信、治莫大於仁。吾慎此而已也。

帝堯曰、吾存心於先古、加意於窮民。痛萬姓之罹罪、憂眾生之不遂也。故一民或饑。曰此我饑之也。一民或寒。曰此我寒之也。一民有罪。曰此我陷之也。仁行而義立、德博而化富。故不賞而民勸、不罰而民治。先恕而後行、是以德音遠也。是故堯教化及雕題、蜀越、撫交趾、身涉流沙、地封獨山、西見王母、訓及大夏、渠

搜北中幽都及狗國與人身鳥面及焦僥好賢而隱不還而彊於行而循於志率以仁而恕至此而已矣帝舜曰吾盡吾敬以事吾上故見謂忠焉吾盡吾敬以接吾敵故見謂信焉吾盡吾敬以使吾下故見謂愛焉是以見愛親於天下之民而見貴信於天下之君故吾取之以敬也吾得之以敬也故欲明道而諭教惟以敬也故欲明道爲忠必服之

大禹之治天下也諸侯萬人而禹一皆知其體故大禹豈能一見而知之也豈能一聞而識之也諸侯朝

會而禹親服之故是以禹一皆知其國也其士月朝而禹親見之故是以禹一皆知其體也然且大禹其猶大恐諸侯會則問於諸侯曰諸侯以寡人爲驕乎朔日士朝則問於士曰諸大夫以寡人爲汰乎其聞寡人之驕之汰耶而不以語寡人者此教寡人之殘道也滅天下之教也故寡人之所怨於人者莫大於此也大禹曰民無食也則我弗能使也功成而不利於民我弗能勸也故環河而導之九牧鑿江而導之九路澄五湖而定東海民勞矣而弗苦者功成而利於民也禹嘗晝不暇食夜不暇寢矣方是時也憂務故也故禹與民士同務故不自言其信而諭矣故治天下以信爲之也

湯曰學聖王之道者譬其如日靜思而獨居譬其若火夫舍學聖之道而靜居獨思譬其若去日之明於庭而就火之光於室也然可以小見而不可以大知是故明君而君子貴尚學道而賤下獨思也故諸君得賢而舉之得賢而與之譬其若登山乎得不肖而舉之得不肖而與之譬其若下淵乎故登山而望其

何不臨而何不見凌遲而入淵其孰不陷溺是以明君愼其舉而君子愼於得舉然後細福可必細菑可去矣

湯曰藥食嘗於卑然後至於貴藥言獻於貴然後聞於卑故藥食嘗於卑然後至於貴教也藥言獻於貴然後聞於卑道也故使人味食然後食者其得味也多使人味言然後聞者其得言也少故以是明上之於言也必自也聽之必自也擇之必自也聚之必自也藏之必自也行之故道以數取之爲明以數行之

爲章以數施之萬姓爲藏是故求道者不以目而以心取道者不以手而以耳致道者以言入道者以忠積道者以信樹道者以人故人主有欲治安之心而無治安之故者雖欲治顯榮也弗得矣故治安不可以虛成也顯榮不可以虛得也故明君敬士察吏愛民以參其極非此者則四美不附矣

脩政語下

周文王問於鬻子曰敢問君子將入其職則其於民也何如鬻子對曰唯疑請以上世之政詔於君王故

曰君子將入其職則其於民也旭旭然如日之始出也文王曰受命矣曰君子既入其職則其於民也何若對曰君子既入其職則其於民也暯暯然如日之正中文王曰受命矣曰君子既去其職則其於民也何若對曰君子既去其職則其於民也暗暗然如日之已入也故君子將入而旭旭者義先聞也既入而暯暯者民保其福也既去而暗暗者民失其教也文王曰受命矣

周武王問於鬻子曰寡人願守而必存攻而必得戰而必勝則吾爲此柰何鬻子曰唯攻守而戰乎同器而和與嚴其備也故曰和可以守而嚴可以守而嚴不若和之固也和可以攻而嚴可以攻而嚴不若和之德也和可以戰而嚴可以戰而嚴不若和之勝也則唯由和而可也故諸侯發政施令政平於人者謂之文政矣諸侯接士而使吏禮恭於人者謂之文禮矣諸侯聽獄斷治治陳仁於刑而由此守而不存攻而不得戰而不勝者自古而至于今自天地之辟也未之嘗聞也今也君王欲守而必存攻而必得戰而

必勝則唯由此也爲可也武王曰受命矣

周武王問於王子旦曰敢問治有必成而戰有必勝乎攻有必得而守有必存乎王子旦對曰有政曰諸侯政平於內而威於外矣君子行脩於身而信於輿人矣治民民治而榮於名矣故諸侯凡有治心者必脩之以道而興之以敬然後能以成也凡有戰心者必脩之以政而興之以義然後能以勝也凡有攻心者必結之以約而諭之以信然後能以得也凡有守心者必固之以和而諭之以愛然後能有存也周武

王曰受命矣

師尚父曰吾聞之於政也曰天下壙壙然一人有之萬民藂藂一人理之故天下者非一家之有也有道者之有也故夫天下者唯有道者理之唯有道者紀之唯有道者使之唯有道者宜處而久之故夫天下者難得而易失也難常而易亡也故守天下者非以道則弗得而長也故夫道者萬世之寶也周武王曰受命矣

周成王年六歲即位享國親以其身見於粥子之家

而問焉曰昔者先王與帝脩道而道脩寡人之望也亦願以教敢問與國之道奈何粥子對曰唯疑請以上世之政詔於君王政曰興國之道君思善則行之君聞善則行之君知善則行之位敬而常之行信而長之則興國之道也周成王曰受命矣

周成王曰敢問於道之要奈何粥子對曰唯疑請以上世之道詔於君王政曰爲人下者敬而肅爲人上者恭而仁爲人君者敬士愛民以終其身此道之要也周成王曰受命矣

周成王曰敢問治國之道若何粥子曰唯疑請以上世之政詔於君王政曰治國之道上忠於主而中敬其士而下愛其民故上忠其主者非以道義則無以入忠也而忠敬其士不以禮節則無以諭敬也下愛其民非以忠信則無以諭愛也故忠信行於民禮節諭於士道義入於上則治國之道也雖治天下者由此而已周成王曰受命矣

周成王曰寡人聞之有上人者有下人者有賢人者有不肖人者有智人者有愚人者敢問上下之人何

以爲異粥子對曰唯疑請以上世之政詔於君王政曰凡人者若賤若貴若幼若老聞道志而藏之知道善而行之上人矣聞道而弗取藏也知道而弗取行也則謂之下人也故夫行者善則謂之賢人矣行者惡則謂之不肖矣故夫言者善則謂之智矣言者不善則謂之愚矣故智愚之人有其辭矣賢不肖之人別其行矣上下之人等其志矣周成王曰受命矣

周成王曰寡人聞之聖王在上位使民富且壽云若夫富則可爲也若夫壽則不在於天乎粥子曰唯疑

請以上世之政詔於君王政曰聖王在上位則天下不死軍兵之事故諸侯不私相攻而民不私相闘閱不私相殺也故聖王在上則民免於一死而得一生矣聖王在上則臣積於道而吏積於德而民積於用力故婦爲其所衣丈夫爲其所食則民無凍餒矣聖王在上則民免於二死而得二生矣聖王在上則君積於仁而吏積於愛而民積於順則刑罰廢矣而民無大過之誅故聖王在上則民免於三死而得三生矣故聖王在上則使民有時而用之有節則民無癘

疾故聖王在上則民免於四死而得四生矣故聖王在上則使盜境內與賢良以禁邪惡故賢人必用而不肖人不作則已得其命矣故夫富且壽者聖王之功也周成王曰受命矣

新書卷九終

新書卷十

禮容

魯叔孫昭聘于宋宋元公與之燕飲酒樂昭子右坐歌終而語因相泣也樂祁曰過哉君非哀所也已而告人曰今茲君與叔孫其皆死乎吾聞之哀樂而樂哀皆喪心也心之精爽是謂䰟魄䰟魄已失何以能久且吾聞之主民者不可以媮媮必死今君與叔孫其語皆媮死日不遠矣居六月宋元公薨閒一月叔孫婼卒

晉叔向聘于周發幣大夫及單靖公靖公享之儉而敬賓禮贈賄同是禮而從享燕無私送不過郊詩說昊天有成命旣而叔向告人曰吾聞之曰一姓不再興今周有單子以爲臣周其復興乎昔史佚有言曰動莫若敬居莫若儉德莫若讓事莫若咨今單子皆有焉夫宮室不崇器無雕鏤儉也身恭除潔外內肅給敬也燕好享食雖歡不踰等讓也賓之禮事稱上而差咨也若是而加之以無私重之以不佼能辟怨矣居儉動敬德讓事咨而能辟怨以爲鄉佐其有不

興乎夫天有成命頌之盛德也其詩曰昊天有成命二后受之成王不敢康夙夜基命宥謐謐者寧也億也命者制令也基者經也勢也夙早也康安也后王二后文王武王成王者武王之子文王之孫也文王有大德而功未就武王有大功而治未成及成王承嗣仁以臨民故稱昊天焉不敢怠安蚤興夜寐以繼文王之業布文陳紀經制度設犧牲使四海之内懿然葆德各遵其道故曰有成承順武王之功奉揚武王之德九州之民四荒之國歌謠文武之烈累九譯而請朝致貢職以供祀故曰二后受之方是時也天地調和神民順億鬼不厲祟民不謗怨故曰宥謐成王質仁聖哲能明其先能承其親不敢惰懈以安天下以敬民人今單子美説其志也以佐周室吾故曰周其復興乎故周平王既崩以後周室稍稍衰弱不墜當單子之佐政也天子加尊周室加典

晉之三卿郤錡郤犨郤至從晉厲公會諸侯于柯陵周單襄公在會晉厲公視遠步高郤錡見單子其語犯郤犨見其語訏郤至見其語伐齊國佐見其語盡

單襄公告魯成公曰晉將有亂其君與三郤其當之乎魯侯曰寡人懼晉而彊其君今君曰將有亂敢問天道乎抑人故也對曰吾非瞽史也焉知天道吾見晉君之容而聽三郤之語矣殆必有禍矣君子目以正體足以從之是以觀容而知其心今晉侯視遠而足高目不在體而足不步目其心必異矣目體不相從何以能久夫合諸侯國之大事也於是觀存亡之徵焉故國將有福其君步言視聽必皆得適順善則可以知德矣視遠日絶其義足高日弃其德言爽日反其信聽淫日離其名目以處義足以踐德口以庇信耳以聽名者矣故不可不慎也偏亡者有咎既亡則國從之今晉侯無一可焉吾是以云夫郤氏晉之寵人也是族在晉有三卿五大夫貴矣亦可以戒懼矣今郤伯之語犯郤叔訏郤季伐犯則陵人訏則誣人伐則掩人有是寵也而益之以三怨其誰能忍之齊國武子亦將有禍齊亂國也立於淫亂之朝而好盡言以暴人過怨之本也惟善人能受盡言今齊既亂其能善乎居二年晉殺三卿明年厲公弑於東門

是歲也齊人果殺國武子詩曰敬之敬之天惟顯思命不易哉毋曰高高在上陟降厥士日監在茲維予小子不聰敬止日就月將學有緝熙于光明佛時仔肩視我顯德行故弗順弗敬天下必定志敬而怠人必乘之嗚呼戒之哉

胎教雜事

易曰正其本而萬物理失之毫釐差以千里故君子愼始也春秋之元詩之關雎禮之冠婚易之乾坤皆愼始敬終云爾素成謹爲子孫婚妻嫁女必擇孝悌

世世有行義者如是則其子孫慈孝不取淫暴黨無不善三族輔之故曰鳳凰生而有仁義之意虎狼生而有貪戾之心兩者不等各以其母嗚呼戒之哉無養乳虎將傷天下故曰素成胎教之道書之玉版藏之金櫃置之宗廟以爲後世戒

青史氏之記曰古者胎教之道王后有身之七月而就蔞室太師持銅而御戶左太宰持斗而御戶右太卜持蓍龜而御堂下諸官皆以其職御於門內比三月者王后所求聲音非禮樂則太師撫樂而稱不習所求滋味非正味則太宰荷斗而不敢煎調而曰不敢以待王太子太子生而泣太師吹銅曰聲中某律太宰曰滋味上某太卜曰命云某然後爲王太子懸弧之禮義東方之弧以梧梧者東方之草春木也其牲以雞雞者東方之牲也南方之弧以柳柳者南方之草夏木也其牲以狗狗者南方之牲也中央之弧以桑桑者中央之木也其牲以牛牛者中央之牲也西方之弧以棘棘者西方之草也秋木也其牲以羊羊者西方之牲也北方之弧以棗棗者北方之草冬

木也其牲以彘彘者北方之牲也五弧五分矢東方射東方南方射南方中央射中央西方射西方北方射北方皆三射其四弧具其餘各二分矢懸諸國四通門之左中央之弧亦具餘二分矢懸諸社稷門之左然後卜王太子名上毋取於天下毋取於地中毋取於名山通谷毋悖於鄉俗是故君子名難知而易諱也此所以養息之道也正之禮者王太子無羞臣領臣之子也故謂領臣之子也身朝王者妻朝后之子是謂臣之子也此正禮胎教也周后妃妊成王於

身立而不跛坐而不差笑而不諠獨處而不倨雖怒而不詈胎教之謂也成王生仁者養之孝者襁之四賢傍之成王有知而選太公爲師周公爲傅前有與計而後有與慮也是以封於泰山而禪於梁父朝諸侯一天下由此觀之立左右不可不練也昔禹以夏王而桀以夏亡湯以殷王而紂以殷亡闔閭以吳戰勝無敵而夫差以之見禽於越文公以晉伯而厲公以見殺於匠麗之宮威王以齊彊於天下而簡公以殺於檀臺穆公以秦顯名尊號而二世以劫於望夷

之宮其所以君王同而功迹不等者所任異也故成王處襁褓之中朝諸侯周公用事也武靈王五十而弒於沙丘任李兌也齊桓公得管仲九合諸侯一匡天下稱爲義主失管仲饒豎刁狄牙而身死不塟爲天下笑一人之身榮辱具施焉者在所任也故魏有公子無忌而削地復得趙任藺相如而秦兵不敢出安陵任周瞻而國人獨立楚有申包胥而昭王復反齊有陳單襄而王得其國由此觀之無賢佐俊士能成功立名安危繼絕者未之有也是以國不務大而務得民心佐不務多而務得賢者得民心而民往之得賢者而賢歸之文王請除炮烙之刑而殷民從湯去張網者之三面而二垂至越王不頹舊冢而吳人服以其所爲順於人也故同聲則處異而相應意合則未見而相親賢者立於本朝而天下之士相率而趨之何以知其然也管仲者桓公之讎也鮑叔以爲賢於已而進之桓公七十言說乃聽遂使桓公除仇讎之心而委之國政焉桓公垂拱無事而朝諸侯鮑叔之力也管仲之所以北走桓公而無自危之心者

同聲於鮑叔也衛靈公之時蘧伯玉賢而不用彌子瑕不肖而任事史鰌患之數言蘧伯玉賢而不聽病且死謂其子曰我卽死治喪於北堂吾生不能進蘧伯玉而退彌子瑕是不能正君也生不能正君者死不當成禮死而置屍於北堂於我足矣靈公往弔問其故其子以父言聞靈公戚然易容而寤曰吾失矣立召蘧伯玉而進之召彌子瑕而退之徙喪於當堂成禮而後去衛國以治史鰌之力也夫生進賢而退不肖死且未止又以屍諫可謂忠不衰矣紂殺王子

比干而箕子被髮而佯狂陳靈公殺泄冶而鄧元去陳以族徙自是之後殷幷於周陳亡於楚以其殺比干與泄治而失箕子與鄧元也燕昭王得郭隗而鄒衍樂毅自齊魏至於是舉兵攻齊棲閔王於莒燕度地計衆不與齊均也然而所以能信意至於此者由得士故也故無常安之國無宜治之民得賢者顯昌失賢者危亡自古及今未有不然者也明鑑所以照形也往古所以知今也夫知惡古之所以危亡不務襲迹於其所以安存則未有異於却走而求及前人

也太公知之故國微子之後而封比干之墓夫聖人之於聖者之死尚如此其厚也況當世存者乎其弗失可知矣

立後義

古之聖帝將立世子則帝自朝服自阼階上西鄉於妃妃抱世子自房出東鄉太史奉書而上堂當兩階之間北面立曰世子名曰某者三帝執禮稱辭命世子曰授太祖太宗與社稷於子者三其命也妃曰不敢者再於三命曰謹受命拜而退太史以告太祝太祝以告太祖太宗與社稷太史出以告太宰太宰以告州伯州伯命藏之州府凡諸官已下至於百姓男女無敢與世子同者以此防民百姓猶有爭爲君者夫勢明則民定而出於一道故人皆爭爲宰相而不姦爲世子非宰相尊而世子卑也不可以智求不可以力爭也今以爲知子莫如父故疾死置後者恣父之所以此使親戚不相親兄弟不相愛亂天下之紀使天下之俗失闇尊敬而不讓其道莫經於此疾死置後以嫡長子如此則親戚相愛而兄弟不爭此天

下之至義也民之不爭亦惟學王宫國君室也殷湯放桀武王伐紂此天下之所同聞也爲人臣而放其君爲人下而弑其上天下之至逆也而所以有天下者以爲天下開利除害以義經之也故聲名稱於天下而傳於後世隱其惡而揚其德美立其功烈而傳之於久遠故天下皆稱聖帝至治其道之下當天下之散亂以强凌弱衆暴寡愚治智士卒罷弊死於甲兵老弱騷動不得治產業以天下之無天子也高皇帝起於布衣而兼有天下臣萬方諸侯爲天下辟興

利除害寢天下之兵天下之至德也而天下莫能明高皇帝之德美定功烈而施於後世也故天下猶行弊世德與其功烈風俗也夫帝王者莫不相時而立儀度務而制事以馴其時也欲變古易常者不死不亡此聖人之所制也惡民吏之故拘爲言使結之也所以聞於後世也

新書卷十終

新序叙

古之治天下者一道德同風俗蓋九州之廣萬民之衆千歲之遠其教既明其政既成之後所守者一道所傳者一說而已故詩書之文歷世數十作者非一而言未嘗不相爲終始化之如此其至也當是之時異行者有誅異言者有禁防之又如此其備也故二帝三王之際及其中間嘗更衰亂而餘澤未熄之時百家衆說未有能出其間者也及周之末世先王之教化法度既廢餘澤既熄世之治方

術者蓋得其一偏故人奮其私意家尚其私學學者蠭起於中國皆明其所長而昧其所短務其所得而諱其所失天下之士各自爲言而不能相通世人之不復知夫學之有統道之有歸也先王之遺文雖在皆絀而不

講況至於秦爲世所大禁哉漢興六藝皆得於散絕殘脫之餘世無復明先王之道爲衆說之所蔽闇而不明鬱而不發而怪奇可喜之論各師異見皆自名家者誕漫於中國一切不異於周之末世其弊至於今尚在也

自斯以來天下學者知折衷於聖人而能純於道德之美者揚雄氏而止耳如向之徒皆不免爲衆說之蔽而不知有折衷者也孟子曰待文王而後興者凡民也豪傑之士雖無文王猶興漢之士豈特無明先王之道以

一之者哉亦其出於是時者豪傑之士少故不能特起於流俗之中絕學之後也蓋向之序此書於今最爲近古雖不能無失然遠至舜禹而次及於周秦以來古人之嘉言善行亦往往而在也要在慎取之而已故臣既

惜其不可見者而校其可見者特詳焉亦足以知臣之志者豈好辯哉蓋臣之不得已也編校書籍臣曾鞏上

新序卷一

漢　沛郡劉向著　新城陳用光校

雜事第一

昔者舜自耕稼陶漁而躬孝友父瞽瞍頑母嚚及弟象傲皆下愚不移舜盡孝道以供養瞽瞍瞽瞍與象為浚井塗廩之謀欲以殺舜舜孝益篤出田則號泣年五十猶嬰兒慕可謂至孝矣故耕於歷山歷山之耕者讓畔陶於河濱河濱之陶者器不苦窳漁於雷澤雷澤之漁者分均及立為天子天下化之蠻夷率服北發渠搜南撫交阯莫不慕義麟鳳在郊故孔子曰孝弟之至通於神明光於四海舜之謂也孔子在州里篤行孝道居於闕黨闕黨之子弟畋漁分有親者得多孝以化之也是以七十二子自遠方至服從其德魯有沈猶氏者旦飲羊飽之以欺市人公慎氏有妻而淫慎潰氏奢侈驕佚魯氏之鬻牛馬者善豫賈孔子將為魯司寇沈猶氏不敢朝飲其羊公慎氏出其妻慎潰氏踰境而徙魯之鬻馬牛不遇賈布正以待之也既為司寇季孟墮郈費之城齊人歸所侵

魯之地由積正之所致也故曰其身正不令而行

孫叔敖爲嬰兒之時出遊見兩頭蛇殺而埋之歸而泣其母問其故叔敖對曰聞見兩頭之蛇者死嚮者吾見之恐去母而死也其母曰蛇今安在曰恐他人又見殺而埋之矣其母曰吾聞有陰德者天報以福汝不死也及長爲楚令尹未治而國人信其仁也

禹之興也以塗山桀之亡也以末喜湯之興也以有莘紂之亡也以妲己文武之興也以任姒幽王之亡也以褒姒是以詩正關雎而春秋褒伯姬也樊姬楚

國之夫人也楚莊王罷朝而晏問其故莊王曰今旦與賢相語不知日之晏也樊姬曰賢相爲誰王曰爲虞丘子樊姬掩口而笑王問其故曰妾幸得執巾櫛以侍王非不欲專貴擅愛也以爲傷王之義故所進與妾同位者數人矣今虞丘子爲相數十年未嘗進一賢知而不進是不忠也不知是不智也安得爲賢明日朝王以樊姬之言告虞丘子虞丘子稽首曰如樊姬之言於是辭位而進孫叔敖孫叔敖相楚莊王卒以霸樊姬與有力焉

衛靈公之時蘧伯玉賢而不用彌子瑕不肖而任事衛大夫史鰌患之數以諫靈公而不聽史鰌病且死謂其子曰我即死治喪於北堂吾不能進蘧伯玉而退彌子瑕是不能正君也生不能正君者死不當成禮置尸北堂於我足矣史鰌死靈公往弔見喪在北堂問其故其子具以父言對靈公靈公蹴然易容寤然失位曰夫子生則欲進賢而退不肖死且不懈又以尸諫可謂忠而不衰矣於是乃召蘧伯玉而進之以爲卿退彌子瑕徙喪正堂成禮而後返衛國以治

史鰌字子魚論語所謂直哉史魚者也

晉大夫祁奚老晉君問曰孰可使嗣祁奚對曰解狐可君曰非子之讎耶對曰君問可非問讎也晉遂舉解狐後又問孰可以爲國尉祁奚對曰午也可君曰非子之子耶對曰君問可非問子也君子謂祁奚能舉善矣稱其讎不爲諂立其子不爲比書曰不偏不黨王道蕩蕩祁奚之謂也外舉不避仇讎內舉不回親戚可謂至公矣唯善故能舉其類詩曰唯其有之是以似之祁奚有焉

楚共王有疾。召令尹曰。常侍筦蘇與我處。常忠我以道。正我以義。吾與處不安也。不見不思也。雖然。吾有得也。其功不細。必厚爵之。申侯伯與處。常縱恣吾。吾所樂者。勸吾爲之。吾所好者。先吾服之。吾與處歡樂之。不見戚戚也。雖然。吾終無得也。其過不細。必亟遣之。令尹曰諾。明日王薨。令尹卽拜筦蘇爲上卿。而逐申侯伯出之境。曾子曰。鳥之將死。其鳴也哀。人之將死。其言也善。言反其本性。共王之謂也。故孔子曰。朝聞道。夕死可矣。於以開後嗣。覺來世。猶愈没身不寤

者也。

昔者魏武侯謀事而當。羣臣莫能逮。朝而有喜色。吳起進曰。今者有以楚莊王之語聞者乎。武侯曰。未也。莊王之語奈何。吳起曰。楚莊王謀事而當。羣臣莫能逮。朝而有憂色。申公巫臣進曰。君朝而有憂色何也。莊王曰。吾聞之。諸侯自擇師者王。自擇友者霸。足己而羣臣莫之若者亡。今以不穀之不肖而議於朝。且羣臣莫能逮。吾國其幾於亡矣。吾是以有憂色也。莊王之所以憂。而君獨有喜色何也。武侯逡巡而謝曰。

天使夫子振寡人之過也。天使夫子振寡人之過也。

衛國逐獻公。晉悼公謂師曠曰。衛人出其君。不亦甚乎。對曰。或者其君實甚也。夫天生民而立之君。使司牧之。無使失性。良君將賞善而除民患。愛民如子。蓋之如天。容之若地。民奉其君。愛之如父母。仰之如日月。敬之如神明。畏之若雷霆。夫君。神之主也。而民之望也。天之愛民甚矣。豈使一人肆於民上。以縱其淫。而棄天地之性乎。必不然矣。若困民之性。乏神之祀。百姓絕望。社稷無主。將焉用之。不去何爲。公曰。善。

趙簡子上羊腸之坂。羣臣皆偏袒推車。而虎會獨擔戟行歌不推車。簡子曰。寡人上坂。羣臣皆推車。會獨擔戟行歌不推車。是會爲人臣侮其主。爲人臣侮其主。其罪何若。虎會對曰。爲人臣而侮其主者。死而又死。簡子曰。何謂死而又死。虎會曰。身死。妻子又死。若是謂死而又死。君既已聞爲人臣而侮其主者之罪矣。君亦聞爲人君而侮其臣者乎。簡子曰。爲人君而侮其臣者何若。虎會對曰。爲人君而侮其臣者。智者不爲謀。辯者不爲使。勇者不爲鬬。智者不爲謀則社

稷危辯者不爲使則使不通勇者不爲鬬則邊境侵簡子曰善乃罷羣臣不推車爲士大夫置酒與羣臣飲以虎會爲上客

昔者周舍事趙簡子立趙簡子之門三日三夜簡子使人出問之曰夫子將何以令我周舍曰願爲諤諤之臣墨筆操牘隨君之後司君之過而書之日有記也月有效也歲有得也簡子悅之與處居無幾何而周舍死簡子厚葬之三年之後與諸大夫飲酒酣簡子泣諸大夫起而出曰臣有死罪而不自知也簡子

曰大夫反無罪昔者吾友周舍有言曰百羊之皮不如一狐之腋衆人之唯唯不如周舍之諤諤昔紂昏昏而亡武王諤諤而昌自周舍之死後吾未嘗聞君過也故人君不聞其非及聞而不改者亡吾國其幾於亡矣是以泣也

魏文侯與士大夫坐問曰寡人何如君也羣臣皆曰君仁君也次至翟黄曰君非仁君也曰子何以言之對曰君伐中山不以封君之弟而以封君之長子臣以此知君之非仁君文侯大怒而逐翟黄黄起而出次至任座文侯問寡人何如君也任座對曰君仁君也曰子何以言之對曰臣聞之其君仁者其臣直向翟黄之言直臣是以知君仁君也文侯曰善復召翟黄入拜爲上卿

中行寅將亡乃召其太祝而欲加罪焉曰子爲我祝犧牲不肥澤耶且齋戒不敬耶使吾國亡何也祝簡對曰昔者吾先君中行穆子皮車十乘不憂其薄也憂德義之不足也今主君有革車百乘不憂德義之薄也唯患車不足也夫舟車飾則賦斂厚賦斂厚則

民怨謗詛矣且君苟以爲祝有益於國乎則詛亦將爲損世亡矣一人祝之一國詛之一祝不勝萬詛國亡不亦宜乎祝其何罪中行子乃慚

秦欲伐楚使使者往觀楚之寶器楚王聞之召令尹子西而問焉曰秦欲觀楚之寶器吾和氏之璧隨侯之珠可以示諸令尹子西對曰不知也召昭奚恤而問焉昭奚恤對曰此欲觀吾國得失而圖之不在寶器在賢臣珠玉玩好之物非寶重者王遂使昭奚恤應之昭奚恤發精兵三百人陳於西門之内爲東面

之壇一。爲南面之壇四。爲西面之壇一。秦使者至。昭奚恤曰。君客也。請就上位東面。令尹子西南面。太宗子敖次之。葉公子高次之。司馬子反次之。昭奚恤自居西面之壇。稱曰。客欲觀楚國之寶器。楚國之所寶者賢臣也。理百姓。實倉廩。使民各得其所。令尹子西在此。奉珪璧。使諸侯。解忿悁之難。交兩國之歡。使無兵革之憂。太宗子敖在此。守封疆。謹境界。不侵鄰國。鄰國亦不見侵。葉公子高在此。理師旅。整兵戎。以當彊敵。提枹鼓以動百萬之衆。所使皆趨湯火。蹈白刃。

出萬死不顧一生之難。司馬子反在此。懷霸王之餘議。攝治亂之遺風。昭奚恤在此。唯大國之所觀。秦使者懼然無以對。昭奚恤遂揖而去。秦使者反言於秦君曰。楚多賢臣。未可謀也。遂不伐楚。詩曰。濟濟多士。文王以寧。斯之謂也。

晉平公欲伐齊。使范昭往觀焉。景公賜之酒。酣。范昭曰。願請君之樽酌。公曰。酌寡人之樽。進之於客。范昭已飲。晏子曰。徹樽更之。罇觶具矣。范昭佯醉不悅而起舞。謂太師曰。能爲我調成周之樂乎。吾爲子舞之。太師曰。冥臣不習。范昭趨而出。景公謂晏子曰。晉大國也。使人來將觀吾政也。今子怒大國之使者。將奈何。晏子曰。夫范昭之爲人。非陋而不識禮也。且欲試吾君臣。故絕之也。景公謂太師曰。子何以不爲客調成周之樂乎。太師對曰。夫成周之樂。天子之樂也。若調之。必人主舞之。今范昭人臣也。而欲舞天子之樂。臣故不爲也。范昭歸以告平公曰。齊未可伐也。臣欲試其君。而晏子識之。臣欲犯其禮。而太師知之。仲尼聞之曰。夫不出於樽俎之閒。而知千里之外。其晏子

之謂也。可謂折衝矣。而太師其與焉。

晉平公浮西河。中流而歎曰。嗟乎。安得賢士與共此樂者。船人固桑進對曰。君言過矣。夫劍產於越。珠產江漢。玉產昆山。此三寶者。皆無足而至。今君苟好士。則賢士至矣。平公曰。固桑來。吾門下食客者三千餘人。朝食不足。暮收市租。暮食不足。朝收市租。吾尚可謂不好士乎。固桑對曰。今夫鴻鵠高飛沖天。然其所恃者六翮耳。夫腹下之毳。背上之毛。增去一把。飛不爲高下。不知君之食客。六翮邪。將腹背之毳也。平公

默然而不應焉。

楚威王問於宋玉曰先生其有遺行邪何士民衆庶不譽之甚也宋玉對曰唯然有之願大王寬其罪使得畢其辭客有歌於郢中者其始曰下里巴人國中屬而和者數千人其爲陽陵采薇國中屬而和者數百人其爲陽春白雪國中屬而和者數十人而已也引商刻角雜以流徵國中屬而和者不過數人是其曲彌高者其和彌寡故鳥有鳳而魚有鯨鳳鳥上擊於九千里絕浮雲負蒼天翱翔乎窈冥之上夫糞田

之鴳豈能與之斷天地之高哉鯨魚朝發崑崙之墟暴鬐於碣石暮宿於孟諸夫尺澤之鯢豈能與之量江海之大哉故非獨鳥有鳳而魚有鯨也士亦有之夫聖人瑰意奇行超然獨處世俗之民又安知臣之所爲哉。

晉平公閒居師曠侍坐平公曰子生無目眹甚矣子之墨墨也師曠對曰天下有五墨墨而臣不得與一焉平公曰何謂也師曠曰羣臣行賂以采名譽百姓侵寃無所告訴而君不悟此一墨墨也忠臣不用用臣不忠下才處高不肖臨賢而君不悟此二墨墨也姦臣欺詐空虛府庫以其少才覆塞其惡賢人逐姦邪貴而君不悟此三墨墨也國貧民罷上下不和而好財用兵嗜欲無厭諂諛之人容容在旁而君不悟此四墨墨也至道不明法令不行吏民不正百姓不安而君不悟此五墨墨也國有五墨墨而不危者未之有也臣之墨墨小墨墨耳何害乎國家哉

趙文子問於叔向曰晉六將軍孰先亡乎對曰其中行氏乎文子曰何故先亡對曰中行氏之爲政也以

苛爲察以欺爲明以刻爲忠以計多爲善以聚斂爲良譬之其猶鞟革者也大則大矣裂之道也當先亡

楚莊王既討陳靈公之賊殺夏徵舒得夏姬而悅之將近之申公巫臣諫曰此女亂陳國敗其羣臣嬖女不可近也莊王從之令尹又欲取申公巫臣諫令尹從之後襄尹取之至恭王與晉戰於鄢陵楚兵敗襄尹死其尸不反數求晉不與夏姬請如晉求尸楚方遣之申公巫臣將使齊私說夏姬與謀及夏姬行而申公巫臣廢使命道亡隨夏姬之晉令尹將徙其族

言之於王曰申公巫臣諫先王以無近夏姬今身廢使命與夏姬逃之晉是欺先王也請徙其族王曰申公巫臣爲先王謀則忠自爲謀則不忠是厚於先王而自薄也何罪於先王遂不徙

新序卷一終

新序卷二

雜事第二

昔者唐虞崇舉九賢布之於位而海內大康要荒來賓麟鳳在郊商湯用伊尹而文武用太公閎夭成王任周召而海內大治越裳重譯祥瑞並降遂安千載皆由任賢之功也無賢臣雖五帝三王不能以興齊桓公得管仲有霸諸侯之榮失管仲而有危亂之辱虞不用百里奚而亡秦繆公用之而霸楚不用伍子胥而破吳闔廬用之而霸夫差非徒不用子胥也又

殺之而國卒以亡燕昭王用樂毅推弱燕之兵破彊齊之讎屠七十城而惠王廢樂毅更代以騎劫兵立破亡七十城此父用之子不用其事可見矣故闔廬用子胥以興夫差殺之而以亡昭王用樂毅以勝惠王逐之而敗此的的然若白黑秦不用叔孫通項王不用陳平韓信而皆滅漢用之而大興此未遠也夫失賢者其禍如彼用賢者其福如此人君莫不求賢以自輔然而國以亂亡者所謂賢者不賢也或使賢者爲之與不肖者議之使智者圖之與愚者謀之不

肖嫉賢愚。者嫉智。是賢者之所以隔蔽也。所以千載不合者也。或不肖用賢而不能久也。或久而不能終也。或不肖子廢賢父之忠臣。其禍敗難一二錄也。然其要在於已不明而聽衆口。譖愬不行。斯爲明也。魏龐恭與太子質於邯鄲。謂魏王曰。今一人來言市中有虎。王信之乎。王曰。否。曰。二人言王信之乎。曰。寡人疑矣。曰。三人言王信之乎。曰。寡人信之矣。龐恭曰。夫市之無虎明矣。三人言而成虎。今邯鄲去魏遠於市。議臣者過三人。願王察之也。魏王曰。寡人知之矣。及

龐恭自邯鄲反。讒口果至。遂不得間。甘茂。下蔡人也。西入秦。數有功。至武王以爲左丞相。樗里子爲右丞相。樗里子及公孫子皆秦諸公子也。其外家韓也。數攻韓。秦武王謂甘茂曰。寡人欲容車至周室者。其道乎韓之宜陽。欲使甘茂伐韓取宜陽。以通道至周室。甘茂曰。請約魏與伐韓。令向壽輔行。甘茂旣約魏。許甘茂還至息壤。謂向壽曰。子歸言之王。魏聽臣矣。然願王勿伐也。向壽歸。以告王。王迎甘茂於息壤。問其故。對曰。宜陽大縣也。名爲縣。其實郡也。今王倍數險行千里攻之難。昔者曾參之處鄭。人有與曾參同名姓者殺人。人告其母曰。曾參殺人。其母織自若也。頃然一人又來告之。其母曰。吾子不殺人。有頃一人又來告。其母投杼下機。踰牆而走。夫以曾參之賢與其母信之也。然三人疑之。其母懼焉。今臣之賢也不若曾參。王之信臣也又不如曾參之母之信曾參也。疑臣者非特三人也。臣恐大王投杼也。魏文侯令樂羊將而攻中山。三年而拔之。樂羊反而語功。文侯示之謗書一篋。樂羊再拜稽首曰。此非臣之功也。主君之

力也。今臣羈旅也。樗里子公孫子二人挾韓而議。王必信之。是王欺魏而臣受韓之怨也。王曰。寡人不聽也。使伐宜陽。五月而宜陽未拔。樗里子公孫子果爭之。武王召甘茂。欲罷兵。甘茂曰。息壤在彼。王曰。有之。因悉起兵。使甘茂將擊之。遂拔宜陽。及武王薨。昭王立。樗里子公孫子讒之。甘茂遇罪。卒奔齊。故非至明其孰能毋用讒乎。

楚王問羣臣曰。吾聞北方畏昭奚恤。亦誠何如。江乙答曰。虎求百獸食之。得一狐。狐曰。子毋敢食我也。天

帝令我長百獸今子食我是逆帝命也以我爲不信吾爲子先行子隨我後觀百獸見我無不走虎以爲然隨而行獸見之皆走虎不知獸畏己而走也以爲畏狐也今王地方五千里帶甲百萬而專任之於昭奚恤也非方非畏昭奚恤也其實畏王之甲兵也猶百獸之畏虎故人臣而見畏者是見君之威也君不用則威亡矣

魯君使宓子賤爲單父宰子賤辭去因請借善書者二人使書憲書教品魯君予之至單父使書子賤從旁引其肘書醜則怒之欲好書則又引之書者患之請辭而去歸以告魯君魯君曰子賤苦吾擾之使不得施其善政也乃命有司無得擅徵發單父單父之化大治故孔子曰君子哉子賤魯無君子者斯安取斯美其德也

楚人有獻魚楚王者曰今日漁獲食之不盡賣之不售棄之又惜故來獻也左右曰鄙哉辭也楚王曰子不知漁者仁人也蓋聞囷倉粟有餘者國有餓民一本作下民多飢後宮多幽女者下民多曠夫餘衍之蓄聚於

府庫者境內多貧困之民皆失君人之道故一有廚字庖有肥魚廄有肥馬民有餓色是以亡國之君藏於府庫寡人聞之久矣未能行也漁者知之其以此喻寡人也且今行之於是乃遣使恤鰥寡而存孤獨出倉粟發幣帛而振不足罷去後宮不御者出以妻鰥夫楚民欣欣大悅鄰國歸之故漁者壹獻餘魚而楚國賴之可謂仁智矣

昔者鄒忌以鼓琴見齊宣王宣王善之鄒忌曰夫琴所以象政也遂爲王言琴之象政狀及霸王之事宣王大悅與語三日遂拜以爲相齊有稷下先生喜議政事鄒忌既爲齊相稷下先生淳于髡之屬七十二人皆輕忌以謂設以辭鄒忌不能及乃相與俱往見鄒忌淳于髡之徒禮倨鄒忌之禮卑淳于髡等曰狐白之裘補之以弊羊皮何如鄒忌曰敬諾請不敢雜賢以不肖淳于髡曰方內而員釭何如鄒忌曰敬諾請謹門內不敢留賓客淳于髡等曰三人共牧一羊羊不得食人亦不得息何如鄒忌曰敬諾減吏省員使無擾民也淳于髡等三稱鄒忌三知之如應響淳

于髠等辭屈而去鄒忌之禮倨淳于髠等之禮卑故所以尚干將莫邪者貴其立斷也所以貴騏驥者爲其立至也必且歷日曠久乎絲氂猶能挈石駑馬亦能致遠是以聰明捷敏人之美材也子貢曰回也聞一以知十美敏捷也

昔者燕相得罪於君將出亡召門下諸大夫曰有能從我出者乎三問諸大夫莫對燕相曰嘻亦有士之不足養也大夫有進者曰亦有君之不能養士安有士之不足養者凶年饑歲士糟粕不厭而君之犬馬

有餘穀粟隆冬烈寒士短褐不完四體不蔽而君之臺觀帷㡘錦繡隨風飄飄而弊財者君之所輕死者士之所重也君不能施君之所輕而求得士之所重不亦難乎燕相遂慙遁逃不復敢見

晉文公出獵前驅曰前有大蛇高如隄阻道竟之文公曰寡人聞之諸侯夢惡則修德大夫夢惡則修官士夢惡則修身如是而禍不至矣今寡人有過天以戒寡人還車而反前驅曰臣聞之喜者無賞怒者無刑今禍福已在前矣不可變何不遂驅之文公曰不然夫神不勝道而妖亦不勝德禍福未發猶可化也還車反宿齋三日請於廟曰孤少犧不肥幣不厚罪一也孤好弋獵無度數罪二也孤多賦斂重刑罰罪三也請自今以來者關市無征澤梁無賦斂赦罪人舊田半稅新田不稅行此令未半旬守蛇吏夢天帝殺蛇曰何故當聖君道爲而罪當死發夢視蛇臭腐矣謁之文公曰然夫神果不勝道而妖亦不勝德奈何其無究理而任天也應之以德而已

梁君出獵見白雁羣梁君下車彀弓欲射之道有行

者梁君謂行者止行者不止白雁羣駭梁君怒欲射行者其御公孫襲下車撫矢曰君止梁君忿然作色而怒曰襲不與其君而顧與他人何也公孫襲對曰昔齊景公之時天大旱三年卜之曰必以人祠乃雨景公下堂頓首曰凡吾所以求雨者爲吾民也今必使吾以人祠乃且雨寡人將自當之言未卒而天大雨方千里者何也爲有德於天而惠於民也今主君以白雁之故而欲射人襲謂主君言無異於虎狼梁君援其手與上車歸入廟門呼萬歲曰幸哉今日也

他人獵皆得禽獸吾獵得善言而歸

武王勝殷得二虜而問焉曰而國有妖乎一虜荅曰吾國有妖晝見星而雨血此吾國之妖也一虜荅曰此則妖也雖然非其大者也吾國之妖其大者子不聽父弟不聽兄君令不行此妖之大者也

晉文公出田逐獸碭入大澤迷不知所出其中有漁者文公謂曰我若君也道安從出我且厚賜若漁者曰臣願有獻公曰出澤而受之於是遂出澤公令曰子之所欲以教寡人者何等也願受之漁者曰鴻鵠

保河海之中厭而欲移徙之小澤則必有九繒之憂黿鼉保深淵厭而出之淺渚則必有網羅釣射之憂今君逐獸碭入至此何行之太遠也文公曰善哉謂從者記漁者名漁者曰君何以名為君其尊天事地敬社稷固四國慈愛萬民薄賦斂輕租稅者臣亦與焉君不敬社稷不固四國外失禮於諸侯內逆民心一國流亡漁者雖得厚賜不能保也遂辭不受曰君亟歸國臣亦反吾漁所

晉文公逐麋而失之問農夫老古曰吾麋何在老古以足指曰如是往公曰寡人問子以足指何也老古振衣而起曰一不意人君如此也虎豹之居也厭閑而近人故得魚鼈之居也厭深而之淺故得諸侯厭衆而亡其國詩云維鵲有巢維鳩居之君放不歸人將君之於是文公恐歸遇欒武子欒武子曰獵得獸乎而有悅色文公曰寡人逐麋而失之得善言故有悅色欒武子曰其人安在乎曰吾未與來也欒武子曰居上位而不恤其下驕也緩令急誅暴也取人之言而棄其身盜也文公曰善還載老古與俱歸

扁鵲見齊桓侯立有間扁鵲曰君有疾在腠理不治將恐深桓侯曰寡人無疾扁鵲出桓侯曰醫之好利也欲治不疾以為功居十日扁鵲復見曰君之疾在肌膚不治將深桓侯不應扁鵲出桓侯不悅居十日扁鵲復見曰君之疾在腸胃不治將深桓侯不應扁鵲出桓侯又不悅居十日扁鵲復見望桓侯而還走桓侯使人問之扁鵲曰疾在腠理湯熨之所及也在肌膚鍼石之所及也在腸胃大劑之所及也在骨髓司命之所無奈何也今在骨髓臣是以無請也居五

日。桓侯體痛。使人索扁鵲。扁鵲已逃之秦矣。桓侯遂死。故良醫之治疾也。攻之於腠理。此事皆治之於小者也。夫事之禍福。亦有腠理之地。故聖人蚤從事矣。莊辛諫楚襄王曰。君王左州侯。右夏侯。從新安君與壽陵君。同軒淫衍侈靡。而忘國政。郢其危矣。王曰。先生老僭歟。妄爲楚國妖歟。莊辛對曰。臣非敢爲楚妖。誠見之也。君王卒近此四子者。則楚必亡矣。辛請留於趙以觀之。於是不出十月。王果亡巫山江漢鄢郢之地。於是王乃使召莊辛至於趙。辛至。王曰。嘻。先生

來邪。寡人以不用先生言至於此。爲之奈何。莊辛曰。君王用辛言則可。不用辛言。又將甚乎此。庶人有稱曰。亡羊而固牢。未爲遲。見兎而呼狗。未爲晚。湯武以百里王。桀紂以天下亡。今楚雖小。絕長繼短。以千里數。豈特百里哉。且君王獨不見夫青蛉乎。六足四翼。蜚翔乎天地之間。求蚊虻而食之。待甘露而飲之。自以爲無患。與民無爭也。不知五尺之童子。膠絲竿。加之乎四仞之上。而下爲螻蟻食。已青蛉猶其小者也。夫爵俛啄白粒。仰棲茂樹。鼓其翼。奮其身。自以爲無患。與民無爭也。不知公子王孫。左把彈。右攝丸。定操持。審參連。故晝遊乎茂樹。夕和乎酸鹹。爵猶其小者也。鴻鵠嬉遊乎江漢。息留乎大沼。俛啄鰋鯉。仰嚙陵衡。修其六翮。而陵清風。飄搖高翔。一舉千里。自以爲無患。與民無爭也。不知弋者選其弓弩。修其防翳。加繒繳其頸。投乎百仞之上。引纖繳。揚微波。折清風而殞。故朝遊乎江河。而暮調乎鼎俎。鴻鵠猶其小者也。蔡侯之事故是也。蔡侯南遊乎高陵。北徑乎巫山。逐麋麛麞鹿。彉谿子。隨時烏。嬉遊乎高蔡之囿。溢滿無

涯。不以國家爲事。不知子發受令宣王。厄以淮水。填以巫山。庚子之朝。纓以朱絲。臣而奏之乎宣王也。蔡侯之事猶其小者也。今君王之事。遂以左州侯。右夏侯。從新安君與壽陵君。淫衍侈靡。康樂遊娛。馳騁乎雲夢之中。不以天下與國家爲事。不知穰侯方與秦王謀。寘之以黽厄。而投之乎黽塞之外。一有而字襄王大懼。形體掉栗。曰。謹受令。乃封莊辛爲成陵君而用計焉。與舉淮北之地十二。諸侯魏文侯出遊。見路人反裘而負芻。文侯曰。胡爲反裘而負芻。對曰。臣愛其毛。

文侯曰若不知其裏盡而毛無所恃耶明年東陽上計錢布十倍大夫畢賀文侯曰此非所以賀我也譬無異夫路人反裘而負芻也將愛其毛不知其裏盡毛無所恃也今吾田地不加廣士民不加衆而錢十倍必取之士大夫也吾聞之下不安者上不可居也此所以賀我也

楚莊王問於孫叔敖曰寡人未得所以爲國是也孫叔敖曰國之有是衆非之所惡也臣恐王之不能定也王曰不定獨在君乎亦在臣乎孫叔敖曰國君驕

士曰士非我無道貴富士驕君曰國非士無道安强人君或至失國而不悟士或至飢寒而不進君臣不合國是無道定矣夏桀殷紂不定國是而以合其取舍者爲是以不合其取舍者爲非故致亡而不知莊王曰善哉願相國與諸侯士大夫共定國是寡人豈敢以褊國驕士民哉

楚莊王莅政三年不治而好隱戲社稷危國將亡士慶問左右羣臣曰王莅政三年不治而好隱戲社稷危國將亡胡不入諫左右曰子其入矣士慶入再拜而進曰隱有大鳥來止南山之陽三年不蜚不鳴不審其故何也王曰子其去矣寡人知之矣士慶曰臣言亦死不言亦死願聞其說王曰此鳥不蜚以長羽翼不鳴以觀羣臣之慝是鳥雖不蜚蜚必沖天雖不鳴鳴必驚人士慶稽首曰所願聞已王大悅士慶之問而拜之以爲令尹授之相印士慶出門顧左右笑曰吾王成王也中庶子聞之跪而泣曰臣尚衣冠御郎十三年矣前爲豪矢而後爲藩蔽王賜士慶相印而不賜臣臣死將有日矣王曰寡人居泥塗中子

所與寡人言者內不及國家外不及諸侯如子者可富而不可貴也於是乃出其國寶璧玉以賜之曰忠信者士之行也言語者士之道路也道路不修治士無所行矣

靖郭君欲城薛而客多以諫君告謁者無爲客通事於是有一齊人曰臣願一言過一言臣請烹謁者贊客客曰海大魚因反走靖郭君曰請少進客曰否臣不敢以死戲靖郭君曰嘻寡人毋得已試復道之客曰君獨不聞海大魚乎網弗能止繳弗能牽碭而失

水陸居則螻蟻得意焉且夫齊亦君之水也君已有
齊矣以薛爲君若無齊城薛猶且無益也靖郭君大
悅罷民弗城薛也
齊有婦人極醜無雙號曰無鹽女其爲人也臼頭深
目長壯大節卬鼻結喉肥項少髮折腰出胸皮膚若
漆行年三十無所容入衒家不售流棄莫執於是乃
拂拭短褐自詣宣王願一見謂謁者曰妾齊之不售
女也聞君王之聖德願備後宮之埽除頓首司馬門
外唯王幸許之謁者以聞宣王方置酒於漸臺左右

聞之莫不掩口而大笑曰此天下強顏女子也於是
宣王乃召而見之謂曰昔先王爲寡人取妃匹皆已
備有列位矣寡人今日聽鄭衛之聲嘔吟感傷揚激
楚之遺風今夫人不容鄉里布衣而欲干萬乘之主
亦有奇能乎無鹽女對曰無有直竊慕大王之美義
耳王曰雖然何喜良久曰竊嘗喜隱王曰隱固寡人
之所願也試一行之言未卒忽然不見矣宣王大驚
立發隱書而讀之退而惟之又不能得明日復更召
而問之又不以隱對但揚目銜齒舉手拊肘曰殆哉

殆哉如此者四宣王曰願遂聞命無鹽女對曰今大
王之君國也西有衡秦之患南有強楚之讎外有三
國之難內聚姦臣衆人不附春秋四十壯男不立不
務衆子而務衆婦尊所好而忽所恃一旦山陵崩弛
社稷不定此一殆也漸臺五重黃金白玉琅玕龍疏
翡翠珠璣莫落連飾萬民罷極此二殆也賢者伏匿
於山林諂諛強於左右邪僞立於本朝諫者不得通
入此三殆也酒漿流湎以夜續朝女樂俳優從橫大
笑外不修諸侯之禮內不秉國家之治此四殆也故

曰殆哉殆哉於是宣王掩然無聲意入黃泉忽然而
卬喟然而嘆曰痛乎無鹽君之言吾今乃一聞寡人
之殆寡人之殆幾不全於是立停漸臺罷女樂退諂
諛去彫琢選兵馬實府庫四闢公門招進直言延及
側陋擇吉日立太子進慈母顯隱女拜無鹽君爲王
后而國大安者醜女之力也

新序卷二終

新序卷三

雜事第三

梁惠王謂孟子曰寡人有疾寡人好色孟子曰王誠好色於王何有王曰若之何好色可以王孟子曰太王好色詩曰古公亶父來朝走馬率西水滸至於岐下爰及姜女聿來相宇太王愛厥妃出入必與之偕當是時內無怨女外無曠夫王若好色與百姓同之民唯恐王之不好色也王曰寡人有疾寡人好勇孟子曰王若好勇於王何有王曰若之何好勇可以王孟子曰詩曰王赫斯怒爰整其旅以按徂旅以篤周祜以對於天下此文王之勇也文王一怒而安天下之民今王亦一怒而安天下之民民唯恐王之不好勇也

孫卿與臨武君議兵於趙孝成王前王曰請問兵要臨武君對曰上得天時下得地利後之發先之至此用兵之要術也孫卿曰不然臣之所聞古之道凡戰用兵之術在於一民弓矢不調羿不能以中六馬不和造父不能以御遠士民不親附湯武不能以勝故

善用兵者務在於善附民而已臨武君曰不然夫兵之所貴者勢利也所上者變詐攻奪也善用之者奄忽焉莫知所從出孫吳用之無敵於天下由此觀之豈必待附民哉孫卿曰不然臣之所言者王者之兵君人之事也君之所言者勢利也所上者變詐攻奪也仁人之兵不可詐也彼可詐者怠慢者也落單者也君臣上下之間渙然有離德者也若以桀詐桀猶有幸焉若以桀詐堯譬之若以卵投石若以指繞沸若羽蹈烈火入則焦沒耳夫又何可詐也故仁人之

兵鋌則若莫邪之利刃嬰之者斷銳則若莫邪之利鋒當之者潰圓居而方止若盤石然觸之者隴種而退耳夫又何可詐也故仁人之兵或將三軍同力上下一心臣之於君也下之於上也若子之事父也若弟之事兄也若手足之捍頭目而覆胸腹也詐而襲之與先驚而後擊之一也夫又何可詐也且夫暴亂之君將誰與至哉彼其所與至者必其民也民之親我驩然如父母好我芳如椒蘭反顧其上如灼黥如仇讎人之情雖桀跖豈有肯爲其所惡而賊其所好

者哉是猶使人之孫子自賊其父母也詩曰武王載旆有虔秉鉞如火烈烈則莫我敢曷此之謂也孝成王臨武君曰善請問王者之兵孫卿曰將卒者末事也臣請列王者之事君人之法昔者秦魏為與國齊楚約而欲攻魏魏使人求救於秦冠蓋相望秦救不出魏人有唐且者年九十餘謂魏王曰老臣請西說秦令兵先臣出可乎魏王曰敬諾遂約車而遣之且見秦王秦王曰丈人罔然乃遠至此甚苦矣魏來求救數矣寡人知魏之急矣唐且答曰大王已知魏之

急而救不至是大王籌筴之臣失之也且夫魏一萬乘之國也稱東藩受冠帶祠春秋者為秦之強足以為與也今齊楚之兵已在魏郊矣大王之救不至魏急則且割地而約齊楚王雖欲救之豈有及哉是亡一萬乘之魏而強二敵之齊楚也竊以為大王籌筴之臣失之矣秦王瞿然而悟遽發兵救之馳騖而往齊楚聞之引兵而去魏氏復故唐且一說定強秦之筴解魏國之患散齊楚之兵一舉而折衝消難辭之功也孔子曰言語宰我子貢故詩曰辭之集矣民之洽矣辭之懌矣民之莫矣唐且有辭魏國賴之故不可以已

燕易王時國大亂齊閔王興師伐燕屠燕國載其寶器而歸易王死及燕國復太子立為燕王是為燕昭王昭王賢即位卑身厚幣以招賢者謂郭隗曰齊因孤國之亂而襲破燕孤極知燕小力少不足以報然得賢士與共國以雪先王之醜孤之願也先王視可者得身事之隗曰臣聞古之人君有以千金求千里馬者三年不能得涓人言於君曰請求之君遣之三

月得千里馬馬已死買其骨五百金反以報君君大怒曰所求者生馬安用死馬捐五百金涓人對曰死馬且市之五百金況生馬乎天下必以王為能市馬馬今至矣於是不期年千里馬至者二今王誠欲必致士請從隗始隗且見事況賢於隗者乎豈遠千里哉於是昭王為隗築宮而師之樂毅自魏往鄒衍自齊往劇辛自趙往士爭走燕燕王弔死問孤與百姓同甘苦二十八年燕國殷富士卒樂軼輕戰於是遂以樂毅為上將軍與秦楚三晉合謀以伐齊樂毅之

莢得賢之功也
樂毅爲昭王謀。必待諸侯兵。齊乃可伐也。於是乃使
樂毅使諸侯。遂合連四國之兵以伐齊。大破之。閔王
亡逃。僅以身脫匿莒。樂毅追之。遂屠七十餘城。臨淄
盡降。唯莒即墨未下。盡復收燕寶器而歸。復易王之
厚。樂毅謝罷諸侯之兵。而獨圍莒即墨。時田單爲即
墨令。患樂毅善用兵。田單不能詐也。欲去之。昭王又
賢。不肯聽讒。會昭王死。惠王立。田單使人讒之。惠王
惡。王使騎劫代樂毅。樂毅去之趙。不歸燕。騎劫既爲

將軍。田單大喜。設詐大破燕軍。殺騎劫。盡復收七十
餘城。是時齊閔公已死。田單得太子於莒。立爲齊襄
王。而燕惠王大慚。自悔易樂毅。以致此禍。惠王乃使
人遺樂毅書曰。寡人不佞。不能奉順君志。故君捐國
而去。寡人不肖明矣。敢謁其願。而君弗肯聽也。故使
使者陳愚志。君誠諭之。語曰。仁不輕絕。智不輕怨。君
於先王。世之所明知也。寡人望有非則君覆蓋之。不
虞君明棄之也。望有過則君教誨之。不虞君明罪之
也。寡人之罪。百姓弗聞。君微出明怨以棄寡人。寡人

必有罪矣。然恐君之未盡厚也。諺曰。厚者不損人以
自益。仁者不危軀以要名。故覆人之邪者。厚之行也。
救人之過者。仁之道也。世有覆寡人之邪。救寡人之
過。非君惡所望之。今君厚受德於先王之成尊。輕棄
寡人以快心。則覆邪救過。難得於君矣。且世有厚薄。
故施異行。有得失。故患同。今寡人任不肖之罪。而君
有失厚之累。於爲君擇無所取。國有封疆。猶家之有
垣墻。所以合好覆惡也。室不能相和。出訟鄰家。未爲
通計也。怨惡未見而明棄之。未爲盡厚也。寡人雖不

肖。未如殷紂之亂也。君雖未得志。未如商容箕子之
累也。然不內盡寡人。明怨於外。恐其適足以傷高義
而薄於行也。非然。苟可以成君之高明。君之義。寡人
雖惡名不難受也。本以爲明寡人之薄而君不得厚。
揚寡人之毀而君不得榮。是一舉而兩失也。義者不
毀人以自益。況傷人以自損乎。願君無以寡人之不
肖累往事之美。昔者柳下季爲理於魯。三絀而不去。
或曰可以去矣。柳下季曰。苟與人異。惡往而不絀乎。
猶且絀也。寧故國耳。柳下季不以絀自累。故自前業

不忘不以去爲心故遠近無議寡人之罪國人不知而議寡人者天下諺曰仁不輕絕知不簡功簡功棄大者仇也輕絕厚利者怨也仇而棄之怨而累之宜在遠者不望之乎君今寡人無罪君豈怨之乎願君捐忿和怒追順先王以復教寡人寡人意君之曰余將快心以成而過不顧先王以明而惡使寡人進不得循初退不得變過此君所制唯君圖之此寡人之愚志敬以書謁之樂毅使人獻書燕王（一有報字）曰臣不肖不能奉承王命以順左右之心恐抵斧鉞之罪以

傷先王之明有害足下之義故遁逃自負以不肖之罪而不敢有辭說今王數之以罪恐侍御者不察先王之所以畜臣之理不白乎臣之所以事先王之心故不敢不以書對臣聞賢聖之君不以祿私親功多者授之不以官隨愛能當者處之故曰察能而授官者成功之君也論行而結交者立名之士也臣以所學觀先王舉措有高世主之心故假節於魏以身得察於燕先王過舉擢之賓客之中立之羣臣之上不謀父兄以爲亞卿臣自以爲奉令承教可幸無罪故受命而不辭先王命臣曰我有積怨深怒於齊不量輕弱欲以齊爲事臣對曰夫齊者霸王之餘業戰勝之遺事閑於兵革習於戰攻王若欲攻之必與天下圖之圖之莫若徑結趙且淮北宋地楚魏之願也趙若許約楚魏盡力四國攻之齊可大破也王曰善臣乃受命具符節南使趙顧反起兵攻齊以天之道先王之靈河北之地隨先王而舉之濟上之兵受命而勝之輕卒銳兵長驅至齊齊王遁逃走莒僅以身免珠玉貨寶車甲珍器皆收入燕大呂陳於元英故鼎

反於磨室齊器設於寧臺薊丘之植植於汶篁五伯以來功業之盛未有及先王者也先王以爲快其志以臣不損令故裂地而封臣使比小國諸侯臣聞賢聖之君功立不廢故著於春秋蚤知之士名成而不毀故稱於後世若先王之報怨雪醜夷萬乘之齊收八百年之積及其棄羣臣之日餘令詔後嗣之義法執政任事循法令順庶孽施及萌隸皆可以教後世臣聞善作者不必善成善始者不必善終昔伍子胥說聽於闔閭吳爲遠迹至郢夫差不是也賜之鴟夷

沉之江故夫差不討先論之可以立功也沉子胥而不悔子胥不蚤見王之不同量也故入江而不化夫免身而全功以明先王之迹臣之上計也離毀辱之誹墮先王之明臣之大恐也臨不測之罪以幸爲利義之所不敢出也臣聞君子絕交無惡言去臣無惡聲臣雖不佞數奉教於君子臣恐侍御者親左右之說不察疏遠之行故敢以書謝

齊人鄒陽客遊於梁人或讒之於孝王孝王怒繫而將欲殺之鄒陽客遊見讒自冤乃從獄中上書其辭

曰臣聞忠無不報信不見疑臣常以爲然徒虛語爾昔者荊軻慕燕丹之義白虹貫日太子畏之衛先生爲秦畫長平之計太白蝕昴昭王疑之夫精變天地而信不諭兩主豈不哀哉今臣盡忠竭誠畢義願知左右不明卒從吏訊爲世所疑是使荊軻衛先生復起而燕秦不悟也願大王熟察之昔者玉人獻寶楚王誅之李斯竭忠胡亥極刑是以箕子佯狂接輿避世恐遭此變也願大王熟察玉人李斯之意而後楚王胡亥之聽無使臣爲箕子接輿所欺臣聞比干剖

心子胥鴟夷臣始不信乃今知之願大王熟察之少加憐焉諺曰有白頭而新傾蓋而故何則知與不知也昔者樊於期逃秦之燕藉荊軻首以奉丹之事王奢去齊之魏臨城自剄以卻齊而存魏王奢樊於期非新於齊秦而故於燕魏也所以去二國死兩君者行合於志而慕義無窮也是以蘇秦不信於天下爲燕尾生白圭戰亡六城爲魏取中山何則誠有以相知也蘇秦相燕燕人惡之於燕王燕王按劍而怒食之以駃騠白圭顯於中山中山人惡之於魏文侯投

以夜光之璧何則兩主二臣剖心析肝相信豈移於浮辭哉故女無美惡居宮見妬士無賢不肖入朝見嫉昔司馬喜臏於宋卒相中山范睢拉脅折齒於魏卒爲應侯此二人者皆信必然之畫捐朋黨之私挾孤獨之交故不能自免於嫉妬之人也是以申徒狄蹈流之河徐衍負石入海不容於世義不苟取比周於朝以移主上之心故百里奚乞食於道路繆公委之以政甯戚飯牛車下而桓公任之以國此二人者豈藉宦於朝假譽於左右然後二主用之哉感於心

合於行堅於膠漆昆弟不能離豈惑於衆口哉故偏聽生姦獨任成亂昔魯聽季孫之說逐孔子宋信子冉之計逐墨翟夫以孔墨之辯而不能自免何則衆口鑠金積毀銷骨是以秦用由余而霸中國齊用越人子臧而強威宣此二國豈拘於俗牽於世繫奇偏之辭哉公聽共觀垂名當世故意合則胡越爲兄弟由余子臧是也不合則骨肉爲仇讐朱象管蔡是也今人主如能用齊秦之明後宋魯之聽則五伯不足侔三王易爲比也是以聖王覺悟捐子之之心能不

說於田常之賢封比干之後修孕婦之墓故功業覆於天下何則欲善無厭也夫晉文公親其讐而強霸諸侯齊桓公用其仇而一匡天下何則慈仁殷勤誠加於心不可以虛辭借也至夫秦用商鞅之法東弱韓魏立強天下而卒車裂商君越用大夫種之謀擒勁吳霸中國卒誅其身是以孫叔敖三去相而不悔於陵仲子辭三公爲人灌園今世主誠能去驕傲之心懷可報之意披心腹見情素隳肝膽施德厚終與之窮通無變於士則桀之狗可使吠堯跖之客可使

刺由況因萬乘之權假聖王之資乎然則荆軻之沉七族要離燔妻子豈足爲大王道哉明月之珠夜光之璧以闇投人於道路衆無不按劍相眄者何則無因至前也蟠木根柢輪囷離奇而爲萬乘器者以左右先爲之容也故無因而至前雖出隨侯之珠夜光之璧秪足以結怨而不見德故有人先遊則以枯木朽株樹功而不忘今使天下布衣窮居之士雖蒙堯舜之術挾伊管之辯素無根柢之容而欲竭精神開忠信輔人主之治則人主必襲按劍相眄之迹矣是

使布衣不得當枯木朽株之資也是以聖王制世御俗獨化於陶鈞之上能不牽乎卑亂之言不惑乎衆多之口故秦皇帝任中庶子蒙嘉之言以信荆軻之說故匕首竊發周文王校獵涇渭載呂尚而歸以王天下秦信左右而弑周用烏集而王何則以其能越攣拘之語馳域外之議獨觀於昭曠之道也今人主沉於諂諛之辭牽於帷墻之制使不羈之士與牛驥同皁此鮑焦之所以忿於世而不留於富貴之樂也臣聞盛飾以朝者不以私汙義砥礪名號者不以利

篤行故里名勝母而曾子不入邑號朝歌墨子回車今使天下寥廓之士籠於威重之權脅於勢位之貴回面汙行以事諂諛之人求親近於左右則士有伏死堀穴巖藪之中耳安有盡精神而趨闕下者哉書奏孝王孝王立出之卒為上客

新序卷三終

新序卷四

雜事第四

管仲言齊桓公曰夫墾田刱邑闢土殖穀盡地之利則臣不若甯戚請置以為田官登降揖讓進退閑習臣不如隰朋請置以為大行蚤入晏出犯君顏色進諫必忠不重富貴不避死亡則臣不若東郭牙請置以為諫臣決獄折中不誣無罪不殺無辜則臣不若弦寧請置以為大理平原廣囿車不結軌士不旋踵鼓之而三軍之士視死若歸則臣不若王子成甫請

置以為大司馬君如欲治國強兵則此五子者足矣如欲霸王則夷吾在此夫管仲能知人桓公能任賢所以九合諸侯一匡天下不用兵車管仲之功也詩曰濟濟多士文王以寧桓公其似之矣

有司請吏於齊桓公桓公曰以告仲父有司又請桓公曰以告仲父若是者三在側者曰一則告仲父二則告仲父易哉為君桓公曰吾未得仲父則難已得仲父曷其為不易也故王者勞於求人佚於得賢舜舉衆賢在位垂衣裳恭己無為而天下治湯文用伊

呂成王用周邵而刑措不用兵偃而不動用衆賢也桓公用管仲則小也故至於霸而不能以王故孔子曰小哉管仲之器蓋善其遇桓公惜其不能以王也至明主則不然所用大矣詩曰濟濟多士文王以寧此之謂也

公季成謂魏文侯曰田子方雖賢人然而非有士之君也君常與之齊禮假有賢於子方者君又何以加之文侯曰如子方者非成所得議也子方仁人也仁人也者國之寶也智士也者國之器也博通士也者國之尊也故國有仁人則羣臣不爭國有智士則無四鄰諸侯之患國有博通之士則人主尊固非成之所議也公季成自退於郊三日請罪

魏文侯弟曰季成友曰翟黃文侯欲相之而未能決以問李克克對曰君若置相則問樂商與王孫苟端孰賢文侯曰善以王孫苟端爲不肖翟黃進之樂商爲賢季成進之故相季成故知人則哲進賢受上賞季成以知賢故文侯以爲相季成翟黃皆近臣親屬也以所進者賢別之故李克之言是也

孟嘗君問於白圭曰魏文侯名過於桓公而功不及五伯何也白圭對曰魏文侯師子夏友田子方敬段干木此名之所以過於桓公也卜相則曰成與黃孰可此功之所以不及五伯也以私愛妨公舉在職者不堪其事故功廢然而名號顯榮者三士翊之也如相三士則王功成豈特霸哉

晉平公問於叔向曰昔者齊桓公九合諸侯一匡天下不識其君之力乎其臣之力乎叔向對曰管仲善制割隰朋善削縫賓胥無善純緣桓公知衣而已亦其臣之力也師曠侍曰臣請譬之以五味管仲善斷割之隰朋善煎熬之賓胥無善齊和之羹以熟矣奉而進之而君不入誰能彊之亦君之力也

昔者齊桓公與魯莊公爲柯之盟魯大夫曹劌謂莊公曰齊之侵魯至於城下城壞壓境君不圖與莊公曰嘻寡人之生不若死曹劌曰然則君請當其君臣請當其臣及會兩君就壇兩相相揖曹劌手劍拔刃而進迫桓公於壇上曰城壞壓境君不圖與管仲曰然則君何求曹劌曰願請汶陽田管仲謂桓公曰君

其許之桓公許之曹劌請盟桓公遂與之盟已盟摽劍而去左右曰要盟可倍曹劌可讐請倍盟而討曹劌管仲曰要盟可負而君不負曹劌可讐而君不讐信著天下矣遂不倍天下諸侯翕然而歸之爲鄄之會幽之盟諸侯莫不至焉爲陽穀之會貫澤之盟遠國皆來南伐强楚以致菁茅之貢北伐山戎爲燕開路三存亡國一繼絕世尊事周室九合諸侯一匡天下功次三王爲五伯長本信起乎柯之盟也

晉文公伐原與大夫期五日五日而原不降文公令

去之吏曰原不過三日將降矣君不如待之君曰得原失信吾不爲也原人聞之曰有君義若此不可不降也遂降溫人聞之亦請降故曰伐原而溫降此之謂也於是諸侯歸之遂侵曹伐衛爲踐土之會溫之盟後南破强楚尊事周室遂成霸功上次齊桓本信由伐原也

昔者趙之中牟叛趙襄子率師伐之圍未合而城自壞者十堵襄子擊金而退士軍吏曰君誅中牟之罪而城自壞是天助也君曷爲去之襄子曰吾聞之於叔向曰君子不乘人於利不迫人於險使之城而後攻中牟聞其義乃請降詩曰王猶允塞徐方旣來此之謂也襄子遂滅知氏并代爲天下彊本由伐中牟也

楚莊王伐鄭克之鄭伯肉袒左執旄旌右執鸞刀以迎莊王曰寡人無良邊陲之臣以干天之禍是以使君王沛焉辱到弊邑君如憐此喪人錫之不毛之地唯君王之命莊王曰君之不令臣交易爲言是以使寡人得見君之玉面也而微至乎此莊王親自手旌

左右麾軍還舍七里將軍子重進諫曰夫南郢之與鄭相去數千里諸大夫死者數人斯役死者數百人今尅而不有無乃失民力乎莊王曰吾聞之古者盂不穿皮不蠹不出四方以是見君子重禮而賤利也要其人不要其土人告從而不赦不祥也吾以不祥立乎天下菑之及吾身何日之有矣旣而晉人之救鄭者至請戰莊王許之將軍子重進諫曰晉强國也道近力新楚師疲勞君請勿許莊王曰不可强者我避之弱者我威之是寡人無以立乎天下也遂還師

以逆晉寇莊王援枹而鼓之晉師大敗晉人來渡河而南及敗奔走欲渡而北卒爭舟而以刃擊引舟中之指可掬也莊王曰嘻吾兩君之不相能也百姓何罪乃退師以軼晉寇詩曰柔亦不茹剛亦不吐不侮鰥寡不畏強禦莊王之謂也

晉人伐楚三舍不止大夫曰請擊之莊王曰先君之時晉不伐楚及孤之身而晉伐楚是寡人之過也如何其辱諸大夫也大夫曰先君之時晉不伐楚及臣之身而晉伐楚是臣之罪也請擊之莊王俛泣而起

拜諸大夫晉人聞之曰君臣爭以過爲在己且君下其臣猶如此所謂上下一心三軍同力未可攻也乃夜還師孔子聞之曰楚莊王霸其有方矣下士以一言而敵還以安社稷其霸不亦宜乎詩曰柔遠能邇以定我王此之謂也

晉文公將伐鄴趙衰言所以勝鄴文公用之而勝鄴將賞趙衰趙衰曰君將賞其末乎賞其本乎賞其末則騎乘者存賞其本則臣聞之郄虎公召郄虎曰衰言所以勝鄴鄴遂勝將賞之曰蓋聞之子子當賞郄虎對曰言之易行之難臣言之者也公曰子無辭郄虎不敢固辭乃受賞

梁大夫有宋就者嘗爲邊縣令與楚鄰界梁之邊亭與楚之邊亭皆種瓜各有數梁之邊亭人劬力數灌其瓜瓜美楚人窳而稀灌其瓜瓜惡楚令因以梁瓜之美怒其亭瓜之惡也楚亭人心惡梁亭之賢己因往夜竊搔梁亭之瓜皆有死焦者矣梁亭覺之因請其尉亦欲竊往報搔楚亭之瓜尉以請宋就就曰惡是何可構怨禍之道也人惡亦惡何褊之甚也若我

教子必每暮令人往竊爲楚亭夜善灌其瓜弗令知也於是梁亭乃每暮夜竊灌楚亭之瓜楚亭旦而行瓜則又皆以灌矣瓜日以美楚亭怪而察之則乃梁亭也楚令聞之大悅因具以聞楚王楚王聞之惄然愧以意自閔也告吏曰微搔瓜者得無有他罪乎此梁之陰讓也乃謝以重幣而請交於梁王楚王時稱則祝梁王以爲信故梁楚之歡由宋就始語曰轉敗而爲功因禍而爲福老子曰報怨以德此之謂也夫人既不善胡足效哉

梁嘗有疑獄羣臣半以爲當罪半以爲無罪雖梁王亦疑梁王曰陶之朱公以布衣富侔國是必有奇智乃召朱公而問曰梁有疑獄獄吏半以爲當罪半以爲不當罪雖寡人亦疑吾子決是奈何朱公曰臣鄙民也不知當獄雖然臣之家有二白璧其色相如也其徑相如也其澤相如也然其價一者千金一者五百金王曰徑與色澤相如也一者千金一者五百金何也朱公曰側而視之一者厚倍是以千金梁王曰善故獄疑則從去賞疑則從與梁國大悅由此觀之

墻薄則亟壞繒薄則亟裂器薄則亟毀酒薄則亟酸夫薄而可以曠日持久者殆未有也故有國畜民施政教者宜厚之而可耳

楚惠王食寒葅而得蛭因遂吞之腹有疾而不能食令尹入問曰王安得此疾也王曰我食寒葅而得蛭念譴之而不行其罪乎是法廢而威不立也非所以使國聞也譴而行其誅乎則庖宰食監法皆當死心又不忍也故吾恐蛭之見也因遂吞之令尹避席再拜而賀曰臣聞天道無親惟德是輔君有仁德天之所奉也病不爲傷是夕也惠王之後蛭出故其久病心腹之疾皆愈天之視聽不可不察也

鄭人遊於鄉校以議執政之善否然明謂子產曰何不毀鄉校子產曰胡爲夫人朝夕遊焉以議執政之善否其所善者吾將行之其所惡者吾將改之是吾師也如之何毀之吾聞爲國忠信以損怨不聞作威以防怨譬之若防川也大決所犯傷人必多吾不能救也不如小決之使導吾聞而藥之也然明曰蔑也乃今知吾子之信可事也小人實不材若果行此其

鄭國實賴之豈惟二三臣仲尼聞是語也曰以是觀之人謂子產不仁吾不信也

桓公與管仲鮑叔甯戚飲酒桓公謂鮑叔姑爲寡人祝乎鮑叔奉酒而起曰祝吾君無忘其出而在莒也使管仲無忘其束縛而從魯也使甯子無忘其飯牛於車下也桓公避席再拜曰寡人與二大夫皆無忘夫子之言齊之社稷必不廢矣此言常思困隘之時必不驕矣

桓公田至於麥丘見麥丘邑人問之子何爲者也對

曰麥丘邑人也公曰年幾何對曰八十有三矣公曰美哉壽乎子其以子壽祝寡人麥丘邑人曰祝主君使主君甚壽金玉是賤人爲寶桓公曰善哉至德不孤善言必再吾子其復之麥丘邑人曰祝主君使主君無羞學無惡下問賢者在傍諫者得入桓公曰善哉至德不孤善言必三吾子其復之麥丘邑人曰祝主君使主君無得罪於羣臣百姓桓公怫然作色曰吾聞之子得罪於父臣得罪於君未嘗聞君得罪於臣者也此一言者非夫二言者之匹也子更之麥丘

邑人坐拜而起曰此一言者夫二言之長也子得罪於父可以因姑姊叔父而解之父能赦之臣得罪於君可以因便辟左右而謝之君能赦之昔桀得罪於湯紂得罪於武王此則君之得罪於其臣者也莫爲謝至今不赦公曰善賴國家之福社稷之靈使寡人得吾子於此扶而載之自御以歸禮之於朝封之以麥丘而斷政焉

哀公問孔子曰寡人生乎深宮之中長乎婦人之手寡人未嘗知哀也未嘗知憂也未嘗知勞也未嘗知懼也未嘗知危也孔子辟席曰吾君之問乃聖君之問也丘小人也何足以言之哀公曰否吾子就席微吾子無所聞之矣孔子就席曰然君入廟門升自阼階仰見榱棟俯見几筵其器存其人亡君以此思哀則哀將安不至矣君昧爽而櫛冠平旦而聽朝一物不應亂之端也君以此思憂則憂將安不至矣君平旦而聽朝日昃而退諸侯之子孫必有在君之門廷者君以此思勞則勞將安不至矣君出魯之四門以望魯之四郊亡國之墟列必有數矣君以此思懼則

懼將安不至矣丘聞之君者舟也庶人者水也水則載舟水則覆舟君以此思危則危將安不至矣夫執國之柄履民之上懍乎如以腐索御奔馬易曰履虎尾詩曰如履薄冰不亦危乎哀公再拜曰寡人雖不敏請事斯語矣

昔者齊桓公出遊於野見亡國故城郭氏之墟問於野人曰是爲何墟野人曰是爲郭氏之墟桓公曰郭氏者曷爲墟野人曰郭氏者善善而惡惡桓公曰善善而惡惡人之善行也其所以爲墟者何也野人曰

善善而不能行。惡惡而不能去。是以爲墟也。桓公歸以語管仲。曰其人爲誰。桓公曰不知也。管仲曰君亦一郭氏也。於是桓公招野人而賞焉

晉文公田於虢。遇一老夫而問焉。虢之爲虢久矣。子處此故矣。虢亡其有說乎。對曰虢君斷則不能諫則無與也。不能斷又不能用人。此虢之所以亡。文公以輟田而歸。遇趙衰而告之。趙衰曰今其人安在。君曰吾不與之來也。趙衰曰古之君子聽其言而用其人。今之君子聽其言而棄其身。哀哉晉國之憂也。文公

乃召賞之。於是晉國樂納善言。文公卒以霸。

晉平公過九原而歎曰嗟乎。此地之蘊吾良臣多矣。若使死者起也。吾將誰與歸乎。叔向對曰其趙武乎。平公曰子黨於子之師也。對曰臣敢言趙武之爲人也。立若不勝衣。言若不出於口。然其身舉士於白屋下者四十六人。皆得其意。而公家甚賴之。及文子之死也。四十六人皆就賓位。是以無私德也。臣故以爲賢也。平公曰善。夫趙武賢臣也。相晉天下無兵革者九年。春秋曰晉趙武之力盡得人也

葉公諸梁問樂王鮒曰。晉大夫趙文子爲人何若。對曰好學而受規諫。葉公曰疑未盡之矣。對曰好學智也。受規諫仁也。江出汶山。其源若甕口。至楚國其廣十里。無他故。其下流多也。人而好學受規諫。宜哉其立也。詩曰其惟哲人。告之話言。順德之行。此之謂也。

鍾子期夜聞擊磬聲者而悲。旦召問之曰何哉子之擊磬若此之悲也。對曰臣之父殺人而不得。臣之母得而爲公家隸。臣得而爲公家擊磬。臣不睹臣之母三年於此矣。昨日爲舍市而睹之。意欲贖之無財。身

又公家之有也。是以悲也。鍾子期曰悲在心也。非在手也。非木非石也。悲於心而木石應之。以至誠故也。人君苟能至誠動於內。萬民必應而感移。堯舜之誠感於萬國。動於天地。故荒外從風。鳳麟翔舞。下及微物。咸得其所。易曰中孚豚魚吉。此之謂也。

勇士一呼。三軍皆辟。士之誠也。昔者楚熊渠子夜行。見寢石以爲伏虎。關弓射之。滅矢飲羽。下視知石也。却復射之。矢摧無迹。熊渠子見其誠心而金石爲之開。况人心乎。唱而不和。動而不隨。中必有不全者矣。

夫不降席而匡天下者求之己也孔子曰其身正不令而行其身不正雖令不從先王之所以拱揖指揮而四海賓者誠德之至已形於外故詩曰王猶允塞徐方既來此之謂也

齊有彗星齊侯使祝禳之晏子曰無益也祇取誣焉天道不謟不貳其命若之何禳之也且天之有彗以除穢也君無穢德又何禳焉若德之穢禳之何益一作損詩云惟此文王小心翼翼昭事上帝聿懷多福厥德不回以受方國君無違德方國將至何患於彗詩

曰我無所監夏后及商用亂之故民卒流亡若德之回亂民將流亡祝史之爲無能補也公說乃止

宋景公時熒惑在心懼召子韋而問曰熒惑在心何也子韋曰熒惑天罰也心宋分野也禍當君身雖然可移於宰相公曰宰相所使治國也而移死焉不祥寡人請自當也子韋曰可移於民公曰民死將誰君乎寧獨死耳子韋曰可移於歲公曰歲饑民饑必死爲人君欲殺其民以自活其誰以我爲君乎是寡人之命固盡矣子無復言矣子韋還走北面再拜曰臣故賀君天之處高而聽卑君有仁人之言三天必三賞君今夕星必徙舍君延壽二十一歲公曰子何以知之對曰君有三善故三賞星必三舍舍行七星星當一年三七二十一故曰延壽二十一年臣請伏於陛下以伺之星不徙臣請死之公曰可是夕也星三徙舍如子韋言老子曰能受國之不祥是謂天下之王也

宋康王時有爵生鸇於城之陬使史占之曰小而生巨必霸天下康王大喜於是滅滕伐薛取淮北之地

乃愈自信欲霸之亟成故射天笞地斬社稷而焚之曰威嚴伏天地鬼神罵國老之諫者爲無頭之棺以示有勇剖傴者之背鍥朝涉之脛而國人大駭齊聞而伐之民散城不守王乃逃兒侯之館遂得病而死故見祥而爲不可祥反爲禍臣向愚以鸇範傳推之宋史之占非也此黑祥傳所謂黑眚者也猶魯之有鸜鵒爲黑祥也屬於不謀其咎急也鸇者黑色食爵大於爵害爵也攫擊之物貪叨之類爵而生鸇者是宋君且行急暴擊伐貪叨之行距諫以生大禍以自

害也故爵生鷂於城陬者以亡國也明禍且害國也
康王不悟遂以滅亡此其効也

新序卷四終

新序卷五

雜事第五

魯哀公問子夏曰必學而後可以安國保民乎子夏曰不學而能安國保民者未嘗聞也哀公曰然則五帝有師乎子夏曰有臣聞黃帝學乎大眞顓頊學乎綠圖帝嚳學乎赤松子堯學乎尹壽舜學乎務成跗禹學乎西王國湯學乎威子伯文王學乎鉸時子斯武王學乎郭叔周公學乎太公仲尼學乎老聃此十一聖人未遭此師則功業不著乎天下名號不傳乎千世詩曰不愆不忘率由舊章此之謂也夫不學不明古道而能安國家者未之有也

呂子曰神農學悉老黃帝學大眞顓頊學伯夷父帝嚳學伯招帝堯學州文父帝舜學許由禹學大成贄湯學小臣文王武王學太公望周公旦齊桓公學管夷吾隰朋晉文公學咎犯隨會秦穆公學百里奚公孫支楚莊王學孫叔敖沈尹竺吳王闔閭學伍子胥文之儀越王勾踐學范蠡大夫種此皆聖王之所學也且夫天生人而使其耳可以聞不學其聞則不若

聾使其目可以見不學其見則不若盲使其口可以言不學其言則不若瘖使其心可以智不學其智則不若狂故凡學非能益之也達天性也能全天之所生而勿敗之可謂善學者矣

湯見祝網者置四面其祝曰從天墜者從地出者從四方來者皆離吾網湯曰嘻盡之矣非桀其孰爲此湯乃解其三面置其一面更敎之祝曰昔蛛蝥作網今之人循序欲左者左欲右者右欲高者高欲下者下吾取其犯命者漢南之國聞之曰湯之德及禽獸

矣四十國歸之人置四面未必得鳥湯去三面置其一面以網四十國非徒網鳥也

周文王作靈臺及爲池沼掘地得死人之骨吏以聞於文王文王曰更葬之吏曰此無主矣文王曰有天下者天下之主也有一國者一國之主也寡人固其主又安求主遂令吏以衣棺更葬之天下聞之皆曰文王賢矣澤及枯骨又況於人乎或得寶以危國文王得朽骨以喻其意而天下歸心焉

管仲傅齊公子糾鮑叔傅公子小白齊公孫無知殺襄公公子糾奔魯小白奔莒齊人誅無知迎公子糾於魯公子糾與小白爭入管仲射小白中其帶鈎小白佯死遂先入是爲齊桓公公子糾死管仲奔魯桓公立國定使人迎管仲於魯遂立以爲仲父委國而聽之九合諸侯一匡天下爲五伯長里鳧須晉公子重耳之守府者也公子重耳出亡於晉里鳧須竊其寶貨而逃公子重耳反國立爲君里鳧須造門願見文公方沐其謁者復文公握髮而應之曰里鳧須邪曰然謂鳧須曰若猶有以面目而復見我乎謁者謂

里鳧須鳧須對曰臣聞之沐者其心覆心覆者言悖君意沐邪何悖也謁者復文公見之曰若竊我貨寶而逃我謂汝猶有面目而見我邪汝曰若何悖也是何也鳧須曰然君反國國之半不自安也君寧棄國之半乎其寧有全晉乎文公曰何謂也鳧須曰得罪於君者莫大於鳧須矣君謂赦鳧須顯出以爲右如鳧須之罪重也君猶赦之況有輕於鳧須者乎文公曰聞命矣遂赦之明日出行國使爲右翕然晉國皆安語曰桓公任其賊而文公用其盜故曰明主任計

不任怒閗主任怒不任計計勝怒者彊怒勝計者亡此之謂也

甯戚欲干齊桓公窮困無以自進於是爲商旅賃車以適齊暮宿於郭門之外桓公郊迎客夜開門辟賃車者執火甚盛從者甚衆甯戚飯牛於車下望桓公而悲擊牛角疾商歌桓公聞之撫其僕之手曰異哉此歌者非常人也命後車載之桓公反至從者以請桓公曰賜之衣冠將見之甯戚見說桓公以合境內明日復見說桓公以爲天下桓公大說將任之羣臣

爭之曰客衛人去齊五百里不遠不若使人問之固賢人也任之未晚也桓公曰不然問之恐其有小惡以其小惡忘人之大美此人主所以失天下之士也且人固難全權用其長者遂舉大用之而授之以爲卿當此舉也桓公得之矣所以霸也

齊桓公見小臣稷一日三至不得見也從者曰萬乘之主布衣之士一日三至而不得見亦可以止矣桓公曰不然士之傲爵祿者固輕其主其主傲霸王者亦輕其士縱夫子傲爵祿吾庸敢傲霸王乎五往而後得見天下聞之皆曰桓公猶下布衣之士而況國君乎於是相率而朝靡有不至桓公所以九合諸侯一匡天下者遇士於是也詩云有覺德行四國順之桓公其以之矣

魏文侯過段干木之閭而軾其僕曰君何爲軾曰此非段干木之閭乎段干木蓋賢者也吾安敢不軾且吾聞段干木未嘗肯以己易寡人也吾安敢高之段干木光乎德寡人光乎地段干木富乎義寡人富乎財地不如德財不如義寡人當事之者也遂致祿百

萬而時往問之國人皆喜相與誦之曰吾君好正段干木之敬吾君好忠段干木之隆居無幾何秦興兵欲攻魏司馬唐且諫秦君曰段干木賢者也而魏禮之天下莫不聞無乃不可加兵乎秦君以爲然乃案兵而輟不攻魏文侯可謂善用兵矣夫君子善用兵也不見其形而攻已成其此之謂也野人之用兵鼓聲則似雷號呼則動地塵氣冲天流矢如雨扶傷舉死履腸涉血無罪之民其死者已量於澤矣而國之存亡主之死生猶未可知也其離仁義亦遠矣

秦昭王問孫卿曰、儒無益於人之國。孫卿曰、儒者法先王。隆禮義。謹乎臣子而能致貴其上者也。人主用之。則進在本朝。置而不用。則退編百姓而愨。必爲順下矣。雖窮困凍餒。必不以邪道爲貪。無置錐之地。而明於持社稷之大計。叫呼而莫之能應。然而通乎裁萬物養百姓之經紀。勢在人上。則王公之才也。在人下。則社稷之臣。國君之寶也。雖隱於窮閻漏屋。人莫不貴之。道誠存也。仲尼爲魯司寇。沈猶氏不敢朝飲其羊。公愼氏出其妻。愼潰氏踰境而走。魯之鬻牛馬

不豫賈。布正以待之也。居於闕黨。闕黨之子弟罔罟分有親者取多。孝悌以化之也。儒者在本朝則美政。在下位則美俗。儒之爲人下如是矣。王曰。然則其爲人上何如。孫卿對曰。其爲人也廣大矣。志意定乎內。禮節修乎朝。法則度量正乎官。忠信愛利形乎下。行一不義。殺一無罪。而得天下。不爲也。若義信乎人矣。通於四海。則天下之外應之而懷之。是何也。則貴名白而天下治也。故近者謌謳而樂之。遠者竭走而趨之。四海之內若一家。通達之屬。莫不從服。夫是之謂人師。詩曰。自西自東、自南自北、無思不服、此之謂也。夫其爲人下也如彼。爲人上也如此。何爲其無益人之國乎。昭王曰。善。

田贊衣儒衣而見荆王。荆王曰。先生之衣何其惡也。贊對曰。衣又有惡此者。荆王曰。可得而聞邪。對曰。甲惡於此。王曰。何謂也。對曰。冬日則寒。夏日則熱。衣無惡於甲者矣。贊貧。故衣惡也。今大王萬乘之主也。富厚無敵。而好衣人以甲。臣竊爲大王不取也。意者爲其義耶。甲兵之事。析人之首。刳人之腹。墮人城郭。係

人子女。其名尤甚不榮。意者爲其貴邪。苟慮害人。人亦必慮害之。苟慮危人。人亦必慮危之。其貴人甚不安之。二者爲大王無取焉。荆王無以應也。昔衛靈公問陣孔子。言俎豆。賤兵而貴禮也。夫儒服、先王之服也。而荆王惡之。兵者國之凶器也。而荆王喜之。所以屈於田贊而危其國也。故春秋曰、善爲國者不師。此之謂也。

哀公問於孔子曰。寡人聞之。東益宅不祥。信有之乎。孔子曰。不祥有五。而東益不與焉。夫損人而益己。身

之不祥也棄老取幼家之不祥也釋賢用不肖國之不祥也老者不教幼者不學俗之不祥也聖人伏匿天下之不祥也故不祥有五而東益不與焉詩曰各敬爾儀天命不又未聞東益之與爲命也

顏淵侍魯定公於臺東野畢御馬於臺下定公曰善哉東野畢之御顏淵曰善則善矣雖然其馬將失定公不悅以告左右曰吾聞之君子不譖人君子亦譖人乎顏淵不悅歷階而去須臾馬敗聞矣定公蹴席而起曰趨駕請顏淵顏淵至定公曰向寡人曰善哉

東野畢御也吾子曰善則善矣雖然其馬將失矣不識吾子何以知之也顏淵曰臣以政知之昔者舜工於使人造父工於使馬舜不窮於其民造父不盡其馬是以舜無失民造父無失馬今東野畢之御也上車執轡御體正矣周旋步驟朝禮畢矣歷險致遠而馬力殫矣然求不已是以知其失也定公曰善可少進與顏淵曰獸窮則齧鳥窮則啄人窮則詐自古及今有窮其下能無危者未之有也詩曰執轡如組兩驂如舞善御之謂也定公曰善哉寡人之過也

孔子北之山戎氏有婦人哭於路者其哭甚哀孔子立輿而問曰曷爲哭哀至於此也婦人對曰往年虎食我夫今虎食我子是以哀也孔子曰嘻若是則曷爲不去也曰其政平其吏不苛吾以是不能去也孔子顧子貢曰弟子記之夫政之不平而吏苛乃甚於虎狼矣詩曰降喪饑饉斬伐四國夫政不平也乃斬伐四國而況二人乎其不去宜哉

魏文侯問李克曰吳之所以亡者何也李克對曰數戰數勝文侯曰數戰數勝國之福也其所以亡何也

李克曰數戰則民疲數勝則主驕以驕主治疲民此其所以亡也是故好戰窮兵未有不亡者也

趙襄子問於王子維曰吳之所以亡者何也對曰吳君忞而不忍襄子曰宜哉吳之亡也忞則不能賞賢不忍則不能罰賢者不賞有罪不能罰不亡何待

孔子侍坐於季孫季孫之宰通曰君使人假馬其與之乎孔子曰吾聞取於臣謂之取不曰假季孫悟告宰曰自今以來君有取謂之取無曰假故孔子正假馬之名而君臣之義定矣論語曰必也正名詩曰無

易由言無曰苟矣可不愼乎

君子曰天子居闉闕之中帷帳之內廣廈之下旃茵之上不出襜幄而知天下者以有賢左右也故獨視不如與衆視之明也獨聽不如與衆聽之聰也

晉平公問於叔向曰國家之患孰爲大對曰大臣重祿而不極諫近臣畏罰而不敢言下情不上通此患之大者也公曰善於是令國曰欲進善言謁者不通罪當死

楚人有善相人所言無遺策聞於國莊王見而問其

情對曰臣非能相人能觀人之交也布衣也其交皆孝悌篤謹畏令如此者其家必日益身必日安此所謂吉人也官事君者也其交皆誠信有好善如此者事君日益官職日益此所謂吉士也主明臣賢左右多忠主有失皆敢分爭正諫如此者國日安主日尊天下日富此之謂吉主也臣非能相人能觀人之交也莊王曰善於是乃招聘四方之士夙夜不懈遂得孫叔敖將軍子重之屬以備卿相遂成霸功詩曰濟濟多士文王以寧此之謂也

齊閔王亡居衛晝日步走謂公玉丹曰我已亡矣而不知其故吾所以亡者其何哉公玉丹對曰臣以王爲已知之矣王故尚未知之邪王之所以亡者以賢也以天下之主皆不肖而惡王之賢也因相與合兵而攻王此王之所以亡也閔王慨然太息曰賢固若是其苦邪丹又謂閔王曰古人有辭天下無憂色者臣聞其聲於王見其實王名稱東帝實有天下去國居衛容貌充盈顏色發揚無重國之意王曰甚善丹知寡人自去國而居衛也帶三益矣遂以自賢驕盈

不止閔王亡走衛衛君避宮舍之稱臣而供具閔王不遜衛人侵之閔王去走鄒魯有驕色鄒魯不納遂走莒楚使淖齒將兵救齊因相閔王淖齒擢閔王之筋而懸之廟梁宿昔而殺之而與燕共分齊地悲夫閔公臨大齊之國地方數千里然而兵敗於諸侯地奪於燕昭宗廟喪亡社稷不祀宮室空虛身亡逃竄甚於徒隷尚不知所以亡甚可痛也猶自以爲賢豈不哀哉公玉丹徒隷之中而道之諂佞甚矣閔王不覺追而善之以辱爲榮以憂爲樂其亡晚矣而卒見

殺先是靖郭君殘賊其百姓害傷其羣臣國人將背叛共逐之其御知之豫裝齎食及亂作靖郭君出亡至於野而饑其御出所裝食進之靖郭君曰何以知之而齎食對曰君之暴虐其臣下之謀久矣靖郭君怒不食曰以吾賢至聞也何謂暴虐其御懼曰臣言過也君實賢唯羣臣不肖共害賢然後靖郭君悅然後食故齊閔王靖郭君雖至死亡終身不諭者也悲夫

宋昭王出亡至於鄙喟然嘆曰吾知所以亡矣吾朝臣千人發政舉吏無不曰吾君聖者侍御數百人

被服以立無不曰吾君麗者內外不聞吾過是以至此由宋君觀之人主之所以離國家失社稷者諂諛者衆也故宋昭亡而能悟卒得反國云

秦二世胡亥之爲公子也昆弟數人詔置酒饗羣臣召諸子諸子賜食先罷胡亥下堦視羣臣陳履狀善者因行踐敗而去諸子聞見之者莫不太息及二世即位皆知天下必棄之也故二世惑於趙高輕大臣不顧下民是以陳勝奮臂於關東閻樂作亂於望夷閻樂趙高之婿也爲咸陽令詐爲逐賊將吏卒入望夷宮攻射二世就數二世欲加刃二世懼入將自殺有一宦者從之二世謂曰何謂至於此也宦者曰知此久矣二世曰子何不早言對曰臣以不言故得至於此使臣言死久矣然後二世喟然悔之遂自殺

齊侯問於晏子曰忠臣之事君也何若對曰有難不死出亡不送君曰列地而與之疏爵而貴之君有難不死出亡不送可謂忠乎對曰言而見用終身無難臣奚死焉諫而見從終身不亡臣奚送焉若言不見用有難而死是妄死也諫不見從出亡而送是詐爲

也故忠臣也者能盡善與君而不能與陷於難

宋玉因其友以見於楚襄王襄王待之無以異宋玉讓其友其友曰夫薑桂因地而生不因地而辛婦人因媒而嫁不因媒而親子之事王未耳何怨於我宋玉曰不然昔者齊有良兔曰東郭㕙蓋一旦而走五百里於是齊有良狗曰韓盧亦一旦而走五百里使之遥見而指屬則雖韓盧不及衆兔之塵若躡迹而縱緤則雖東郭㕙亦不能離今子之屬臣也躡迹而縱緤與遥見而指屬與詩曰將安將樂棄我如遺此

之謂也。其友人曰：僕人有過。僕人有過。

宋玉事楚襄王而不見察，意氣不得形於顏色。或謂曰：先生何談說之不揚，計畫之疑也？宋玉曰：不然。子獨不見夫玄蝯乎？當其居桂林之中，峻葉之上，從容游戲，超騰往來，龍興而鳥集，悲嘯長吟。當此之時，雖羿、逢蒙不得正目而視也。及其在枳棘之中也，恐懼而掉慄，危視而蹟行，衆人皆得意焉。此皮筋非加急而體益短也，處勢不便故也。夫處勢不便，豈可以量功校能哉？詩不云乎：駕彼四牡，四牡項領。夫久駕而

長不得行，項領不亦宜乎？易曰：臀無膚，其行趑趄。此之謂也。

田饒事魯哀公而不見察。田饒謂魯哀公曰：臣將去君而鴻鵠舉矣。哀公曰：何謂也？田饒曰：君獨不見夫雞乎？頭戴冠者，文也；足傅距者，武也；敵在前敢鬭者，勇也；見食相呼，仁也；守夜不失時，信也。雞雖有此五者，君猶日淪而食之，何則？以其所從來近也。夫鴻鵠一舉千里，止君園池，食君魚鼈，啄君菽粟，無此五者，君猶貴之，以其所從來遠也。臣請鴻鵠舉矣。哀公曰：止，吾書子之言也。田饒曰：臣聞食其食者不毀其器，蔭其樹者不折其枝。有士不用，何書其言為？遂去之燕。燕立以為相，三年，燕之政太平，國無盜賊。哀公聞之，慨然太息，為之避寢三月，抽損上服，曰：不慎其前而悔其後，何可復得？詩曰：逝將去汝，適彼樂土，適彼樂土，爰得我所。春秋曰：少長於君，則君輕之。此之謂也。

子張見魯哀公，七日而哀公不禮，託僕夫而去，曰：臣聞君好士，故不遠千里之外，犯霜露，冒塵垢，百舍重

趼，不敢休息以見君，七日而君不禮。君之好士也，有似葉公子高之好龍也。葉公子高好龍，鉤以寫龍，鑿以寫龍，屋室雕文以寫龍。於是夫龍聞而下之，窺頭於牖，拖尾於堂。葉公見之，棄而還走，失其魂魄，五色無主。是葉公非好龍也，好夫似龍而非龍者也。今臣聞君好士，故不遠千里之外以見君，七日不禮，君非好士也，好夫似士而非士者也。詩曰：中心藏之，何日忘之。敢託而去。

昔者楚丘先生行年七十，披裘帶索，往見孟嘗君，欲

趨不能進孟嘗君曰先生老矣春秋高矣何以敎之楚丘先生曰噫將我而老乎噫將使我追車而赴馬乎投石而超距乎逐麋鹿而搏虎豹乎吾已死矣何暇老哉噫將使我出正辭而當諸侯乎決嫌疑而定猶豫乎吾始壯矣何老之有孟嘗君逡巡避席面有愧色詩曰老夫灌灌小子蹻蹻言老夫欲盡其謀而少者驕而不受也秦穆公所以敗其師殷紂所以亡天下也故書曰黃髮之言則無所愆詩曰壽胥與試美用老人之言以安國也

齊有閭丘卬年十八道遮宣王曰家貧親老願得小仕宣王曰子年尚稚未可也閭丘卬對曰不然昔者顓頊行年十二而治天下秦項橐七歲爲聖人師由此觀之卬不肖耳年不稚矣宣王曰未有咫角驂駒而能服重致遠者也由此觀之夫士亦華髮墮顛而後可用耳閭丘卬曰不然夫尺有所短寸有所長驊騮綠驥天下之俊馬也使之與貍鼬試於釜竈之間其疾未必能過貍鼬也黃鵠白鶴一舉千里使之與燕服翼試之堂廡之下廬室之間其便未必能過燕服翼也辟閭巨闕天下之利器也擊石不闕刺石不銼使之與管槀決目出眯其便未必能過管槀也由此觀之華髮墮顛與卬何以異哉宣王曰善子有善言何見寡人之晚也卬對曰夫雞豚讙嗷即奪鐘鼓之音雲霞充咽則奪日月之明讒人在側是以見晚也詩曰聽言則對誦言則退庸得進乎宣王拊軾曰寡人有過遂載與之俱歸而用焉故孔子曰後生可畏安知來者之不如今此之謂也

荊人卞和得玉璞而獻之荊厲王使玉尹相之曰石

也王以和爲謾而斷其左足厲王薨武王即位和復奉玉璞而獻之武王武王使玉尹相之曰石也又以爲謾而斷其右足武王薨共王即位和乃奉玉璞而哭於荊山中三日三夜泣盡而繼之以血共王聞之使人問之曰天下刑之者衆矣子刑何哭之悲也對曰寶玉而名之曰石貞士而戮之以謾此臣之所以悲也共王曰惜矣吾先王之聽難剖石而易斬人之足夫死者不可生斷者不可續何聽之殊也乃使人理其璞而得寶焉故名之曰和氏之璧故曰珠玉者

人主之所貴也。和雖獻寶而美未爲王尹用也。進寶且若彼之難也。況進賢人乎。賢人與姦臣猶仇讐也。於庸君意不合。夫欲使姦臣進其讐於不合意之君。其難萬倍於和氏之璧。又無斷兩足之臣以推其難。猶拔山也。千歲一合。若繼踵。然後霸王之君與焉。其賢而不用。不可勝載。故有道者之不戮也。宜白玉之璞未獻耳。

新序卷五終

新序卷六

刺奢第六

桀作瑤臺。罷民力。殫民財。爲酒池糟隄。縱靡靡之樂。一鼓而牛飲者三千人。羣臣相持歌曰。江水沛沛兮。舟楫敗兮。我王廢兮。趣歸薄兮。薄亦大兮。又曰。樂兮樂兮。四牡蹻兮。六轡沃兮。去不善而從善。何不樂兮。伊尹知天命之至。舉觴而告桀曰。君王不聽臣之言。亡無日矣。桀拍然而作。啞然而笑曰。子何妖言。吾有天下。如天之有日也。日有亡乎。日亡吾亦亡矣。於是

接履而趣。遂適湯。湯立爲相。故伊尹去夏入殷。殷王而夏亡。

紂爲鹿臺。七年而成。其大三里。高千尺。臨望雲雨。作炮烙之刑。戮無辜。奪民力。冤暴施於百姓。慘毒加於大臣。天下叛之。願臣文王。及周師至。令不行於左右。悲夫。當是時求爲匹夫不可得也。紂自取之也。

魏王將起中天臺。令曰。敢諫者死。許綰負操鍤入曰。聞大王將起中天臺。臣願加一力。王曰。子何力有加。綰曰。雖無力。能商臺。王曰。若何。曰。臣聞天與地相去

萬五千里。今王因而半之。當起七千五百里之臺。高旣如是。其趾須方八千里。盡王之地。不足以爲臺趾。古者堯舜建諸侯。地方五千里。王必起此臺。先以兵伐諸侯。盡有其地。猶不足。又伐四夷。得方八千里。乃足以爲臺趾。林木之積。人徒之衆。倉廩之儲。數以萬億。度八千里之外。當定農畝之地。足以奉給王之臺者。臺具以備。乃可以作。魏王默然無以應。乃罷起臺。

衞靈公以天寒鑿池。宛春諫曰。天寒起役。恐傷民。公曰。天寒乎。宛春曰。君衣狐裘。坐熊席。陬隅有竈。是以

不寒。今民衣弊不補。履決不苴。君則不寒。民誠寒矣。公曰善。令罷役。左右諫曰。君鑿池不知天寒。以宛春知而罷役。是德歸宛春。怨歸於君。公曰不然。宛春魯國之匹夫。吾舉之。民未有見焉。今將令民以此見之。且春也有善。寡人有春之善。非寡人之善與。靈公論宛春。可謂知君之道矣。

齊宣王爲大室。大益百畝。堂上三百戶。以齊國之大具之。三年而未能成。羣臣莫敢諫者。香居問宣王曰。荆王釋先王之禮樂。而爲淫樂。敢問荆邦爲有主乎。王曰爲無主。敢問荆邦爲有臣乎。王曰爲無臣。居曰今王爲大室。三年不能成。而羣臣莫敢諫者。敢問王爲有臣乎。王曰爲無臣。香居曰。臣請避矣。趨而出。王曰。香子留。何諫寡人之晚也。遽召尚書曰。書之。寡人不肖。好爲大室。香子止寡人也。

趙襄子飲酒五日五夜不廢酒。謂侍者曰。我誠邦士也夫。飲酒五日五夜矣。而殊不病。優莫曰。君勉之。不及紂二日耳。紂七日七夜。今君五日。襄子懼。謂優莫曰。然則吾亡乎。優莫曰。不亡。襄子曰。不及紂二日耳。

不亡何待。優莫曰。桀紂之亡也。遇湯武。今天下盡桀也。而君紂也。桀紂並世。焉能相亡。然亦殆矣。

齊景公飲酒而樂。釋衣冠自鼓缶。謂侍者曰。仁人亦樂是夫。梁丘子曰。仁人耳目亦猶人也。奚爲獨不樂此也。公曰。速駕迎晏子。晏子朝服而至。公曰。寡人甚樂此樂也。願與夫子共之。請去禮。晏子對曰。君之言過矣。齊國五尺之童子。力盡勝嬰。而又勝君。所以不敢亂者。畏禮也。上若無禮。無以使其下。下若無禮。無以事其上。夫麋鹿唯無禮。故父子同麀。人之所以貴

於禽獸者以有禮也詩曰人而無禮胡不遄死故禮不可去也公曰寡人無良左右淫泆寡人以至於此請殺之晏子曰左右何罪君若好禮左右有禮者至無禮者去君若惡禮亦將如之公曰善請革衣冠更受命乃廢酒而更尊朝服而坐觴三行晏子趨出

魏文侯見箕季其墻壞而不築文侯曰何爲不築對曰不時其墻枉而不端問曰何不端曰固然從者食其園之桃箕季禁之少焉日晏進糲餐之食瓜瓠之羮文侯出其僕曰君亦無得於箕季矣曩者進食臣

竊窺之糲餐之食瓜瓠之羮文侯曰吾何無得於季也吾一見季而得四焉其墻壞不築云待時者教我無奪農時也墻枉而不端對曰固然者是教我無侵封疆也從者食園桃箕季禁之豈愛桃哉是教我下無侵上也食我以糲餐者季豈不能具五味哉教我無多斂於百姓以省飲食之養也

士尹池爲荆使於宋司城子罕止而觴之南家之墻擁於前而不直西家之潦經其宮而不止士尹池問其故司城子罕曰南家工人也爲鞔者也吾將徙之其父曰吾恃爲鞔以食三世矣今徙是宋邦之求鞔者不知吾處也吾將不食願相國之憂吾不食也爲是故吾不徙西家高吾宮卑潦之經吾宮也利爲是故不禁也士尹池歸荆適興兵欲攻宋士尹池諫於王曰宋不可攻也其主賢其相仁賢者得民仁者能用人攻之無功爲天下笑楚釋宋而攻鄭孔子聞之曰夫修之於廟堂之上而折衝於千里之外者司城子罕之謂也

魯孟獻子聘於晉宣子觴之三徙鍾石之懸不移而

具獻子曰富哉家宣子曰子之家孰與我家富獻子曰吾家甚貧惟有二士曰顏回茲無靈者使吾邦家安平百姓和恊惟此二者耳吾盡於此矣客出宣子曰彼君子也以養賢爲富我鄙人也以鍾石金玉爲富孔子曰孟獻子之富可著於春秋

鄒穆公有令食鳧鴈必以粃無得以粟於是倉無粃而求易於民二石粟而得一石粃吏以爲費請以粟食之穆公曰去非汝所知也夫百姓飽牛而耕暴背而耘勤而不惰者豈爲鳥獸哉粟米人之上食奈何

其以養鳥且爾知小計不知大會周諺曰囊漏貯中而獨不聞歟夫君者民之父母取倉之粟移之於民此非吾之粟乎鳥苟食鄒之粃不害鄒之粟也粟之在倉與在民於我何擇鄒民聞之皆知私積與公家爲一體也此之謂知富邦

新序卷六終

新序卷七

節士第七

堯治天下伯成子高爲諸侯焉堯授舜舜授禹伯成子高辭爲諸侯而耕禹往見之則耕在野禹趨就下位而問焉曰昔者堯治天下吾子立爲諸侯焉堯授舜吾子猶存焉及吾在位子辭諸侯而耕何故伯成子高曰昔堯之治天下舉天下而傳之他人至無欲也擇賢而與之其位至公也以至無欲至公之行示天下故不賞而民勸不罰而民畏舜亦猶然今君賞

罰而民欲且多私是君之所懷者私也百姓知之貪爭之端自此始矣德自此衰刑自此繁矣吾不忍見以是處野也今君又何求而見我君行矣無留吾事耕而不顧書曰旁施象刑維明及禹不能春秋曰五帝不告誓信厚也

桀爲酒池足以運舟糟丘足以望七里一鼓而牛飲者三千人關龍逄進諫曰爲人君身行禮義愛民節財故國安而身壽也今君用財若無盡用人若恐不能死不革天禍必降而誅必至矣君其革之立而不

去朝桀因囚拘之君子聞之曰未之命矣夫紂作炮烙之刑王子比干曰主暴不諫非忠臣也畏死不言非勇士也見過則諫不用則死忠之至也遂進諫三日不去朝紂因而殺之詩曰昊天太憮予慎無辜無辜而死不亦哀哉

曹公子喜時字子臧曹宣公子也宣公與諸侯伐秦卒於師曹人使子臧迎喪使公子負芻與太子留守負芻殺太子而自立子臧見負芻之當主也宣公既葬子臧將亡國人皆從之負芻立是爲曹成公成公

懼告罪且請子臧子臧乃反成公遂爲君其後晉侯會諸侯執曹成公歸之京師將見子臧於周天子而立之子臧曰前記有之聖達節次守節下不失節爲君非吾節也雖不能聖敢失守乎遂亡奔宋曹人數請晉侯謂子臧反國吾歸爾君於是子臧反國晉乃言天子歸成公於曹子臧遂以國致成公成公爲君子臧不出曹國乃安子臧讓千乘之國可謂賢矣故春秋賢而褒其後

延陵季子者吳王之子也嫡同母昆弟四人長曰遏次曰餘祭次曰夷眛次曰札札即季子最小而賢兄弟皆愛之既除喪將立季子季子辭曰曹宣公之卒也諸侯與曹人不義曹君將立子臧子臧去之遂不爲也以成曹君君子曰能守節矣君義嗣也誰敢干君有國非吾節也札雖不才願附子臧以無失節固立之棄其室而耕乃舍之遏曰今若是作而與季子季子必不受請無與子而與弟弟兄迭爲君而致諸侯乎季子皆曰諾故諸兄爲君者皆輕死爲勇飲食必祝曰天若有吾國必疾有禍於身故遏也死餘祭

立餘祭死夷眛立夷眛死而國宜之季子也季子使而未還僚者長子之庶兄也自立爲吳王季子使而還至則君事之遏之子曰王子光號曰闔閭不悅曰先君之所爲不與子而與弟者凡爲季子也將從先君之命則國宜之季子也如不從先君之命而與子我宜當立者也僚惡得爲君於是使專諸刺僚而致國乎季子季子曰爾殺我君吾授爾國是吾與爾爲亂也爾殺我兄吾又殺爾是父子兄弟相殺終身無已也去而之延陵終身不入吳國故號曰延陵季子

君子以其不愛國爲義以其不殺爲仁是以春秋賢季子而尊貴之也

延陵季子將西聘晉帶寶劒以過徐君徐君觀劒不言而色欲之延陵季子爲有上國之使未獻也然其心許之矣致使於晉故反則徐君死於楚於是脫劒致之嗣君從者止之曰此吳國之寶非所以贈也延陵季子曰吾非贈之也先日吾來徐君觀吾劒不言而其色欲之吾爲有上國之使未獻也雖然吾心許之矣今死而不進是欺心也愛劒僞心廉者不爲也

遂脫劒致之嗣君嗣君曰先君無命孤不敢受劒於是季子以劒帶徐君墓樹而去徐人嘉而歌之曰延陵季子兮不忘故脫千金之劒兮帶丘墓

許悼公疾瘧飲藥毒而死太子止自責不嘗藥不立其位與其弟緯專哭泣啜饘粥嗌不容粒痛已之不嘗藥未踰年而死故春秋義之

衛宣公之子伋也壽也朔也伋前母子也壽與朔後母子也壽之母與朔謀欲殺太子伋而立壽也使人與伋乘舟於河中將沉而殺之壽知不能止也因與之同舟舟人不得殺伋方乘舟時伋傅母恐其死也閔而作詩二子乘舟之詩是也其詩曰二子乘舟汎汎其景願言思子中心養養於是壽閔其兄之且見害作憂思之詩黍離之詩是也其詩曰行邁靡靡中心搖搖知我者謂我心憂不知我者謂我何求悠悠蒼天此何人哉又使伋之齊將使盜見載旌要而殺之壽止伋伋曰棄父之命非子道也不可壽又與之偕行壽之母知不能止也因戒之曰壽無爲前也壽又爲前竊伋旌以先行幾及齊矣盜見而殺之伋至

見壽之死痛其代已死涕泣悲哀遂載其屍還至境而自殺兄弟俱死故君子義此二人而傷宣公之聽讒也

魯宣公者魯文公之弟也文公薨文公之子子赤立爲魯侯宣公殺子赤而奪之國立爲魯侯公子肹者宣公之同母弟也宣公殺子赤而肹非之宣公與之祿則曰我足矣何以兄之食爲哉織屨而食終身不食宣公之食其仁恩厚矣其守節固矣故春秋美而貴之

晉獻公太子之至靈臺。蛇繞左輪。御曰太子下拜吾
聞國君之子。蛇繞左輪者速得國。太子遂不行。返乎
舍。御人見太子。太子曰吾聞爲人子者。盡和順。君不
行私欲。恭嚴承命。不逆君安。今吾得國。是君失安也。
見國之利而忘君安。非子道也。聞得國而拜其祥。非
君欲也。廢子道不孝。逆君欲不忠。而使我行之。殆欲
吾國之危明也。拔劍將死。御止之曰。夫禨祥妖孽。天
之道也。恭嚴承命。人之行也。拜祥戒孽。禮也。嚴恭承
命。不以身恨君。孝也。今太子見福不拜。失禮。殺身恨

君。失孝。從僻心。棄正行。非臣之所聞也。太子曰不然。
我得國。君之孽也。拜君之孽。不可謂禮。見禨祥而忘
君之安。國之賊也。懷賊心以事君。不可謂孝。挾僞意
以御天下。懷賊心以事君。邪之大者也。而使我行之。
是欲國之危明也。遂伏劍而死。君子曰。晉太子。徒御
使之拜蛇祥。猶惡之。至於自殺者。爲見疑於欲國也。
己之不欲國以安君。亦以明矣。爲一愚御過言之故。
至於身死。廢子道。絕祭祀。不可謂孝。可謂遠嫌一節
之士也。

申包胥者。楚人也。吳敗楚兵於柏舉。遂入郢。昭王出
亡在隨。申包胥不受命而赴於秦乞師。曰吳爲無道。
行封豕長蛇。蠶食天下。從上國始於楚。寡君失社稷。
越在草莽。使下臣告急。曰吳夷狄也。夷狄之求無厭。
滅楚則西與君接境。若鄰於君疆埸之患也。逮吳未
定。君其圖之。若得君之靈。存撫楚國。世以事君。秦
伯使辭焉。曰寡君聞命矣。子其就館。將圖而告子。對
曰寡君越在草莽。未獲所休。下臣何敢即安。倚於庭
牆立哭。日夜不絕聲。水漿不入口。七日七夜。秦哀公

爲賦無衣之詩。言兵今出。包胥九頓首而坐。秦哀公
曰楚有臣若此而亡。吾無臣若此。吾亡無日矣。於是
乃出師救楚。申包胥以秦師至楚。秦大夫子滿子虎
帥車五百乘。子滿曰吾未知吳道。使楚人先與吳人
戰。而會之。大敗吳師。吳師既退。昭王復國。而賞始於
包胥。包胥曰輔君安國。非爲身也。救急除害。非爲名
也。功成而受賞。是賣勇也。君既定。又何求焉。遂逃賞。
終身不見。君子曰申子之不受命赴秦。忠矣。七日七
夜不絕聲。厚矣。不受賞。不伐矣。然賞所以勸善也。辭

賞亦非常法也
齊崔杼者齊之相也弑莊公止太史無書君弑及賊太史不聽遂書賊曰崔杼弑其君崔子殺之其弟又嗣書之崔子又殺之死者二人其弟又嗣復書之乃舍之南史氏是其族也聞太史盡死執簡以往將復書之聞旣書矣乃還君子曰古之良史
齊攻魯求岑鼎魯君載岑鼎往齊侯不信而反之以爲非也使人告魯君柳下惠以爲是因請受之請魯君請於柳下惠柳下惠對曰君之欲以爲岑鼎也以

免國也臣亦有國於此破臣之國以免君之國此臣所難也魯君乃以眞岑鼎往柳下惠可謂守信矣非獨存已之國也又存魯君之國信之於人重矣猶輿之輗軏也故孔子曰大車無輗小車無軏其何以行之哉此之謂也
宋人有得玉者獻諸司城子罕子罕不受獻玉者曰以示玉人玉人以爲寶故敢獻之子罕曰我以不貪爲寶爾以玉爲寶若與我者皆喪寶也不若人有其寶故宋國之長者曰子罕非無寶也所寶者異也今以百金與摶黍以示兒子兒子必取摶黍矣以和氏之璧與百金以示鄙人鄙人必取百金矣以和氏之璧與道德之至言以示賢者賢者必取至言矣其知彌精其取彌精其知彌觕其取彌觕子罕之所寶者至矣
昔者有餽魚於鄭相者鄭相不受或謂鄭相曰子嗜魚何故不受對曰吾以嗜魚故不受魚受魚失祿無以食魚不受得祿終身食魚
原憲居魯環堵之室茨以生蒿蓬戶甕牖揉桑以爲

樞上漏下濕匡坐而絃歌子貢聞之乘肥馬衣輕裘中紺而表素軒車不容巷往見原憲原憲冠桑葉冠杖藜杖而應門正冠則纓絕衽襟則肘見納履則踵決子貢曰嘻先生何病也原憲仰而應之曰憲聞之無財之謂貧學而不能行之謂病憲貧也非病也若夫希世而行比周而交學以爲人教以爲己仁義之慝輿馬之飾憲不忍爲也子貢逡巡而有愧色不辭而去原憲曳杖拖屣行歌商頌而反聲滿天地如出金石天子不得而臣也諸侯不得而友也故養志者

忘身身且不愛孰能累之詩曰我心匪石不可轉也我心匪席不可卷也此之謂也

晏子之晉見披裘負芻息於途者以爲君子也使人問焉曰曷爲而至此對曰齊人累之吾名曰越石甫晏子曰嘻遽解左驂以贖之載而與歸至舍不辭而入越石甫怒而請絕晏子使人應之曰嬰未嘗得交也今免子於患吾於子猶未可也越石甫曰吾聞君子詘乎不知己而信乎知己者吾是以請絕也晏子乃出見之曰向也見客之容而今也見客之意嬰聞

察實者不留聲觀行者不幾辭嬰可以辭而無棄乎越石甫曰夫子禮之敢不敬從晏子遂以爲上客俗人之有功則德德則驕晏子有功免人於厄而反詘下之其去俗亦遠矣此全功之道也

子列子窮容貌有飢色客有言於鄭子陽者曰子列子禦寇蓋有道之士也居君之國而窮君無乃爲不好士乎子陽令官遺之粟數十乘子列子出見使者再拜而辭使者去子列子入其妻望而拊心曰聞爲有道者妻子皆得佚樂今妻子皆有飢色矣君過而遺先生先生又辭豈非命也哉子列子笑而謂之曰君非自知我者也以人之言而知我以人之言而遺我粟也其罪我也又將以人之言此吾所以不受也且受人之養不死其難不義也死其難是死無道之人豈義哉其後民果作難殺子陽子列子之見微除不義遠矣且子列子內有飢寒之色猶不苟取見得思義見利思害況其在富貴乎故子列子通乎性命之情可謂能守節矣

屈原者名平楚之同姓大夫有博通之知清潔之行

懷王用之秦欲吞滅諸侯并兼天下屈原爲楚東使於齊以結強黨秦國患之使張儀之楚貨楚貴臣上官大夫靳尚之屬上及令尹子蘭司馬子椒內賂夫人鄭袖共譖屈原屈原遂放於外乃作離騷張儀因使楚絕齊許謝地六百里懷王信左右之姦謀聽張儀之邪說遂絕強齊之大輔楚既絕齊而秦欺以六里懷王大怒舉兵伐秦大戰者數秦兵大敗楚師斬首數萬級秦使人願以漢中地謝懷王不聽願得張儀而甘心焉張儀曰以一儀而易漢中地何愛儀請

行遂至楚楚囚之上官大夫之屬共言之王王歸之是時懷王悔不用屈原之策以至於此於是復用屈原屈原使齊還聞張儀已去大爲王言張儀之罪懷王使人追之不及後秦嫁女於楚與懷王歡爲藍田之會屈原以爲秦不可信願勿會羣臣皆以爲可會懷王遂會果見囚拘客死於秦爲天下笑懷王子頃襄王亦知羣臣諂誤懷王不察其罪反聽羣讒之口復放屈原屈原疾闇王亂俗汶汶嘿嘿以是爲非以清爲濁不忍見於世將自投於淵漁父止之屈原曰

世皆醉我獨醒世皆濁我獨清吾獨聞之新浴者必振衣新沐者必彈冠又惡能以其泠泠更事世之嘿嘿者哉吾寧投淵而死遂自投湘水汨羅之中而死

楚昭王有士曰石奢其爲人也公正而好義王使爲理於是廷有殺人者石奢追之則其父也遂反於廷曰殺人者僕之父也以父成政不孝不行君法不忠弛罪廢法而伏其辜僕之所守也伏斧鑕命在君君曰追而不及庸有罪乎子其治事矣石奢曰不私其父非孝也不行君法非忠也以死罪生非廉也君赦之上之惠也臣不敢失法下之行也遂不離鈇鑕刎頸而死於廷中君子聞之曰貞夫法哉孔子曰子爲父隱父爲子隱直在其中矣詩曰彼己之子邦之司直石子之謂也

晉文公反國李離爲大理過殺不辜自繫曰臣之罪當死文公令之曰官有上下罰有輕重是下吏之罪也非子之過也李離曰臣居官爲長不與下讓位受祿爲多不與下分利過聽殺無辜委下畏死非義也臣之罪當死矣文公曰子必自以爲有罪則寡人亦

有過矣李離曰君量能而授官臣奉職而任事臣受印綬之日君命曰必以仁義輔政寧過於生無失於殺臣受命不稱壅惠蔽恩如臣之罪乃當死君何過之有且理有法失生即生失殺即死君以臣爲能聽微決疑故任臣以理今離刻深不顧仁義信文墨不察是非聽他辭不精事實掠服無罪使百姓怨天下聞之必議吾君諸侯聞之必輕吾國怨積於百姓惡揚於天下權輕於諸侯如臣之罪是當重死文公曰吾聞之也直而不枉不可與往方而不圓不可與長

存。願子以此聽寡人也。李離曰君以所私害公法。殺無罪而生當死。二者非所以教於國也。離不敢受命。文公曰子獨不聞管仲之爲人臣邪身辱而君肆行汙而霸成。李離曰臣無管仲之賢而有辱汙之名。無霸王之功而有射鉤之累。夫無能以臨官。藉汙以治人。君雖不能加之於法。臣亦不敢汙官亂治以生臣聞命矣。遂伏劒而死。

晉文公反國。酌士大夫酒。召咎犯而將之。召艾陵而相之。授田百萬。介子推無爵。齒而就位。觴三行。介子

推奉觴而起。曰有龍矯矯。將失其所。有蛇從之。周流天下。龍既入深淵。得其安所。蛇脂盡乾。獨不得甘雨此何謂也。文公曰嘻。是寡人之過也。吾爲子爵。與待旦之朝也。吾爲子田。與河東陽之間。介子推曰推聞君子之道。謁而得位。道士不居也。爭而得財。廉士不受也。文公曰使我得反國者子也。吾將以成子之名。介子推曰推聞君子之道。爲人子而不能承其父者。則不敢當其後。爲人臣而不見察於其君者。則不敢立於其朝。然推亦無索於天下矣。遂去而之介山之上。文公使人求之不得。爲之避寢三月。號呼朞年。詩曰逝將去汝。適彼樂郊。適彼樂郊。誰之永號。此之謂也。文公待之不肯出。求之不能得。以謂焚其山宜出及焚其山。遂不出而焚死。

申徒狄非其世。將自投於河。崔嘉聞而止之。曰吾聞聖人仁士之於天地之間。民之父母也。今爲濡足之故。不救溺人可乎。申徒狄曰不然。昔者桀殺關龍逢紂殺王子比干而亡天下。吳殺子胥。陳殺洩冶。而滅其國。故亡國殘家。非聖智也。不用故也。遂負石沈於

河。君子聞之。曰廉矣乎。如仁與智。吾未見也。詩曰天實爲之。謂之何哉。此之謂也。

齊大飢。黔敖爲食於路。以待飢者而食之。有餓者蒙袂接屨。貿貿然來。黔敖左奉食。右執飲。曰嗟來食。餓者揚其目而視之。曰予唯不食嗟來之食。以至於此也。從而謝焉。終不食而死。曾子聞之。曰微與。其嗟也可去。其謝也可食。

東方有士曰袁旌目。將有所適而餓於道。狐父之盜丘人也。見之。下壺餐以與之。袁旌目三餔而能視。仰

而問焉曰子誰也曰我狐父之盜丘人也爰族目曰嘻汝乃盜也何爲而食我以吾不食也兩手據地而歐之不出喀喀然遂伏地而死縣名爲勝母曾子不入邑號朝歌墨子回車故孔子席不正不坐割不正不食不飲盜泉之水積正也族目不食而死潔之至也

鮑焦衣弊膚見挈畚將蔬遇子貢於道子貢曰吾子何以至此也焦曰天下之遺德教者衆矣吾何以不至於此也吾聞之世不已知而行之不已者是爽行

也上不已知而干之不止者是毀廉也行爽廉毀然且不舍惑於利者也子貢曰吾聞之非其世者不生其利汙其君者不履其土今吾子汙其君而履其土非其世而將其蔬此誰之有哉鮑焦曰嗚呼吾聞賢者重進而輕退廉者易醜而輕死乃棄其蔬而立槁死於洛水之上君子聞之曰廉夫剛哉夫山銳則不高水狹則不深行特者其德不厚志與天地疑者其爲人不祥鮑子可謂不祥矣其節度淺深適至而止矣詩曰已焉哉天實爲之謂之何哉

公孫杵臼程嬰者晉大夫趙朔客也晉趙穿弑靈公趙盾時爲貴大夫亡不出境還不討賊故春秋責之以盾爲弑君屠岸賈者幸於靈公晉景公時賈爲司寇欲討靈公之賊盾已死欲誅盾之子趙朔徧告諸將曰盾雖不知猶爲賊首賊臣弑君子孫在朝何以懲罪請誅之韓厥曰靈公遇賊趙盾在外吾先君以爲無罪故不誅今諸君將妄誅妄誅謂之亂臣有大事君不聞是無君也屠岸賈不聽韓厥告趙朔趣亡趙朔不肯曰子必不絕趙祀子死不恨韓厥許諾稱

疾不出賈不請而擅與諸將攻趙氏於下宮殺趙朔趙同趙括趙嬰齊皆滅其族趙朔妻成公姊有遺腹走公宮匿公孫杵臼謂程嬰胡不死嬰曰朔之妻有遺腹若幸而男吾奉之即女也吾徐死耳無何而朔妻免生男屠岸賈聞之索於宮朔妻置兒袴中祝曰趙宗滅乎若號即不滅乎若無聲及索兒竟無聲已脫程嬰謂杵臼曰今一索不得後必且復之奈何杵臼曰立孤與死孰難嬰曰立孤亦難耳杵臼曰趙氏先君遇子厚子彊爲其難者吾爲其易者吾請先死

而二人謀取他嬰兒負以文褓匿山中。嬰謂諸將曰嬰不肖不能立孤。誰能與吾千金吾告趙氏孤處。諸將皆喜許之。發師隨嬰攻杵臼。杵臼曰小人哉程嬰。下宮之難不能死。與我謀匿趙氏孤兒。今又賣之。縱不能立孤兒忍賣之乎。抱而呼天乎趙氏孤兒何罪。請活之。獨殺杵臼也。諸將不許。遂并殺杵臼與兒。諸將以爲趙氏孤兒已死。皆喜。然趙氏眞孤兒乃在程嬰。卒與俱匿山中。居十五年。晉景公病。卜之大業之胄者爲祟。景公問韓厥。韓厥知趙孤存。乃曰大業之

後在晉絕祀者其趙氏乎。夫自中行衍皆嬴姓也。中行衍人面鳥喝。降佐帝大戊。及周天子皆有明德。下及幽厲無道。而叔帶去周適晉。事先君繆侯至於成公。世有立功。未嘗絕祀。今及吾君獨滅之。趙宗國人哀之。故見龜筴。唯君圖之。景公問趙尚有後子孫乎。韓厥具以實告。景公乃與韓厥謀立趙孤兒。召匿之宮中。諸將入問病。景公因韓厥之衆以脅諸將而見趙孤兒。孤兒名武。諸將不得已乃曰昔下宮之難。屠岸賈爲之。矯以君命。并命羣臣。非然孰敢作難。微君之疾。羣臣固將請立趙後。今君有命。羣臣願之。於是召趙氏程嬰偏拜諸將。遂俱與程嬰趙氏攻屠岸賈滅其族。復與趙氏田邑如故。趙武冠爲成人。程嬰乃辭大夫。謂趙武曰。昔下宮之難。皆能死。我非不能死。思立趙氏後。今子既立爲成人。趙宗復故。我將下報趙孟與公孫杵臼。趙武號泣固請曰。武願苦筋骨以報子至死。而子忍棄我死乎。程嬰曰不可。彼以我爲能成事。故皆先我死。今我不下報之。是以我事爲不成也。遂自殺。趙武服衰三年。爲祭邑。春秋祀之。世不

絕。君子曰程嬰公孫杵臼可謂信交厚士矣。嬰之自殺下報亦過矣。

吳有士曰張胥鄙。謂夫吾。前交而後絕。張胥鄙有罪拘將死。謂夫吾。令徒而取之。出至於道而後乃知其夫吾也。輒行而辭曰。義不同於子。故前交而後絕。吾聞之君子不爲危易行。今吾從子。是安則肆志。危則易行也。與吾因子而生。不若反拘而死。閭閻聞之。令吏釋之。張胥鄙曰。吾義不同於謂夫吾。固不受其任矣。今吏以是出我。以謂夫吾故免也。吾庸遠受之乎。

遂觸墻而死譯夫吾聞之曰我任而不受佞也不知而出之愚也佞不可以接士愚不可以事君吾行虛矣人惡以吾力生吾亦耻以此立於世乃絕頸而死君子曰譯夫吾其以失士矣張胥鄙亦未爲得也可謂剛勇矣未可謂得節也

蘇武者故右將軍平陵侯蘇建子也孝武皇帝時以武爲移中監使匈奴是時匈奴使者數降漢故匈奴亦欲降武以取當單于使貴人故漢人衛律說武武不從乃設以貴爵重祿尊位終不聽於是律絕不與

飲食武數日不降又當盛暑以旃厚衣并束三日暴武心意愈堅終不屈撓稱曰臣事君由子事父也子爲父死無所恨守節不移雖有鐵鉞湯鑊之誅而不懼也尊官顯位而不榮也匈奴亦由此重之武留十餘歲竟不降下可謂守節臣矣詩云我心匪石不可轉也我心匪席不可卷也蘇武之謂也匈奴給言武死其後漢聞武在使使者求武匈奴欲慕義歸武漢尊武以爲典屬國顯異於他臣也

新序卷七終

新序卷八

義勇第八

陳恒弒簡公而盟盟者皆完其家不盟者殺之石他人曰昔之事其君者皆得其君而事之今謂他人曰舍而君而事我他人不能雖然不盟則殺父母也從而盟是無君臣之禮也生於亂世不得正行劫於暴上不得道義故雖盟不以父母之死不如退而自殺以禮其君乃自殺

陳恒弒君使勇士六人劫子淵棲子淵棲曰子之欲

與我以我爲知乎臣弒君非知也以我爲仁乎見利而背君非仁也以我爲勇乎劫我以兵懼而與子非勇也使吾無此三者與何補於子若吾有此三者終不從子矣乃舍之

宋閔公臣長萬以勇力聞萬與魯戰師敗爲魯所獲囚之宮中數月歸之宋宋閔公博婦人在側公謂萬曰魯君孰與寡人美萬曰魯君美天下諸侯唯魯君耳宜其爲君也閔公矜婦人妬因言曰爾魯之囚虜爾何知萬怒遂搏閔公頰齒落於口絕吭而死仇牧

聞君死趍而至遇萬於門攜劍而叱之萬臂擊仇牧而殺之齒著於門闔仇牧可謂不畏彊禦矣趍臣之難顧不旋踵

崔杼弑莊公令士大夫盟者皆脫劍而入言不疾指不至盟者死所殺十人次及晏子晏子奉桮血仰天歎曰惡乎崔子將爲無道殺其君盟者皆視之崔杼謂晏子曰子與我我與子分國子不吾與吾將殺子直兵將推之曲兵將勾之唯子圖之晏子曰嬰聞回以利而背其君者非仁也劫以刃而失其志者非勇

也詩云愷悌君子求福不回嬰可謂不回矣直兵推之曲兵鈎之嬰不之回也崔子舍之晏子趍出授綏而乘其僕將馳晏子撫其手曰虎豹在山林其命在庖廚馳不益生緩不益死按之成節然後去之詩云彼己之子舍命不渝晏子之謂也

佛肸以中牟叛置鼎於庭致士大夫曰與我者受邑不吾與者烹大夫皆從之至於田卑田卑中牟之邑人也曰義死不避斧鉞之罪義窮不受軒冕之服無義而生不仁而富不如烹褰衣將就鼎佛肸脫屨而生之趙氏聞其叛也攻而取之聞田卑不肯與也求而賞之田卑曰不可也一人舉而萬夫俛首智者不爲也賞一人以慙萬夫義者不取也我受賞使中牟之士懷恥不義辭賞從處曰以行臨人不道吾去矣遂南之楚

楚太子建以費無極之譖見逐建有子曰勝在外子西召勝使治白號曰白公子西太子建之弟勝之叔父也勝怨楚逐其父將弑惠王及子西惠王亦子西之姪惠王之叔也欲得易甲人姓名陳士勤兵以示易甲曰與我無患不富貴不吾與

則此是也易甲笑曰嘗言吾義矣吾子忘之乎立得天下不義吾不取也威吾以兵不義吾不從也今子將弑子之君而使我從子非吾前義也子雖告我以利威我以兵吾不忍爲也子行子之威則吾亦得明吾義也逆子以兵爭也應子以聲鄙也吾聞士立義不爭行死不鄙拱而待兵顏色不變也

白公勝將弑楚惠王王出亡令尹司馬皆死拔劍而屬之於屈盧曰子與我將舍子子不與我必殺子盧曰子殺叔父而求福於盧也可乎吾聞知命之士見

利不動臨死不恐為人臣者時生則生時死則死是謂人臣之禮故上知天命下知臣道其有可劫乎子胡不推之白公勝乃內其劍

白公勝既殺令尹司馬欲立王子閭以為王王子閭不肯劫之以刃王子閭曰王孫輔相楚國匡正王室而后自庇焉閭之願也今子假威以暴王室殺伐以亂國家吾雖死不子從也白公勝曰楚國之重天下無有天以與子子何不受也王子閭曰吾聞辭天下者非輕其利也以明其德也不為諸侯者非惡其位

也以潔其行也今吾見國而忘主不仁也劫白刃而失義不勇也子雖告我以利威我以兵吾不為也白公彊之不可遂殺之葉公高率衆誅白公而反惠王於國

白公之難楚人有莊善者辭其母將往死之其母曰棄其親而死其君可謂義乎莊善曰吾聞事君者內其祿而外其身今所以養母者君之祿也身安得無死乎遂辭而行比至公門三廢車中其僕曰子懼矣曰懼既懼何不返莊善曰懼者吾私也死義吾公也聞君子不以私害公及公門刎頸而死君子曰好義乎哉

齊崔杼弒莊公也有陳不占者聞君難將赴之比去餐則失匕上車失軾御者曰怯如是去有益乎不占曰死君義也無勇私也不以私害公遂往聞戰鬬之聲恐駭而死人曰不占可謂仁者之勇也

知伯囂之時有士曰長兒子魚絕知伯而去之三年將東之越而道聞知伯囂之見殺也謂御曰還車反吾將死之御曰夫子絕知伯而去之三年矣今反死

之是絕屬無別也長兒子魚曰不然吾聞仁者無餘愛忠臣無餘祿吾聞知伯之死而動吾心餘祿之加於我者至今尚存吾將往依之反而死

衛懿公有臣曰弘演遠使未還狄人攻衛其民曰君之所與祿位者鶴也所富者宮人也君使宮人與鶴戰余焉能戰遂潰而去狄人追及懿公於榮澤殺之盡食其肉獨舍其肝弘演至報使於肝畢呼天而號盡哀而止曰臣請為表因自刺其腹內懿公之肝而死齊桓公聞之曰衛之亡也以無道今有臣若此不

可不存於是救衛於楚丘

芊尹文者荆之歐鹿彘者也司馬子期獵於雲夢載旗之長拖地芊尹文拔劒齊諸軫而斷之貳車抽弓於韔援矢於箙引而未發也司馬子期伏軾而問曰吾有罪於夫子乎對曰臣以君旗拽地故也國君之旗齊於軫大夫之旗齊於軾今子荆國有名大夫而滅三等文之斷也不亦可乎子期悅載之王所王曰吾聞有斷子之旗者其人安在吾將殺之子期以文之言告王悅使文爲江南令而大治

卞莊子好勇養母戰而三北交遊非之國君辱之及母死三年冬與魯戰卞莊子請從見於魯將軍曰初與母處是以三北今母死請塞責而神有所歸遂赴敵獲一甲首而獻之曰此塞一北又入獲一甲首而獻之曰此塞再北又入獲一甲首而獻之曰此塞三北將軍曰毋沒爾家宜止之請爲兄弟莊子曰三北以養母也是子道也今士節小具而塞責矣吾聞之節士不以辱生遂反敵殺十八而死君子曰三北又塞責滅世斷家於孝不終也

卷八終

新序卷九

善謀第九

齊桓公時江國黃國小國也在江淮之間近楚楚大國也數侵伐欲滅取之江人黃人患楚齊桓公方存亡繼絕救危扶傾尊周室攘夷狄爲陽穀之會貫澤之盟與諸侯將伐楚江人黃人慕桓公之義來會盟於貫澤管仲曰江黃遠齊而近楚楚爲利之國也若伐而不能救無以宗諸侯不可受也桓公不聽遂與之盟管仲死楚人伐江滅黃桓公不能救君子閔之

是後桓公信壞德衰諸侯不附遂陵遲不能復興夫仁智之謀即事有漸力所不能救未可以受其質桓公受之過也管仲可謂善謀矣詩云曾是莫聽大命以傾此之謂也

晉文公之時周襄王有弟太叔之難出亡居於鄭不得入使告難于晉于秦其明年春秦伯師于河上將納王狐偃言於晉文公曰求諸侯莫如勤王且大義也諸侯信之繼文之業而信宣於諸侯今爲可矣卜偃卜之曰吉遇黃帝戰於阪泉之兆公曰吾不

堪也對曰周禮未改今之王古之帝也公曰筮之筮之遇大有之睽曰吉遇公用享于天子之卦戰克而王享吉孰大焉且是卦也天為澤以當日天子降心以迎公不亦可乎大有去睽而復亦其所也晉侯辭秦師而下三月甲辰次于陽樊右師圍溫左師逆王夏四月丁巳王入于王城取太叔于溫而殺之于隰城戊午晉侯朝王王享醴命之宥予之陽樊溫原攢茅之田晉於是始開南陽之地其後三年文公遂再會諸侯以朝天子天子錫之弓矢秬鬯以為方伯晉

文公之命是也卒成霸道狐偃之謀也夫秦魯皆疑晉有狐偃之善謀以成霸功故謀得於帷幄則功施於天下狐偃之謂也

虞虢皆小國也虞有夏陽之阻塞虞虢共守之晉不能禽也故晉獻公欲伐虞虢荀息曰君胡不以屈產之乘與垂棘之璧假道於虞公曰此晉國之寶也彼受吾璧不借吾道則如之何荀息曰此小之所以事大國也彼不借吾道必不敢受吾幣受吾幣而借吾道則是我取之中府置之外府取之中廄置之外廄公曰宮之奇存焉必不使受也荀息曰宮之奇知固知矣雖然其為人也通心而懦又少長於君通心則其言之畧懦則不能強諫少長於君則君輕之且夫玩好在耳目之前而患在一國之後中知以上乃能慮之臣料虞君中知之下也公遂借道而伐虢宮之奇諫曰晉之使者其幣重其辭卑必不便於虞語曰脣亡則齒寒矣故虞虢之相救非相為賜也今日亡虢而明日亡虞矣公不聽遂受其幣而借之道旋歸四年反取虞荀息牽馬抱璧而前曰臣之謀如何獻

公曰璧則猶是而吾馬之齒加長矣晉獻公用荀息之謀而禽虞虞不用宮之奇謀而亡故荀息非霸王之佐戰國并兼之臣也若宮之奇則可謂忠臣之謀也

晉文公秦穆公共圍鄭以其無禮而附於楚鄭大夫佚之狐言於鄭君曰若使燭之武見秦君圍必解鄭君從之召燭之武使之辭曰臣之壯也猶不如人今老矣無能為也鄭君曰吾不能蚤用子今急而求子是寡人之過也然鄭亡子亦有不利焉燭之武許諾

夜出見秦君曰秦晉圍鄭鄭知亡矣若亡而有益於君敢以煩執事鄭在晉之東秦在晉之西越晉而取鄭君知其難也焉用亡鄭以陪晉晉秦之鄰也鄰之强君之憂也若舍鄭以爲東道主行李之往來共其資糧亦無所害且君立晉君晉君許君焦瑕朝得入而夕設版而晝界焉君之所知也夫晉何厭之有既東取鄭又欲廣其西境不闕秦將焉取之闕秦而利晉願君圖之秦君說引兵而還晉咎犯請擊之文公曰不可微夫人之力不能弊鄭因人之力以弊之不

仁失其所與不知以亂易整不武吾其還矣亦去鄭圍遂解燭之武可謂善謀一言存鄭而安秦鄭君不畜用善謀所以削國也困而覺焉所以得存

楚靈王即位欲爲霸會諸侯使椒舉如晉求諸侯椒舉致命曰寡君使舉曰君有惠賜盟于宋曰晉楚之從交相見也以歲之不易寡人願結驩於二三君使舉請問君若苟無四方之虞則願假寵以請於諸侯晉君欲勿許司馬侯曰不可楚王方侈天其或者欲盈其心以厚其毒而降之罰未可知也其使能終亦

未可知也唯天所相不可與爭君其許之修德以待其歸若歸於德吾猶將事之況諸侯乎若適淫虐楚將棄之吾誰與爭公曰晉有三不殆其何敵之有國險而多馬齊楚多難有是三者何嚮而不濟對曰恃馬與險而虞鄰之難是三殆也四嶽三塗陽城大室荆山終南九州之險也是不一姓冀之北土馬之所生也無興國焉恃險與馬不足以爲固也從古以然是以先王務德音以亨神人不聞其務險與馬也或多難以固其國開其疆土或無難以喪其國失其守

宇若何虞難齊有仲孫之難而獲桓公至今賴之晉有里克之難而獲文公是以爲盟主衛邢無難狄亦喪之故人之難不可虞也恃此三者而不修德政亡於不暇有何能濟君其許之紂作淫虐文王惠和殷是以隕周是以興夫豈爭諸侯哉乃許楚靈王遂爲申之會與諸侯伐吳起章華之臺爲乾谿之役百姓罷勞怨懟於下群臣倍畔於上公子棄疾作亂靈王亡逃卒死於野故曰晉不顧一戰而楚人自亡司馬侯之謀也

楚平王殺伍子胥之父子胥出亡挾弓而干闔閭大之甚勇之爲是而欲興師伐楚子胥諫曰不可臣聞之君子不爲匹夫興師且事君猶事父也虧君之義復父之讐臣不爲也於是止蔡昭公朝於楚有美裘楚令尹囊瓦求之昭公不予於是拘昭公於郢數年而后歸之昭公濟漢水沉璧曰諸侯有伐楚者寡人請爲前列楚人聞之怒於是興師伐蔡蔡請救于吳子胥諫曰蔡非有罪也楚人無道也君若有憂中國之心則若此時可矣於是興師伐楚遂敗楚人於柏

舉而成霸道子胥之謀也故春秋美而褎之

秦孝公欲用衛鞅之言更爲嚴刑峻法易古三代之制度恐大臣不從於是召衛鞅甘龍杜摯三大夫御於君慮世事之變計正法之本使民之道君曰代位不亡社稷君之道也錯法務明主長臣之行也今吾欲更法以教民吾恐天下之議我也公孫鞅曰臣聞疑行無名疑事無功君亟定變法之慮行之無疑殆無顧天下之議且夫有高人之行者固見非於世有獨知之慮者必見警於民語曰愚者暗成事知者見未萌民不可與慮始可與樂成功郭偃之法曰論至德者不和於俗成大功者不謀於衆法者所以愛民也禮者所以便事也是以聖人苟可以治國不法其故苟可以利民不循其禮孝公曰善甘龍曰不然臣聞聖人不易民而教知者不變法而治因民而教者不勞而功成據法而治者吏習而民安之今君變法不循故更禮以教民臣恐天下之議君願君熟慮之公孫鞅曰子之所言者世俗之所知也常人安於所習學者溺於所聞此兩者所以居官而守法也非所

與論於典法之外也三代不同道而王五霸不同法而霸知者作法而愚者制焉賢者更禮不肖者拘焉拘禮之人不足與言事制法之人不足與論治君無疑矣杜摯曰利不百不變法功不什不易器兩聞之法古無過循禮無邪君其圖之公孫鞅曰前世不同教何古之法帝王者不相復何禮之循伏羲神農教而不誅黃帝堯舜誅而不怒及至文武各當其時而立法因事而制禮禮法兩定制令各宜甲兵器備各便其用臣故曰治世不一道便國不必古故湯武之

王也不循古夏殷之滅也不易禮然則反古者未可非也循禮者未足多也君無疑矣孝公曰善吾聞窮鄉多怪曲學多辯愚者之笑知者哀焉狂夫之樂賢者憂焉拘世之議人心不疑矣於是孝公遂龍擘之善謀遂從衛鞅之過言法嚴而酷刑深而必苛之以公當時取强遂封鞅爲商君及孝公死國人怨商君至於車裂之其患漸流至始皇赤衣塞路群盜滿山卒以亂亡削刻無恩之所致也三代積德而王齊桓繼絕而霸秦夏嚴暴而亡漢王垂仁而帝故仁恩謀之本也

秦惠王時蜀亂國人相攻擊告急於秦惠王欲發兵伐蜀以爲道險峽難至而韓人來侵秦秦惠王欲先伐韓恐蜀亂先伐蜀恐韓襲秦之弊猶與未決司馬錯與張子爭論於惠王之前司馬錯欲伐蜀張子曰不如伐韓王曰請聞其說對曰親魏善楚下兵三川塞什谷之口當屯留之道魏絕南陽楚臨南鄭秦攻新城宜陽以臨二周之郊誅周王之罪侵楚魏之地周自知不救九鼎寶器必出據九鼎按圖籍挾天子以令於天下天下莫敢不聽此王業也今夫蜀西僻之國而戎狄之倫也弊兵勞衆不足以成名得其地不足以爲利今臣聞爭名者於朝爭利者於市今三川周室天下之朝市也而王不爭焉顧爭於夷狄去王遠矣司馬錯曰不然臣聞之欲富者務廣其地欲强者務富其民欲王者務博其德三資者備而王隨之矣今王地小民貧故臣願先從事於易夫蜀西僻之國而戎狄之長也有桀紂之亂以秦攻之譬如以豺狼逐群羊也得其地足以廣國取其財足以富民繕兵不傷衆而服焉服一國而天下不以爲暴利盡西海而諸侯不以爲貪是我一舉而名實附也又有禁暴正亂之名今攻韓劫天子惡名也而未必利也有不義之名而攻天下所不欲危矣臣請謁其故周天下之宗室也齊韓之與國也周自知失九鼎韓自知亡三川將二國并力合謀以因乎齊趙而求解乎楚魏以鼎予楚以地予魏以鼎予楚以地予魏王不能正此臣所謂危也不如伐蜀完秦惠王曰善寡人請聽子卒起兵伐蜀十月取之遂定蜀蜀王更號爲侯

而使陳叔相蜀蜀既屬秦。秦日益强富厚而制諸侯。司馬錯之謀也。

楚使黃歇於秦秦昭王使白起攻韓魏。韓魏服事秦昭王方令白起與韓魏共伐楚黃歇適至聞其計是時秦已使白起攻楚取數縣楚頃襄王東徙黃歇上書於秦昭王欲使秦遠交楚而攻韓魏以解楚其書曰天下莫强於秦楚今聞王欲伐楚此猶兩虎相與鬭兩虎相與鬭而駑犬受其弊也不如善楚臣請言其說臣聞之物至則反冬夏是也致高則危累棊是

也。今大國之地徧天下有其二垂。此從生民以來萬乘之地未嘗有也今王使盛橋守事於韓盛橋以其地入秦。是王不用甲不信威而得百里之地也王可謂能矣王又舉甲而攻魏杜大梁之門舉河內攻燕酸棗虛桃入邢魏之兵雲翔而不敢救王之功亦多矣王休甲息衆二年而復之。有取滿(史記作蒲)衍首垣以臨仁平丘黃濟陽甄(史作嬰)城而魏氏服王又割濮歷(史記作磨)之北注之秦齊之要絕楚趙之脊天下五合六聚而不敢相救。王之威亦單矣王若能持功守威秋戰功之心而肥仁義之地使無後患三王不足四五伯不足六也。王若負人徒之衆兵革之彊乘毀魏之威而欲以力臣天下之主。臣恐其有後患也。詩曰靡不有初鮮克有終易曰狐涉水濡其尾此言始之易終之難也何以知其然也智伯見伐趙之利不知榆次之禍吳見伐齊之便而不知干遂之敗此二國者非無大功也沒利於前而易患於後也吳之親越也。從而伐齊既勝齊人於艾陵爲越人所禽於三渚之浦知伯之信韓魏也。從而伐趙攻晉陽之城勝有日

矣韓魏畔之殺知伯瑤於叢臺之上。今王妬楚之不毁也而忘毁楚之强韓魏也臣爲王慮而不取也詩曰大武遠宅而不涉從此觀之楚國援也鄰國敵也詩曰躍躍毚兔遇犬獲之他人有心予忖度之今王中道而信韓魏之善王也此吳之親越也臣聞之敵不可假時不可失臣恐韓魏卑辭除患而實欺大國也。何則王無重世之德於韓魏而有累世之怨焉夫韓魏父子兄弟接踵而死于秦者將十世矣本國殘社稷壞宗廟隳刳腹絕腸折頟摺頸身首分離暴骨

草澤頭顱僵仆相望于境係臣束子爲群虜者相及於路鬼神潢洋無所食民不聊生族類離散流亡爲僕妾者盈海內矣故韓魏之不亡秦社稷之憂也今王齎之與攻楚不亦過乎且王攻楚將惡出兵王將藉路於仇讎之韓魏乎出兵之日而王憂其不及也是王以兵資於仇讎之韓魏也王若不借路於仇讎之韓魏必攻隨水右壤此皆廣川大水山林谿谷不食之地也王雖有之不爲得地是王有毀楚之名而無得地之實也且王攻楚之日四國必悉起兵以應

王秦楚之兵構而不離韓魏氏將出兵而攻留方與銍胡陵碭蕭相故宋必盡齊人南面（史記南回攻楚）泗北必舉此皆平原四達膏腴之地也而使獨攻王破楚以肥韓魏於中國而勁齊韓魏之彊足以校於秦齊南以泗水爲境東負海北倚河而無後患天下之國莫彊於齊魏齊魏得地保利而詳事下吏一年之後爲帝未能其於楚王之爲帝有餘矣夫以王壤土之博人徒之衆兵革之彊一舉事而樹怨於楚出令韓魏歸帝重齊是王失計也臣爲王慮莫若善楚秦楚合爲一而以臨韓韓必拱手王施之以東山之險帶以曲河之利韓必爲關內之侯若是而王以十萬伐鄭梁氏寒心許鄢陵嬰城而上蔡召陵不往來也如此而魏亦關內侯矣王一善楚而關內兩萬乘之王注入地於齊齊右壤可拱手而取也王之地一極（史作經）兩海要約天下是燕趙無齊楚齊楚無燕趙然後危動燕趙直搖齊楚此四國者不待痛而服也昭王曰善於是乃止白起謝韓魏發使賂楚約爲與國黃歇受約歸楚解弱楚之禍全彊秦之兵黃歇之謀也

秦趙戰於長平趙不勝亡一都尉趙王召樓昌與虞卿曰軍戰不勝尉係死寡人將束甲而赴之樓昌曰無益也不如發重寶使而爲構虞卿曰昌言構者以爲不構軍必破也而制構者在秦且王之論秦也欲破王之軍乎不邪王曰秦不遺餘力矣必且破趙軍虞卿曰王聽臣發使出重寶以附楚魏楚魏欲王之重寶必內吾使吾使入楚魏秦必疑天下恐天下之合從必一心如此則構乃可爲也趙王不聽與平陽君爲構發鄭朱入秦秦內之趙王召虞卿曰寡人使

平陽君爲構秦秦已內鄭朱矣虞卿以爲如何對曰王不得構軍必破矣天下之賀戰勝者皆在秦鄭朱貴人也而入秦秦王與應侯必顯重以示天下楚魏以趙爲構必不救王則構不可得也應侯果顯鄭朱以示天下賀戰勝者終不肯構長平大敗遂圍邯鄲爲天下笑不從虞卿之謀也秦既解圍邯鄲而趙王入朝使趙郝約事於秦割六縣而構虞卿謂趙王曰秦之攻王也倦而歸乎亡其力尚能進之愛王而不攻乎王曰秦之攻我也不遺餘力矣必以倦歸也虞

卿曰秦以其力攻其所不能取倦而歸王又攻其力之所不能取以送之是助秦自攻也來年秦復攻王王無救矣王以虞卿之言告趙郝郝曰虞卿能量秦力之所至乎誠知秦力之所不進此彈丸之地不予令秦來年復攻於王王得無割其內而構乎王曰請聽予割矣子能必來年秦之不復攻乎趙郝曰此非臣所敢任也他日三晉之交於秦相若也今秦善韓魏而攻王王之所以事秦者必不如韓魏也今臣之爲足下解負親之攻開關通幣齊交韓魏至來年而獨取攻於秦王之所以事秦必在韓魏之後也此非臣之所敢任也王以告虞卿虞卿對曰郝言不構來年秦復攻王王得無復割其內而構乎今構郝又不能必秦之不復攻也雖割何益來年復攻又割其力之所不能取以構此自盡之術也不如無構秦雖善攻不能取六縣趙雖不能守亦不失六城秦倦而歸兵必疲我以五縣收天下以攻罷秦是我失之於天下而取償於秦也吾國尚利孰與坐而割地自弱以強秦今郝曰秦善韓魏而攻趙者必王之事秦不如韓

魏也是使王歲以六城事秦也坐而地盡來年秦復來割王將予之乎不予是棄前功而挑秦禍也予之即無地而給之語曰彊者善攻而弱者不能守今坐而聽秦秦兵不弊而多得地是彊秦而弱趙也以益彊之秦而割愈弱之趙其計固不止矣且王之地有盡而秦之求無已以有盡之地給無已之求其勢必無趙矣計未定樓緩從秦來趙王與樓緩計之曰予秦地與無予孰吉緩辭讓曰此非臣之所能知也王曰雖然試言公之私樓緩對曰亦聞夫公父文伯母

乎公父文伯仕於魯病死女子爲自殺於房中者二人其母聞之不肯哭也其相室曰焉有子死而不哭者乎其母曰孔子賢人也逐於魯而是人不隨也今死而婦人爲自殺者二人若是者必其於長者薄而於婦人厚也故從母言是爲賢母從妻言是必不免爲妬婦故其言一也言者異則人心變矣今臣新從秦來而言勿予則非計也言予之恐王以臣爲秦也故不敢對使臣得爲大王計不如予之王曰諾虞卿聞之曰此飾說也王愼勿予樓緩聞之往見王王又

以虞卿之言告樓緩樓緩對曰不然虞卿得其一不得其二夫秦趙構難而天下皆說何也曰吾且因彊而乘弱矣今趙兵困於秦天下之賀戰勝者必盡在於秦矣故不如亟割地爲和以疑天下而慰秦之心不然天下將因秦之怒乘趙之獘而瓜分之趙見亡何秦之圖乎故曰虞卿得其一不得其二願王以此決之勿復計也虞卿聞之往見王曰危哉樓子之所以爲秦者是愈疑天下而何慰秦之心哉獨不言示天下弱乎且臣言勿予非固勿予而已也秦索六城

於王而王以六城賂齊齊秦之深讐也得王之六城幷力而西擊秦齊之聽王不待辭之畢也則是王失之於齊而取償於秦也而齊趙之讐可以報矣而示天下有能爲也王以此爲發聲兵未窺於境臣見秦之重賂而反構於王也從秦爲構韓魏聞之必盡重王重王必出重寶以先於王則是王一舉而結三國之親而與秦易道也趙王曰善卽發虞卿東見齊王與之謀秦虞卿之謀行而趙霸此存亡之樞機樞機之發間不及旋踵是故虞卿一言而秦之震懼趨風

馳指而請備故善謀之臣其於國豈不重哉微虞卿趙以亡矣

魏請爲從趙孝成王召虞卿謀過平原君平原君曰願卿之論從也虞卿入見王曰魏請爲從對曰魏過王曰寡人固未之許對曰王過王曰魏請從卿曰魏過寡人未之許又曰寡人過然則從終不可邪對曰臣聞小國之與大國從事也有利大國受福有敗小國受禍今魏以小請其禍而王以大辭其福臣故曰王過魏亦過竊以爲從便王曰善乃合魏爲從使虞

卿久用於趙趙必霸今虞卿以魏齊之事棄侯捐相而歸不用趙趙亡

新序卷九終

新序卷十

善謀第十

沛公與項籍俱受令於楚懷王曰先入咸陽者王之沛公將從武關入至南陽守戰南陽守齮保宛城堅守不下沛公引兵圍宛三匝南陽守欲自殺其舍人陳恢止之曰死未晚也於是恢乃踰城見沛公曰臣聞足下約先入咸陽者王之今足下留兵盡日圍宛宛大郡之都也連城數十人民衆蓄積多其吏民自以爲降而死故皆堅守乘城足下攻之死傷者必多

死者未收傷者未瘳足下曠日則事留引兵而去宛完繕弊甲砥礪凋兵而隨足下之後足下前則失咸陽之約後有强宛之患竊爲足下危之爲足下計者莫如約宛守降封之因使止守引其甲卒與之西擊諸城未下者聞聲爭開門而待足下通行無所累沛公曰善乃以宛守爲殷侯封陳恢千戶引兵西無不下者遂先入咸陽陳恢之謀也漢王旣用滕公蕭何之言擢拜韓信爲上將軍引信上坐王問曰丞相數言將軍將軍何以教寡人計策信謝因問王曰今東

向爭權。天下豈非項王耶。曰然。大王自斷勇仁悍強孰與項王。漢王默然良久曰不如也。信再拜賀曰惟信亦以爲大王不如也。然臣嘗事楚。請言項王爲人。項王喑噁叱咤。千人皆廢。然不能任屬賢將。此匹夫之勇耳。項王見人恭謹。言語咰咰。人疾病涕泣分食飲。至使人有功當封爵。印刓緻弊。忍不能與。此所謂婦人之仁。項王雖霸天下而臣諸侯。不居關中。都彭城。又背義帝約。而以親愛王諸侯。不平。諸侯之見項王遷逐義帝江南。亦皆歸逐其主。自王善地。項王所

過無不殘滅。多怨百姓不附。特劫於威強服耳。名雖爲霸王。實失天下心。故曰其強易弱。今大王誠反其道。任天下武勇。何不誅。以天下城邑封功臣。何不服。以義兵從思東歸之士。何不散。且三秦王爲秦將。秦弟子數歲。所殺亡不可勝計。又欺其衆降諸侯。至新安。項王詐坑秦降卒二十餘萬人。唯獨邯欣翳脫。秦父兄怨此三人。痛入骨髓。今楚強以威王此三人。秦民莫愛。大王之入武關。秋毫無所害。除秦苛法。與秦約法三章。且秦民無不欲得大王王秦者。於諸侯約

大王當王關中。民戶知之。大王失職之蜀。民無不恨者。今大王舉而東。三秦可傳檄而定也。於是漢王喜自以爲得信晚。遂聽信計。部署諸將所擊。八月。漢王東出。秦民歸漢。王遂誅三秦王。定其地。收諸侯兵討項王。定帝業。韓信之謀也。

趙地亂。武臣張耳陳餘定趙地。立武臣爲趙王。張耳爲相。陳餘爲將軍。趙王間出。爲燕軍所得。燕囚之。欲與三分其地。乃歸王。使者至燕。輒殺之。以固求地。張耳陳餘患之。有廝養卒謝其舍中人曰。吾爲公說燕。

與趙王載歸。舍中人皆笑之曰。使者往十輩死。若何以能得王。廝養卒曰。非若所知。乃洗沐往見張耳陳餘。遺行見燕王。燕王問之。對曰。賤人希見長者。願請一巵酒。巳飲。又問之。復曰。賤人希見長者。願復請一巵酒。與之酒。卒曰。王知臣何欲。燕王曰。欲得而王耳。卒曰。君知張耳陳餘何人也。燕王曰。賢人也。曰。君知其意何欲。曰。欲得其王耳。趙卒笑曰。君未知兩人所欲也。夫武臣張耳陳餘杖馬策下趙數十城。此亦各欲南面而王。豈爲卿相哉。夫臣與主豈可同日道哉

顧其勢始定未敢三分而王且以長少先立武臣爲王以持趙心今趙地已服此兩人亦欲分趙而王時未可耳今君囚趙王此兩人名爲求趙王實欲燕殺之此兩人分趙自立夫以一趙尚易燕況兩賢王左提右挈執直義而以責不直之弱燕滅無日矣燕王以爲然乃遣趙王養卒爲御而歸遂得反國復立爲王趙卒之謀也

酈食其號酈生說漢王曰臣聞之知天之天者王事可成不知天之天者王事不可成王者以民爲天而民

以食爲天夫敖倉天下轉輸久矣臣聞其下乃有藏粟甚多楚人拔滎陽不堅守敖倉乃引而東令謫過卒分守成皐此乃天所以資漢方今楚易取而漢反却自奪其便臣竊以爲過矣且兩雄不俱立楚漢久相持不決百姓騷動海内搖蕩農夫釋耒工女下機天下之心未有所定也願陛下急復進兵收取滎陽據敖倉之粟塞成皐之險杜太行之路距蜚狐之口守白馬之津以示諸侯形制之勢則天下知所歸矣漢王曰善乃從其計畫復守敖倉卒糧食不盡以擒項氏其後吳楚反將軍竇嬰周亞夫復據敖倉塞成皐如前以破吳楚皆酈生之謀也酈生說漢王曰方今燕趙已復唯齊未下今田横據千里之齊田間據二十萬之軍於歷城諸田宗强負海阻河濟南近楚民多變詐陛下雖遣數十萬師未可以歲月下也臣請奉明詔說齊王令稱東藩於是使酈生食其說齊王曰王知天下之所歸乎王曰不知也曰王知天下之所歸則齊國可得而有也若不知天下所歸則齊國未可保也齊王曰天下何歸曰歸漢王曰先生何

以言之曰漢王與項王戮力西面擊秦約先入咸陽者王之漢王先入咸陽項王倍約不與而王漢中項王遷殺義帝漢王起蜀漢之兵擊三秦出關而責義帝之處收天下之兵立諸侯之後降城即以侯其將得賂即以分其士與天下同其利豪傑賢才皆樂爲其用諸侯之兵四面而至蜀漢之粟方船而下項王有倍約之名殺義帝之實於人之功無所記於人之過無所忘戰勝而不得其賞拔城而不得其封非項氏莫能用事爲人刻印刓而不能授攻城得賂積財

而不能賞天下畔之賢才怨之而莫爲之用故天下之事歸於漢王可坐而策也夫漢王發蜀漢定三秦涉西河之外乘上黨之兵下井陘誅成安破北魏舉三十二城此蚩尤之兵非人之力也今已據敖倉之粟塞成皋之險守白馬之津杜太行之阪距蜚狐之口天下後服者先亡矣王疾下漢王齊國社稷可得而保也不下漢王危亡可立而待也田横以爲然卽聽酈生罷歷下兵戰守之備與酈生日縱酒此酈生之謀也及齊人蒯通說韓信曰足下受詔擊齊何故

止將三軍之衆不如一豎儒之功可因齊無備擊之韓信從之酈生爲田横所害後信通亦不得其所由不仁也

漢三年項羽急圍漢王滎陽漢王恐憂與酈生謀撓楚權酈生曰昔湯伐桀封其後於杞武王伐紂封其後於宋今秦無德棄義侵伐諸侯社稷滅六國之後使無立錐之地陛下誠復立六國後畢授印已此君臣百姓必皆戴陛下德莫不嚮風慕義願爲臣妾德義已行陛下南嚮稱霸楚必斂袵而朝漢王曰善趣刻印先生因行佩之矣酈先生未行張良從外來謁漢王方食曰子房前客有爲我計撓楚權者具以食其言告之曰其於子房意如何良曰誰爲陛下畫此計者陛下事去矣漢王曰何哉良對曰臣請借前箸而籌之曰昔湯伐桀而封其後於杞者斯能制桀之死命也陛下能制項籍之死命乎曰未能也其不可一也武王伐紂而封其後於宋者斯能得紂之頭也今陛下能得項籍之頭乎曰未能也其不可二矣武王入殷表商容之閭軾箕子之門封比干之墓今陛

下能封聖人之墓表賢人之閭軾智者之門乎曰未能也其不可三矣發鉅橋之粟散鹿臺之錢以賜貧羸今陛下能散府庫以賜貧窮乎曰未能也其不可四矣殷事已畢偃革爲軒倒載干戈以示天下不復用兵今陛下能偃革倒載干戈乎曰未能也其不可五矣休馬於華山之陽以示無所用今陛下能休馬無所用乎曰未能也其不可六矣休牛於桃林以示不復輸糧今陛下能休牛不復輸積乎曰未能也其不可七矣且夫天下游士捐其親戚棄墳墓去故舊

從陛下游者皆日夜望尺寸之地。今復立韓魏燕趙齊楚之後。其王皆復立。游士各歸事其主。從其親戚反其故舊墳墓。陛下誰與取天下乎。其不可八矣。且夫楚惟無強。六國復撓而從之。陛下焉得而臣之乎。誠用客之計。陛下之事去矣。漢王輟食吐哺。罵曰。豎儒幾敗乃公事。令趣銷印。止不使。遂并天下之兵。誅項籍。定海內。張子房之謀也。

漢五年。追擊項王。陽夏南止軍。與淮陰侯韓信建成侯彭越期會而擊楚軍。至固陵不會。楚擊漢軍。大破

之。漢王復入壁。深塹而守之。謂張子房曰。諸侯不從約。奈何。對曰。楚兵且破。而未有分地。其不至固宜。君王能與共天下。今可立致也。則不能。事未可知也。君王能自陳以東傅海盡與韓信。睢陽以北至穀城盡與彭越。使各自為戰。則楚易敗也。漢王乃使使者告韓信彭越曰。并力擊楚。楚已破。自陳以東傅海與齊王。睢陽以北穀城與彭相國。使者至。韓信彭越皆喜。報曰。請今進兵。韓信乃從齊行。彭越兵自梁至。諸侯來會。遂破楚軍于垓下。追項王誅之於淮津。二君之功。張子房之謀也。

漢六年正月。封功臣。張子房未嘗有戰鬬之功。高皇帝曰。運籌策帷幄之中。決勝千里之外。子房功也。子房自擇齊三萬戶。良曰。始臣起下邳。與上會留。此天以臣授陛下。陛下用臣計。幸而時中。臣願封留足矣。不敢當齊三萬戶。乃封良為留侯。及蕭何等。其餘功臣皆未封。羣臣自疑。恐不得封。咸不自安。有搖動之心。於是高皇帝在雒陽南宮。上臺見羣臣往往相與坐沙中語。上曰。此何語。留侯曰。陛下不知乎。謀反耳。

上曰。天下屬安。何故而反。留侯曰。陛下起布衣。與此屬定天下。陛下已為天子。而所封皆蕭曹故人所誅皆平生怨仇。今軍吏計功。以天下不足以徧封。此屬畏陛下不能盡封。又見疑平生過失及誅。故即聚謀反耳。上乃憂曰。為將奈何。留侯曰。上平生所憎。羣臣所共知。誰最甚者。上曰。雍齒與我有故。數窘辱我。欲殺之。為其功多。故不忍。留侯曰。今急先封雍齒以示羣臣。羣臣見雍齒得封。即人人自堅矣。於是上置酒封雍齒為什方侯。而急詔趣丞相御史定功行封。羣

臣罷酒皆喜曰雍齒且侯我屬無患矣還倍畔之心銷邪道之謀使國家安寧累世無患者張子房之謀也

高皇帝五年齊人婁敬戍隴西過雒陽脫輅輓見齊人虞將軍曰臣願見上言便宜事虞將軍欲與鮮衣婁敬曰臣衣帛衣帛見衣褐衣褐見不敢易虞將軍入言上上召見賜食已而問敬對曰陛下都雒陽豈欲與周室比隆哉上曰然敬曰陛下取天下與周室異周之先自后稷堯封之邰積德累善十餘世公劉

避桀居豳大王以狄伐去豳杖馬策居岐國人爭歸之及文王爲西伯斷虞芮訟始受命呂望伯夷自海濱來歸之武王伐紂不期而會孟津上八百諸侯滅殷成王卽位周公之屬傅相乃營成周雒邑以爲天下中諸侯四方納貢職道里均矣有德則易以王無德則易以亡凡居此者欲令周務德以致人不欲恃險阻令後世驕奢以虐民及周之衰分爲兩天下莫朝周不能制非德薄形勢弱也今陛下起豐擊沛收卒三千人以之徑往卷蜀漢定三秦與項羽大戰七十小戰四十使天下民肝腦塗地父子暴骨中野不可勝數哭泣之聲未絕傷夷者未起而欲比隆成康周公之時臣竊以爲不侔矣且夫秦地被山帶河四塞以爲固卒然有急百萬之衆可具因秦之故資甚美膏腴之地此謂天府陛下入關而都山東雖亂秦故地可全而有也夫與人鬬而不搤其亢拊其背未全勝也高皇帝疑問左右大臣皆山東人多勸上都雒陽東有成皐西有肴澠倍河鄉伊洛其固亦足恃且周王數百年秦二世而亡不如都周留侯張子

房曰雒陽雖有此固國中小不過數百里田地狹四面受敵此非用武之國夫關中左肴函右隴蜀沃野千里南有巴蜀之饒北有故苑之利阻三面守一隅東向制諸侯諸侯安定河渭漕輓天下西給京師諸侯有變順流而下足以委輸此所謂金城千里天府之國也婁敬說是也於是高皇帝卽日駕西都關中由是國家安寧雖彭越陳豨盧綰之謀九江燕代之兵及吳楚之難關東之兵雖百萬之師猶不能以爲害者由保仁德之惠守關中之固也國以永安婁敬

張子房之謀也上曰本言都秦地者婁敬也婁者乃
劉也賜姓劉氏拜爲郎中號曰奉春君後卒爲建信
侯留侯張子房於漢已定性多疾卽導引不食穀杜
門不出歲餘上欲廢太子立戚氏夫人子趙王如意
大臣多爭未能得堅決者也呂后恐不知所爲人或
謂呂后曰留侯善畫計策上信用之呂后乃使建成
侯呂澤劫留侯曰君常爲上計今日欲易太子君安
得高枕臥留侯曰始上數在困急之中幸用臣今天
下安定以愛幼欲易太子骨肉閒雖臣等百餘人何

益呂澤强要曰爲我畫計留侯曰此難以口舌爭也
顧上有所不能致者天下有四人園公綺里季夏黃
公角里先生此四人者年老矣皆以上慢侮士故逃
匿山中義不爲漢臣然上高此四人公誠能無愛金
玉璧帛令太子爲書卑辭以安車迎之因使辯士固
請宜來來以爲客時時從入朝令上見之上見之卽
必異問之問之上知此四人亦一助也於是呂后令
澤使人奉太子書卑辭厚禮迎四人四人至舍呂澤
所至十二年上從破黥布軍歸疾益甚愈欲易太子

留侯諫不聽因疾不視事太傅叔孫通稱說引古以
死爭太子上佯許之猶欲易之及燕置酒太子侍四
人者從太子皆年八十有餘鬚眉皓白衣冠甚偉上
怪而問曰何爲者四人前對各言其姓名上乃驚曰
吾求公數歲公避逃我今公何自從吾兒游乎四人
皆對曰陛下輕士善罵臣等義不辱故恐而亡匿聞
太子爲人子孝仁敬愛士天下莫不延頸願爲太子
死者故來耳上曰煩公幸卒調護太子四人爲壽已
畢起去上目送之召戚夫人指示四人者曰爲欲易

之彼四人輔之羽翼已成難動矣呂氏眞而主矣戚
夫人泣下上曰爲我楚舞吾爲若楚歌歌曰鴻鵠高
蜚一舉千里羽翮已就橫絶四海橫絶四海當可柰
何雖有矰繳尚安所施歌數闋戚夫人噓唏流涕上
起去罷酒竟不易太子者留侯召四人之謀也

漢十一年九江黥布反高皇帝疾欲使太子往擊之
是時園公綺里季夏黃公角里先生已侍太子聞太
子將擊黥布四人相謂曰凡來者將以存太子太子
將兵事危矣乃說建成侯曰太子將兵有功則位不

益無功從此受禍矣。且太子所與俱諸將皆嘗與上定天下梟將也。乃使太子將之。此無異使羊將狼也。皆不肯為用。盡力其無功必矣。臣聞母愛者抱子。今戚夫人日夜侍御。趙王常居抱前。上終不使不肖子居愛子上。明乎其代太子位必矣。君何不急請呂后承間為上泣言。黥布天下猛將。善用兵。諸將皆陛下故等倫。乃令太子將此屬。無異使羊將狼。莫為用。且使布聞之。即鼓行而西耳。上雖疾。臥護之。諸將不敢不盡力。雖苦強為妻子計。載輜車臥而行。於是呂澤

立夜見呂后。呂后承間為上泣而言如四人意。上曰。吾惟豎子故不足遣。乃公自行耳。於是上自將東。羣臣居守皆送至霸上。留侯疾強起。至曲郵見上曰。臣宜從。疾甚。楚人剽疾。願上無與楚人爭鋒。因說上曰。令太子為將軍。監關中諸侯兵。上謂子房雖疾強起臥而傅太子。是時叔孫通已為太子太傅。留侯行少傅事。漢遂誅黥布。太子安寧。國家晏然。此四公子之謀也。

齊悼惠王者。孝惠皇帝二年。悼惠王入朝。孝惠皇帝與悼惠王讌飲。乃行家人禮。同席。呂太后怒。乃進鴆酒。孝惠皇帝知欲代飲之。乃止。悼惠王懼不得出城。上車太息。內史參乘怪問其故。悼惠王具以狀語內史。內史曰。王寧亡十城邪。將亡齊國也。悼惠王曰。得全身而已。何敢愛城哉。內史曰。魯元公主。太后之女。大王之弟也。大王封國七十餘城。而魯元公主湯沐邑少。大王誠獻十城為魯元公主湯沐邑。內有親親之恩。外有順太后之意。太后必大喜。是亡十城而得六十城也。悼惠王曰善。至邸上奏獻十城為魯元公主湯沐邑。太后果大悅。受邑。厚賜悼惠王而歸之國。

遂安齊。內史之謀也。

孝武皇帝時。大行王恢數言擊匈奴之便。可以除邊境之害。欲絕和親之約。御史大夫韓安國以為兵不可動。孝武皇帝召羣臣而問曰。朕飾子女以配單于。幣帛文錦賂之甚厚。今單于逆命加慢。侵盜無已。邊郡數驚。朕甚閔之。今欲舉兵以攻匈奴。如何。大行臣恢再拜稽首曰。善。陛下不言。臣固謂之。臣聞全代之時。北未嘗不有彊胡之敵。內連中國之兵也。然尚得

養老長幼樹種以時倉廩常實守禦之備具匈奴不
敢輕侵也今以陛下之威海內爲一家天子同任遣
子弟乘邊守塞轉粟輓輸以爲之備而匈奴侵盜不
休者無他不痛之患也臣以爲擊之便御史大夫臣
安國稽首再拜曰不然臣聞高皇帝嘗圍於平城匈
奴至而投鞍高於城者數所平城之厄七日不食天
下歎之及解圍反位無忿怒之色雖得天下而不報
平城之怨者非以力不能也夫聖人以天下爲度者
也不以己之私怒傷天下之公義故遣劉敬結爲和

親至今爲五世利孝文皇帝嘗一屯天下之精兵於
嘗谿廣武無尺寸之功天下黔首約要之民無不憂
者孝文皇帝悟兵之不可宿也乃爲和親之約至今
爲後世利臣以爲兩主之迹足以爲効臣故曰勿擊
便大行曰不然夫明於形者分則不過於事察於動
者用則不失於利審於靜者恬則免於患高帝被堅
執銳以除天下之害蒙矢石沾風雨行幾十年伏尸
滿澤積首若山死者什七存者什三行者垂泣而倪
於兵夫以天下未力厭事之民而蒙匈奴飽佚其勢

不便故結和親之約者所以休天下之民高皇帝明
於形而以分事通於動靜之時蓋五帝不相同樂三
王不相襲禮者非故相反也各因世之宜也教與時
變備與敵化守一而不易不足以子民今匈奴縱意
日久矣侵盜無已係虜人民戍卒死傷中國道路槥
車相望此仁人之所哀也臣故曰擊之便御史大夫
曰不然臣聞之利不什不易業功不百不變常是故
古之人君謀事必就聖發政必擇語重作事也自三
代之盛遠方夷狄不與正朔服色非威不能制非強

不能服也以爲遠方絕域不牧之民不足以煩中國
也且匈奴者輕疾悍亟之兵也畜牧爲業弧弓射獵
逐獸隨草居處無常難得而制也至不及圖去不可
追來若風雨解若收電今使邊郡久廢耕織之業以
支匈奴常事其勢不難臣故曰勿擊爲便大行曰不
然夫神蛟濟於淵而鳳鳥乘於風聖人因於時昔者
秦繆公都雍郊地方三百里知時之變攻取西戎辟
地千里并國十二隴西北地是也其後蒙恬爲秦侵
胡以河爲境累石爲城積木爲寨匈奴不敢飲馬北

河。置烽燧。然後敢牧馬。夫匈奴可以力服也。不可以
仁畜也。今以中國之大。萬倍之資。遣百分之一以攻
匈奴。譬如以千石之弩射潰癰。必不留行矣。則北
發月氏可得而臣也。臣故曰擊之便。御史大夫曰不
然。臣聞善戰者以飽待飢。安行定舍以待其勞。整治
施德以待其亂。接兵奮衆。深入伐國墮城。故常坐而
役敵國。此聖人之兵也。夫衝風之衰也。不能起毛羽。
強弩之末力。不能入魯縞。盛之有衰也。猶朝之必暮
也。今卷甲而輕舉。深入而長驅。難以爲功。夫橫行則

中絕。從行則迫脅。徐則後利。疾則糧乏。不至千里。人
馬絕飢。勞以遇敵。正遺人獲也。意者有他詭妙。可以
擒之。則臣不知。不然。未見深入之利也。臣故曰勿擊
之便。大行曰不然。夫草木之中霜霧。不可以風過。淸
水明鏡。不可以形遯也。通方之人。不可以文亂。今臣
言擊之者。非發而深入也。將順因單于之欲。誘而
致之邊。吾伏輕卒銳士以待之。陰遮險阻以備之。吾
勢以成。或當其左。或當其右。或當其前。或當其後。單
于可擒。百全必取。臣以爲擊之便。於是遂從大行之
言。孝武皇帝自將師伏兵於馬邑。誘致單于。單于既
入塞。道覺之。奔走而去。其後交兵接刃。結怨連禍。相
攻擊十年。兵凋民勞。百姓空虛。道殣相望。槥車相屬。
寇盜滿山。天下搖動。孝武皇帝後悔之。御史大夫桑
弘羊請佃輪臺。詔卻曰。當今之務。務在禁暴止擅賦。
今乃遠西佃。非所以慰民也。朕不忍聞。封丞相號曰
富民侯。遂不復言兵事。國家以寧。繼嗣以定。從韓安
國之本謀也。

孝武皇帝時。中大夫主父偃爲策曰。古諸侯不過百

里。強弱之形易制也。今諸侯或連城數十。地方千里。
緩則驕易爲淫亂。急則阻其強而合從。謀以逆京師。
今以法割之。卽逆節萌起。前日晁錯是也。今諸侯子
弟或十數。而適嗣代立。餘雖骨肉。無尺地之封。則仁
孝之道不宣。願陛下令諸侯得推恩分子弟。以地侯
之。彼人人喜得所願。上以德施。實封其國。而稍自消
弱矣。於是上從其計。因關馬及弩不得出。絕遊說之
路。重附益諸侯之法。急誅謀其君之罪。諸侯王遂以
弱。而合從之事絕矣。主父偃之謀也。

卷十終

說苑新叙序

說苑二十卷新序十卷漢中壘校尉劉向子政所撰宋集賢校理曾鞏之所序錄者也觀鞏之序說苑譏子政以不能究知聖人精微之際又責其著書建言尤欲有為於世忘其枉已而為之至論新序則以為秦漢絕學之後學者知折衷於聖人而能純於道德之美者揚雄氏而止耳余謂鞏之文簡嚴質直大類子政倘其詆訶過嚴與夸大實蓋竊疑之焉夫自三代而下言道者莫純於孔子今考其書自說易而外

其於精微之際蓋不數數也故曰民可使由之不可使知之子貢曰夫子之言性與天道不可得而聞也今夫朱生於絳青生於藍雖踰本色不可復化其質定也金之在鎔其為鍾鏞為鼎彝尊罍皆是也及其既有成器則鍾鏞之不可使為鼎彝尊罍鼎彝尊罍之不可使為鍾鏞者其質定也蓋道者渾淪無方本無定質苟欲以言而定之者則道者將必為天下裂子思談道最為精微其言曰率性之謂道此其至善言者繼之曰鳶飛戾天魚躍于淵其言適至是則止耳苟鳶而必求其所以戾于天則鳶者始膠膠然亂於上矣苟魚而必求其所以躍于淵則魚者始膠膠然亂于下矣故雖以孟子亞聖其自序以為功者惟曰入則孝出則弟守先王之法以待後之學者而於精微之際蓋亦不數數也孟子問亦以言之長者道之所以裂也下是而言道者世號純儒莫過董生然猶泥於讖緯東漢諸人則誣於緯候至魏晉斷滅於虛無盡矣即鞏之所推獨稱揚雄然雄之所陳有曰爰清爰靜游神之庭惟寂惟漠守德之宅苟折衷以

聖人之論其亦真能純於道德之美者非耶宋元豐間假閣諸名士一日共商較古今人物失得王介甫言漢元晚節劉向數言天下事疑太犯分呂晦叔曰同姓之卿歟衆以為然昔屈原以楚同姓傷懷王之信讒遂入秦不反雖放流作離騷九章諸篇猶眷眷於存君與國君子以為忠夫以子政為有非者然則屈原亦有非耶按子政當漢元成間弘恭石顯王鳳方用事尊顯皆擠國士大夫一失其旨意即斥逐誅死不旋踵子政數上章刺譏時事指陳災異徵應乃

至亡國弑君皆尋常患難時朋友兄弟所不忍咨予政獨斷斷於天子之前不少休有不啻批其逆鱗者是亦豈任己者之為使皆枉己則予政以彼其才稍自貶其取丞相御史不難顧不出彼廼與其所謂三獨夫者終始相結托則不用困抑以死若此者寧獨不少貸之哉夫春秋戰國時先王之澤未泯士君子之言語行事皆有可稱第以一節見或少戾於中庸之旨率不為聖人所錄一時韓非呂不韋諸人雖有論撰又雜以名法縱橫之說余謂數千百年之後比

戎學治古文者欲攷見三代放失舊聞惟子政之書時為雅馴今讀說苑二十篇自君道臣術而下卽繼以建本極於修文終於反質蓋庶幾三王承敝易變之道又豈後代俗傳所得窺其旨要哉余因刻說苑新序二書慨學者承譌習謬使子政之心不白於天下廼為之辯著如此云嘉靖丁未八月朔東海何良俊撰

說苑序

劉向所序說苑二十篇崇文總目云今存者五篇餘皆亡臣從士大夫間得之者十有五篇與舊為二十篇正其脫謬疑者闕之而叙其篇目曰向采傳記百家所載行事之迹以為此書奏之欲以為法戒然其所取或有不當於理故不得而不論也夫學者之於道非知其大畧之難也知其精微之際固難矣孔子之徒三千其顯者七十二人皆高世之材也然獨稱顏氏之子其殆庶幾乎及回死又以為無好學者而

回亦稱夫子曰仰之彌高鑽之彌堅子貢又以謂夫子之言性與天道不可得而聞也則其精微之際固難知久矣是以取舍不能無失於其間也故曰學然後知不足豈虛言哉向之學博矣其著書及建言尤欲有為於世忘其枉己而為之者有矣何其徇物者多而自為者少也蓋古之聖賢非不欲有為也然而曰求之有道得之有命故孔子所至之邦必聞其政而子貢以謂非夫子之求之也豈不求之有道哉子曰道之將行也歟命也道之將廢也歟命也豈不得

之有命哉令向知出此安於行止以彼其志能擇其所學以盡乎精微則其所至未可量也是以夫子稱古之學者爲己孟子稱君子欲其自得之自得之則取諸左右逢其原豈汲汲於外哉向之得失如此亦學者之戒也故見之叙論令讀其書者知考而擇之也然向數困於讒而不改其操與夫患失者異矣可謂有志者也編校書籍臣曾鞏上

說苑目錄

說苑卷一

漢 沛郡劉向 著 新城楊以漋 校

君道

晉平公問於師曠曰人君之道如何對曰人君之道清淨無爲務在博愛趨在任賢廣開耳目以察萬方不固溺於流俗不拘繫於左右廓然遠見踔然獨立屢省考績以臨臣下此人君之操也平公曰善

齊宣王謂尹文曰人君之事何如尹文對曰人君之事無爲而能容下夫事寡易從法省易因故民不以

政獲罪也大道容衆大德容下聖人寡爲而天下理矣書曰睿作聖詩人曰岐有夷之行子孫其保之宣王曰善

成王封伯禽爲魯公召而告之曰爾知爲人上之道乎凡處尊位者必以敬下順德規諫必開不諱之門撙節安靜以藉之諫者勿振以威毋格其言博采其辭乃擇可觀夫有文無武無以威下有武無文民畏不親文武俱行威德乃成既成威德民親以服清白上通巧佞下塞諫者得進忠信乃畜伯禽再拜受命而辭

陳靈公行僻而言失泄冶曰陳其亡矣吾驟諫君君不吾聽而愈失威儀夫上之化下猶風靡草東風則草靡而西西風則草靡而東在風所由而草爲之靡是故人君之動不可不慎也夫樹曲木者惡得直景人君不直其行不敬其言者未有能保帝王之號垂顯令之名者也易曰夫君子居其室出其言善則千里之外應之況其邇者乎居其室出其言不善則千里之外違之況其邇者乎言出於身加於民行發乎

邇見乎遠言行君子之樞機樞機之發榮辱之主君子之所以動天地可不慎乎天地動而萬物變化詩曰慎爾出話敬爾威儀無不柔嘉此之謂也今君不是之慎而縱恣焉不亡必弑靈公聞之以泄冶爲妖言而殺之後果弑於徵舒

魯哀公問於孔子曰吾聞君子不博有之乎孔子對曰有之哀公曰何爲其不博也孔子對曰爲其有二乘哀公曰有二乘則何爲不博也孔子對曰爲行惡道也哀公懼焉有間曰若是乎君子之惡惡道之甚

也。孔子對曰：惡惡道不能甚，則其好善道亦不能甚；好善道不能甚，則百姓之親之也亦不能甚。詩云：未見君子，憂心惙惙，亦既見止，亦既覯止，我心則說。詩之好善道之甚也如此。哀公曰：善哉！吾聞君子成人之美，不成人之惡，微孔子，吾焉聞斯言也哉。

河間獻王曰：堯存心於天下，加志於窮民，痛萬姓之罹罪，憂衆生之不遂也。有一民饑，則曰此我饑之也；有一人寒，則曰此我寒之也；一民有罪，則曰此我陷之也。仁昭而義立，德博而化廣，故不賞而民勸，不罰

而民治。先恕而後教，是堯道也。當舜之時，有苗氏不服，其所以不服者，大山在其南，殿山在其北，左洞庭之波，右彭蠡之川，因此險也，所以不服。禹欲伐之，舜不許，曰：諭教猶未竭也。究諭教焉，而有苗氏請服。天下聞之，皆非禹之義，而歸舜之德。

周公踐天子之位，布德施惠，遠而逾明，十二牧方三人出舉遠方之民，有饑寒而不得衣食者，有獄訟而失職者，有賢才而不舉者，以入告乎天子。天子於其君之朝也，揖而進之曰：意朕之政教有不得者與？何其所臨之民有饑寒不得衣食者，有獄訟而失職者，有賢才而不舉者也？其君歸也，乃召其國大夫，告用天子之言。百姓聞之，皆喜曰：此誠天子也！何居之深遠而見我之明也，豈可欺哉！故牧者所以辟四門，明四目，達四聰也。是以近者親之，遠者安之。詩曰：柔遠能邇，以定我王。此之謂矣。

河間獻王曰：禹稱民無食，則我不能使也；功成而不利於人，則我不能勸也。故疏河以導之，鑿江通於九派，灑五湖而定東海，民亦勞矣，然而不怨苦者，利歸

於民也。

禹出見罪人，下車問而泣之。左右曰：夫罪人不順道，故使然焉，君王何爲痛之至於此也？禹曰：堯舜之人，皆以堯舜之心爲心；今寡人爲君也，百姓各自以其心爲心，是以痛之也。書曰：百姓有罪，在予一人。

虞人與芮人質其成於文王，入文王之境，則見其人民之讓爲士大夫；入其國，則見其士大夫讓爲公卿。二國者相謂曰：其人民讓爲士大夫，其士大夫讓爲公卿，然則此其君亦讓以天下而不居矣。二國者未

見文王老身而讓其所爭以爲閒田而反。孔子曰。大哉文王之道乎。其不可加矣。不動而變。無爲而成。敬愼恭己而虞芮自平。故書曰。惟文王之敬忌。此之謂也。

成王與唐叔虞燕居。剪梧桐葉以爲珪。而授唐叔虞曰。余以此封汝。唐叔虞喜。以告周公。周公以請曰。天子封虞耶。成王曰。余一與虞戲也。周公對曰。臣聞之。天子無戲言。言則史書之。工誦之。士稱之。於是遂封唐叔虞於晉。周公旦可謂善說矣。一稱而成王益重

言。明愛弟之義。有輔王室之固。當堯之時。舜爲司徒。契爲司馬。禹爲司空。后稷爲田疇。夔爲樂正。倕爲工師。伯夷爲秩宗。皋陶爲大理。益掌歐禽。堯體力便巧。不能爲一焉。堯爲君而九子爲臣。其何故也。堯知九職之事。使九子者各受其事。皆勝其任。以成九功。堯遂成厥功。以王天下。是故知人者王道也。知事者臣道也。王道知人。臣道知事。毋亂舊法。而天下治矣。

湯問伊尹曰。三公九卿二十七大夫八十一元士。知之有道乎。伊尹對曰。昔者堯見人而知。舜任人然後知。禹以成功舉之。夫三君之舉賢。皆異道而成功。然尚有失者。況無法度而任己。直意用人。必大失矣。故君使臣自貢其能。則萬一之不失矣。王者何以選賢。夫王者得賢材以自輔。然後治也。雖有堯舜之明。而股肱不備。則主恩不流。化澤不行。故明君在上。愼於擇士。務於求賢。設四佐以自輔。有英俊以治官。尊其爵。重其祿。賢者進以顯榮。罷者退而勞力。是以主無遺憂。下無邪慝。百官能治。臣下樂職。恩流群生。潤澤草木。昔者虞舜左禹右皋陶。不下堂而天下治。此使

能之効也。

武王問太公曰。舉賢而以危亡者何也。太公曰。舉賢而不用。是有舉賢之名。而不得眞賢之實也。武王曰。其失安在。太公望曰。其失在君好用小善而已。不得眞賢也。武王曰。好用小善者何如。太公曰。君好聽譽而不惡讒也。以非賢爲賢。以非善爲善。以非忠爲忠。以非信爲信。其君以譽爲功。以毀爲罪。有功者不賞。有罪者不罰。多黨者進。少黨者退。是以群臣比周而蔽賢。百吏群黨而多姦。忠臣以誹死於無罪。邪臣以

譽賞於無功其國見於危亡、武王曰善、吾今日聞誹譽之情矣。

武王問太公曰、得賢敬士、或不能以為治者何也、太公對曰、不能獨斷。以人言斷者殃也。武王曰、何為以人言斷。太公對曰、不能定所去以人言去不能定所取以人言取。不能定所為以人言為、不能定所罰以人言罰。不能定所賞以人言賞。賢者不必用。不肖者不必退。而士不必敬。武王曰、善其為國何如、太公對曰、其為人惡聞其情而喜聞人之情。惡聞其惡而喜

聞人之惡、是以不必治也。武王曰善、

齊桓公問於甯戚曰、筦子今年老矣、為棄寡人而就世也、吾恐法令不行、人多失職、百姓疾怨、國多盜賊、吾何如而使姦邪不起、民衣食足乎、甯戚對曰、要在得賢而任之。桓公曰、得賢柰何、甯戚對曰、開其道路察而用之。尊其位、重其祿、顯其名、則天下之士騷然舉足而至矣。桓公曰、既以舉賢士而用之矣、微夫子幸而臨之、則未有布衣屈奇之士。踵門而求見寡人者。甯戚對曰、是君察之不明、舉之不顯。而用之疑、官之卑祿之薄也。且夫國之所以不得士者有五阻焉。主不好士。諂諛在傍。一阻也。言便事者未嘗見用。二阻也。壅塞掩蔽必因近習然後見察。三阻也。訊獄詰窮其辭以法過之。四阻也。執事適欲擅國權命。五阻也。去此五阻則豪俊並興賢智求處。五阻不去則上蔽吏民之情。下塞賢士之路。是故明王聖主之治若夫江海無不受故長為百川之主、明王聖君無不容。故安樂而長久。因此觀之、則安主利人者非獨一士也。桓公曰善、吾將著夫五阻以為戒本也。

齊景公問於晏子曰、寡人欲從夫子而善齊國之政。對曰、嬰聞之、國具官而后政可善。景公作色曰、齊國雖小、則何為不具官乎、對曰、此非臣之所復也、昔先君桓公身體墮懈。辭令不給。則隰朋侍。左右多過。刑罰不中。則弦章侍。居處肆縱。左右懾畏則東郭牙侍。田野不修。人民不安。則甯戚侍。軍吏怠。戎士偷。則王子成父侍。德義不中。信行衰微。則筦子侍。先君能以人之長續其短。以人之厚補其薄是以辭令窮遠而不逆。兵加於有罪而不頓。是故諸侯朝其德而天子

致其胙。今君之失多矣，未有一士以聞者也，故曰未具。景公曰：善。吾聞高繚與夫子遊，寡人請見之。晏子曰：臣聞為地戰者不能成王，為祿仕者不能成政。若高繚與嬰為兄弟久矣，未嘗干嬰之過，補嬰之闕，特進仕之臣也，何足以補君。

燕昭王問於郭隗曰：寡人地狹人寡，齊人削取八城，匈奴驅馳樓煩之下，以孤之不肖，得承宗廟，恐危社稷，存之有道乎？郭隗曰：有。然恐王之不能用也。昭王避席，願請聞之。郭隗曰：帝者之臣，其名臣也，其實師

也；王者之臣，其名臣也，其實友也；霸者之臣，其名臣也，其實賓也；危國之臣，其名臣也，其實虜也。今王將東面目指氣使以求臣，則廝役之材至矣；南面聽朝，不失揖讓之禮以求臣，則人臣之材至矣；西面等禮相亢，下之以色，不乘勢以求臣，則朋友之材至矣；北面拘指逡巡而退以求臣，則師傅之材至矣。如此則上可以王，下可以霸，唯王擇焉。燕王曰：寡人願學而無師。郭隗曰：王誠欲興道，隗請為天下之士開路。於是燕王常置郭隗上坐南面。居三年，蘇子聞之，從周歸燕；鄒衍聞之，從齊歸燕；樂毅聞之，從趙歸燕；屈景聞之，從楚歸燕。四子畢至，果以弱燕并强齊。夫燕齊非均權敵戰之國也，所以然者，四子之力也。詩曰：濟濟多士，文王以寧。此之謂也。

楚莊王既服鄭伯，敗晉師，將軍子重三言而不當，莊王歸過申侯之邑，申侯進飯，日中而王不食，申侯請罪。莊王喟然嘆曰：吾聞之，其君賢者也，而又有師者王；其君中君也，而又有師者霸；其君下君也，而群臣又莫若君者亡。今我下君也，而群臣又莫若不穀，不

穀恐亡。且世不絕聖，國不絕賢，天下有賢而我獨不得，若吾生者何以食為？故戰服大國，義從諸侯，戚然憂恐，聖知不在乎身，自惜不肖，思得賢佐，日中忘飯，可謂明君矣。

明主者有三懼：一曰處尊位而恐不聞其過，二曰得意而恐驕，三曰聞天下之至言而恐不能行。何以識其然也？越王勾踐與吳人戰，大敗之，兼有九夷，當是時也，南面而立，近臣三，遠臣五，令群臣曰：聞吾過而不告者其罪刑。此處尊位而恐不聞其過者也。昔者

晉文公與楚人戰、大勝之、燒其軍、火三日不滅、文公退而有憂色、侍者曰、君大勝楚、今有憂色何也、文公曰、吾聞能以戰勝而安者、其唯聖人乎、若夫詐勝之徒。未嘗不危也。吾是以憂、此得意而恐驕也、昔齊桓公得甯仲、隰朋、辯其言、說其義、正月之朝、令具太牢進之先祖、桓公西面而立、甯仲隰朋東面而立、桓公贊曰、自吾得聽二子之言、吾目加明、耳加聰、不敢獨擅、願薦之先祖。此聞天下之至言、而恐不能行者也。

齊景公出獵、上山見虎、下澤見蛇、歸召晏子而問之、

曰、今日寡人出獵、上山則見虎、下澤則見蛇、殆所謂之不祥也、晏子曰、國有三不祥、是不與焉、夫有賢而不知、一不祥、知而不用、二不祥。用而不任、三不祥也。所謂不祥、乃若此者也、今上山見虎。虎之室也。下澤見蛇。蛇之穴也。如虎之室、如蛇之穴、而見之曷為不祥也。

楚莊王好獵、大夫諫曰、晉楚敵國也、楚不謀晉、晉必謀楚、今王無乃耽於樂乎、王曰、吾獵將以求士也。其榛叢刺虎豹者、吾是以知其勇也、其攫犀搏兕者、吾是以知其勁有力也。罷田而分所得、吾是以知其仁也。因是道也而得三士焉。楚國以安、故曰、苟有志則無非事者、此之謂也、湯之時、大旱七年、雒坼川竭、煎沙爛石。於是使人持三足鼎、祝山川、教之祝曰、政不節耶。使人疾耶、苞苴行耶、讒夫昌耶、宮室營耶、女謁盛耶。何不雨之極也。蓋言未已、而天大雨、故天之應人、如影之隨形、響之效聲者也、詩云、上下奠瘞、靡神不宗、言疾旱也、

殷太戊時、有桑穀生於庭、昏而生、比旦而拱、史請卜

之湯廟、太戊從之、卜者曰、吾聞之、祥者福之先者也、見祥而為不善、則福不生。殃者禍之先者也、見殃而能為善、則禍不至於是、乃早朝而晏退、問疾弔喪、三日而桑穀自亡、

高宗者、武丁也、高而宗之、故號高宗、成湯之後、先王道缺、刑法違犯、桑穀俱生乎朝、七日而大拱、武丁召其相而問焉、其相曰、吾雖知之、吾弗得言也、問諸祖己、桑穀者野草也。而生於朝、意者國亡乎、武丁恐駭、飭身修行、思先王之政、興滅國、繼絕世、舉逸民、明養

老、三年之後、蠻夷重譯而朝者七國、此之謂存亡繼絕之主、是以高而尊之也。

宋大水、魯人弔之曰、天降淫雨、谿谷滿盈、延及君地、以憂執政、使臣敬弔、宋人應之曰、寡人不佞、齋戒不謹、邑封不修、使人不將、天加以殃、又遺君憂、拜命之辱、君子聞之曰、宋國其庶幾乎、問曰、何謂也、曰、昔者夏桀殷紂不任其過、其亡也忽焉。成湯文武知任其過、其興也勃焉。夫過而改之、是猶不過也。故曰其庶幾乎、宋人聞之、夙興夜寐、早朝晏退、弔死問疾、戮力

宇內、三年歲豐政平、嚮使宋人不聞君子之語、則年穀未豐、而國未寧、詩曰、佛時仔肩、示我顯德行、此之謂也

楚昭王有疾、卜之曰、河爲祟、大夫請用三牲焉、王曰、止、古者先王割地制土、祭不過望、江漢睢漳、楚之望也。禍福之至、不是過也。不穀雖不德、河非所獲罪也。遂不祭焉、仲尼聞之曰、昭王可謂知天道矣、其不失國宜哉。

楚昭王之時、有雲如飛鳥、夾日而飛三日、昭王患之、使人乘驛東而問諸太史州黎、州黎曰、將虐於王身、以令尹司馬說焉、則可、令尹司馬聞之、宿齋沐浴、將自以身禱之焉、王曰、止、楚國之有不穀也、由身之有匈脇也、其有令尹司馬也、由身之有股肱也。匈脇有疾、轉之股肱、庸爲去是人也。

邾文公卜徙於繹、史曰、利於民、不利於君、君曰、苟利於民、寡人之利也、天生烝民而樹之君、以利之也。民既利矣、孤必與焉。侍者曰、命可長也、君胡不爲、君曰、命在牧民、死之短長、時也、民苟利矣、吉孰大焉。遂徙

於繹、

楚莊王見天不見妖、而地不出孽、則禱於山川曰、天其忘予歟。此能求過於天、必不逆諫矣。安不忘危、故能終而成霸功焉、

湯曰、藥食先嘗於卑、然後至於貴。藥言先獻於貴、然後聞於卑、故藥嘗乎卑、然後至乎貴、教也。藥言獻於貴、然後聞於卑、道也。故使人味食、然後食者、其得味也多。使人味言、然後聞言者、其得言也少。是以明王之言、必自他聽之、必自他聞之、必自他擇之、必自他

取之、必自他聚之、必自他藏之、必自他行之、故道以數取之爲明、以數行之爲章、以數施之萬物爲藏。是故求道者不以目而以心。取道者不以手而以耳。

楚文王有疾、告大夫曰、筦饒犯我以義、違我以禮、與處不安。不見不思。然吾有得焉。必以吾時爵之。申侯伯、吾所欲者勸我爲之、吾所樂者先我行之、與處則安。不見則思。然吾有喪焉。必以吾時遣之。大夫許諾、乃爵筦饒以大夫、贈申侯伯而行之、申侯伯將之鄭、王曰必戒之矣、而爲人也不仁、而欲得人之政。毋以

之魯衛宋鄭。不聽、遂之鄭、三年而得鄭國之政、五月而鄭人殺之、

趙簡子與欒激遊、將沈於河、曰、吾嘗好聲色矣、而欒激致之。吾嘗好宮室臺榭矣、而欒激爲之、吾嘗好良馬善御矣、而欒激求之。今吾好士六年矣、而欒激未嘗進一人。是進吾過而黜吾善也。

或謂趙簡子曰、君何不更乎、簡子曰諾、左右曰、君未有過、何更、君曰、吾謂是諾、未必有過也。吾將求以來諫者也。今我却之。是却諫者。諫者必止。我過無日矣。

韓武子田獸已聚矣。田車合矣。傳來告曰、晉公薨、武子謂欒懷子曰、子亦知君好田獵也、獸已聚矣、田車合矣、吾可以卒獵而後弔乎、懷子對曰、范氏之亡也多輔而少拂、今臣於君輔也。盈於君拂也、君胡不問於盈也、武子曰盈而欲拂我乎。而拂我矣。何必盈哉。遂輟田、

師經鼓琴、魏文侯起舞、賦曰、使我言而無見違、師經援琴而撞文侯。不中、中旒潰之。文侯謂左右曰、爲人臣而撞其君、其罪如何。左右曰罪當烹、提師經下堂

一等、師經曰、臣可一言而死乎、文侯曰可、師經曰、昔堯舜之爲君也、唯恐言而人不違、桀紂之爲君也、唯恐言而人違之。臣撞桀紂。非撞吾君也、文侯曰、釋之是寡人之過也、懸琴於城門以爲寡人符。不補旒以爲寡人戒、

齊景公遊於蔞、聞晏子卒、公乘輿素服、馹而驅之、自以爲遲、下車而趨、知不若車之速、則又乘。比至於國者、四下而趨。行哭而往矣。至伏屍而號曰、子大夫日夜責寡人、不遺尺寸。寡人猶且淫泆而不收。怨罪重

積於百姓。今天降禍於齊國。不加寡人而加夫子。齊國之社稷危矣。百姓將誰告矣。

晏子沒十有七年、景公飲諸大夫酒、公射出質、堂上唱善、若出一口。公作色太息、播弓矢、弦章入、公曰、章、自吾失晏子於今十有七年、未嘗聞吾過不善、今射出質而唱善者若出一口、弦章對曰、此諸臣之不肖也。知不足以知君之不善。勇不足以犯君之顏色、然而有一焉、臣聞之、君好之則臣服之、君嗜之則臣食之。夫尺蠖食黃則其身黃。食蒼則其身蒼。君其猶有

諂人言乎。公曰善、今日之言、章爲君、我爲臣、是時海人入魚、公以五十乘賜弦章、歸魚乘塞塗、撫其御之手、曰曩之唱善者、皆欲若魚者也。昔者晏子辭賞以正君、故過失不掩、今諸臣諂諛以干利、故出質而唱善如出一口、今所輔於君、未見於衆而受若魚、是反晏子之義而順諂諛之欲也。固辭魚不受、君子曰、弦章之廉、乃晏子之遺行也。夫天之生人也、蓋非以爲君也、天之立君也、蓋非以爲位也、夫爲人君行其私欲而不顧其人、是不承天意、忘其位之所以宜事也、

如此者春秋不予能君而夷狄之、鄭伯惡一人而兼棄其師、故有夷狄不君之辭、人主不以此自省惟、既以失實心、奚因知之、故曰、有國者不可以不學春秋、此之謂也

齊人弒其君、魯襄公援戈而起曰、孰臣而敢殺其君乎、師懼曰、夫齊君治之不能、任之不肖、縱一人之欲以虐萬夫之性。非所以立君也、其身死自取之也。今君不愛萬夫之命而傷一人之死。奚其過也。其臣已無道矣、其君亦不足惜也。

孔子曰、文王似元年、武王似春王、周公似正月。文王以王季爲父、以太任爲母、以太姒爲妃、以武王周公爲子、以泰顛閎夭爲臣、其本美矣、武王正其身以正其國、正其國以正天下、伐無道、刑有罪、一動天下正、其事正矣、春致其時。萬物皆及生、君致其道、萬人皆及治、周公戴已而天下順之、其誠至矣、

尊君卑臣者、以勢使之也、夫勢失則權傾、故天子失道則諸侯尊矣、諸侯失政則大夫起矣、大夫失官則庶人興矣、由是觀之、上不失而下得者未嘗有也、

孔子曰夏道不亡。商德不作。商德不亡周德不作周德不亡。春秋不作。春秋作而後君子知周道亡也。故上下相齡也猶水火之相滅也人君不可不察而大盛其臣下此私門盛而公家毁也人君不察焉則國家危殆矣筦子曰權不兩錯政不二門故曰脛大於股者難以步指大於臂者難以把本小末大不能相使也

司城子罕相宋。謂宋君曰國家之危定百姓之治亂在君行之賞罰也賞當則賢人勸罰得則姦人止賞

罰不當則賢人不勸姦人不止姦邪比周欺上蔽主以爭爵祿不可不愼也夫賞賜讓與者人之所好也君自行之。刑罰殺戮者人之所惡也臣請當之。君曰善子主其惡寡人行其善。吾知不爲諸侯笑矣。於是宋君行賞賜而與子罕刑罰。國人知刑戮之威。專在子罕也大臣親也百姓附之居期年子罕逐其君而專其政故曰無弱君而强大夫老子曰魚不可脫於淵國之利器不可以借人此之謂也

說苑卷一終

說苑卷二

臣術

人臣之術。順從而復命無所敢專。義不苟合位不苟尊。必有益於國。必有補於君故其身尊而子孫保之。故人臣之行有六正六邪行六正則榮犯六邪則辱。夫榮辱者禍福之門也何謂六正六邪六正者一曰萌芽未動形兆未見昭然獨見存亡之幾得失之要預禁乎不然之前使主超然立乎顯榮之處天下稱孝焉如此者聖臣也二曰虛心白意進善通道勉主

以禮誼諭主以長策將順其美匡救其惡功成事立歸善於君不敢獨伐其勞如此者良臣也三曰卑身賤體夙興夜寐進賢不解數稱於往古之德行事以厲主意庶幾有益以安國家社稷宗廟如此者忠臣也四曰明察幽見成敗早防而救之引而復之塞其間絕其源轉禍以爲福使君終以無憂如此者智臣也五曰守文奉法任官職事辭祿讓賜不受贈遺衣服端齊飲食節儉如此者貞臣也六曰國家昏亂所爲不道然而敢犯主之顏面言主之過失不辭其誅

身死國安不悔所行如此者直臣也是爲六正也六邪者一曰安官貪祿營於私家不務公事懷其智藏其能主饑於論渴於策猶不肯盡節容容乎與世沈浮上下左右觀望如此者具臣也二曰主所言皆曰善主所爲皆曰可隱而求主之所好卽進之以快主耳目偷合苟容與主爲樂不顧其後害如此者諛臣也三曰中實頗險外容貌小謹巧言令色又心嫉賢所欲進則明其美而隱其惡所欲退則明其過而匿其美使主妄行過任賞罰不當號令不行如此者姦

臣也四曰智足以飾非辯足以行說反言易辭而成文章內離骨肉之親外妬亂朝廷如此者讒臣也五曰專權擅勢持招國事以爲輕重於私門成黨以富其家又復增加威勢擅矯主命以自貴顯如此者賊臣也六曰諂言以邪墜主不義朋黨比周以蔽主明入則辯言好辭出則更復異其言語使白黑無別是非無閒伺侯可推而因附然使主惡布於境內聞於四隣如此者亡國之臣也是謂六邪賢臣處六正之道不行六邪之術故上安而下治生則見樂死則見

思此人臣之術也

湯問伊尹曰三公九卿大夫列士其相去何如伊尹對曰三公者知通於大道應變而不窮辯於萬物之情通於天道者也其言足以調陰陽正四時節風雨如是者舉以爲三公故三公之事常在於道也九卿者不失四時通於溝渠修隄防樹五穀通於地理者也能通不能通能利不能利如此者舉以爲九卿故九卿之事常在於德也大夫者出入與民同衆取去與民同利通於人事行猶舉繩不傷於言言之於世

不害於身通於關梁實於府庫如是者舉以爲大夫故大夫之事常在於仁也列士者知義而不失其心事功而不獨專其賞忠政強諫而無有姦詐去私立公而言有法度如是者舉以爲列士故列士之事常在於義也故道德仁義定而天下正凡此四者明王臣而不臣湯曰何謂臣而不臣伊尹對曰君之所不名臣者四諸父臣而不名諸兄臣而不名先王之臣臣而不名盛德之士臣而不名是謂大順也

湯問伊尹曰古者所以立三公九卿大夫列士者何

也伊尹對曰三公者所以參五事也九卿者所以參三公也大夫者所以參九卿也列士者所以參大夫也故參而有參是謂事宗事宗不失外內若一

子貢問孔子曰今之人臣孰爲賢孔子曰吾未識也往者齊有鮑叔鄭有子皮賢者也子貢曰然則齊無管仲鄭無子產乎子曰賜汝徒知其一不知其二汝聞進賢爲賢耶用力爲賢耶子貢曰進賢爲賢子曰然吾聞鮑叔之進管仲也聞子皮之進子產也未聞管仲子產有所進也魏文侯且置相召李克而問焉

曰寡人將置相置於季成子與翟觸我孰置而可李克曰臣聞之賤不謀貴外不謀內疏不謀親臣者疏賤不敢聞命文侯曰此國事也願與先生臨事而勿辭李克曰君不察故也可知矣貴視其所舉富視其所與貧視其所不取窮視其所不爲由此觀之可知矣文侯曰先生出矣寡人之相定矣李克出過翟黃翟黃問曰吾聞君問相於先生未知果孰爲相李克曰季成子爲相翟黃作色不說曰觸失望於先生李克曰子何遽失望於我我於子之君也豈與我比周而求大官哉君問相於我臣對曰君不察故也貴視其所舉富視其所與貧視其所不取窮視其所不爲由此觀之可知也君曰出矣寡人之相定矣以是知季成子爲相翟黃不說曰觸何遽不爲相乎西河之守觸所任也計事內史觸所任也王欲攻中山吾進樂羊無使治之臣吾進先生無使傅其子吾進屈侯附觸何負於季成子李克曰不如季成子季成子食采千鍾什九居外一居中是以東得卜子夏田子方段干木彼其所舉人主之師也子之所舉人臣之才

也翟黃迮然而慚曰觸失對於先生請自修然後學言未卒而左右言季成子立爲相矣於是翟黃默然變色內慚不敢出三月也

楚令尹死景公遇成公乾曰令尹將焉歸成公乾曰殆於屈春乎景公怒曰國人以爲歸於我成公乾曰子資少屈春資多子義獲天下之至憂也而子以爲友鳴鶴與芻狗其知甚少而子玩之鴟夷子皮曰侍於屈春損頗爲友二人者之智足以爲令尹不敢專其智而委之屈春故曰政其歸於屈春乎

田子方渡西河、造翟黃、翟黃乘軒車、載華蓋黃金之勒、約鎮簟席、如此者其駟八十乘、子方望之以爲人君也、道狹下抵車而待之、翟黃至而睹其子方也、下車而趨、自投下風曰、觸、田子方曰子與吾讎者望子疑以爲人君也、子至而人臣也、將何以至此乎。翟黃對曰、此皆君之所以賜臣也、積三十歲故至於此、時以閒暇祖之曠野、正逢先生、子方曰、何子賜車轝之厚也、翟黃對曰、昔者西河無守臣、進吳起而西河之外寧、鄴無令臣進西門豹而魏無趙患、酸棗無令臣

進北門可而魏無齊憂。魏欲攻中山、臣進樂羊而中山拔、魏無使治之臣、臣進李克而魏國大治、是以進此五大夫者、爵祿倍以故至於此、子方曰可、子勉之矣、魏國之相不去子而之他矣、翟黃對曰、君母弟有公孫季成者、進子夏而君師之、進段干木而君友之、進先生而君敬之、彼其所進師也友也、所敬者也、臣之所進者皆守職守祿之臣也、何以至魏國相乎、子方曰、吾聞身賢者賢也、能進賢者亦賢也、子之五舉者盡賢、子勉之矣、子終其次也、

齊威王遊於瑤臺、成侯卿來奏事、從車羅綺甚衆、王望之謂左右曰、來者何爲者也、左右曰成侯卿也、王曰國至貧也、何出之盛也、左右曰與人者有以責之也、受人者有以易之也、王試問其說、成侯卿至上謁曰忌也、王不應、又曰忌也、王不應、又曰忌也、王曰國至貧也、何出之盛也、成侯卿曰、赦其死罪、使臣得言其說、王曰諾、對曰、忌舉田居子爲西河、而秦梁弱、忌舉田解子爲南城、而楚人抱羅綺而朝、忌舉黔涿子爲冥州、而燕人給牲、趙人給盛、忌舉田種首子爲即

墨、而於齊足究、忌舉北郭刁勃子爲大士、而九族益親、民益富、舉此數良人者、王枕而臥耳、何患國之貧哉、

秦穆公使賈人載鹽、徵諸賈人、賈人買百里奚以五羖羊之皮、使將車之秦、秦穆公觀鹽、見百里奚牛肥、曰任重道遠以險、而牛何以肥也、對曰、臣飲食以時、使之不以暴、有險先後之以身、是以肥也。穆公知其君子也、令有司具沐浴爲衣冠、與坐、公大悅、異日與公孫支論政、公孫支大不寧、曰君耳目聰明思慮審

察君其得聖人乎。公曰然吾悅夫奚之言彼類聖人也。公孫支遂歸取鴈以賀曰君得社稷之聖臣敢賀社稷之福。公不辭再拜而受。明日公孫支乃致上卿以讓百里奚曰秦國處僻民陋以愚無知危亡之本也臣自知不足以處其上請以讓之公不許。公孫支曰君不用賓相而得社稷之聖臣君之祿也臣見賢而讓之臣之祿也今君既得其祿矣而使臣失祿可乎請終致之公不許。公孫支曰臣不肖而處上位是君失倫也不肖失倫臣之過進賢而退不肖君之明

也今臣處位廢君之德而逆臣之行也臣將逃公乃受之故百里奚爲上卿以制之公孫支爲次卿以佐之也

趙簡子從晉陽之邯鄲中路而止引車吏進問君何爲止簡主曰董安于在後吏曰此三軍之事也君柰何以一人留三軍也簡主曰諾驅之百步又止吏將進諫董安于適至簡主曰秦道之與晉國交者吾忘令人塞之董安于曰此安于之所爲後也簡主曰官之寶璧吾忘令人載之。對曰此安于之所爲後也簡主曰行人燭過年長矣言未嘗不爲晉國法也吾行忘令人辭且聘焉。對曰此安于之所爲後也簡主可謂內省外知人矣哉故身佚國安御史大夫周昌曰人主誠能如趙簡主朝不危矣

晏子侍於景公朝寒請進熱食對曰嬰非君之廚養臣也敢辭公曰請進服裘對曰嬰非田澤之臣也敢辭公曰然夫子於寡人奚爲者也對曰社稷之臣也公曰何謂社稷之臣對曰社稷之臣能立社稷辨上下之宜使得其理制百官之序使得其宜作爲辭令

可分布於四方自是之後君不以禮不見晏子也。

齊侯問於晏子曰忠臣之事其君何若對曰有難不死出亡不送君曰裂地而封之疏爵而貴之吾有難不死。出亡不送。可謂忠乎。對曰言而見用終身無難臣何死焉謀而見從終身不亡臣何送焉若言不見用有難而死之是妄死也諫而不見從出亡而送是詐爲也故忠臣者能納善於君而不能與君陷難者也。

晏子朝乘敝車駑馬景公見之曰嘻夫子之祿寡

耶何乘不任之甚也晏子對曰賴君之賜得以壽三族及國交遊皆得生焉臣得暖衣飽食敝車駑馬以奉其身於臣足矣晏子出公使梁丘據遺之輅車乘馬三返不受公不悅趣召晏子晏子至公曰夫子不受寡人亦不乘晏子對曰君使臣臨百官之吏節其衣服飲食之養以先齊國之人然猶恐其侈靡而不顧其行也今輅車乘馬君乘之上臣亦乘之下民之無義侈其衣食而不顧其行者臣無以禁之遂讓不受也

景公飲酒陳桓子侍望見晏子而復於公曰請浮晏子公曰何故也對曰晏子衣緇布之衣麋鹿之裘棧軫之車而駕駑馬以朝是隱君之賜也公曰諾酌者奉觴而進之曰君命浮子晏子曰何故也陳桓子曰君賜之卿位以尊其身寵之百萬以富其家群臣之爵莫尊於子祿莫厚於子今子衣緇布之衣麋鹿之裘棧軫之車而駕駑馬以朝則是隱君之賜也故浮子晏子避席曰請飲而後辭乎其辭而後飲乎公曰辭然後飲晏子曰君賜卿位以顯其身嬰不敢為顯受也為行君令也寵之百萬以富其家嬰不敢為富受也為通君賜也臣聞古之賢臣有受厚賜而不顧其國族則過之臨事守職不勝其任則過之君之內隸臣之父兄若有離散在於野鄙者此臣之罪也君之外隸臣之所職若有播亡在四方者此臣之罪也兵革不完戰車不修此臣之罪也若夫敝車駑馬以朝主者非臣之罪也且臣以君之賜臣父之黨無不乘車者母之黨無不足於衣食者妻之黨無凍餒者國之簡士待臣而後舉火者數百家如此為隱君之

賜乎彰君之賜乎公曰善為我浮桓子也

晏子方食君之使者至分食而食之晏子不飽使者返言之景公景公曰嘻夫子之家若是其貧也寡人不知也是寡人之過也令吏致千家之縣一於晏子晏子再拜而辭曰嬰之家不貧以君之賜澤覆三族延及交遊以振百姓君之賜也厚矣嬰之家不貧也嬰聞之厚取之君而厚施之人代君為君也忠臣不為也厚取之君而藏之是筐篋存也仁人不為也厚取之君而無所施之身死而財遷智者不為也嬰也

國為人臣進不事上以為忠退不克下以為廉八升之布一豆之食足矣使者三返遂辭不受也

陳成子謂鴟夷子皮曰何與常也對曰君死吾不死君亡吾不亡陳成子曰然子何以與常對曰未死去死未亡去亡其有何死亡矣從命利君謂之順從命病君謂之諛逆命利君謂之忠逆命病君謂之亂君有過不諫諍將危國殞社稷也有能盡言於君用則留之不用則去之謂之諫用則可生不用則死謂之諍有能比和同力率群下相與彊矯君君雖不安不

能不聽遂解國之大患除國之大害成於尊君安國謂之輔有能亢君之命反君之事竊君之重以安國之危除主之辱攻伐足以成國之大利謂之弼故諫諍輔弼之人社稷之臣也明君之所尊禮而闇君以為己賊故明君之所賞闇君之所殺也明君好問闇君好獨明君上賢使能而享其功闇君畏賢妒能而滅其業罰其忠而賞其賊夫是之謂至闇桀紂之所以亡也詩云曾是莫聽大命以傾此之謂也

簡子有臣尹綽赦厥簡子曰厥愛我諫我必不於眾人中綽也不愛我諫我必於眾人中尹綽曰厥也愛君之醜而不愛君之過也臣愛君之過而不愛君之醜孔子曰君子哉尹綽面訾不譽也

高繚仕於晏子晏子逐之左右諫曰高繚之事夫子三年曾無以爵位而逐之其義可乎晏子曰嬰仄陋之人也四維之然後能直今此子事吾三年未嘗弼吾過是以逐之也

子貢問孔子曰賜為人下而未知所以為人下之道也孔子曰為人下者其猶土乎種之則五穀生焉掘

之則甘泉出焉草木植焉禽獸育焉生人立焉死人入焉多其功而不言為人下者其猶土乎

孫卿曰少事長賤事貴不肖事賢此天下之通義也有人貴而不能為人上賤而羞為人下此姦人之心也身不離姦心而行不離姦道然而求見譽於眾不亦難乎

公叔文子問於史叟曰武子勝事趙簡子久矣其寵不解奚也史叟曰武子勝博聞多能而位賤君親而近之致敬以遜貌而疏之則恭而無怨色入與謀國

家出不見其寵君賜之祿知足而辭故能久也

泰誓曰附下而罔上者死附上而罔下者刑與聞國政而無益於民者退在上位而不能進賢者逐此所以勸善而黜惡也故傳曰傷善者國之殘也蔽善者國之讒也愬無罪者國之賊也

王制曰假於鬼神時日卜筮以疑於衆者殺也子路爲蒲令備水災與民春修溝瀆爲人煩苦故予人一簞食一壺漿孔子聞之使子貢復之子路忿然不悅往見夫子曰由也以暴雨將至恐有水災故與人修

溝瀆以備之而民多匱於食故與人一簞食一壺漿而夫子使賜止之何也夫子止由之行仁也夫子以仁敎而禁其行仁也由也不受子曰爾以民爲餓何不告於君發倉廩以給食之而以爾私饋之是汝不明君之惠見汝之德義也速已則可矣否則爾之受罪不久矣子路心服而退也

說苑卷二終

說苑卷三

建本

孔子曰君子務本本立而道生夫本不正者末必陭始不盛者終必衰詩云原隰既平泉流既清本立而道生春秋之義有正春者無亂秋有正君者無危國易曰建其本而萬物理失之毫釐差以千里是故君子貴建本而重立始

魏武侯問元年於吳子吳子對曰言國君必愼始也愼始奈何曰正之正之奈何曰明智智不明何以見

正多聞而擇焉所以明智也是故古者君始聽治大夫而一言士而一見庶人有謁必達公族請問必語四方至者勿距可謂不壅蔽矣分祿必及用刑必中君心必仁思君之利除民之害可謂不失民衆矣君身必正近臣必選大夫不兼官執民柄者不在一族可謂不權勢矣此皆春秋之意而元年之本也

孔子曰行身有六本本立焉然後爲君子立體有義矣而孝爲本處喪有禮矣而哀爲本戰陣有隊矣而勇爲本治政有理矣而能爲本居國有禮矣而嗣爲

本生才有時矣。而力爲本。苦本不固、無務豐末、親戚不悅無務外交。事無終始。無務多業。聞記不言。無務多談。比近不說。無務修遠。是以反本修邇。君子之道也。天之所生、地之所養、莫貴乎人、人之道、莫大乎父子之親、君臣之義、父道聖、子道仁、君道義、臣道忠、賢父之於子也、慈惠以生之、教誨以成之、養其誼、藏其僞、時其節、慎其施、子年七歲以上、父爲之擇明師、選良友、勿使見惡。少漸之以善。使之早化。故賢子之事親。發言陳辭。應對不悖乎耳。趣走進退。容貌不悖乎

目。卑體賤身不悖乎心。君子之事親以積德。子者親之本也。無所推而不從命。推而不從命者、惟害親者也。故親之所安。子皆供之。賢臣之事君也、受官之日。以主爲父。以國爲家。以士人爲兄弟。故有有可以安國家利民人者。不避其難。不憚其勞。以成其義。故其君亦有助之以遂其德。夫君臣之與百姓。轉相爲本。如循環無端。夫子亦云、人之行莫大於孝、孝行成於內、而嘉號布於外、是謂建之於本而榮華自茂矣。君以臣爲本。臣以君爲本。父以子爲本。子以父爲本。棄其本。榮華槁矣。

子路曰、負重道遠者、不擇地而休。家貧親老者、不擇祿而仕。昔者由事二親之時、常食藜藿之實。而爲親負米百里之外。親沒之後、南遊於楚、從車百乘。積粟萬鍾。累茵而坐。列鼎而食。願食藜藿爲親負米之時不可復得也。枯魚銜索、幾何不蠹。二親之壽、忽如過隙。草木欲長、霜露不使。賢者欲養、二親不待。故曰家貧親老、不擇祿而仕也。

伯禽與康叔封朝于成王、見周公、三見而三笞。康叔

有駭色、謂伯禽曰、有商子者、賢人也、與子見之。康叔封與伯禽見商子曰、某某也、日吾二子者朝乎成王、見周公、三見而三笞、其說何也。商子曰、二子盍相與觀乎南山之陽、有木焉。名曰橋。二子者往觀乎南山之陽。見橋竦焉實而仰。反以告乎商子、商子曰、橋者父道也。商子曰、二子盍相與觀乎南山之陰。有木焉。名曰梓。二子者往觀乎南山之陰。見梓勃焉實而俯。反以告商子、商子曰、梓者子道也。二子者明日見乎周公、入門而趨、登堂而跪。周公拂其首、勞而食之曰、

安見君子二子對曰見商子周公曰君子哉商子也
曾子芸瓜而誤斬其根曾皙怒援大杖擊之曾子仆
地有頃蘇蹶然而起進曰曩者參得罪於大人大人
用力教參得無疾乎退屏鼓琴而歌欲令曾皙聽其
歌聲令知其平也孔子聞之告門人曰參來勿內也
曾子自以無罪使人謝孔子孔子曰汝聞瞽叟有子
名曰舜舜之事父也索而使之未嘗不在側求而殺
之未嘗可得小箠則待大箠則走以逃暴怒也今子
委身以待暴怒立體而不去殺身以陷父不義不孝

孰是大乎汝非天子之民邪殺天子之民罪奚如以
曾子之材又居孔子之門有罪不自知處義難乎
伯俞有過其母笞之泣其母曰他日笞子未嘗見泣
今泣何也對曰他日俞得罪笞嘗痛今母之力不能
使痛是以泣故曰父母怒之不作於意不見於色深
受其罪使可哀憐上也父母怒之不作於意不見其
色其次也父母怒之作於意見於色下也
成人有德小子有造大學之教也時禁於其未發之
曰預因其可之曰時相觀於善之曰磨學不陵節而

施之曰馴發然後禁則扞格而不勝時過然後學則
勤苦而難成雜施而不遜則壞亂而不治獨學而無
友則孤陋而寡聞故曰有昭辟雍有賢泮宮田里周
行濟濟鏘鏘而相從執質有族以文
周召公年十九見正而冠冠則可以為方伯諸侯矣
人之幼稚童蒙之時非求師正本無以立身全性夫
幼者必愚愚者妄行愚者妄行不能保身孟子曰人
皆知以食愈饑莫知以學愈愚故善材之幼者必勤
於學問以修其性今人誠能砥礪其材自誠其神明

睹物之應通道之要觀始卒之端覽無外之境逍遙
乎無方之內彷徉乎塵埃之外卓然獨立超然絕世
此上聖之所遊神也然晚世之人莫能閒居心思鼓
琴讀書追觀上古友賢大夫學問講辯日以自虞疏
遠世事分明利害籌策得失以觀禍福設義立度以
為法式窮追本末究事之情死有遺業生有榮名此
皆人材之所能建也然莫能為者偷慢懈墮多暇日
之故也是以失本而無名夫學者崇名立身之本也
儀狀齊等而飾貌者好質性同倫而學問者智是故

砥礪琢磨非金也而可以利金詩書辟立非我也而可以厲心夫問訊之士日夜興起厲中益知以分別理是故處身則全立身不殆士苟欲深明博察以垂榮名而不好問訊之道則是伐智本而塞智原也何以立軀也騏驥雖疾不遇伯樂不致千里干將雖利非人力不能自斷焉烏號之弓雖良不得排檠不能自任人才雖高不務學問不能致聖水積成川則蛟龍生焉土積成山則豫樟生焉學積成聖則富貴尊顯至焉千金之裘非一狐之皮臺廟之榱非一木之

枝先王之法非一士之智也故曰訊問者智之本思慮者智之道也中庸曰好問近乎智力行近乎仁知恥近乎勇積小之能大者其惟仲尼乎學者所以反情治性盡才者也親賢學問所以長德也論交合友所以相致也詩云如切如瑳如琢如磨此之謂也

今夫辟地殖穀以養生送死銳金石雜草藥以攻疾各知構室屋以避暑雨累臺榭以避潤濕入知親其親出知尊其君內有男女之別外有朋友之際此聖人之德教儒者受之傳之以教誨於後世今夫晚世之惡人反非儒者曰何以儒爲如此人者是非本也譬猶食穀衣絲而非耕織者也載於船車服而安之而非工匠者也食於釜甑須以生活而非陶冶者也此言違於情而行矇於心者也如此人者骨肉不親也秀士不友也此三代之棄民也人君之所不赦也故詩云投畀豺虎豺虎不食投畀有北有北不受投畀有昊此之謂也

孟子曰人知糞其田莫知糞其心糞田莫過利苗得粟糞心易行而得其所欲何謂糞心博學多聞何謂

易行一性止淫也

子思曰學所以益才也礪所以致刃也吾嘗幽處而深思不若學之速吾嘗跂而望不若登高之博見故順風而呼聲不加疾而聞者衆登丘而招臂不加長而見者遠故魚乘於水鳥乘於風草木乘於時

孔子曰可以與人終日而不倦者其惟學乎其身體不足觀也其勇力不足憚也其先祖不足稱也其族姓不足道也然而可以聞四方而昭於諸侯者其惟學乎詩曰不愆不忘率由舊章夫學之謂也

孔子曰、鯉君子不可以不學、見人不可以不飾、不飾則無根、無根則失理、失理則不忠、不忠則失禮、失禮則不立、夫遠而有光者飾也。近而逾明者學也。譬之如汚池水潦注焉。菅蒲生之、從上觀之、知其非源也。

公扈子曰、有國者不可以不學春秋、生而尊者驕、生而富者傲、生而富貴又無鑑而自得者鮮矣。春秋國之鑑也。春秋之中、弒君三十六、亡國五十二、諸侯奔走不得保其社稷者甚衆、未有不先見而後從之者也。

晉平公問於師曠曰、吾年七十、欲學恐已暮矣、師曠曰、何不炳燭乎。平公曰、安有爲人臣而戲其君乎、師曠曰、盲臣安敢戲其君乎、臣聞之、少而好學、如日出之陽、壯而好學、如日中之光、老而好學、如炳燭之明、炳燭之明、孰與昧行乎。平公曰、善哉、

河間獻王曰、湯稱學聖王之道者、譬如日焉、靜居獨思、譬如火焉、夫捨學聖王之道、若捨日之光、何乃獨思若火之明也。可以見小耳。未可用大知、惟學問可以廣明德慧也、

梁丘據謂晏子曰、吾至死不及夫子矣、晏子曰、嬰聞之、爲者常成、行者常至、嬰非有異於人也、常爲而不置、常行而不休者、故難及也、

甯越中牟鄙人也、苦耕之勞、謂其友曰、何爲而可以免此苦也、友曰、莫如學、學二十年則可以達矣、甯越曰、請十五歲、人將休、吾將不休、人將臥、吾不敢臥、十三歲學而周威公師之、夫走者之速也、而過二里止、步者之遲也、而百里不止、今甯越之材而久不止、其爲諸侯師、豈不宜哉、

孔子謂子路曰、汝何好、子路曰、好長劒、孔子曰、非此之問也、請以汝之所能、加之以學、豈可及哉、子路曰、學亦有益乎、孔子曰、夫人君無諫臣則失政、士無教交則失德、狂馬不釋其策、操弓不返於檠、木受繩則直、人受諫則聖、受學重問、孰不順成、毀仁惡士、且近於刑、君子不可以不學、子路曰、南山有竹、弗揉自直、斬而射之、通於犀革、又何學爲乎、孔子曰、括而羽之、鏃而砥礪之、其入不益深乎、子路拜曰、敬受教哉、

子路問於孔子曰、請釋古之學而行由之意可乎、孔

子曰不可昔者東夷慕諸夏之義有女其夫死爲之內私壻終身不嫁不嫁則不嫁矣然非貞節之義也蒼梧之弟娶妻而美好請與兄易忠則忠矣然非禮也今子欲釋古之學而行子之意庸知子用非爲是用是爲非乎不順其初雖欲悔之難哉

豐牆墝下未必崩也流行潦至壞必先矣樹本淺根垓不深未必橛也飄風起暴雨至拔必先矣君子居於是國不崇仁義不尊賢臣未必亡也然一旦有非常之變車馳人走指而禍至乃始乾喉燋脣仰天而

歎庶幾焉天其救之不亦難乎孔子曰不慎其前而悔其後雖悔無及矣詩曰啜其泣矣何嗟及矣言不先正本而成憂於末也

虞君問盆成子曰今工者久而巧色者老而衰今人不及壯之時益積心技之術以備將衰之色色者必盡乎老之前知謀無以異乎幼之時可好之色彬彬乎且盡洋洋乎安託無能之軀哉故有技者不累身而未嘗滅而色不得以常茂

齊桓公問管仲曰王者何貴曰貴天桓公仰而視天管仲曰所謂天者非謂蒼蒼莽莽之天也君人者以百姓爲天百姓與之則安輔之則彊非之則危背之則亡詩云人而無良相怨一方民怨其上不遂亡者未之有也

河間獻王曰管子稱倉廩實知禮節衣食足知榮辱夫穀者國家所以昌熾士女所以姣好禮義所以行而人心所以安也尚書五福以富爲始子貢問爲政孔子曰富之既富乃教之也此治國之本也

文公見咎季其廟傅於西牆公曰孰處而西對曰君

之老臣也公曰西益而宅對曰臣之忠不如老臣之力其牆壞而不築公曰何不築對曰一日不稼百日不食公出而告之僕僕頓首於軫曰呂刑云一人有慶兆民賴之君之明群臣之福也乃令於國曰毋淫宮室以妨人宅板築以時無奪農功

楚恭王多寵子而世子之位不定屈建曰楚必多亂夫一兔走於街萬人追之一人得之萬人不復走分未定則一兔走使萬人擾分已定則雖貪夫知止今楚多寵子而嫡位無主亂自是生矣夫世太子者國

之甚也。而百姓之望也。國既無基。又使百姓失望、絕
其本矣。本絕則撓亂。猶兎走也。恭王聞之、立康王爲
太子、其後猶有令尹圍公子棄疾之亂也、
晉襄公薨、嗣君少、趙宣子相、謂大夫曰、立少君懼多
難、請立雍、雍長出在秦、秦大足以爲援、賈季曰、不若
公子樂、樂有寵於國、先君愛而仕之翟、翟足以爲援、
穆嬴抱太子以呼於庭曰、先君奚罪、其嗣亦奚罪、舍
嫡嗣不立而外求君乎、出朝抱以見宣子曰、惡難也、
故欲立長君、長君立而少君壯。難乃至矣。宣子患之、

遂立太子也、
趙簡子以襄子爲後、董安于曰、無恤不才、今以爲後
何也、簡子曰、是其人能爲社稷忍辱。異日智伯與襄
子飲而灌襄子之首、大夫請殺之、襄子曰、先君之立
我也。曰能爲社稷忍辱。豈曰能刺人哉。處十月智伯
圍襄子於晉陽、襄子疏隊而擊之、大敗智伯、漆其首
以爲酒器

說苑卷三終

說苑卷四

立節

士君子之有勇而果於行者。不以立節行誼。而以妄
死非名。豈不痛哉。士有殺身以成仁。觸害以立義。倚
於節理而不議死地。故能身死名流於來世。非有勇
斷。孰能行之。子路曰、不能勤苦。不能恬貧窮。不能輕
死亡。而曰我能行義。吾不信也。昔者申包胥立於秦
庭七日七夜。哭不絕聲。遂以存楚。不能勤苦。安能行
此。曾子布衣縕袍未得完。糟糠之食藜藿之羹未得

飽。義不合則辭上卿。不恬貧窮安能行此。比干將死
而諫逾忠。伯夷叔齊餓死于首陽而志逾彰。不輕死
亡安能行此。故夫士欲立義行道。毋論難易而後能
行之。立身著名。無顧利害而後能成之。詩曰、彼其之
子、碩大且篤、非良篤修激之君子。其誰能行之哉。王
子比干殺身以成其忠。伯夷叔齊殺身以成其廉。此
三子者皆天下之通士也。豈不愛其身哉。以爲夫義
之不立名之不著。是士之恥也。故殺身以遂其行。因
此觀之、卑賤貧窮非士之恥也。夫士之所恥者。天下

舉忠而士不與焉舉信而士不與焉舉廉而士不與焉三者在乎身名傳於後世與日月並而不息雖無道之世不能汚焉然則非好死而惡生也非惡富貴而樂貧賤也由其道遵其理尊貴及己士不辭也孔子曰富而可求雖執鞭之士吾亦爲之富而不可求從吾所好大聖之操也詩云我心匪石不可轉也我心匪席不可卷也言不失己也能不失己然後可與濟難矣此士君子之所以越衆也

楚伐陳陳西門燔因使其降民修之孔子過之不軾

子路曰禮過三人則下車過二人則軾今陳修門者人數衆矣夫子何爲不軾孔子曰丘聞之國亡而不知不智知而不爭不忠忠而不死不廉今陳修門者不行一於此丘故不爲軾也

孔子見齊景公景公致廩丘以爲養孔子辭不受出謂弟子曰吾聞君子當功以受祿今說景公景公未之行而賜我廩丘其不知丘亦甚矣遂辭而行曾子衣弊衣以耕魯君使人往致邑焉曰請以此修衣曾子不受反復往又不受使者曰先生非求於人人則獻之奚爲不受曾子曰臣聞之受人者畏人予人者驕人縱子有賜不我驕也我能勿畏乎終不受孔子聞之曰參之言足以全其節也子思居於衛縕袍無表二旬而九食田子方聞之使人遺狐白之裘恐其不受因謂之曰吾假人遂忘之吾與人也如棄之子思辭而不受子方曰我有子無何故不受子思曰伋聞之妄與不如遺棄物於溝壑伋雖貧也不忍以身爲溝壑是以不敢當也

宋襄公茲父爲桓公太子桓公有後妻子曰公子目

夷公愛之茲父爲公愛之也欲立之請於公曰請使目夷立臣爲之相以佐之公曰何故也對曰臣之舅在衛愛臣若終立則不可以往絕迹於衛是背母也且臣自知不足以處目夷之上公不許彊以請公公許之將立公子目夷目夷辭曰兄立而弟在下是其義也今弟立而兄在下不義也不義而使目夷爲之目夷將逃乃逃之衛茲父從之三年桓公有疾使人召茲父若不來是使我以憂死也茲父乃反公復立之以爲太子然後目夷歸也

晉驪姬譖太子申生於獻公獻公將殺之公子重耳謂申生曰爲此者非子之罪也子胡不進辭辭之必免於罪申生曰不可我辭之驪姬必有罪矣吾君老矣微驪姬寢不安席食不甘味如何使吾君以恨終哉重耳曰不辭則不若速去矣申生曰不可去而免於死是惡吾君也夫彰父之過而取美諸侯孰肯納之入困於宗出困於逃是重吾惡也吾聞之忠不暴君智不重惡勇不逃死如是者吾以身當之遂伏劒死君子聞之曰天命矣夫世子詩曰萋兮斐兮成是

貝錦彼譖人者亦已大甚

晉獻公之時有士焉曰狐突傅太子申生公立驪姬爲夫人而國多憂狐突稱疾不出六年獻公以譖誅太子太子將死使人謂狐突曰吾君老矣國家多難傅一出以輔吾君申生受賜以死不恨再拜稽首而死狐突乃復事獻公三年獻公卒狐突辭於諸大夫曰突受太子之詔今事終矣與其久生亂世也不若死而報太子乃歸自殺

楚平王使奮揚殺太子建未至而遣之太子奔宋王召奮揚使城父人執之以至王曰言出於予口入於爾耳誰告建也對曰臣告之王初命臣曰事建如事余臣不佞不能貳也奉初以還故遣之已而悔之亦無及也王曰而敢來何也對曰使而失命召而不來是重過也逃無所入王乃赦之

晉靈公暴趙宣子驟諫靈公患之使鉏之彌賊之鉏之彌晨往則寢門闢矣宣子盛服將朝尚早坐而假寐之彌退歎而言曰不忘恭敬民之主也賊民之主不忠棄君之命不信有一於此不如死也遂觸槐而

死

齊人有子蘭子者事白公勝勝將爲難乃告子蘭子曰吾將舉大事於國願與子共之子蘭子曰我事子而與子殺君是助子之不義也畏患而去子是遁子於難也故不與子殺君以成吾義契領於庭以遂吾行

楚有士申鳴者在家而養其父孝聞於楚國王欲授之相申鳴辭不受其父曰王欲相汝汝何不受乎申鳴對曰舍父之孝子而爲王之忠臣何也其父曰使

有祿於國。立義於庭。汝樂吾無憂矣。吾欲汝之相也。
申鳴曰。諾。遂入朝。楚王因授之相。居三年。白公爲亂。
殺司馬子期。申鳴將往死之。父止之曰。棄父而死。其
可乎。申鳴曰。聞夫仕者身歸於君。而祿歸於親。今既
去子事君。得無死其難乎。遂辭而往。因以兵圍之。白
公謂石乞曰。申鳴者。天下之勇士也。今以兵圍我。吾
爲之奈何。石乞曰。申鳴者。天下之孝子也。往劫其父
以兵。申鳴聞之必來。因與之語。白公曰。善。則往取其
父。持之以兵。告申鳴曰。子與吾。吾與子分楚國。子不

與吾。子父則死矣。申鳴流涕而應之曰。始吾父之孝
子也。今吾君之忠臣也。吾聞之也。食其食者死其事。
受其祿者畢其能。今吾已不得爲父之孝子矣。乃君
之忠臣也。吾何得以全身。援桴鼓之。遂殺白公。其父
亦死。王賞之金百斤。申鳴曰。食君之食。避君之難。非
忠臣也。定君之國。殺臣之父。非孝子也。名不可兩立。
行不可兩全也。如是而生。何面目立於天下。遂自殺
也。
齊莊公且伐莒。爲車五乘之賓。而杞梁華舟獨不與

焉。故歸而不食。其母曰。汝生而無義。死而無名。則雖
非五乘。孰不汝笑也。汝生而有義。死而有名。則五乘
之賓盡汝下也。趣食。乃行。杞梁華舟同車侍於莊公
而行。至莒。莒人逆之。杞梁華舟下鬭。獲甲首三百。莊
公止之曰。子止。與子同齊國。杞梁華舟曰。君爲五乘
之賓。而舟梁不與焉。是少吾勇也。臨敵涉難。止我以
利。是汚吾行也。深入多殺者。臣之事也。齊國之利。非
吾所知也。遂進鬭。壞軍陷陣。三軍弗敢當。至莒城下。
莒人以炭置地。二人立有閒。不能入。隰侯重爲右。曰。

吾聞古之士犯患涉難者。其去遂於物也。來。吾踰子。
隰侯重杖楯伏炭。二子乘而入。顧而哭之。華舟後息。
杞梁曰。汝無勇乎。何哭之久也。華舟曰。吾豈無勇哉。
是其勇與我同也。而先吾死。是以哀之。莒人曰。子毋
死。與子同莒國。杞梁華舟曰。去國歸敵。非忠臣也。去
長受賜。非正行也。且雞鳴而期。日中而忘之。非信也。
深入多殺者。臣之事也。莒國之利。非吾所知也。遂進
鬭。殺二十七人而死。其妻聞之而哭。城爲之阤。而隅
爲之崩。此非所以起也。

越甲至齊雍門子狄請死之齊王曰鼓鐸之聲未聞矢石未交長兵未接子何務死之爲人臣之禮邪雍門子狄對曰臣聞之昔者王田於囿左轂鳴車右請死之而王曰子何爲死車右對曰爲其鳴吾君也王曰左轂鳴者工師之罪也子何事之有焉車右曰臣不見工師之乘而見其鳴吾君也遂刎頸而死知有之乎齊王曰有之雍門子狄曰今越甲至其鳴吾君也豈左轂之下哉車右可以死左轂而臣獨不可以死越甲也遂刎頸而死是日越人引甲而退七十里

曰齊王有臣鈞如雍門子狄擬使越社稷不血食遂引甲而歸齊王葬雍門子狄以上卿之禮

楚人將與吳人戰楚兵寡而吳兵衆楚將軍子囊曰我擊此國必敗辱君虧地忠臣不忍爲也不復於君黜兵而退至於國郊使人復於君曰臣請死君曰子大夫之遁也以爲利也而今誠利子大夫毋死子囊曰遁者無罪則後世之爲君臣者皆入不利之名而效臣遁若是則楚國終爲天下弱矣臣請死退而伏劍君曰誠如此請成子大夫之義乃爲桐棺三寸加斧質其上以狗於國

宋康公攻阿屠單父成公趙曰始吾不自知以爲在千乘則萬乘不敢伐在萬乘則天下不敢圖今趙在阿而宋屠單父則是趙無以自立也且往誅宋趙遂入宋三月不得見或曰何不因鄰國之使而見之成公趙曰不可吾因鄰國之使而刺之則使後世之使不信荷節之信不用皆曰趙使之然也不可或曰何不因羣臣道徒處之士而刺之成公趙曰不可吾因羣臣道徒處之士而刺之則後世之忠臣不見信辯

士不見顧皆曰趙使之然也不可吾聞古之士怒則思理危不忘義必將正行以求之耳期年宋康公病死成公趙曰廉士不辱名信士不惰行今吾在阿宋屠單父是辱名也事誅宋王期年不得是惰行也吾若是而生何面目而見天下之士遂立槁於彭山之上

佛肹用中牟之縣畔設禄邑炊鼎曰與我者受邑不與我者其烹中牟之士皆與之城北餘子田基獨後至袪衣將入鼎曰基聞之義者軒冕在前非義弗受

斧鉞於後義死不避遂祛衣將入鼎佛肸播而之趙簡子屠中牟得而取之論有功者用田基爲始田基曰吾聞廉士不耻人如此而受中牟之功耶中牟之士終身慚矣襁負其母南徙於楚楚王高其義待以司馬

齊崔杼弑莊公邢蒯聵使晉而反其僕曰崔杼弑莊公子將奚如邢蒯聵曰驅之將入死而報君其僕曰君之無道也四鄰諸侯莫不聞也以夫子而死之不亦難乎邢蒯聵曰善能言也然亦晚矣子早言我我

能諫之諫不聽我能去今既不諫又不去吾聞食其祿者死其事吾既食亂君之祿矣又安得治君而死之遂驅車入死其僕曰人有亂君人猶死之我有治長可毋死乎乃結轡自刎於車上君子聞之曰邢蒯聵可謂守節死義矣死者人之所難也僕夫之死也雖未能合義然亦有志士之意矣詩云夙夜匪懈以事一人邢生之謂也孟子曰勇士不忘喪其元僕夫之謂也

燕昭王使樂毅伐齊閔王亡燕之初入齊也聞蓋邑人王歜賢令於軍曰環蓋三十里毋入以歜之故已而使人謂歜曰齊人多高子之義吾以子爲將封子萬家歜固謝燕人燕人曰子不聽吾引三軍而屠蓋邑王歜曰忠臣不事二君貞女不更二夫齊王不聽吾諫故退而耕於野國既破亡吾不能存今又劫之以兵爲君將是助桀爲暴也與其生而無義固不如烹遂懸其軀於樹枝自奮絕脰而死齊亡大夫聞之曰王歜布衣義猶不背齊向燕況在位食祿者乎乃相聚如莒求諸公子立爲襄王

左儒友於杜伯皆臣周宣王宣王將殺杜伯而非其罪也左儒爭之於王九復之而王弗許也王曰別君而異友斯汝也左儒對曰臣聞之君道友逆則順君以誅友友道君逆則率友以違君王怒曰易而言則生不易而言則死左儒對曰臣聞古之士不枉義以從死不易言以求生故臣能明君之過以死杜伯之無罪王殺杜伯左儒死之

莒穆公有臣曰朱厲附事穆公不見識焉冬處於山林食杼栗夏處洲澤食菱藕穆公以難死朱厲附將

往死之其友曰子事君而不見識焉今君難吾子死之意者其不可乎朱厲附曰始我以爲君不吾知也今君死而我不死是果不知我也吾將死之以激天下不知其臣者遂往死之

楚莊王獵於雲夢射科雉得之申公子倍攻而奪之王將殺之大夫諫曰子倍自好也爭王雉必有說王姑察之不出三月子倍病而死邲之戰楚大勝晉歸而賞功申公子倍之弟進請賞於王曰人之有功也賞於車下王曰奚謂也對曰臣之兄讀故記曰射科

雉者不出三月必死臣之兄爭而得之故夭死也王命發乎府而視之於記果有焉乃厚賞之

說苑卷四終

說苑卷五

貴德

聖人之於天下百姓也其猶赤子乎饑者則食之寒者則衣之將之養之育之長之唯恐其不至於大也詩曰蔽芾甘棠勿翦勿伐召伯所茇傳曰自陝以東者周公主之自陝以西者召公主之召公述職當桑蠶之時不欲變民事故不入邑中舍于甘棠之下而聽斷焉陝間之人皆得其所是故後世思而歌詠之善之故言之言之不足故嗟歎之嗟歎之不足故歌

詠之夫詩思然後積積然後滿滿然後發發由其道而致其位焉百姓歎其美而致其敬甘棠之不伐也政敎惡乎不行孔子曰吾於甘棠見宗廟之敬也甚尊其人必敬其位順安萬物古聖之道幾哉仁人之德敎也誠惻隱於中悃愊於內不能已於其心故其治天下也如救溺人見天下強陵弱衆暴寡幼孤羸露死傷係虜不忍其然是以孔子歷七十二君冀道之一行而得施其德使民生於全育烝庶安土萬物熙熙各樂其終卒不遇故覩麟而流涕哀道不行德澤

不治於是退作春秋明素王之道以示後人思施其惠未嘗輟忘是以百王尊之志士法焉誦其文章傳今不絕德及之也詩曰載馳載驅周爰咨謀此之謂也聖王布德施惠非求報於百姓也郊望禘嘗非求報於鬼神也山致其高雲雨起焉水致其深蛟龍生焉君子致其道德而福祿歸焉夫有陰德者必有陽報有隱行者必有昭名古者溝防不修水爲人害禹鑿龍門闢伊闕平治水土使民得陸處百姓不親五品不遜契教以君臣之義父子之親夫婦之辨長幼

之序田野不修民食不足后稷教之闢地墾草糞土樹穀令百姓家給人足故三后之後無不王者有陰德也周室衰禮義廢孔子以三代之道教導於後世繼嗣至今不絕者有隱行也周頌曰豐年多黍多稌亦有高廩萬億及秭爲酒爲醴烝畀祖妣以洽百禮降福孔偕禮記曰上牲損則用下牲下牲損則祭不備物以其舛之爲不樂也故聖人之於天下也譬猶一堂之上也今有滿堂飲酒者有一人獨索然向隅而泣則一堂之人皆不樂矣聖人之於天下也譬猶一堂之上也有一人不得其所者則孝子不敢以其物薦進

魏武侯浮西河而下中流顧謂吳起曰美哉乎河山之固也此魏國之寶也吳起對曰在德不在險昔三苗氏左洞庭右彭蠡德義不修而禹滅之夏桀之居左河濟右太華伊闕在其南羊腸在其北修政不仁湯放之殷紂之國左孟門而右太行常山在其北大河經其南修政不德武王伐之由此觀之在德不在險若君不修德舟中之人盡敵國也武侯曰善

武王克殷召太公而問曰將奈其士衆何太公對曰臣聞愛其人者兼屋上之烏憎其人者惡其餘胥咸劉厥敵使靡有餘何如王曰不可太公出邵公入王曰爲之奈何邵公對曰有罪者殺之無罪者活之何如王曰不可邵公出周公入王曰爲之奈何周公曰使各居其宅田其田無變舊新唯仁是親百姓有過在予一人武王曰廣大乎平天下矣凡所以貴士君子者以其仁而有德也

孔子曰里仁爲美擇不處仁焉得智夫仁者必恕然

後行一不義，殺一無罪，雖以得高官大位，仁者不爲也。夫大仁者愛近以及遠，及其有所不諧，則虧小仁以就大仁。大仁者恩及四海，小仁者止於妻子。妻子者以其知營利，以婦人之恩撫之，飾其内情，雕畫其僞，孰知其非眞？雖當時蒙榮，然士君子以爲大辱。故共工、驩兜、符里、鄧析，其智非無所識也，然而爲聖王所誅者，以無德而苟利也。豎刁、易牙毀體殺子以干利，卒爲賊於齊。故人臣不仁，篡弑之亂生；人臣而仁，國治主榮，明主察焉，宗廟大寧。夫人臣猶貴仁，況

於人主乎。故桀紂以不仁失天下，湯武以積德有海土。是以聖王貴德而務行之。孟子曰：推恩足以及四海，不推恩不足以保妻子。古人所以大過人者無他焉，善推其所有而已。

晏子飲景公酒，令器必新。家老曰：財不足，請斂於氏。晏子曰：止。夫樂者上下同之，故天子與天下，諸侯與境内，自大夫以下各與其僚，無有獨樂。今上樂其樂，下傷其費，是獨樂者也，不可。

齊桓公北伐山戎氏，其道過燕，燕君逆而出境。桓公問管仲曰：諸侯相逆，固出境乎？管仲曰：非天子不出境。桓公曰：然則燕君畏而失禮也，寡人不道而使燕君失禮。乃割燕君所至之地以與燕君。諸侯聞之，皆朝於齊。詩云：靖恭爾位，好是正直，神之聽之，介爾景福。此之謂也。

景公探爵鷇，鷇弱，故反之。晏子聞之，不待請而入見。景公汗出惕然。晏子曰：君胡爲者也？景公曰：我探爵鷇，鷇弱，故反之。晏子逡巡北面再拜而賀之：吾君有聖王之道矣。景公曰：寡人入探爵鷇，鷇弱，故反之，其

當聖王之道者何也？晏子對曰：君探爵鷇，鷇弱，故反之，是長幼也。吾君仁愛禽獸之加焉，而況於人乎？此聖王之道也。

景公覩嬰兒有乞於途者，公曰：是無歸夫？晏子對曰：君存，何爲無歸？使養之，可立而以聞。

景公遊於壽宮，覩長年負薪而有饑色，公悲之，喟然歎曰：令吏養之。晏子曰：臣聞之，樂賢而哀不肖，守國之本也。今君愛老而恩無不逮，治國之本也。公笑有喜色。晏子曰：聖王見賢以樂賢，見不肖以哀不肖，今

請求老弱之不養鰥寡之不室者論而供秩焉景公曰諾於是老弱有養鰥寡有室

桓公之平陵見家人有年老而自養者公問其故對曰吾有子九人家貧無以妻之吾使傭而未返也桓公取外御者五人妻之管仲入見曰公之施惠不亦小矣公曰何也對曰公待所見而施惠焉則齊國之有妻者少矣公曰若何管仲曰令國丈夫三十而室女子十五而嫁

孝宣皇帝初即位守廷尉吏路溫舒上書言尚德緩

刑其詞曰陛下初即至尊與天合符宜改前世之失正始受之統滌煩文除民疾存亡繼絕以應天德天下幸甚臣聞往者秦有十失其一尚存治獄吏是也昔秦之時滅文學好武勇賤仁義之士貴治獄之吏正言謂之誹謗譎過謂之妖言故盛服先生不用於世忠良切言皆鬱於胸譽諛之聲日滿於耳虛美薰心實禍蔽塞此乃秦之所以亡天下也方今海內賴陛下厚恩無金革之危饑寒之患父子夫婦戮力安家天下幸甚然太平之未洽者獄亂之也夫獄天下之命死者不可生斷者不可屬書曰與其殺不辜寧失不經今治獄吏則不然上下相驅以刻爲明深者獲公名平者多後患故治獄吏皆欲人死非憎人也自安之道在人之死是以死人之血流離於市被刑之徒比肩而立大辟之計歲以萬數此聖人所以傷太平之未洽凡以是也人情安則樂生痛則思死棰楚之下何求而不得故囚人不勝痛則飾誣詞以示之吏治者利其然則指道以明之上奏恐卻則鍛煉而周內之蓋奏當之成雖皋陶聽之猶以爲死有餘

罪何則成煉之者衆而文致之罪明也是以獄吏專爲深刻殘賊而無理偷爲一切不顧國患此世之大賊也故俗語云畫地作獄議不可入刻木爲吏期不可對此皆疾吏之風悲痛之辭也故天下之患莫深於獄敗法亂政離親塞道莫甚乎治獄之吏此臣所謂一尚存也臣聞烏鷇之卵不毀而後鳳皇集誹謗之罪不誅而後良言進故傳曰山藪藏疾川澤納污國君含垢天之道也臣昧死上聞願陛下察誹謗聽切言開天下之口廣箴諫之路改亡秦之一失遵文

武之嘉德省法制寬刑罰以廢煩獄則太平之風可興於世福履和樂與天地無極天下幸甚書奏皇帝善之後卒於臨淮太守

晉平公春築臺叔向曰不可古者聖王貴德而務施緩刑辟而趨民時今春築臺是奪民時也夫德不施則民不歸刑不緩則百姓愁使不歸之民役愁怨之百姓而又奪其時是重竭也夫牧百姓養育之而重竭之豈所以定命安存而稱爲人君於後世哉平公曰善乃罷臺役

趙簡子春築臺於邯鄲天雨而不息謂左右曰可無趨種乎尹鐸對曰公事急厝種而懸之臺夫雖欲趨種不能得也簡子惕然乃釋臺罷役曰我以臺爲急不如民之急也民以不爲臺故知吾之愛也

中行獻子將伐鄭范文子曰不可得志於鄭諸侯讐我憂必滋長郤至又曰得鄭是兼國也兼國則王王者固多憂乎文子曰王者盛其德而遠人歸故無憂今我寡德而有王者之功故多憂今子見無土而欲富者樂乎哉

季康子謂子游曰仁者愛人乎子游曰然人亦愛之乎子游曰然康子曰鄭子產死鄭人丈夫舍玦珮婦人舍珠珥夫婦巷哭三月不聞竽琴之聲仲尼之死吾不聞魯國之愛夫子奚也子游曰譬子產之與夫子其猶浸水之與天雨乎浸水所及則生不及則死斯民之生也必以時雨既以生莫愛其賜故曰譬子產之與夫子也猶浸水之與天雨乎

中行穆子圍鼓鼓人有以城反者不許軍吏曰師徒不勤可得城奚故不受曰有以吾城反者吾所甚惡

也人以城來我獨奚好焉賞所甚惡是失賞也若所好何若不賞是失信也奚以示民鼓人又請降使人視之其民尚有食也不聽鼓人告食盡力竭而後取之克鼓而反不戮一人

孔子之楚有漁者獻魚甚強孔子不受獻魚者曰天暑遠市賣之不售思欲棄之不若獻之君子孔子再拜受使弟子掃除將祭之弟子曰夫人將棄之今吾子將祭之何也孔子曰吾聞之務施而不腐餘財者聖人也今受聖人之賜可無祭乎

鄭伐宋宋人將與戰華元殺羊食士其御羊斟不與焉及戰曰疇昔之羊羹子爲政今日之事我爲政與華元馳入鄭師宋人敗績

楚王問莊辛曰君子之行柰何莊辛對曰居不爲垣墻人莫能毀傷行不從周衛人莫能暴害此君子之行也楚王復問君子之富柰何對曰君子之富假貸人不德也不責也其食飲人不使也不役也親戚愛之衆人喜之不肖者事之皆欲其壽樂而不傷於患此君子之富也楚王曰善

丞相西平侯于定國者東海下邳人也其父號曰于公爲縣獄吏決曹掾決獄平法未嘗有所寃郡中離文法者于公所決皆不敢隱情東海郡中爲于公生立祠命曰于公祠東海有孝婦無子少寡養其姑甚謹其姑欲嫁之終不肯其姑告鄰之人曰孝婦養我甚謹我哀其無子守寡日久我老累丁壯柰何其後母自經死母女告吏曰孝婦殺我母吏捕孝婦孝婦辭不殺姑吏欲毒治孝婦自誣服具獄以上府于公以爲養姑十年以孝聞此不殺姑也太守不聽數爭不能得於是于公辭疾去吏太守竟殺孝婦郡中枯旱三年後太守至卜求其故于公曰孝婦不當死前太守强殺之咎當在此於是殺牛祭孝婦冢太守以下自至焉天立大雨歲豐熟郡中以此益敬重于公于公築治廬舍謂匠人曰爲我高門我治獄未嘗有所寃我後世必有封者令容高蓋駟馬車及子封爲西平侯

孟簡子相梁并衛有罪而走齊管仲迎而問之曰吾子相梁并衛之時門下使者幾何人矣孟簡子曰門

下使者有三千餘人管仲曰今與幾何人來對曰臣與三人俱仲曰是何也對曰其一人父死無以葬我爲葬之一人母死無以葬亦爲葬之一人兄有獄我爲出之是以得三人來管仲上車曰嗟茲乎我窮必矣吾不能以春風風人吾不能以夏雨雨人吾窮必矣

凡人之性莫不欲善其德然而不能爲善德者利敗之也故君子羞言利名言利名尚羞之况居而求利者也

周天子使家父毛伯求金於諸侯春秋譏之故天子好利則諸侯貪諸侯貪則大夫鄙大夫鄙則庶人盜上之變下猶風之靡草也故爲人君者明貴德而賤利以道下下之爲惡尚不可止今隱公貪利而身自漁濟上而行八佾以此化於國人國人安得不解於義解於義而縱其欲則災害起而臣下僻矣故其元年始書螟言災將起國家將亂云爾

孫卿曰夫鬬者忘其身者也忘其親者也忘其君者也行須臾之怒而鬬終身之禍然乃爲之是忘其身

也家室離散親戚被戮然乃爲之是忘其親也君上之所致惡刑法之所大禁也然乃犯之是忘其君也今禽獸猶知近父母不忘其親也人而忘其身內忘其親上忘其君是不若禽獸之仁也凡鬬者皆自以爲是而以他人爲非已誠是也人誠非也則是已君子而彼小人也夫以君子而與小人相賊害是人之所謂以狐白補犬羊身塗其炭豈不過甚矣哉以爲智乎則愚莫大焉以爲利乎則害莫大焉以爲榮乎則辱莫大焉人之有鬬何哉比之狂惑疾病乎則不可面目人也而好惡多同人之鬬誠愚惑失道者也詩云式號式呼俾晝作夜言鬬行也

子路持劍孔子問曰由安用此乎子路曰善古者固以善之不善古者固以自衛孔子曰君子以忠爲質以仁爲衛不出環堵之內而聞千里之外不善以忠化寇暴以仁圍何必持劍乎子路曰由也請攝齊以事先生矣

樂羊爲魏將以攻中山其子在中山中山縣其子示樂羊樂羊不爲衰志攻之愈急中山因烹其子而遺

之樂羊食之盡一杯中山見其誠也不忍與其戰果下之遂爲魏文侯開地文侯賞其功而疑其心孟孫獵得麑使秦西巴持歸其母隨而鳴秦西巴不忍縱而與之孟孫怒而逐秦西巴居一年召以爲太子傅左右曰夫秦西巴有罪於君今以爲太子傅何也孟孫曰夫以一麑而不忍又將能忍吾子乎故曰巧詐不如拙誠樂羊以有功而見疑秦西巴以有罪而益信由仁與不仁也

智伯還自衛三卿燕于藍臺智襄子戲韓康子而侮

段規智果聞之諫曰主弗備難難必至曰難將由我我不爲難誰敢興之對曰異於是夫郤氏有車轅之難趙有孟姬之讒欒有叔祁之訴范中行有函冶之難皆主之所知也夏書有之曰一人三失怨豈在明不見是圖周書有之曰怨不在大亦不在小夫君子能勤小物故無大患今主一謀而媿人君相又弗備曰不敢興難毋乃不可乎嘻不可不懼蚋蟻蜂蠆皆能害人況君相乎不聽自是五年而有晉陽之難段規反而殺智伯于師遂滅智氏

智襄子爲室美士茁夕焉智伯曰室美矣夫對曰美則美矣抑臣亦有懼也智伯曰何懼對曰臣以秉筆事君記有之曰高山浚源不生草木松栢之地其土不肥今土木勝人臣懼其不安人也室成三年而智氏亡

說苑卷五終

說苑卷六

復恩

孔子曰德不孤必有隣夫施德者貴不德受恩者尚必報是故臣勞勤以爲君而不求其賞君持施以牧下而無所德故易曰勞而不怨有功而不德厚之至也君臣相與以市道接君縣祿以待之臣竭力以報之逮臣有不測之功則主加之以重賞如主有超異之恩則臣必死以復之孔子曰北方有獸其名曰蟨前足鼠後足兔是獸也甚矣其愛蛩蛩巨虛也食得

甘草必齧以遺蛩蛩巨虛蛩蛩巨虛見人將來必負蟨以走蟨非性之愛蛩蛩巨虛也爲其假足之故也二獸者亦非性之愛蟨也爲其得甘草而遺之故也夫禽獸昆蟲猶知比假而相有報也況於士君子之欲與名利於天下者乎夫臣不復君之恩而苟營其私門禍之原也君不能報臣之功而憚刑賞者亦亂之基也夫禍亂之原基由不報恩生矣

趙襄子見圍於晉陽罷圍賞有功之臣五人高赫無功而受上賞五人皆怒張孟談謂襄子曰晉陽之中

赫無大功今與之上賞何也襄子曰吾在拘厄之中不失臣主之禮唯赫也子雖有功皆驕寡人與赫上賞不亦可乎仲尼聞之曰趙襄子可謂善賞士乎賞一人而天下之人臣莫敢失君臣之禮矣

晉文公亡時陶叔狐從文公反國行三賞而不及陶叔狐陶叔狐見咎犯曰吾從君而亡十有三年顏色黎黑手足胼胝今君反國行三賞而不及我也意者君忘我與我有大故與子試爲我言之君咎犯言之文公文公曰嘻我豈忘是子哉夫高明至賢德行全

誠耽我以道說我以仁暴浣我行昭明我名使我爲成人者吾以爲上賞防我以禮諫我以誼蕃援我使我不得爲非數引我而請於賢人之門吾以爲次賞夫勇壯强禦難在前則居前難在後則居後免我於患難之中者吾又以爲之次且子獨不聞乎死人者不如存人之身亡人者不如存人之國三行賞之後而勞苦之士次之夫勞苦之士是子固爲首矣豈敢忘子哉周内史叔興聞之曰文公其霸乎昔聖王先德而後力文公其當之矣詩云率履不越此之謂也

晉文公入國至於河令棄籩豆茵席顏色黎黑手足胼胝者在後咎犯聞之中夜而哭文公曰吾亡也十有九年矣今將反國夫子不喜而哭何也其不欲吾反國乎對曰籩豆茵席所以官者也而棄之顏色黎黑手足胼胝所以執勞苦而皆後之臣聞國君蔽士無所取忠臣大夫蔽遊無所取忠友今至於國臣在所蔽之中矣不勝其哀故哭也文公曰禍福利害不與咎氏同之者有如白水祝之乃沈璧而盟介子推曰獻公之子九人唯君在耳天未絕晉必將有主主

晉祀者非君而何唯二三子者以爲己力不亦誣乎文公卽位賞不及推推母曰盍亦求之推曰尤而效之罪又甚焉且出怨言不食其食其母曰亦使知之推曰言身之文也身將隱安用文其母曰能如是與若俱隱至死不復見推從者憐之乃懸書宮門曰有龍矯矯頃失其所五蛇從之周徧天下龍饑無食一蛇割股龍反其淵安其壤土四蛇入穴皆有處所一蛇無穴號於中野文公出見書曰嗟此介子推也吾方憂王室未圖其功使人召之則亡遂求其所在聞

其入綿上山中、於是文公表綿上山中而封之以爲
介推田。號曰介山、
晉文公出亡周流天下、舟之僑去虞而從焉、文公反
國、擇可爵而爵之、擇可祿而祿之、舟之僑獨不與焉、
文公酌諸大夫酒、酒酣、文公曰、二三子盍爲寡人賦
乎、舟之僑進曰、君子爲賦、小人請陳其辭、辭曰、有龍
矯矯。頃失其所。一蛇從之。周流天下。龍反其淵。安寧
其處。一蛇耆乾。獨不得其所。文公瞿然曰、子欲爵耶、
請待旦日之期、子欲祿耶、請今命廩人、舟之僑曰、請

說苑　卷六　四

而得其賞、廉者不受也。言盡而名至、仁者不爲也。今
天油然作雲、沛然下雨、則苗草興起、莫之能禦、今爲
一人言施一人、猶爲一塊土下雨也。土亦不生之矣。
遂歷階而去、文公求之不得、終身誦甫田之詩、
邴吉有陰德於孝宣皇帝微時、孝宣皇帝即位、衆莫
知、吉亦不言、吉從大將軍長史轉遷至御史大夫、宣
帝聞之、將封之、會吉病甚、將使人加紳而封之、及其
生也、太子太傅夏侯勝曰、此未死也。臣聞之、有陰德
者必饗其樂。以及其子孫。今此未獲其樂而病甚、非

其死病也。後病果愈、封爲博陽侯、終饗其樂、
魏文侯攻中山、樂羊將、已得中山、還反報文侯、有喜
功之色、文侯命主書曰、群臣賓客所獻書操以進、主
書者舉兩篋以進、令將軍視之、盡難攻中山之事也。
將軍還走北面而再拜曰、中山之舉也。非臣之力。君
之功也。
平原君既歸趙、楚使春申君將兵救趙、魏信陵君亦
矯奪晉鄙軍往救趙、未至、秦急圍邯鄲、邯鄲急且降、
平原君患之、邯鄲傳舍吏子李談謂平原君曰、君不

說苑　卷六　五

憂趙亡乎、平原君曰、趙亡即勝虜、何爲不憂、李談曰、
邯鄲之民炊骨易子而食之、可謂至困、而君之後宮
百數。婦妾荷綺縠。廚餘粱肉。士民兵盡、或剡木爲矛
戟。而君之器物鐘磬自恣。若使秦破趙、君安得有此。
使趙而全。君何患無有。君誠能令夫人以下編於士
卒間。分功而作之。家所有盡散以饗食士。方其危苦
時易爲惠耳。於是平原君如其計、而勇敢之士三千
人皆出死。因從李談赴秦軍。秦軍爲却三十里。亦會
楚魏救至、秦軍遂罷、李談死、封其父爲孝侯、

秦繆公嘗出而亡其駿馬自往求之見人已殺其馬方共食其肉繆公謂曰是吾駿馬也諸人皆懼而起繆公曰吾聞食駿馬肉不飲酒者殺人即以次飲之酒殺馬者皆慙而去居三年晉攻秦繆公圍之往時食馬肉者相謂曰可以出死報食馬得酒之恩矣遂潰圍繆公卒得以解難勝晉獲惠公以歸此德出而福反也

楚莊王賜群臣酒日暮酒酣燈燭滅乃有人引美人之衣者美人援絶其冠纓告王曰今者燭滅有引妾

衣者妾援得其冠纓持之趣火來上視絶纓者王曰賜人酒使醉失禮柰何欲顯婦人之節而辱士乎乃命左右曰今日與寡人飲不絶冠纓者不懽群臣百有餘人皆絶去其冠纓而上火卒盡懽而罷居三年晉與楚戰有一臣常在前五合五奮首却敵卒得勝之莊王恠而問曰寡人德薄又未嘗異子子何故出死不疑如是對曰臣當死往者醉失禮王隱忍不加誅也臣終不敢以蔭蔽之德而不顯報王也常願肝腦塗地用頸血湔敵久矣臣乃夜絶纓者也遂敗晉軍楚得以强此有陰德者必有陽報也

趙宣孟將上之絳見翳桑下有卧餓人不能動宣孟止車爲之下飡自含而餔之餓人再咽而能視宣孟問爾何爲饑若此對曰臣居於絳歸而糧絶羞行乞而憎自致以故至若此宣孟與之壺飡脯二朐再拜頓首受之不敢食問其故對曰向者食之而美臣有老母將以貢之宣孟曰子斯食之吾更與汝乃復爲之簞食以脯二束與錢百去之絳居三年晉靈公欲殺宣孟置伏士於房中召宣孟而飲之酒宣孟知之

中飲而出靈公命房中士疾追殺之一人追疾既及宣孟向宣孟之面曰今固是君邪請爲君反死宣孟曰子名爲誰及是且對曰何以名爲臣是夫桑下之餓人也遂鬬而死宣孟得以活此所謂德惠也故惠君子君子得其福惠小人小人盡其力夫德一人活其身而況置惠於萬人乎故曰德無細怨無小豈可無樹德而除怨務利於人哉利施者福報怨往者禍來形於内者應於外不可不慎也此書之所謂德無小者也詩云赳赳武夫公侯干城濟濟多士文王以

寡人君胡可不務愛士乎

孝景時吳楚反袁盎以太常使吳吳王欲使將不肯欲殺之使一都尉以五百人圍守盎盎爲吳相時從史與盎侍兒私通盎知之不泄遇之如故人有告從史從史懼亡歸盎自追遂以侍兒賜之復爲從史及盎使吳見圍守從史適爲守盎校司馬夜引盎起曰君可以去矣吳王期旦日斬君盎不信曰公何爲者也司馬曰臣故爲君從史盜侍兒者也盎乃敬對曰公見親吾不足以累公司馬曰君去臣亦且亡避吾

親君何患乃以刀決帳率徒卒道出令皆去盎遂歸報

智伯與趙襄子戰於晉陽下而死智伯之臣豫讓者怒以其精氣能使襄主動心乃漆身變形吞炭更聲襄主將出豫讓僞爲死人處於梁下駟馬驚不進襄主動心使使視梁下得豫讓襄主重其義不殺也又盜爲抵罪被刑人赭衣入繕宮襄主動心則曰必豫讓也襄主執而問之曰子始事中行君智伯殺中行君子不能死還反事之今吾殺智伯乃漆身爲癘吞炭爲啞欲殺寡人何與先行異也豫讓曰中行君衆人畜臣臣亦衆人事之智伯朝士待臣臣亦朝士爲之用襄子曰非義也子壯士也乃自置車庫中水漿毋入口者三日以禮豫讓讓自知遂自殺也

晉逐欒盈之族命其家臣有敢從者死其臣曰辛俞從之吏得而將殺之君曰命汝無得從敢從何也辛俞對曰臣聞三世仕於家者君之二世者主之事君以死事主以勤爲其賜之多也今臣三世於欒氏受其賜多矣臣敢畏死而忘三世之恩哉晉君釋之

留侯張良之大父開地相韓昭侯宣惠王襄哀王父平相釐王悼惠王悼惠王二十三年平卒二十歲秦滅韓良年少未宦事韓韓破良家童三百人弟死不葬良悉以家財求刺客刺秦王爲韓報仇以大父父五世相韓故遂學禮淮陽東見滄海君得力士爲鐵椎重百二十斤秦皇帝東遊良與客狙擊秦皇帝於博浪沙誤中副車秦皇帝大怒大索天下求賊甚急良更易姓名深亡匿後卒隨漢報秦

鮑叔死管仲舉上衽而哭之泣下如雨從者曰非君

父子也此亦有説乎管仲曰非夫子所知也吾嘗與
鮑子負販於南陽吾三辱於市鮑子不以我爲怯知
我之欲有所明也鮑子嘗與我有所説王者而三不
見聽鮑子不以我爲不肖知我之不遇明君也鮑子
嘗與我臨財分貨吾自取多者三鮑子不以我爲貪
知我之不足於財也生我者父母知我者鮑子也士
爲知己者死而況爲之哀乎
晉趙盾舉韓厥晉君以爲中軍尉趙盾死子朔嗣爲
卿至景公三年趙朔爲晉將朔取成公姊爲夫人大

夫屠岸賈欲誅趙氏初趙盾在夢見叔帶持龜要而
哭甚悲已而咲拊手且歌盾卜之占兆絶而後好趙
史援占曰此甚惡非君之身及君之子然亦君之咎
也至子趙朔世益衰屠岸賈者始有寵於靈公及至
於晉景公而賈爲司寇將作難乃治靈公之賊以至
趙盾徧告諸將曰趙穿弑靈公盾雖不知猶爲首賊
臣殺君子孫在朝何以懲罪請誅之韓厥曰靈公遇
賊趙盾在外吾先君以爲無罪故不誅今諸君將誅
其後是非先君之意而後妄誅妄誅謂之亂臣有大
事而君不聞是無君也屠岸賈不聽厥告趙朔趣亡
趙朔不肯曰子必不絶趙祀朔死且不恨韓厥許諾
稱疾不出賈不請而擅與諸將攻趙氏於下宮殺趙
朔趙括趙嬰齊皆滅其族朔妻成公姊有遺腹走公
宮匿後生男乳朔客程嬰持亡匿山中居十五年晉
景公疾卜之曰大業之後不遂者爲祟景公疾問韓
厥韓厥知趙孤在乃曰大業之後在晉絶祀者其趙
氏乎夫自中衍皆嬴姓也中衍人面鳥喙降佐殷帝
大戊及周天子皆有明德下及幽厲無道而叔帶去

周適晉事先君文侯至于成公世有立功未嘗有絶
祀今及吾君獨滅之趙宗國人哀之故見龜策唯君
圖之景公問云趙尚有後子孫乎韓厥具以實對於
是景公乃與韓厥謀立趙孤兒召而匿之宮中諸將
入問疾景公因韓厥之衆以脅諸將而見趙孤孤名
曰武諸將不得已乃曰昔下宮之難屠岸賈爲之矯
以君令并命群臣非然孰敢作難微君之疾群臣固
且請立趙後今君有令群臣之願也於是召趙武程
嬰徧拜諸將軍將軍遂返與程嬰趙武攻屠岸賈滅

其族復與趙武田邑如故、故人安可以無恩、夫有恩
於此、攻復於彼、非程嬰則趙孤不全、非韓厥則趙後
不復。韓厥可謂不忘恩矣。
北郭騷踵見晏子曰、竊悅先生之義。願乞所以養母
者。晏子使人分倉粟府金而遺之。辭金而受粟、有閒
晏子見疑於景公、出犇、北郭子召其友而告之曰、吾
悅晏子之義、而嘗乞所以養母者。吾聞之曰、養及親
者、身更其難。今晏子見疑、吾將以身白之。遂造公庭
求復者曰、晏子天下之賢者也。今去齊國、齊國必侵

矣。方必見國之侵也、不若先死。請絕頸以白晏子。逡
巡而退、因自殺也。公聞之大駭、乘馳而自追晏子、及
之國郊、請而反之。晏子不得已而反之。聞北郭子之
以死白己也、太息而歎曰、嬰不肖、罪過固其所也。而
士以身明之、哀哉。
吳赤市使於智氏、假道於衛、甯文子具紵絺三百製、
將以送之。大夫豹曰、吳雖大國也、不壤交、假之道則
亦敬矣、又何禮焉。甯文子不聽、遂致之。吳赤市至於
智氏、既得事、將歸吳、知伯命造舟爲梁。吳赤市曰、吾
聞之天子濟於水、造舟爲梁、諸侯維舟爲梁、大夫方
舟。方舟、臣之職也。且敬太甚、必有故。使人視之、視則
用兵在後矣、將以襲衛。吳赤市曰、衛假吾道而厚贈
我。我見難而不告、是與爲謀也。稱疾而留、使人告衛、
衛人警戒、智伯聞之、乃止。
楚魏會於晉陽、將以伐齊。齊王患之、使人召淳于髡
曰、楚魏謀欲伐齊、願先生與寡人共憂之。淳于髡大
笑而不應。王復問之、又復大笑而不應。三問而不應。
王怫然作色曰、先生以寡人國爲戲乎。淳于髡對曰、

臣不敢以王國爲戲也。臣笑臣鄰之祠田也、以奩飯
與一鮒魚。其祝曰、下田洿邪、得穀百車、蟹堁者宜禾。
臣笑其所以祠者少、而所求者多。王曰、善。賜之千金、
革車百乘、立爲上卿。
陽虎得罪於衛、北見簡子曰、自今以來、不復樹人矣。
簡子曰、何哉。陽虎對曰、夫堂上之人、臣所樹者過半
矣。朝廷之吏、臣所立者亦過半矣。邊境之士、臣所立
者亦過半矣。今夫堂上之人、親却臣於君。朝廷之吏、
親危臣於衆。邊境之士、親劫臣於兵。簡子曰、唯賢者

爲能報恩不肖者不能夫樹桃李者夏得休息秋得食焉樹蒺藜者夏不得休息秋得其刺焉今子之所樹者蒺藜也自今以來擇人而樹毋已樹而擇之

魏文侯與田子方語有兩僮子衣青白衣而侍於君前子方曰此君之寵子乎文侯曰非也其父死於戰此其幼孤也寡人收之子方曰臣以君之賊心爲足矣今滋甚君之寵此子也又且以誰之父殺之乎文侯愍然曰寡人受令矣自是以後兵革不用

吳起爲魏將攻中山軍人有病疽者吳子自吮其膿

其母泣之旁人曰將軍於而子如是尚何爲泣對曰吳子吮此子父之創而殺之於注水之戰戰不旋踵而死今又吮之安知是子何戰而死是以哭之矣

東閭子嘗富貴而後乞人問之曰公何爲如是曰吾自知吾嘗相六七年未嘗薦一人也吾嘗富三千萬者再未嘗富一人也不知士出身之咎然也孔子曰物之難矣小大多少各有怨惡數之理也人而得之在於外假之也

齊懿公之爲公子也與邴歜之父爭田不勝及即位乃掘而刖之而使歜爲僕奪庸織之妻而使織爲參乘公游于申池二人浴於池歜以鞭抶織織怒歜曰人奪女妻而不敢怒一抶女庸何傷織曰孰與刖其父而不病奚若乃謀殺公納之竹中

楚人獻黿於鄭靈公公子家見公子宋之食指動謂公子家曰我如是必嘗異味及食大夫黿召公子宋而不與公子宋怒染指於鼎嘗之而出公怒欲殺之公子宋與公子家謀先遂殺靈公子夏曰春秋者記君不君臣不臣父不父子不子者也此非一日之事

也有漸以至焉

說苑卷六終

說苑卷七

政理

政有三品王者之政化之霸者之政威之強者之政脅之夫此三者各有所施而化之爲貴矣夫化之不變而後威之威之不變而後脅之脅之不變而後刑之夫至於刑者則非王者之所得已也是以聖王先德教而後刑罰立榮恥而明防禁崇禮義之節以示之賤貨利之弊以變之修近理內政橛機之禮壹妃匹之際則莫不慕義禮之榮而惡貪亂之恥其所由

致之者化使然也

季孫問於孔子曰如殺無道以就有道何如孔子曰子爲政焉用殺子欲善而民善矣君子之德風也小人之德草也草上之風必偃言明其化而已也治國有二機刑德是也王者尚其德而布其刑霸者刑德並湊強國先其刑而後德夫刑德者化之所由興也德者養善而進闕者也刑者懲惡而禁後者也故德化之崇者至於賞刑罰之甚者至於誅夫誅賞者所以別賢不肖而列有功與無功也故誅賞不可以繆誅賞繆則善惡亂矣夫有功而不賞則善不勸有過而不誅則惡不懼善不勸而能以行化乎天下者未嘗聞也書曰畢協賞罰此之謂也

水濁則魚困令苛則民亂城峭則必崩岸竦則必阤故夫治國譬若張琴大絃急則小絃絕矣故曰急轡銜者非千里御也有聲之聲不過百里無聲之聲延及四海故祿過其功者損名過其實者削情行合而民副之禍福不虛至矣詩云何其處也必有與也何其久也必有以也此之謂也

公叔文子爲楚令尹三年民無敢入朝公叔子見曰嚴矣文子曰朝廷之嚴也寧云妨國家之治哉公叔子曰嚴則下喑下喑則上聾聾喑不能相通何國之治也蓋聞之也順針縷者成帷幕合升斗者實倉廩并小流而成江海明主者有所受命而不行未嘗有所不受也

衛靈公謂孔子曰有語寡人爲國家者謹之於廟堂之上而國家治矣其可乎孔子曰可愛人者則人愛之惡人者則人惡之知得之己者亦知得之人所謂

不出於環堵之室而知天下者知反之己者也

子貢問治民於孔子孔子曰懔懔焉如以腐索御奔馬子貢曰何其畏也孔子曰夫通達之國皆人也以道導之則吾畜也不以道導之則吾讎也若何而毋畏

齊桓公謂管仲曰吾欲舉事於國昭然如日月無愚夫愚婦皆曰善可乎仲曰可然非聖人之道桓公曰何也對曰夫短綆不可以汲深井知鮮不可以與聖人之言慧士可與辨物智士可與辨無方聖人可與

辨神明夫聖人之所爲非衆人之所及也民知十已則尚與之爭曰不如吾也百已則疵其過千已則誰而不信是故民不可稍而掌也可并而牧也不可暴而殺也可麾而致也衆不可戶說也可舉而示也

衛靈公問於史鰌曰政孰爲務對曰大理爲務聽獄不中死者不可生也斷者不可屬也故曰大理爲務少焉子路見公公以史鰌言告之子路曰司馬爲務兩國有難兩軍相當司馬執枹以行之一鬭不當死者數萬以殺人爲非也此其爲殺人亦衆矣故曰司馬爲務少焉子貢入見公以二子言告之子貢曰不識哉昔禹與有扈氏戰三陳而不服禹於是修教一年而有扈氏請服故曰去民之所事奚獄之所聽兵革之不陳奚鼓之所鳴故曰教爲務也

齊桓公出獵逐鹿而走入山谷之中見一老公而問之曰是爲何谷對曰爲愚公之谷桓公曰何故對曰以臣名之桓公曰今視公之儀狀非愚人也何爲以公名對曰臣請陳之臣故畜牸牛生子而大賣之而買駒少年曰牛不能生馬遂持駒去傍隣聞之以臣

爲愚故名此谷爲愚公之谷桓公曰公誠愚矣夫何爲而與之桓公遂歸明日朝以告管仲管仲正衿再拜曰此夷吾之愚也使堯在上咎繇爲理安有取人之駒者乎若有見暴如是叟者又必不與也公知獄訟之不正故與之耳請退而修政孔子曰弟子記之桓公霸君也管仲賢佐也猶有以智爲愚者也況不及桓公管仲者也

魯有父子訟者康子曰殺之孔子曰未可殺也夫民不知子父訟之不善者久矣是則上過也上有道是

人在矣康子曰夫治民以孝爲本今殺一人以戮不孝不亦可乎孔子曰不孝而誅之是虐殺不辜也三軍大敗不可誅也獄訟不治不可刑也上陳之教而先服之則百姓從風矣躬行不從而后俟之以刑則民知罪矣夫一仞之牆民不能踰百仞之山童子升而遊焉陵遲故也今是仁義之陵遲久矣能謂民弗踰乎詩曰俾民不迷昔者君子導其百姓不使迷是以威厲而不至刑錯而不用也於是訟者聞之乃請無訟

魯哀公問政於孔子對曰政有使民富且壽哀公曰何謂也孔子曰薄賦斂則民富無事則遠罪遠罪則民壽公曰若是則寡人貧矣孔子曰詩云凱悌君子民之父母未見其子富而父母貧者也

文王問於呂望曰爲天下若何對曰王國富民霸國富士僅存之國富大夫亡道之國富倉府是謂上溢而下漏文王曰善對曰宿善不祥是日也發其倉府以振鰥寡孤獨

武王問於太公曰治國之道若何太公對曰治國之道愛民而已曰愛民若何曰利之而勿害成之勿敗生之勿殺與之勿奪樂之勿苦喜之勿怒此治國之道使民之誼也愛之而已矣民失其所務則害之也農失其時則敗之也有罪者重其罰則殺之也重賦斂者則奪之也多徭役以罷民力則苦之也勞而擾之則怒之也故善爲國者遇民如父母之愛子兄之愛弟聞其饑寒爲之哀見其勞苦爲之悲

武王問於太公曰賢君治國何如對曰賢君之治國其政平其吏不苛其賦斂節其自奉薄不以私善害

公法賞賜不加於無功刑罰不施於無罪不因喜以賞不因怒以誅害民者有罪進賢舉過者有賞後宮不荒女謁不聽上無婬慝下不陰害不幸宮室以費財不多觀游臺池以罷民不彫文刻鏤以逞耳目宮無腐蠹之藏國無流餓之民此賢君之治國也武王曰善哉

武王問於太公曰爲國而數更法令者何也太公曰爲國而數更法令者不法法以其所善爲法者也故令出而亂亂則更爲法是以其法令數更也

成王問政於尹逸曰吾何德之行而民親其上對曰使之以時而敬順之忠而愛之布令信而不食言王曰其度安至對曰如臨深淵如履薄氷王曰懼哉對曰天地之間四海之內善之則畜也不善則讐也夏殷之臣反讐桀紂而臣湯武夙沙之民自攻其主而歸神農氏此君之所明知也若何其無懼也

仲尼見梁君梁君問仲尼曰吾欲長有國吾欲列都之得吾欲使民安不惑吾欲使士竭其力吾欲使日月當時吾欲使聖人自來吾欲使官府治爲之柰何

仲尼對曰千乘之君萬乘之主問於丘者多矣未嘗有如主君問丘之術也然而盡可得也丘聞之兩君相親則長有國君惠臣忠則列都之得毋殺不辜毋釋罪人則民不惑益士祿賞則竭其力尊天敬鬼則日月當時善爲刑罰則聖人自來尚賢使能則官府治梁君曰豈有不然哉

子貢曰葉公問政於夫子夫子曰政在附近而來遠魯哀公問政於夫子夫子曰政在於諭臣齊景公問政於夫子夫子曰政在於節用三君問政於夫子夫子應之不同然則政有異乎孔子曰夫荊之地廣而都狹民有離志焉故曰在於附近而來遠哀公有臣三人內比周公以惑其君外障距諸侯賓客以蔽其明故曰政在諭臣齊景公奢於臺榭淫於苑囿五官之樂不解一旦而賜人百乘之家者三故曰政在於節用此三者政也詩不云乎亂離斯瘼爰其適歸此傷離散以爲亂者也匪其止共惟王之卭此傷姦臣蔽主以爲亂者也相亂蔑資曾莫惠我師此傷奢侈不節以爲亂者也察此三者之所欲政其同乎哉

公儀休相魯魯君死左右請閉門公儀休曰止池淵吾不稅蒙山吾不賦苛令吾不布吾已閉心矣何閉於門哉

子產相鄭簡公謂子產曰內政毋出外政毋入夫衣裘之不美車馬之不飾子女之不潔寡人之醜也國家之不治封疆之不正夫子之醜也子產相鄭終簡公之身內無國中之亂外無諸侯之患也子產之從政也擇能而使之馮簡子善斷事子太叔善決而文公孫揮知四國之爲而辨於其大夫之族姓變而立

至文善爲辭令神諶善謀於野則獲於邑則否有事乃載神諶與之適野使謀可否而告馮簡子斷之使公孫揮爲之辭令成乃受子太叔行之以應對賓客是以鮮有敗事也

董安于治晉陽問政於蹇老蹇老曰曰忠曰信曰敢董安于曰安忠乎曰忠於主曰安信乎曰信於令曰安敢乎曰敢於不善人董安于曰此三者足矣

魏文侯使西門豹往治於鄴告之曰必全功成名布義豹曰敢問全功成名布義爲之奈何文侯曰子往

矣是無邑不有賢豪辨博者也無邑不有好揚人之惡蔽人之善者也往必問豪賢者因而親之其辨博者因而師之問其好揚人之惡蔽人之善者因而察之不可以特聞從事夫耳聞之不如目見之目見之不如足踐之足踐之不如手辨之人始入官如入晦室久而愈明明乃治治乃行

宓子賤治單父彈鳴琴身不下堂而單父治巫馬期亦治單父以星出以星入日夜不處以身親之而單父亦治巫馬期問其故於宓子賤宓子賤曰我之謂任人子之謂任力任力者固勞任人者固佚人曰宓子賤則君子矣佚四肢全耳目平心氣而百官治任其數而已矣巫馬期則不然弊性事情勞煩教詔雖治猶未至也

孔子謂宓子賤曰子治單父而衆說語丘所以爲之者曰不齊父其父子其子恤諸孤而哀喪紀孔子曰善小節也小民附矣猶未足也曰不齊也所父事者三人所兄事者五人所友者十一人孔子曰父事三人可以教孝矣兄事五人可以教弟矣友十一人可

以教學矣中節也中民附矣猶未足也曰此地民有賢於不齊者五人不齊事之皆教不齊所以治之術孔子曰欲其大者乃於此在矣昔者堯舜清微其身以聽觀天下務來賢人夫舉賢者百福之宗也而神明之主也不齊之所治者小也不齊所治者大其與堯舜繼矣

宓子賤爲單父宰辭於夫子夫子曰毋迎而距也毋望而許也許之則失守距之則閉塞譬如高山深淵仰之不可極度之不可測也子賤曰善敢不承命乎

宓子賤爲單父宰過於陽晝曰子亦有以送僕乎陽晝曰吾少也賤不知治民之術有釣道二焉請以送子子賤曰釣道奈何陽晝曰夫扱綸錯餌迎而吸之者陽橋也其爲魚薄而不美若存若亡若食若不食者魴也其爲魚也博而厚味宓子賤曰善於是未至單父冠蓋迎之者交接於道子賤曰車驅之車驅之夫陽晝之所謂陽橋者至矣於是至單父請其耆老尊賢者而與之共治單父

孔子弟子有孔蔑者與宓子賤皆仕孔子往過孔蔑

問之曰自子之仕者何得何亡孔蔑曰自吾仕者未有所得而有所亡者三曰王事若襲學焉得習以是學不得明也所亡者一也奉祿少鬻鬻不足及親戚親戚益疏矣所亡者二也公事多急不得弔死視病是以朋友益疏矣所亡者三也孔子不說而復往見子賤曰自子之仕何得何亡子賤曰自吾之仕未有所亡而所得者三始誦之文今履而行之是學日益明也所得者一也奉祿雖少鬻鬻得及親戚是以親戚益親也所得者二也公事雖急夜勤弔死視病是以朋友益親也所得者三也孔子謂子賤曰君子哉若人君子哉若人魯無君子也斯焉取斯

晏子治東阿三年景公召而數之曰吾以子爲可而使子治東阿今子治而亂子退而自察也寡人將加大誅於子晏子對曰臣請改道易行而治東阿三年不治臣請死之景公許之於是明年上計景公迎而賀之曰甚善矣子之治東阿也晏子對曰前臣之治東阿也屬託不行貨賂不至陂池之魚以利貧民當此之時民無饑者而君反以罪臣今臣之後治東阿

也屬託行貨賂至并會賦斂倉庫少内便事左右陂池之魚入於權家當此之時饑者過半矣君乃反迎而賀臣愚不能復治東阿願乞骸骨避賢者之路再拜便辟景公乃下席而謝之曰子強復治東阿東阿者子之東阿也寡人無復與焉

子路治蒲見於孔子曰由願受教孔子曰蒲多壯士又難治也然吾語汝恭以敬可以攝勇寬以正可以容衆恭以絜可以親上

子貢爲信陽令辭孔子而行孔子曰力之順之因子

之時無奪無伐無暴無盜子貢曰賜少日事君子君子固有盜者邪孔子曰夫以不肖伐賢是謂奪也以賢伐不肖是謂伐也緩其令急其誅是謂暴也取人善以自爲己是謂盜也君子之盜豈必當財幣乎吾聞之曰知爲吏者奉法利民不知爲吏者枉法以侵民此皆怨之所由生也臨官莫如平臨財莫如廉廉平之守不可攻也匿人之善者是謂蔽賢也揚人之惡者是謂小人也不內相教而外相謗者是謂不足親也言人之善者有所得而無所傷也言人之惡者

無所得而有所傷也故君子慎言語矣毋先己而後人擇言出之令口如耳

楊朱見梁王言治天下如運諸掌然梁王曰先生有一妻一妾不能治三畝之園不能芸言治天下如運諸手掌何以楊朱曰臣有之君不見夫羊乎百羊而群使五尺童子荷杖而隨之欲東而東欲西而西君且使堯牽一羊舜荷杖而隨之則亂之始也臣聞之夫吞舟之魚不遊淵鴻鵠高飛不就汙池何則其志極遠也黃鍾大呂不可從繁奏之舞何則其音疏也將治大者不治小成大功者不小苛此之謂也

景差相鄭鄭人有冬涉水者出而脛寒後景差過之下陪乘而載之覆以上衽晉叔向聞之曰景子爲人國相豈不固哉吾聞良吏居之三月而溝渠修十月而津梁成六畜且不濡足而況人乎

魏文侯問李克曰爲國如何對曰臣聞爲國之道食有勞而祿有功使有能而賞必行罰必當文侯曰吾賞罰皆當而民不與何也對曰國其有淫民乎臣聞之曰奪淫民之祿以來四方之士其父有功而祿其

子無功而食之出則乘車馬衣美裘以爲榮華入則修竽琴鍾石之聲而安其子女之樂以亂鄉曲之教如此者奪其祿以來四方之士此之謂奪淫民也

齊桓公問於管仲曰國何患管仲對曰患夫社鼠桓公曰何謂也管仲對曰夫社束木而塗之鼠因往託焉燻之則恐燒其木灌之則恐敗其塗此鼠所以不可得殺者以社故也夫國亦有社鼠人主左右是也內則蔽善惡於君上外則賣權重於百姓不誅之則爲亂誅之則爲人主所察據腹而有之此亦國之社

鼠也。人有酤酒者、爲器甚潔清、置表甚長、而酒酸不售、問之里人其故、里人云、公之狗猛。人挈器而入、且酤公酒、狗迎而噬之、此酒所以酸不售之故也、夫國亦有猛狗、用事者也。有道術之士、欲明萬乘之主、而用事者迎而齕之。此亦國之猛狗也、左右爲社鼠。用事者爲猛狗。則道術之士不得用矣。此治國之所患也、

齊侯問於晏子曰、爲政何患、對曰、患善惡之不分、公曰、何以察之、對曰、審擇左右、左右善、則百僚各得其所宜、而善惡分。孔子聞之曰、此言也信矣、善言進。則不善無由入矣。不進善言。則善無由入矣。

復槀之君朝齊桓公、問治民焉、復槀之君不對、而循口揜衿抑心。桓公曰、與民共甘苦饑寒乎。夫以我爲聖人也。故不用言而諭。因禮之千金、晉文公時、翟人有封狐文豹之皮者、文公喟然歎曰、封狐文豹何罪哉。以其皮爲罪也、大夫欒枝曰、地廣而不平、財聚而不散、獨非狐豹之罪乎。文公曰、善哉說之、欒枝曰、地廣而不平、人將平之、財聚而不散、人將爭之、於是列地以分民、散財以賑貧、

晉文侯問政於舅犯、舅犯對曰、分熟不如分腥。分腥不如分地。割以分民、而益其爵祿、是以上得地而民知富、上失地而民知貧、古之所謂致師而戰者、其此之謂也、

晉侯問於士文伯曰、三月朔日有蝕之、寡人學惽焉、詩所謂彼日而蝕、于何不臧者、何也、對曰、不善政之謂也、國無政、不用善、則自取謫於日月之災、故不可不慎也、政有三而已、一曰因民、二曰擇人、三曰從時、

延陵季子游於晉、入其境曰、嘻、暴哉國乎、入其都曰、嘻、力屈哉國乎、立其朝曰、嘻、亂哉國乎、從者曰、夫子之入晉境未久也、何其名之不疑也、延陵季子曰、然、吾入其境、田畝荒穢而不休。雜增崇高。吾是以知其國之暴也。吾入其都、新室惡而故室美。新牆卑而故牆高。吾是以知其民力之屈也。吾立其朝、君能視而不下問。其臣善伐而不上諫。吾是以知其國之亂也。

齊之所以不如魯者、太公之賢不如伯禽、伯禽與太公俱受封而各之國、三年太公來朝、周公問曰、何治

之疾也。對曰、尊賢、先疏後親、先義後仁也、此霸者之迹也。周公曰、太公之澤及五世。五年伯禽來朝、周公問曰何治之難。對曰、親親者、先內後外、先仁後義也、此王者之迹也。周公曰、魯之澤及十世。故魯有王迹者仁厚也。齊有霸迹者武政也。齊之所以不如魯也、太公之賢不如伯禽也、

景公好婦人而丈夫飾者、國人盡服之、公使吏禁之、曰女子而男子飾者、裂其衣、斷其帶、裂衣斷帶。相望而不止。晏子見、公曰、寡人使吏禁女子而男子飾者

裂其衣斷其帶相望而不止者何也、對曰、君使服之於內而禁之於外、猶懸牛首於門而求買馬肉也。公胡不使內勿服、則外莫敢為也、公曰善、使內勿服、不旋月而國莫之服也、

齊人甚好轂擊相犯以為樂、禁之不止、晏子患之、乃為新車良馬出與人相犯也。曰轂擊者不祥。臣其祭祀不順、居處不敬乎、下車棄而去之、然後國人乃不為、故曰禁之以制而身不先行也、民不肯止、故化其心莫若教也、

魯國之法、魯人有贖臣妾於諸侯者、取金於府。子貢贖人於諸侯而還其金、孔子聞之曰、賜失之矣。聖人之舉事也、可以移風易俗、而教導可施於百姓、非獨適其身之行也。今魯國富者寡而貧者衆。贖而受金則為不廉、不受則後莫復贖。自今以來、魯人不復贖矣。孔子可謂通於化矣。故老子曰見小曰明、

孔子見季康子、康子未說、孔子又見之、宰予曰吾聞之夫子曰、王公不聘不動、今吾子之見司寇也少數矣、孔子曰、魯國以衆相陵、以兵相暴之日久矣、而有

司不治、聘我者孰大乎、於是魯人聞之曰、聖人將治可以不先自為刑罰乎、自是之後、國無爭者、孔子謂弟子曰違山十里、蟪蛄之聲猶尚存耳。政事無加膺之矣。古之魯俗、塗里之間、羅門之羅、收門之漁、獨得於禮、是以孔子善之、夫塗里之間。富家為貧者出羅門之羅、有親者取多。無親者取少。收門之漁、有親者取巨。無親者取小、

春秋曰、四民均則王道興而百姓寧、所謂四民者、士農工商也、婚姻之道廢、則男女之道悖、而淫泆之路

與矣。

說苑卷七終

說苑卷八

尊賢

人君之欲平治天下而垂榮名者。必尊賢而下士。易曰、自上下下、其道大光、又曰、以貴下賤、大得民也、夫明王之施德而下下也。將懷遠而致近也、夫朝無賢人、猶鴻鵠之無羽翼也、雖有千里之望、猶不能致其意之所欲至矣。是故游江海者託於船、致遠道者託於乘。欲霸王者託於賢。伊尹呂尚管夷吾百里奚、此霸王之船乘也。釋父兄與子孫、非疏之也。任庖人釣

屠與仇讎僕虜、非阿之也。持社稷立功名之道、不得不然也。猶大匠之爲宮室也。量小大而知材木矣。比功效而知人數矣。是故呂尚聘而天下知商將亡、而周之王也、管夷吾百里奚任而天下知齊秦之必霸也、豈特船乘哉、夫成王霸固有人、亡國破家亦固有人、桀用干莘、紂用惡來、宋用唐鞅、齊用蘇秦、秦用趙高、而天下知其亡也、非其人而欲有功、譬其若夏至之日而欲夜之長也、射魚指天而欲發之當也。雖舜禹猶亦困、而又况乎俗主哉。

春秋之時、天子微弱、諸侯力政、皆叛不朝、衆暴寡、强刼弱、南夷與北狄交侵、中國之不絶若綫、桓公於是用管仲鮑叔隰朋賓胥無甯戚、三存亡國、一繼絶世、救中國、攘戎狄、卒脅荆蠻、以尊周室、覇諸侯、晉文公用咎犯先軫陽處父、强中國、敗强楚、合諸侯、朝天子以顯周室、楚莊王用孫叔敖司馬子反將軍子重、征陳從鄭、敗强晉、無敵於天下、秦穆公用百里子蹇叔子王子廖及由余、據有雍州、攘敗西戎、吳用延州萊季子、幷冀州、揚威于雞父、鄭僖公富有千乘之國、貴

爲諸侯、治義不順人心而取弑於臣者、不先得賢也、至簡公用子産裨諶世叔行人子羽、賊臣除、正臣進、去强楚、合中國、國家安寧、二十餘年、無强楚之患、故虞有宮之奇、晉獻公爲之終夜不寐、楚有子玉得臣、文公爲之側席而坐、遠乎賢者之厭難折衝也、夫宋襄公不用公子目夷之言、大辱於楚、曹不用僖負覊之諫、敗死於戎、故共惟五始之要、治亂之端、在乎審已而任賢也。國家之任賢而吉、任不肖而凶、案往世而視已事、其必然也、如合符、此爲人君者不可以不

愼也、國家惛亂而良臣見、魯國大亂、季友之賢見、僖公即位而任季子、魯國安寧、外内無憂、行政二十一年、季子之卒後、邾擊其南、齊伐其北、魯不勝其患、將乞師於楚以取全耳、或作身故傳曰、患之起必自此始也、公子買不可使戍衛、公子遂不聽君命而擅之晉、内侵於臣下、外困於兵亂、弱之患也、僖公之性、非前二十一年常賢、而後乃漸變爲不肖也。此季子存之所益亡之所損也、夫得賢失賢、其損益之驗如此、而人主忽於所用。甚可疾痛也。夫智不足以見賢、無可

奈何矣。若智能見之、而强不能決。猶豫不用。而大者死亡、小者亂傾、此甚可悲哀也。以宋殤公不知孔父之賢乎、安知孔父死已、必死趨而救之、趨而救之者、是知其賢也。以魯莊公不知季子之賢乎、安知疾將死召季子而授之國政、授之國政者、是知其賢也。此二君知能見賢而皆不能用。故宋殤公以殺死、魯莊公以賊嗣、使宋殤蚤任孔父。魯莊素用季子。乃將靖隣國、而況自存乎。

鄒子說梁王曰、伊尹故有莘氏之媵臣也、湯立以爲

三公天下之治太平、管仲故成陰之狗盜也、天下之
庸夫也、齊桓公得之為仲父、百里奚道之於路、傳賣
五羊之皮、秦穆公委之以政、甯戚故將車人也、叩轅
行歌於康之衢、桓公任以國、司馬喜髕腳於宋、而卒
相中山、范雎折脅拉齒於魏、而後為應侯、太公望故
老婦之出夫也、朝歌之屠佐也、棘津迎客之舍人也、
年七十而相周、九十而封齊、故詩曰、緜緜之葛、在於
曠野。良工得之、以為絺紵。良工不得、枯死於野。此七
士者不遇明君聖主、幾行乞丐枯死於中野。譬猶緜
緜之葛矣。

眉睫之微、接而形于色。聲音之風、感而動乎心。甯戚
擊牛角而商歌。桓公聞而舉之、鮑龍跪石而登嵯。孔
子為之下車。堯舜相見不違桑陰。文王舉太公不以
日久。故賢聖之接也、不待久而親。能者之相見也。不
待試而知矣。故士之接也。非必與之臨財分貨。乃知
其廉也。非必與之犯難涉危。乃知其勇也。舉事決斷、
是以知其勇也。取與有讓。是以知其廉也。故見虎之
尾而知其大於貍也。見象之牙而知其大於牛也。一
節見則百節知矣。由此觀之、以所見可以占未發、覩
小節、固足以知大體矣。

禹以夏王、桀以夏亡、湯以殷王、紂以殷亡、闔廬以吳
戰勝無敵於天下、而夫差以見禽於越、文公以晉國
霸、而厲公以見弒於匠麗之宮、威王以齊強於天下、
而湣王以弒死於廟梁、穆公以秦顯名尊號、而二世
以刦於望夷、其所以君王者同。而功迹不等者、所任
異也。是故成王處襁褓而朝諸侯、周公用事也。趙武
靈王年五十而餓死於沙丘。任李充故也。桓公得管

仲九合諸侯、一匡天下、失管仲任豎刁易牙、身死不
葬、為天下笑、一人之身、榮辱俱施焉、在所任也。故魏
有公子無忌、削地復得、趙任藺相如、秦兵不敢出、鄢
陵任唐雎、國獨特立、楚有申包胥、而昭王反位、齊有
田單、襄王得國、由此觀之、國無賢佐俊士。而能以成
功立名安危繼絕者、未嘗有也、故國不務大而務得
民心。佐不務多而務得賢俊。得民心者民往之。有賢
佐者士歸之。文王請除炮烙之刑、而殷民從。湯去張
網者之三面、而夏民從。越王不隳舊冢而吳人服。以

其所爲之順於民心也故聲同則處異而相應德合則未見而相親賢者立於本朝則天下之豪相率而趨之矣何以知其然也曰管仲桓公之賊也鮑叔以爲賢於己而進之爲相七十言而說乃聽遂使桓公除報讎之心而委國政焉桓公垂拱無事而朝諸侯鮑叔之力也管仲之所以能北走桓公無自危之心者同聲於鮑叔也紂殺王子比干箕子被髮而佯狂陳靈公殺泄冶而鄧元去陳自是之後殷兼於周陳亡於楚以其殺比干泄冶而失箕子與鄧元也燕昭

王得郭隗而鄒衍樂毅以齊趙至蘇子屈景以周楚至於是舉兵而攻齊棲閔王於莒燕校地計衆非與齊均也然所以能信意至於此者由得士也故無常安之國無恒治之民得賢者則安昌失之者則危亡自古及今未有不然者也明鏡所以照形也往古所以知今也夫知惡往古之所以危亡而不務襲迹於其所以安昌則未有異乎却走而求逮前人也太公知之故舉微子之後而封比干之墓夫聖人之於死尚如是其厚也況當世而生存者乎則其弗失可識矣

齊景公問於孔子曰秦穆公其國小處僻而霸何也對曰其國小而志大雖處僻而其政中其舉果其謀和其令不偷親舉五羖大夫於係縲之中與之語三日而授之政以此取之雖王可也霸則小矣

或曰將謂桓公仁義乎殺兄而立非仁義也將謂桓公恭儉乎與婦人同輿馳於邑中非恭儉也將謂桓公清潔乎閨門之內無可嫁者非清潔也此三者亡國失君之行也然而桓公兼有之以得管仲隰朋九

合諸侯一匡天下畢朝周室爲五霸長以其得賢佐也失管仲隰朋任豎刁易牙身死不葬蟲流出戶一人之身榮辱俱施者何者其所任異也由此觀之則任佐急矣周公旦白屋之士所下者七十人而天下之士皆至晏子所與同衣食者百人而天下之士亦至仲尼修道行理文章而天下之士亦至矣伯牙子鼓琴鍾子期聽之方鼓而志在太山鍾子期曰善哉乎鼓琴巍巍乎若太山少選之間而志在流水鍾子期復曰善哉乎鼓琴湯湯乎若流水鍾子期死伯牙

破琴絶絃終身不復鼓琴以爲世無足爲鼓琴者非獨鼓琴若此也賢者亦然雖有賢者而無以接之賢者奚由盡忠哉驥不自至千里者待伯樂而後至也

周威公問於寗子曰取士有道乎對曰有窮者達之亡者存之廢者起之四方之士則四面而至矣窮者不達亡者不存廢者不起四方之士則四面而畔矣夫城固不能自守兵利不能自保得士而失之必有其間夫士存則君尊士亡則君卑周威公曰士壹至如此乎對曰君不聞夫楚平王有士曰楚傒胥丘負

客王將殺之出亡之晉晉人用之是爲城濮之戰又有士曰苗賁皇王將殺之出亡走晉晉人用之是爲鄢陵之戰又有士曰上解于王將殺之出亡走晉晉人用之是爲兩堂之戰又有士曰伍子胥王殺其父兄出亡走吳闔閭用之於是興師而襲郢故楚之大得罪於梁鄭宋衛之君猶未遽至于此也此四得罪於其士三暴其民骨一亡其國由是觀之士存則國存士亡則國亡子胥怒而亡之申包胥怒而存之士胡可無貴乎

哀公問於孔子曰人何若而可取也孔子對曰毋取拑者無取健者毋取口銳者哀公曰何謂也孔子曰拑者大給利不可盡用健者必欲兼人不可以爲法也口銳者多誕而寡信後恐不驗也夫弓矢和調而後求其中焉馬慤愿順然後求其良材焉人必忠信重厚然後求其知能焉今人有不忠信重厚而多知能如此人者譬猶豺狼與不可以身近也是故先其仁信之誠者然後親之於是有知能者然後任之故曰親仁而使能夫取人之術也觀其言而察其行夫

言者所以抒其匈而發其情者也能行之士必能言之是故先觀其言而揆其行夫以言揆其行雖有姦軌之人無以逃其情矣哀公曰善

周公攝天子位七年布衣之士執贄所師見者十二人窮巷白屋所先見者四十九人時進善者百人教士者千人官朝者萬人當此之時誠使周公驕而且悋則天下賢士至者寡矣苟有至者則必貪而尸祿者也尸祿之臣不能存君矣

齊桓公設庭燎爲士之欲造見者朞年而士不至於

是東野鄙人。有以九九之術見者、桓公曰、九九何足以見乎、鄙人對曰、臣非以九九爲足以見也。臣聞主君設庭燎以待士、朞年而士不至。夫士之所以不至者、君天下賢君也、四方之士、皆自以論而不及君、故不至也。夫九九薄能耳。而君猶禮之、況賢於九九乎。夫太山不辭壤石、江海不逆小流、所以成大也。詩云、先民有言、詢于芻蕘、言博謀也。桓公曰、善、乃因禮之、朞月四方之士、相携而並至。詩曰、自堂徂基、自羊徂牛、言以內及外、以小及大也、

說苑　卷八　十

齊景公伐宋、至于岐隄之上、登高以望、太息而歎曰、昔我先君桓公長轂八百乘以霸諸侯、今我長轂三千乘而不敢久處於此者、豈其無管仲歟。弦章對曰、臣聞之、水廣則魚大、君明則臣忠、昔有桓公、故有管仲。今桓公在此、則車下之臣盡管仲也、

趙簡子游於河而樂之、歎曰、安得賢士而與處焉、舟人古乘跪而對曰、夫珠玉無足、去此數千里、而所以能來者、人好之也。今士有足而不來者、此是吾君不好之乎。趙簡子曰、吾門左右客千人、朝食不足、暮收市征、暮食不足、朝收市征、吾尚可謂不好士乎、舟人古乘對曰、鴻鵠高飛遠翔、其所恃者六翮也。背上之毛、腹下之毳、無尺寸之數、去之滿把、飛不能爲之益卑。益之滿把、飛不能爲之益高、不知門下左右客千人者、有六翮之用乎。將盡毛毳也。

齊宣王坐、淳于髡侍、宣王曰、先生論寡人何好、淳于髡曰、古者所好四、而王所好三焉。宣王曰、古者所好何與寡人所好、淳于髡曰、古者好馬、王亦好馬、古者好味、王亦好味、古者好色、王亦好色、古者好士、王獨

說苑　卷八　十一

不好士。宣王曰、國無士耳、有則寡人亦說之矣。淳于髡曰、古者驊騮騏驥、今無有、王選於衆、王好馬矣、古者有豹象之胎、今無有、王選于衆、王好味矣、古者有毛廧西施、今無有、王選於衆、王好色矣。王必將待堯舜禹湯之士而後好之、則禹湯之士亦不好王矣。宣王嘿然無以應、

衛君問於田讓曰、寡人封侯盡千里之地、賞賜盡御府繒帛、而士不至、何也。田讓對曰、君之賞賜不可以功及也、君之誅罰不可以理避也、猶舉杖而呼狗、張

亨而祇雞矣雖有香餌而不能致者害之必也
宗衛相齊遇逐罷歸舍召門尉田饒等二十有七人而問焉曰士大夫誰能與我赴諸侯者乎田饒等皆伏而不對宗衛曰何士大夫之易得而難用也饒對曰非士大夫之難用也是君不能用也宗衛曰不能用士大夫何若田饒對曰廚中有臭肉則門下無死士今夫三升之稷不足於士而君鴈鶩有餘粟紈素綺繡靡麗堂楯從風雨弊而士曾不得以緣衣果園梨粟後宮婦人摭以相擿而士曾不得一嘗且夫財

者君之所輕也死者士之所重也君不能用所輕之財而欲使士致所重之死豈不難乎哉於是宗衛面有慚色逡巡避席而謝曰此衛之過也
魯哀公問於孔子曰當今之時君子誰賢對曰衛靈公公曰吾聞之其閨門之內姑姊妹無別對曰臣觀於朝廷未觀於堂陛之間也靈公之弟曰公子渠牟其知足以治千乘之國其信足以守之而靈公愛之又有士曰王林國有賢人必進而任之無不達也不能達退而與分其祿而靈公尊之又有士曰慶足國有大事則進而治之無不濟也而靈公說之史鰌去衛靈公郊舍三月琴瑟不御待史鰌之入也而後入臣是以知其賢也
介子推行年十五而相荆仲尼聞之使人往視還曰廊下有二十五俊士堂上有二十五老人仲尼曰合二十五人之智智於湯武并二十五人之力力於彭祖以治天下其固免矣乎
孔子閒居喟然而歎曰銅鞮伯華而無死天下其有定矣子路曰願聞其爲人也何若孔子曰其幼也敏

而好學其壯也有勇而不屈其老也有道而能以下人子路曰其幼也敏而好學則可其壯也有勇而不屈則可夫有道又誰下哉孔子曰由不知也吾聞之以衆攻寡而無不消也以貴下賤無不得也昔在周公旦制天下之政而下士七十人豈無道哉欲得士之故也夫有道而能下於天下之士君子乎哉
魏文侯從中山奔命安邑田子方從太子擊過之下車而趨子方坐乘如故告太子曰爲我請君待我朝歌太子不說因謂子方曰不識貧窮者驕人富貴者

驕人乎。子方曰、貧窮者驕人。富貴者安敢驕人。人主驕人而亡其國、吾未見以國待亡者也、大夫驕人而亡其家。吾未見以家待亡者也。貧窮者若不得意。納屨而去。安往不得貧窮乎。貧窮者驕人、富貴者安敢驕人、太子及文侯道田子方之語、文侯歎曰、微吾子之故、吾安得聞賢人之言、吾下子方。以行得而友之。自吾友子方也。君臣益親。百姓益附。吾是以得友士之功。我欲伐中山。吾以武下樂羊。三年而中山爲獻於我。我是以得有武之功。吾所以不少進於此者。吾

未見以智驕我者也。若得以智驕我者、豈不及古之人乎。

晉文侯行地登隧、大夫皆扶之、隨會不扶、文侯曰、會夫爲人臣而忍其君者、其罪奚如、對曰、其罪重死、文侯曰、何謂重死、對曰、身死、妻子爲戮焉、隨會曰、君奚獨問爲人臣忍其君者、而不問爲人君而忍其臣者耶。文侯曰、爲人君而忍、其臣者其罪何如、隨會對曰爲人君而忍其臣者、智士不爲謀。辨士不爲言。仁士不爲行。勇士不爲死、文侯援綏下車辭大夫曰、寡人有腹脅之病、願諸大夫勿罪也、

齊將軍田矔出將、張生郊送曰、昔者堯讓許由以天下、洗耳而不受、將軍知之乎、曰唯然知之、伯夷叔齊辭諸侯之位而不爲、將軍知之乎、曰唯然知之、於陵仲子辭三公之位而傭爲人灌園、將軍知之乎、曰唯然知之、智過去君弟變姓名免爲庶人、將軍知之乎、曰唯然知之、孫叔敖三去相而不悔、將軍知之乎、曰唯然知之、此五大夫者、名辭之而實羞之。今將軍方吞一國之權。提鼓擁旗、被堅執銳、旋回十萬之師、擅

斧鉞之誅。愼毋以士之所羞者驕士。田矔曰、今日諸君皆爲矔祖道具酒脯。而先生獨教之以聖人之大道。謹聞命矣、

魏文侯見段干木立倦而不敢息、及見翟璜、踞堂而與之言、翟璜不說、文侯曰、段干木官之則不肯、祿之則不受。今汝欲官則相至。欲祿則上卿。既受吾賞、又責吾禮。毋乃難乎。

孔子之郯、遭程子於塗、傾蓋而語、終日有間、顧子路曰、取束帛一以贈先生、子路不對、有間、又顧曰、取束

帛一以贈先生、子路屑然對曰、由聞之也、士不中而見。女無媒而嫁、君子不行也。孔子曰、由、詩不云乎、野有蔓草、零露溥兮、有美一人、清揚婉兮、邂逅相遇、適我願兮、今程子天下之賢士也、於是不贈、終身不見、大德毋踰閑、小德出入可也、

齊桓公使管仲治國、管仲對曰、賤不能臨貴、桓公以爲上卿、而國不治、桓公曰何故、管仲對曰、貧不能使富。桓公賜之齊國市租一年、而國不治、桓公曰何故、對曰、疏不能制親。桓公立以爲仲父。齊國大安而遂

霸天下。孔子曰、管仲之賢。不得此三權者。亦不能使其君南面而霸矣。

桓公問於管仲曰、吾欲使爵腐於酒、肉腐於俎、得無害於霸乎、管仲對曰、此極非其貴者耳、然亦無害於霸也、桓公曰、何如而害霸、管仲對曰、不知賢、害霸、知而不用、害霸、用而不任、害霸。任而不信、害霸。信而復使小人參之、害霸。桓公曰善、

魯人攻鄪、曾子辭於鄪君曰、請出、寇罷而後復來、請姑毋使狗豕入吾舍、鄪君曰、寡人之於先生也、人無不聞、今魯人攻我而先生去我、我胡守先生之舍、魯人果攻鄪而數之罪十、而曾子之所爭者九、魯師罷、鄪君復修曾子舍而後迎之、

宋司城子罕之貴子韋也、入與共食、出與同衣、司城子罕亡、子韋不從、子罕來、復召子韋而貴之、左右曰、君之善子韋也、君亡不從、來又復貴之、君獨不愧於君之忠臣乎、子罕曰、吾唯不能用子韋。故至於亡。今吾之得復也。尚是子韋之遺德餘教也。吾故貴之。且我之亡也。吾臣之削迹拔樹以從我者。奚益於吾亡

哉。

楊因見趙簡主曰、臣居鄉三逐、事君五去。聞君好士。故走來見。簡主聞之絕食而歎、跽而行、左右進諫曰、居鄉三逐、是不容衆也。事君五去。是不忠上也。今君有士見過人矣。簡主曰、子不知也、夫美女者醜婦之仇也。盛德之士亂世所疏也。正直之行邪枉所憎也。遂出見之、因授以爲相、而國大治、由是觀之、遠近之人不可以不察也。

應侯與賈午子坐、聞其鼓琴之聲、應侯曰、今日之琴、

一何悲也賈午子曰夫張急調下故使人悲耳急張者良材也調下者官卑也取夫良材而卑官之安能無悲乎應侯曰善哉

十三年諸侯舉兵以伐齊齊王聞之惕然而恐召其群臣大夫告曰有智爲寡人用之於是博士淳于髡仰天大笑而不應王復問之又大笑不應三笑不應王艴然作色不悅曰先生以寡人語爲戲乎對曰臣非敢以大王語爲戲也臣笑臣隣之祠田也以一奩飯一壺酒三鮒魚祝曰蟹堁者宜禾洿邪者百車傳

之後世洋洋有餘臣笑其賜鬼薄而請之厚也於是王乃立淳于髡爲上卿賜之千金革車百乘與平諸侯之事諸侯聞之立罷其兵休其士卒遂不敢攻齊此非淳于髡之力乎

田忌去齊奔楚楚王郊迎至舍問曰楚萬乘之國也齊亦萬乘之國也常欲相并爲之柰何對曰易知耳齊使申孺將則楚發五萬人使上將軍將之至禽將軍首而反耳齊使田居將則楚發二十萬人使上將軍將之分別而相去也齊使眄子將楚發四封之內王自出將而忌從相國上將軍爲左右司馬如是則王僅得存耳於是齊使申孺將楚發五萬人使上將軍至擒將軍首反於是齊王忿然乃更使眄子將楚悉發四封之內王自出將田忌從相國上將軍爲左右司馬益王車屬九乘僅得免耳至舍王北面正領齊袪問曰先生何知之早也田忌曰申孺爲人侮賢者而輕不肖者賢不肖者俱不爲用是以亡也田居爲人尊賢者而賤不肖者賢者負任不肖者退是以分別而相去也眄子之爲人也尊賢者而愛不肖者

賢不肖俱負任是以王僅得存耳

魏文侯觴大夫於曲陽飲酣文侯喟然歎曰吾獨無豫讓以爲臣蹇重舉酒進曰臣請浮君文侯曰何以對曰臣聞之有命之父母不知孝子有道之君不知忠臣夫豫讓之君亦何如哉文侯曰善受浮而飲之釂而不讓曰無管仲鮑叔以爲臣故有豫讓之功也

趙簡子曰吾欲得范中行氏良臣史黶曰安用之簡子曰良臣人所願也又何問焉曰君以爲無良臣故也夫事君者諫過而薦可諂善而替否獻能而進賢

朝夕誦善敗而納之。聽則進。否則退。今范中行氏之良臣也。不能匡相其君。使至於難。出在於外。又不能入。亡而棄之。何良之爲。若不棄。君安得之。夫良將營其君。使復其位。死而後止。何曰以來。若未能。乃非良也。簡子曰善。

子路問於孔子曰。治國何如。孔子曰。在於尊賢而賤不肖。子路曰。范中行氏尊賢而賤不肖。其亡何也。曰。范中行氏尊賢而不能用也。賤不肖而不能去也。賢者知其不已用而怨之。不肖者知其賤已而讐之。賢

者怨之。不肖者讐之。怨讐並前。中行氏雖欲無亡。得乎。

晉荆戰於邲。晉師敗績。荀林父將歸請死。昭公將許之。士貞伯曰。不可。城濮之役。晉勝于荆。文公猶有憂色。曰。子玉猶存。憂未歇也。困獸猶鬭。況國相乎。及荆殺子玉。乃喜曰。莫予毒也。今天或者大警晉也。林父之事君。進思盡忠。退思補過。社稷之衛也。今殺之。是重荆勝也。昭公曰善。乃使復將。

說苑卷八終

說苑卷九

正諫

易曰。王臣蹇蹇。匪躬之故。人臣之所以蹇蹇爲難。而諫其君者。非爲身也。將欲以匡君之過。矯君之失也。君有過失者。危亡之萌也。見君之過失而不諫。是輕君之危亡也。夫輕君之危亡者。忠臣不忍爲也。三諫而不用則去。不去則身亡。身亡者。仁人所不爲也。是故諫有五。一曰正諫。二曰降諫。三曰忠諫。四曰戇諫。五曰諷諫。孔子曰。吾其從諷諫矣乎。夫不諫則危君。

固諫則危身。與其危君。寧危身。危身而終不用。則諫亦無功矣。智者度君權時。調其緩急而處其宜。上不敢危君。下不以危身。故在國而國不危。在身而身不殆。昔陳靈公不聽泄冶之諫而殺之。曹羈三諫曹君不聽而去。春秋序義。雖俱賢而曹羈合禮。

齊景公遊於海上而樂之。六月不歸。令左右曰。敢有先言歸者。致死不赦。顏燭趨進諫曰。君樂治海上而六月不歸。彼儻有治國者。君且安得樂此海也。景公援戟將斫之。顏燭趨進。撫衣待之曰。君奚不斫也。昔

者桀殺關龍逢、紂殺王子比干、君之賢非此二主也、臣之材、亦非此二子也、君奚不斫、以臣參此二人者、不亦可乎、景公說、遂歸、中道聞國人謀不內矣、

楚莊王立爲君、三年不聽朝、乃令於國曰、寡人惡爲人臣而遽諫其君者、今寡人有國家、立社稷、有諫則死無赦、蘇從曰、處君之高爵、食君之厚祿、愛其死而不諫其君、則非忠臣也、乃入諫、莊王立鼓鐘之間、左伏楊姬、右擁越姬、左裯衽、右朝服、曰、吾鼓鐘之不暇、何諫之聽、蘇從曰、臣聞之、好道者多資、好樂者多迷。

好道者多糧、好樂者多亡。荊國亡無日矣。死臣敢以告王。王曰善、左執蘇從手、右抽陰刀、刎鐘鼓之懸、明日授蘇從爲相、

晉平公好樂、多其賦斂、下治城郭、曰敢有諫者死、國人憂之、有咎犯者、見門大夫、曰臣聞主君好樂、故以樂見、門大夫入言曰、晉人咎犯也、欲以樂見、平公曰、內之、止坐殿上、則出鐘磬竽瑟。坐有頃、平公曰、客子爲樂、咎犯對曰、臣不能爲樂、臣善隱。平公召隱士十二人、咎犯曰、隱臣竊顧昧死御、平公曰諾、咎犯申其左臂而詘五指。平公問於隱官曰、占之爲何、隱官皆曰不知、平公曰、歸之咎犯、則申其一指曰、是一也。便游赭盡而峻城闕、二也、柱梁衣繡、士民無褐、三也、侏儒有餘酒、而死士渴、四也、民有饑色、而馬有粟秩、五也、近臣不敢諫、遠臣不敢達。平公曰善、乃屏鐘鼓、除竽瑟、遂與咎犯參治國、

孟嘗君將西入秦、賓客諫之百通、則不聽也、曰、以人事諫我、我盡知之、若以鬼道諫我、我則殺之。謁者入曰、有客以鬼道聞、曰請客入、客曰、臣之來也、過於淄

水上、見一土耦人方與木梗人語、木梗謂土耦人曰、子先土也、持子以爲耦人、遇天大雨、水潦並至、子必沮壞、應曰、我沮乃反吾真耳、今子東園之桃也、刻子以爲梗、遇天大雨、水潦並至、必浮子、泛泛乎不知所止。今秦四塞之國也、有虎狼之心。恐其有木梗之患。於是孟嘗君逡巡而退、而無以應、卒不敢西嚮秦、

吳王欲伐荊、告其左右曰、敢有諫者死、舍人有少孺子者、欲諫不敢、則懷丸操彈、遊於後園、露沾其衣、如是者三旦、吳王曰、子來何苦沾衣如此、對曰、園中有

樹其上有蟬。蟬高居悲鳴飲露。不知螳螂在其後也。螳螂委身曲附。欲取蟬而不知黃雀在其傍也。黃雀延頸欲啄螳螂而不知彈丸在其下也。此三者皆務欲得其前利而不顧其後之有患也。吳王曰善哉、乃罷其兵、

楚莊王欲伐陽夏、師久而不罷、羣臣欲諫而莫敢、莊王獵於雲夢、椒舉進諫曰、王所以多得獸者、馬也、而王國亡、王之馬豈可得哉、莊王曰善、不穀知詘强國之可以長諸侯也。知得地之可以爲富也。而忘吾民

之不用也。明日飲諸大夫酒、以椒舉爲上客、罷陽夏之師、

秦始皇帝太后不謹、幸郎嫪毐、封以爲長信侯、爲生兩子、毐專國事、浸益驕奢、與侍中左右貴臣俱博飲酒醉爭言而鬬、瞋目大叱曰。吾乃皇帝之假父也。窶人子何敢乃與我亢。所與鬬者走行白皇帝、皇帝大怒、毐懼誅、因作亂、戰咸陽宮、毐敗、始皇乃取毐四肢車裂之、取其兩弟囊撲殺之、取皇太后遷之于萯陽宮、（一本作棫陽）下令曰、敢以太后事諫者戮而殺之從蒺藜其脊肉、幹四肢而積之闕下、諫而死者二十七人矣。齊客茅焦乃往上謁曰、齊客茅焦願上諫皇帝、皇帝使使者出問客、得無以太后事諫也、茅焦曰然、使者還白曰、果以太后事諫、皇帝曰走往告之、若不見闕下積死人耶。使者問茅焦、茅焦曰、臣聞之、天有二十八宿、今死者已有二十七人矣。臣所以來者、欲滿其數耳。臣非畏死人也。走入白之、茅焦邑子同食者盡負其衣物行亡。使者入白之、皇帝大怒曰、是子故來犯吾禁、趣炊鑊湯煑之、是安得積闕下乎、趣召之

入、皇帝按劒而坐。口正沫出。使者召之入、茅焦不肯疾行、足趣相過耳、使者趣之、茅焦曰、臣至前則死矣、君獨不能忍吾須臾乎。使者極哀之、茅焦至前再拜謁起、稱曰臣聞之、夫有生者不諱死、有國者不諱亡、諱死者不可以得生、諱亡者不可以得存、死生存亡、聖主所欲急聞也、不審陛下欲聞之不、皇帝曰何謂也、茅焦對曰、陛下有狂悖之行、陛下不自知邪、皇帝曰、何等也、願聞之、茅焦對曰、陛下車裂假父、有嫉妬之心、囊撲兩弟、有不慈之名、遷母萯陽宮。有不孝之

行。從蒺蔾於諫士。有桀紂之治。今天下聞之。盡瓦解無嚮秦者。臣竊恐秦亡爲陛下危之。所言已畢、乞行就質、乃解衣伏質、皇帝下殿、左手接之、右手麾左右曰赦之、先生就衣、今願受事、乃立焦爲仲父、爵之上卿、皇帝立駕千乘萬騎。空左方。自行迎太后萯陽宮。歸於咸陽。太后大喜、乃大置酒待茅焦、及飲太后曰、抗枉令直。使敗更成。安秦之社稷。使妾母子復得相會者。盡茅君之力也。

楚莊王築層臺、延石千重、延壤百里、士有反三月之糧者、大臣諫者七十二人皆死矣、有諸御已者、違楚百里而耕、謂其耦曰、吾將入見於王、其耦曰、以身乎、吾聞之、說人主者、皆閒暇之人也、然且至而死矣、今子特草茅之人耳、諸御已曰、若與子同耕則比力也。至於說人主不與子比智矣。委其耕而入見莊王、莊王謂之曰、諸御已來、汝將諫邪、諸御已曰、君有義之用、有法之行、且已聞之、土負水者平、木負繩者正、君受諫者聖、君築層臺延石千重、延壤百里、民之釁咎血成於通塗、然且未敢諫也。已何敢諫乎。顧臣愚竊

聞昔者虞不用宮之奇而晉并之、陳不用子家羈而楚并之、曹不用僖負羈而宋并之、萊不用子猛而齊并之、吳不用子胥而越并之、秦人不用蹇叔之言而秦國危、桀殺關龍逢而湯得之、紂殺王子比干而武王得之、宣王殺杜伯而周室卑、此三天子、六諸侯、皆不能尊賢用辯士之言、故身死而國亡、遂趨而出、楚王遽而追之曰、已子反矣、吾將用子之諫、先日說寡人者、其說也不足以動寡人之心、又危一作色加諸寡人、故皆至而死、今子之說足以動寡人之心、又不危加諸寡人、故吾將用子之諫、明日令曰、有能入諫者、吾將與爲兄弟、遂解層臺而罷民、楚人歌之曰、薪乎萊乎。無諸御已訖無子乎。萊乎薪乎。無諸御已訖無人乎、

齊桓公謂鮑叔曰、寡人欲鑄大鐘、昭寡人之名焉、寡人之行、豈避堯舜哉、鮑叔曰、敢問君之行、桓公曰、昔者吾圍譚三年。得而不自與者、仁也。吾北伐孤竹。剗令支而反者。武也。吾爲葵丘之會。以偃天下之兵者。文也。諸侯抱美玉而朝者九國。寡人不受者。義也。然

則文武仁義寡人盡有之矣寡人之行豈避堯舜哉鮑叔曰君直言臣直對昔者公子糾在上位而不讓非仁也背太公之言而侵魯境非義也壇場之上詘於一劍非武也姪娣不離懷衽非文也凡為不善遍於物不自知者無天禍必有人害天處甚高其聽甚下除君過言天且聞之桓公曰寡人有過乎幸記之是社稷之福也子不幸教幾有大罪以辱社稷

楚昭王欲之荊臺游司馬子綦進諫曰荊臺之游左洞庭之波右彭蠡之水南望獵山下臨方淮其樂使

人遺老而忘死人君游者盡以亡其國願大王勿往游焉王曰荊臺乃吾地也有地而游之子何為絕我游乎怒而擊之於是令尹子西駕安車四馬徑於殿下曰今日荊臺之游不可不觀也王登車而拊其背曰荊臺之游與子共樂之矣步馬十里引轡而止曰臣不敢下車願得有道大王肯聽之乎王曰第言之令尹子西曰臣聞之為人臣而忠其君者爵祿不之以賞也為人臣而諛其君者刑罰不足以誅也若司馬子綦者忠臣也若臣者諛臣也願大王殺臣之軀罰臣之家而祿司馬子綦王曰若我能止聽公子獨能禁我游耳後世游之無有極時柰何令尹子西曰欲禁後世易耳願大王山陵崩陁為陵於荊臺未嘗有持鐘鼓管絃之樂而游於父之墓上者也於是王還車卒不游荊臺令罷先置孔子從魯聞之曰美哉令尹子西諫之於十里之前而權之於百世之後者也

荊文王得如黃之狗箘簬之矰以畋於雲夢三月不反得舟（一作舟）之姬淫朞年不聽朝保申諫曰先王卜

以臣為保吉今王得如黃之狗箘簬之矰畋於雲澤三月不反及得舟之姬淫朞年不聽朝王之罪當笞匍伏將笞王王曰不穀免於襁褓託於諸侯矣願請變更而無笞保申曰臣承先王之命不敢廢王不受笞是廢先王之命也臣寧得罪於王無負於先王王曰敬諾乃席王王伏保申束細箭五十跪而加之王背如此者再謂王起矣王曰有笞之名一也遂致之保申曰臣聞之君子恥之小人痛之恥之不變痛之何益保申趨出欲自流乃請罪於王王曰此不穀之

過保將何罪、王乃變行從保申、殺如黃之狗、折箘簬之矰。逐丹之姬。務治乎荆、兼國三十、令荆國廣大至於此者、保申敢極言之功也、蕭何王陵聞之曰、聖主能奉先世之業。而以成功名者。其惟荆文王乎。故天下譽之至今、明主忠臣孝子以爲法、

晉平公使叔向聘於吳、吳人拭舟以逆之、左五百人、右五百人、有繡衣而豹裘者、有錦衣而狐裘者、叔向歸以告平公、平公曰、吳其亡乎。奚以敬舟、奚以敬民。叔向對曰、君爲馳底之臺、上可以發千兵、下可以陳

鐘鼓、諸侯聞君者、亦曰奚以敬臺。奚以敬民。所敬各異也。於是平公乃罷臺、

趙簡子舉兵而攻齊、令軍中有敢諫者罪至死、被甲之士、名曰公盧、望見簡子大笑、簡子曰子何笑、對曰臣有夙笑。簡子曰有以解之則可、無以解之則死、對曰、當桑之時、臣隣家夫與妻俱之田、見桑中女、因往追之、不能得、還反、其妻怒而去之、臣笑其曠也、簡子曰、今吾伐國失國、是吾曠也。於是罷師而歸、

景公爲臺、臺成、又欲爲鐘、晏子諫曰、君不勝欲爲臺、今復欲爲鐘、是重斂於民、民之哀矣、夫斂民之哀而以爲樂。不祥、景公乃止、

景公有馬、其圉人殺之、公怒援戈將自擊之、晏子曰、此不知其罪而死、臣請爲君數之、令知其罪而殺之、公曰諾、晏子舉戈而臨之曰、汝爲吾君養馬而殺之。而罪當死。汝使吾君以馬之故殺圉人。而罪又當死、汝使吾君以馬故殺人。聞於四隣諸侯。汝罪又當死。公曰、夫子釋之、夫子釋之、勿傷吾仁也、

景公好弋、使燭雛主鳥而亡之、景公怒而欲殺之、晏

子曰、燭雛有罪、請數之以其罪、乃殺之、景公曰可、於是乃召燭雛數之景公前曰汝爲吾君主鳥而亡之、是一罪也、使吾君以鳥之故殺人。是二罪也、使諸侯聞之、以吾君重鳥而輕士。是三罪也、數燭雛罪已畢、請殺之、景公曰止、勿殺而謝之、

景公正晝被髮乘六馬、御婦人以出正閨、刖跪擊其馬而反之、曰爾非吾君也。公慚而不朝、晏子睹裔敖而問曰、君何故不朝、對曰、昔者君正晝被髮乘六馬御婦人出正閨刖跪擊其馬而反之、曰爾非吾君也、

公慚而反、不果出、是以不朝、晏子入見、公曰、昔者寡人有罪、被髮乘六馬以出正閨、刖跪擊其馬而反之、曰、爾非吾君也、寡人以天子大夫之賜、得率百姓以守宗廟。今見戮於刖跪、以辱社稷。吾猶可以齊於諸侯乎。晏子對曰、君無惡焉、臣聞之、下無直辭、上無隱君、民多諱言、君有驕行、古者明君在上、下有直辭、君上好善、民無諱言、今君有失行。而刖跪有直辭、是君之福也。故臣來慶。請賞之以明君之好善、禮之以明君之受諫、公笑曰、可乎、晏子曰、可、於是令刖跪倍資無正時朝無事、

景公飲酒、移於晏子家、前驅報閭曰、君至、晏子被玄端立於門曰。諸侯得微有故乎。國家得微有故乎、君何爲非時而夜辱。公曰、酒醴之味。金石之聲。願與夫子樂之。晏子對曰、夫布薦席。陳簠簋者有人、臣不敢與焉。公曰、移於司馬穰苴之家。前驅報閭曰、君至、司馬穰苴介冑操戟立於門曰。諸侯得微有兵乎、大臣得微有叛者乎。君何爲非時而夜辱。公曰、酒醴之味。金石之聲。願與夫子樂之。對曰、夫布薦席陳簠簋者有人、臣不敢與焉。公曰、移於梁丘據之家、前驅報閭曰、君至。梁丘據左操瑟、右挈竽、行歌而至。公曰、樂哉今夕吾飲酒也。微彼二子者、何以治吾國。微此一臣者、何以樂吾身。賢聖之君皆有益友、無偷樂之臣、景公弗能及、故兩用之、僅得不亡、

吳以伍子胥孫武之謀、西破強楚、北威齊晉、南伐越、越王勾踐迎擊之、敗吳於姑蘇、傷闔廬指、軍卻、闔廬謂太子夫差曰、爾忘勾踐殺而父乎、夫差對曰、不敢、是夕闔廬死、夫差既立爲王、以伯嚭爲太宰、習戰射、三年伐越、敗於夫湫

越王勾踐乃以兵五千人（一作入）棲於會稽山上、使大夫種厚幣遺吳太宰嚭以請和、委國爲臣妾、吳王將許之、伍子胥諫曰、越王爲人能辛苦、今王不滅、後必悔之、吳王不聽、用太宰嚭計、與越平、其後五年、吳王聞齊景公死、而大臣爭寵、新君弱、乃興師北伐齊、子胥諫曰、不可、勾踐食不重味、弔死問疾、且能用人、此人不死、必爲吳患、今越腹心之疾、齊猶疥癬耳、而王不先越、乃務伐齊、不亦謬乎、吳王不聽、伐齊、大敗齊師於艾陵、遂與鄒魯之君會以歸、益疏子胥之言、其

後四年吳將復北伐齊越王句踐用子貢之謀乃率其衆以助吳而重寶以獻遺太宰嚭太宰嚭既數受越賂其愛信越殊甚日夜爲言於吳王王信用嚭之計伍子胥諫曰夫越腹心之疾今信其游辭僞詐而貪齊譬猶石田無所用之盤庚曰古人有顛越不恭是商所以興也願王釋齊而先越不然將悔之無及也已吳王不聽使子胥於齊子胥謂其子曰吾諫王王不我用吾今見吳之滅矣女與吳俱亡無爲也乃屬其子於齊鮑氏而歸報吳王太宰嚭既與子胥有

隙因讒曰子胥爲人剛暴少恩其怨望猜賊爲禍也深恨前日王欲伐齊子胥以爲不可王卒伐之而有大功子胥計謀不用乃反怨望今王又復伐齊子胥專愎強諫沮毀用事徼幸吳之敗以自勝其計謀耳今王自行悉國中武力以伐齊而子胥諫不用因輟佯病不行王不可不備此起禍不難且臣使人微伺之其使齊也乃屬其子於鮑氏夫人臣內不得意外交諸侯自以先王謀臣今不用常怏怏願王早圖之吳王曰微子之言吾亦疑之乃使使賜子胥屬鏤之劍曰子以此死子胥曰嗟乎讒臣宰嚭爲亂王顧反誅我我令若父霸又若立時諸子弟爭立我以死爭之於先王幾不得立若既立欲分吳國與我我顧不敢當然若之何聽讒臣殺長者乃告舍人曰必樹吾墓上以梓令可以爲器而抉吾眼著之吳東門以觀越寇之滅吳也乃自刺殺吳王聞之大怒乃取子胥尸盛以鴟夷革浮之江中吳人憐之乃爲立祠於江上因名曰胥山後十餘年越襲吳吳王還與戰不勝使大夫行成於越不許吳王將死曰吾以不用子胥

之言至於此令死者無知則已死者有知吾何面目以見子胥也遂蒙絮覆面而自刎

齊景公有臣曰諸御鞅諫簡公曰田常與宰予此二人者甚相憎也臣恐其相攻相攻雖叛而危之不可願君去一人簡公曰非細人之所敢議也居無幾何田常果攻宰予於庭賊簡公於朝簡公喟焉太息曰余不用鞅之言以至此患也故忠臣之言不可不察也

魯襄公朝荊至淮聞荊康王卒公欲還叔仲昭伯曰

君之來也、爲其威也、今其王死、其威未去、何爲還、大
夫皆欲還、予服撫伯曰、予之來也、爲國家之利也、故
不憚勤勞、不遠道塗、而聽於荊也、畏其威也、夫義人
者固將慶其喜而弔其憂。況畏而聘焉者乎。聞畏而
往。聞喪而還。其誰曰非侮也。芊姓是嗣、王太子又長
矣、執政未易。事君任政、求說其侮以定嗣君而示後
人。其讐滋大。以戕小國。其誰能止之。若從君而致患。
不若違君以避難。且君子計而後行。二三子其計乎。
有御楚之術。有守國之備。則可、若未有也、不如行。乃

遂行、
孝景皇帝時、吳王濞反、梁孝王中郎枚乘字叔聞之、
爲書諫王、其辭曰、君王之外、臣乘竊聞得全者全昌、
失全者全亡、舜無立錐之地、以有天下、禹無十戶之
聚以王諸侯、湯武之地方不過百里、上不絕三光之
明。下不傷百姓之心者。有王術也。故父子之道天性
也。忠臣不敢避誅以直諫。故事無廢業而功流於萬
世也。臣誠願披腹心而効愚忠。恐大王不能用之。臣
誠願大王少加意念惻怛之心於臣乘之言、夫以一

縷之任。係千鈞之重。上懸之無極之高、下垂之不測
之淵。雖甚愚之人。且猶知哀其將絕也。馬方駭而重
驚之。係方絕而重鎮之。係絕於天、不可復結。墜入深
淵。難以復出。其出不出。間不容髮。誠能用臣乘言、一
舉必脫、必若所欲爲、危如重卵。難於上天。變所欲爲。
易於反掌。安於太山。今欲極天命之壽、弊無窮之樂、
保萬乘之勢、不出反掌之易。以居太山之安。乃欲乘
重卵之危。走上天之難。此愚臣之所大惑也。人性有
畏其影而惡其迹者、卻背而走、無益也、不知就陰而

止。影滅迹絕。欲人勿聞。莫若勿言。欲人勿知。莫若勿
爲。欲湯之滄、一人炊之、百人揚之、無益也、不如絕
薪止火而已。不絕之於彼、而救之於此、譬猶抱薪救
火也。養由基楚之善射者也、去楊葉百步百發百中
楊葉之小。而加百中焉。可謂善射矣、所止乃百步之
中耳、比於臣未知操弓持矢也、福生有基。禍生有胎。
納其基、絕其胎、禍何從來哉、泰山之霤穿石。引繩久
之乃以挈木。水非石之鑽。繩非木之鋸也。而漸靡使
之然。夫銖銖而稱之。至石必差。寸寸而度之。至丈必

過石稱丈量徑而寡失。夫十圍之木。始生於蘖。可引而絕。可擢而拔。據其未生。先其未形。磨礱砥礪。不見其損。有時而盡。種樹畜長。不見其益。有時而大。積德修行。不知其善。有時而用。行惡爲非。棄義背理。不知其惡。有時而亡。臣誠願大王孰計而身行之。此百王不易之道也。吳王不聽。卒死丹徒。

吳王欲從民飲酒。伍子胥諫曰。不可。昔白龍下清泠之淵。化爲魚。漁者豫且射中其目。白龍上訴天帝。天帝曰。當是之時。若安置而形。白龍對曰。我下清泠之

淵化爲魚。天帝曰。魚固人之所射也。若是豫且何罪。夫白龍天帝貴畜也。豫且宋國賤臣也。白龍不化。豫且不射。今棄萬乘之位而從布衣之士飲酒。臣恐其有豫且之患矣。王乃止。

孔子曰。良藥苦於口利於病。忠言逆於耳利於行。故武王諤諤而昌。紂嘿嘿而亡。君無諤諤之臣。父無諤諤之子。兄無諤諤之弟。夫無諤諤之婦。士無諤諤之友。其亡可立而待。故曰。君失之。臣得之。父失之。子得之。兄失之。弟得之。夫失之。婦得之。士失之。友得之。故無亡國破家。悖父亂子。放兄棄弟。狂夫淫婦。絕交敗友。

晏子復於景公曰。朝居嚴乎。公曰。朝居嚴則曷害於治國家哉。晏子對曰。朝居嚴。則下無言。下無言。則上無聞矣。下無言則謂之喑。上無聞則謂之聾。聾喑則非害治國家如何也。且合菽粟之微。以滿倉廩。合疏縷之緯。以成幃幕。太山之高非一石也。累卑然後高也。夫治天下者非用一士之言也。固有受而不用。惡有距而不入者哉。

說苑卷十

敬慎

存亡禍福其要在身聖人重誠敬慎所忽中庸曰莫見乎隱莫顯乎微故君子能慎其獨也諺曰誠無垢思無辱夫不誠不思而以存身全國者亦難矣詩曰戰戰兢兢如臨深淵如履薄冰此之謂也

昔成王封周公周公辭不受乃封周公子伯禽於魯將辭去周公戒之曰去矣子其無以魯國驕士矣我文王之子也武王之弟也今王之叔父也又相天子

吾於天下亦不輕矣然嘗一沐而三握髮一食而三吐哺猶恐失天下之士吾聞之曰德行廣大而守以恭者榮土地博裕而守以儉者安祿位尊盛而守以卑者貴人衆兵強而守以畏者勝聰明睿智而守以愚者益博聞多記而守以淺者廣此六守者皆謙德也夫貴爲天子富有四海不謙者先天下亡其身桀紂是也可不慎乎故易曰有一道大足以守天下中足以守國家小足以守其身謙之謂也夫天道毀滿而益謙地道變滿而流謙鬼神害滿而福謙人道惡滿而好謙是以衣成則缺衽宮成則缺隅屋成則加錯示不成者天道然也易曰謙亨君子有終吉詩曰湯降不遲聖敬日躋其戒之哉子其無以魯國驕士矣

孔子讀易至於損益則喟然而歎子夏避席而問曰夫子何爲歎孔子曰夫自損者益自益者缺吾是以歎也子夏曰然則學者不可以益乎孔子曰否天之道成者未嘗得久也夫學者以虛受之故曰得苟不知持滿則天下之善言不得入其耳矣昔堯履天子

之位猶允恭以持之虛靜以待下故百載以逾盛迄今而益章昆吾自臧而滿意窮高而不衰故當時而虧敗迄今而逾惡是非損益之徵與吾故曰謙也者致恭以存其位者也夫豐明而動故能大苟大則虧矣吾戒之故曰天下之善言不得入其耳矣日中則昃月盈則食天地盈虛與時消息是以聖人不敢當盛升輿而遇三人則下二人則軾調其盈虛故能長久也子夏曰善請終身誦之

孔子觀於周廟而有欹器焉孔子問守廟者曰此爲

何器對曰蓋爲右坐之器孔子曰吾聞右坐之器滿則覆虛則欹中則正有之乎對曰然孔子使子路取水而試之滿則覆中則正虛則欹孔子喟然歎曰嗚呼惡有滿而不覆者哉子路曰敢問持滿有道乎孔子曰持滿之道挹而損之子路曰損之有道乎孔子曰高而能下滿而能虛富而能儉貴而能卑智而能愚勇而能怯辯而能訥博而能淺明而能闇是謂損而不極能行此道唯至德者及之易曰不損而益之故損自損而終故益

常摐有疾老子往問焉曰先生疾甚矣無遺教可以語諸弟子者乎常摐曰子雖不問吾將語子常摐曰過故鄉而下車子知之乎老子曰過故鄉而下車非謂其不忘故耶常摐曰嘻是已常摐曰過喬木而趨子知之乎老子曰過喬木而趨非謂敬老耶常摐曰嘻是已張其口而示老子曰吾舌存乎老子曰然吾齒存乎老子曰亡常摐曰子知之乎老子曰夫舌之存也豈非以其柔耶齒之亡也豈非以其剛耶常摐曰嘻是已天下之事已盡矣無以復語子哉

韓平子問於叔向曰剛與柔孰堅對曰臣年八十矣齒再墮而舌尚存老聃有言曰天下之至柔馳騁乎天下之至堅又曰人之生也柔弱其死也剛強萬物草木之生也柔脆其死也枯槁因此觀之柔弱者生之徒也剛強者死之徒也夫生者毀而必復死者破而愈亡吾是以知柔之堅於剛也平子曰善哉然則子之行何從叔向曰臣亦柔耳何以剛爲平子曰柔無乃脆乎叔向曰柔者紐而不折廉而不缺何爲脆也天之道微者勝是以兩軍相加而柔者克之兩仇

爭利而弱者得焉易曰天道虧滿而益謙地道變滿而流謙鬼神害滿而福謙人道惡滿而好謙夫懷謙不足之柔弱而四道者助之則安往而不得其志乎平子曰善

桓公曰金剛則折革剛則裂人君剛則國家滅人臣剛則交友絕夫剛則不和不和則不可用是故四馬不和取道不長父子不和其世破亡兄弟不和不能久同夫妻不和家室大凶易曰二人同心其利斷金由不剛也

老子曰：得其所利，必慮其所害；樂其所成，必顧其所敗。人爲善者，天報以福；人爲不善者，天報以禍也。故曰：禍兮福所倚，福兮禍所伏。戒之，愼之！君子不務，何以備之？夫上知天則不失時，下知地則不失財，日夜愼之，則無災害。

曾子有疾，曾元抱首，曾華抱足。曾子曰：吾無顏氏之才，何以告汝？雖無能，君子務益。夫華多實少者，天也；言多行少者，人也。夫飛鳥以山爲卑，而層巢其巔；魚鼈以淵爲淺，而穿穴其中；然所以得者，餌也。君子苟

能無以利害身，則辱安從至乎？官怠於宦成，病加於少愈，禍生於懈惰，孝衰於妻子。察此四者，愼終如始。詩曰：靡不有初，鮮克有終。

單快曰：國有五寒，而冰凍不與焉。一曰政外，二曰女厲，三曰謀泄，四曰不敬卿士而國家敗，五曰不能治內而務外。此五者一見，雖祠無福，除禍必得，致福則貸。

孔子曰：存亡禍福，皆在已而已。天災地妖，亦不能殺也。昔者殷王帝辛之時，爵生烏於城之隅，工人占之曰：凡小以生巨，國家必祉，王名必倍。帝辛喜爵之德，不治國家，亢暴無極，外寇乃至，遂亡殷國。此逆天之時，詭福反爲禍。至殷王武丁之時，先王道缺，刑法弛，桑穀俱生於朝，七日而大拱，工人占之曰：桑穀者，野物也；野物生於朝，意朝亡乎！武丁恐駭，側身修行，思昔先王之政，興滅國，繼絕世，舉逸民，明養老之道。三年之後，遠方之君重譯而朝者六國。此迎天時，得禍反爲福也。故妖孼者，天所以警天子諸侯也；惡夢者，所以警士大夫也。故妖孼不勝善政，惡夢不勝善行

也。至治之極，禍反爲福。故太甲曰：天作孼，猶可違；自作孼，不可逭。

石讎曰：春秋有忽然而足以亡者，國君不可以不愼也。妃妾不一，足以亡；公族不親，足以亡；大臣不任，足以亡；國爵不用，足以亡；親佞近讒，足以亡；舉百事不時，足以亡；使民不節，足以亡；刑罰不中，足以亡；內失衆心，足以亡；外嫚大國，足以亡。

夫福生於隱約，而禍生於得意，齊頃公是也。齊頃公，桓公之子孫也，地廣民衆，兵强國富，又得霸者之餘

會翳蹇怠傲、未嘗肯出會同諸侯、乃興師伐魯反敗衛師于新築、輕小嫚大之行甚、俄而晉魯往聘以使者戲二國、怒歸求黨與助、得衛及曹四國相輔、期戰於鞍、大敗齊師、獲齊頃公、斬逢丑父、於是懼然大恐、賴逢丑父之欺、奔逃得歸、弔死問疾、七年不飲酒不食肉、外金石絲竹之聲、遠婦女之色、出會與盟、卑下諸侯、國家內得行義、聲問震乎諸侯、所亡之地弗求而自爲來、尊寵不武而得之、可謂能詘免變化以致之。故福生於隱約、而禍生於得意、此得失之効也、

大功之効。在於用賢積道。浸章浸明、衰滅之過。在於得意而怠、浸蹇浸亡。晉文公是其効也、晉文公出亡、修道不休、得至于饗國、饗國之時、上無明天子、下無賢方伯、強楚主會諸侯、背畔天子、失道出居于鄭、文公於是憫中國之微、任咎犯先軫陽處父、畜愛百姓、厲養戎士、四年政治內定、則舉兵而伐衛、執曹伯、還敗強楚、威震天下、明王法、率諸侯而朝天子、莫敢不聽、天下曠然平定、周室尊顯、故曰大功之効、在於用賢積道、浸章浸明、文公於是霸功立、期至意得、湯武之心作而忘其衆、一年三用師、且弗休息、遂進而圍許、兵亟弊不能服、罷諸侯而歸、自此而怠政事、爲狄泉之盟、不親至、信衰誼缺、如羅不補、威武詘折不信、則諸侯不朝、鄭遂叛、夷狄內侵、衛遷于商丘、故曰衰滅之過、在於得意而怠、浸蹇浸亡、

田子方侍魏文侯坐、太子擊趨而入見、賓客群臣皆起、田子方獨不起、文侯有不說之色、太子亦然、田子方稱曰、爲子起歟、無如禮何、不爲子起歟。無如罪何。請爲子誦楚恭王之爲太子也、將出之雲夢、遇大夫

工尹、工尹遂趨避家人之門中、太子下車從之家人之門中、曰、子大夫何爲其若是、吾聞之、敬其父者不兼其子。兼其子者不祥莫大焉、子大夫何爲其若是、工尹曰、向吾望見子之面、今而後記子之心、審如此汝將何之、文侯曰、善、太子擊前誦恭王之言、誦三遍而請習之。

子贛之承、或在塗、見道側巾弊布擁蒙而衣衰、其名曰丹綽子、贛問焉曰、此至承幾何、嘿然不對、子贛曰人問乎己而不應何也、屏其擁蒙而言曰、望而黷人

者仁乎。觀而不識者智乎。輕侮人者義乎。子韻下車曰。賜不仁過聞三言可復聞乎。曰是足於子矣。吾不告子。於是子韻三偶則式。五偶則下。

孫叔敖爲楚令尹。一國吏民皆來賀。有一老父衣麤衣冠白冠後來弔。孫叔敖正衣冠而出見之。謂老父曰。楚王不知臣不肖。使臣受吏民之垢。人盡來賀。子獨後來弔。豈有說乎。父曰有說。身已貴而驕人者民去之。位已高而擅權者君惡之。祿已厚而不知足者患處之。孫叔敖再拜曰。敬受命。願聞餘教。父曰位已

高而意益下。官益大而心益小。祿已厚而愼不敢取。君謹守此三者。足以治楚矣。

魏安釐王十一年。秦昭王謂左右曰。今時韓魏與秦孰強。對曰不如秦強。王曰今時如耳魏齊與孟嘗芒卯孰賢。對曰不如孟嘗芒卯之賢。王曰以孟嘗芒卯之賢。率強韓魏以攻秦。猶無柰寡人何也。今以無能如耳魏齊而率弱韓魏以伐秦。其無柰寡人何亦明矣。左右皆曰然。申旗伏瑟而對曰。王之料天下過矣。當六晉之時。智氏最強。滅范中行氏。又率韓魏之兵以圍趙襄子於晉陽。決晉水以灌晉陽之城。不湍者三板。智伯行水。魏宣子御。韓康子爲驂乘。智伯曰。吾始不知水可以亡人國也。乃今知之。汾水可以灌安邑。絳水可以灌平陽。魏宣子肘韓康子。康子履魏宣子之足。肘足接於車上。而智氏分。身死國亡。爲天下笑。今秦雖強。不過智氏。韓魏雖弱。尚賢其在晉陽之下也。此方其用肘足之時。願王之必勿易也。於是秦王恐。

魏公子牟東行。穰侯送之曰。先生將去冉之山東矣。

獨無一言以教冉乎。魏公子牟曰。微君言之。牟幾忘語君。君知夫官不與勢期而勢自至乎。勢不與富期而富自至乎。富不與貴期而貴自至乎。貴不與驕期而驕自至乎。驕不與罪期而罪自至乎。罪不與死期而死自至乎。穰侯曰善。敬受明教。

高上尊賢。無以驕人。聰明聖智。無以窮人。資給疾速。無以先人。剛毅勇猛。無以勝人。不知則問。不能則學。雖智必質。然後辯之。雖能必讓。然後爲之。故士雖聰明聖智。自守以愚。功被天下。自守以讓。勇力距世。自

守以快、富有天下、自守以廉、此所謂高而不危、滿而不溢者也。

齊桓公爲大臣具酒、期以日中、管仲後至、桓公舉觴以飲之、管仲半棄酒、桓公曰、期而後至、飲而棄酒、於禮可乎、管仲對曰、臣聞酒入舌出、舌出者言失、言失者身棄、臣計棄身不如棄酒。桓公笑曰、仲父起就坐。

楚恭王與晉厲公戰於鄢陵之時、司馬子反渴而求飲、豎穀陽持酒而進之、子反曰、退、酒也、穀陽曰、非酒也、子反又曰、退、酒也、穀陽又曰、非酒也、子反受而飲

之、醉而寢、恭王欲復戰、使人召子反、子反辭以心疾、於是恭王駕往入幄、聞酒臭、曰、今日之戰、所恃者司馬、司馬至醉如此、是亡吾國而不恤吾衆也、吾無以復戰矣、於是乃誅子反以爲戮、還師、夫穀陽之進酒也、非以妬子反、忠愛之而適足以殺之、故曰、小忠、大忠之賊也、小利、大利之殘也。好戰之臣不可不察也。

羞小恥以構大怨、貪小利以亡大衆、春秋有其戒、晉先軫是也、先軫欲要功獲名、則以秦不假道之故、請要秦師、襄公曰、不可、夫秦伯與吾先君有結、先君一日薨、而與師擊之、是孤之負吾先君、敗鄰國之交、而失孝子之行也、先軫曰、先君薨而不弔贈、是無哀吾喪也、興師徑吾地而不假道、是弱吾孤也、且柩畢尚薄屋、無哀吾喪也、興師卜曰、大國師將至、請擊之、則聽、先軫興兵要之殺、擊之、匹馬隻輪無脫者、大結怨構禍於秦、接刃流血、伏尸暴骸、糜爛國家、十有餘年、卒喪其師衆、禍及大夫、憂累後世、故好戰之臣不可不察也。

魯哀公問孔子曰、予聞忘之甚者、徙而忘其妻、有諸

乎、孔子對曰、此非忘之甚者也、忘之甚者忘其身、哀公曰、可得聞與、對曰、昔夏桀貴爲天子、富有天下、不修禹之道、毀壞辟法、裂絕世祀、荒淫于樂、沈酗于酒、其臣有左師觸龍者、諂諛不止、湯誅桀、左師觸龍者身死、四支不同壇而居、此忘其身者也、哀公愀然變色曰、善。

孔子之周、觀於太廟、右陛之前有金人焉、三緘其口、而銘其背曰、古之慎言人也、戒之哉、戒之哉、無多言。多言多敗。無多事、多事多患。安樂必戒、無行所悔。勿

謂何傷。其禍將長。勿謂何害。其禍將大。勿謂何殘。其禍將然。勿謂莫聞。天妖伺人。熒熒不滅。炎炎奈何。涓涓不壅。將成江河。緜緜不絕。將成網羅。青青不伐。將尋斧柯。誠不能慎之。禍之根也。曰是何傷。禍之門也。強梁者不得其死。好勝者必遇其敵。盜怨主人。民害其貴。君子知天下之不可蓋也。故後之下之。使人慕之。執雌持下。莫能與之爭者。人皆趨彼。我獨守此。衆人惑惑。我獨不從。內藏我知。不與人論技。我雖尊高。人莫害我。夫江河長百谷者。以其卑下也。天道無親。

常與善人。戒之哉。戒之哉。孔子顧謂弟子曰。記之。此言雖鄙而中事情。詩曰。戰戰兢兢。如臨深淵。如履薄冰。行身如此。豈以口遇禍哉。

魯哀侯棄國而走齊。齊侯曰。君何年之少而棄國之蚤。魯哀侯曰。臣始爲太子之時。人多諫臣。臣受而不用也。人多愛臣。臣愛而不近也。是則內無聞而外無輔也。是猶秋蓬惡於根本而美於枝葉。秋風一起。根且拔也。

孔子行遊中路聞哭者。聲其音甚悲。孔子曰。驅之驅之。前有異人音。少進見之。丘吾子也。擁鐮帶素而哭。孔子辟車而下。問曰。夫子非有喪也。何哭之悲也。丘吾子對曰。吾有三失。孔子曰。願聞三失。丘吾子曰。吾少好學問。周遍天下。還後吾親亡。一失也。事君奢驕諫不遂。是二失也。厚交友而後絕。三失也。樹欲靜乎風不定。子欲養吾親不待。往而不來者年也。不可得再見者親也。請從此辭。則自刎而死。孔子曰。弟子記之。此足以爲戒也。於是弟子歸養親者十三人。

孔子論詩至於正月之六章。懼然曰。不逢時之君子。

豈不殆哉。從上依世則廢道。違上離俗則危身。世不與善。己獨由之。則曰非妖則孽也。是以桀殺關龍逢。紂殺王子比干。故賢者不遇時。常恐不終焉。詩曰。謂天蓋高。不敢不跼。謂地蓋厚。不敢不蹐。此之謂也。

孔子見羅者。其所得者皆黃口也。孔子曰。黃口盡得。大爵獨不得。何也。羅者對曰。黃口從大爵者不得。大爵從黃口者可得。孔子顧謂弟子曰。君子慎所從。不得其人。則有羅網之患。

修身正行。不可以不慎。嗜欲使行虧。讒諛亂正心。衆口使意回憂患生於所忽禍起於細微汙辱難湔灑敗事不可後追不深念遠慮後悔當幾何夫徼幸者伐性之斧也嗜欲者逐禍之馬也謾諛者窮辱之舍也取虐於人者趨禍之路也故曰去徼幸務忠信節嗜欲無取虐於人則稱爲君子名聲常存怨生於不報禍生於多福安危存於自處不困在於蚤豫存亡在於得人慎終如始乃能長久能行此五者可以全身已所不欲勿施於人是謂要道也

顏回將西遊問於孔子曰何以爲身孔子曰恭敬忠

信可以爲身恭則免於衆敬則人愛之忠則人與之信則人恃之人所愛人所與人所恃必免於患矣可以臨國家何況於身乎故不比數而比疏不亦遠乎不修中而修外不亦反乎不先慮事臨難乃謀不亦晚乎

凡司其身必慎五本一曰柔以仁二曰誠以信三曰富而貴毋敢以驕人四曰恭以敬五曰寬以靜思此五者則無凶命用能治敬以助天時凶命不至而禍不來敬人者非敬人也自敬也貴人者非貴人也自貴也昔者吾嘗見天雨金石與血吾嘗見四月十日並出有與天滑吾嘗見高山之崩深谷之窒大都王宮之破大國之滅吾嘗見高山之爲裂深淵之沙竭貴人之車裂吾嘗見稠林之無木平原爲谿谷君子爲御僕吾嘗見江河乾爲坑正冬采榆葉仲夏雨雪霜千乘之君萬乘之主死而不葬是故君子敬以成其名小人敬以除其刑奈何無戒而不慎五本哉

魯有恭士名曰机氾行年七十其恭益甚冬日行陰夏日行陽市次不敢不行參行必隨坐必危一食之

間三起不羞見衣裘褐之士則爲之禮魯君問曰机子年甚長矣不可釋恭乎机氾對曰君子好恭以成其名小人學恭以除其刑對君之坐豈不安哉尚有差跌一食之上豈不美哉尚有哽噎今若氾所謂幸者也固未能自必鴻鵠飛冲天豈不高哉矰繳尚得而加之虎豹爲猛人尚食其肉席其皮譽人者少惡人者多行年七十常恐斧質之加於氾者何釋恭爲

成回學於子路三年回恭敬不已子路問其故何也回對曰臣聞之行者比於鳥上畏鷹鸇下畏網羅夫

人為善者少，為讒者多，若身不死，安知禍罪不施。行年七十，常恐行節之虧，回是以恭敬待大命。子路稽首曰：君子哉。

說苑卷十終

說苑卷十一

善說

孫卿曰：夫談說之術，齊莊以立之，端誠以處之，堅強以持之，譬稱以諭之，分別以明之，歡欣憤滿以送之，寶之珍之，貴之神之，如是則說常無不行矣。夫是之謂能貴其所貴。傳曰：唯君子為能貴其所貴也。詩云：無易由言，無曰苟矣。鬼谷子曰：人之不善而能矯之者難矣。說之不行，言之不從者，其辯之不明也；既明而不行者，持之不固也；既固而不行者，未中其心之

所善也。辯之明之，持之固之，又中其人之所善，其言神而珍，白而分，能入於人之心，如此而說不行者，天下未嘗聞也。此之謂善說。子貢曰：出言陳辭，身之得失，國之安危也。詩云：辭之繹矣，民之莫矣。夫辭者人之所以自通也。主父偃曰：人而無辭，安所用之。昔子產修其辭而趙武致其敬；王孫滿明其言而楚莊以慙；蘇秦行其說而六國以安；蒯通陳其說而身得以全。夫辭者，乃所以尊君、重身、安國、全性者也。故辭不可不修，而說不可不善。

趙使人謂魏王曰、爲我殺范痤、吾請獻七十里之地、魏王曰諾、使吏捕之、圍而未殺、痤自上屋騎危、謂使者曰、與其以死痤市、不如以生痤市、有如痤死、趙不與王地、則王奈何、故不若與定割地、然後殺痤、魏王曰善、痤因上書信陵君曰、痤故魏之免相也、趙以地殺痤而魏王聽之、有如彊秦亦將襲趙之欲、則君且奈何、信陵君言於王而出之、

吳人入荆、召陳懷公、懷公召國人曰、欲與荆者左、欲與吳者右、逢滑當公而進曰、吳未有福、荆未有禍、公

曰國勝君出、非禍而奚、對曰、小國有是猶復、而況大國乎、楚雖無德、亦不斬艾其民、吳日弊兵、暴骨如莽、未見德焉、天其或者正訓荆也、禍之適吳、何日之有、陳侯從之、

桓公立仲父、致大夫曰、善吾者入門而右、不善吾者入門而左、有中門而立者、桓公問焉、對曰、管子之知可與謀天下、其強可與取天下、君恃其信乎、內政委焉、外事斷焉、驅民而歸之、是亦可奪也、桓公曰善、乃謂管仲、政則卒歸於子矣、政之所不及、唯子是匡、管仲故築三歸之臺、以自傷於民、

齊宣王出獵於社山、社山父老十三人相與勞王、王曰父老苦矣、謂左右賜父老田不租、父老皆拜、閭丘先生不拜、王曰、父老以爲少耶、謂左右復賜父老無徭役、父老皆拜、閭丘先生又不拜、王曰、拜者去、不拜者前、曰寡人今日來觀、父老幸而勞之、故賜父老田不租、父老皆拜、先生獨不拜、寡人自以爲少、故賜父老無徭役、父老皆拜、先生又獨不拜、寡人得無有過乎、閭丘先生對曰、惟聞大王來遊、所以爲勞大王、望

得壽於大王、望得富於大王、望得貴於大王、王曰、夫殺生有時、非寡人所得與也、無以壽先生、倉廩雖實、以備菑害、無以富先生、大官無缺、小官卑賤、無以貴先生、閭丘先生對曰、此非人臣所敢望也、願大王選良富家子有修行者、以爲吏、平其法度、如此臣少可以得壽焉、春秋冬夏振之以時、無煩擾百姓、如是臣可少得以富焉、願大王出令、令少者敬長、長者敬老、如是臣可少得以貴焉、今大王幸賜臣田不租、然則倉廩將虛也、賜臣無徭役、然則官府無使焉、此固非

人臣之所敢望也齊王曰善願請先生爲相

孝武皇帝時汾陰得寶鼎而獻之於甘泉宮群臣賀上壽曰陛下得周鼎侍中虞丘壽王獨曰非周鼎上聞之召而問曰朕得周鼎群臣皆以爲周鼎而壽王獨以爲非何也壽王有說則生無說則死對曰臣壽王安敢無說臣聞夫周德始產于后稷長於公劉大於太王成於文武顯於周公德澤上洞天下漏泉無所不通上天報應鼎爲周出故名曰周鼎今漢自高祖繼周亦昭德顯行布恩施惠六合和同至陛下之

身逾盛天瑞並至徵祥畢見昔始皇帝親出鼎於彭城而不能得天昭有德寶鼎自至此天之所以予漢乃漢鼎非周鼎也上曰善群臣皆稱萬歲是日賜虞丘壽王黃金十斤

晉獻公之時東郭民有祖朝者上書獻公曰草茅臣東郭氏祖朝願請聞國家之計獻公使使出告之曰肉食者已慮之矣藿食者尚何與焉祖朝對曰大王獨不聞古之將曰桓司馬者朝朝其君舉而晏御呼車驂亦呼車御肘其驂曰子何越云爲乎何爲藉呼車驂謂其御曰當呼者呼乃吾事也子當御正子之轡銜耳子今不正轡銜使馬卒然驚妄轢道中行人必逢大敵下車免劍涉血履肝者固吾事也子寧能辟子之轡下佐我乎其禍亦及吾身與有深憂吾安得無呼車哉今大王曰食肉者已慮之矣藿食者尚何與焉設使食肉者一旦失計於廟堂之上若臣等之藿食者寧得無肝膽塗地於中原之野與其禍亦及臣之身臣與有其憂深臣安得無與國家之計乎獻公召而見之三日與語無復憂者乃立以爲師也

客謂梁王曰惠子之言事也善譬王使無譬則不能言矣王曰諾明日見謂惠子曰願先王言事則直言耳無譬也惠子曰今有人於此而不知彈者曰彈之狀何若應曰彈之狀如彈則諭乎王曰未諭也於是更應曰彈之狀如弓而以竹爲弦則知乎王曰可知矣惠子曰夫說者固以其所知諭其所不知而使人知之今王曰無譬則不可矣王曰善

孟嘗君寄客於齊王三年而不見用故客反謂孟嘗君曰君之寄臣也三年而不見用不知臣之罪也君

之過也。孟嘗君曰、寡人聞之、縷因針而入。不因針而
急。嫁女因媒而成。不因媒而親。夫子之材必薄矣。尚
何怨乎寡人哉。客曰不然、臣聞周氏之嚳、韓氏之盧。
天下疾狗也。見兔而指屬則無失兔矣。望見而放狗
也則累世不能得兔矣。狗非不能屬之者罪也。孟嘗
君曰不然、昔華舟杞梁戰而死、其妻悲之、向城而哭。
隅爲之崩。城爲之阤。君子誠能刑於內、則物應於外
矣。夫土壤且可爲忠。況有食穀之君乎。客曰不然、臣
見鷦鷯巢於葦苕、著之髮毛、建之女工不能爲也。可

謂完堅矣。大風至則苕折卵破子死者何也。其所託
者使然也。且夫狐者人之所攻也。鼠者人之所燻也。
臣未嘗見稷狐見攻、社鼠見燻也。何則所託者然也。
於是孟嘗君復屬之齊、齊王使爲相、
陳子說梁王。梁王說而疑之、曰子何爲去陳侯之國
而教小國之孤於此乎、陳子曰夫善亦有道而遇亦
有時。昔傅說衣褐帶索而築於傅險之城。武丁夕夢
旦得之、時王也。甯戚飯牛康衢。擊車輻而歌。顧見桓
公得之。時霸也。百里奚自賣五羊之皮、爲秦人虜。穆

公得之。時强也。論若三子之行、未得爲孔子駿徒也
今孔子經營天下、南有陳蔡之阨、而北干景公、三坐
而五立、未嘗離也。孔子之時不行、而景公之時怠也。
以孔子之聖不能以時行說之怠、亦獨能如之何乎。
林既衣韋衣而朝齊景公、齊景公曰、此君子之服也、
小人之服也、林既逡巡而作色曰、夫服事何足以端
士行乎。昔者荊爲長劒危冠。令尹子西出焉。齊短衣
而遂傑之冠。管仲隰朋出焉。越文身鬋髮、范蠡大夫
種出焉。西戎左衽而椎結、由余亦出焉。即如君言衣

狗裘者當犬吠、衣羊裘者當羊鳴。且君衣狐裘而朝。
意者得無爲變乎。景公曰、子眞爲勇悍矣。今未嘗見
子之奇辯也、一隣之鬪也、千乘之勝也、林既曰不知
君之所謂者何也、夫登高臨危、而目不眴、而足不陖
者。此工匠之勇悍也。入深淵刺蛟龍、抱黿鼉而出者。
此漁夫之勇悍也。入深山刺虎豹、抱熊羆而出者。此
獵夫之勇悍也。不難斷頭裂腹、暴骨流血中野者。此
武夫之勇悍也。今臣居廣廷、作色端辯、以犯主君之
怒。前雖有乘軒之賞。未爲之動也。後雖有斧質之威。

夫爲之恐也。此旣之所以爲勇悍也、

魏文侯與大夫飮酒、使公乘不仁爲觴政曰、飮不釂者。浮以大白。文侯飮而不盡釂、公乘不仁舉白浮君。君視而不應、侍者曰不仁退、君已醉矣、公乘不仁曰、周書曰、前車覆、後車戒、蓋言其危、爲人臣者不易爲君亦不易、今君已設令。令不行、可乎。君曰善、舉白而飮。飮畢曰、以公乘不仁爲上客。

襄成君始封之日、衣翠衣、帶玉劒、履縞舄。立于遊水之上。大夫擁鍾錘、縣令執將號令、呼誰能渡王者於

是也、楚大夫莊辛過而說之、遂造託而拜謁起立曰、臣願把君之手、其可乎、襄成君忿作色、而不言、莊辛遷延盥手而稱曰、君獨不聞夫鄂君子晳之汎舟於新波之中也。乘青翰之舟。極蕳芘、張翠蓋而檢犀尾。班麗桂社。會鍾鼓之音。畢榜枻越人擁楫而歌、歌辭曰、濫兮抃草濫予、昌枑澤予昌州州𩜱州焉乎秦胥胥縵予乎昭澶秦踰滲惿隨河湖、鄂君子晳曰、吾不知越歌。子試爲我楚說之。於是乃召越譯乃楚說之曰、今夕何夕兮搴中洲流、今日何日兮得與王子同舟、蒙羞被好兮不訾詬恥。心幾頑而不絕兮、知得王子。山有木兮木有枝。心說君兮君不知。於是鄂君子晳乃揄修袂行而擁之、舉繡被而覆之。鄂君子晳親楚王母弟也、官爲令尹、爵爲執珪、一榜枻越人猶得交歡盡意焉。今尹何以踰於鄂君子晳、臣獨何以不若榜枻之人、願把君之手、其不可何也、襄成君乃奉手而進之曰、吾少之時、亦嘗以色稱於長者矣。未嘗遇僇如此之卒也。自今以後、願以壯少之禮、謹受命

雍門子周以琴見乎孟嘗君。孟嘗君曰、先生鼓琴亦

能令文悲乎。雍門子周曰、臣何獨能令足下悲哉。臣之所能令悲者、有先貴而後賤、先富而後貧者也、不若身材高妙、適遭暴亂無道之主。妄加不道之理焉。不若處勢隱絕。不及四隣、詘折加厭、襲於窮巷。無所告愬。不若交歡相愛。無怨而任離。遠赴絕國、無復相見之時。不若少失二親。兄弟別離。家室不足、憂蹙盈匈。當是之時也、固不可以聞飛鳥疾風之聲、窮窮焉固無樂已、凡若是者、臣一爲之徽膠援琴而長太息、則流涕沾衿矣。今若足下千乘之君也、居則廣廈邃

房下羅帷來清風。倡優侏儒處前迭進而諂諛。燕則鬬象棋而舞鄭女。激楚之功。風練色以淫目。流聲以娛耳。水遊則連方舟。載羽旗。鼓吹乎不測之淵。野遊則馳騁弋獵乎平原廣囿。格猛獸。人則撞鐘擊鼓乎深宮之中。方此之時。視天地曾不若一指。忘死與生。雖有善鼓琴者。固未能令足下悲也。孟嘗君曰。否否。文固以爲不然。雍門子周曰。然臣之所爲足下悲者事也。夫聲敵帝而困秦者。君也。連五國之約。南面而伐楚者。又君也。天下未嘗無事。不從則橫。從成則楚

王。橫成則秦帝。楚王秦帝。必報讎於薛矣。夫以秦楚之強而報讎於弱薛。譬之猶摩蕭斧而伐朝菌也。必不留行矣。天下有識之士無不爲足下寒心酸鼻者。千秋萬歲之後。廟堂必不血食矣。高臺既以壞。曲池既以漸。墳墓既以下而青廷矣。嬰兒豎子樵採薪荛者。蹢躅其足而歌其上。衆人見之。無不愀焉爲足下悲之。曰。夫以孟嘗君尊貴。乃可使若此乎。於是孟嘗君泫然。泣涕承睫而未殞。雍門子周引琴而鼓之。徐動宮徵。微揮羽角。切終而成曲。孟嘗君涕浪汗增欷而就之曰。先生之鼓琴。令文若破國亡邑之人也。

蘧伯玉使至楚。逢公子皙濮水之上。子皙接草而待曰。敢問上客將何之。蘧伯玉爲之軾車。公子皙曰。吾聞上士可以託色。中士可以託辭。下士可以託財。三者固可得而託耶。蘧伯玉曰。謹受命。蘧伯玉見楚王。使事畢。坐談語。從容言至於士。楚王曰。何國最多士。蘧伯玉曰。楚最多士。楚王大說。蘧伯玉曰。楚最多士而楚不能用。王造然曰。是何言也。蘧伯玉曰。伍子胥生於楚。逃之吳。吳受而相之。發兵攻楚。墮平王之墓。

伍子胥生於楚。吳善用之。釁蚠黃生於楚。走之晉。治七十二縣。道不拾遺。民不妄得。城郭不閉。國無盜賊。蚠黃生於楚而晉善用之。今者臣之來。逢公子皙濮水之上。辭言上士可以託色。中士可以託辭。下士可託財。以三言者固可得而託身耶。又不知公子皙將何治也。於是楚王發使一駟。副使二乘。追公子皙濮水之上。子皙還重於楚。蘧伯玉之力也。故詩曰。誰能烹魚。溉之釜鬵。孰將西歸。懷之好音。此之謂也。物之相得。固微甚矣。

叔向之弟羊舌虎善樂逵逵有罪於晉晉誅羊舌虎叔向爲之奴旣而祁奚曰吾聞小人得位不爭不義君子所憂不救不祥乃往見范桓子而說之曰聞善爲國者賞不過刑不濫賞過則懼及淫人刑濫則懼及君子與不幸而過寧過而賞淫人無濫而刑君子故堯之刑也殛鯀於羽山而用禹周之刑也僇管蔡而相周公不濫刑也桓子乃命吏出叔向救人之患者行危苦而不避煩辱猶不能免今祁奚論先王之德而叔向得免焉學豈可已哉

張祿掌門見孟嘗君曰衣新而不舊倉庾盈而不虛爲之有道君亦知之乎孟嘗君曰衣新而不舊則是修也倉庾盈而不虛則是富也爲之奈何其說可得聞乎張祿曰願君貴則舉賢富則振貧若是則衣新而不舊倉庾盈而不虛矣孟嘗君以其言爲然說其意辯其辭明日使人奉黃金百斤文織百純進之張先生先生辭而不受後先生復見孟嘗君孟嘗君曰前先生幸教文曰衣新而不舊倉庾盈而不虛爲之有說汝亦知之乎文竊說教故使人奉黃金百斤文織百純進之先生以補門內之不贍者先生曷爲辭而不受乎張祿曰君將掘君之偶錢發君之庾粟以補士則衣弊履穿而不贍耳何暇衣新而不舊倉庾盈而不虛乎孟嘗君曰然則爲之奈何張祿曰夫秦者四塞國也遊宦者不得入焉願君爲吾爲丈尺之書寄我與秦王我往而遇乎固君之入也往而不遇乎雖人求間謀固不遇臣矣孟嘗君曰敬聞命矣因爲之書寄之秦王往而大遇謂秦王曰自祿之來入大王之境田疇益辟吏民益治然而大王有一不得

者大王知之乎王曰不知曰夫山東有相所謂孟嘗君者其人賢人天下無急則已有急則能收天下英乂雄俊之士與之合交連友者疑獨此耳然則大王胡不爲我友之乎秦王曰敬受命奉千金以遺孟嘗君孟嘗君輟食察之而寤曰此張生之所謂衣新而不舊倉庾盈而不虛者也

莊周貧者往貸粟於魏文侯曰待吾邑粟之來而獻之周曰乃今者周之來見道傍牛蹄中有鮒魚焉太息謂周曰我尚可活也周曰須我爲汝南見楚王決

江淮以溉汝鮒魚曰今吾命在盆甕之中耳乃爲我見楚王決江淮以溉我汝則求我枯魚之肆矣今周以貧故來貸粟而曰須我邑粟來也而賜臣則來亦求臣傭肆矣文侯於是乃發粟百鍾送之莊周之室

晉平公問叔向曰歲饑民疫翟人攻我我將若何對曰歲饑來年而反矣疾疫將止矣翟人不足患也公曰患有大於此者乎對曰夫大臣重祿而不極諫近臣畏罪而不敢言左右顧寵於小官而君不知此誠患之大者也公曰善於是令國中曰欲有諫者爲隱

左右言及國吏罪

趙簡子攻陶有二人先登死於城上簡子欲得之陶君不與承盆疽謂陶君曰簡子將掘君之墓以與君之百姓市曰踰邑梯城者將舍之不者將掘其墓朽者揚其灰未朽者辜其尸陶君懼請効二人之尸以爲和

子貢見太宰嚭太宰嚭問曰孔子何如對曰臣不足以知之太宰曰子不知何以事之對曰惟不知故事之夫子其猶大山林也百姓各足其材焉太宰嚭曰子增夫子乎對曰夫子不可增也夫賜其猶一累壤也以一累壤增大山不益其高且爲不知太宰嚭曰然則子有所酌也對曰天下有大樽而子獨不酌焉不識誰之罪也

趙簡子問子貢曰孔子爲人何如子貢對曰賜不能識也簡子不悅曰夫子事孔子數十年終業而去之寡人問子子曰不能識何也子貢曰賜譬渴者之飲江海知足而已孔子猶江海也賜則奚足以識之簡子曰善哉子貢之言也

齊景公謂子貢曰子誰師曰臣師仲尼公曰仲尼賢乎對曰賢公曰其賢何若對曰不知也公曰子知其賢而不知其奚若可乎對曰今謂天高無少長愚智皆知高高幾何皆曰不知也是以知仲尼之賢而不知其奚若

趙襄子謂仲尼曰先生委質以見人主七十君矣而無所通不識世無明君乎意先生之道固不通乎仲尼不對異日襄子見子路曰嘗問先生以道先生不對知而不對則隱也隱則安得爲仁若信不知安得

爲聖子路曰建天下之鳴鐘而撞之以挺豈能發其聲乎哉君問先生無乃猶以挺撞乎

衛將軍文子問子貢曰季文子三窮而三通何也子貢曰其窮事賢其通舉窮其富分貧其貴禮賤窮以事賢則不侮通而舉窮則忠於朋友富而分貧則宗族親之貴而禮賤則百姓戴之其得之固道也失之命也曰失而不得者何也曰其窮不事賢其通不舉窮其富不分貧其貴不禮賤其得之命也其失之固道也

子路問於孔子曰管仲何如人也子曰大人也子路曰昔者管子說襄公襄公不說是不辯也欲立公子糾而不能是無能也家殘於齊而無憂色是不慈也桎梏而居檻車中無慙色是無愧也事所射之君是不貞也召忽死之管子不死是無仁也夫子何以大之子曰管仲說襄公襄公不說管子非不辯也襄公不知說也欲立子糾而不能非無能也不遇時也家殘於齊而無憂色非不慈也知命也桎梏居檻車而無慙色非無愧也自裁也事所射之君非不貞也知權也召忽死之管子不死非無仁也召忽者人臣之材也不死則三軍之虜也死之則名聞天下夫何爲不死哉管子者天子之佐諸侯之相也死之則不免爲溝中之瘠不死則功復用於天下夫何爲死之哉由汝不知也

晉平公問於師曠曰咎犯與趙衰孰賢對曰陽處父欲臣文公因咎犯三年不達因趙衰三日而達智不知其士衆不智也知而不言不忠也欲言之而不敢無勇也言之而不聽不賢也

趙簡子問於成摶曰吾聞夫羊殖者賢大夫也是行奚然對曰臣摶不知也簡子曰吾聞之子與友親子而不知何也摶曰其爲人也數變其十五年也廉以不隱其過其二十也仁以喜義其三十也爲晉中軍尉勇以喜仁其年五十也爲邊城將遠者復親今臣不見五年矣恐其變是以不敢知簡子曰果賢大夫也每變益上矣

說苑卷十一終

說苑卷十二

奉使

春秋之辭有相反者四既曰大夫無遂事不得擅生事矣又曰出境可以安社稷利國家者則專之可也既曰大夫以君命出進退在大夫矣又曰以君命出聞喪徐行而不反者何也曰此四者各止其科不轉移也不得擅生事者謂平生常經也專之可者謂救危除患也進退在大夫者謂將帥用兵也徐行而不反者謂出使道聞君親之喪也公子子結擅生事春

秋不非以為救莊公危也公子遂擅生事春秋譏之以為僖公無危事也故君有危而不專救是不忠也君無危而擅生事是不臣也傳曰詩無通故易無通吉春秋無通義此之謂也

趙王遣使者之楚方鼓瑟而遣之誡之曰必如吾言使者曰王之鼓瑟未嘗悲若此也王曰宮商固方調矣使者曰調則何不書其柱耶王曰天有燥濕絃有緩急宮商移徙不可知是以不書使者曰明君之使人也任之以事不制以辭遭吉則賀之凶則吊之今楚趙相去千有餘里吉凶憂患不可豫知猶柱之不可書也詩云莘莘征夫每懷靡及

楚莊王舉兵伐宋宋告急晉景公欲發兵救宋伯宗諫曰天方開楚未可伐也乃求壯士得霍人解揚字子虎往命宋毋降道過鄭鄭新與楚親乃執解揚而獻之楚楚王厚賜與約使反其言令宋趣降三要解揚乃許於是楚乘揚以樓車令呼宋使降遂倍楚約而致其晉君命曰晉方悉國兵以救宋宋雖急慎毋降楚晉兵今至矣楚莊王大怒將烹之解揚曰君能

制命為義臣能承命為信受吾君命以出雖死無二王曰汝之許我已而倍之其信安在解揚曰死以許王欲以成吾君命臣不恨也顧謂楚君曰為人臣無忘盡忠而得死者楚王諸弟皆諫王赦之於是莊王卒赦解揚而歸之晉爵之為上卿故後世言霍虎

秦王以五百里地易鄢陵鄢陵君辭而不受使唐且謝秦王秦王曰秦破韓滅魏鄢陵君獨以五十里地存者吾豈與其威哉吾多其義耳今寡人以十倍之地易之鄢陵君辭而不受是輕寡人也唐且避席對

曰非如此也夫不以利害爲趣者鄢陵也夫鄢陵君受地於先君而守之雖復千里不得當豈獨五百里哉秦王忿然作色怒曰公亦嘗見天子之怒乎唐且曰王臣未嘗見也秦王曰天子一怒伏尸百萬流血千里唐且曰大王亦嘗見夫布衣韋帶之士怒乎秦王曰布衣韋帶之士怒也解冠徒跣以頭頓地耳何難知者唐且曰此乃匹夫愚人之怒耳非布衣韋帶之士怒也夫專諸刺王僚彗星襲月奔星晝出要離刺王子慶忌蒼隼擊於臺上聶政刺韓王之季父白

虹貫日此三人皆夫布衣韋帶之士怒矣與臣將四士含怒未發搢厲於天下無怒即已一怒伏尸二人流血五步即案匕首起視秦王曰今將是矣秦王變色長跪曰先生就坐寡人喻矣秦破韓滅魏鄢陵獨以五十里地存者徒用先生之故耳

齊攻魯子貢見哀公請求救於吳公曰奚先君寶之用子貢曰使吳責吾寶而與我師是不可恃也於是以楊幹麻筋之弓六往子貢謂吳王曰齊爲無道欲使周公之後不血食且魯賦五百邾賦三百不識以此益齊吳之利與非與吳王懼乃興師救魯諸侯曰齊伐周公之後而吳救之遂朝於吳

魏文侯封太子擊於中山三年使不往來舍人趙倉唐進稱曰爲人子三年不聞父問不可謂孝爲人父三年不問子不可謂慈君何以遣人使大國乎太子曰願之久矣未得可使者倉唐曰臣願奉使侯何嗜好太子曰侯嗜晨鳧好北犬於是乃遣倉唐緤北犬奉晨鳧獻於文侯倉唐至上謁曰孽子擊之使者不敢當大夫之朝請以燕閒奉晨鳧敬獻庖廚緤北犬

敬上涓人文侯悅曰擊愛我知吾所嗜知吾所好召倉唐而見之曰擊無恙乎倉唐曰唯唯如是者三乃曰君出太子而封之國君名之非禮也文侯怵然爲之變容問曰子之君無恙乎倉唐曰臣來時拜送書於庭文侯顧指左右曰子之君長孰與是倉唐曰禮擬人必於其倫諸侯無偶無所擬之曰長大孰與寡人倉唐曰君賜之外府之裘則能勝之賜之斥帶則不更其造文侯曰子之君何業倉唐曰業詩文侯曰於詩何好倉唐曰好晨風黍離文侯自讀晨風曰鴥

彼晨風、鬱彼北林、未見君子、憂心欽欽、如何如何、忘我實多、文侯曰、子之君以我忘之乎。倉唐曰、不敢時思耳、文侯復讀黍離、曰、彼黍離離、彼稷之苗、行邁靡靡、中心搖搖、知我者謂我心憂、不知我者謂我何求、悠悠蒼天、此何人哉、文侯曰、子之君怨乎。倉唐曰、不敢時思耳。文侯於是遣倉唐賜太子衣一襲、敕倉唐以雞鳴時至、太子起拜受賜、發篋視衣盡顛倒、太子曰、趣早駕。君侯召擊也。倉唐曰、臣來時不受命。太子曰、君侯賜擊衣不以為寒也。欲召擊無誰與謀、故敕

子以雞鳴時至。詩曰、東方未明、顛倒衣裳、顛之倒之、自公召之、遂西至謁文侯、大喜、乃置酒而稱曰、夫遠賢而近所愛。非社稷之長策也。乃出少子摯、封中山而復太子擊、故曰、欲知其子視其友、欲知其君視其所使。趙倉唐一使、而文侯為慈父。而擊為孝子、太子乃稱詩曰、鳳凰于飛、噦噦其羽、亦集爰止、藹藹王多吉士、維君子使、媚于天子、舍人之謂也、

楚莊王欲伐晉、使豚尹觀焉、反曰、不可伐也、其憂在上。其樂在下、且賢臣在焉、曰沈駒、明年又使豚尹觀反曰可矣、初之賢人死矣、諂諛多在君之廬者、其君好樂而無禮、其下危處以怨上、上下離心、興師伐之、其民必先反、莊王從之、果如其言矣、

梁王贅其群臣　而議其過、任座進諫曰、主君國廣以大民堅而眾、國中無賢人辯士、奈何、王曰、寡人國小以狹、民弱臣少、寡人獨治之、安所用賢人辯士乎、任座曰、不然、昔者齊無故起兵攻魯、魯君患之、召其相曰、為之奈何、相對曰、夫柳下惠少好學、長而嘉智主君試召使於齊、魯君曰、吾千乘主也、身自使於齊。

齊不聽、夫柳下惠特布衣韋帶之士也、使之又何益乎。相對曰、臣聞之乞火不得不望其炮矣。今使柳下惠於齊、縱不解於齊兵、終不愈益攻於魯矣、魯君乃曰、然乎、相即使人召柳下惠來、入門袪衣不趨、魯君避席而立曰、寡人所謂饑而求黍稷、渴而穿井者、未嘗能以歡喜見子、今國事急、百姓恐懼、願藉子大夫使齊。柳下惠曰、諾、乃東見齊侯、齊侯曰、魯君將懼乎、柳下惠曰、臣君不懼、齊侯忿然怒曰、吾望而魯城芒若類失亡國。百姓發屋伐木以救城郭、吾視君魯君

類吾國乎曰不懼何也柳下惠曰臣之君所以不懼者以其先人出周封於魯君之先君亦出周封於齊相與出周南門刳羊而約曰自後子孫敢有相攻者令其罪若此刳羊矣臣之君固以刳羊不懼矣不然百姓非不急也齊侯乃解兵三百里夫柳下惠特布衣韋帶之士至解齊釋魯之難奈何無賢士聖人乎

陸賈從高祖定天下名爲有口辯士居左右常使諸侯及高祖時中國初定尉佗平南越因王之高祖使陸賈賜尉佗印爲南越王陸生至尉佗椎結箕踞見

陸生陸生因說佗曰足下中國人親戚昆弟墳墓在眞定今足下棄反天性捐冠帶欲以區區之越與天子抗衡爲敵國禍且及身矣且夫秦失其政諸侯豪傑並起惟漢王先入關據咸陽項籍倍約自立爲西楚霸王諸侯皆屬可謂至彊然漢王起巴蜀鞭笞天下劫諸侯遂誅項羽滅之五年之間海內平定此非人力天之所建也天子聞君王王南越不助天下誅暴逆將相欲移兵而誅王天子憐百姓新勞苦且休之遣臣授君王印剖符通使君王宜郊迎北面稱臣乃欲以新造未集之越屈彊於此漢誠聞之掘燒君王先人冢墓夷種宗族使一偏將將十萬衆臨越越則殺王已降漢如反覆手耳於是尉佗乃蹶然起坐謝陸生曰居蠻夷中久殊失禮義因問陸生曰我孰與蕭何曹參韓信賢陸生曰王似賢復問我孰與皇帝賢陸生曰皇帝起豐沛討暴秦誅强楚爲天下興利除害繼五帝三王之業統理中國中國之人以億計地方萬里居天下之膏腴人衆車輿萬物殷富政由一家自天地剖判未嘗有也今王衆不過數十萬

皆蠻夷踦躧山海之間譬若漢一郡何可乃比於漢王尉佗大笑曰吾不起中國故王此使我居中國何遽不若漢乃大悅陸生與留飲數月曰越中無足與語至生來令我日聞所不聞賜陸生橐中裝直千金佗送亦千金陸生拜尉佗爲南越王令稱臣奉漢約歸報高祖大悅拜爲大中大夫

晉楚之君相與爲好會於宛丘之上宋使人往之晉楚大夫曰趣以見天子禮見於吾君我爲見子焉使者曰冠雖敝宜加其上履雖新宜居其下周室雖微

諸侯未之能易也師升宋城臣猶不更臣之服也揖而去之諸大夫瞿然遂以諸侯之禮見之

越使諸發執一枝梅遺梁王梁王之臣曰韓子顧謂左右曰惡有以一枝梅以遺列國之君者乎請爲二三子慚之出謂諸發曰大王有命客冠則以禮見不冠則否諸發曰彼越亦天子之封也不得冀兗之州乃處海垂之際屏外蕃以爲居而蛟龍又與我爭焉是以剪髮文身爛然成章以像龍子者將避水神也今大國其命冠則見以禮不冠則否假令大國之使

時過敝邑敝邑之君亦有命矣曰客必翦髮文身然後見之於大國何如意而安之願假冠以見意如不安願無變國俗梁王聞之披衣出以見諸發令逐韓子詩云維君子使媚于天子若此之謂也

晏子使吳吳王謂行人曰吾聞晏嬰蓋北方之辯於辭習於禮者也命儐者客見則稱天子明日晏子有事行人曰天子請見晏子憱然者三曰臣受命敝邑之君將使於吳王之所不佞而迷惑入于天子之朝敢問吳王惡乎存然後吳王曰夫差請見見以諸侯之禮

晏子使吳吳王曰寡人得寄僻處蠻夷之鄉希見教君子之行請私而毋爲罪晏子憱然避位矣王曰吾聞齊君蓋賊以慢野以　吾子容焉何甚也晏子遂巡而對曰臣聞之精事不通麤事不能者必勞大事不得小事不爲者必貧大者不能致人小者不能至人之門者必困此臣之所以任也如臣豈能以道食人者哉晏子出王笑曰今日吾譏晏子也猶倮而訾高橛者

景公使晏子使於楚楚王進橘置削晏子不剖而并食之楚王曰橘當去剖晏子對曰臣聞之賜人主前者瓜桃不削橘柚不剖今萬乘無教臣不敢剖然臣非不知也

晏子將使荊荊王聞之謂左右曰晏子賢人也今方來欲辱之何以也左右對曰爲其來也臣請縛一人過王而行於是荊王與晏子立語有縛一人過王而行王曰何爲者也對曰齊人也王曰何坐曰坐盜王曰齊人固盜乎晏子反顧之曰江南有橘齊王使人

取之而樹之於江北、生不爲橘乃爲枳。所以然者何。其土地使之然也。今齊人居齊不盜、來之荊而盜。得無土地使之然乎。荊王曰、吾欲傷子而反自中也。

晏子使楚、晏子短、楚人爲小門於大門之側而延晏子。晏子不入。曰、使至狗國者從狗門入。今臣使楚不當從此門。儐者更從大門入、見楚王。王曰、齊無人耶。晏子對曰、齊之臨淄三百閭、張袂成帷、揮汗成雨、比肩繼踵而在。何爲無人。王曰、然則何爲使子。晏子對曰、齊命使各有所主。其賢者使賢主、不肖者使不肖

主。嬰最不肖、故宜使楚耳。

秦楚轂兵、秦王使人使楚。楚王使人戲之曰、子來亦卜之乎。對曰、然。卜之謂何。對曰、吉。楚人曰、噫、甚矣、子之國無良龜也。王方殺子以釁鍾。其吉如何。使者曰、秦楚轂兵、吾王使我先窺。我死而不還、則吾王知警戒。整齊兵以備楚、是吾所謂吉也。且使死者而無知也。又何釁於鍾。死者而有知也、吾豈錯秦相楚哉。我將使楚之鍾鼓無聲。鍾鼓無聲、則將無以整齊其士卒而理君軍。夫殺人之使、絕人之謀、非古之通議也。子大夫試孰計之。使者以報楚王、楚王赦之。此之謂造命。

楚使使聘於齊、齊王饗之梧宮。使者曰、大哉梧乎。王曰、江漢之魚吞舟。大國之樹必巨。使何怪焉。使者曰、昔燕攻齊、遵雒路、渡濟橋、焚雍門、擊齊左而虛其右、王歜絕頸而死於杜山。公孫差格死於龍門。飲馬乎淄澠、定獲乎琅邪。王與太后奔于莒、逃於城陽之山。當此之時、則梧之大何如乎。王曰、陳先生對之。陳子曰、臣不如刁敦。王曰、刁先生應之。刁敦曰、使者問梧

之年耶。昔者荊平王爲無道、加諸申氏。殺子胥父與其兄。子胥被髮乞食於吳。闔閭以爲將相。三年將吳兵、復讎乎楚。戰勝乎柏舉。級頭百萬、囊瓦奔鄭。王保於隨。引師入郢。軍雲行乎郢之都。子胥親射宮門、掘平王冢、笞其墳、數以其罪曰、吾先人無罪而子殺之。士卒人加百焉。然後止。當若此時、梧可以爲其柎矣。

蔡使師強王堅使於楚。楚王聞之曰、人名多章章者、獨爲師強王堅乎。趣見之。無以次。視其人狀、疑其名而醜其聲、又惡其形。楚王大怒曰、今蔡無人乎。國可

伐也有人不遣乎國可伐也端以此人誠寡人平國可伐也故發二使見三謀伐者察也

趙簡子將襲衛使史黯往視之期以一月六月而後反簡子曰何其久也黯曰謀利而得害由不察也今蘧伯玉爲相史鰌佐焉孔子爲客子貢使令於君前甚聽易曰渙其群元吉渙者賢也群者衆也元者吉之始也渙其群元吉者其佐多賢矣簡子按兵而不動耳

魏文侯使舍人毋擇獻鵠於齊侯毋擇行道失之徒

獻空籠見齊侯曰寡君使臣毋擇獻鵠道饑渴臣出而飲食之而鵠飛沖天遂不復反念思非無錢以買鵠也惡有爲其君使輕易其幣者乎念思非不能拔劍刎頭腐肉暴骨於中野也爲吾君貴鵠而賤士也念思非不敢走陳蔡之間也惡絕兩君之使故不敢愛身逃死來獻空籠唯主君斧鑕之誅齊侯大悅曰寡人今者得茲言三賢於鵠遠矣寡人有都郊地百里願獻子大夫以爲湯沐邑毋擇對曰惡有爲其君使而輕易其幣而利諸侯之地乎遂出不反

卷終

說苑卷十三

權謀

聖王之舉事必先諦之於謀慮而後考之於蓍龜白屋之士皆關其謀芻蕘之役咸盡其心故萬舉而無遺籌失策傳曰衆人之智可以測天兼聽獨斷惟在一人此大謀之術也謀有二端上謀知命其次知事知命者預見存亡禍福之原早知盛衰廢興之始防事之未萌避難於無形若此人者居亂世則不害於其身在乎太平之世則必得天下之權彼知事者亦

尚矣見事而知得失成敗之分而究其所終極故無敗業廢功孔子曰可與適道未可與權也夫非知命知事者孰能行權謀之術夫權謀有正有邪君子之權謀正小人之權謀邪夫正者其權謀公故其爲百姓盡心也誠彼邪者好私尚利故其爲百姓也詐夫詐則亂誠則平是故堯之九臣誠而能興於朝其四臣詐而誅於野誠者隆至後世詐者當身而滅知命知事而能於權謀者必察誠詐之原而以處身焉則是亦權謀之術也夫知者舉事也滿則慮謙平則慮

險安則慮危曲則慮直由重其豫唯恐不及是以百舉而不陷也

楊子曰事之可以之貧可以之富者其傷行者也事之可以之生可以之死者其傷勇者也僕子曰楊子智而不知命故其知多疑語曰知命者不惑晏嬰是也

趙簡子曰晉有澤鳴犢犨魯有孔丘吾殺此二人則天下可圖也於是乃召澤鳴犢犨任之以政而殺之使人聘孔子於魯孔子至河臨水而觀曰美哉水洋

洋乎丘之不濟於此命也夫子路趨進曰敢問奚謂也孔子曰夫澤鳴犢犨晉國之賢大夫也趙簡子之未得志也與之同聞見及其得志也殺之而後從政故丘聞之刳胎焚夭則麒麟不至乾澤而漁蛟龍不遊覆巢毀卵則鳳凰不翔丘聞之君子重傷其類者也

孔子與齊景公坐左右白曰周使來言周廟燔齊景公出問曰何廟也孔子曰是釐王廟也景公曰何以知之孔子曰詩云皇皇上帝其命不忒天之與人必報有德禍亦如之夫釐王變文武之制而作玄黃宮室輿馬奢侈不可振也故天殃其廟是以知之景公曰天何不殃其身曰天以文王之故也若殃其身文王之祀無乃絕乎故殃其廟以章其過也左右入報曰周釐王廟也景公大驚起再拜曰善哉聖人之智豈不大乎

齊桓公與管仲謀伐莒謀未發而聞於國桓公怪之以問管仲管仲曰國必有聖人也桓公歎曰歎日之役者有執柘杵而上視者意其是耶乃令復役無得

相代少焉東郭垂至管仲曰此必是也乃令儐者延而進之分級而立管仲曰子言伐莒者也對曰然管仲曰我不言伐莒子何故言伐莒對曰臣聞君子善謀小人善意臣竊意之也管仲曰我不言伐莒子何以意之對曰臣聞君子有三色優然喜樂者鍾鼓之色湫然清靜者縗絰之色勃然充滿者此兵革之色也日者臣望君之在臺上也勃然充滿此兵革之色君吁而不吟所言者莒也君舉臂而指所當者莒也臣竊慮小諸侯之未服者其惟莒乎臣故言之君子

曰凡耳之聞以聲也。今不聞其聲而以其容與臂、是東郭垂不以耳聽而聞也。桓公管仲雖善謀不能隱。聖人之聽於無聲、視於無形。東郭垂有之矣。故桓公乃尊祿而禮之。

晉太史屠餘見晉國之亂、見晉平公之驕而無德義也、以其國法歸周。周威公見而問焉曰、天下之國其孰先亡。對曰、晉先亡。威公問其說。對曰、臣不敢直言、示晉公以天妖日月星辰之行多不當。曰、是何能然。示以人事多不義、百姓多怨。曰、是何傷。示以鄰國不

服賢良不與。曰、是何害。是不知所以存所以亡、故臣曰晉先亡。居三年、晉果亡。威公又見屠餘而問焉曰、孰次之。對曰、中山次之。威公問其故。對曰、天生民令有辨、有辨人之義也、所以異於禽獸麋鹿也、君臣上下所以立也。中山之俗、以晝爲夜、以夜繼日、男女切踦、固無休息、淫昏康樂、歌謳好悲、其主弗知惡、此亡國之風也。臣故曰中山次之。居二年、中山果亡。威公又見屠餘而問曰、孰次之。屠餘不對。威公固請。屠餘曰、君次之。威公懼、求國之長者、得錡疇田邑而禮之。又得史理趙巽以爲諫臣、去苛令三十九物、以告屠餘。屠餘曰、其尚終君之身。臣聞國之興也、天遺之賢人與之極諫之士。國之亡也、天與之亂人與善諛者。威公薨、九月不得葬、周乃分而爲二。故有道者言不可不重也。

齊侯問於晏子曰、當今之時、諸侯孰危。對曰、莒其亡乎。公曰、奚故。對曰、地侵於齊、貨竭於晉、是以亡也。

智伯從韓魏之兵以攻趙、圍晉陽之城而漑之、城不沒者三板。絺疵謂智伯曰、韓魏之君必反矣。智伯曰、

何以知之。對曰、夫勝趙而三分其地、今城未沒者三板、臼竈生鼃、人馬相食、城降有日矣。而韓魏之君無喜志而有憂色、是非反何也。明日、智伯謂韓魏之君曰、疵言君之反也。韓魏之君曰、必勝趙而三分其地、今城將勝矣。夫二家雖愚、不弃美利而偕約爲難不可成之事、其勢可見也。是疵必爲趙說君、且使君疑二主之心而解於攻趙也。今君聽讒臣之言而離二主之交、爲君惜之。智伯出、欲殺絺疵、絺疵逃。韓魏之君果反。

魯公索氏將祭而亡其牲、孔子聞之曰、公索氏比及三年必亡矣、後一年而亡、弟子問曰、昔公索氏亡牲、夫子曰比及三年必亡矣、今期年而亡、夫子何以知其將亡也、孔子曰、祭之爲言索也、索也者盡也、乃孝子所以自盡於親也、至祭而亡其牲、則餘所亡者多矣、吾以此知其將亡也。

蔡侯宋公鄭伯朝於晉、蔡侯謂叔向曰、子亦奚以語我、對曰、蔡言地計衆不若宋鄭、其車馬衣裘侈於二國、諸侯其有圖蔡者乎、處期年、荆伐蔡而殘之

白圭之中山、中山王欲留之、固辭而去、又之齊、齊王亦欲留之、又辭而去、人問其辭、白圭曰、二國將亡矣。所學者國有五盡、故莫之必忠、則言盡矣。莫之必譽、則名盡矣、莫之必愛、則親盡矣、行者無糧、居者無食、則財盡矣、不能用人、又不能自用、則功盡矣。國有此五者、毋幸必亡、中山與齊皆當此、若使中山之與齊也聞五盡而更之、則必不亡也、其患在不聞也、雖聞又不信也、然則人主之務、在乎善聽而已矣。

下蔡威公閉門而哭、三日三夜、泣盡而繼以血、旁鄰窺墻而問之、曰、子何故而哭悲若此乎、對曰、吾國且亡、曰何以知也、應之曰、吾聞病之將死也、不可爲良醫、國之將亡也、不可爲計謀、吾數諫吾君、吾君不用、是以知國之將亡也、於是窺墻者聞其言、則舉宗而去之於楚、居數年、楚王果舉兵伐蔡、窺墻者爲司馬、將兵而往、來虜甚衆、問曰、得無有昆弟故人乎、見威公縛在虜中、問曰、若何以至於此、應曰、吾何以不至於此、且吾聞之也、言之者行之役也、行之者言之主也、汝能行我能言、汝爲主、我爲役、吾亦何以不至於

此哉、窺墻者乃言之於楚王、遂解其縛、與俱之楚、故曰能言者未必能行、能行者未必能言。

管仲有疾、桓公往問之、曰、仲父若棄寡人、豎刁可使從政乎、對曰、不可、豎刁自刑以求入君、其身之忍、將何有於君、公曰、然則易牙可乎、對曰、易牙解其子以食君、其子之忍、將何有於君、若用之、必爲諸侯笑、及桓公歿、豎刁易牙乃作難、桓公死六十日、蟲出於戶而不收。

石乞侍坐於屈建、屈建曰、白公其爲亂乎、石乞曰、是

何言也白公至於室無營所下士者三人與己相若臣者五人所與同衣食者千人白公之行若此何故爲亂屈建曰此建之所謂亂也以君子行則可於國家行過禮則國家疑之且苟不難下其臣必不難高其君矣建是以知夫子將爲亂也處十月白公果爲亂

韓昭侯造作高門屈宜咎曰昭侯不出此門曰何也曰不時吾所謂不時者非時日也人固有利不利昭侯嘗利矣不作高門往年秦拔宜陽明年大旱民饑

不以此時恤民之急也而顧反益奢此所謂福不重至禍必重來者也高門成昭侯卒竟不出此門

田子顏自大術至乎平陵城下見人子問其父見人父問其子田子方曰其以平陵反乎吾聞行於內然後施於外子顏欲使其衆甚矣後果以平陵叛

晉人已勝智氏歸而繕甲砥兵楚王恐召梁公弘曰晉人已勝智氏矣歸而繕甲兵其以我爲事乎梁公曰不患害其在吳乎夫吳君恤民而同其勞使其民重上之令而人輕其死以從上使如虜之戰臣登山以望之見其用百姓之信必也勿已乎其備之若何不聽明年闔廬襲郢

楚莊王欲伐陳使人視之使者曰陳不可伐也莊王曰何故對曰其城郭高溝壑深蓄積多其國寧也王曰陳可伐也夫陳小國也而蓄積多蓄積多則賦斂重賦斂重則民怨上矣城郭高溝壑深則民力罷矣興兵伐之遂取陳

石益謂孫伯曰吳將亡矣吾子亦知之乎孫伯曰晚矣子之知之也吾何爲不知石益曰然則子何不以諫孫伯曰昔桀罪諫者紂焚聖人剖王子比干之心

袁氏之婦絡而失其紀其妾告之怒弃之夫亡者豈斯人知其過哉

孝宣皇帝之時霍氏奢靡茂陵徐先生曰霍氏必亡夫在人之右而奢亡之道也孔子曰奢則不遜夫不遜者必侮上侮上者逆之道也出人之右人必害之今霍氏秉權天下之人疾害之者多矣夫天下害之而又以逆道行之不亡何待乃上書言霍氏奢靡陛下即愛之宜以時抑制無使至於亡書三上輙報聞其後霍氏果滅董忠等以其功封人有爲徐先生上

書曰臣聞客有過主人者見竈直突傍有積薪客謂主人曰曲其突遠其積薪不者將有火患主人嘿然不應居無幾何家果失火鄉聚里中人哀而救之火幸息於是殺牛置酒燔髮灼爛者在上行餘各用功次坐而反不錄言曲突者向使主人聽客之言不費牛酒終無火患今茂陵徐福數上書言霍氏且有變宜防絕之向使福說得行則無裂地出爵之費而國安平自如今往事既已而福獨不得與其功惟陛下察客徙薪曲突之策而使居燔髮灼爛之右書奏上

使人賜徐福帛十匹拜爲郎

齊桓公將伐山戎孤竹使人請助於魯魯君進群臣而謀皆曰師行數千里入蠻夷之地必不反矣於是魯許助之而不行齊已伐山戎孤竹而欲移兵於魯管仲曰不可諸侯未親今又伐遠而還誅近鄰鄰國不親非霸王之道君之所得山戎之寶器者中國之所鮮也不可以不進周公之廟乎桓公乃分山戎之寶獻之周公之廟明年起兵伐莒魯下令丁男悉發五尺童子皆至孔子曰聖人轉禍爲福報怨以德此之謂也

中行文子出亡至邊從者曰爲此嗇夫者君人也胡不休焉且待後車者文子曰異日吾好音此子遺吾琴吾好佩又遺吾玉是不非吾過者也自容於我者也吾恐其以我求容也遂不入後車入門文子問嗇夫之所在執而殺之仲尼聞之曰中行文子背道失義以亡其國然後得之猶活其身道不可遺也若此

衛靈公襜被以與婦人游子貢見公公曰衛其亡乎對曰昔者夏桀殷紂不任其過故亡成湯文武知任

其過故興衛奚其亡也

智伯請地於魏宣子宣子不予任增曰何爲不予宣子曰彼無故而請地吾是以不予任增曰彼無故而請地者無故而與之是重欲無厭也彼喜必又請地於諸侯諸侯不與必怒而伐之宣子曰善遂與地智伯喜又請地於趙趙不與智伯怒圍晉陽韓魏合趙而反智氏智氏遂滅

楚莊王與晉戰勝之懼諸侯之畏己也乃築爲五仞之臺臺成而觴諸侯諸侯請約莊王曰我薄德之人

也諸侯請爲觴乃仰而曰將將之臺窅窅其謀我言
而不當諸侯伐之於是遠者來朝近者入賓
吳王夫差破越又將伐陳楚大夫皆懼曰昔闔廬能
用其衆故破我於柏舉今聞夫差又甚焉子西曰二
三子恤不相睦也無患吳矣昔闔廬食不貳味處不
重席擇不取費在國天有災親戚乏困而供之在軍
食熟者半而後食其所嘗者卒乘必與焉是以民不
罷勞死知不曠今夫差次有臺榭陂池焉宿有妃嬙
嬪御焉一日之行所欲必成玩好必從珍異是聚夫

差先自敗已焉能敗我
越破吳請師於楚以伐晉楚王與大夫皆懼將許之
左史倚相曰此恐吾攻已故示我不病請爲長轂千
乘卒三萬與分吳地也莊王聽之遂取東國
陽虎爲難於魯走之齊請師攻魯齊侯許之鮑文子
曰不可也陽虎欲齊師破齊師破大臣必多死於是
欲奮其詐謀夫虎有寵於季氏而將殺季孫以不利
魯國而容其求焉今君富於季氏而大於魯國茲陽
虎所欲傾覆也魯免其疾而君又收之毋乃害乎齊

君乃執之免而奔晉
湯欲伐桀伊尹曰請阻乏貢職以觀其動桀怒起九
夷之師以伐之伊尹曰未可彼尚猶能起九夷之師
是罪在我也湯乃謝罪請服復入貢職明年又不供
貢職桀怒起九夷之師九夷之師不起伊尹曰可矣
湯乃興師伐而殘之遷桀南巢氏焉
武王伐紂過隧斬岸過水折舟過谷發梁過山焚萊
示民無返志也至於有戎之隧大風折旆散宜生諫
曰此其妖歟武王曰非也天落兵也風霽而乘以大

雨水平地而嗇散宜生又諫曰此其妖歟武王曰非
也天洒兵也卜而龜熸散宜生又諫曰此其妖歟武
王曰不利以禱祠利以擊衆是熸之已故武王順天
地犯三妖而禽紂於牧野其所獨見者精也
晉文公與荊人戰於城濮君問於咎犯咎犯對曰服
義之君不足於信服戰之君不足於詐詐之而已矣
君問於雍季雍季對曰焚林而田得獸雖多而明年
無復也乾澤而漁得魚雖多而明年無復也詐猶可
以偷利而後無報遂與荊軍戰大敗之及賞先雍季

而後咎犯侍者曰城濮之戰咎犯之謀也君曰雍季之言百世之謀也咎犯之言一時之權也寡人既行之矣

城濮之戰文公謂咎犯曰吾卜戰而龜熸我迎歲彼背歲彗星見彼操其柄我操其標吾又夢與荊王搏彼在上我在下吾欲無戰子以爲何如咎犯對曰卜戰龜熸是荊人也我迎歲彼背歲彼去我從之也彗星見彼操其柄我操其標以掃則彼利以擊則我利君夢與荊王搏彼在上君在下則君見天而荊王伏

其罪也且吾以宋衛爲主齊秦輔我我合天道獨以人事固將勝之矣文公從之荊人大敗

越饑句踐懼四水進諫曰夫饑越之福也而吳之禍也夫吳國甚富而財有餘其君好名而不思後患若我卑辭重幣以請糴於吳吳必與我與我則吳可取也越王從之吳將與之子胥諫曰不可夫吳越接地鄰境道易通仇讎敵戰之國也非吳有越越必有吳矣夫齊晉不能越三江五湖以亡吳越不如因而攻之是吾先王闔廬之所以霸也且夫饑何哉亦猶淵也敗伐之事誰國無有君若不攻而輸之糴則利去而凶至財匱而民怨悔無及也吳王曰吾聞義兵不服仁人不以饑餓而攻之雖得十越吾不爲也遂與糴三年吳亦饑請糴於越越王不與而攻之遂破吳

趙簡子使成何涉他與衛靈公盟於鄟澤靈公未喋血成何涉他捘靈公之手而撙之靈公怒欲反趙王孫商曰君欲反趙不如與百姓同惡之公曰若何對曰請命臣令於國曰有姑姊妹女者家一人質於趙百姓必怨君因反之矣君曰善乃令之三日遂徵之

五日而令畢國人巷哭君乃召國大夫而謀曰趙爲無道反之可乎大夫皆曰可乃出西門閉東門趙氏聞之縛涉他而斬之以謝於衛成何走燕子貢曰王孫商可謂善謀矣憎人而能害之有患而能處之欲用民而能附之一舉而三物俱至可謂善謀矣

楚成王贊諸屬諸侯使魯君爲僕魯君致大夫而謀曰我雖小亦周之建國也今成王以我爲僕可乎大夫皆曰不可公儀休曰不可不聽楚王身死國亡君之臣乃君之有也爲民君也魯君遂爲僕

齊景公以其子妻闔廬送諸郊泣曰余死不汝見矣高夢子曰齊負海而縣山縱不能全收天下誰干我君愛則勿行公曰余有齊國之固不能以令諸侯又不能聽是生亂也寡人聞之不能令則莫若從且夫臭若蜂蠆然不棄毒於人則不靜余恐棄毒於我也遂遣之

齊欲妻鄭太子忽太子忽辭人問其故太子曰人各有偶齊大非吾偶也詩云自求多福在我而已矣後戎伐齊齊請師于鄭鄭太子忽率師而救齊大敗戎

師齊又欲妻之太子固辭人問其故對曰無事於齊吾猶不敢今以君命救齊之急受室以歸人其以我爲師婚乎終辭之

孔子問漆雕馬人曰子事臧文仲武仲孺子容三大夫者孰爲賢漆雕馬人對曰臧氏家有龜焉名曰蔡文仲立三年爲一兆焉武仲立三年爲二兆焉孺子容立三年爲三兆焉馬人見之矣若夫三大夫之賢不賢馬人不識也孔子曰君子哉漆雕氏之子其言人之美也隱而顯其言人之過也微而著故智不能及明不能見得無數卜乎

安陵纏以顏色美壯得幸於楚共王江乙往見安陵纏曰子之先人豈有矢石之功於王乎曰無有江乙曰子之身豈亦有乎曰無有江乙曰子之貴何以至於此乎曰僕不知所以江乙曰吾聞之以財事人者財盡而交疏以色事人者華落而愛衰今子之華有時而落子何以長幸無解於王乎安陵纏曰臣年少愚陋願委質於先生江乙曰獨從爲殉可耳安陵纏曰敬聞命矣江乙去居期年逢安陵纏謂曰前日所

諭子者通之於王乎曰未可也居期年江乙復見安陵纏曰子豈諭王乎安陵纏曰臣未得王之間也江乙曰子出與王同車入與王同坐居三年言未得王之間乎以吾之說未可耳不悅而去其年共王獵江渚之野野火之起若雲蜺虎狼之嗥若雷霆有狂兕從南方來正觸王左驂王舉旌旄而使善射者射之一發兕死車下王大喜拊手而笑顧謂安陵纏曰吾萬歲之後子將誰與斯樂乎安陵纏乃逡巡而却泣下沾衿抱王曰萬歲之後臣將從爲殉安知樂此者

誰於是共王乃封安陵纏於車下三百戶故曰江乙善謀安陵纏知時

太子商臣怨令尹子上也楚攻陳晉救之夾泜水而軍陽處父知商臣之怨子上也因謂子上曰少却吾涉而從子子上却因令晉軍曰楚遁矣使人告商臣曰子上受晉賂而去之商臣訴之成王成王遂殺之

智伯欲襲衛故遺之乘馬先之一璧衛君大悅酌酒諸大夫皆喜南文子獨不喜有憂色衛君曰大國禮寡人寡人故酌諸大夫酒諸大夫皆喜而子獨不喜

有憂色者何也南文子曰無方之禮無功之賞禍之先也我未有往彼有以來是以憂也於是衛君乃修梁津而擬邊城智伯聞衛兵在境上乃還

智伯欲襲衛乃佯亡其太子顏使奔衛南文子曰太子顏之爲其君子也甚愛非有大罪也而亡之必有故然人亡而不受不祥使吏逆之曰車過五乘愼勿內也智伯聞之乃止

叔向之殺萇弘也數見萇弘於周因佯遺書曰萇弘謂叔向曰子起晉國之兵以攻周吾廢劉氏而立單氏劉氏請之君曰此萇弘也乃殺之楚公子午使於秦秦囚之其弟獻三百金於叔向叔向謂平公曰何不城壺丘秦楚患壺丘之城若秦恐而歸公子午以止吾城也君乃止難亦未搆楚必德君平公曰善乃城之秦恐遂歸公子午使之晉晉人輟城楚獻晉賦三百車

趙簡子使人以明白之乘六先以一璧爲遺於衛衛叔文子曰見不意可以生故此小之所以事大也今我未以往而簡子先以來必有故於是斬林除圍聚

斂蓄積而後遣使者簡子曰吾舉也爲不可知也今旣已知之矣乃輟圍衛也

鄭桓公將欲襲鄶先問鄶之辨智果敢之士書其名姓擇鄶之良臣而與之爲官爵之名而書之因爲設壇於門外而埋之釁之以猳若盟狀鄶君以爲內難也盡殺其良臣桓公因襲之遂取鄶

鄭桓公東會封於鄭暮舍於宋東之逆旅逆旅之叟從外來曰客將焉之曰會封於鄭逆旅之叟曰吾聞之時難得而易失也今客之寢安殆非封也鄭桓公

聞之、援轡自御、其僕接淅而載之、行十日夜而至釐
何與之爭封、以鄭桓公之賢。微逆旅之叟。幾不會封
也。

晉文公伐衛、入郭、坐士令食、曰、今日必得大垣、公子
慮俛而笑之、文公曰、奚笑、對曰、臣之妻歸、臣送之、反
見桑者而助之、顧臣之妻、則亦有送之者矣、文公懼
還師而歸、至國而務人攻其地、

說苑卷十三終

說苑卷十四

至公

書曰、不偏不黨、王道蕩蕩、言至公也。古有行大公者。
帝堯是也、貴爲天子、富有天下、得舜而傳之、不私於
其子孫也。去天下若遺躧、於天下猶然、況其細於天
下乎。非帝堯孰能行之、孔子曰、巍巍乎惟天爲大、惟
堯則之、易曰、無首吉、此蓋人君之公也、夫以公與天
下、其德大矣、推之於此、刑之於彼、萬姓之所載、後世
之所則也、彼人臣之公、治官事則不營私家、在公門

則不言貨利。當公法則不阿親戚、奉公舉賢則不避
仇讎。忠於事君。仁於利下。推之以恕道、行之以不黨。
伊呂是也、故顯名存於今、是之謂公、詩云、周道如砥、
其直如矢、君子所履、小人所視、此之謂也、夫公生明。
偏生暗。端慤生達。詐僞生塞。誠信生神。夸誕生惑。此
六者君子之所慎也。而禹桀之所以分也、詩云、疾威
上帝、其命多僻、言不公也。

吳王壽夢有四子、長曰謁、次曰餘祭、次曰夷昧、次曰
季札、號曰延陵季子、最賢、三兄皆知之、於是王壽夢

壽謁以位讓季子、季子終不肯當、謁乃爲約曰季子
賢、使國及季子、則吳可以興、乃兄弟相繼、飲食必祝
曰。使吾早死。令國及季子。謁死餘祭立、餘祭死夷昧
立、夷昧死次及季子、季子時使行不在、庶兄僚曰、我
亦兄也、乃自立爲吳王、季子使還、復事如故、謁子光
曰、以吾父之意。則國當歸季子。以繼嗣之法。則我適
也。當代之君。僚何爲也。於是乃使專諸刺僚殺之、以
位讓季子、季子曰爾殺吾君。吾受爾國則吾與爾爲
共簒也。爾殺吾兄。吾又殺汝。則是昆弟父子相殺無

已時也。卒去之延陵、終身不入吳、君子以其不殺爲
仁。以其不取國爲義。夫不以國私身、捐千乘而不恨、
弃尊位而無忿、可以庶幾矣、諸侯之義死社稷。太王
委國而去何也。夫聖人不欲强暴侵陵百姓、故使諸
侯死國守其民、太王有至仁之恩、不忍戰百姓、故事
勳育戎氏以犬馬珍幣而伐不止、問其所欲者土地
也、於是屬其群臣耆老而告之曰、土地者所以養人
也不以所以養而害其養也、吾將去之遂居岐山之
下、邠人負幼扶老從之如歸父母、三遷而民五倍其

初者皆興仁義趨上之事君子、守國安民非特鬬兵
罷殺士衆而已、不私其身、惟民足用、保民蓋所以去
國之義也。是謂至公耳

辛櫟見魯穆公曰、周公不如太公之賢也、穆公曰、子
何以言之、辛櫟對曰、周公擇地而封曲阜。太公擇地
而封營丘。爵土等。其地不若營丘之美。人民不如營
丘之衆。不徒若是、營丘又有天固。穆公心慙不能應
也、辛櫟趨而出、南宮邊子入、穆公具以辛櫟之言語
南宮邊子、南宮邊子曰、昔周成王之卜居成周也。其

命龜曰。予一人兼有天下。辟就百姓敢無中土乎。使
予有罪。則四方伐之無難得也。周公卜居曲阜、其命
龜曰。作邑乎山之陽。賢則茂昌。不賢則速亡。季孫行
父之戒其子也、曰、吾欲室之狹於兩社之間也。使吾
後世有不能事上者。使其替之益速。如是則曰賢則
茂昌不賢則速亡、安在擇地而封哉。或示有天固也。
辛櫟之言小人也、子無復道也、

秦始皇帝既吞天下、乃召群臣而議曰、古者五帝禪
賢三王世繼、孰是將爲之、博士七十人未對、鮑白令

之對曰、天下官。則讓賢是也。天下家。則世繼是也。故
五帝以天下為官。三王以天下為家。秦始皇帝仰天
而歎曰、吾德出于五帝。吾將官天下。誰可使代我後
者。鮑白令之對曰、陛下行桀紂之道。欲為五帝之禪。
非陛下所能行也。秦始皇帝大怒曰、令之前、若何以
言我行桀紂之道也、趣說之、不解則死、令之對曰、臣
請說之、陛下築臺干雲。宮殿五里。建千石之鐘。萬石
之虡、婦女連百。倡優累千。興作驪山宮室至雍。相繼
不絕。所以自奉者。殫天下竭民力。偏駁自私。不能以

及人。陛下所謂自營僅存之主也。何暇比德五帝欲
官天下哉。始皇闇然無以應之、面有慙色、久之曰、令
之之言、乃令衆醜我、遂罷謀無禪意也
齊景公嘗賞賜及後宮、文繡被臺榭、菽粟食鳧鴈、出
而見殣、謂晏子曰、此何為死、晏子對曰、此餧而死。公
曰嘻、寡人之無德也何甚矣。晏子對曰、君之德著而
彰、何為無德也、景公曰、何謂也、對曰、君之德及後宮
與臺榭。君之玩物、衣以文繡。君之鳧鴈、食以菽粟。君
之營內自樂延及後宮之族。何為其無德也。顧臣願
有請於君、由君之意自樂之心。推而與百姓同之、則
何殣之有、君不推此而苟營內好、私使財貨、偏有所
聚、菽粟幣帛腐於囷府、惠不遍加于百姓、公心不周
乎國、則桀紂之所以亡也、夫士民之所以叛由偏之
也。君如察臣嬰之言、推君之盛德、公布之於天下、則
湯武可為也、一殣何足恤哉
楚共王出獵而遺其弓、左右請求之、共王曰、止、楚人
遺弓、楚人得之。又何求焉。仲尼聞之曰、惜乎其不大、
亦曰、人遺弓人得之而已。何必楚也。仲尼所謂大公

也。
萬章問曰、孔子於衛主雍雎、於齊主寺人瘠環、有諸、
孟子曰否不然、好事者為之也、於衛主顏讐由、彌子
之妻與子路之妻兄弟也、彌子謂子路曰、孔子主我、
衛卿可得也、子路以告、孔子曰有命、孔子進之以禮、
退之以義、得之不得曰有命、而主雍雎與寺人瘠環、
是無命也、孔子不說於魯衛、將遭宋桓司馬將要
而殺之、微服過宋、是孔子嘗阨、主司城貞子、為陳侯
周臣、吾聞之觀近臣以其所為之主、觀遠臣以其所

主如孔子主雍睢與寺人脊環何以爲孔子乎
夫子行說七十諸侯無定處意欲使天下之民各得
其所而道不行退而修春秋采毫毛之善貶纖介之
惡人事浹王道備精和聖制上通於天而麟至此天
之知夫子也於是喟然而嘆曰天以至明爲不可蔽
乎日何爲而食地以至安爲不可危乎地何爲而動
天地而尚有動蔽是故賢聖說於世而不得行其道
故災異並作也夫子曰不怨天不尤人下學而上達
知我者其天乎

孔子生於亂世莫之能容也故言行於君澤加於民
然後仕言不行於君澤不加於民則處孔子懷天覆
之心挾仁聖之德憫時俗之汙泥傷紀綱之廢壞服
重歷遠周流應聘乃俟幸施道以子百姓而當世諸
侯莫能任用是以德積而不肆大道屈而不伸海內
不蒙其化群生不被其恩故喟然歎曰而有用我者
則吾其爲東周乎故孔子行說非欲私身運德於一
城將欲舒之於天下而建之於群生者耳
秦晉戰交敵秦使人謂晉將軍曰三軍之士皆未息
明日請復戰史駢曰使者目動而言肆懼我將遁矣
迫之河必敗之趙盾曰死傷未收而弃之不惠也不
待期而迫人於險無勇也請待秦人夜遁
子胥將之吳辭其友申包胥曰後三年楚不亡吾不
見子矣申包胥曰子其勉之吾未可以助子助子是
伐宗廟也止子是無以爲友雖然子亡之我存之於
是乎觀楚一存一亡也後三年吳師伐楚昭王出走
申包胥不受命西見秦伯曰吳無道兵強人衆將征
天下始於楚寡君出走居雲夢使下臣告急哀公曰

諾固將圖之申包胥不罷朝立於秦庭晝夜哭七日
七夜不絕聲哀公曰有臣如此可不救乎興師救楚
吳人聞之引兵而還昭王反復欲封申包胥申包胥
辭曰救亡非爲名也功成受賜是賣勇也辭不受遂
退隱終身不見詩云凡民有喪匍匐救之
楚令尹虞丘子復於莊王曰臣聞奉公行法可以得
榮能淺行薄無望上位不名仁智無求顯榮才之所
不著無當其處臣爲令尹十年矣國不加治獄訟不
息處士不升淫禍不討久踐高位妨群賢路尸祿素

殘貪欲無厭臣之罪當稽於理臣竊選國俊下里之士曰孫叔敖秀羸多能其性無欲君舉而授之政則國可使治而士民可使附莊王曰子輔寡人寡人得以長於中國令行於絕域遂霸諸侯非子如何虞丘子曰久固祿位者貪也不進賢達能者誣也不讓以位者不廉也不能三者不忠也爲人臣不忠君王又何以爲忠臣願固辭莊王從之賜虞子采地三百號曰國老以孫叔敖爲令尹少焉虞丘子家干法孫叔敖執而戮之虞丘子喜入見於王曰臣言孫叔敖果

可使持國政奉國法而不黨施刑戮而不骫可謂公平莊王曰夫子之賜也已

趙宣子言韓獻子於晉侯曰其爲人不黨治衆不亂臨死不恐晉侯以爲中軍尉河曲之役趙宣子之車干行韓獻子戮其僕人皆曰韓獻子必死矣其主朝昇之而暮戮其僕誰能待之役罷趙宣子觴大夫爵三行曰二三子可以賀我二三子曰不知所賀宣子曰我言韓厥於君言之而不當必受其刑今吾車失次而戮之僕可謂不黨矣是吾言當也二三子再拜稽首曰不惟晉國適享之乃唐叔是賴之敢不再拜稽首乎

晉文公問於咎犯曰誰可使爲西河守者咎犯對曰虞子羔可也公曰非汝之讎也對曰君問可爲守者非問臣之讎也羔見咎犯而謝之曰幸赦臣之過薦之於君得爲西河守咎犯曰薦子者公也怨子者私也吾不以私事害公義子其去矣顧吾射子也

楚文王伐鄧使王子革王子靈共捃菜二子出採見老丈人載畚乞焉不與搏而奪之王聞之令皆拘二

子將殺之大夫辭曰取畚信有罪然殺之非其罪也君若何殺之言卒丈人造軍而言曰鄧爲無道故伐之今君公之子之搏而奪吾畚無道甚於鄧呼天而號君聞之群臣恐君見之曰討有罪而橫奪非所以禁暴也恃力虐老非所以教幼也愛子棄法非所以保國也私二子滅三行非所以從政也丈人舍之矣謝之軍門之外耳

楚令尹子文之族有干法者廷理拘之聞其令尹之族也而釋之子文召廷理而責之曰凡立廷理者將

以司犯王令而察觸國法也。夫直士持法、柔而不撓、剛而不折。今棄法而背令、而釋犯法者、是爲理不端、懷心不公也、豈吾營私之意也、何廷理之駮於法也、吾在上位以率士民、士民或怨而吾不能免之於法、今吾族犯法甚明、而使廷理因緣吾心而釋之、是吾不公之心明著於國也。執一國之柄而以私聞、與吾生不以義、不若吾死也。遂致其族人於廷理曰、不是刑也、吾將死、廷理懼、遂刑其族人、成王聞之、不及履而至於子文之室曰、寡人幼少、置理失其人、以違夫

子之意、於是黜廷理而尊子文、使及內政、國人聞之曰、若令尹之公也、吾黨何憂乎、乃相與作歌曰、子文之族、犯國法程。廷理釋之、子文不聽。恤顧怨萌。方正公平。

楚莊王有茅門者法曰、群臣大夫諸公子入朝、馬蹄蹂霤者。斬其輈而戮其御。太子入朝、馬蹄蹂霤、廷理斬其輈而戮其御、太子大怒、入爲王泣曰、爲我誅廷理、王曰、法者所以敬宗廟、尊社稷。故能立法從令尊敬社稷者、社稷之臣也、安可以加誅、夫犯法廢令不尊敬社稷、是臣棄君、下陵上也。臣棄君則主失威、下陵上則上位危、社稷不守、吾何以遺子、太子乃還走避舍、再拜請死、

楚莊王之時、太子車立於茅門之外、少師慶逐之、太子怒入謁王曰、少師慶逐臣之車、王曰、舍之、老君在前而不踰。少君在後而不豫、是國之寶臣也。

吳王闔廬爲伍子胥興師復讎於楚、子胥諫曰、諸侯不爲匹夫興師、且事君猶事父也、虧君之義、復父之讎、臣不爲也、於是止、其後因事而後復其父讎也、如

子胥可謂不以公事趨私矣、

孔子爲魯司寇、聽獄必師斷、敦敦然皆立、然後君子進曰、某子以爲何若、某子以爲云云、又曰、某子以爲何若、某子曰云云、辯矣、然後君子幾當從某子云云乎、以君子之知、豈必待某子之云云、然後知所以斷獄哉、君子之敬讓也。文辭有可與人共之者。君子不獨有也。

子羔爲衛政、刖人之足、衛之君臣亂、子羔走郭門、郭門閉、刖者守門曰、於彼有缺、子羔曰、君子不踰、曰於

彼有竇、子羔曰、君子不遂。曰、於此有室。子羔入、追者
罷、子羔將去、謂刖者曰、吾不能虧損主之法令而親
刖子之足、吾在難中。此乃子之報怨時也。何故逃我。
刖者曰、斷足固我罪也。無可柰何、君之治臣也。傾側
法令、先後臣以法。欲臣之免於法也。臣知之。獄決罪
定。臨當論刑、君愀然不樂。見於顏色。臣又知之。君豈
私臣哉。天生仁人之心、其固然也。此臣之所以悅君
也。孔子聞之曰、善爲吏者樹德。不善爲吏者樹怨。公
行之也。其子羔之謂歟。

說苑卷十四終

說苑卷十五

指武

司馬法曰、國雖大、好戰必亡。天下雖安、忘戰必危。易
曰、君子以除戎器、戒不虞。夫兵不可玩、玩則無威。兵
不可廢、廢則召寇。昔吳王夫差好戰而亡、徐偃王無
武亦滅。故明王之制國也、上不玩兵、下不廢武。易曰、
存不忘亡。是以身安而國家可保也。
秦昭王中朝而歎曰、夫楚劍利、倡優拙。夫劍利則士
多慓悍。倡優拙則思慮遠也。吾恐楚之謀秦也。此謂
當吉念凶、而存不忘亡也。卒以成霸焉。

王孫厲謂楚文王曰、徐偃王好行仁義之道、漢東諸
侯三十二國盡服矣。王若不伐、楚必事徐。王曰、若信
有道、不可伐也。對曰、大之伐小、強之伐弱、猶大魚之
吞小魚也。若虎之食豚也。惡有其不得理。文王遂興
師伐徐、殘之。徐偃王將死曰、吾賴於文德而不明武
備。好行仁義之道、而不知詐人之心、以至於此。夫古
之王者其有備乎。
吳起爲苑守、行縣適息、問屈宜臼曰、王不知起不肖

以爲死守、先生將何以教之、屈公不對、居一年、王以爲令尹、行縣適息、問屈宜臼曰、起問先生、先生不教、今王不知起不肖、以爲令尹、先生試觀起爲之也、屈公曰、子將奈何、吳起曰、將尊楚國之爵而平其祿、損其有餘而繼其不足、厲甲兵以時爭於天下、屈公曰、吾聞昔善治國家者、不變故、不易常、今子將均楚國之爵而平其祿、損其有餘而繼其不足、是變其故而易其常也、且吾聞兵者凶器也、爭者逆德也、今子陰謀逆德、好用凶器、殆人所棄、逆之至也、淫泆之事也、

行者不利、且子用魯兵、不宜得志於齊、而得志焉、子用魏兵、不能得志於秦、而得志焉、吾聞之曰、非禍人不能成禍。吾固怪吾王之數逆天道、至今無禍、嘻、且待夫子也。吳起惕然曰、尚可更乎、屈公曰、不可、吳起曰、起之爲人謀、屈公曰、成刑之徒、不可更已。子不如敦處而篤行之、楚國無貴于舉賢。

春秋記國家存亡、以察來世、雖有廣土衆民、堅甲利兵威猛之將、士卒不親附、不可以戰勝取功、晉侯獲於韓、楚子玉得臣敗於城濮、蔡不待敵而衆潰、故語曰、文王不能使不附之民。先軫不能戰不教之卒、造父王良不能以敝車不作之馬趨疾而致遠。羿逢蒙不能以枉矢弱弓射遠中微。故強弱成敗之要、在乎附士卒教習之而已

內治未得不可以正外。本惠未襲。不可以制末。是以春秋先京師而後諸夏、先諸華而後夷狄、及周惠王以遭亂世、繼先王之體、而強楚稱王、諸侯背叛、欲申先王之命、一統天下、不先廣養京師、以及諸夏、諸夏以及夷狄、內治未得、忿則不料力權得失、興兵而征

強楚、師大敗、撙辱不行、大爲天下笑、幸逢齊桓公以得安尊、故內治未得、不可以正外、本惠未襲、不可以制末、

將師受命者、將率入、軍吏畢入、皆北面再拜稽首受命、天子南面而授之鉞、東行西面而揖之、示弗御也、故受命而出忘其國。即戎忘其家、聞枹鼓之聲、唯恐不勝忘其身。故必死。必死不如樂死。樂死不如甘死。甘死不如義死。義死不如視死如歸。此之謂也、故一人必死、十人弗能待也。十人必死。百人弗能待也、百

人必死、千人不能待也。千人必死。萬人不能待也。萬人必死。橫行乎天下。令行禁止、王者之師也、

田單爲齊上將軍、興師十萬、將以攻翟、往見魯仲連子、仲連子曰、將軍之攻翟、必不能下矣、田將軍曰、單以五里之城。十里之郭、復齊之國、何爲攻翟不能下。去上車不與言、決攻翟三月而不能下、齊嬰兒謠之曰、大冠如箕、長劍拄頤、攻翟不能下。壘於梧丘、於是田將軍恐駭、往見仲連子曰、先生何以知單之攻翟不能下也、仲連子曰、夫將軍在即墨之時、坐則織蕢。

立則杖臿。爲士卒倡、曰、宗廟亡矣。魂魄喪矣。歸何黨矣。故將有死之心。士卒無生之氣。今將軍東有掖邑之封、西有淄上之寶。金銀黃帶、馳騁乎淄澠之間。是以樂生而惡死也。田將軍明日結髮、徑立矢石之所。乃引枹而鼓之。翟人下之、故將者士之心也、士者將之肢體也、心猶與則肢體不用、田將軍之謂乎、

晉智伯伐鄭、齊田恒救之、有登蓋必身立焉、車徒有不進者、必令助之、壘合而後敢處、井竈成而後敢食、智伯曰、吾聞田恒新得國而愛其民、內同其財、外同其勤勞、治軍若此、其得衆也、不可待也、乃去之耳、

太公兵法曰、致慈愛之心。立威武之戰。以畢其衆。練其精銳。砥礪其節。以高其氣。分爲五選。異其旗章。勿使冒亂。堅其行陣。連其什伍。以禁淫非。壘陳之次、車騎之處、勤兵之勢、軍之法令、賞罰之數、使士赴火蹈刃、陷陣取將、死不旋踵者、多異於今之將者也、

孝昭皇帝時、北軍監御史爲姦、穿北門垣以爲賈區、胡建守北軍尉、貧無車馬、常步與走卒起居、所以慰愛走卒甚厚、建欲誅監御史、乃約其走卒曰、我欲與

公有所誅、吾言取之則取之、斬之則斬之、於是當選士馬日、護軍諸校列坐堂皇上、監御史亦坐、建從走卒趨至堂下拜謁、因上堂、走卒皆上、建跪指監御史曰、取彼、走卒前拽下堂、建曰斬之、遂斬監御史、護軍及諸校皆愕驚、不知所以、建亦已有成奏在其懷。遂上奏以聞曰、臣聞軍法。立武以威衆、誅惡以禁邪。今北軍監御史、公穿軍垣、以求賈利。買賣以與士市。不立剛武之心。勇猛之意。以率先士大夫。尤失理不公。臣聞黃帝理法曰、壘壁已具、行不由路、謂之姦人、姦

人者殺臣請以斬之昧死以聞制曰司馬法曰國容不入軍軍容不入國也建有何疑焉建由是名與後至渭城令死至今渭城有其祠也

魯石公劍迫則能應感則能動昒穆無窮變無形像復柔委從如影與響如尨之守戶如輪之逐馬響之應聲影之像形也閶不及鞈呼不及吸足舉不及集相離若蟬翼尚在肱北眥睫之微曾不可以大息小以小況大用兵之道其猶然乎此善當敵者也未及夫折衝於未形之前者揖讓乎廟堂之上而施惠乎百萬之民故居則無變動戰則不血刃其湯武之兵與

孔子北遊東上農山子路子貢顏淵從焉孔子喟然歎曰登高望下使人心悲二三子者各言爾志丘將聽之子路曰願得白羽若月赤羽若日鐘鼓之音上聞乎天旌旗翩飜下蟠於地由且舉兵而擊之必也攘地千里獨由能耳使夫二子為我從焉孔子曰勇哉士乎憤憤者乎子貢曰賜也願齊楚合戰於莽洋之野兩壘相當旌旗相望塵埃相接接戰構兵賜願著縞衣白冠陳說白刃之間解兩國之患獨賜能耳使夫二子者為我從焉孔子曰辯哉士乎僊僊者乎顏淵獨不言孔子曰回來若獨何不願乎顏淵曰文武之事二子已言之回何敢與焉孔子曰若鄙心不與焉第言之顏淵曰回聞鮑魚蘭芷不同篋而藏堯舜桀紂不同國而治二子之言與回言異回願得明王聖主而相之使城郭不修溝池不越鍛劍戟以為農器使天下千歲無戰鬭之患如此則由何憤憤而擊賜又何僊僊而使乎孔子曰美哉德乎姚姚者乎

子路舉手問曰願聞夫子之意孔子曰吾所願者顏氏之計吾願負衣冠而從顏氏子也

魯哀公問於仲尼曰吾欲小則守大則攻其道若何仲尼曰若朝廷有禮上下有親民之衆皆君之畜也君將誰攻若朝廷無禮上下無親民衆皆君之讎也君將誰與守於是廢澤梁之禁弛關市之征以為民惠也

文王曰吾欲用兵誰可伐密須氏疑於我可先往伐管叔曰不可其君天下之明君也伐之不義太公望

曰臣聞之先王伐枉不伐順伐嶮不伐易伐過不伐不及文王曰善遂伐密須氏滅之也

武王將伐紂召太公望而問之曰吾欲不戰而知勝不卜而知吉使非其人爲之有道乎太公對曰有道王得衆人之心以圖不道則不戰而知勝矣以賢伐不肖則不卜而知吉矣彼害之我利之雖非吾民可得而使也武王曰善乃召周公而問焉曰天下之圖事者皆以殷爲天子以周爲諸侯以諸侯攻天子勝之有道乎周公對曰殷信天子周信諸侯則無勝之

道矣何可攻乎武王忿然曰汝言有說乎周公對曰臣聞之攻禮者爲賊攻義者爲殘失其民制爲匹夫王攻其失民者也何攻天子乎武王曰善乃起衆舉師與殷戰于牧之野大敗殷人上堂見玉曰誰之玉也曰諸侯之玉即取而歸之於諸侯天下聞之曰武王廉於財矣入室見女曰誰之女也曰諸侯之女也即取而歸之於諸侯天下聞之曰武王廉於色也於是發巨橋之粟散鹿臺之財金錢以與士民黜其戰車而不乘弛其甲兵而弗用縱馬華山放牛桃林示不復用天下聞者咸謂武王行義於天下豈不大哉

文王欲伐崇先宣言曰余聞崇侯虎蔑侮父兄不敬長老聽獄不中分財不均百姓力盡不得衣食余將來征之唯爲民乃伐崇令毋殺人毋壞室毋填井毋伐樹木毋動六畜有不如令者死無赦崇人聞之因請降

楚莊王伐陳吳救之雨十日十夜晴左史倚相曰吳必夜至甲列壘壞彼必薄我何不行列鼓出待之吳師至楚見成陳而還左史倚相曰追之吳行六十里

而無功王罷卒寢果擊之大敗吳師

齊桓公之時霖雨十旬桓公欲伐漅陵其城之值雨也未合管仲隰朋以卒徒造於門桓公曰徒衆何以爲管仲對曰臣聞之雨則有事夫漅陵不能雨臣請攻之公曰善遂興師伐之既至大卒間外士在內矣桓公曰其有聖人乎乃還旗而去之

宋圍曹不拔司馬子魚謂君曰文王伐崇崇軍其城三旬不降退而修教復伐之因壘而降今君德無乃有所闕乎胡不退修德無闕而後動吳王闔廬與荊

人戰於柏舉大勝之至於郢郊五敗荊人闔廬之臣五人進諫曰夫深入遠報非王之利也王其返乎五將鍥頭闔廬未之應五人之頭墜於馬前闔廬懼召伍子胥而問焉子胥曰五臣者懼也夫五敗之人者其懼甚矣王姑少進遂入郢南至江北至方城方三千里皆服於吳矣

田成子常與宰我爭宰我夜伏卒將以攻田成子令於卒中曰不見旌節毋起鴟夷子皮聞之告田成子田成子因爲旌節以起宰我之卒以攻之遂殘之也

齊桓公北伐山戎氏請兵於魯魯不與桓公怒將攻之管仲曰不可我已刑北方諸侯矣今又攻魯無乃不可乎魯必事楚是我一舉而失兩也桓公曰善乃輟攻魯矣

聖人之治天下也先文德而後武力凡武之興爲不服也文化不改然後加誅夫下愚不移純德之所不能化而後武力加焉

昔堯誅四凶以懲惡周公殺管蔡以弭亂子產殺鄧析以威侈孔子斬少正卯以變衆佞賊之人而不誅

亂之道也易曰不威小不懲大此小人之福也

五帝三王教以仁義而天下變也孔子亦教以仁義而天下不從者何也昔明王有紱冕以尊賢有斧鉞以誅惡故其賞至重而刑至深而天下變孔子賢顏淵無以賞之賤孺悲無以罰之故天下不從是故道非權不立非勢不行是道尊然後行

孔子爲魯司寇七日而誅少正卯於東觀之下門人聞之趨而進至者不言其意皆一也子貢後至趨而進曰夫少正卯者魯國之聞人矣夫子始爲政何以先誅之孔子曰賜也非爾所及也夫王者之誅有五而盜竊不與焉一曰心辨而險二曰言僞而辨三曰行辟而堅四曰志愚而博五曰順非而澤此五者皆有辨知聰達之名而非其真也苟行以僞則其知足以移衆强足以獨立此姦人之雄也不可不誅夫有五者之一則不免於誅今少正卯兼之是以先誅之也昔者湯誅蠋沐太公誅潘阯管仲誅史附里子產誅鄧析此五子未有不誅也所謂誅之者非爲其晝則攻盜暮則穿窬也皆傾覆之徒也此固君子之所

愆愚者之所惑也。詩云、憂心悄悄、慍于羣小、此之謂矣、

齊人王滿生見周公、周公出見之曰、先生遠辱、何以教之、王滿生曰、言內事者於內、言外事者於外、今言內事乎、言外事乎、周公導入、王滿生曰、敬從、布席、周公不導坐、王滿生曰、言大事者坐、言小事者倚、今言大事乎、言小事乎、周公導坐、王滿生坐、周公曰、先生何以教之、王滿生曰、臣聞聖人不言而知。非聖人者雖言不知。今欲言乎、無言乎、周公俛念有頃不對、王

滿生藉筆牘書之曰、社稷且危。傅之於膺。周公仰視見書曰、唯唯、謹聞命矣、明日誅管蔡、

說苑卷十五終

說苑卷十六

說叢

王者知所以臨下而治衆、則群臣畏服矣、知所以聽言受事、則不蔽欺矣、知所以安利萬民、則海內必定矣、知所以忠孝事上、則臣子之行備矣、凡所以劫殺者、不知道術以御其臣下也、凡使勝其職、則事治、事治則利生、不勝其職、則事亂、事亂則害成也、

百方之事。萬變鋒出、或欲持虛。或欲持實、或欲浮遊。或好誠必、或行安舒、或爲飄疾、從此觀之、天下不可

一。聖王臨天下而能一之、

意不並銳、事不兩隆、盛於彼者必衰於此、長於左者必短於右、喜夜臥者不能蚤起也、

鸞設於鑣、和設於軾、馬動而鸞鳴、鸞鳴而和應、行之節也、

不富無以爲大、不予無以合親。親疏則害、失衆則敗、

不教而誅謂之虐、不戒責成謂之暴也、

夫水出於山而入於海、稼生於田而藏於廩、聖人見所生則知所歸矣、

天道布順、人事取予、多藏不用、是謂怨府、故物不可
聚也、
一圍之木、持千鈞之屋。五寸之鍵、而制開闔。豈材足
任哉、蓋所居要也、
夫小快害義、小慧害道、小辯害治。苟心傷德、大政不
險。蛟龍雖神、不能以白日去其倫、飄風雖疾、不能以
陰雨揚其塵、
邑名勝母、曾子不入。水名盜泉、孔子不飲。醜其聲也、
婦人之口、可以出走。婦人之喙、可以死敗。不修其身、

求之於人、是謂失倫、不治其內、而修其外、是謂太廢。
重載而危之。操策而隨之。非所以為全也。
士橫道而偃、四支不掩、非士之過、有土之羞也。邦君
將昌、天遺其道、大夫將昌、天遺之士、庶人將昌、必有
良子。
賢師良友在其側。詩書禮樂陳于前、棄而為不善者
鮮矣、義士不欺心、仁人不害生、謀泄則無功、計不設
則事不成、賢士不事所非、不非所事、愚者行間而益
固、鄙人飾詐而益野、聲無細而不聞、行無隱而不明、

至神無不化也、至賢無不移也。上不信、下不忠、上下
不和、雖安必危、求以其道、則無不得。為以其時、則無
不成。
時不至、不可強生也、事不究、不可強成也。貞良而亡、
先人餘殃。猖獗而活、先人餘烈。權取重、澤取長、才賢
任輕、則有名、不肖任大、身死名廢、
士不以利移。不為患改。孝敬忠信之事立、雖死而不
悔。智而用私、不如愚而用公、故曰巧偽不如拙誠。學
問不倦、所以治己也、教誨不厭、所以治人也、所以貴

虛無者、得以應變、而合時也。冠雖故、必加於首、履雖
新、必關於足、上下有分、不可相倍、一心可以事百君、
百心不可以事一君。故曰正而心、又少而言、
萬物得其本者生、百事得其道者成。道之所在、天下
歸之、德之所在、天下貴之、仁之所在、天下愛之、義之
所在、天下畏之、屋漏者民去之、水淺者魚逃之、樹高
者鳥宿之。德厚者士趨之。有禮者民畏之。忠信者士
死之。衣雖弊、行必修、頭雖亂、言必治、時在應之、為在
因之、所伐而當、其福五之、所伐不當、其禍十之。

必貴以賤爲本。必高以下爲基。天將與之必先苦之
天將毀之。必先累之。孝於父母信於交友。十步之澤。
必有香草。十室之邑必有忠士。草木秋死。松栢獨在。
水浮萬物。玉石留止。飢渴得食。誰能不喜。賑窮救急。
何患無有。視其所以。觀其所使。斯可知已。乘輿馬不
勞致千里。乘船楫。不游絕江海。智莫大於闕疑。行莫
大於無悔也。制宅名子。足以觀士。利不兼。賞不倍。忽
忽之謀。不可爲也。惕惕之心。不可長也。
天與不取。反受其咎。時至不迎。反受其殃。天地無親。

常與善人。天道有常。不爲堯存。不爲桀亡。積善之家。
必有餘慶。積惡之家。必有餘殃。一噎之故。絕穀不食。
一蹶之故。却足不行。心如天地者明。行如繩墨者章。
位高道大者從。事大道小者凶。言疑者無犯。行疑者
無從。蠹蝝仆柱梁。蚊蝱走牛羊。
謁問析辭勿應。怪言虛說勿稱。謀先事則昌。事先謀
則亡。
無以淫佚棄業。無以貧賤自輕。無以所好害身。無以
嗜欲妨生。無以奢侈爲名。無以貴富驕盈。喜怒不當。

是謂不明。暴虐不得。反受其賊。怨生不報。禍生於福。
一言而非。四馬不能追。一言不急。四馬不能及。順風
而飛。以助氣力。銜葭而翔。以備矰弋。
鏡以精明。美惡自服。衡下無私。輕重自得。蓬生枲中。
不扶自直。白沙入泥。與之皆黑。
時乎時乎。間不及謀。至時之極。間不容息。勞而不休。
亦將自息。有而不施。亦將自得。
無不爲者。無不能成也。無不欲者。無不能得也。衆生
之積。福無不及也。衆邪之積。禍無不見也。力勝貧。謹

勝禍。慎勝害。戒勝災。爲善者天報以德。爲不善者天
報以禍。君子得時如水。小人得時如火。謗道已者。心
之罪也。尊賢已者。心之力也。心之得萬物不足爲也。
心之失。獨心不能守也。子不孝。非吾子也。交不信。非
吾友也。食其口而百節肥。灌其本而枝葉茂。本傷者
枝槁。根深者末厚。爲善者得道。爲惡者失道。惡語不
出口。苟言不留耳。務僞不長。喜虛不久。義士不欺心。
廉士不妄取。以財爲草。以身爲寶。慈仁少小。恭敬耆
老。犬吠不驚。命曰金城。常避危殆。命曰不悔。富必念

貧壯必念老年。雖幼少。慮之不早、夫有禮者相為死、無禮者亦相為死。貴不與驕期驕自來。驕不與亡期亡自至。踒人日夜願一起、盲人不忘視、知者始於悟終於諧。愚者始於樂終於哀。高山仰止、景行行止、力雖不能、心必務為、慎終如始、常以為戒、戰戰慄慄、日慎其事、聖人之正。莫如安靜、賢者之治、故與衆異、好稱人惡。人亦道其惡、好憎人者。亦為人所憎、衣食足。知榮辱、倉廩實。知禮節、江河之溢不過三日。飄風暴雨須臾而畢。

福生。於微。禍生。於忽、日夜恐懼。唯恐不卒。已雕已琢。還反於樸。物之相反復歸於本。循流而下易以至。倍風而馳易以遠。兵不豫定、無以待敵。計不先慮、無以應卒、中不方、名不章、外不圜、禍之門。直而不能枉、不可與大任。方而不能圜、不可與長存。慎之於身、無曰云云、狂夫之言、聖人擇焉。能忍恥者安。能忍辱者存。脣亡而齒寒、河水崩、其懷在山。毒智者莫甚於酒。留事者莫甚於樂。毀廉者莫甚於色。摧剛者反已於弱、富在知足、貴在求退、先憂事者後樂、先傲事者後憂、福在受諫、存之所由也。恭敬遜讓、精廉無謗、慈仁愛人、必受其賞、諫之不聽、後無與爭、舉事不當、為百姓謗、悔在於妄、患在於先出。蒲且修繳。鳧鴈悲鳴、逢蒙撫弓。虎豹晨嗥、河以委蛇。故能遠。山以陵遲、故能高。道以優游、故能化。德以純厚、故能豪。言人之善、澤於膏沐、言人之惡、痛於矛戟、為善不直、必終其曲、為醜不釋、必終其惡、一死一生。乃知交情、一貧一富。乃知交態、一貴一賤、交情乃見。一浮一沒。交情乃出。德義在前、用兵在後、

初沐者必拭冠、新浴者必振衣、敗軍之將、不可言勇。亡國之臣不可言智。坎井無黿鼉者、隘也。園中無修林者、小也。小忠。大忠之賊也。小利、大利之殘也。自請絕易、請人絕難、水激則悍、矢激則遠、人激於名、不毀為聲、下士得官以死、上士得官以生、禍福非從地中出、非從天上來、已自生之。窮鄉多曲學、小辯害大知、巧言使信廢、小惠妨大義、不困在於早慮、不窮在於早豫。欲人勿知、莫若勿為

欲人勿聞莫若勿言。非所言勿言以避其患非所爲勿爲以避其危非所取勿取以避其詭非所爭勿爭以避其聲明者視於冥冥謀於未形聰者聽於無聲慮者戒於未成世之溷濁而我獨清衆人皆醉而我獨醒。

乖離之咎無不生也毀敗之端從此興也江河大潰從蟻穴山以小陁而大崩淫亂之漸其變爲興水火金木轉相勝卑而正者可增高而倚者且崩直如矢者死直如繩者稱。

禍生於欲得福生於自禁聖人以心導耳目小人以耳目導心。

爲人上者患在不明爲人下者患在不忠人知糞田莫知糞心端身正行全以至今見亡知存見霜知冰廣大在好利恭敬在事親因時易以爲仁因道易以達人營於利者多患輕諾者寡信。

欲賢者莫如下人貪財者莫如全身財不如義高勢不如德尊父不能愛無益之子君不能愛不軌之民君不能賞無功之臣臣不能死無德之君問善御者莫如馬問善治者莫如民以卑爲尊以屈爲伸聖人所因上法於天。

君子行德以全其身小人行貪以亡其身相勸以禮相强以仁得道於身得譽於人

知命者不怨天知己者不怨人人而不愛則不能仁佞而不巧則不能信言善毋及身言惡毋及人上清而無欲則下正而民樸來事可追也往事不可及無思慮之心則不達無談說之辭則不樂。

善不可以僞來惡不可以辭去近市無賈在田無野善不逆旅非仁義剛武無以定天下

水倍源則川竭人倍信則名不達義勝患則吉患勝義則滅五聖之謀不如逢時辯智明慧不如遇世有鄙心者不可授便勢有愚質者不可予利器多易多敗多言多失。

冠履不同藏賢不肖不同位官尊者憂深祿多者責大積德無細積怨無大多少必報固其勢也。

梟逢鳩鳩曰子將安之梟曰我將東徙鳩曰何故梟曰鄉人皆惡我鳴以故東徙鳩曰子能更鳴可矣不

龍旲鳴東徙猶惡子之聲。

聖人之衣也便體以安身、其食也安於腹、適衣節食、不聽口目、

曾子曰、鷹鷲以山爲卑而增巢其上。黿鼉魚鼈以淵爲淺而穿穴其中、卒其所以得者餌也。君子苟不求利祿則不害其身。

曾子曰、狎甚則相簡也。莊甚則不親。是故君子之狎足以交懽、莊足以成禮而已。

曾子曰、入是國也、言信乎羣臣則留可也。忠行乎羣

臣則仕可也。澤施乎百姓則安可也。

口者關也。舌者機也。出言不當、四馬不能追也。口者關也。舌者兵也。出言不當反自傷也。言出於巳不可止於人、行發於邇不可止於遠。夫言行者君子之樞機、樞機之發、榮辱之本也。可不慎乎。故蒯子羽曰、言猶射也。括既離弦、雖有所悔焉、不可從而追已。詩曰、白珪之玷尚可磨也、斯言之玷不可爲也。

蠋欲類蠶、鱓欲類蛇、人見蛇蠋莫不身灑然、女工修蠶、漁者持鱓、不惡何也。欲得錢也。逐漁者濡、逐獸者趨、非樂之也、事之權也。

登高使人欲望、臨淵使人欲窺、何也。處地然也。御者使人恭、射者使人端、何也。其形便也。

民有五死、聖人能去其三、不能除其二。饑渴死者可去也、凍寒死者可去也、罹五兵死者可去也。壽命死者不可去也、癰疽死者不可去也。饑渴死者中不克也、凍寒死者外勝中也、罹五兵死者德不忠也、壽命死者歲數終也、癰疽死者血氣窮也。故曰中不正、外淫作、外淫作者多怨怪、多怨怪者疾病生、故淸淨無

爲血氣乃平。

百行之本、一言也。一言而適、可以却敵、一言而得、可以保國、響不能獨爲聲。影不能倍曲爲直。物必以其類及、故君子慎言出已。負石赴淵、行之難者也。然申屠狄爲之、君子不貴之也。盜跖凶貪、名如日月、與舜禹並傳而不息。而君子不貴。

君子有五恥、朝不坐、燕不議、君子恥之。居其位、無其言、君子恥之。有其言、無其行、君子恥之。既得之又失之、君子恥之。地有餘而民不足、君子恥之。

君子雖窮不處亡國之勢雖貧不受亂君之祿尊乎亂世同乎暴君君子之耻也衆人以毀形爲耻君子以毀義爲辱衆人重利廉士重名

明君之制賞從重罰從輕食人以壯爲量事人以老爲程

君子之言寡而實小人之言多而虛君子之學也入於耳藏於心行之以身君子之治也始於不足見終於不可及也君子慮福弗及慮禍百之君子擇人而取不擇人而與君子實如虛有如無

君子有其備則無事君子不以愧食不以辱得君子樂得其志小人樂得其事君子不以其所不愛及其所愛也

君子有終身之憂而無一朝之患順道而行循理而言喜不加易怒不加難

君子之過猶日月之蝕也何害於明小人可也猶狗之吠盜狸之夜見何益於善夫智者不妄爲勇者不妄殺

君子比義農夫比穀事君不得進其言則辭其爵不得行其義則辭其祿人皆知取之爲取也不知與之爲取之政有招寇行有招耻弗爲而自至天下未有猛獸狐疑不若蜂蠆之致毒也高議而不可及不若卑論之有功也

秦信同姓以王至其衰也非易同姓也而身死國亡故王者之治天下在於行法不在於信同姓

高山之巔無美木傷於多陽也大樹之下無美草傷於多陰也

鍾子期死而伯牙絕絃破琴而世莫可爲鼓也惠施

卒而莊子深瞑不言見世莫可與語也

修身者智之府也愛施者仁之端也取予者義之符也耻辱者勇之決也立名者行之極也

進賢受上賞蔽賢蒙顯戮古之通義也爵人於朝論人於市古之通法也

道微而明淡而有功非道而得非時而生是謂妄成得而失之定而復傾

福者禍之門也是者非之尊也治者亂之先也事無終始而患不及者未之聞也

枝無忘其根、德無忘其報、見利必念害身。故君子留精神寄心於三者、吉祥及子孫矣。

兩高不可重、兩大不可容、兩勢不可同、兩貴不可雙。夫重容同雙、必爭其功。故君子節嗜欲、各守其足、乃能長久。夫節欲而聽諫、敬賢而勿慢、使能而勿賤、爲人君能行此三者、其國必強大、而民不去散矣。

默無過言、慤無過事。木馬不能行、亦不費食。騏驥日馳千里、鞭箠不去其背。

寸而度之、至丈必差、銖而稱之、至石必過。石稱丈量、

徑而寡失。簡絲數米、煩而不察。故大較易爲智、曲辯難爲慧。

吞舟之魚、蕩而失水、制於螻蟻者、離其居也。猿猴失木、禽於狐貉者、非其處也。騰蛇遊霧而升、騰龍乘雲而舉、猿得木而挺、魚得水而鶩、處地宜也。

君子博學、患其不習。既習之、患其不能行之。既能行之、患其不能以讓也。

君子不羞學、不羞問。問訊者、知之本。念慮者、知之道也。此言貴因人知而加知之、不貴獨自用其知而知之。

天地之道、極則反、滿則損。五采曜眼、有時而渝。茂木豐草、有時而落。物有盛衰、安得自若。

民苦則不仁、勞則詐生、安平則教、危則謀、極則反、滿則損。故君子弗滿弗極也。

說苑卷十六終

說苑卷十七

雜言

賢人君子者、通乎盛衰之時。明乎成敗之端。察乎治亂之紀、審乎人情、知所去就、故雖窮不處亡國之勢、雖貧不受汙君之祿。是以太公年七十而不自達、孫叔敖三去相而不自悔、何則、不強合非其人也、太公一合於周而侯七百歲。孫叔敖一合於楚而封十世。大夫種存亡越而霸勾踐、賜死於前、李斯積功於秦而卒被五刑、盡忠憂君、危身安國、其功一也、或以封侯而不絕、或以賜死而被刑、所慕所由異也。故箕子棄國而佯狂、范蠡去越而易名、智過去君弟而更姓、皆見遠識微而仁能去富勢以避萌生之禍者也、夫暴亂之君孰能離縶以役其身而與于患乎哉。故賢者非畏死避害而已也。爲殺身無益而明主之暴也、比干死紂而不能正其行、子胥死吳而不能存其國、二子者強諫而死、適足明主之暴耳。未始有益如秋毫之端也。是以賢人閉其智、塞其能、待得其人然後合、故言無不聽、行無見疑、君臣兩與、終身無患、今非

得其時、又無其人、直私意不能已、閔世之亂、憂主之危、以無貲之身、涉蔽塞之路、經乎讒人之前。造無量之主。犯不測之罪。傷其天性、豈不惑哉、故文信侯李斯、天下所謂賢也、爲國計揣微射隱、所謂無過策也、戰勝攻取、所謂無強敵也、積功甚大、勢利甚高、賢人不用、讒人用事、自知不用其仁不能去、制敵積功不失秋毫。避患去害不見山積、其所欲以至其所惡。豈不爲勢利惑哉、詩云、人知其一、莫知其佗、此之謂也、

子石登吳山而四望、喟然而嘆息曰、嗚呼悲哉、世有明於事情、不合於人心者、有合於人心、不明於事情者、弟子問曰、何謂也、子石曰、昔者吳王夫差不聽伍子胥盡忠極諫、抉目而辜、太宰嚭公孫雒偷合苟容以順夫差之志而伐吳、二子沉身江湖、頭懸越旗、昔者費仲惡來革長鼻決耳、崇侯虎順紂之心、欲以合於意、武王伐紂、四子身死牧之野、頭足異所、比干盡忠剖心而死、今欲明事情、恐有抉目剖心之禍、欲合人心、恐有頭足異所之患。由是觀之、君子道狹耳。誠

不逢其明主。狹道之中。又將險危閉塞。無可從出者。祁射子見秦惠王、惠王說之、於是唐姑讒之、復見惠王、懷怒以待之、非其說異也、所聽者易也、故以徵爲羽。非弦之罪也。以甘爲苦。非味之過也。

彌子瑕愛於衛君、衛國之法、竊駕君車罪刖、彌子瑕之母疾、人聞夜往告之、彌子瑕擅駕君車而出、君聞之賢之曰、孝哉爲母之故犯刖罪哉。君遊果園、彌子瑕食桃而甘、不盡而奉君、君曰、愛我而忘其口味。及彌子瑕色衰而愛弛。得罪於君、君曰、是故嘗矯吾車。

又嘗食我以餘桃。故子瑕之行。未必變初也。前見賢後獲罪者。愛憎之生變也。

舜耕之時不能利其都人。及爲天子。天下戴之。故君子窮則善其身、達則利於天下、

孔子曰、自季孫之賜我千鍾而友益親。自南宮頊叔之乘我車也。而道加行。故道有時而後重。有勢而後行。微夫二子之賜。丘之道幾於廢也。

太公田不足以償種、漁不足以償網、治天下有餘智、文公種米、曾子駕羊、孫叔敖相楚三年、不知軛在衡

後務大者固忘小、智伯廚人亡炙選而知之、韓魏反而不知、邯鄲子陽園人亡桃而知之、其亡也不知、務小者亦忘大也。

淳于髡謂孟子曰、先名實者、爲人者也、後名實者、自爲者也、夫子在三卿之中、名實未加上下而去之、仁者固如此乎、孟子曰、居下位、不以賢事不肖者、伯夷也、五就湯五就桀者、伊尹也、不惡汙君不辭小官者、柳下惠也、三子者不同道。其趣一也。一者何也、曰仁也。君子亦仁而已。何必同。曰、魯穆公之時、公儀子爲

政、子思子庚爲臣、魯之削也滋甚、若是乎賢者之無益於國也、曰虞不用百里奚而亡、秦穆公用之而霸、故不用賢則亡、削何可得也、曰、昔者王豹處於淇、而河西善謳、綿駒處於高唐、而齊右善歌、華舟杞梁之妻善哭其夫而變國俗、有諸內必形於外、爲其事無其功、髡未睹也、是故無賢者也、有則髡必識之矣、曰孔子爲魯司寇而不用、從祭膰肉不至、不脫冕而行、其不善者以爲爲肉也、其善者以爲爲禮也、乃孔子欲以微罪行、不欲爲苟去、故君子之所爲、衆人固不

得識也、

梁相死、惠子欲之梁、渡河而遽墮水中、船人救之、船人曰、子欲何之而遽也、曰、梁無相、吾欲往相之、船人曰、子居船檝之間而困、無我則子死矣、子何能相梁乎、惠子曰、子居艘楫之間、則吾不如子、至於安國家全社稷、子之比我、蒙蒙如未視之狗耳。

西閭過東渡河、中流而溺、船人接而出之、問曰、今者子欲安之、西閭過曰、欲東說諸侯王、船人掩口而笑曰、子渡河中流而溺、不能自救、安能說諸侯乎、西閭

過曰、無以子之所能相傷爲也、子獨不聞和氏之璧乎。價重千金。然以之間紡。曾不如瓦塼。隨侯之珠國之寶也。然用之彈。曾不如泥丸。騏驥騄駬倚衡負軛而趨。一日千里。此至疾也。然使捕鼠。曾不如百錢之狸。干將鏌鋣拂鍾不錚。試物不知。揚刃離金斬羽契鐵斧。此至利也。然以之補履。曾不如兩錢之錐。今子持楫乘扁舟。處廣水之中。當陽侯之波。而臨淵流。適子所能耳。若試與子東說諸侯王。見一國之主。子之蒙蒙無異夫未視之狗耳、

甘戊使於齊、渡大河、船人曰、河水間耳、君不能自渡、能爲王者之說乎、甘戊曰、不然、汝不知也、物各有短長、謹愿敦厚、可事主不施用兵。騏驥騄駬、足及千里、置之宮室、使之捕鼠、曾不如小狸、干將爲利、名聞天下、匠以治木、不如斤斧、今持楫而上下隨流、吾不如子、說千乘之君、萬乘之主、子亦不如戊矣、

今夫世異則事變、事變則時移、時移則俗易、是以君子先相其土地而裁其器、觀其俗而和其風、總衆議而定其教、愚人有學遠射者、參矢而發、已射五步之

內、又復參矢而發、世以易矣、不更其儀、譬如愚人之學遠射、目察秋毫之末者、視不能見太山、耳聽清濁之調者、不聞雷霆之聲、何也、唯其意有所移也、百人操觿。不可爲固結。千人謗獄。不可爲直辭。萬人比非不可爲顯士、

麋鹿成羣。虎豹避之。飛鳥成列。鷹鷲不擊。衆人成聚。聖人不犯。螣蛇遊於霧露。乘於風雨而行、非千里不止、然則暮託宿於鰌鱣之穴、所以然者、何也、用心不一也。夫蚯蚓內無筋骨之強、外無爪牙之利、然下飲

負泉上壟埽土所以然者何也用心一也聰者耳聞明者目見聰明形則仁愛著廉恥分矣故非其道而行之雖勞不至非其有而求之雖强不得智者不爲非其事廉者不求非其有是以遠害而名章也詩云不忮不求何用不臧此之謂也

楚昭王召孔子將使執政而封以書社七百子西謂楚王曰王之臣用兵有如子路者乎使諸侯有如宰予者乎長官五官有如子貢者乎昔文王處酆武王處鎬酆鎬之間百乘之地伐上殺主立爲天子世皆

曰聖王今以孔子之賢而有書社七百里之地而三子佐之非楚之利也楚王遂止夫善惡之難分也聖人獨見疑而況於賢者乎是以賢聖罕合諂諛常興也故有千歲之亂而無百歲之治孔子之見疑豈不痛哉

魯哀公問於孔子曰有智者壽乎孔子曰然人有三死而非命也者人自取之夫寢處不時飲食不節佚勞過度者疾共殺之居下位而上忤其君嗜慾無厭而求不止者刑共殺之少以犯衆弱以侮强忿怒不量力者兵共殺之此三死者非命也人自取之詩云人而無儀不死何爲此之謂也

孔子遭難陳蔡之境絕糧弟子皆有饑色孔子歌兩柱之間子路入見曰夫子之歌禮乎孔子不應曲終而曰由君子好樂爲無驕也小人好樂爲無懾也其誰知之子不我知而從我者乎子路不悅援干而舞三終而出及至七日孔子修樂不休子路慍見曰夫子之修樂時乎孔子不應樂終而曰由昔者齊桓霸心生于莒勾踐霸心生於會稽晉文霸心生于驪氏

故居不幽則思不遠身不約則智不廣庸知而不遇之於是興明日免於厄子貢執轡曰二三子從夫子而遇此難也其不可忘已孔子曰惡是何也語不云乎三折肱而成良醫夫陳蔡之間丘之幸也二三子從丘者皆幸人也吾聞人君不困不成王列士不困不成行昔者湯困於呂文王困於羑里秦穆公困於殽齊桓困於長勺勾踐困於會稽晉文困於驪氏夫困之爲道從寒之及煖煖之及寒也唯賢者獨知而難言之也易曰困亨貞大人吉無咎有言不信聖人

所與人難言信也

孔子困於陳蔡之間居環堵之內席三經之席七日不食藜羹不糝弟子皆有饑色讀詩書治禮不休子路進諫曰凡人爲善者天報以福爲不善者天報以禍今先生積德行爲善久矣意者尚有遺行乎奚居隱也孔子曰由來汝不知坐吾語汝子以夫知者爲無不知乎則王子比干何爲剖心而死以諫者爲必聽乎伍子胥何爲抉目於吳東門子以廉者爲必用乎伯夷叔齊何爲餓死於首陽山之下子以忠者爲

必用乎則鮑莊何爲而肉枯荆公子高終身不顯鮑焦抱木而立枯介子推登山焚死故夫君子博學深謀不遇時者衆矣豈獨丘哉賢不肖者才也爲不爲者人也遇不遇者時也死生者命也有其才不遇其時雖才不用苟遇其時何難之有故舜耕歷山而逃於河畔立爲天子則其遇堯也傅說負壤土釋板築而立佐天子則其遇武丁也伊尹有莘氏媵臣也負鼎俎調五味而佐天子則其遇成湯也呂望行年五十賣食於棘津行年七十屠牛朝歌行年九十爲天子師則其遇文王也管夷吾束縛膠目居檻車中自車中起爲仲父則其遇齊桓公也百里奚自賣取五羊皮伯氏牧羊以爲卿大夫則其遇秦穆公也沈尹名聞天下以爲令尹而讓孫叔敖則其遇楚莊王也伍子胥前多功後戮死非其智益衰也前遇闔廬後遇夫差也夫驥厄罷鹽車非無驥狀也夫世莫能知也使驥得王良造父驥無千里之足乎芝蘭生深林非爲無人而不香故學者非爲通也爲窮而不困也憂不衰也此知禍福之始而心不惑也聖人之深念

獨知獨見舜亦賢聖矣南面治天下唯其遇堯也使舜居桀紂之世能自免刑戮固可也又何官得治乎夫桀殺關龍逢而紂殺王子比干當是時豈關龍逢無知而比干無惠哉此桀紂無道之世然也故君子疾學修身端行以須其時也

孔子之宋匡簡子將殺陽虎孔子似之甲士以圍孔子之舍子路怒奮戟將下鬬孔子止之曰何仁義之不免俗也夫詩書之不習禮樂之不修也是丘之過也若似陽虎則非丘之罪也命也夫由歌予和汝子

路歌孔子和之三終而甲罷。

孔子曰不觀於高岸何以知顛墜之患。不臨於深淵何以知沒溺之患不觀於海上何以知風波之患失之者其不在此乎士愼三者無累於人

曾子曰響不辭聲鑑不辭形君子正一而萬物皆成。夫行非爲影也而影隨之呼非爲響也而響和之故君子功先成而名隨之。

子夏問仲尼曰顏淵之爲人也何若曰回之信賢於丘也曰子貢之爲人也何若曰賜之敏賢於丘也曰

子路之爲人也何若曰由之勇賢於丘也曰子張之爲人何若曰師之莊賢於丘也於是子夏避席而問曰然則四者何爲事先生曰坐吾語汝回能信而不能反賜能敏而不能屈由能勇而不能怯師能莊而不能同兼此四子者丘不爲也夫所謂至聖之士必見進退之利屈伸之用者也。

東郭子惠問於子貢曰夫子之門何其雜也子貢曰夫檃括之旁多枉木良醫之門多疾人砥礪之旁多頑鈍夫子修道以俟天下來者不止是以雜也詩云菀彼柳斯鳴蜩嘒嘒有漼者淵萑葦渒渒言大者之旁無所不容

昔者南瑕子過程太子太子爲烹鯢魚南瑕子曰吾聞君子不食鯢魚程太子曰乃君子否子何事焉南瑕子曰吾聞君子上比所以廣德也下比所以狹行也於惡自退之原也詩云高山仰止景行行止吾豈敢自以爲君子哉志向之而已孔子曰見賢思齊焉見不賢而內自省

孔子觀於呂梁懸水四十仞環流九十里魚鱉不能

過黿鼉不敢居有一丈夫方將涉之孔子使人並崖而止之曰此懸水四十仞圜流九十里魚鱉不敢過黿鼉不敢居意者難可濟也丈夫不以錯意遂渡而出孔子問子巧乎且有道術乎所以能入而出者何也丈夫對曰始吾入先以忠信吾之出也又從以忠信忠信錯吾軀於波流而吾不敢用私吾所以能入而復出也孔子謂弟子曰水而尚可以忠信義久而身親之況於人乎

子路盛服而見孔子孔子曰由是襜襜者何也昔者

江水出於岷山、其始也大足以濫觴、及至江之津也、不方舟、不避風、不可渡也、非唯下流衆川之多乎、今若衣服甚盛、顔色充盈、天下誰肯加若者哉、子路趨而出、改服而入、蓋自如也、孔子曰由記之、吾語若賁於言者華也、奮於行者伐也、夫色智而有能者。小人也。故君子知之爲知之、不知爲不知、言之要也、能之爲能、不能爲不能、行之至也、言要則知。行要則仁。既知且仁、夫有何加矣哉、由詩云、湯降不遲、聖敬日躋、此之謂也、

子路問孔子曰、君子亦有憂乎、孔子曰無也、君子之修其行、未得則樂其意、既已得又樂其知、是以有終身之樂、無一日之憂、小人則不然、其未之得則憂不得、既已得之、又恐失之、是以有終身之憂、無一日之樂、

孔子見榮啓期、衣鹿皮裘、鼓瑟而歌、孔子問曰、先生何樂也、對曰、吾樂甚多、天生萬物、唯人爲貴、吾既已得爲人、是一樂也、人以男爲貴、吾既已得爲男、是爲二樂也、人生不免襁褓、吾年已九十五、是三樂也、夫貧者士之常也。死者民之終也。處常待終、當何憂乎。

曾子曰、吾聞夫子之三言、未之能行也、夫子見人之一善而忘其百非、是夫子之易事也、夫子見人有善、若己有之、是夫子之不爭也、聞善必躬親行之、然後道之、是夫子之能勞也、夫子之能勞也、夫子之不爭也、夫子之易事也、吾學夫子之三言而未能行、

孔子曰、回若有君子之道四、強於行己、弱於受諫。怵於待祿、慎於持身、

仲尼曰、史鰌有君子之道三、不仕而敬上、不祀而敬鬼。直能曲於人。

孔子曰、丘死之後、商也日益。賜也日損、商也好與賢己者處。賜也好說不如己者。

孔子將行無蓋、弟子曰、子夏有蓋、可以行、孔子曰商之爲人也、甚短於財、吾聞與人交者、推其長者、違其短者。故能久長矣。

子路行辭於仲尼曰、敢問新交取親若何、言寡可行若何、長爲善士而無犯若何、仲尼曰、新交取親其忠乎。言寡可行其信乎。長爲善士而無犯其禮乎、

子路將行、辭於仲尼曰、贈汝以車乎、以言乎、子路曰、請以言、仲尼曰、不強不遠、不勞無功、不忠無親、不信無復、不恭無禮、慎此五者、可以長久矣、

曾子從孔子於齊、齊景公以下卿禮聘曾子、曾子固辭、將行、晏子送之曰、吾聞君子贈人以財、不若以言。今夫蘭本三年、湛之以鹿醢。既成、則易以匹馬、非蘭本美也。願子詳其所湛、既得所湛、亦求所湛、吾聞君子居必擇處、遊必擇士、居必擇處、所以求士也、遊必擇士、所以修道也、吾聞反常移性者欲也。故不可不

慎也。

孔子曰、中人之情、有餘則侈、不足則儉、無禁則淫、無度則失、縱欲則敗、飲食有量、衣服有節、宮室有度、畜聚有數、車器有限、以防亂之源也、故夫度量不可不明也、善欲不可不聽也、

孔子曰、巧而好度必工、勇而好同必勝、知而好謀必成。愚者反是、夫處重擅寵、專事妬賢、愚者之情也、志驕傲而輕舊怨、是以尊位則必危、任重則必崩、擅寵則必辱、

孔子曰、鞭朴之子不從父之教、刑戮之民不從君之政、言疾之難行、故君子不急斷、不意使、以為亂源。

孔子曰、終日言不遺己之憂、終日行不遺己之患、唯智者有之、故恐懼所以除患也、恭敬所以越難也、終身為之、一言敗之、可不慎乎、

孔子曰、以富貴為人下者、何人不與、以富貴敬愛人者、何人不親、衆言不逆、可謂知言矣、衆嚮之、可謂知時矣

孔子曰、夫富而能富人者、欲貧而不可得也。貴而能

貴人者、欲賤而不可得也、達而能達人者、欲窮而不可得也、

仲尼曰、非其地而樹之不生也、非其人而語之弗聽也、得其人如聚沙而雨之、非其人如聚聾而鼓之、

孔子曰、船非水不可行、水入船中則其沒也、故曰君子不可不嚴也、小人不可不閑也

孔子曰、依賢固不困、依富固不窮、馬趼斫而復行者何、以輔足衆也、

孔子曰、不知其子、視其所友、不知其君、視其所使、又

曰與善人居。如入蘭芷之室。久而不聞其香。則與之化矣。與惡人居。如入鮑魚之肆。久而不聞其臭。亦與之化矣。故曰丹之所藏者赤。烏之所藏者黑。君子慎所藏。

子貢問曰。君子見大水必觀焉。何也。孔子曰。夫水者君子比德焉。遍予而無私。似德。所及者生。似仁。其流卑下句倨。皆循其理。似義。淺者流行。深者不測。似智。其赴百仞之谷不疑。似勇。綿弱而微達。似察。受惡不讓。似包蒙。不清以入。鮮潔以出。似善化。至量必平。似

正。盈不求概。似度。其萬折必東。似意。是以君子見大水觀焉爾也。

夫智者何以樂水也。曰泉源潰潰。不釋晝夜。其似力者。循理而行。不遺小間。其似持平者。動而之下。其似有禮者。赴千仞之壑而不疑。其似勇者。障防而清。其似知命者。不清以入。鮮潔而出。其似善化者。衆人取乎品類。以正萬物。得之則生。失之則死。其似有德者。淑淑淵淵。深不可測。其似聖者。通潤天地之間。國家以成。是知之所以樂水也。詩云。思樂泮水。薄采其茆。魯侯戾止。在泮飲酒。樂水之謂也。夫仁者何以樂山也。曰夫山巃嵸嵔㠑。萬民之所觀仰。草木生焉。衆物立焉。飛禽萃焉。走獸休焉。寶藏殖焉。奇夫息焉。育群物而不倦焉。四方並取而不限焉。出雲風通氣于天地之間。國家以成。是仁者所以樂山也。詩曰。太山巖巖。魯侯是瞻。樂山之謂矣。

玉有六美。君子貴之。望之溫潤。近之栗理。聲近徐而聞遠。折而不撓。闕而不荏。廉而不劌。有瑕必示之於外。是以貴之。望之溫潤者。君子比德焉。近之栗理者。

君子比智焉。聲近徐而聞遠者。君子比義焉。折而不撓。闕而不荏者。君子比勇焉。廉而不劌者。君子比仁焉。有瑕必見之於外者。君子比情焉。

道吾問之夫子。多所知。無所知。其身孰善者乎。對曰。無知者死人屬也。雖不死。累人者必衆甚矣。然多所知者好。其用心也多。所知者出於利人。則善矣。出於害人。則不善也。道吾曰。善哉。

越石父曰。不肖人自賢也。愚者自多也。佞人者皆莫能相其心。口以出之。又謂人勿言也。譬之猶渴而穿

弗臨難而後鑄兵雖疾從而不及也
夫臨財忘貧臨生忘死可以遠罪矣夫君子愛口孔雀愛羽虎豹愛爪此皆所以治身法也上交者不失其祿下交者不離於患是以君子擇人與交農人擇田而田君子樹人農夫樹田田者擇種而種之豐年必得粟士擇人而樹之豐時必得祿矣

天下失道而後仁義生焉國家不治而後孝子生焉民爭不分而後慈惠生焉道逆時反而後權謀生焉

凡善之生也皆學之所由一室之中必有主道焉父

母之謂也故君正則百姓治父母正則子孫孝慈是以孔子家兒不知罵曾子家兒不知怒所以然者生而善教也夫仁者好合人不仁者好離人故君子居人間則治小人居人間則亂君子欲和人譬猶水火不相能然也而鼎在其間水火不亂乃和百味是以君子不可不慎擇人在其間

齊景公問晏子曰寡人自以坐地二三子皆坐地吾子獨搴草而坐之何也晏子對曰嬰聞之唯喪與獄坐於地今不敢以喪獄之事侍於君矣

齊高廷問於孔子曰廷不曠山不直地衣蓑提執精氣以問事君之道願夫子告之孔子曰貞以幹之敬以輔之待人無倦見君子則舉之見小人則退之去爾惡心而忠與之敏其行脩其禮千里之外親如兄弟若行不敏禮不合對門不通矣

說苑卷十七終

說苑卷十八

辨物

顔淵問於仲尼曰、成人之行何若。子曰、成人之行、達乎情性之理、通乎物類之變、知幽明之故、睹遊氣之源、若此而可謂成人。既知天道、行躬以仁義、飭身以禮樂。夫仁義禮樂、成人之行也。窮神知化、德之盛也。易曰、仰以觀於天文、俯以察於地理、是故知幽明之故。夫天文地理人情之效存於心、則聖智之府。是故古者聖王既臨天下、必變四時、定律歷、考天文、揆時

變、登靈臺以望氣氛。故堯曰、咨爾舜、天之歷數在爾躬、允執其中。四海困窮。書曰、在璿璣玉衡、以齊七政。璿璣謂北辰勾陳樞星也。以其魁杓之所指二十八宿爲吉凶禍福、天文列舍盈縮之占、各以類爲驗。夫占變之道、二而已矣。二者、陰陽之數也。故易曰、一陰一陽之謂道。道也者、物之動莫不由道也。是故發於一、成於二、備於三、周於四、行於五。是故玄象著明、莫大於日月、察變之動、莫著於五星。天之五星運氣於五行、其初猶發於陰陽、而化極萬一千五百二十、所謂二十八星者、東方曰角、亢、氐、房、心、尾、箕。北方曰斗、牛、須女、虛、危、營室、東壁。西方曰奎、婁、胃、昴、畢、觜、參。南方曰東井、輿鬼、柳、七星、張、翼、軫。所謂宿者、日月五星之所宿也。其在宿運外內者、以宮名別。其根荄皆發於地而華形於天。所謂五星者、一曰歲星、二曰熒惑、三曰鎮星、四曰太白、五曰辰星。欃槍、彗孛、旬始、枉矢、蚩尤之旗、皆五星盈縮之所生也。五星之所犯、各以金木水火土爲占。春秋冬夏、伏見有時、失其常、離其時、則爲變異、得其時、居其常、是謂吉祥。古者有主四

時者。主春者張、昏而中、可以種穀、上告于天子、下布之民。主夏者大火、昏而中、可以種黍菽、上告于天子、下布之民。主秋者虛、昏而中、可以種麥、上告于天子、下布之民。主冬者昴、昏而中、可以斬伐田獵蓋藏、上告之天子、下布之民。故天子南面視四星之中、知民之緩急。急則不賦籍、不舉力役。書曰、敬授民時。詩曰、物其有矣、維其時矣。物之所以有而不絕者、以其動之時也。

易曰、天垂象、見吉凶、聖人則之。昔者高宗、成王感於

能雉暴風之變脩身自改而享豐昌之福也逮秦皇帝即位彗星四見蝗蟲蔽天冬雷夏凍石隕東郡大人出臨洮妖孽並見熒惑守心星茀太角太角以亡終不能改二世立又重其惡及即位日月薄蝕山林辰星出於四孟太白經天而行無雲而雷枉矢夜光熒惑襲月孽火燒宮野禽戲庭都門內崩天變動於上群臣昏於朝百姓亂於下遂不察是以亡也

八荒之內有四海四海之內有九州天子處中州而制八方耳兩河間曰冀州河南曰豫州河西曰雍州漢南曰荊州江南曰揚州濟南間曰兗州濟東曰徐

州燕曰幽州齊曰青州山川汙澤陵陸丘阜五土之宜聖王就其勢因其便不失其性高者黍中者稷下者秔蒲葦菅蒯之用不乏麻麥黍梁亦不盡山林禽獸川澤魚鼈滋殖王者京師四通而致之

周幽王二年西周三川皆震伯陽父曰周將亡矣夫天地之氣不失其序若過其序民亂之也陽伏而不能出陰迫而不能烝於是有地震今三川震是陽失其所而塡陰也陽溢而壯陰源必塞國必亡夫水土演而民用足也土無所演民乏財用不亡何待昔伊雒竭而夏亡河竭而商亡今周德如二代之季矣其川源塞塞必竭夫國必依山川山崩川竭亡之徵也川竭山必崩若國亡不過十年數之紀也天之所棄不過紀是歲也三川竭岐山崩十一年幽王乃滅周乃東遷

五嶽者何謂也泰山東嶽也霍山南嶽也華山西嶽也常山北嶽也嵩高山中嶽也五嶽何以視三公能大布雲雨焉能大斂雲雨焉雲觸石而出膚寸而合不崇朝而雨天下施德博大故視三公也

四瀆者何謂也江河淮濟也四瀆何以視諸侯能蕩滌垢濁焉能通百川於海焉能出雲雨千里焉爲施甚大故視諸侯也

山川何以視子男也能出物焉能潤澤物焉能生雲雨爲恩多然品類以百數故視子男也書曰禋于六宗望秩于山川徧于群神矣

齊景公爲露寢之臺成而不通焉柏常騫曰爲臺甚急臺成君何爲不通焉公曰然梟昔者鳴其聲無不

爲也吾惡之甚是以不通焉柏常騫曰臣請禳而去之公曰何具對曰築新室爲置白茅焉公使爲室成置白茅焉柏常騫夜用事明日問公曰今昔聞鴞聲乎公曰一鳴而不復聞使人往視之鴞當陛布翼伏地而死公曰子之道若此其明也亦能益寡人壽乎對曰能公曰能益幾何對曰天子九諸侯七大夫五公曰亦有徵兆之見乎對曰得壽地且動公喜令百官趣具騫之所求柏常騫出遭晏子於塗拜馬前辭曰騫爲君禳鴞而殺之君謂騫曰子之道若此其明

也亦能益寡人壽乎騫曰能今且大祭爲君請壽故將往以聞晏子曰嘻亦善矣能爲君請壽也雖然吾聞之惟以政與德順乎神爲可以益壽今徒祭可以益壽乎然則福名有見乎對曰得壽地將動晏子曰騫昔吾見維星絕樞星散地其動汝以是乎柏常騫俯有間仰而對曰然晏子曰爲之無益不爲無損也薄賦斂無費民且令君知之

夫水旱俱天下陰陽所爲也大旱則雩祭而請雨大水則鳴鼓而劫社何也曰陽者陰之長也其在鳥則雄爲陽雌爲陰其在獸則牡爲陽而牝爲陰其在民則夫爲陽而婦爲陰其在家則父爲陽而子爲陰其在國則君爲陽而臣爲陰故陽貴而陰賤陽尊而陰卑天之道也今大旱者陽氣太盛以厭於陰陰厭陽固陽其填也惟填厭之太甚使陰不能起也亦雩祭拜請而已無敢加也至於大水及日蝕者皆陰氣太盛而上減陽精以賤乘貴以卑陵尊大逆不義故鳴鼓而脅之朱絲縈而劫之由此觀之春秋乃正天下之位徵陰陽之失直責逆者不避其難是亦春秋之

不畏強禦也故劫嚴社而不爲驚靈出天王而不爲不尊上辭蒯聵之命不爲不聽其父絕文姜之屬而不爲不愛其母其義之盡耶其義之盡耶

齊大旱之時景公召群臣問曰天不雨久矣民且有饑色吾使人卜之祟在高山廣水寡人欲少賦斂以祠靈山可乎群臣莫對晏子進曰不可祠此無益也夫靈山固以石爲身以草木爲髮天久不雨髮將焦身將熱彼獨不欲雨乎祠之無益景公曰不然吾欲祠河伯可乎晏子曰不可祠此無益也夫河伯以水

爲國以魚鼈爲民天久不雨水泉將下百川竭國將亡民將滅矣彼獨不用雨乎祠之何益景公曰今爲之柰何晏子曰君誠避宮殿暴露與靈山河伯共憂其幸而雨乎於是景公出野暴露三日天果大雨民盡得種樹景公曰善哉晏子之言可無用乎其惟有德也

夫天地有德合則生氣有精矣陰陽消息則變化有時矣時得而治矣時得而化矣時失而亂矣是故人生而不具者五目無見不能食不能行不能言不能

施化故三月達眼而後能見七月生齒而後能食期年生臏而後能行三年顖合而後能言十六精通而後能施化陰窮反陽陽窮反陰故陰以陽變陽以陰變故男八月而生齒八歲而毀齒二八十六而精小通女七月而生齒七歲而毀齒二七十四而精化小通不肖者精化始至矣而生氣感動觸情縱欲故反施亂化故詩云乃如之人懷婚姻也大無信也不知命也賢者不然精化塡盈後傷時之不可遇也不見道端乃陳情欲以歌詩曰靜女其姝俟我乎城隅愛而不見搔首踟躕瞻彼日月遙遙我思道之云遠曷云能來急時之辭也甚焉故稱日月也

度量權衡以黍生之爲一分十分爲一寸十寸爲一尺十尺爲一丈十六黍爲一豆六豆爲一銖二十四銖爲一兩十六兩爲一斤三十斤爲一鈞四鈞重一石千二百黍爲一龠十龠爲一合十合爲一升十升爲一斗十斗爲一石

凡六經帝王之所著莫不致四靈焉德盛則以爲畜治平則時氣至矣故麒麟麕身牛尾圓頂一角含仁

懷義音中律呂行步中規折旋中矩擇土而踐位平然後處不群居不旅行紛兮其有質文也幽閒則循循如也動則有容儀黃帝卽位惟聖恩承天明道一脩惟仁是行宇內和平未見鳳凰維思影像夙夜晨興於是乃問天老曰鳳儀何如天老曰夫鳳鴻前麟後蛇頸魚尾鶴植鴛鴦思麗化枯折所志龍文龜身燕喙雞噣駢翼而中注首戴德頂揭義背負仁心信智食則有質飲則有儀往則有文來則有嘉晨鳴曰發明晝鳴曰保長飛鳴曰上翔集鳴曰歸昌翼挾義

哀抱忠。尾服正。尾繫武。小聲合金。大音合鼓。延頸奮
翼。五光備舉。光興八風。氣降時雨。此謂鳳像。夫惟鳳
爲能究萬物。通天祉。象百狀。達于道。去則有災。見則
有福。覽九州。觀八極。備文武。正王國。嚴照四方。仁聖
皆伏。故得鳳之像一者鳳過之。得二者鳳下之。得三
者則春秋下之。得四者則四時下之。得五者則終身
居之。黃帝曰於戲盛哉。於是乃備黃冕帶黃紳。齋于
中宮。鳳乃蔽日而降。黃帝降自東階。西面啓首曰皇
天降茲。敢不承命。於是鳳乃遂集東囿。食帝竹實。棲

帝梧樹。終身不去。詩云。鳳皇鳴矣。于彼高岡。梧桐生
矣。于彼朝陽。菶菶萋萋。雝雝喈喈。此之謂也
靈龜文五色。似玉似金。背陰向陽。上隆象天。下平法
地。槃衍象山。四趾轉運應四時。文著象二十八宿。蛇
頭龍翅。左精象日。右精象月。千歲之化。下氣上通。能
知吉凶存亡之變。寧則信信如也。動則著矣。神龍能
爲高能爲下。能爲大能爲小。能爲幽能爲明。能爲短。
能爲長。昭乎其高也。淵乎其下也。薄乎天光。高乎其
著也。一有一亡。忽微哉。斐然成章。虛無則精以和。動

作則靈以化。於戲允哉。君子辟神也。觀彼威儀。遊燕
幽間。有似鳳也。書曰。鳥獸鶬鶬。鳳皇來儀。此之謂也。
成王時。有三苗貫桑而生。同爲一秀。大幾盈車。民得
而上之成王。成王問周公此何也。周公曰。三苗同秀
爲一。意天下其和而爲一乎。後三年則越裳氏重譯
而朝。曰道路悠遠。山川阻深。恐一使之不通。故重三
譯而來朝也。周公曰。德澤不加。則君子不饗其質。政
令不施。則君子不臣其人。譯曰。吾受命於吾國之黃
髮。久矣天之無烈風淫雨。意中國有聖人耶。有則盍

朝之。然後周公敬受其所以來矣。
周惠王十五年。有神降於莘。王問於內史過曰。是何
故有之乎。對曰。有之。國將興。其君齋明中正。精潔惠
和。其德足以昭其馨香。其惠足以同其民人。神饗而
民聽。民神無怨。故明神降焉。觀其政德。而均布福焉。
國將亡。其君貪冒淫僻。邪佚荒怠。蕪穢暴虐。其政腥
臊。馨香不登。其刑矯誣。百姓攜貳。明神不蠲。而民有
遠意。民神痛怨。無所依懷。故神亦往焉。觀其苛慝而
降之禍。是以或見神而興。亦有以亡。昔夏之興也。祝

融降于崇山其亡也回祿信於亭隧商之興也檮杌次於丕山其亡也夷羊在牧周之興也鸑鷟鳴於岐山其衰也杜伯射宣王於鎬是皆明神之紀者也王曰今是何神也對曰昔昭王娶于房曰房后是有爽德協于丹朱丹朱馮身以儀之生穆王焉是監燭周之子孫而禍福之夫一神不遠徙遷若由是觀之其丹朱耶王曰其誰受之對曰在虢王曰然則何爲對曰臣聞之道而得神是謂豐福淫而得神是謂貪禍今虢少荒其亡也王曰吾其奈何對曰使太宰以祝

史率狸姓奉犧牲粢盛玉帛往獻焉無有祈也王曰虢其幾何對曰昔堯臨民以五今其胄見鬼神之見也不失其物若由是觀之不過五年王使太宰已父率傅氏及祝奉犧牲玉觴往獻焉內史過從至虢虢公亦使祝史請土焉內史過歸告王曰虢必亡矣不禋於神而求福焉神必禍之不親於民而求用焉民必違之精意以享禋也慈保庶民親也今虢公動匱百姓以盈其違離民怒神怨而求利焉不亦難乎十九年晉取虢也

齊桓公北征孤竹未至卑耳谿中十里闟然而止瞠然而視有頃奉矢未敢發也喟然歎曰事其不濟乎有人長尺冠冕大人物具焉左袪衣走馬前者管仲曰事必濟此人知道之神也走馬前者導也左袪衣者前有水也從左方渡行十里果有水曰遼水表之從左方渡至踝從右方渡至膝已渡事果濟桓公再拜管仲馬前曰仲父之聖至如是寡人得罪久矣管仲曰夷吾聞之聖人先知無形今已有形乃知之是夷吾善承教非聖也

吳伐越隳會稽得骨專車使使問孔子曰骨何者最大孔子曰禹致群臣會稽山防風氏後至禹殺而戮之其骨節專車此爲大矣使者曰誰爲神孔子曰山川之靈足以紀綱天下者其守爲神社稷爲公侯山川之祀爲諸侯皆屬於王者曰防風氏何守孔子曰汪芒氏之君守封嵎之山者也其神爲釐姓在虞夏爲防風氏商爲汪芒氏於周爲長狄氏今謂之大人使者曰人長幾何孔子曰僬僥氏三尺短之至也長者不過十數之極也使者曰善哉聖人也

仲尼在陳有隼集于陳侯之廷而死楛矢貫之石砮
矢長尺而咫陳侯使問孔子孔子曰隼之來也遠矣
此肅愼氏之矢也昔武王克商通道九夷百蠻使各
以其方賄來貢思無忘職業於是肅愼氏貢楛矢石
砮長尺而咫先王欲昭其令德之致故銘其栝曰肅
愼氏貢楛矢以勞大姬配虞胡公而封諸陳分同姓
以珍玉展親也分別姓以遠方職貢使無忘服也故
分陳以肅愼氏之矢試求之故府果得焉
季桓子穿井得土缶中有羊以問孔子言得狗孔子

曰以吾所聞非狗乃羊也木之怪夔罔兩水之怪龍
罔象土之怪羵羊也非狗也桓子曰善哉
楚昭王渡江有物大如斗直觸王舟止於舟中昭王
大怪之使聘問孔子孔子曰此名萍實令剖而食之
惟霸者能獲之此吉祥也其後齊有飛鳥一足來下
止于殿前舒翅而跳齊侯大怪之又使聘問孔子孔
子曰此名商羊急告民趣治溝渠天將大雨於是如
之天果大雨諸國皆水齊獨以安孔子歸弟子請問
孔子曰異哉小兒謠曰楚王渡江得萍實大如拳赤
如日剖而食之美如蜜此楚之應也兒又有兩兩相
牽屈一足而跳曰天將大雨商羊起舞今齊獲之亦
其應也夫謠之後未嘗不有應隨者也故聖人非獨
守道而已也睹物記也即得其應矣
鄭簡公使公孫成子來聘於晉平公有疾韓宣子贊
授館客客問君疾對曰君之疾久矣上下神祇無不
遍諭也而無除今夢黃熊入於寢門不知人鬼耶意
厲鬼也子產曰君之明子爲政其何厲之有僑聞之
昔鯀違帝命殛之于羽山化爲黃熊以入于羽淵是

爲夏郊三代舉之夫鬼神之所及非其族類則紹其
同位是故天子祠上帝公侯祠百神自卿已下不過
其族今周室少卑晉實繼之其或者未舉夏郊也宣
子以告祀夏郊董伯爲尸五日瘳公見子產賜之莒
鼎
虢公夢在廟有神人面白毛虎爪執鉞立在西阿公
懼而走神曰無走帝令日使晉襲于爾門公拜頓首
覺召史嚚占之嚚曰如君之言則蓐收也天之罰神
也天事官成公使囚之且使國人賀夢舟之僑告其

諸侯曰、虢不久矣、吾乃今知之、君不度而嘉大國之
襲於巳也、何瘳、吾聞之曰、大國無道、小國襲焉曰服。
小國傲、大國襲焉曰誅、民疾君之侈也、是以出於逆
命、今嘉其夢、侈必展、是天奪之鑑、而益其疾也、民疾
其態、天又誑之、大國來誅、出令而逆、宗國既卑、諸侯
遠已。外內無親。其誰云救之。吾不忍俟、將行、以其族
適晉、三年虢乃亡、

晉平公築虒祁之室、石有言者。平公問於師曠曰、石
何故言、對曰、石不能言。有神馮焉。不然民聽之濫也。

臣聞之、作事不時。怨讟動於民。則有非言之物而言。
今宮室崇侈、民力屈盡、百姓疾怨、莫安其性、石言不
亦可乎、

晉平公出畋、見乳虎伏而不動、顧謂師曠曰、吾聞之
也、霸王之主出、則猛獸伏不敢起、今者寡人出見乳
虎伏而不動、此其猛獸乎、師曠曰、鵲食猬、猬食鵔鸃。
鵔鸃食豹。豹食駮。駮食虎。夫駮之狀有似駮馬、今者
君之出、必驂駮馬而出畋乎、公曰、然、師曠曰、臣聞之
一自誣者窮。再自誣者辱。三自誣者死。今夫虎所以
不動者、為駮馬也、固非主君之德義也、君柰何一自
誣乎、平公異日出朝、有鳥環平公不去、平公顧謂師
曠曰、吾聞之也、霸王之主、鳳下之、今者出朝有鳥環
寡人、終朝不去、是其鳳鳥乎、師曠曰、東方有鳥名諫
珂。其為鳥也、文身而朱足。憎鳥而愛狐。今者吾君必
衣狐裘以出朝乎、平公曰、然、師曠曰、臣已嘗言之矣、
一自誣者窮、再自誣者辱、三自誣者死、今鳥為狐裘
之故、非吾君之德義也、君柰何而再自誣乎、平公不
說、異日置酒虒祁之臺、使郎中馬章布蒺藜於階上、

令人召師曠、師曠至、履而上堂、平公曰、安有人臣履
而上人主堂者乎、師曠解履刺足、伏刺膝、仰天而歎、
公起引之曰。今者與叟戲。叟遽憂乎。對曰、憂夫肉自
生蟲、而還自失也。木自生蠹、而還自刻也。人自興妖
而還自賊也。五鼎之具不當生藜藿。人主堂廟不當
生蒺藜。平公曰、今為之柰何、師曠曰、妖已在前、無可
柰何、入來月八日、修百官、立太子、君將死矣、至來月
八日平旦、謂師曠曰、叟以今日為期、寡人如何、師曠
不樂、謁歸、歸未幾而平公死、乃知師曠神明矣、

趙簡子問於翟封荼曰、吾聞翟雨穀三日、信乎、曰信、又聞雨血三日、信乎、曰信、又聞馬生牛、牛生馬、信乎、曰信、簡子曰、大哉妖亦足以亡國矣、對曰、雨穀三日蝱風之所飄也。雨血三日、鷙鳥擊於上也。馬生牛、牛生馬、雜牧也。此非翟之妖也、簡子曰、然則翟之妖奚也、對曰其國數散、其君幼弱、其諸卿貨、其大夫比黨以求祿爵、其百官肆斷而無告、其政令不竟而數化、其士巧貪而有怨、此其妖也、

哀公射而中稷、其口疾不肉食、祠稷而善卜之巫官、

巫官變曰、稷負五種、託株而從天下、未至於地而株絕、獵谷之老人張衽以受之、何不告祀之、公從之、而疾去、

扁鵲過趙、趙王太子暴疾而死、鵲造宮門曰、吾聞國中卒有壤土之事、得無有急乎、中庶子之好方者應之曰、然、王太子暴疾而死、扁鵲曰、入言鄭醫秦越人能活太子。中庶子難之曰、吾聞上古之為醫者曰苗父。苗父之為醫也。以菅為席、以芻為狗、北面而祝發十言耳。諸扶而來者舉。而來者皆平復如故。子之方能如此乎。扁鵲曰不能。又曰吾聞中古之為醫者曰俞柎。俞柎之為醫也。搦腦髓、束肓莫、炊灼九竅而定經絡。死人復為生人、故曰俞柎。子之方能若是乎、扁鵲曰不能。中庶子曰子之方如此、譬若以管窺天、以錐刺地、所窺者甚大、所見者甚少、鈞若子之方、豈足以變駭童子哉、扁鵲曰不然、物故有昧揥而中蛟頭、掩目而別白黑者。太子之疾所謂尸厥者也。以為不然、入診之、太子股陰當濕。耳中焦焦如有嘯者聲然者皆可治也。中庶子入報趙王、趙王跣而趨出門曰、

先生遠辱幸臨寡人、先生幸而有之、則糞土之息、得蒙天履地而長為人矣。先生不有之。則先犬馬填溝壑矣。言未已、涕泣沾襟、扁鵲遂為診之、先造軒光之竈。入成之湯。砥針礪石、取三陽五輸。子容擣藥。子明吹耳。陽儀反神。子越扶形、子游矯摩、太子遂得復生。天下聞之皆曰、扁鵲能生死人。鵲辭曰、予非能生死人也。特使夫當生者活耳、夫死者猶不可藥而生也。悲夫亂君之治不可藥而息也。詩曰、多將熇熇、不可救藥、甚之之辭也、

孔子晨立堂上、聞哭者聲音甚悲、孔子援琴而鼓之、其音同也、孔子出而弟子有吒者、問誰也、曰回也、孔子曰、回何為而吒、回曰、今者有哭者其音甚悲、非獨哭死、又哭生離者。孔子曰、何以知之、回曰、似完山之鳥。孔子曰、何如、回曰、完山之鳥生四子。羽翼已成。乃離四海。哀鳴送之為是往而不復返也。孔子使人問哭者、哭者曰、父死家貧、賣子以葬父、將與其別也。孔子曰、善哉聖人也、

景公畋於梧丘、夜猶蚤、公姑坐睡而夢、有五丈夫北

面倖盧、稱無罪焉、公覺、召晏子而告其所夢、公曰、我其嘗殺不辜而誅無罪耶、晏子對曰、昔者先君靈公畋、五丈夫罟而駭獸、故殺之、斷其首而葬之、曰五丈夫之丘。其此耶、公令人掘而求之、則五頭同穴而存焉。公曰、嘻、令吏葬之、國人不知其夢也、曰、君憫白骨而況於生者乎。不遺餘力矣。不釋餘智矣。故曰人君之為善易矣。

子貢問孔子、死人有知無知也、孔子曰、吾欲言死者有知也。恐孝子順孫妨生以送死也、欲言無知。恐不孝子孫棄不葬也。賜欲知死人有知將無知也。死徐自知之、猶未晚也、

王子建出守於城父、與成公乾遇於疇中、問曰、是何也、成公乾曰、疇也。疇也者何也。曰所以為麻也。麻也者何也。曰所以為衣也、成公乾曰、昔者莊王伐陳、舍於有蕭氏、謂路室之人曰、巷其不善乎、何溝之不浚也、莊王猶知巷之不善、溝之不浚、今吾子不知疇之為麻、麻之為衣、吾子其不主社稷乎、王子果不立、

說苑卷十八終

說苑卷十九

修文

天下有道則禮樂征伐自天子出夫功成制禮治定作樂禮樂者行化之大者也孔子曰移風易俗莫善於樂安上治民莫善於禮是故聖王修禮文設庠序陳鐘鼓天子辟雍諸侯泮宮所以行德化詩云鎬京辟雍自西自東自南自北無思不服此之謂也

積恩爲愛積愛爲仁積仁爲靈靈臺之所以爲靈者積仁也神靈者天地之本而爲萬物之始也是故文

王始接民以仁而天下莫不仁焉文德之至也德不至則不能文商者常也常者質質主天夏者大也大者文也文主地故王者一商一夏再而復者也正色三而復者也味尚甘聲尚宮一而復者故三王術如循環故夏后氏教以忠而君子忠矣小人之失野救野莫如敬故殷人教以敬而君子敬矣小人之失鬼救鬼莫如文故周人教以文而君子文矣小人之失薄救薄莫如忠故聖人之與聖也如矩之三雜規之三雜周則又始窮則反本也詩曰彫琢其章金玉其相言文質美也

傳曰觸情從欲謂之禽獸苟可而行謂之野人安故重遷謂之衆庶辨然通古今之道謂之士進賢達能謂之大夫敬上愛下謂之諸侯天覆地載謂之天子是故士服黻大夫黼諸侯火天子山龍德彌盛者文彌縟中彌理者文彌章也詩曰左之左之君子宜之右之右之君子有之傳曰君子者無所不宜也是故韠冕厲戒立于廟堂之上有司執事無不敬者斬衰裳苴絰杖立于喪次賓客弔唁無不哀者被甲纓冑

立于桴鼓之間士卒莫不勇者故仁足以懷百姓勇足以安危國信足以結諸侯强足以拒患難威足以率三軍故曰爲左亦宜爲右亦宜爲君子無不宜者此之謂也

齊景公登射晏子修禮而待公曰選射之禮寡人厭之矣吾欲得天下勇士與之圖國晏子對曰君子無禮是庶人也庶人無禮是禽獸也夫臣勇多則弒其君子力多則弒其長然而不敢者惟禮之謂也禮者所以御民也轡者所以御馬也無禮而能治國家者

晏未之聞也景公曰善乃節射更席以爲上客終日

問禮

書曰五事一曰貌貌若男子之所以恭敬婦人之所以姣好也行步中矩折旋中規立則磬折拱則抱鼓其以入君朝尊以嚴其以入宗廟敬以忠其以入鄉曲和以順其以入州里族黨之中和以親詩曰温温恭人惟德之基孔子曰恭近於禮遠恥辱也

衣服容貌者所以悅目也聲音應對者所以悅耳也嗜慾好惡者所以悅心也君子衣服中容貌得則民

之目悅矣言語順應對給則民之耳悅矣就仁去不仁則民之心悅矣三者存乎心暢乎體形乎動静雖不在位謂之素行故忠心好善而日新之獨居樂德內悅而行詩曰何其處也必有與也何其久也必有以也惟有以者爲能長生久視而無累於物也

知天道者冠鉥知地道者履蹻能治煩決亂者佩觿能射御者佩韘能正三軍者搢笏衣必荷規而承矩負繩而准下故君子衣服中而容貌得接其服而象其德故望玉貌而行能有所定矣詩曰芄蘭之枝童子佩觿說行能者也

冠者所以別成人也脩德束躬以自申飭所以檢其邪心守其正意也君子始冠必祝成禮加冠以厲其心故君子成人必冠帶以行事棄幼少嬉戲惰慢之心而衎衎於進德修業之志是故服不成象而內心不變內心修德外被禮文所以成顯令之名也是故皮弁素積百王不易既以脩德又以正容孔子曰正其衣冠尊其瞻視儼然人望而畏之不亦威而不猛乎

成王將冠周公使祝雍祝王曰達而勿多也祝雍曰使王近於民遠於佞嗇於時惠於財任賢使能於此始成之時祝辭四加而後退公冠自以爲主卿爲賓饗之以三獻之禮公始加玄端與皮弁皆必朝服玄冕四加諸侯太子庶子冠公爲主其禮與上同冠於祖廟曰令月吉日加子元服去爾幼志順爾成德冠禮十九見正而冠古之通禮也

夏公如齊逆女何以書親迎禮也其禮柰何曰諸侯以屨二兩加琮大夫庶人以屨二兩加束修二曰某

國家小君使寡人奉不珍之琮、不珍之屨、禮夫人貞女、夫人曰有幽室數辱之產、未諭於傅母之教、得承執衣裳之事、敢不敬拜祝、祝答拜、夫人受琮、取一兩屨以履女、正笄衣裳、而命之曰、往矣善事爾舅姑、以順爲宮室、無二爾心、無敢回也、女拜、乃親引其手、授夫乎戶、夫引手出戶、夫行、女從拜辭父於堂、拜諸母於大門、夫先升輿執轡、女乃升輿、轂三轉、然後夫下先行、大夫士庶人稱其父曰、某之父、某之師友使某執不珍之屨、不珍之束修、敢不敬禮某氏貞女、母曰、

有草茅之產、未習於織紝紡績之事、得奉執箕帚之事、敢不敬拜、

春秋曰、壬申公薨于高寢、傳曰、高寢者何、正寢也、曷爲或言高寢、或言路寢、曰、諸侯正寢三、一曰高寢、二曰左路寢、三曰右路寢、高寢者、始封君之寢也。二路寢者。繼體之君寢也、其二何、曰、子不居父之寢。故二寢、繼體君世世不可居高祖之寢、故有高寢。名曰高也、路寢其立奈何、高寢立中。路寢左右、春秋曰、天王入于成周、傳曰、成周者何、東周也、然則天子之寢奈何、曰、亦三、承明繼體守文之君之寢。曰左右之一作大路寢、謂之承明、何、曰、承乎明堂之後者也。故天子諸侯三寢立而名實正、父子之義章。尊卑之事別、大小之德異矣。

天子以鬯爲贄、鬯者百一作香草之本也。上暢於天、下暢於地。無所不暢。故天子以鬯爲贄。諸侯以圭爲贄。圭者玉也、薄而不撓。廉而不劌。有瑕於中、必見於外。故諸侯以玉爲贄、卿以羔爲贄、羔者羊也、羊群而不黨、故卿以爲贄、大夫以鴈爲贄、鴈者行列有長幼之

禮。故大夫以爲贄、士以雉爲贄、雉者不可指食籠狎而服之。故士以雉爲贄、庶人以鶩爲贄、鶩者鶩鶩也、鶩鶩無他心、故庶人以鶩爲贄、贄者所以質也。

諸侯三年一貢士、士一適謂之好德、再適謂之尊賢、三適謂之有功、有功者天子一賜以輿服弓矢、再賜以鬯、三賜以虎賁百人、號曰命諸侯。命諸侯者、鄰國有臣弒其君、孽弒其宗、雖不請乎天子而征之可也。已征而歸其地于天子、諸侯貢士一不適謂之過、再不適謂之傲、三不適謂之誣、誣者天子黜之、一黜以

爵再黜以地三黜而地畢諸侯有不貢士謂之不率正不率正者天子黜之一黜以爵再黜以地三黜而地畢然後天子比年秩官之無文者而黜之以諸侯之所貢士代之詩云濟濟多士文王以寧此之謂也

古者必有命民命民能敬長憐孤取舍好讓居事力者命於其君命然後得乘飾輿駢馬未得命者不得乘乘者皆有罰故其民雖有餘財侈物而無仁義功德則無所用其餘財侈物故其民皆興仁義而賤財利賤財利則不爭不爭則強不凌弱衆不暴寡是唐

虞所以興象刑而民莫敢犯法而亂斯止矣詩云告爾民人謹爾侯度用戒不虞此之謂也

天子曰巡狩諸侯曰述職巡狩者巡其所守也述職者述其所職也春省耕助不給也秋省斂助不足也天子五年一巡狩歲二月東巡狩至于東嶽柴而望祀山川見諸侯問百年者命太師陳詩以觀民風命市納賈以觀民之所好惡志淫好僻者命典禮考時月定日同律禮樂制度衣服正之山川神祇有不舉者爲不敬不敬者君黜以爵宗廟有不順者爲不孝不孝者君削其地有功澤於民者然後加地入其境土地辟除敬老尊賢則有慶益其地入其境土地荒穢遺老失賢掊克在位則有讓削其地一不朝者黜其爵再不朝者黜其地三不朝者以六師移之歲五月南巡狩至于南嶽如東巡狩之禮歲八月西巡狩至于西嶽如南巡狩之禮歲十一月北巡狩至于北嶽如西巡狩之禮歸格于祖禰用特

春秋曰正月公狩于郎傳曰春曰蒐夏曰苗秋曰獮冬曰狩苗者奈何曰苗者毛也取之不圍澤不揜群

取禽不麛卵不殺孕重者春蒐者不殺小麛及孕重者冬狩皆取之百姓皆出不失其馳不抵禽不詭遇逐不出防此苗獮蒐狩之義也故苗獮蒐狩之禮簡其戎事也故苗者毛取之蒐者搜索之狩者守留之夏不田何也曰天地陰陽盛長之時猛獸不攫鷙鳥不搏蝮蠆不螫鳥獸蟲蛇且知應天而況人乎哉是以古者必有豢牢其謂之畋何聖人舉事必反本五穀者以奉宗廟養萬民也去禽獸害稼穡者故以田言之聖人作名號而事義可知也

天子諸侯無事則歲三田、一爲乾豆、二爲賓客、三爲充君之庖、無事而不田曰不敬、田不以禮曰暴天物、天子不合圍、諸侯不揜群、天子殺則下大綏、諸侯殺則下小綏、大夫殺則止佐車、佐車止則百姓畋獵、獺祭魚。然後漁人入澤梁。鳩化爲鷹。然後設罻羅。草木零落、然後入山林。昆蟲不蟄。不以火田。不麛。不卵。不殀夭。不覆巢。此皆聖人在上、君子在位、能者在職、大德之發者也。是故皋陶爲大理、平民各服得其實、伯夷主禮、上下皆讓。倕爲工師。百工致功。益主虞。山澤

辟成。棄主稷。百穀時茂、契主司徒。百姓親和。龍主賓客。遠人至。十二牧行而九州莫敢辟違。禹陂九澤。通九道。定九州。各以其職來貢。不失厥宜。方五十里至于荒服。南撫交阯。大發。西析支渠搜氐羌。北至山戎肅慎。東至長夷鳥夷。四海之內、皆戴帝舜之功、於是禹乃興九韶之樂、致異物、鳳凰來翔、天下明德也、射者必心平體正、持弓矢審固、然後射者能以中、詩云、大侯既抗、弓矢斯張、射夫既同、獻爾發功、此之謂也、弧之爲言豫也、豫者、豫吾意也、故古者兒生三日、桑弧蓬矢六、射天地四方、天地四方者、男子之所有事也。必有意其所有事。然後敢食穀。故曰不素飧兮、此之謂也、

生而相與交通。故曰留賓、自天子至士、各有次、贈死不及柩尸。弔生不及悲哀。非禮也。故古者吉行五十里、奔喪百里、贈賵及事之謂時。時禮之大者也。春秋曰、天王使宰咺來歸惠公仲子之賵。賵者何、喪事有賵者、蓋以乘馬束帛。輿馬曰賵。貨財曰賻。衣被曰襚。口實曰唅。玩好曰贈。知生者賻賵。知死者贈襚。贈襚

所以送死也。賻賵所以佐生也。輿馬束帛貨財衣被玩好、其數柰何、曰天子乘馬六匹、諸侯四匹。大夫三匹。元士二匹。下士一匹。天子束帛五匹。玄三纁二。各五十尺。諸侯玄三纁二。各三十尺。大夫玄一纁二。各三十尺。元士玄一纁一。各二丈。下士綵縵各一匹。庶人布帛各一匹。天子之賵。乘馬六匹。乘車。諸侯四匹。乘輿。大夫曰參輿。元士下士不用輿。天子文繡衣各一襲到地。諸侯覆跗。大夫到踝。士到髀、天子唅實以珠。諸侯以玉。大夫以璣。士以貝。庶人以穀實。位尊德

厚及親者賻賵含襚厚貧富亦有差二三四五之數取之天地而制奇偶度人情而出節文謂之有因禮之大宗也

春秋曰庚戌天王崩傳曰天王何以不書葬天子記崩不記葬必其時也諸侯記卒記葬有天子在不必其時也必其時奈何天子七日而殯七月而葬諸侯五日而殯五月而葬大夫三日而殯三月而葬士庶人二日而殯二月而葬皆何以然曰禮不豫凶事死而後治凶服衣衰飾修棺槨作穿窆宅兆然後喪文

成外親畢至葬墳集孝子忠臣之恩厚備盡矣故天子七月而葬同軌畢至諸侯五月而葬同會畢至大夫三月而葬同朝畢至士庶人二月而葬外姻畢至也

延陵季子適齊於其反也其長子死於嬴博之間因葬焉孔子聞之曰延陵季子吳之習於禮者也使子貢往而觀之其穿深不至泉其斂以時服既葬封墳墳掩坎其高可隱也既封左袒右旋其封且號者三言曰骨肉歸復于土命也若魂氣則無不之也無不之也而遂行孔子曰延陵季子於禮其合矣

子生三年然後免於父母之懷故制喪三年所以報父母之恩也期年之喪通乎諸侯三年之喪通乎天子禮之經也

子夏三年之喪畢見於孔子孔子與之琴使之弦援琴而弦衎衎而樂作而曰先王制禮不敢不及也子曰君子也閔子騫三年之喪畢見於孔子孔子與之琴使之弦援琴而弦切切而悲作而曰先王制禮不敢過也孔子曰君子也子貢問曰閔子哀不盡子曰

君子也子夏哀已盡子曰君子也賜也惑敢問何謂孔子曰閔子哀未盡能斷之以禮故曰君子也子夏哀已盡能引而致之故曰君子也夫三年之喪固優者之所屈劣者之所勉

齊宣王謂田過曰吾聞儒者喪親三年喪君三年君與父孰重田過對曰殆不如父重王忿然怒曰然則何為去親而事君田過對曰非君之土地無以處吾親非君之祿無以養吾親非君之爵位無以尊顯吾親受之君致之親凡事君所以為親也宣王邑邑而

無以應

古者有菑者謂之厲、君一時素服、使有司弔死問疾
憂以巫醫、匍匐以救之、湯粥以方之、善者必先乎鰥
寡孤獨、及病不能相養、死無以葬埋、則葬埋之、有親
喪者不呼其門、有齊衰大功、五月不服力役之征、有
小功之喪者、未葬不服力役之征、其有重尸多死者、
急則有聚衆、童子擊鼓、苣火、入官宮里用之、各擊鼓
苣火、逐官宮里家之主人、冠立于阼、事畢出乎里門、
出乎邑門、至野外、此匍匐救厲之道也。師大敗亦然、

齋者思其居處也。思其笑語也。思其所爲也。齋三日
乃見其所爲齋者。祭之日、將入戶、僾然若有見乎其
容。盤旋出戶、喟然若有聞乎歎息之聲、先人之色不
絶於目、聲音咳唾不絶於耳、嗜欲好惡不忘於心。是
則孝子之齋也。

春祭曰祠、夏祭曰禴。秋祭曰嘗。冬祭　春薦韭卵、
夏薦麥魚、秋薦黍豚、冬薦稻鴈。三歲一祫、五年一禘、
祫者合也、禘者諦也、祫者大合祭於祖廟也、禘者諦
其德而差優劣也、聖主將祭、必潔齋精思、若親之在。
方與未登、惕惕憧憧、專一想親之容貌彷彿、此孝子
之誠也。四方之助祭、空而來者滿而反、虛而至者實
而還、皆取法則焉、

韓褐子濟於河、津人告曰、夫人過於此者、未有不快
用者也、而子不用乎、韓褐子曰、天子祭海內之神、諸
侯祭封域之內、大夫祭其親、士祭其祖禰、褐也未得
事河伯也。津人申楫、舟中水而運、津人曰、向也役人
固已告矣、夫子不聽役人之言也、今舟中水而運甚
殆、治裝衣而下遊乎、韓子曰、吾不爲人之惡我而改

吾志。不爲我將死而改吾義。言未已、舟泆然行、韓褐
子曰、詩云、莫莫葛藟、施于條枚、愷悌君子、求福不回、
鬼神且不回。況於人乎。

孔子曰、無體之禮、敬也、無服之喪、憂也、無聲之樂、懽
也、不言而信、不動而威、不施而仁、志也、鐘鼓之聲。怒
而擊之則武。憂而擊之則悲。喜而擊之則樂。其志變
其聲亦變。其志誠通乎金石、而況人乎、

公孟子高見顓孫子莫曰、敢問君子之禮何如、顓孫
子莫曰、去爾外厲、與爾內色勝、而心自取之、去三者

而可矣、公孟不知以告曾子、曾子愀然逡巡曰、大哉言乎、無外厲者必內折色。勝而心自取之者。必爲人役。是故君子德行成而容不知。聞識博而辭不爭。知慮微達而能不愚、

曾子有疾、孟儀往問之、曾子曰、鳥之將死、必有悲聲、君子集大辟、必有順辭、禮有三儀、知之乎、對曰、不識也、曾子曰、坐吾語汝、君子脩禮以立志。則貪欲之心不來。君子思禮以修身。則怠惰慢易之節不至。君子脩禮以仁義。則忿爭暴亂之辭遠。若夫置罇俎、列籩

豆、此有司之事也、君子雖勿能可也、

孔子曰、可也簡、簡者、易野也。易野者、無禮文也。孔子見子桑伯子、子桑伯子不衣冠而處、弟子曰、夫子何爲見此人乎、曰其質美而無文。吾欲說而文之。孔子去、子桑伯子門人不說、曰、何爲見孔子乎、曰其質美而文繁。吾欲說而去其文。故曰文質修者謂之君子。有質而無文謂之易野。子桑伯子易野、欲同人道於牛馬、故仲弓曰、太簡上無明天子、下無賢方伯、天下爲無道、臣弒其君、子弒其父、力能討之、討之可也、當

孔子之時、上無明天子也、故言雍也可使南面、南面者天子也、雍之所以得稱南面者、問子桑伯子於孔子、孔子曰可也簡、仲弓曰、居敬而行簡、以道民、不亦可乎、居簡而行簡、無乃太簡乎、子曰、雍之言然、仲弓通於化術。孔子明於王道。而無以加仲弓之言。

孔子至齊郭門之外、遇一嬰兒挈一壺、相與俱行、其視精。其心正、其行端。孔子謂御曰、趣驅之、趣驅之、韶樂方作。孔子至彼聞韶、三月不知肉味、故樂非獨以自樂也、又以樂人、非獨以自正也、又以正人、大矣哉

於此樂者、不圖爲樂至於此、

黃帝詔伶倫作爲音律、伶倫自大夏之西。乃之崑崙之陰。取竹於嶰谷。以生竅厚薄均者、斷兩節間、其長九寸而吹之。以爲黃鍾之宮。曰含少、次制十二管、以崑崙之下聽鳳之鳴。以別十二律。其雄鳴爲六、雌鳴亦六。以比黃鍾之宮、適合黃鍾之宮、皆可生之、而律之本也。故曰黃鍾微而均。鮮全而不傷、其爲宮獨尊。象大聖之德。可以明至賢之功、故奉而薦之于宗廟。以歌迎功德、世世不忘。是故黃鍾生林鍾、林鍾生大

呂大呂生夷則、夷則生太蔟、太蔟生南呂、南呂生夾
鍾、夾鍾生無射、無射生姑洗、姑洗生應鍾、應鍾生蕤
賓、三分所生、益之一分以上生、三分所生、去其一分
以下生黃鍾大呂太蔟夾鍾姑洗仲呂蕤賓爲上、林
鍾夷則南呂無射應鍾爲下、大聖至治之世、天地之
氣合以生風。日至則月行其風以生十二律。故仲冬
短至則生黃鍾、季冬生大呂、孟春生太蔟、仲春生夾
鍾、季春生姑洗、孟夏生仲呂、仲夏生蕤賓、季夏生林
鍾、孟秋生夷則、仲秋生南呂、季秋生無射、孟冬生應

鍾、天地之風氣正。十二律至也。
聖人作爲鞉鼓控楬壎篪、此六者德音之音、然後鍾
磬竽瑟以和之。然後干戚旄狄以舞之。此所以祭先
王之廟也、此所以獻酢酳酬也。所以官序貴賤各得
其宜也、此可以示後世。有尊卑長幼之序也。
鍾聲鏗。鏗以立號、號以立橫、橫以立武、君子聽鍾聲
則思武臣。石聲磬、磬以立辯、辯以致死。君子聽磬聲
則思死封疆之臣。絲聲哀、哀以立廉、廉以立志。君子
聽琴瑟之聲則思志義之臣。竹聲濫、濫以立會、會以
聚聚。君子聽竽笙簫管之聲則思畜聚之臣、鼓鞞之
聲讙、讙以立動。動以進衆。君子聽鼓鞞之聲則思將
帥之臣。君子之聽音。非聽其鏗鏘而已、彼亦有所合
之也、
樂者聖人之所樂也、而可以善民心、其感人深、其移
風易俗、故先王著其教焉、夫民有血氣心知之性、而
無哀樂喜怒之常、應感起物而動、然後心術形焉、是
故感激憔悴之音作而民思憂。嘽諧慢易繁文簡節
之音作而民康樂、粗厲猛奮廣賁之音作而民剛毅。

廉直勁正莊誠之音作而民肅敬。寬裕肉好順成和
動之音作而民慈愛。流僻邪散狄成滌濫之音作而
民淫亂。是故先王本之情性。稽之度數。制之禮義。合
生氣之和、道五常之行。使陽而不散。陰而不密。剛氣
不怒。柔氣不懾。四暢交於中而發作於外。皆安其位
不相奪也、然後立之學等、廣其節奏、省其文彩、以繩
德厚、律小大之稱、比終始之序、以象事行、使親疏貴
賤長幼男女之理、皆形見於樂、故曰樂觀其深矣。土
弊則草木不長、水煩則魚鼈不大、氣衰則生物不遂、

世亂則禮慝而樂淫是故其聲哀而不莊樂而不安慢易以犯節流漫以忘本廣則容姦狹則思欲感條蕩之氣而滅平和之德是以君子賤之也凡姦聲感人而逆氣應之逆氣成象而淫樂興焉正聲感人而順氣應之順氣成象而和樂興焉唱和有應回邪曲直各歸其分而萬物之理以類相動也是故君子反情以和其志比類以成其行姦聲亂色不習於聽淫樂慝禮不接心術惰慢邪僻之氣不設於身體使耳目鼻口心知百體皆由順正以行其義然後發以聲

音文以琴瑟動以干戚飾以羽旄從以簫管奮至德之光動四氣之和以著萬物之理是故清明象天廣大象地終始象四時周旋象風雨五色成文而不亂八風從律而不姦百度得數而有常小大相成終始相生唱和清濁代相爲經故樂行而倫清耳目聰明血氣和平移風易俗天下皆寧故曰樂者樂也君子樂得其道小人樂得其欲以道制欲則樂而不亂以欲忘道則惑而不樂是故君子反情以和其意廣樂以成其教故樂行而民向方可以觀德矣德者性之

端也樂者德之華也金石絲竹樂之器也詩言其志歌詠其聲舞動其容三者本於心然後樂氣從之是故情深而文明氣盛而化神和順積中而英華發外惟樂不可以爲僞樂者心之動也聲者樂之象也文彩節奏聲之飾也君子之動本樂其象也後治其飾是故先鼓以警戒三步以見方再始以著往復亂以飭歸奮疾而不拔極幽而不隱獨樂其志不厭其道備舉其道不私其欲是故情見而義立樂終而德尊君子以好善小人以飾聽過故曰生民之道樂爲大焉

樂之可密者琴最宜焉君子以其可修德故近之凡音之起由人心生也人心之動物使之然也感於物而後動故形於聲聲相應故生變變成方謂之音比音而樂之及干戚羽旄謂之樂樂者音之所由生也其本在人心之感於物是故其哀聲感者其聲嘶以殺其樂心感者其聲嘽以緩其喜心感者其聲發以散其怒心感者其聲壯以厲其敬心感者其聲直以廉其愛心感者其聲和以調人之善惡非性也感於

物而後動是故先王慎所以感之故禮以定其意樂以和其性政以一其行刑以防其姦禮樂刑政其極一也所以同民心而立治道也

凡音生人心者也情動於中而形於聲聲成文謂之音是故治世之音安以樂其政和亂世之音怨以怒其政乖亡國之音哀以思其民困聲音之道與政通矣宮爲君商爲臣角爲民徵爲事羽爲物五音亂則無法無法之音宮亂則荒其君驕商亂則陂其官壞角亂則憂其民怨徵亂則哀其事勤羽亂則危其財

匱五者皆亂代相凌謂之慢如此則國之滅亡無日矣鄭衛之音亂世之音也比於慢矣桑間濮上之音亡國之音也其政散其民流誣上行私而不可止也

凡人之有患禍者生於淫泆暴慢淫泆暴慢之本生於飲酒故古者慎其飲酒之禮使耳聽雅音目視正儀足行正容心論正道故終日飲酒而無過失近者數日遠者數月皆人有德焉以益善詩云旣醉以酒旣飽以德此之謂也凡從外入者莫深於聲音變人最極故聖人因而成之以德曰樂樂者德之風詩曰威儀抑抑德音秩秩謂禮樂也故君子以禮正外以樂正內內須臾離樂則邪氣生矣外須臾離禮則慢行起矣故古者天子諸侯聽鍾聲未嘗離於庭卿大夫聽琴瑟未嘗離於前所以養正心而滅淫氣也樂之動於內使人易道而好良樂之動於外使人溫恭而文雅雅頌之聲動人而正氣應之和成容好之聲動人而和氣應之粗厲猛賁之聲動人而怒氣應之鄭衛之聲動人而淫氣應之是以君子慎其所以動人也

子路鼓瑟有北鄙之聲孔子聞之曰信矣由之不才也冉有侍孔子曰求來爾奚不謂由夫先王之制音也奏中聲爲中節流入於南不歸於北南者生育之鄉北者殺伐之域故君子執中以爲本務生以爲基故其音溫和而居中以象生育之氣憂哀悲痛之感不加乎心暴厲淫荒之動不在乎體夫然者乃治存之風安樂之爲也彼小人則不然執末以論本務剛以爲基故其音湫厲而微末以象殺伐之氣和節中正之感不加乎心溫儼恭莊之動不存乎體夫殺者

乃亂亡之風。奔北之爲也。昔舜造南風之聲、其興也勃焉。至今王公述而不釋、紂爲北鄙之聲。其廢也忽焉。至今王公以爲笑、彼舜以匹夫積正合仁履中行善而卒以興、紂以天子好慢淫荒剛厲暴賊而卒以滅、今由也匹夫之徒、布衣之醜也、旣無意乎先王之制。而又有亡國之聲。豈能保七尺之身哉冉有以告子路、子路曰、由之罪也、小人不能耳陷而入於斯、宜矣夫子之言也、遂自悔不食七日而骨立焉、孔子曰、由知改過矣、

說苑卷十九終

說苑卷二十

反質

孔子卦得賁、喟然仰而嘆息、意不平、子張進、舉手而問曰、師聞賁者吉卦而嘆之乎、孔子曰、賁非正色也。是以嘆之、吾思也質素、白當正白、黑當正黑、夫質又何也、吾亦聞之丹漆不文。白玉不雕。寶珠不飾、何也、質有餘者不受飾也、

信鬼神者失謀、信日者失時。何以知其然、夫賢聖周知能不時日而事利。敬法令、貴功勞、不卜筮而身吉。

謹仁義、順道理、不禱祠而福、故卜数擇日絜齋戒肥犧牲飾珪璧精祠祀、而終不能除悖逆之禍、以神明有知而事之、乃欲背道妄行、而以祠祀求福、神明必違之矣。天子祭天地五嶽四瀆、諸侯祭社稷、大夫祭五祀、士祭門戶、庶人祭其先祖、聖王承天心。制禮分也。凡古之卜日者、將以輔道稽疑、示有所先而不敢自專也、非欲以顛倒之惡而幸安之全、孔子曰、非其鬼而祭之諂也、是以泰山終不享季氏之旅、易稱東鄰殺牛、不如西鄰之禴祭、蓋重禮不貴牲也、敬實而

不貴華誠有其德而推之則安往而不可是以聖人見人之文必考其質

歷山之田者善侵畔而舜耕焉雷澤之漁者善爭陂而舜漁焉東夷之陶器窳而舜陶焉故耕漁與陶非舜之事而舜爲之以救敗也民之性皆不勝其欲去其實而歸之華是以苦窳之器爭鬭之患起爭鬭之患起則所以偷也所以然者何也由離誠就詐棄樸而取僞也追逐其末而無所休止聖人抑其文而抗其質則天下反矣詩云尸鳩在桑其子七兮淑人君

子其儀一兮傳曰尸鳩之所以養七子者一心也君子之所以理萬物者一儀也以一儀理物天心也五者不離合而爲一謂之天心在我能因自深結其意於一故一心可以事百君百心不可以事一君是故誠不遠也夫誠者一也一者質也君子雖有外文必不離內質矣

衛有五丈夫俱負缶而入井灌韭終日一區鄧析過下車爲教之曰爲機重其後輕其前命曰橋終日溉韭百區不倦五丈夫曰吾師言曰有機知之巧必有機知之敗我非不知也不欲爲也子其往矣我一心溉之不知改已鄧析去行數十里顏色不悅懌自病弟子曰是何人也而恨我君請爲君殺之鄧析曰釋之是所謂真人者也可令守國

禽滑釐問於墨子曰錦繡絺紵將安用之墨子曰惡是非吾用務也古有無文者得之矣夏禹是也卑小宮室損薄飲食土階三等衣裳細布當此之時黻無所用而務在於完堅殷之盤庚大其先王之室而改遷於殷茅茨不翦采椽不斲以變天下之視當此之

時文采之帛將安所施夫品庶非有心也以人主爲心苟上不爲下惡用之二王者以化身先于天下故化隆於其時成名於今世也且夫錦繡絺紵亂君之所造也其本皆興於齊景公喜奢而忘儉幸有晏子以儉鐫之然猶幾不能勝夫奢安可窮哉紂爲鹿臺糟丘酒池肉林宮牆文畫彫琢刻鏤錦繡被堂金玉珠璣婦女優倡鐘鼓管絃流漫不禁而天下愈竭故卒身死國亡爲天下戮非惟錦繡絺紵之用邪今當凶年有欲予子隨侯之珠者不得賣也珍寶而以爲

僑又欲予子一鍾粟者得珠者不得粟得粟者不得珠子將何擇禽滑釐曰吾取粟耳可以救窮墨子曰誠然則惡在事夫奢也長無用好末淫非聖人之所急也故食必常飽然後求美衣必常暖然後求麗居必常安然後求樂為可長行可久先質而後文此聖人之務禽滑釐曰善

秦始皇既兼天下大侈靡即位三十五年猶不息治大馳道從九原抵雲陽塹山堙谷直通之厭先王宮室之小乃於豐鎬之間文武之處營作朝宮渭南山

林苑中作前殿阿房東西五百步南北五十丈上可以坐萬人下可建五丈旗周為閣道自殿直抵南山之嶺以為闕為複道自阿房度渭水屬咸陽以象天極閣道絕漢抵營室也又興驪山之役錮三泉之底關中離宮三百所關外四百所皆有鍾磬帷帳婦女倡優立石闕東海上朐山界中以為秦東門於是有方士韓客侯生齊客盧生相與謀曰當今時不可以居上樂以刑殺為威天下畏罪持祿莫敢盡忠上不聞過而日驕下懾伏以漫欺而取容諫者不用而失道滋甚吾黨久居且為所害乃相與亡去始皇聞之大怒曰吾異日厚盧生尊爵而事之今乃誹謗我吾聞諸生多為妖言以亂黔首乃使御史悉上諸生諸生傳相告犯法者四百六十餘人皆坑之盧生不得而侯生後得始皇聞之召而見之升阿東之臺臨四通之街將數而車裂之始皇望見侯生大怒曰老虜不良誹謗而主迺敢復見我侯生至仰臺而言曰臣聞知死必勇陛下肯聽臣一言乎始皇曰若欲何言言之侯生曰臣聞禹立誹謗之木欲以知過也今陛

下奢侈失本淫泆趨末宮室臺閣連屬增累珠玉重寶積襲成山錦繡文綵滿府有餘婦女倡優數巨萬人鍾鼓之樂流漫無窮酒食珍味盤錯於前衣服輕暖輿馬文飾所以自奉麗靡爛漫不可勝極黔首匱竭民力單盡尚不自知又急誹謗嚴威克下下喑上聾臣等故去臣等不惜臣之身惜陛下國之亡耳聞古之明王食足以飽衣足以煖宮室足以處輿馬足以行故上不見棄於天下不見棄於黔首堯茅茨不翦采椽不斲土階三等而樂終身者以其文采之少

而質素之多也丹朱慠虐好慢淫不修理化遂以不
升今陛下之淫萬丹朱而十昆吾桀紂臣恐陛下之
十亡也而曾不一存始皇默然久之曰汝何不早言
侯生曰陛下之意方乘青雲飄搖於文章之觀自賢
自健上侮五帝下凌三王棄素樸就末技陛下亡徵
見久矣臣等恐言之無益也而自取死故逃而不敢
言今臣必死故爲陛下陳之雖不能使陛下不亡欲
使陛下自知也始皇曰吾可以變乎侯生曰形已成
矣陛下坐而待亡耳若陛下欲更之能若堯與禹乎

不然無異也陛下之佐又非也臣恐變之不能存也
始皇喟然而嘆遂釋不誅後三年始皇崩二世即位
三年而秦亡

魏文侯問李克曰刑罰之源安生李克曰生於奸邪
淫佚之行凡奸邪之心饑寒而起淫佚者久饑之詭
也彫文刻鏤害農事者也錦繡纂組傷女工者也農
事害則饑之本也女工傷則寒之原也饑寒並至而
能不爲奸邪者未之有也男女飾美以相矜而能無
淫佚者未嘗有也故上不禁技巧則國貧民侈國貧
窮者爲奸邪而富足者爲淫佚則驅民而爲邪也民
以爲邪因以法隨誅之不赦其罪則是爲民設陷也
刑罰之起有原人主不塞其本而替其末傷國之道
乎文侯曰善以爲法服也

秦穆公閒問由余曰古者明王聖帝得國失國當何
以也由余曰臣聞之當以儉得之以奢失之穆公曰
願聞奢儉之節由余曰臣聞堯有天下飯於土簋啜
於土瓶其地南至交趾北至幽都東西至日所出入
莫不賓服堯釋天下舜受之作爲食器斬木而裁之

銷銅鐵修其刃猶漆黑之以爲器諸侯侈國之不服
者十有三舜釋天下而禹受之作爲祭器漆其外而
朱畫其內縵帛爲茵褥觴勺有彩爲飾彌侈而國之
不服者三十有二夏后氏以沒殷周受之作爲大器
而建九傲食器彫琢觴勺刻鏤四壁四帷茵席彫文
此彌侈矣而國之不服者五十有二君好文章而服
者彌侈故曰儉其道也由余出穆公召內史廖而告
之曰寡人聞鄰國有聖人敵國之憂也今由余聖人
也寡人患之吾將奈何內史廖曰夫戎辟而遼遠未

聞中國之聲也君其遺之女樂以亂其政而厚爲由余請期以疏其閒彼君臣有閒然後可圖君曰諾乃以女樂三九遺戎王因爲由余請期戎王果見女樂而好之設酒聽樂終年不遷馬牛羊半死由余歸諫諫不聽遂去入秦穆公迎而拜爲上卿問其兵勢與其地利既以得矣舉兵而伐之兼國十二開地千里穆公奢主能聽賢納諫故霸西戎西戎淫於樂誘於利以亡其國由離質樸也

經侯往適魏太子左帶羽玉具劒右帶環佩左光照右右光照左坐有頃太子不視也又不問也經侯曰魏國亦有寶乎太子曰有經侯曰其寶何如太子曰主信臣忠百姓上戴此魏之寶也經侯曰吾所問者非是之謂也乃問其器而已太子曰有徒師沼治魏而市無預賈郄辛治陽而道不拾遺芒卯在朝而四隣賢士無不相因而見此三大夫乃魏國之大寶於是經侯默然不應左解玉具右解環佩委之坐愬然而起默然不謝趨而出上車驅去魏太子使騎操劒佩逐與經侯使告經侯曰吾無德所寶不能爲珠玉所守此寒不可衣饑不可食無爲遺我賊於是經侯杜門不出傳死

晉平公爲馳逐之車龍旌衆色挂之以犀象錯之以羽芝車成題金千鎰立之於殿下令群臣得觀焉田差三過而不一顧平公作色大怒問田差爾三過而不一顧何爲也田差對曰臣聞說天子者以天下說諸侯者以國說大夫者以官說士者以事說農夫者以食說婦姑者以織桀以奢亡紂以淫敗是以不敢顧也平公曰善乃命左右曰去車

魏文侯御廩災文侯素服辟正殿五日群臣皆素服而弔公子成父獨不弔文侯復殿公子成父趨而入賀曰甚大善矣夫御廩之災也文侯作色不悅曰夫御廩者寡人寶之所藏也今火災寡人素服辟正殿群臣皆素服而弔至於子大夫而不弔今已復辟矣猶入賀何爲公子成父曰臣聞之天子藏於四海之內諸侯藏於境內大夫藏於其家士庶人藏於篋櫝非其所藏者不有天災必有人患今幸無人患乃有天災不亦善乎文侯喟然嘆曰善

齊桓公謂管仲曰吾國甚小而財用甚少而群臣衣服輿馬甚汰吾欲禁之可乎管仲曰臣聞之君嘗之臣食之君好之臣服之今君之食也必桂之漿衣練紫之衣狐白之裘此群臣之所奢大也詩云不躬不親庶民不信君欲禁之胡不自親乎桓公曰善於是更制練帛之衣太白之冠朝一年而齊國儉也

季文子相魯妾不衣帛馬不食粟仲孫它諫曰子爲魯上卿妾不衣帛馬不食粟人其以子爲愛且不華國也文子曰然乎吾觀國人之父母衣麁食蔬吾是

以不敢且吾聞君子以德華國不聞以妾與馬夫德者得於我又得於彼故可行若淫於奢侈沈於文章不能自反何以守國仲孫它（一本作忌）慙而退

趙簡子乘弊車瘦馬衣羖羊裘其宰進諫曰車新則安馬肥則往來疾狐白之裘溫且輕簡子曰吾非不知也吾聞之君子服善則益恭細人服善則益倨我以自備恐有細人之心也傳曰周公位尊愈卑勝敵愈懼家富愈儉故周氏八百餘年此之謂也

魯築郎囿季平子欲速成叔孫昭子曰安用其速成也以虐其民其可乎無囿尚可乎惡聞嬉戲之游罷其所治之民乎

衛叔孫文子問於王孫夏曰吾先君之廟小吾欲更之可乎對曰古之君子以儉爲禮今之君子以汰易之夫衛國雖貧豈無文履一奇以易十稷之繡哉以爲非禮也文子乃止

晉文公合諸侯而盟曰吾聞國之昏不由聲色必由姦利好樂聲色者淫也貪姦者惑也夫淫惑之國不亡必殘自今以來無以美妾疑妻無以聲樂妨正無

以姦情害公無以貨利示下其有之者是謂伐其根素流於華葉若此者有患無憂有寇勿弭不如言者盟示之於是君子聞之曰文公其知道乎其不王者猶無佐也

晏子飲景公酒日暮公呼具火晏子辭曰詩曰側弁之俄言失德也屢舞傞傞言失容也既醉以酒既飽以德既醉而出並受其福賓主之禮也醉而不出是謂伐德賓主之罪也嬰以卜其日未卜其夜公曰善舉酒而祭之再拜而出曰豈過我哉吾託國於晏子

也、以其家貧善寡人、不欲其淫侈也、而況與寡人謀國乎、

楊王孫病且死、令其子曰、吾死欲倮葬、以反吾真、必無易吾意。祁侯聞之、往諫曰、竊聞王孫令葬必倮而入地、必若所聞、愚以爲不可、令死人無知則已矣、若死有知也。是戮尸於地下也。將何以見先人、愚以爲不可、王孫曰、吾將以矯世也、夫厚葬誠無益於死者、而世競以相高。靡財殫幣、而腐之於地下。或乃今日入而明日出。此真與暴骸於中野何異。且夫死者終

生之化、而物之歸者。歸者得至、而化者得變。是物各反其真、其真冥冥。視之無形、聽之無聲。乃合道之情。夫飾外以誇衆、厚葬以矯真、使歸者不得至、化者不得變、是使物各失其然也、且吾聞之、精神者天之有也、形骸者地之有也。精神離形而各歸其真、故謂之鬼。鬼之爲言歸也。其尸塊然獨處、豈有知哉、厚裹之以幣帛。多送之以財貨。以奪生者財用。古聖人緣人情不忍其親。故爲之制禮。今則越之。吾是以欲倮葬以矯之也。昔堯之葬者、空木爲櫝、葛藟爲緘。其穿地

下不亂泉。上不泄臭。故聖人生易尚、死易葬、不加於無用、不損於無益、謂今費財而厚葬、死者不知、生者不得用、繆哉、可謂重惑矣、祁侯曰、善、遂倮葬也、

魯有儉者、瓦鬲煮食、食之而美、盛之土鉶之器、以進孔子、孔子受之、歡然而悅、如受大牢之饋。弟子曰、瓦甂陋器也、煮食薄膳也。而先生何喜如此乎、孔子曰、吾聞好諫者思其君。食美者念其親。吾非以饌爲厚也。以其食美而思我親也。

晏子病將死、斲楹內書焉、謂其妻曰、楹也、語子壯而

視之、及壯發書、書之言曰、布帛不窮、窮不可飾。牛馬不窮、窮不可服。士不可窮、窮不可任。窮乎窮乎、窮也。

仲尼問老聃曰、甚矣、道之於今難行也、吾比執道委質以當世之君、而不我受也、道之於今難行也、老子曰、夫說者流於聽、言者亂於辭、如此二者、則道不可委矣、

子貢問子石、子不學詩乎、子石曰、吾暇乎哉、父母求吾孝。兄弟求吾悌、朋友求吾信。吾暇乎哉。子貢曰、請投吾師以學於子。

公明宣學於曾子、三年不讀書、曾子曰、宣而居參之門、三年不學、何也、公明宣曰、安敢不學、宣見夫子居宮庭。親在、叱咤之聲未嘗至於犬馬、宣說之、學而未能。宣見夫子之應賓客、恭儉而不懈惰、宣說之、學而未能。宣見夫子之居朝廷、嚴臨下而不毀傷。宣說之、學而未能。宣說此三者、學而未能、宣安敢不學而居夫子之門乎、曾參避席謝之曰、參不及宣、其學而已、

魯人身善織屨、妻善織縞、而徙於越、或謂之曰、子必窮、魯人曰、何也、曰、屨為履、縞為冠也、而越人徒跣剪髮、遊不用之國、欲無窮、可得乎。

說苑卷二十終

淮南鴻烈解序

淮南王名安厲王長子也長高皇帝之子也其母趙氏女為趙王張敖美人高皇帝七年討韓信於銅鞮信亡走匈奴上遂北至樓煩還過趙不禮趙王趙王獻美女趙氏女得幸有身

趙王不敢內之於宮為築舍於外及貫高等謀反發覺并逮治王盡收王家及美人趙氏女亦與焉吏以其得幸有身聞上上方怒趙王未理也趙美人弟兼因辟陽侯審食其言之呂后呂后不肯白辟陽侯亦不強爭及

趙美人生男恚而自殺吏奉男詣上上命呂后母之封爲淮南王暨孝文皇帝即位長弟上書願相見詔至長安日從游宴驕蹇如家人兄弟怨辟陽侯不爭其母於呂后因椎殺之上非之肉袒北闕謝罪奪四縣還歸國

爲黃屋左纛稱東帝坐徙蜀嚴道死於雍上閔之封其四子爲列侯時民歌之曰一尺繒好童童一升粟飽蓬蓬兄弟二人不能相容上聞之曰以我貪其地耶乃召四侯而封之其一人病薨長子安襲封淮南王次爲衡山王次爲廬江王太傅賈誼諫曰怨讐之人不可貴也後淮南衡山卒反如賈誼言初安爲辯達善屬文皇帝爲從父數上書召見孝文皇帝甚重之詔使爲離騷賦自旦受詔日早食已上愛而祕之天下方術之士多往

歸焉於是遂與蘇飛李尚左吳田由雷被毛被伍被晉昌等八人及諸儒大山小山之徒共講論道德總統仁義而著此書其旨近老子澹泊無爲蹈虛守靜出入經道言其大也則燾天載地說其細也則淪於無垠及古

今治亂存亡禍福世間詭異瓌奇之事其義著其文富物事之類無所不載然其大較歸之於道號曰鴻烈鴻大也烈明也以為大明道之言也故夫學者不論淮南則不知大道之深也是以先賢通儒述作之士莫不援

采以驗經傳以父諱長故其所著諸長字皆曰脩光祿大夫劉向校定撰具名之淮南又有十九篇者謂之淮南外篇自誘之少從故侍中同縣盧君受其句讀誦舉大義會遭兵災天下棊峙亡失書傳廢不尋脩二十餘

朝建安十年辟司空掾除東郡濮陽令覩時人少為淮南者思遂陵遲於是以朝餔事畢之間乃深思先師之訓參以經傳道家之言比方其事為之注解悉載本文并舉音讀典農中郎將弁揖借八卷刺之會揖身喪遂

亡不得至十七年遷監河東復更補足淺學寡見未能備悉其所不達注以未聞唯博物君子覽而詳之以勸後學者云爾漢河東高誘撰

淮南鴻烈解總目

目錄終

淮南總評

揚氏法言曰或曰淮南太史公者其多知歟曷其雜也曰雜乎雜人病以多知爲雜惟聖人爲不雜

又曰淮南子其一出一入字直百金

劉氏文心雕龍曰列子有移山跨海之談淮南有傾天折地之説

劉氏史通曰淮南子牢籠天地博極古今

晁氏曰漢劉安撰淮南厲王長子也襲封招致諸儒方士講論道德總統仁義著内書二十一篇號曰鴻

烈鴻大也烈明也以爲大明道之言也避父諱以長爲修後漢許慎註慎自名註曰記上今存原道俶眞天文地形時則覽冥精神本經主術繆稱齊俗道應氾論詮言兵略説山説林等十七篇李氏書目亦云第七第十九亡崇文目則云存者十八篇蓋李氏亡二篇崇文亡三篇家本又少其一俟求善本是正之

洪氏隨筆曰淮南王安招致賓客方術之士作爲内書二十一篇外書甚衆又有中篇八卷言神仙黄白之術漢書藝文志淮南二十一篇淮南外三十三篇

列於雜家今所存者二十一卷蓋內篇也壽春有八公山王安所延致客之處傳記不見姓名而高誘序以為蘇飛李尚左吳田由雷被毛被伍被晉昌等八人然惟左吳雷被伍被見於史雷被者蓋為安所斥而亡之長安上書者疑不得為賓客之賢者也

高氏子略曰少愛讀楚辭淮南小山篇聳峻瓌磊他人制作不可企攀者又慕其離騷有傳窈窕多思致每曰淮南天下奇才也又讀其書二十篇篇中文章無所不有如與莊列呂氏春秋韓非子諸篇相經緯

表裏何其意之雜出文之沿複也淮南之奇出於離騷淮南之放得於莊列淮南之議論錯於不韋之流其精好者又如玉杯繁露之書是又非獨出於淮南所謂蘇飛李尚左吳田由雷被毛被伍被大山小山諸人各以才智辯謀出奇馳雋所以其書駁然不一

又曰其文字殊多新特士之厭常玩俗者往往愛其書況其推測物理探索陰陽大有卓然出人意表者

又曰淮南王尚志謀募奇士廬館一開天下雋絕馳騁之流無不雷奮雲集蠭議橫起瓌詭作新可謂一時傑出之作矣

周氏涉筆曰淮南子多本文子因而出入儒墨名法諸家

陳氏曰按唐志又有高誘註今本記題許慎註而詳序文即是高誘不可曉也序言自誘之少從同縣盧君受其句讀盧君者植也與之同縣則誘乃涿郡人又言建安十年辟司空掾東郡濮陽令十七年遷監河東則誘乃漢末人其出處略可見

黃氏日抄曰淮南鴻烈者淮安王劉安以文辯致天

下方術之士會粹諸子旁搜異聞以成之凡陰陽造化天文地理四夷百蠻之遠昆虫草木之細瓌奇詭異足以駭人耳目者無不森然羅列其間蓋天下類書之博者也

蘆泉劉氏曰右淮南一書乃全取文子而分析其言雜以呂氏春秋莊列鄧析慎子山海經爾雅諸書及當時所召賓客之言故其文駁亂序事自相舛錯漢許慎記上而高誘為之註記上猶言標題進呈也故稱職稱臣先儒誤以為慎註又疑非誘註按註中不

知者云誘不斂則爲誘詎明矣其書雖無足取然論律呂而存古樂論躔度而存歷数天文地形亦有當留心者

王氏文訓曰荀卿氏揚雄氏則以明先聖之學爲文淮南氏則以總統道德仁義而蹈虛守靜出入經道爲文

王氏巵言曰淮南鴻烈雖似錯雜而氣法如一當由劉安手裁

孫鑛曰篇中清淨無爲皆老莊陳語王以旁喻奇階俊抜勝讀淮南者當在此不在彼也

淮南總評終

淮南鴻烈解卷一

漢　淮南王劉安著　宜黃黃錫禧校

原道訓（原本也本道根眞包裹天地以歷萬物也）

夫道者、覆天載地、廓四方。柝八極、（廓張也柝開也）高不可際、深不可測。（際至也）包裹天地、稟授無形。（萬物之本形者皆生於道）源流泉浡、沖而徐盈。混混汩汩。濁而徐清。（浡湧沖虛也）故植之而塞於天地、橫之而彌於四海。施之無窮而無所朝夕。（植立塞滿彌終施用也朝夕無盛衰）舒之幎於六合、卷之不盈於一握。（舒散幎覆也四方上下爲六合）約而能張。幽而能明。

弱而能強、柔而能剛。橫四維而含陰陽。紘宇宙而章三光。（紘綱也章明也）甚淖而滒、甚纖而微。（滒亦淖也饘粥多瀋者曰滒淖音澗滒音歌）山以之高。淵以之深。獸以之走。鳥以之飛。日月以之明、星辰以之行、麟以之游。鳳以之翔。泰古二皇、得道之柄。立於中央。（二皇伏羲神農也）神與化游。以撫四方。是故能天運地滯。輪轉而無廢。水流而不止。與萬物終始。風興雲蒸、事無不應。雷聲雨降、並應無窮。鬼出電入。龍興鸞集。（鬼出言無蹤迹電入言其疾也）鈞旋轂轉。周而復匝。（鈞陶人作瓦器法下轉旋者）已彫已琢。還反於樸、無爲爲之而合於道、無為言之而通乎德、恬愉無矜而得於和、恬愉無所好憎無矜不自大也有萬不同而便於性、神託於秋毫之末、而大與宇宙之總。總合也其德優天地而和陰陽、節四時而調五行、呴嫗覆育萬物群生、呴溫嫗也呴音虛嫗音煦潤於草木、浸於金石、禽獸碩大、毫毛潤澤、羽翼奮也、角觡生也。角觡猶言骨觡音格獸胎不贕、鳥卵不毈、胎不成獸曰贕卵不成鳥曰毈贕音瀆毈音段父無喪子之憂、兄無哭弟之哀、童子不孤、婦人不孀、虹蜺不出、賊星不行、含德之所致也。含懷也夫太上之道、生萬物而不有、成化像而弗宰。跂行喙息、蠉

飛蝡動。蠉音宣蝡音軟蟲行動貌待而後生、莫之知德、待而後死、莫之能怨。得以利者不能譽、用而敗者不能非、收聚畜積而不加富、布施稟授而不益貧、旋縣而不可究、纖微而不可勤。縣猶小也勤猶盡也累之而不高、墮之而不下。益之而不衆、損之而不寡、斲之而不薄、殺之而不殘、鑿之而不深、填之而不淺。忽兮怳兮、不可為象兮、怳兮忽兮、用不屈兮。忽怳無形貌屈竭也幽兮冥兮、應無形兮、遂兮洞兮、不虛動兮。洞達也與剛柔卷舒兮、與陰陽俛仰兮。昔者馮夷大丙之御也。馮夷大丙古之得道能御陰陽者乘雲車、入雲蜺、游微霧、騖怳忽、歷遠彌高以極往。經霜雪而無迹、照日光而無景。景古影字扶搖抮抱羊角而上、抮音紾扶搖抮抱引戾也扶搖如羊角如曲縈而上也經紀山川、蹈騰崑崙、排閶闔、淪天門。經行紀通蹈蹴騰上也崑崙山名排斥淪入也閶闔始升天之門也末世之御、雖有輕車良馬、勁策利鍛、鍛音炳不能與之爭先。勁彊策箠也是故大丈夫恬然無思、澹然無慮、以天為蓋、以地為輿。四時為馬、陰陽為御。驂御也乘雲陵霄、與造化者俱。縱志舒節、以馳大區。區宅謂天可以步而步、可以驟而驟。令雨師灑道、使風伯掃塵、雨師畢星風伯箕星電以為鞭策、雷

以為車輪。上游於霄雿之野。雿音翟下出於無垠之門。霄雿高峻貌無垠無形狀之貌劉覽偏照。復守以全。劉覽回觀也經營四隅、還反於樞。隅方樞本也故以天為蓋則無不覆也、以地為輿。則無不載也、四時為馬。則無不使也、陰陽為御則無不備也。是故疾而不搖、遠而不勞、四支不動、聰明不損、而知八紘天之八維九野之形埒埒音劣者、何也、執道要之柄、而游於無窮之地。是故天下之事不可為也、因其自然而推之、萬物之變不可究也、秉其要歸之趣。夫鏡水之與形接也、不設智故、而方圓曲直弗能逃

也是故嚮不肆應而景不一設叫音叫呼彷彿默然自
得人生而靜天之性也感而後動性之害也物至而
神應知之動也知與物接而好憎生焉好憎成形而
知誘於外不能反己而天理滅矣故達於道者不以
人易天外與物化而內不失其情謂不失其無欲之本情至無
而供其求時騁而要其宿小大脩短各有其具萬物
之至騰踴肴亂而不失其數度也是以處上而民弗重
居前而衆弗害天下歸之姦邪畏之以其無爭於萬
物也故莫敢與之爭夫臨江而釣曠日而不能盈羅

雖有鉤箴芒距距爪也微綸芳餌加之以詹何娟嬛之
數猶不能與網罟爭得也詹何娟嬛古善釣人名數術也射者扜烏
號之弓彎綦衛之箭扜張彎引也綦衛箭所出地名衛利也烏號黃帝弓重之
羿逢蒙子之巧以要飛鳥猶不能與羅者競多何則
以所持之小也張天下以為之籠因江海以為罟又
何亡魚失鳥之有乎故矢不若繳繳不若無形之像
夫釋大道而任小數何以異於使蟹捕鼠蟾蠩音除捕
蚤不足以禁姦塞邪亂乃逾滋蟾蠩蟇也跳行舒遲昔者夏鯀
作三仞之城諸侯背之海外有狡心狡猾也禹知天下

之叛也乃壞城平池散財物焚甲兵施之以德海外
賓伏四夷納職貢也合諸侯於塗山執玉帛者萬國玉圭
帛元纁也故機械之心藏於胸中則純白不粹神德不全
在身者不知何遠之所能懷是故革堅則兵利城成
則衝生若以湯沃沸亂乃逾甚是故鞭噬狗策蹏馬
而欲教之雖伊尹造父弗能化欲害之心亡於中則
饑虎可尾何況狗馬之類乎故體道者逸而不窮任
數者勞而無功夫峭法刻誅者非霸王之業也箠策
繁用者非致遠之術也繁數也離朱之明察箴末於百

步之外而不能見淵中之魚師曠之聰合八風之調
而不能聽十里之外故任一人之能不足以治三畝
之宅也修道理之數因天地之自然則六合不足均
也是故禹之決瀆也因水以為師神農之播穀也因
苗以為教夫萍樹根於水木樹根於土鳥排虛而飛
獸蹠實而走蛟龍水居虎豹山處天地之性也兩木
相摩而然金火相守而流員者常轉窾音科空也者主浮
自然之勢也是故春風至則甘雨降生育萬物羽者
嫗伏毛者孕育草木榮華鳥獸卵胎莫見其為者而

功既成矣秋風下霜倒生挫傷草木首地而生故曰倒生挫傷者彫落也
鷹鵰搏鷙昆蟲蟄音什藏草木注根魚鼈湊淵莫見其
爲者滅而無形木處榛巢水居窟穴聚木曰榛禽獸有芄
蓐也人民有室陸處宜牛馬舟行宜多水匈奴出穢裘
於越生葛絺各生所急以備燥溼各因所處以禦寒
暑並得其宜物便其所由此觀之萬物固以自然聖
人又何事焉九疑之南陸事寡而水事衆九疑山名於是
民人被髮文身以像鱗蟲被翦也文身刻畫其體爲蛟龍之狀短綣不
絝音袴以便涉游短袂攘卷卷卷臂也以便刺舟因之也鴈

門之北狄不穀食賤長貴壯俗尚氣力人不弛弓馬
不解勒便之也北狄鮮卑也地谷便習也故禹之裸國解衣而入
衣帶而出因之也今夫徙樹者失其陰陽之性則莫
不枯槁故橘樹之江北則化而爲枳鴝鵒不過濟貈
音涸渡汶而死形性不可易勢居不可移也是故達於
道者反於清淨究於物者終於無爲以恬養性以漠
處神則入於天門所謂天者純粹樸素質直皓白未
始有與雜糅者也所謂人者偶𦚧音樣智故曲巧僞詐
所以俛仰於世人而與俗交者也故牛歧蹏音蹄而戴

角馬被髦而全足者天也絡馬之口穿牛之鼻者人
也循天者與道游者也隨人者與俗交者也夫井魚
不可與語大拘於隘也夏蟲不可與語寒篤於時也
曲士不可與語至道拘於俗束於教也故聖人不以
人滑天不以欲亂情不謀而當不言而信不慮而得
不爲而成精通於靈府與造化者爲人夫善游者溺
善騎者墮各以其所好反自爲禍是故好事者未嘗
不中傷也爭利者未嘗不窮也昔共工之力觸不周之
山使地東南傾與高辛爭爲帝遂潛於淵宗族殘滅

繼嗣絕祀越王翳逃山穴越人熏而出之遂不得已
已止也謂不欲爲王以火熏出之由此觀之得在時不在爭治在道
不在聖土處下不爭高故安而不危水下流不爭先
故疾而不遲昔舜耕於歷山朞年而田者爭處墝音磽
埆音殼以封壤肥饒相讓釣於河濱朞年而漁者爭處
湍瀨以曲隈深潭相予當此之時口不設言手不指
麾執元德於心而化馳若神使舜無其志雖口辯而
戶說之不能化一人是故不道之道莽乎大哉夫能
理三苗朝羽民南方羽民之國徙裸國納肅慎未發號施令

而移風易俗者，其唯心行者乎。（徙化也，納受其胸也，感動在此乎）法度刑罰，何足以致之也。是故聖人內修其本，而不外飾其末，保其精神，偃其智故，漠然無為而無不為也，澹然無治而無不治也。所謂無為者，不先物為也；所謂無治者，不易自然也；所謂無不為者，因物之所為；所謂無不治者，因物之相然也。（然猶宜也）萬物有所生，而獨知守其根；百事有所出，而獨知守其門。故窮無窮，極無極，照物而不眩，響應而不乏，此之謂天解。故得道者，志弱而事強，（強無不勝也）心虛而應當。（當合也）所謂志

淮南　卷一　八

弱而事強者，柔毳安靜，藏於不敢，行於不能，恬然無慮，動不失時，與萬物回周旋轉，不為先唱，感而應之。是故貴者必以賤為號，（公王侯伯稱孤寡不穀，以賤為號）而高者必以下為基，託小以包大，在中以制外，行柔而剛，用弱而強，轉化推移，得一之道，而以少正多。（而能也）所謂其事強者，遭變應卒，排患扞難，力無不勝，敵無不淩，應化揆時，莫能害之。是故欲剛者必以柔守之，欲強者必以弱保之。積於柔則剛，積於弱則強，觀其所積，以知禍福之鄉。強勝不若己者，至於若己者而同；柔勝

出於己者，其力不可量。故兵強則滅，木強則折，革固則裂，齒堅於舌而先之敝。是故柔弱者，生之幹也；而堅強者，死之徒也。（幹質也）先唱者，窮之路也；後動者，達之原也。何以知其然也？凡人中壽七十歲，然而趨舍指湊，（指所之湊，所合猶言行止）日以月悔也，（積日至月則悔前之非）以至於死。故蘧伯玉年五十而知四十九年非。何者？先者難為知，而後者易為攻也。先者上高，則後者攀之；先者踰下，則後者蹷之；先者隤陷，則後者以謀；先者敗績，則後者違之。由此觀之，先者則後者之弓矢質的也。（質的射之準埶）猶錞（頭）之與刃，刃犯難而錞無患者，何也？以

淮南　卷一　九

其託於後位也。（在前故犯難，在後故無患）此俗世庸民之所公見也，而賢知者弗能避也。所謂後者，非謂其底滯而不發，凝結而不流，貴其周於數而合於時也。（周調也，數術也）夫執道理以耦變，先亦制後，後亦制先。是何則？不失其所以制人，人不能制也。時之反側，間不容息，先之則太過，後之則不逮。夫日回而月周，時不與人游，故聖人不貴尺之璧，而重寸之陰，時難得而易失也。禹之趨時也，履遺而弗取，冠挂而弗顧，非爭其先也，而爭

其得時也是故聖人守淸道而抱雌節因循應變常後而不先柔弱以靜舒安以定（舒詳也）攻大磏（音磨）堅莫能與之爭（磏磑也攻大磏堅皆難也）天下之物莫柔弱於水然而大不可極深不可測脩極於無窮遠淪於無涯息耗減益通於不訾（量也）上天則爲雨露下地則爲潤澤萬物弗得不生百事不得不成大包羣生而無好憎澤及蚑（音岐）蟯（音僥蚑蚑行蟯小蟲）而不求報富贍天下而不旣（盡也）德施百姓而不費行而不可得窮極也微而不可得把握也擊之無創刺之不傷斬之不斷焚之不然淖

溺流遁錯繆相紛而不可靡散（遁遯也錯繆相紛彼此相亂也）利貫金石強濟天下動溶無形之域而翺翔忽區之上邅回川谷之間而滔騰大荒之野有餘不足與天地取與授萬物而無所前後是故無所私而無所公靡濫振蕩與天地鴻洞（鴻大洞通）無所左而無所右蟠委錯紾（音軫轉也）與萬物始終是謂至德夫水所以能成其至德於天下者以其淖溺潤滑也故老聃之言曰天下至柔馳騁天下之至堅出於無有入於無間吾是以知無爲之有益夫無形者物之大祖也無音者聲之大

宗也其子爲光其孫爲水皆生於無形乎夫光可見而不可握水可循而不可毀故有像之類莫尊於水出生入死自無蹠有自有蹠無而以衰賤矣（入死道謂匿情欲蹠適也自無形適有形離其本也自有形適無形不能復得道家所棄故曰以衰賤也）是故清靜者德之至也而柔弱者道之要也虛無恬愉者萬物之用也肅然應感殷然反本則淪於無形矣所謂無形者一之謂也（一者道之本）所謂一者無匹合於天下者也卓然獨立塊然獨處上通九天下貫九野員不中規方不中矩大渾而爲一葉累而無根懷囊天地

爲道關門穆忞隱閔純德獨存布施而不旣用之而不勤（勤勞也）是故視之不見其形聽之不聞其聲循之不得其身無形而有形生焉無聲而五音鳴焉無味而五味形焉無色而五色成焉是故有生於無實出於虛天下爲之圈（圈版也）則名實同居音之數不過五而五音之變不可勝聽也味之和不過五而五味之化不可勝嘗也色之數不過五而五色之變不可勝觀也故音者宮立而五音形矣味者甘立而五味亭矣（亭平也）色者白立而五色成矣道者一立而萬物生

矣是故一之理施四海一之解際天地其全也純兮若樸其散也混兮若濁濁而徐清沖而徐盈澹兮其若深淵（深淵不動貌）汎兮其若浮雲若無而有若亡而存萬物之總皆閱一孔百事之根皆出一門其動無形變化若神其行無迹常後而先是故至人之治也掩其聰明滅其文章依道廢智與民同出于公約其所守寡其所求去其誘慕除其嗜欲損其思慮約其所守則察寡其所求則得夫任耳目以聽視者勞形而不明以知慮爲治者苦心而無功是故聖人一度循軌（一齊軌法也）不變其宜不易其常放準循繩曲因其當夫喜怒者道之邪也憂悲者德之失也好憎者心之過也嗜欲者性之累也人大怒破陰大喜墜陽（破陰陽以氣）（相薄也）薄氣發瘖驚怖爲狂憂悲多恚病乃成積好憎繁多禍乃相隨故心不憂樂德之至也通而不變靜之至也嗜欲不載虛之至也無所好憎平之至也不與物散粹之至也能此五者則通於神明通於神明者得其內者也是故以中制外百事不廢（中心也外情欲）中能得之則外能收之中之得則五藏寧思慮平筋力

勁強耳目聰明疏達而不悖堅強而不鞼（音貴折也）無所大過而無所不逮處小而不逼處大而不窕（在小能小在大能大）其寬不躁其神不嬈（煩嬈也）湫漻（音秋遼）寂寞爲天下梟（湫漻清靜寂寞恬淡也梟雄也）大道坦坦去身不遠求之近者往而復反（近謂身也）迫則能應感則能動物穆無窮（穆美也）變無形像（言能化也）優游委縱如響之與景登高臨下無失所秉履危行險無忘元伏（道也）能存之此其德不虧萬物紛糅與之轉化以聽天下若背風而馳（疾而易也）是謂至德至德則樂矣古之人有居巖穴而神不遺者（遺失也）末世有勢爲萬乘而日憂悲者由此觀之聖亡乎治人而在于得道樂亡乎富貴而在於得和知大已而小天下則幾於道矣所謂樂者豈必處京臺章華（皆楚之大臺）游雲夢沙邱（雲夢楚澤沙邱紂臺）耳聽九韶六瑩（九韶舜樂六瑩顓項樂）口味煎熬芬芳馳騁夷道（夷平也）釣射鷫（音肅）鷞（鷞鳥名）之謂樂乎吾所謂樂者人得其得者也夫得其得者不以奢爲樂不以廉爲悲與陰俱閉與陽俱開故子夏心戰而臞得道而肥（入見先王之道而說之又出見富貴之樂而欲之二者交爭故戰而臞也先王之道勝無所復思故肥）聖人不以身役物不以

欲清和是故其為歡不忻忻(過制也)其為悲不惙惙(音惙傷性也)。萬方百變消搖而無所定吾獨慷慨遺物而與道同出是故有以自得之也喬木之下空穴之中足以適情無以自得也雖以天下為家萬民為臣妾不足以養生也能至於無樂者則無不樂無不樂則至極樂矣夫建鐘鼓列管絃席旃茵傅旄象(傅著旄旄也象以象牙為飾)耳聽朝歌北鄙靡靡之樂(朝歌紂都鄙邑紂使師涓作鄙邑靡靡之樂)齊靡曼之色(齊列也靡曼美色)陳酒行觴夜以繼日強弩弋高鳥走犬逐狡兔此其為樂也炎炎赫赫怵然若

有所誘慕解車休馬罷酒徹樂而心忽然若有所喪悵然若有所亡也是何則不以內樂外而以外樂內樂作而喜曲終而悲悲喜轉而相生精神亂營(或也)不得須臾平察其所以不得其形(不得樂之形也)而日以傷生失其得者也是故內不得於中稟授於外而以自飾也不浸於肌膚不浹於骨髓不留於心志不滯於五藏故從外入者無主於中不止從中出者無應於外不行故聽善言便計雖愚者知說之稱至德高行雖不肖者知慕之說之者衆而用之者鮮慕之者多而

行之者寡所以然者何也不能反諸性也夫內不開於中而強學問者不入於耳而不著於心此何以異於聾者之歌也效人為之而無以自樂也聲出於口則越而散矣(散去耳不聞也)夫心者五藏之主也所以制使四支流行血氣馳騁於是非之境而出入於百事之門戶者也是故不得於心而有經天下之氣(經理也)是猶無耳而欲調鐘鼓無目而欲喜文章也亦必不勝其任矣故天下神器不可為也為者敗之執者失之夫許由小天下而不以己易堯者志遺於天下也所

以然者何也因天下而為天下也天下之要不在於彼而在於我不在於人而在於身我身得則萬物備矣徹於心術之論則嗜欲好憎外矣是故無所喜而無所怒無所樂而無所苦萬物元同也無非無是化育元燿生而如死(燿明也生而如死言無所欲)夫天下者亦吾有也吾亦天下之有也天下之與我豈有間哉夫有天下者豈必攝權持勢操殺生之柄而以行其號令邪吾所謂有天下者非謂此也自得而已自得則天下亦得我矣吾與天下相得則常相有已又焉有不得

答其間者乎所謂自得者全其身者也全其身則與道爲一矣故雖游於江潯海裔邊也馳要褭建翠蓋要褭馬名翠蓋以翠羽飾蓋也褭音裊目觀掉羽武象之樂掉羽武象周武王之樂耳聽滔朗奇麗激抮之音朗音朗激抮音曲名揚鄭衛之浩樂結激楚之遺風射沼濱之高鳥逐苑囿之走獸此齊民之所以淫泆流湎齊民凡民故曰齊民聖人處之不足以營其精神亂其氣志使心怵然失其情性處窮僻之鄉側谿谷之間側伏也隱於榛薄之中聚木曰榛深草曰薄環堵之室茨之以生茅蓬戶甕牖揉桑爲樞上漏下溼潤浸北房浸漬也北房陰堂雪霜滾灖音拔浸潭苽蔣苽音孤浸潭之潤以生苽蔣逍遙於廣澤之中而仿洋於山峽之旁此齊民之所爲形植黎累憂悲而不得志也聖人處之不爲愁悴怨懟而不失其所以自樂也是何也則內有以通於天機而不以貴賤貧富勞逸失其志德者也故夫烏之啞啞音雅鵲之唶唶音惜豈嘗爲寒暑燥溼變其聲哉是故夫得道已定而不待萬物之推移也非以一時之變化而定吾所以自得也吾所謂得者性命之情處其所安也夫性命者與形俱出其宗形備而

性命成性命成而好憎生矣故士有一定之論女有不易之行規矩不能方圓鉤繩不能曲直雖規矩鉤繩無所施於此天地之永登丘不可爲修居卑不可爲短是故得道者窮而不懾達而不榮處高而不機持盈而不傾機危傾覆也新而不朗久而不渝朗明渝變也入火不焦入水不濡是故不待勢而尊不待財而富不待力而強平虛下流與化翱翔若然者藏金於山藏珠於淵不利貨財不貪勢名是故不以康爲樂不以慊爲悲康安慊約也不以貴爲安不以賤爲危形神氣志各居其宜以隨天地之所爲夫形者生之舍也氣者生之充也神者生之制也一失位則三者傷矣是故聖人使人各處其位守其職而不得相干也故夫形者非其所安也而處之則廢氣不當其所充而用之則泄神非其所宜而行之則昧昧不明也此三者不可不慎守也夫舉天下萬物蚑蟯貞蟲蚑蟯動之蟲貞蟲細腰之屬蝡動蚑作皆知其所喜憎利害者何也以其性之在焉而不離也忽去之則骨肉無倫矣去之去道也骨肉靡滅無倫匹也今人之所以眭然能視眭音桂營然能聽形體能抗而百節可屈伸

察能分白黑視醜美而知能别同異明是非者何也氣爲之充而神爲之使也何以知其然也凡人之志各有所在而神有所繫者其行也足蹪趎埳音殊坎頭抵植木而不自知也蹪蹎也招之而不能見也呼之而不能聞也耳目非去之也然而不能應者何也神失其守也故在於小則忘於大在於中則忘於外在於上則忘於下在於左則忘於右無所不充則無所不在是故貴虛者以毫末爲宅也言精微也今夫狂者之不能避水火之難而越溝瀆之險者豈無形神氣志哉

然而用之異也失其所守之位而離其外内之舍是故舉錯不能當動靜不能中終身運枯形于連嶁列埒之門連嶁猶離嶁委曲之類列埒不平均也而蹪蹈于汙壑穽陷之中雖生俱與人鈞然而不免爲人戮笑者何也形神相失也故以神爲主者形從而利以形爲制者神從而害貪饕多欲之人漠睧於勢利誘慕於名位漠睧猶鈍睧不知足也冀以過人之智植於高世則精神日耗而彌遠久淫而不還形閉中距則神無由入矣是以天下時有盲妄自失之患此膏燭之類也火逾然而消逾亟夫精神氣志者靜而日充者以壯躁而日耗者以老是故聖人將養其神和弱其氣平夷其形而與道沈浮俛仰恬然則縱之迫則用之其縱之也若委衣其用之也若發機弩機言其疾如是則萬物之化無不遇而百事之變無不應

淮南鴻烈解卷一終

淮南鴻烈解卷二

俶真訓（俶始也眞實也道之實始於無化育于有俶音出）

有始者有未始有有始者有未始有夫未始有有始者有有者有無者有未始有有無者有未始有夫未始有有無者所謂有始者繁憤未發萌兆牙蘖未有形埒垠堮無無蝡蝡將欲生興而未成物類（繁憤衆積貌垠音寅堮音鍔）有未始有有始者天氣始下地氣始上陰陽錯合相與優游競暢於宇宙之間被德含和繽紛蘢蓯欲與物接而未成兆朕（繽紛雜糅也蘢蓯聚會也兆朕形怪也）有未

始有夫未始有有始者天含和而未降地懷氣而未揚虛無寂寞蕭條霄霓無有仿佛氣遂而大通冥冥者也有有者言萬物摻落根莖枝葉青蔥苓蘢萑蔰炫煌蠉飛蝡動蚑行噲息可切循把握而有數量（摻音參纖也萑蔰炫煌采色貌萑音萋蔰音戶切摩也）有無者視之不見其形聽之不聞其聲捫之不可得也望之不可極也儲與扈冶（儲與扈冶褒大意也）浩浩瀚瀚不可隱儀揆度而通光耀者有未始有有無者包裹天地陶冶萬物大通混冥深閎廣大不可爲外析毫剖芒不可爲內無環堵之宇

而生有無之根（混冥大冥之中謂道也）有未始有夫未始有有無者天地未剖陰陽未判四時未分萬物未生汪然平靜寂然淸澄莫見其形若光耀之間於無有退而自失也曰予能有無而未能無無也及其爲無無至妙何從及此哉夫大塊載我以形勞我以生逸我以老休我以死善我生者乃所以善我死也夫藏舟於壑藏山於澤人謂之固矣雖然夜半有力者負而趨寐者不知猶有所遁若藏天下於天下則無所遁其形矣物豈可謂無大揚攉乎（揚攉無慮大數名也攉音鎬）一範人

之形而猶喜若人者千變萬化而未始有極也弊而復新其爲樂也可勝計邪譬若夢爲鳥而飛於天夢爲魚而沒於淵方其夢也不知其夢也覺而後知其夢也今將有大覺然後知今此之爲大夢也始吾未生之時焉知生之樂也今吾未死又焉知死之不樂也昔公牛哀轉病也七日化爲虎（公牛氏韓人轉病易病也）其兄掩戶而入覘之則虎搏而殺之是故文章成獸爪牙移易（移易人爪牙爲虎爪牙）志與心變神與形化方其爲虎也不知其嘗爲人也方其爲人不知其且爲虎也二者

代謝舛馳各樂其成形代更謝敘狡猾鈍惛是非無端孰知其所萌夫水鄉冬則凝而爲冰冰迎春則泮而爲水冰水移易于前後若周員而趨孰暇知其所苦樂乎泮釋也是故形傷于寒暑燥濕之虐者形苑而神壯苑枯病壯傷也神傷乎喜怒思慮之患者神盡而形有餘故罷馬之死也剝之若槁狡狗之死也割之有濡狡少也濡濡澤氣力未盡是故傷死者其鬼嬈嬈煩嬈善行病人嬈音遶時既者其神漠既盡也時既當老者則神寂漠漠定也是皆不得形神俱沒也養形養神皆以壽終神形俱沒不但漠而已也夫聖人用心杖性依神相扶

而得終始是故其寐不夢其覺不憂古之人有處混冥之中神氣不蕩於外萬物恬漠以愉靜攙搶衡杓之氣莫不彌靡攙搶彗孛杓北斗柄第七星攙音讒搶音撐而不能爲害當此之時萬民猖狂不知東西含哺而游鼓腹而熙交被天和食於地德不以曲故是非相尤茫茫沈沈是謂大治曲故曲巧也尤過也茫茫沈沈盛貌於是在上位者左右而使之毋淫其性鎮撫而有之毋遷其德是故仁義不布而萬物蕃殖賞罰不施而天下賓服其道可以大美興而難以算計舉也是故日計之不足而歲計之

有餘夫魚相忘於江湖人相忘於道術各得其志故相忘古之眞人立於天地之本中至優游抱德煬和而萬物雜累焉煬音養炙也抱志德而炙於和氣雜累成熟也孰肯解構人間之事以物煩其性命乎解構猶合會煩辱也夫道有經紀條貫得一之道連千枝萬葉是故貴有以行令賤有以忘卑貧有以樂業困有以處危夫大寒至霜雪降然後知松栢之茂也據難履危利害陳於前然後知聖人之不失道也是故能戴大員者履大方鏡太清者視大明立太平者處大堂能游冥冥者與日月同光是故以

道爲竿以德爲綸禮樂爲鉤仁義爲餌投之於江浮之於海萬物紛紛孰非其有夫挾依於跂躍之術跂躍猶觀際不離之道提挈人間之際撢掞挺挏世之風俗撢引挾利挺挏猶上下以求利便也撢音潭挾音善以摸蘇牽連物之微妙摸蘇猶摸索微妙猶纖小也猶得肆其志充其欲何況懷瓌瑋之道忘肝膽遺耳目獨浮游無方之外不與物相弊搬弊搬猶雜揉弊音蔽搬音殺中徙倚無形之域而和以天地者乎若然者偃其聰明而抱其太素以利害爲塵垢以死生爲晝夜是故目觀玉輅琬象之狀耳聽白雪清角之聲不

能以亂其神（玉輅王者所乘有琬琰象牙之飾自孚飾犢所奏太一五散之樂）登千仞之谿臨蝯眩之岸不足以滑其和（蝯臨其岸而目眩也蝯音元滑音汨）譬若鍾山之玉炊以鑪炭三日三夜而色澤不變則至德天地之精也是故生不足以使之利何足以動之死不足以禁之害何足以恐之明於死生之分達於利害之變雖以天下之大易骭之一毛無所槩於志也（骭自膝以下脛以上也骭音幹）夫貴賤之於身也猶條風之時麗也（條風鳴條音其迅麗過也）毀譽之於己猶蚊虻之一過也夫秉皓白而不黑行純粹而不糅處元冥而不闇休

於天鈞而不僞（僞敗也天鈞北極之地積寒之所休之亂敗唯體道者爲能不敗也僞音爲）孟門終隆之山不能禁（孟門終隆山名皆險塞）唯體道能不敗湍瀨旋淵呂梁之深不能留也（湍瀨急流旋淵深淵也呂梁水名水流也留滯也）太行石澗飛狐句望之險不能難也（太行石澗飛狐句望皆隘險）是故身處江海之上而神遊魏闕之下（魏闕王者門外闕所以縣教象之書魏魏高大故曰魏闕言真人雖在遠方心存王也）非得一原孰能至於此哉是故與至人居使家忘貧使王公簡其富貴而樂卑賤勇者衰其氣貪者消其欲坐而不教立而不議虛而往者實而歸故不言而能飲人以和

是故至道無爲一龍一蛇（龍能化蛇能解脫故以爲嘗）盈縮卷舒與時變化外從其風內守其性耳目不燿思慮不營其所居神者臺簡以游太清（臺持簡大也）引楯萬物羣美萌生（引楯拔擢也楯音允）是故事其神者神去之（事治也）休其神者神居之（休不動擾）道出一原通九門（九門天之門）散六衢（六合之衢）設於無垓坫之宇（垓坫垠堮也音該坫）寂漠以虛無非有爲於物也物以有爲於己也是故舉事而順於道者非道之所爲也道之所施也夫天之所覆地之所載六合所包陰陽所呴雨露所濡道德所扶此皆生一父母

而閱一和也（父母天地閱總和道也）是故槐榆與橘柚合而爲兄弟有苗與三危通爲一家夫目視鴻鵠之飛耳聽琴瑟之聲而心在鴈門之間一身之中神之分離剖判六合之內一舉而千萬里是故自其異者視之肝膽胡越自其同者視之萬物一圈也百家異說各有所出若夫墨楊申商之於治道猶蓋之無一橑而輪之無一輻有之可以備數無之未有害於用也已自以爲獨擅之不通之於天地之情也今夫冶工之鑄器（鑄讀作祝）金踊躍於鑪中必有波溢而播棄者其中地

而蹏滯亦有以象於物者矣其形雖有所小用哉然未可以保於周室之九鼎也保猶葆寶也又況比於規形者乎其與道相去亦遠矣今夫萬物之疏躍枝舉百事之莖葉條枿皆本於一根而條循千萬也疏躍布散也枿言邊讀作蘖旁生萌芽也若此則有所受之矣而非所授者所受者無授也而無不受也無不受也者譬若周雲之蘢蓯遼巢彭濞而為雨遼巢彭濞蘊積貌濞音譬沈溺萬物而不與為溼焉今夫善射者有儀表之度如工匠有規矩之數此皆所得以至於妙然而奚仲不能為逢蒙造父

不能為伯樂者是曰諭於一曲而不通於萬方之際也今以涅染緇則黑於涅以藍染青則青於藍涅非緇也青非藍也茲雖遇其母而無能復化已朴本也是何則以諭其轉而益薄也何況夫未始有涅藍造化之者乎其為化也雖鏤金石書竹帛何足以舉其數由此觀之物莫不生於有也小大優游矣言饒多也夫秋毫之末淪於無間而復歸於大矣蘆苻之厚通於無壑而復反於敦龐秋毫微妙故能入於無間以毫末比道猶復為大也厚猶薄也蘆苻苻蘆之中白苻言其薄何則歸於莩故曰反於敦龐也苻音莩莩音根若夫無秋毫之

微蘆苻之厚四達無境通於無圻圻音寅垠也而莫之要御夭遏者其襲微重妙挺挏萬物揣丸變化天地之間何足以論之夫疾風敦木而不能拔毛髮雲臺之高墮者折脊碎腦而蟁蝱適足以翱翔敦亦拔也蟁音民蝱音蒙夫與蚑蟯同乘天機蚑行蟯動諭微細也天機神馬夫受形於一圈飛輕微細者猶足以脫其命又況未有類也類形象道也由此觀之無形而生有形亦明矣是故聖人託其神於靈府而歸於萬物之初視於冥冥聽於無聲冥冥之中獨見曉焉寂漠之中獨有照焉其用之也以不

用其不用也而後能用之其知也乃不知其不知也而後能知之也夫天不定日月無所載地不定草木無所植所立於身者不寧是非無所形形見也是故有真人然後有真知其所持者不明庸詎知吾所謂知之非不知歟今夫積惠重厚累愛襲恩以聲華嘔苻嫗掩萬民百姓使知之訢訢然人樂其性者仁也舉大功立顯名體君臣正上下明親疏等貴賤存危國繼絕世決挐治煩興毀宗立無後者義也閉九竅藏心志棄聰明反無識芒然仿佯於塵埃之外而消搖

於無事之業含陰吐陽而萬物和同者德也是故道散而爲德德溢而爲仁義仁義立而道德廢矣百圍之木斬而爲犧尊(犧尊酒器畫犧牛之象以飾尊)鏤之以剞劂雜之以青黃華藻鎛鮮龍蛇虎豹曲成文章(剞巧工鈎刀劂者規度刺畫墨邊箋也所以刻鏤之具青黃采色之飾華藻華文鎛今之金尊鮮明好也)然其斷在溝中壹比犧尊溝中之斷則醜美有間矣(間遠也)然而失木性鈞也是故神越者其言華德蕩者其行僞至精亡於中而言行觀於外此不免以身役物矣夫趨舍行僞者爲精求於外也精有湫盡而行無窮極則滑

心濁神而惑亂其本矣其所守者不定而外淫於世俗之風所斷差跌者而內以濁其清明是故躊躇以終而不得須臾恬澹矣是故聖人內修道術而不外飾仁義不知耳目之宜而游於精神之和若然者下揆三泉上尋九天橫廓六合揲貫萬物(揲音設)此聖人之游也若夫真人則動溶於至虛而游於滅亡之野騎蜚廉而從敦圄(蜚廉獸名長毛有翼敦圄似虎而小圄音語)馳於外方休乎宇內燭十日而使風雨臣雷公役夸父(雷公夸父皆仙人)妾宓妃妻織女(宓妃神女)天地之間何足以留其志是

故虛無者道之舍平易者道之素夫人之事其神而嬈其精營慧然而有求於外此皆失其神明而離其宅也(營慧求索名利宅精神之宅)是故凍者假兼衣於春而暍者望冷風於秋夫有病於內者必有色於外矣夫梣木色青翳而蠃瘉蝸睆(梣木青皮蠃螺蠡蝸牛郎螔蝓也螺也梣音岑蠃音課瘉音臾蝸音瓜睆音奐)此皆治目之藥也人無故求此物者必有蔽其明者聖人之所以駭天下者真人未嘗過焉賢人之所以矯世俗者聖人未嘗觀焉夫牛蹏之涔無尺之鯉(涔涔水水潦之年大道上之積水)塊阜之山無丈之材(塊阜小山)所

以然者何也皆其營宇狹小而不能容巨大也又況乎以無裹之者邪(無裹無形)此其爲山淵之勢亦遠矣夫人之拘於世也必形繫而神泄故不免於虛(形繫者身形疾而精神越泄不處其守虛疾也)使我可係羈者必其有命在於外也至德之世甘瞑於溷澖之域而徙倚於汗漫之宇(溷澖無垠虛之貌汗漫無生形形生元氣之本神也宇居也澖音閑)提挈天地而委萬物以鴻濛爲景柱而浮揚乎無畛崖之際(一手曰提挈舉委棄也言不以身役物鴻濛東方之野日所出故以爲景柱浮揚翱遊翔畛音軫)是故聖人呼吸陰陽之氣而羣生莫不顒顒然仰其德以和順當此

之時莫之領理決離隱密而自成渾渾蒼蒼純樸未
散旁薄爲一而萬物大優（渾渾蒼蒼混沌大貌優饒也）是故雖有
羿之知而無所用之（羿善射能一日落九烏繳大風殺窫窳斬九嬰射河伯）及
世之衰也至伏羲氏其道昧昧芒芒然吟德懷和（昧昧
純厚也芒芒廣大貌吟咏其德含懷其和氣未大宣布也）被施頗烈（被施滂頗烈烈施於民）而
知乃始昧昧晽晽皆欲離其童蒙之心（昧昧欲明而未也晽晽欲
所知之貌晽音林）而覺視於天地之開是故其德煩而不能
一乃至神農黃帝剖判大宗竅領天地襲九竅重九
熱（竅通領理襲因竅法熱音墊形也言因九天九地之形法以通理）提挈陰陽嫥捖

剛柔枝解葉貫萬物百族（嫥捖音專桓和調族類也）使各有經紀
條貫於此萬民睢睢盱盱然莫不竦身而載聽視（睢盱
聽視貌）是故治而不能和下棲遲至於昆吾夏后之世
（昆吾夏之伯夏后桀世也）嗜欲連於物聰明誘於外而性命失其
得施（讀作易）及周室之衰澆淳散樸雜道以僞儉德以
行而巧故萌生周室衰而王道廢儒墨乃始列道而
議分徒而訟（徒黨訟爭是非）於是博學以疑聖華誣以脅衆
弦歌鼓舞緣飾詩書以買名譽於天下繁登降之禮
飾紱冕之服聚衆不足以極其變積財不足以贍其

贅於是萬民乃始慲觟離跂（觟徙徙之徙也慲音滿觟音化）各欲行
其知僞以求鑿枘於世而錯擇名利（鑿孔枘所也丁人刻木以入鑿
鑿卯受之諭人施其巧僞索榮顯之名利也枘音芮）是故百姓曼衍於淫荒之
陂而失其大宗之本夫世之所以喪性命有衰漸以
然所由來者久矣是故聖人之學也欲以返性於初
而游心於虛也達人之學也欲以通性於遼廓而覺
於寂漠也若夫俗世之學也則不然擢德攓性內愁
五藏外勞耳目（擢取攓縮也皆不理愁其思慮攓音蹇）乃始招蟯振繾
物之毫芒搖消掉捎仁義禮樂暴行越智於天下以

招號名聲於世（搖消掉捎言未能行仁義禮樂越揚揚其詐譎之智以取聲名也掉音弔
捎音稍）此我所羞而不爲也是故與其有天下也不若
有說也（說樂也）與其有說也不若尚羊物之終始也（尚羊
徜徉同）而條達有無之際是故舉世而譽之不加勸舉
世而非之不加沮定於死生之境而通於榮辱之理
雖有炎火洪水彌靡於天下神無虧缺於胷臆之中
矣若然者視天下之間猶飛羽浮芥也孰肯分分然
以物爲事也水之性眞清而土汨之人性安靜而嗜
欲亂之夫人之所受於天者耳目之於聲色也口鼻

之於芳臭也肌膚之於寒燠其情一也或通於神明或不免於癡狂者何也其所爲制者異也是故神者智之淵也淵清則智明矣智者心之府也智公則心平矣人莫鑑於流沫而鑑於止水者以其靜也沫雨潦上沫沫音佾莫窺形於生鐵而窺於明鏡者以覩其易也夫唯易且靜形物之性也由此觀之用也必假之於弗用也是故虛室生白吉祥止也能虛其心以生道吉祥來止舍也夫鑑明者塵垢弗能薶薶音倭污也神清者嗜欲弗能亂精神已越於外而事復返之越散也是失之於本而求之

於末也外內無符而欲與物接弊其元光而求知之于耳目元光內明也是釋其炤炤而道其冥冥也是之謂失道心有所至而神喟然在之反之於虛則消鑠滅息此聖人之游也反之於虛則情欲之性消鑠滅息游行也故古之治天下也必達乎性命之情其舉錯未必同也其合於道一也夫夏日之不被裘者非愛之也燠有餘於身也冬日之不用翣者非簡之也清有餘於適也翣音接扇也簡慢也夫聖人量腹而食度形而衣節於己而已貪污之心奚由生哉故能有天下者必無以天下爲也能有

名譽者必無以趨行求者也聖人有所於達達則嗜欲之心外矣外棄也孔墨之弟子皆以仁義之術教導於世然而不免於儡身猶不能行也又況所教乎儡身身不見用儡儡然也儡音雷是何則其道外也夫以末求返于本許由不能行也又況齊民乎誠達於性命之情而仁義固附矣趨捨何足以滑心若夫神無所掩心無所載通洞條達恬漠無事無所凝滯虛寂以待勢利不能誘也辯者不能說也聲色不能淫也美者不能濫也知者不能動也勇者不能恐也此真人之道也若

然者陶冶萬物與造化者爲人天地之間宇宙之內莫能夭遏夫化生者不死而化物者不化神經於驪山太行而不能難入於四海九江而不能濡處小隘而不塞橫扃天地之間而不窕扃猶閉也不通此者雖目數千羊之羣耳分八風之調足蹀陽阿之舞而手會綠水之趨陽阿古名倡淥水舞曲趨投節也蹀音牒智終天地明照日月辯解連環始皇遺齊襄王后玉連環曰齊多智解此環后椎破之謝曰已解矣澤潤玉石猶無益於治天下也靜漠恬澹所以養性也和愉虛無所以養德也外不滑內則性得其宜性不動和

則德安其位養生以經世抱德以終年可謂能體道
矣若然者血脉無鬱滯五藏無蔚氣蔚病也禍福弗能
撓滑非譽弗能塵垢故能致其極非有其世孰能濟
焉有其人不遇其時身猶不能脫又況無道乎且人
之情耳目應感動心志知憂樂手足之攢疾蟲辟寒
暑所以與物接也蜂蠆螫指而神不能憺攢音贊蟲音養蠆音
蹇憺音詹定也蚉蝱噆膚而知不能平噆音雜螫也夫憂患之來
攖人心也非直蜂蠆之螫毒而蚉蝱之慘怛也而欲
靜漠虛無奈之何哉夫目察秋毫之末耳不聞雷霆

之聲耳調玉石之聲目不見太山之高何則小有所
志而大有所忘也今萬物之來擢拔吾性攓取吾情
有若泉源雖欲勿稟其可得邪攓音搴稟猶動用也今夫樹木
者灌以瀿水瀿音繁波暴溢也疇以肥壤一人養之十人拔
之則必無餘栟又況與一國同伐之哉雖欲久生豈
可得乎今盆水在庭清之終日未能見眉睫濁之不
過一撓而不察方員人神易濁而難清猶盆水之類
也況一世而撓滑之曷得須臾平乎古者至德之世
賈便其肆農樂其業大夫安其職而處士修其道當

此之時風雨不毀折草木不夭九鼎重味珠玉潤澤
九鼎九州貢金所鑄也重厚也潤澤有光也洛出丹書河出綠圖故許由
方回善卷披衣得達其道許由方回善卷披衣皆堯時隱士何則世
之主有欲利天下之心是以人得自樂其間四子之
才非能盡善蓋今之世也然莫能與之同光者遇唐
虞之時逮至夏桀殷紂燔生人辜諫者爲炮格鑄金
柱鑄金柱然火其下以人置其上墮陊火中剖賢人之心析才士之脛賢人
比干析解也剖解有才士脚觀其有奇異醢鬼侯之女菹梅伯之骸鬼侯梅伯
紂時諸侯梅伯說鬼侯之女美好令紂妻之女至紂以爲不好故醢鬼侯之女菹梅伯之骸當此

之時嶢山崩三川涸飛鳥鎩翼走獸擠脚紂田獵禽荒故獸無
不被害當此之時豈獨無聖人哉然而不能通其道者
不遇其世夫鳥飛千仞之上獸走叢薄之中禍猶及
之又況編戶齊民乎由此觀之體道者不專在於我
亦有繫於世矣夫歷陽之都一夕反而爲湖勇力聖
知與罷怯不肖者同命歷陽淮南國縣名昔有老嫗常行仁義有二諸生過之謂
曰此國當沒爲湖謂嫗視東城門閫有血便走上北山勿顧也自此嫗便往視門閫閽者問之嫗對曰如
是其暮門吏故殺雞血涂門閫明旦老嫗早往視門見血便上北山國沒爲湖與門吏言其事適一宿耳
一夕旦而爲湖也勇怯同命無遺脫也巫山之上順風縱火膏夏紫之

與蕭艾俱死 育夏大木其理密白如李紫芝喻賢智蕭艾賤草喻不肖 故河魚不得明目稺稼不得育時其所生者然也 河水濁故不得明目稺稼不爲霜所凋故不得待其自熟時 故世治則愚者不得獨亂世亂則智者不能獨治身蹈於濁世之中而責道之不行也是猶兩絆騏驥而求其致千里也置猨檻中則與豚同非不巧捷也無所肆其能也舜之耕陶也不能利其里南面王則德施乎四海仁非能益也處便而勢利也古之聖人其和愉寧靜性也其志得道行命也是故性遭命而後能行命得性而後能明烏號之弓谿

子之弩不能無弦而射 谿蠻夷也以柘桑爲弩 越舲蜀艇不能無水而浮 舲小船也艇一版之舟 今矰繳機而在上罟罟張而在下雖欲翺翔其勢焉得故詩云采采卷耳不盈傾筐嗟我懷人寘彼周行以言慕遠世也

卷一終

淮南鴻烈解卷三

天文訓 文象也天垂文象日月五星及彗孛

天墜未形馮馮翼翼洞洞灟灟故曰大昭 墜古地字馮翼洞灟無形之貌 道始于虛霩 霩音霍 虛霩生宇宙宇宙生氣氣有漢垠 漢垠重安貌 清陽者薄靡而爲天重濁者凝滯而爲地清妙之合專易 專一作摶 重濁之凝竭難故天先成而地後定天地之襲精爲陰陽 襲合精氣 陰陽之專精爲四時四時之散精爲萬物積陽之熱氣生火火氣之精者爲日積陰之寒氣爲水水氣之精者爲月日月之淫

爲精者爲星辰天受日月星辰地受水潦塵埃昔者共工與顓頊爭爲帝怒而觸不周之山天柱折地維絕天傾西北故日月星辰移焉地不滿東南故水潦塵埃歸焉天道曰圓地道曰方方者主幽圓者上明明者吐氣者也是故火曰外景幽者含氣者也是故水曰內景吐氣者施含氣者化是故陽施陰化天之偏氣怒者爲風地之含氣和者爲雨陰陽相薄感而爲雷 薄迫感動 激而爲霆亂而爲霧陽氣勝則散而爲雨露陰氣勝則凝而爲霜雪毛羽者飛行之類也故屬

於陽。介鱗者蟄伏之類也。故屬於陰。日者陽之主也。
是故春夏則羣獸除。（除毛徵墮）日至而麋鹿解。（冬至麋角解夏至鹿
角解）月者陰之宗也。是以月虛而魚腦減。月死而蠃硥
膲。（宗本減少也膲肉不滿硥音謗膲音醮）火上蕁。水下流。（蕁音覃）故烏飛
而高。魚動而下。物類相動。本標相應。（標音末）故陽燧見
日則燃而爲火。方諸見月則津而爲水。（陽燧金也熱摩令熱日中
時以當日下以艾承之則燃得火方諸陰燧
大蛤也熱磨令熱月盛時以向月下則水生）虎嘯而
谷風至。龍舉而景雲屬。麒麟鬭而日月食。鯨魚死而
彗星出。蠶珥絲而商弦絕。賁星墜而勃海決。人主之

淮南　卷三　二

情上通于天。故誅暴則多飄風。枉法令則多蟲螟。殺
不辜則國赤地。令不收則多淫雨。（屬會也珥絲謂弄絲於口商音清弦
絹而急故先絕也賁星客星也又作孛星墜限勃大決溢也蟲食苗心曰螟）四時者天之
吏也。日月者天之使也。星辰者天之期也。虹蜺彗星
者天之忌也。（期會也雄爲虹雌爲蜺忌禁也）天有九野。九千九百九
十九隅。去地五億萬里。五星。八風。二十八宿。五官。六
府。紫宮。太微。軒轅。咸池。四守。天阿。（皆星名）何謂九野。中
央曰鈞天。其星角亢氐。東方曰蒼天。其星房心尾。東
北曰變天。其星箕斗牽牛。（陽氣始作萬物萌芽故曰變天）北方曰元

天。其星須女虛危營室。西北方曰幽天。其星東壁奎
婁。（幽陰也西方季秋將即於陰故曰幽天）西方曰昊天。其星胃昴畢。西
南方曰朱天。其星觜嶲參東井。（西方金色白故曰昊天或作旻朱陽也西南爲少陽故曰朱天）南方曰炎天。其星輿鬼柳七星。東南方曰
陽天。其星張翼軫。（東南純乾用事故曰陽天）何謂五星。東方木也。
其帝太皞。（太皞伏犧氏有天下號也死託祀於東方之帝）其佐句芒。執規而
治春。其神爲歲星。其獸蒼龍。其音角。其日甲乙。（木色蒼角木也甲乙皆木）南方火也。其帝炎帝。（炎帝以火德王天下其死託祀於南方之帝）其
佐朱明。（祝融）執衡而治夏。其神爲熒惑。其獸朱鳥。（朱鳥朱雀）

淮南　卷三　三

其音徵。其日丙丁。（徵火也丙丁皆火）中央土也。其帝黃帝。（黃帝
以土德王天下死託祀于中央之帝）其佐后土。執繩而制四方。其神爲
鎮星。其獸黃龍。（土色黃）其音宮。其日戊己。（宮土戊己土也）西方
金也。其帝少昊。（少昊青陽以金德王死託祀於西方之帝）其佐蓐收。（蓐音辱）
執矩而治秋。其神爲太白。其獸白虎。其音商。其日庚
辛。（商金也庚辛皆金）北方水也。其帝顓頊。（顓頊以水德王天下死託祀於北方
之帝）其佐元冥。執權而治冬。其神爲辰星。其獸元武。其
音羽。其日壬癸。（羽水也壬癸皆水）太陰在四仲則歲星行三
宿。（仲中也四中謂太陰在卯酉子午四面之中）太陰在四鉤則歲星行二

宿。（丑鉤辰申鉤巳寅鉤亥未鉤戌謂太陰在四角）二八十六三四十二故十二歲而行二十八宿。日行十二分度之一。歲行三十度十六分度之七。十二歲而周（徧也）熒惑常以十月入太微受制而出行列宿。司無道之國。為亂為賊為疾為喪為饑為兵。出入無常。辯變其色。時見時匿。（此皆譴告）鎮星以甲寅元始建斗歲鎮行一宿。當居而弗居。其國亡土。未當居而居之。其國益地歲熟。日行二十八分度之一。歲行十三度百一十二分度之五。二十八歲而周。太白元始以正月甲寅與熒惑晨出東方。二

百四十日而入。入百二十日而夕出西方。二百四十日而入。入三十五日而復出東方。出以辰戌。入以丑未。當出而不出。未當入而入。天下偃兵。當入而不入。當出而不出。天下興兵。辰星正四時。常以二月春分效奎婁。以五月夏至效東井輿鬼。以八月秋分效角亢。以十一月冬至效斗牽牛。（效見）出以辰戌。入以丑未。出二旬而入。晨候之東方。夕候之西方。一時不出。其時不和。四時不出。天下大饑。（穀不熟）何謂八風。距日冬至四十五日條風至。（艮卦風一名融）條風至四十五日明庶風至。（震卦風）明庶風至四十五日清明風至。（巽卦風）清明風至四十五日景風至。（離卦風）景風至四十五日涼風至。（坤卦風）涼風至四十五日閶闔風至。（兌卦風）閶闔風至四十五日不周風至。（乾卦風）不周風至四十五日廣莫風至。（坎卦風）條風至則出輕繫。去稽留。（立春故出輕繫）明庶風至則正封疆。修田疇。（春分播穀）清明風至則出幣帛。使諸侯。（立夏長養布恩惠）景風至則爵有位。賞有功。（夏至陰氣在下陽盛於上象陽布施）涼風至則報地德。祀四郊。（立秋節農乃登穀皆祭）閶闔風至則收縣垂。琴瑟不張。（秋分殺氣國君憯憯故去鍾磬縣垂之樂）不周風

至則修宮室。繕邊城。（立冬節土工其始）廣莫風至則閉關梁。決刑罰。（象冬閉藏不通關梁也）何謂五官。東方為田。南方為司馬。西方為理。北方為司空。中央為都。（田主農司馬主兵理主獄司空主土都為四方最也）何謂六府。子午丑未寅申卯酉辰戌巳亥是也。太微者太乙之庭也。（太微星名太乙天神）紫宮者太一之居也。軒轅者帝妃之舍也。咸池者水魚之囿也。（咸池星名水魚天神）天阿者群神之闕也。（闕猶門也）四宮者所以為司賞罰。（四宮紫宮軒轅咸池天阿）太微者主朱雀。（主猶典也）紫宮執斗而左旋。日行一度以周於天。日冬至峻狼之山。（南極山）日移

一度月行百八十二度八分度之五而夏至牛首之山。(北極山)反覆三百六十五度四分度之一而成一歲。天一元始正月建寅日月俱入營室五度天一以始建七十六歲日月復以正月入營室五度無餘分名曰一紀凡二十紀一千五百二十歲大終日月星辰復始甲寅元日行一度而歲有奇四分度之一故四歲而積千四百六十一日而復合故舍八十歲而復故曰子午卯酉為二繩(繩直也)丑寅辰巳未申戌亥為四鉤東北為報德之維(報復也陰氣極於北方陽氣發於東方自陰復陽)西

南為背陽之維(已過陽將復陰也)東南為常羊之維(常羊不進不退之貌純陽用事不盛不衰常如此)西北為號通之維(西北純陰陽氣閉結將萌)日冬至則斗北中繩陰氣極陽氣萌故曰冬至為德(德始生也)日夏至則斗南中繩陽氣極陰氣萌故曰夏至為刑(刑始殺也)陰氣極則北至北極下至黃泉故不可以鑿地穿井萬物閉藏蟄蟲首穴故曰德在室陽氣極則南至南極上至朱天故不可以夷丘上屋萬物蕃息五穀兆長故曰德在野日冬至則水從之日夏至則火從之故五月火正而水漏(火正火王也)十一月水正而

陰勝陽氣為火陰氣為水水勝故夏至溼火勝故冬至燥燥故炭輕溼故炭重日冬至井水盛盆水溢羊脫毛麋角解鵲始巢八尺之修日中而景丈三尺日夏至而流黃澤石精出(流黃土之精陰氣作於下故澤而出石精五色之精)蟬始鳴半夏生蟁蝱不食駒犢鷙鳥不搏黃口(五月微陰在下駒犢黃口肌血脆弱蟁蝱鷙鳥應陰不食不搏)八尺之景修徑尺五寸景修則陰氣勝景短則陽氣勝陰氣勝則為水陽氣勝則為旱陰陽刑德有七舍何謂七舍室堂庭門巷術野(術道徑)十二月德居室三十日先日至十五日後日至

十五日而徙所居各三十日德在室則刑在野德在堂則刑在術德在庭則刑在巷陰陽相德則刑德合門八月二月陰陽氣均日夜分平故曰刑德合門德南則生刑南則殺故曰二月會而萬物生八月會而草木死兩維之間九十一度十六分度之五而升日行一度十五日為一節以生二十四時之變斗指子則冬至音比黃鍾(鍾者聚也陽氣聚於黃泉之下)加十五日指癸則小寒音比應鍾(陰應於陽轉成其功萬物應時聚藏)加十五日指丑則大寒音比無射(陰氣上升陽氣下降萬物隨陽而藏無有射出見也)加十五日

指報德之維則越陰在地故曰距日冬至四十六日而立春陽氣凍解音比南呂南任也陽氣內藏陰侶於陽任成其功加十五日指寅則雨水音比夷則夷傷則法陽衰陰發萬物彫傷應法成性加十五日指甲則雷驚蟄音比林鍾林衆鍾聚陽極陰生萬物衆聚而盛加十五日指卯中繩故曰春分則雷行音比蕤賓陰氣萎蕤在下似主人陽在上似賓客加十五日指乙則清明風至音比仲呂陽在外陰在中林以呂中於陽助成功加十五日指辰則穀雨音比姑洗姑故洗新陽氣養生去故就新加十五日指常羊之維則春分盡故曰有四十六日而立夏大風濟音比夾鍾

濟止夾夾也萬物去陰夾陽地而生加十五日指巳則小滿音比太簇簇簇也陰衰陽發萬物簇地而生加十五日指丙則芒種音比大呂呂侶也萬物萌動於下未能達見加十五日指午則陽氣極故曰有四十六日而夏至音比黃鍾加十五日指丁則小暑音比大呂加十五日指未則大暑音比太簇加十五日指背陽之維則夏分盡故曰有四十六日而立秋涼風至音比夾鍾加十五日指申則處暑音比姑洗加十五日指庚則白露降音比仲呂加十五日指酉中繩故曰秋分雷戒蟄蟲北鄉音比蕤賓加十五日

指辛則寒露音比林鍾加十五日指戌則霜降音比夷則加十五日指蹏通之維則秋分盡故曰有四十六日而立冬草木畢死音比南呂加十五日指亥則小雪音比無射加十五日指壬則大雪音比應鍾加十五日指子故曰陽生於子陰生於午陽生於子故十一月日冬至鵲始加巢人氣鍾首陰生於午故五月爲小刑薺麥亭歷枯冬生草木必死斗杓爲小歲斗第一星至第四爲魁第五至第七爲杓正月建寅月從左行十二辰咸池爲太歲二月建卯月從右行四仲終而復始大歲

迎者辱背者強左者衰右者昌小歲東南則生西北則殺不可迎也而可背也不可左也而可右也其此之謂也大時者咸池也小時者月建也天維建元常以寅始起右徙一歲而移十二歲而大周天終而復始淮南元年冬太一在丙子冬至甲午立春丙子二陰一陽成氣二二陽一陰成氣三陰精粗故得氣少陽精微故得氣多合氣而爲音合陰而爲陽合陽而爲律故曰五音六律音自倍而爲日律自倍而爲辰故日十而辰十二月日行十三度七十六分度之二十六入或作二十九

日九百四十分日之四百九十九而爲月而以十二月爲歲歲有餘十日九百四十分日之八百二十七故十九歲而七閏日冬至子午夏至卯酉冬至加三日則夏至之日也冬至後三日則與年夏至之日歲遷六日終而復始今年以子冬至後年以午冬至壬午冬至甲子受制木用事火煙青木色七十二日丙子受制火用事火煙赤火色七十二日戊子受制土用事火煙黄土色七十二日庚子受制金用事火煙白金色七十二日壬子受制水用事火煙黑水色七十二日而歲終庚子受制歲遷六日以數推

之七十歲而復至甲子甲子受制則行柔惠挺羣禁開闔扇通障塞毋伐木甲木也木王東方故施柔惠蟄伏之類出由戶故開闔扇通障塞禁木王故毋伐木丙子受制則舉賢良賞有功立封侯出貨財火用事象陽明識功勞故封建侯出貨財戊子受制則養老鰥寡行粰鬻施恩澤土用事象土長養故施恩澤粰鬻音浮欲粥也庚子受制則繕牆垣修城郭審羣禁飾兵甲儆百官誅不法金用事象金斷害故誅不法壬子受制則閉門閭大搜客禁搜客出姦客斷刑罰殺當罪息關梁禁外徙水用事象冬閉固故禁外徙甲子氣燥濁丙子氣燥陽戊子氣溼濁庚子氣燥寒壬子氣清寒

丙子干甲子蟄蟲早出木氣溫故早出故雷早行戊子干甲子胎夭卵毈鳥蟲多傷庚子干甲子有兵壬子干甲子春有霜戊子干丙子霆庚子干丙子夷夷傷也壬子干丙子雹甲子干丙子地動庚子干戊子五穀有殃壬子干戊子夏寒雨霜甲子干戊子介蟲不爲不成也丙子干戊子大旱苽封熯苽蔣草也生水上相連特大如薄者也名曰葑旱燥故熯也熯音染壬子干庚子大剛魚不爲甲子干庚子草木再死再生丙子干庚子草木復榮戊子干庚子歲或存或亡甲子干壬子冬乃不藏地氣發也丙子干壬子星

墜戊子干壬子蟄蟲冬出其鄉庚子干壬子冬雷其鄉季春三月豐隆乃出以將其雨豐隆雷也至秋三月季秋之月地氣不藏乃收其殺百蟲蟄伏靜居閉戶青女乃出以降霜雪青女天神青皇女主霜雪行十二時之氣以至于仲春二月之夕乃收其藏而閉其寒收斂其所藏而閉之女夷鼓歌以司天和以長百穀禽鳥草木女夷主春夏長養之神孟夏之月以熟穀禾雄鳩長鳴爲帝候歲雄鳩布穀是故天不發其陰則萬物不生地不發其陽則萬物不成天圓地方道在中央日爲德月爲刑月歸而萬物死日至

而萬物生遠山則山氣藏遠水則水蟲蟄遠木則木葉槁日五日不見失其位也聖人不與也日出于暘谷浴于咸池拂于扶桑是謂晨明（曉猶過）登于扶桑爰始將行是謂朏明（朏明將明也朏音窟）至于曲阿是謂旦明（平旦也）至于曾泉是謂蚤食至于桑野是謂晏食至于衡陽是謂隅中至于昆吾是謂正中（昆吾邱在南方）至于鳥次是謂小還（鳥次西南方山鳥所宿也）至于悲谷是謂餔時（悲谷西南方大壑深峻臨其上令人悲思）至于女紀是謂大還（女紀西北陰地）至于淵虞是謂高春（淵虞地名高春時加戌民碓春時）至于連石是謂下春（連石西北山言將欲冥下象悉春連音爛）

至于悲泉爰止其女爰息其馬是謂縣車至于虞淵是謂黃昏至于蒙谷是謂定昏（蒙谷北方山）日入于虞淵之汜曙於蒙谷之浦（曙明浦涯也）行九州七舍有五億萬七千三百九里（自蒙谷至虞淵凡十六所為九州七舍）禹以為朝晝昏夜夏日至則陰乘陽是以萬物就而死冬日至則陽乘陰是以萬物仰而生晝者陽之分夜者陰之分是以陽氣勝則日脩而夜短陰氣勝則日短而夜脩帝張四維（按以下至為四時根本在有其後司之後此依宋本）運之以斗月徙一辰復反其所正月指寅十二月指丑一歲而匝終而復始指寅則萬物螾（音引）律受太簇太簇者簇而未出也指卯卯則茂茂然律受夾鍾夾鍾者種始莢也指辰辰則振之也律受姑洗姑洗者陳去而新來也指巳巳則生已定也律受仲呂仲呂者中充大也指午午者忤也律受蕤賓蕤賓者安而服也指未未者昧也律受林鍾林鍾者引而止也指申申者呻也律受夷則夷則者易其則也德以去矣指酉酉者飽也律受南呂南呂者任包大也指戌戌者滅也律受無射無射入無厭也指亥亥者閡也

律受應鍾應鍾者應其鍾也指子子者茲也律受黃鍾黃鍾者鍾已黃也指丑丑者紐也律受大呂大呂者旅旅而去也其加卯酉則陰陽分日夜平矣故曰規生矩殺衡長權藏繩居中央為四時根道曰規始於一一而不生故分而為陰陽陰陽合和而萬物生故曰一生二二生三三生萬物天地三月而為一時故祭祀三飯以為禮喪紀三踊以為節兵重三罕以為制以三參物三三如九故黃鍾之律九寸而宮音調因而九之九九八十一故黃鍾之數立焉黃者土

德之色鍾者氣之所種也日冬至德氣爲土土色黃故曰黃鍾律之數六分爲雌雄故曰十二鍾以副十二月十二各以三成故置一而十一三之爲積分十七萬七千一百四十七黃鍾大數立焉凡十二律黃鍾爲宮太簇爲商姑洗爲角林鍾爲徵南呂爲羽物以三成音以五立三與五如八故卵生者八竅律之初生也寫鳳之音故音以八生黃鍾爲宮宮者音之君也故黃鍾位子其數八十一主十一月下生林鍾林鍾之數五十四主六月上生太簇太簇之數七十

二主正月下生南呂南呂之數四十八主八月上生姑洗姑洗之數六十四主三月下生應鍾應鍾之數四十二主十月上生蕤賓蕤賓之數五十七主五月上生大呂大呂之數七十六主十二月下生夷則夷則之數五十一主七月上生夾鍾夾鍾之數六十八主二月下生無射無射之數四十五主九月上生仲呂仲呂之數六十主四月極不生徵生宮宮生商商生羽羽生角角生姑洗姑洗生應鍾比於正音故爲和應鍾十月也與正音比故爲和應鍾生蕤賓不比正音故爲繆日

冬至音比林鍾浸以濁日夏至音比黃鍾浸以清以十二律應二十四時之變甲子仲呂之徵也丙子夾鍾之羽也戊子黃鍾之宮也庚子無射之商也壬子夷則之角也古之爲度量輕重生乎天道黃鍾之律修九寸物以三生三九二十七故幅廣二尺七寸音以八相生故人修八尺尋自倍故八尺而爲尋有形則有聲音之數五以五乘八五八四十故四丈而爲匹匹者中人之度也一匹而爲制秋分蔈定蔈定而禾熟蔈禾穗粟孚甲之芒定者成也蔈音藋律之數十二故十二蔈而

當一粟十二粟而當一寸律以當辰音以當日日之數十從甲至癸故十寸而爲尺十尺而爲丈其以爲量十二粟而當一分分言其輕重分銖也十二分而當一銖十二銖而當半兩衡有左右因倍之故二十四銖爲一兩天有四時以成一歲因而四之四四十六故十六兩而爲一斤三月而爲一時三十日爲一月故三十斤爲一鈞四時而爲一歲故四鈞爲一石其以爲音也一律而生五音十二律而爲六十音因而六之六六三十六故三百六十音以當一歲之日故律歷之數天

地之道也下生者倍以三除之上生者四以三除之太陰元始建于甲寅一終而建甲戌二終而建甲午三終而復得甲寅之元歲徙一辰立春之後得其辰而遷其所順前三後五百事可舉（前後太陰之前後也）太陰所建蟄蟲首穴而處鵲巢鄉而爲戸太陰在寅朱鳥在卯勾陳在子元武在戌白虎在酉蒼龍在辰寅爲建卯爲除辰爲滿巳爲平主生午爲定未爲執主陷申爲破主衡酉爲危主杓戌爲成主少德亥爲收主大德子爲開主太歲丑爲閉主太陰太陰在寅歲名曰

攝提格其雄爲歲星舍斗牽牛以十一月與之晨出東方東井輿鬼爲對太陰在卯歲名曰單閼（單讀明揚之明）歲星舍須女虛危以十二月與之晨出東方柳七星張爲對太陰在辰歲名曰執除歲星舍營室東壁以正月與之晨出東方翼軫爲對太陰在巳歲名曰大荒落歲星舍奎婁以二月與之晨出東方角亢爲對太陰在午歲名曰敦牂歲星舍胃昴畢以三月與之晨出東方氐房心爲對太陰在未歲名曰協洽歲星舍觜巂參以四月與之晨出東方尾箕爲對太陰在

申歲名曰涒灘（涒音吞灘音貪）歲星舍東井輿鬼以五月與之晨出東方斗牽牛爲對太陰在酉歲名曰作鄂（作首昨）歲星舍柳七星張以六月與之晨出東方須女虛危爲對太陰在戌歲名曰閹茂歲星舍翼軫以七月與之晨出東方營室東壁爲對太陰在亥歲名曰大淵獻歲星舍角亢以八月與之晨出東方奎婁爲對太陰在子歲名曰困敦歲星舍氐房心以九月與之晨出東方胃昴畢爲對太陰在丑歲名曰赤奮若歲星舍尾箕以十月與之晨出東方觜巂參爲對太陰

在甲子刑德合東方宮常徙所不勝合四歲而離離十六歲而復合所以離者刑不得入中宮而徙於木太陰所居曰德辰爲刑德綱曰日倍因柔曰徙所不勝刑水辰之木木辰之水金火立其處凡徙諸神朱鳥在太陰前一鉤陳在後三元武在前五白虎在後六虛星乘鉤陳而天地襲矣（襲和也）凡日甲剛乙柔丙剛丁柔以至於癸木生於亥壯於卯死於未三辰皆木也火生於寅壯於午死於戌三辰皆火也土生於午壯於戌死於寅三辰皆土也金生於巳壯於酉死

於丑三辰皆金也水生於申壯於子死於辰三辰皆
水也故五勝生一壯五終九五九四十五故神四十
五日而一徙以三應五故八徙而歲終凡用太陰左
前刑右背德擊鉤陳之衝辰以戰必勝以攻必尅欲
知天道以日爲主六月當心左周而行分而爲十二
月與日相當天地重襲後必無殃星正月建營室二
月建奎婁三月建胃星宜言日明堂月令孟春之月日在營室仲春之月在奎婁季春之月在胃此言星正月建營室誤也四月建畢五月建東井六月建
張七月建翼八月建亢九月建房十月建尾十一月

建牽牛十二月建虛
星分度角十二亢九氐十五房五心五尾十八箕十
一四分一斗二十六牽牛八須女十二虛十危十七
營室十六東壁九奎十六婁十二胃十四昴十一畢
十六觜巂二參九東井三十輿鬼四柳十五星七張
翼各十八軫十七凡二十八宿也
星部地名角亢鄭氐房心宋尾箕燕斗牽牛越須女
吳虛危齊營室東壁衛奎婁魯胃昴畢魏觜巂參趙
東井輿鬼秦柳七星張周翼軫楚歲星之所居五穀

豐昌其對爲衝歲乃有殃當居而不居越而之他處
主死國亡太陰治春則欲行柔惠溫涼木德仁故柔涼太陰
治夏則欲布施宣明火德陽故布施宣明太陰治秋則欲修備
繕兵金德斷割故修兵太陰治冬則欲猛毅剛彊純陰閉固水澤水凍故剛彊三歲而改節六歲而易常故三歲而一饑六歲
而一衰十二歲一康康盛也甲齊乙東夷丙楚丁南夷
戊魏己韓庚秦辛西夷壬衛癸越子周丑翟寅楚卯
鄭辰晉巳衛午秦未宋申齊酉魯戌趙亥燕甲乙寅
卯木也丙丁巳午火也戊己四季土也庚辛申酉金

也壬癸亥子水也水生木木生火火生土土生金金
生水子生母曰義母生子曰保子母相得曰專母勝
子曰制子勝母曰困以勝擊殺勝而無報以專從事
而有功以義行理名立而不墮以保畜養萬物蕃昌
以困舉事破滅死亡北斗之神有雌雄十一月始建
於子月從一辰雄左行雌右行五月合午謀刑十一
月合子謀德太陰所居辰爲厭日厭日不可以舉百
事堪輿徐行雄以音知雌故爲奇辰數從甲子始子
母相求所合之處爲合十日十二辰周六十日凡八

合合於歲前則死亡合於歲後則無殃甲戌燕也乙
酉齊也丙午越也丁巳楚也庚申秦也辛卯戌也壬
子趙也癸亥胡也戊戌巳亥韓也巳酉巳卯魏也戊
午戊子八合天下也太陰小歲星日辰五神皆合其
日有雲氣風雨國君當之天神之貴者莫貴於青龍
或曰天一或曰太陰太陰所居不可背而可鄉北斗
所擊不可與敵天地以設分而爲陰陽陽生於陰陰
生於陽陰陽相錯四維乃通或死或生萬物乃成蚑
行喙息莫貴於人孔竅肢體皆通於天天有九重人

亦有九竅天有四時以制十二月人亦有四肢以使
十二節天有十二月以制三百六十日人亦有十二
肢以使三百六十節故舉事而不順天者逆其生者
也以日冬至數來歲正月朔日五十日者民食足不
滿五十日日減一斗有餘日日益一升有其歲司也
攝提格之歲格起萬物承陽而起歲早水晚旱稻疾蠶不登登成
也菽麥昌民食四升寅在甲曰閼蓬萬物鋒芒欲出擁遏未達
單閼之歲單盡閼止陽氣推萬物而起陰氣盡止歲和稻菽麥蠶昌民
食五升卯在乙曰旃蒙萬物遏蒙甲而出

執除之歲執蟄除舒伏蟄之物皆散舒而出歲早旱晚水小饑蠶閉
麥熟民食三升辰在丙曰柔兆萬物皆生枝布葉
大荒落之歲荒大也方萬物熾盛而大出霍然落落大布散歲有小兵蠶小
登麥昌菽疾民食二升巳在丁曰強圉萬物剛盛
敦牂之歲敦盛牂壯也萬物皆盛壯歲大旱蠶登稻疾菽麥昌禾
不爲民食二升午在戊曰著雝位在中央萬物繁養四方
協洽之歲陰欲化萬物和合歲有小兵蠶登稻昌菽麥不爲
民食二升未在巳曰屠維屠別維離也萬物各成其性
涒灘之歲涒大灘修萬物皆修其精氣歲和小雨行蠶登菽麥昌

民食三升申在庚曰上章陰氣上升萬物畢生
作鄂之歲作鄂零落也萬物皆陊落歲有大兵民疾蠶不登菽麥
不爲禾蟲民食五升酉在辛曰重光萬物就成熟其煌煌
掩茂之歲掩蔽茂冒萬物皆蔽冒歲小饑有兵蠶不登麥不爲
菽昌民食七升戌在壬曰元默歲終包任萬物默音乙
大淵獻之歲淵藏獻迎萬物終在亥大小深藏窟伏以迎陽歲有大兵大饑
蠶開菽麥不爲禾蟲民食三升
困敦之歲困混敦沌陽氣皆混沌萬物牙蘖歲大霧起大水出蠶稻
麥昌民食三斗子在癸曰昭陽陽氣始萌萬物食生

赤奮若之歲（奮起若順也陽奮物而起無不順其性赤陽色）歲有小兵早水蠶不出稻疾菽不爲麥昌民食一升

正朝夕（朝一作月）先樹一表東方操一表却去前表十步以參望日始出北廉日直入又樹一表於東方因西方之表以參望日方入北廉則定東方兩表之中與西方之表則東西之正也日冬至日出東南維入西南維至春秋分日出東中入西中夏至出東北維入西北維至則正南欲知東西南北廣袤之數者（袤音茂）立四表以爲方一里岠（岠音巨）先春分若秋分十餘日從

岠北表參望日始出及旦以候相應相應則此與日直也輒以南表參望之以入前表數爲法除舉廣除立表袤以知從此東西之數也假使視日出入前表中一寸是寸得一里也一里積萬八千寸得從此東萬八千里視日方入入前表半寸則半寸得一里半寸而除一里積寸得三萬六千里除則從此西里數也并之東西里數也則極徑也未春分而直已秋分而不直此處南也未秋分而直已春分而不直此處北也分至而直此處南北中也從中處欲知中南也未秋分而不直此處南北中也從中處欲知南北極遠近從西南表參望日日夏至始出與北表參則是東與東北表等正東萬八千里則從中北亦萬八千里也倍之南北之里數也其不從中之數也以出入前表之數益損之表入一寸寸減日近一里表出一寸寸益遠一里欲知天之高樹表高一丈正南北相去千里同日度其陰北表二尺南表尺九寸是南千里陰短寸南二萬里則無景是直日下也陰二尺而得高一丈者南一而高五也則置從此南至日下里

數因而五之爲十萬里則天高也若使景與表等則高與遠等也

卷三終

淮南鴻烈解卷四

墬形訓山川藪澤地所載形兆也

墬形之所載。六合之間。四極之內。四極四方之極昭之以日月。經之以星辰。紀之以四時。要之以太歲。要正也以太歲所在正地形天地之間九州八極。土有九山。山有九塞。澤有九藪。風有八等。水有六品。何謂九州。東南神州曰農土。農神之所經緯正南次州曰沃土。沃盛也稼盛張稱西南戎州曰滔土。滔大也五穀成大正西弇州曰并土。并猶成也百穀成熟正中冀州曰中土。冀大也四方之主故曰中西北台州曰肥土。正北濟州曰成土。東北薄州曰隱土。薄猶平也氣所隱藏正東陽州曰中土。中復也陰氣盡於北陽復氣起何謂九山。會稽、泰山、王屋、首山、太華、岐山、太行、羊腸、孟門。會稽山在會稽郡泰山在太山郡是爲東嶽王屋山在河東垣縣首山在蒲坂縣南河曲之中太華今宏農陰山是爲西嶽岐山今扶風漢陽縣北太行在今上黨太行關直河內野王縣羊腸今太原晉陽西北九十里通河西上郡關曰羊腸坂是孟門太行之限何謂九塞。曰太汾、澠阸、荊阮、方城、殽阪、井陘、令疵、句注、居庸。太汾在晉澠阸今宏農澠池荊阮方城皆在楚殽阪宏農郡澠池殽欽吟是也井陘在常山通太原關令疵在遼西句注在鴈門陰館句注居庸在上谷沮陽之東通運都關也何謂九藪。曰越之具區。在吳越間楚之雲夢。在南郡華容秦之陽紆。在馮翊池陽一名具圃晉之大陸。魏獻子所游焚焉而死者鄭之圃田。在河南中牟宋之孟諸。在梁國睢陽東北澤齊之海隅。隅猶崖蓋海濱趙之鉅鹿。今鉅鹿廣阿澤燕之昭余。今太原鄔縣何謂八風。東北曰炎風。艮氣所生東方曰條風。震氣所生東南曰景風。巽氣所生南方曰巨風。離氣所生西南曰涼風。坤氣所生西方曰飂風。兌氣所生飂音留西北曰麗風。乾氣所生北方曰寒風。坎氣所生何謂六水。曰河水、赤水、遼水、黑水、江水、淮水。遼水出碣石山自塞北東流直遼東之西南入海黑水在雍州江水出岷山在蜀西徼淮水出桐柏山南平陽闔四海之內。東西二萬八千里。南北二萬六千里。子午爲經卯酉爲緯經短緯長也水道八千里。通谷其名川六百。陸徑三千里。陸地也禹乃使太章步自東極至于西極。二億三萬三千五百里七十五步。使豎亥步自北極至于南極。二億三萬三千五百里七十五步。太章豎亥善行人也凡鴻水淵藪自三百仞以上。二億三萬三千五百五十里有九淵。禹乃以息土填洪水以爲名山。息土不耗減掘之益多故以填洪水掘崑崙虛以下地。掘猶平也地或作池中有增城九重。其高萬一千里百一十四步二尺六寸。增重也有五城十二樓上有木禾。其修五尋。五尋三十五尺珠樹玉樹琁樹不死樹在其西。木禾之西琁音窮沙棠琅玕在

其東。皆玉名一說沙棠木名絳樹在其南。碧樹瑤樹在其北。旁
有四百四十門。門閒四里。里閒九純。純丈五尺。純並名
旁有九井。玉橫維其西北之隅。橫或作彭受不死藥器也北門開
以內不周之風。傾宮旋室。傾宮宮滿一頃旋室以旋玉飾室也縣圃涼
風樊桐在崑崙閶闔之中。閶闔崑崙門名縣圃涼風樊桐皆崑崙之山名樊音
煩是其疏圃。疏圃之池。浸之黃水。黃水三周復其原。
原本也是謂丹水。飲之不死。河水出崑崙東北陬。貫渤
海。入禹所導積石山。渤海大海河水自崑崙出地中行禹導而通之至積石山赤
水出其東南陬。西南注南海丹澤之東。赤水之東弱

淮南　卷四　丰

水出自窮石。山名在張掖北至于合黎。餘波入于流沙。絕流
沙南至南海。絕猶過也洋水出其西北陬。入于南海羽民
之南。洋水經隴西氐道東至武都爲漢陽凡四水者。帝之神泉。以和百
藥。以潤萬物。崑崙之邱。或上倍之。高倍之也是謂涼風之
山。登之而不死。或上倍之。是謂懸圃。登之乃靈。能使
風雨。或上倍之。乃維上天。登之乃神。是謂太帝之居。
扶木在陽州。日之所曊。太帝天帝扶木扶桑在暘谷之南曊猶照也陽州東方曊
音費建木在都廣。建木其狀如牛引之有皮若纓黃蛇葉若羅都廣南方山名衆帝
所自上下。日中無景。呼而無響。蓋天地之中也。衆帝從都

廣山上下日中時日直人上無有景蓋天地之中若木在建木西。末有十日。
其華照下地。末端也若木端有十日狀如蓮華光照其下九州之大純。方
千里。純緣也九州之外。乃有八殥。殥音寅猶遠也亦方千里。自
東北方。曰大澤。曰無通。皆藪名東方。曰大渚。曰少海。水中
可居者曰渚少海亦澤名東南方。曰具區。曰元澤。南方。曰大夢。曰
浩澤。夢雲夢浩浩大也元音穴西南方。曰渚資。曰丹澤。近丹水故曰丹澤
西方。曰九區。曰泉澤。西北方。曰大夏。曰海澤。北方。曰
大冥。曰寒澤。北方多寒水故曰寒澤凡八殥八澤之雲。是雨九
州。八殥之外。而有八紘。紘維也維落天地而爲之表故曰紘亦方千里。

淮南　卷四　四

自東北方。曰和邱。曰荒土。東方。曰棘林。曰桑野。東南
方。曰大窮。曰衆女。南方。曰都廣。曰反戶。都廣國名山在此國因彼
日都廣在日之南皆爲北鄉戶故反其戶也西南方。曰焦僥。曰炎土。焦僥短人
國長不滿三尺西方。曰金邱。曰沃野。西北方。曰一目。曰沙所。
一目國人一目在面中央沙所流沙所出北方。曰積冰。曰委羽。寒冰所積因以爲名委羽
山名在北極之陰不見日凡八紘之氣。是出寒暑。以合八正。必以
風雨。八正八風之正也以風雨八紘之內八紘之外。乃有八極。自東北
方。曰方土之山。曰蒼門。東方。曰東極之山。曰開明之
門。明者陽也日之所出故曰開明之門東南方。曰波母之山。曰陽門。純陽

用事故日陽門南方。曰南極之山。曰暑門。盛陽積溫所在故曰暑門西南方。曰編駒之山。曰白門。金氣之始故曰白門西方。曰西極之山。曰閶闔之門。閶大也闔閉也大聚萬物而閉之故曰閶闔之門西北方。曰不周之山。曰幽都之門。幽闇都聚也元冥用事順陰而聚故曰幽都之門北方。曰北極之山。曰寒門。積寒所在故曰寒門凡八極之雲。是雨天下。八門之風。是節寒暑。八紘八殯八澤之雲。以雨九州而和中土。冀州東方之美者。有醫毋閭之珣玗琪焉。醫毋閭山名在遼東屬國珣玗琪玉名東南方之美者。有會稽之竹箭焉。南方之美者。有梁山之犀象焉。梁山在會稽長沙湘南有犀角象牙

西南方之美者。有華山之金石焉。金美金石含玉之石西方之美者。有霍山之珠玉焉。夜光之珠五色之玉今河東永安縣西北方之美者。有崑崙之球琳琅玕焉。皆美玉北方之美者。有幽都之筋角焉。幽都出好筋角可以爲弓弩東北方之美者。有斥山之文皮焉。豹虎之皮中央之美者。有岱嶽以生五穀桑麻。魚鹽出焉。岱嶽泰山王者禪代所祠因曰岱嶽凡地形。東西爲緯。南北爲經。山爲積德。川爲積刑。山仁萬物生焉故爲積德川水智智制斷故爲積刑也。高者爲生。下者爲死。高陽主生下陰主死邱陵爲牡。谿谷爲牝。邱陵高敞陽也故爲牡谿谷污下陰也故爲牝水圓折者有珠。方折者有

玉。圓折者陽也珠陰中之陽方折者陰也玉陽中之陰清水有黃金。龍淵有玉英。龍淵龍之淵英精光也土地各以其類生。是故山氣多男。澤氣多女。障氣多喑。喑殷啼極而無聲也風氣多聾。林氣多癃。木氣多傴。岸下氣多腫。石氣多力。險阻氣多癭。氣衝喉而結多癭咽也暑氣多夭。夭折不終也寒氣多壽。谷氣多痺。丘氣多狂。衍氣多仁。下而污者爲衍陵氣多貪。輕土多利。重土多遲。利疾也清水音小。濁水音大。音聲也湍水人輕。遲水人重。中土多聖人。皆象其氣。皆應其類。故南方有不死之草。北方有不釋之氷。南方溫故草有不死者北方寒故氷有不泮釋者東方

有君子之國。東方木德仁故有君子之國其人冠帶劒食獸使二文虎也西方有形殘之尸。寢居直夢。人死爲鬼。西方金金斷割攻戮之事有形殘之尸也寢寐也居處也金氣方剛故其寢寐處夢悟如其夢故曰直夢不終其命死而爲鬼能爲妖怪病人也磁石上飛。雲母來水。土龍致雨。燕鴈代飛。燕春分而來鴈春分而去燕秋分而北鴈秋分而南故曰代飛代更也蛤蟹珠龜。與月盛衰。與猶隨也是故堅土人剛。弱土人肥。壚土人大。沙土人細。細小也息土人美。耗土人醜。食水者善游能寒。魚鼈鷺鶩之屬食土者無心而慧。蚯蚓之屬食木者多力而㹶。熊羆之屬㹶煩陽黃理也㹶音閒食草者善走而愚。麋鹿之屬食葉者有絲而蛾。蠶是也食

肉者勇敢而悍（虎豹鷹鸇之屬）食氣者神明而壽（仙人松喬之屬）食穀者知慧而夭不食者不死而神凡人民禽獸萬物貞蟲各有以生（貞蟲諸細要之屬）或奇或偶或飛或走莫知其情唯知通道者能原本之天一地二人三（一陽二陰也人從生於天地故曰三也）三三而九九九八十一一主日日數十（甲從至癸）日主人人故十月而生八九七十二二主偶偶以承奇奇主辰辰主月月主馬馬故十二月而生七九六十三三主斗斗主犬犬故三月而生六九五十四四主時時主彘彘故四月而生五九四十五五主音

音主猿猿故五月而生四九三十六六主律律主麋麋鹿故六月而生三九二十七七主星星主虎虎故七月而生二九十八八主風風主蟲蟲故八月而化鳥魚皆生於陰陰屬於陽故鳥魚皆卵生魚游於水鳥飛於雲故立冬燕雀入海化為蛤萬物之生而各異類蠶食而不飲蟬飲而不食蜉蝣不飲不食介鱗者夏食而冬蟄（介甲也龜鼈之屬鱗魚龍之屬）齕吞者八竅而卵生（鳥魚之屬）嚼咽者九竅而胎生四足者無羽翼戴角者無上齒無角者膏而無前（膏豕也熊猿之屬無前肥從前起也）有角者指而無後（指牛羊麋之屬無後肥從後起也）晝生者類父夜生者似母至陰生牝至陽生牡夫熊羆蟄藏飛鳥時移是故白水宜玉黑水宜砥（砥卓石）青水宜碧赤水宜丹黃水宜金清水宜龜汾水濛濁而宜麻濟水通和而宜麥河水中濁而宜菽雒水輕利而宜禾渭水多力而宜黍漢水重安而宜竹江水肥仁而宜稻平土之人慧而宜五穀

東方川谷之所注日月之所出其人兌形小頭隆鼻大口鳶肩企行竅通於目筋氣屬焉蒼色主肝長大

早知而不壽其地宜麥多虎豹

南方陽氣之所積暑濕居之其人修形兌上大口決眦（音慈）竅通於耳血脈屬焉赤色主心早壯而夭其地宜稻多兕象

西方高土川谷出焉日月入焉其人面末僂修頸卬（音窮）行竅通於鼻（末猶脊也）皮革屬焉白色主肺勇敢不仁其地宜黍多旄犀（旄音繆）

北方幽晦不明天之所閉也寒水之所積也蟄蟲之所伏也其人翕形（翕音脅）短頸大肩下尻竅通於陰骨

竅屬焉。黑色主腎。其人惷愚（惷音卅），禽獸而壽。其地宜
菽，多犬馬。
中央四達，風氣之所通，雨露之所會也。其人大面短
頤，美鬚惡肥，竅通於口，膚肉屬焉。黃色主胃，慧聖而
好治。其地宜禾，多牛羊及六畜。
木勝土，土勝水，水勝火，火勝金，金勝木。故禾春生秋
死（木王而生，金王而死），豆夏生冬死（豆，火也，火王而生，水王而死），麥秋生夏
死（麥，金也，金王而生，火王而死），薺冬生中夏死（薺，水也，水王而生，土王而死）。木
壯，水老，火生，金四，土死；火壯，水老，土生，水四，金死；土

壯，火老，金生，木囚，水死；金壯，土老，水生，火囚，木死；水
壯，金老，木生，土囚，火死。音有五聲，宮其主也（在中央，故為主）；
色有五章，黃其主也；味有五變，甘其主也；位有五材，
土其主也。是故鍊土生木，鍊木生火，鍊火生雲（雲，金氣所
生），鍊雲生水，鍊水反土；鍊甘生酸，鍊酸生辛，鍊辛生
苦，鍊苦生鹹，鍊鹹反甘（鍊猶冶也）；變宮生徵，變徵生商，變
商生羽，變羽生角，變角生宮。是故以水和土，以土和
火，以火化金，以金治木，木復反土。五行相治，所以成
器用。凡海外三十六國，自西北至西南方，有修股民、

天民、肅慎民（修，長也。股，脚也。天民、肅慎，皆國名），白民、沃民、女子民、丈
夫民（白民，白身）、奇股民、一臂民、三身民（奇音稽，隻也。一臂，一手一鼻。三身民，一頭三身）。自西南至東南方，結胸民、羽民、讙頭國民、裸國
民、三苗民、交股民、不死民、穿胸民、反舌民（三苗在豫章之彭蠡。交股，脚相交切。穿胸，胸前穿孔達背。反舌民，語不可知而自相曉）、豕喙民、鑿齒民、三
頭民、修臂民（豕喙，喙如豕。鑿齒，吐一齒出口下長三尺。三頭，身有三頭。修臂，臂長於身）。自
東南至東北方，有大人國、君子國、黑齒民、玄股民（黑齒地在湯上谷。元股，其股黑，兩鳥夾之。見山海經）、毛民、勞民（體半生毛，若矢鏃。勞民，躁擾不定）。
自東北至西北方，有跂踵民、句嬰民（跂踵，踵不至地，以五指行。句嬰

讀為九嬰）、深目民、無腸民、柔利民、一目民、無繼民（無繼，其人無嗣）。
雒棠、武人在西北陬（皆日所入山名），硥魚在其南（硥魚如鯉，有神聖者
乘行九野。在無繼民之南。硥音蚌）。有神二人連臂為帝候夜，在其西
南方（連臂大呼夜行）。三珠樹在其東北方，有玉樹在赤水之
上。崑崙華邱在其東南方，爰有遺玉、青馬、視肉、楊桃、
甘樝、甘華（樝音查），百果所生（皆異物。在木曰果，在地曰蓏）。和邱在其
東北陬。三桑無枝在其西，夸父、耽耳在其北方（耽耳，耳垂
在肩上）。夸父棄其策，是為鄧林（夸父，神獸也。飲河渭不足，將飲西海，未至，道渴
死。策，杖也。其杖生木，而成林。鄧猶木也）。昆吾邱在南方（昆吾，楚之祖，祝融之孫陸終之

了為夏伯軒轅邱在西方。軒轅黃帝有天下之號巫咸在其北方。巫咸知天道明吉凶立登保之山。暘谷榑桑在東方。榑音圖有娀在不周之北。長女簡翟少女建疵。有娀國名簡翟建疵姊妹二人在瑤臺帝嚳之妃也元鳥降卵簡翟吞之以生契是爲元王殷之祖娀音嵩西王母在流沙之瀕。西王石室在金城臨羌西北塞外樂民拏閭在崑崙弱水之洲。水中可居曰洲三危在樂民西。宵明燭光在河洲所照方千里。龍門在河淵。湍池在崑崙。龍門在河中馮翊夏陽界元燿不周。元燿水名一曰山名申池在海隅。孟諸在沛。少室太室在冀州。少室大室嵩高之別名燭龍在鴈門北。蔽於委羽之山。不見日。其

神人面龍身而無足。龍銜燭以照太陰蓋長千里視爲晝瞑爲夜吹爲冬呼爲夏后稷壠在建木西。其人死復蘇。其半魚在其間。人死復生或化爲魚流黃沃民在其北方三百里。狗國在其東。雷澤有神。龍身人頭。鼓其腹而熙。雷澤大澤也鼓擊也熙戲也禹貢雷澤在濟陰城陽西北城陽有堯冢江出岷山。東流絕漢入海。左還北流至于開母之北。右還東流至于東極。開母山名在東海中河出積石。睢出荊山。積石在金城河關縣西南荊山在左馮翊懷德縣之南下有荊渠原雝州浸也淮出桐栢山。濉出羽山。桐栢山在上黨清漳出楬戾。濁漳出發包。楬戾山在上黨發包山一名鹿苦出亦在上黨長子二漳合流經魏郡入清河楬音恰

泲出王屋。時泗沂出臺台術。王屋在河東垣縣東北時泗沂皆水名臺台術皆山名洛出獵山。獵山在北地西北夷中洛東南流入渭汶出弗其。流合於濟。弗其山在北海朱虛縣東漢出嶓冢。涇出薄落之山。嶓冢漢陽縣西界漢水所出南入廣漢東南至雝州入江薄落之山一名笄頭山安定臨涇縣西渭出鳥鼠同穴。伊出上魏。鳥鼠同穴在隴西首陽西南渭水所出東入于渭又入河雝州川也上魏山名雒出熊耳。熊耳在京師上雒西北浚出華竅。維出覈舟。汾出燕京。燕京山在太原汾陽汾水所出西南至汾陽冀州浸衽出濆熊。淄出目飴。山名丹水出高褚。一名冢領山在京兆上雒丹水所出東至均入沔也股出嶕山。鎬出鮮于。涼出茅盧石梁。鮮于茅盧石梁皆山名汝出猛山。淇

出大號。猛山一名高陵山在南定陵縣汝水所出東南至新蔡入淮大號山在河內共縣北或曰在臨慮西晉出龍山。結給。合出封羊。結給合一名也龍山在晉陽西北晉水所出東入汾封羊山名遼出砥石。釜出景。砥石山名在塞外遼水所出南入海景山在邯鄲西南釜水所出南澤入漳其原浪沸湧正勢如釜中湯故曰釜今謂之釜口岐出石橋。呼池出魯平。山名呼池并州之浸今中山漢昌呼池河泥塗淵出橘山。橘音牆維濕北流出於燕。流於北燕塞外也諸稽攝提。條風之所生也。諸稽攝提天神之名通視明庶風之所生也。赤奮若清明風之所生也。共工景風之所生也。諸比涼風之所生也。皐稽閶闔風之所生也。隅強

不周風之所生也。窮奇廣莫風之所生也。窔生海人。窔人之先人窔音演海人生若菌。若菌音郡若菌生聖人。聖人生庶人。凡窔者生於庶人。羽嘉生飛龍。飛龍羽嘉飛蟲之先飛龍有翼飛龍生鳳凰。鳳凰生鸞鳥。鸞鳥生庶鳥。凡羽者生於庶鳥。毛犢生應龍。應龍生建馬。建馬生麒麟。麒麟生庶獸。凡毛者生於庶獸。介鱗生蛟龍。蛟龍生鯤鯁。鯤鯁生建邪。建邪生庶魚。凡鱗者生於庶魚。介潭生先龍。先龍生元黿。元黿生靈龜。靈龜生庶龜。凡介者生於庶龜。煖濕生容。煖一讀煗當風乾燥之貌煖濕生於毛風。毛風生於濕元。濕元生羽風。羽風生煖介。煖介生鱗薄。鱗薄生煖介。五類雜種興乎外。肖形而蕃。肖像也蕃多也日馮生陽閼。日馮木之先也陽閼生喬如。喬如生幹木。幹木生庶木。凡根拔木者生於庶木。根拔生程若。根拔根生之草先也程若生元玉。元玉生醴泉。醴泉生皇辜。皇辜生庶草。凡根茇草者生於庶草。海閭生屈龍。海閭浮草之先也屈龍游龍屈龍生容華。容華芙蓉草花容華生蔈。蔈流也無根水中草蔈生萍藻。萍藻生浮草。凡浮生不根茇者生於萍藻。正土之氣也御乎埃天。埃天五百歲生缺。缺五百歲生黃埃。黃埃五百

歲生黃澒。澒音汞黃澒五百歲生黃金。黃金百名也中央數五故五百歲而一化澒水銀也黃金千歲生黃龍。黃龍入藏生黃泉。黃泉之埃上爲黃雲。陰陽相薄爲雷。激揚爲電。上者就下流。水就通而合于黃海。中央之海偏土之氣御乎清天。清天八百歲生青曾。青曾八百歲生青澒。青澒八百歲生青金。青金八百歲生青龍。東方木色青其數八故八百歲而一化青龍入藏生清泉。清泉之埃上爲青雲。陰陽相薄爲雷。激揚爲電。上者就下流。水就通而合于青海。東方之海壯土之氣御於赤天。赤天七百歲生赤丹。赤丹七百歲生赤澒。赤澒七百歲生赤金。火色赤其數七故七百歲而一化赤金千歲生赤龍。赤龍入藏生赤泉。赤泉之埃上爲赤雲。陰陽相薄爲雷。激揚爲電。上者就下流。水就通而合於赤海。南方之海弱土之氣御于白天。白天九百歲生白礜。白礜九百歲生白澒。白澒九百歲生白金。白礜石也西方金色白其數九故九百歲而一化白金千歲生白龍。白龍入藏生白泉。白泉之埃上爲白雲。陰陽相薄爲雷。激揚爲電。上者就下流。水就通而合于白海。西方之海牝土之氣御于元天。元天六百歲生元砥。元砥黑石也元砥六百歲生元

顓元澒六百歲生元金。水色黑其數六故六百歲而一化元金千歲生元龍。元龍入藏生元泉。元泉之埃上爲元雲。陰陽相薄爲雷。激揚爲電。上者就下。流水就通而合於元海。北方之海

卷四終

淮南鴻烈解卷五

時則訓則法也四時寒暑十二月之常法也

孟春之月。招搖指寅。招搖北斗第七星昏參中。旦尾中。參西方白虎之宿昏時中於南方尾東方蒼龍之宿旦時中於南方其位東方。其日甲乙。盛德在木。木王東方其蟲鱗。其音角。鱗蟲龍爲之長角木也律中太簇、其數八、其味酸、其臭羶。木味酸木香羶也其祀戶。祭先脾。脾屬土陳設爼豆脾在前也春木勝土食所勝東風解凍。蟄蟲始振蘇。振動蘇生也魚上負冰。獺祭魚。魚應陽而動上負冰也獺獱水禽也取鯉魚於水邊四面陳之謂之祭魚候鴈北。候時之鴈來北天子衣青衣。乘蒼龍。馬七尺已上曰龍服

蒼玉。建青旗。服佩也熊虎曰旗食麥與羊。麥金穀羊土畜金土以老食所勝也服八風水、爨其燧火。取銅槃中露水服之八方風所火也取萁木燧之火炊之其故東宮御女青色、衣青采、鼓琴瑟。春王東方故處東宮琴瑟木也其兵矛。矛有鋒銳似萬物鑽地生其畜羊。羊土木之母朝於青陽左个。以出春令。明堂中方外圜通達四出各有左右房謂之个猶隔也東出謂之青陽南出謂之明堂西出謂之總章北出謂之元堂是月天子朝日告朔行令於左个之房東向當北面室也布德施惠。行慶賞。省徭賦。立春之日。天子親率三公九卿大夫以迎歲於東郊。修除祠位。幣禱鬼神。犧牲用牡。祠位壇場屏攝之位幣圭璧也用牲尚犅潔也禁伐木。毋覆巢。殺胎夭。毋麛。毋

麛子曰夭鹿子曰麛卵未孚者禁不得取蕃庶物也 毋聚衆、置城郭、掩骼薶骴。大衆成郭妨害農功骼骨有肉掩覆薶藏也骴音慈 孟春行夏令，則風雨不時，草木早落，國乃有恐；行秋令，則其民大疫，飄風暴雨總至，黎莠蓬蒿並興；行冬令，則水潦為敗，雨霜大雹，首稼不入。百穀惟稷先種故曰首稼不入不熟也 正月官司空，其樹楊。司空主土春土受嘉穀故官司空也 仲春之月，招搖指卯，昏弧中，旦建星中。弧星在輿鬼南建星在斗上 其位東方，其日甲乙，其蟲鱗。其音角，律中夾鍾，其數八。其味酸，其臭羶。其祀戶，祭先脾。始雨水，桃李始華，倉庚鳴，鷹化為鳩。蒼庚黃鸝也鷹化為鳩喙正直不鷙搏也 天子衣青衣，乘蒼龍，服蒼玉，建青旗，食麥與羊，服八風水，爨萁燧火，東宮御女青色，衣青采，鼓琴瑟。其兵矛，其畜羊。朝於青陽太廟。太廟東向堂中央 命有司省囹圄，去桎梏，毋笞掠，止獄訟。在足曰桎在手曰梏 養幼小，存孤獨，以通句萌。句音句屈生者萌直生者長養幼存孤所以順陽氣故句萌以通達 擇元日，令民社。元善也社祭后土所以為民祈穀 是月也，日夜分，雷始發聲，蟄蟲咸動蘇。先雷三日，振鐸以令於兆民曰：雷且發聲，有不戒其容止者，生子不備，必有凶災。以雷電合房室者生子必有瘖聾通精狂癡之疾 令官市同度量，鈞衡石，角斗

稱。丈尺量釜鍾鈞等也衡石稱也百二十斤為石角平也斗稱量器也 端權概。稱錘曰權槩平斗斛者 毋竭川澤，毋漉陂池，毋焚山林，毋作大事，以妨農功。大事戎旅征伐之事 祭不用犧牲，用圭璧，更皮幣。尚生育故不用犧牲更代也以圭璧皮幣代犧牲 仲春行秋令，則其國大水，寒氣總至，寇戎來征；行冬令，則陽氣不勝，麥乃不熟，民多相殘；行夏令，則其國大旱，煖氣早來，蟲螟為害。二月官倉，其樹杏。二月興農播穀故官倉也 季春之月，招搖指辰，昏七星中，旦牽牛中。七星南方朱雀之宿牽牛北方元武之宿 其位東方，其日甲乙，其蟲鱗。其音角，律中姑洗，其數八。其味酸，其臭羶。其祀戶，祭先脾。桐始華，田鼠化為鴽。田鼠鼢鼠也鴽鶉也 虹始見，萍始生。天子衣青衣，乘蒼龍，服蒼玉，建青旗，食麥與羊，服八風水，爨萁燧火，東宮御女青色，衣青采，鼓琴瑟。其兵矛，其畜羊，朝於青陽右个。南頭室曰右个 舟牧覆舟，五覆五反，乃言具於天子。舟牧主舟之官天子將乘舟而漁故反覆而視之恐有穿漏五覆五反慎之至矣 天子焉始乘舟，薦鮪於寢廟，乃為麥祈實。焉鮪於也鮪魚似鱣而大進於宗廟求麥實前曰廟後曰寢 是月也，生氣方盛，陽氣發泄，句者畢出，萌者盡達，不可以內。施散恩惠以順生道之宜泄不宜吝嗇閉藏也 天子命有司發囷倉，助貧窮

振之絕。無財曰貧鰥寡孤獨曰窮開府庫。出幣帛。使諸侯。使人聘問諸侯聘名士。禮賢者。命司空。時雨將降。下水上騰。循行國邑。周視原野。司空主水土之官下水上騰恐有浸潰傷害五穀故循行徧視之也修利隄防。導通溝瀆。達路除道。從國始。至境止。田獵罼弋罝罘羅罔。餧毒之藥。毋出九門。罼掩網也弋繳射也罝罘皆捕獸之罟羅網皆捕鳥之罟小網長柄謂之罼用以掩兔也餧啗之也藥毒殺也七物皆不得施用於外以其逆生道也九門路門應門雉門庫門皐門城門近郊門遠郊門關門罼音畢罝音嗟罘音浮乃禁野虞毋伐桑柘。皆可養蠶故禁民伐之鳴鳩奮其羽。戴鵀降於桑。奮迅其羽直刺上飛鵀戴勝鳥鵀音誑具樸曲筥筐。樸音薄持也三輔謂之樸員底曰筥方底曰筐皆受桑器后妃齋戒。東鄉親桑。省婦使。勸蠶事。命五庫。令百工審金鐵皮革筋角箭幹脂膠丹漆。無有不良。擇下旬吉日。大合樂。致歡欣。樂所以移風易俗乃合纍牛騰馬。游牝於牧。纍牛特牛也騰馬騰駒跳跳善將奉者也游從牝於所牧之地風合之纍音藟令國儺九門。磔攘以畢春氣。儺散宮室中區隅幽闇之處擊鼓大呼以逐不祥如今驅疫逐除是也殺牲謂之磔除禍謂之攘春者陰氣之終故磔攘以終畢厲氣也磔音責行是月令甘雨至三旬。季春行冬令。則寒氣時發。草木皆肅。國有大恐。草木上疎曰肅行夏令。則民多疾疫。時雨不降。山陵不登。行秋令。則天多沈陰。淫雨早降。兵革並

起。三月官鄉。其樹李。三月升民戸口故官鄉孟夏之月。招搖指巳。昏翼中。旦婺女中。翼南方朱鳥之宿婺女一曰須女北方元武之宿其位南方。其日丙丁。盛德在火。火王南方其蟲羽。其音徵。羽蟲鳳為長徵火也律中仲呂。其數七。其味苦。其臭焦。火味苦也其祀竈。祭先肺。祝融吳回為高辛氏火正死為火神託祀於竈是月火王故祀竈肺金也螻蟈鳴蚯蚓出。螻蟈蝦蟇也四月陰氣始動於下故鳴王瓜生。苦菜秀。王瓜色赤感火之色而生苦菜味苦感火之味而成不榮而實曰秀天子衣赤衣。乘赤騮。服赤玉。建赤旗。食菽與雞。雞五皆屬火服八風水。爨柘燧火。南宮御女赤色。衣赤采。吹竽笙。竽笙空中像陽故吹之其兵戟。戟有枝榦象陽布散也其畜雞。朝於明堂左个。以出夏令。南向堂當盛陽故曰明堂東頭室故曰左个雞羽蟲陽也立夏之日。天子親率三公九卿大夫。以迎歲於南郊。還。乃賞賜封諸侯。修禮樂。饗左右。命太尉。贊傑俊。遂賢良。舉孝悌。太尉鄉官行爵出祿。佐天長養。繼修增高。無有隳壞。毋興土功。毋伐大樹。令野虞行田原。勸農事。驅獸畜。勿令害穀。天子以彘嘗麥。先薦寢廟。聚畜百藥。靡草死。陰氣極靡草成故聚積之也靡草葶之枝葉靡細者麥秋至。決小罪。斷薄刑。刑者上之所施罪者下之所犯斷者定其輕重而施刑也決謂決道之不收繫也孟夏行秋令。則苦雨數來。五穀

不滋。四鄰入保。（四方之民來入城郭自保守）行冬令，則草木早枯。後乃大水，敗壞城郭。行春令，則蝝蝗爲敗，暴風來格，秀草不實。（當秀之草不長茂）四月官田，其樹桃。（勉農事，故仰官田也）

仲夏之月，招搖指午，昏亢中，旦危中。（亢，東方蒼龍之宿；危，北方玄武之宿）其位南方，其日丙丁，其蟲羽，其音徵，律中蕤賓，其數七，其味苦，其臭焦，其祀竈，祭先肺。小暑至，螳蜋生，鵙始鳴，反舌無聲。（鵙，博勞鳥也。五月陰氣於下，博勞應陰而鳴。反舌，百舌鳥也。五月陽氣極於上，微陰起於下，故無聲也。鵙音央）天子衣赤衣，乘赤騮，服赤玉，載赤旂，食菽與雞，服八風水，爨柘燧火，南宮御女赤色，衣

赤采，吹竽笙，其兵戟，其畜雞。朝於明堂太廟。（廟，南向堂中央室也）命樂師修鞀鞞琴瑟管簫，調竽篪，（篪音池）飾鐘磬，執干戚戈羽。（羽，舞者所持翿也）命有司爲民祈祀山川百源，大雩帝，用盛樂。（雩者，吁嗟其聲以求雨之祭。帝者，天之主宰。盛樂，即鞀鞞以下樂器）天子以雛嘗黍，（雛，新雞也。不言嘗雞而言嘗黍者，以黍爲主也）羞以含桃，先薦寢廟。（羞，進也。含桃，鸎桃。是月而熟，故進之）禁民無刈藍以染，毋燒灰，毋暴布。（暴，暴之於日也。布者陰功所成，不可以小功干盛陽也）門閭無閉，關市無索。（所城門閭里門，順陽氣散布在外，常出入，故不閉也。無索，不征稅也。蓋當時氣盛大之際，當體之而行寬大之政）挺重囚，益其食，（挺者，緩也）存鰥寡，振死事。（先人死難者，振起其子孫）

游牝別其羣，執騰駒，班馬政。（是月牝馬懷胎已定，故別其羣，不欲騰駒蹄傷其胎育，故執之。班，告也。騰駒，騰馬也。馬五尺以下曰駒）日長至，陰陽爭，死生分。君子齋戒，慎身無躁，節聲色，薄滋味，百官靜，事無徑，以定晏陰之所成。（至，極也。陽藏午中而微陰妙重淵，此陽陰爭辨之際，物之感陽氣而方長者生，感陰氣而已成者死，此死生分判之際。事無徑，當請詳而後行，晏安也。陰道靜，故曰晏陰）鹿角解，蟬始鳴，半夏生，木堇榮。禁民無發火，可以居高明，遠眺望，登邱陵，處臺榭。（順陽宣明也）仲夏行冬令，則雹霰傷穀，道路不通，暴兵至。行春令，則五穀不熟，百螣時起，其國乃饑。行秋令，則草木零落，果實蚤成，民殃

於疫。五月官相，其樹榆。（陽氣長養，故官相。相，佐也）

季夏之月，招搖指未，昏心中，旦奎中。（心，東方蒼龍之宿；奎，西方白虎之宿）其位中央，其日戊己，盛德在土。（土王中央）其蟲蠃，其音宮，律中百鍾，其數五。（百鍾，林鍾）其味甘，其臭香。（上味也）其祀中霤，祭先心。（心，火也）涼風始至，蟋蟀居奧，鷹乃學習，腐草化爲蚈。（鷹自習擊。蚈，馬蚿，一曰螢火。蚈音谿）天子衣苑黃，乘黃騮，服黃玉，建黃旗，（土順色）食稷與牛，（稷、牛屬土）服八風水，爨柘燧火，中宮御女黃色，衣黃采，其兵劍，其畜牛。朝於中宮。（中宮，大室）乃命漁人伐蛟取鼉，登龜取黿。（漁人，掌漁官。蛟、鼉、龜、黿皆魚屬。鼉皮可作鼓，黿可作羹，易得，故言）

取蛟有鮫甲能害人難得故言伐鼉神可決吉凶入宗廟尊之故言登黿音語令滂人入材葦滂人掌池澤官命四監大夫令百縣之秩芻以養犧牲地方千里分爲百縣縣內之縣也四監監四郡大夫秋常也常所當出芻聚之以養犧牲以供皇天上帝名山大川四方之神宗廟社稷爲民祈福行惠令弔死問疾存視長老行桴鬻厚席蓐以送萬物歸也命婦官染采黼黻文章青黃白黑莫不質良白與黑爲黼青與赤爲黻黑與赤爲文赤與白爲章質美良善也以給宗廟之服必宜以明宜猶明鮮明是月也樹木方盛勿敢斬伐不可以合諸侯起土功動衆興兵必有天殃土潤溽暑大雨時

行利以殺草糞田疇以肥土疆季夏行春令則穀實解落多風欬民乃遷徙行秋令則邱隰水潦稼穡不熟乃多女災女災生子不育也行冬令則風寒不時鷹隼蚤鷙四鄙入保六月官少內其樹梓梓稼成熟故官少內孟秋之月招搖指申昏斗中旦畢中斗北方元武之宿畢西方白虎之宿其位西方其日庚辛盛德在金金王西方其蟲毛其音商毛蟲虎爲之長商金也律中夷則其數九其味辛其臭腥金味辛臭腥其祀門祭先肝肝木也涼風至白露降寒蟬鳴鷹乃祭鳥用始行戮鷹搏鷙殺鳥於大澤之中四面陳之謂之祭鳥始行殺戮順秋氣也天子衣

白衣乘白駱服白玉建白旗白金色白馬黑毛曰駱食麻與犬服八風水爨柘燧火西宮御女白色衣白采撞白鐘金王西故處西宮其兵戈其畜狗朝於總章左个以出秋令總章西向堂西方總成萬物而章明之故曰總章狗金畜求不孝不悌戮暴傲悍而罰之以助損氣損氣陰氣立秋之日天子親率三公九卿大夫以迎秋於西郊還乃賞軍率武人於朝軍率軍將命將率選卒厲兵簡練桀俊專任有功以征不義詰誅暴慢順彼四方命有司修法制繕囹圄禁姦塞邪審決獄平詞訟決斷平治也天地始肅不可以贏贏盛也是

月農始升穀天子嘗新先薦寢廟命百官始收斂完隄防謹障塞以備水潦修城郭繕宮室所以爲水潦之備者以月建在酉酉中有畢星好雨也毋以封侯立大官行重幣出大使月庚列土封邑大官九命之爵大使命卿使之行孟秋行冬令則陰氣大勝介蟲敗穀戎兵乃來行春令則其國乃旱陽氣復還五穀無實行夏令則冬多火災寒暑不節民多瘧疾七月官庫其樹楝庫兵府秋節整兵故官庫楝實鳳所食秋熟音練仲秋之月招搖指酉昏牽牛中旦觜巂中牽牛北方元武之宿觜巂西方白虎之宿其位西方其日庚辛其蟲毛其

音商。律中南呂。其數九。其味辛。其臭腥。其祀門。祭先肝。涼風至。候鴈來。元鳥歸。羣鳥翔。候時之鴈從北過南來。氣至羣鳥肥盛。試其羽翼而高翔。天子衣白衣。乘白駱。服白玉。建白旗。食麻與犬。服八風水。爨柘燧火。西宮御女白色。衣白采。撞白鐘。其兵戈。其畜犬。朝於總章大廟。西向中央室。命有司申嚴百刑。斬殺必當。無或枉撓。枉曲撓弱也。決獄不當。反受其殃。是月也。養長老。授几杖。行糜鬻飲食。乃命宰祝行犧牲。案芻豢。草養曰芻。穀養曰豢。案其薄書閱租之。視肥臞全粹。全無虧缺。粹毛色純。粹音祟。察物色。課比類。量小大。視少長。莫不

中度。天子乃儺。儺音難。以御秋氣。御止也。止秋氣不使爲害。以犬麻先薦寢廟。是月可以築城郭。建都邑。國有先君之宗廟曰都。無曰邑。都曰城。邑曰築。穿竇窖。修囷倉。穿竇以通水。不欲地濕也。穿窖以盛穀。乃命有司趣民收斂。畜采多積聚。勸種宿麥。若或失時。行罪無疑。是月也。雷乃始收。蟄蟲培戶。殺氣浸盛。陽氣日衰。水始涸。日夜分。一度量。平權衡。正鈞石。角斗稱。理關市。來商旅。入貨財。以便民事。四方來集。遠方皆至。財物不匱。上無乏用。百事乃遂。遂成也。仲秋行春令。則秋雨不降。草木生榮。國有大恐。行夏令。則其國乃旱。蟄蟲不藏。五穀皆復生。行冬令。則風災數起。收雷先行。草木蚤死。八月官尉。其樹柘。尉戎官。是月治兵。故官尉。季秋之月。招搖指戌。昏虛中。旦柳中。虛北方元武之宿。柳南方朱雀之宿。其位西方。其日庚辛。其蟲毛。其音商。律中無射。其數九。其味辛。其臭腥。其祀門。祭先肝。候鴈來。賓雀入大水爲蛤。鴈以仲秋先至者爲主。後至者爲賓。菊有黃華。豺乃祭獸戮禽。天子衣白衣。乘白駱。服白玉。建白旗。食麻與犬。服八風水。爨柘燧火。西宮御女白色。衣白采。撞白鐘。其兵戈。其畜犬。朝於總章右个。命有司申嚴號令。百官貴賤無不

務入。以會天地之藏。無有宣出。乃命冢宰。農事備收。舉五穀之要。要簿書也。藏帝籍之收於神倉。天子籍田曰帝籍。收所收之穀。神倉也。是月也。霜始降。百工休。工不復作器。乃命有司曰。寒氣總至。凝聚而至。民力不堪。其皆入室。上丁入學習吹。大饗帝。嘗犧牲。合諸侯。制百縣。上丁月入學宮。吹笙竽。習禮樂。饗上帝用犧牲。合諸侯之制度。車服之差。各以其命數也。爲來歲受朔日。與諸侯所稅於民。輕重之法。貢歲之數。以遠近土地所宜爲度。受朔日。如今計吏朝賀豫明年之曆日也。度者。賦貢多少有常。乃教於田獵。以習五戎。戎兵也。刀劍矛戟矢曰五戎。命太僕及七騶咸駕。載旌。授車以

級告正設於屏外級等也按當率者以高下各隨其等級正立設陳也屏樹垣也司徒搢朴北嚮以贊之搢插也朴以教導播搢訓贊相威儀也司徒主衆教導之也天子乃厲服廣飭執弓操矢以獵服嚴厲之服廣其所佩之飾以服禽命主祠祭禽四方主祠典祀之官祭禽四方祀始殺禽獸者報其功不忘其神所在故博求之於四方是月草木黃落乃伐薪爲炭蟄蟲咸俛乃趣獄刑毋留有罪俛伏也無留斷也收祿秩之不當供養之不當者通路除道從境始至國而后已是月天子乃以犬嘗麻先薦寢廟季秋行夏令則其國大水冬藏殃敗民多鼽窒殃敗也鼽窒鼻不通利鼽音仇行冬令則國多盜賊邊

境不寧土地分裂行春令則煖風來至民氣解隋師旅並興九月官候其樹槐候望也是月繕修守備故官候孟冬之月招搖指亥昏危中旦七星中危北方元武之宿七星南方朱雀之宿其位北方其日壬癸盛德在水水王北方其蟲介其音羽介甲也甲蟲龜爲之長律中應鍾其數六其味鹹其臭腐其祀井祭先腎或作行行門內地腎水自用其藏也水始冰地始凍雉入大水爲蜃虹藏不見天子衣黑衣乘元驪服元玉建元旗順水德也食黍與彘服八風水爨松燧火北宮御女黑色衣黑采擊磬石其兵鎩音晒其畜彘彘水畜朝於元堂左

令以出冬令命有司修羣禁順陰閉諸所當禁也禁外徙閉關大搜客禁晢客爲露情也有新客搜出之爲觀釁也搜音搜斷罰刑殺當罪阿上亂法者誅阿意曲從立冬之日天子親率三公九卿大夫以迎歲於北郊還乃賞死事存孤寡有忠節蹈義死王事者賞其子孫是月命太祝禱祀神位占龜策審卦兆以察吉凶於是天子始裘命百官謹蓋藏命司徒行積聚修城郭警門閭修楗閉慎管籥固封璽城郭欲其厚實故言修門閭備禦非常故曰警楗鎖須閉鎖筒管籥鎖匙楗閉或有致壞故言修管籥不可妄開故言慎璽印也楗音蹇修邊境完要塞絕蹊徑飾喪紀審棺槨衣衾之薄厚

營邱壟之小大高庳音卑使貴賤卑尊各有等級營度也邱壟冢也小大高下各有度量是月也工師効功陳祭器案度程堅致爲上案視度法堅致功牢也工事苦慢作爲淫巧必行其罪苦惡也慢不牢是淫巧非常之巧是月也大飲蒸天子祈來年於天宗蒸冬祭是時大飲酒而祭求明年之福祥日月星辰爲天宗大禱祭於公社畢饗先祖公社后土生爲上公故日公畢饗先祖先公後私之義勞農夫以休息之命將率講武肄射御角力勁肄習也乃命水虞漁師收水泉池澤之賦虞掌水官師長賦稅也毋或侵牟牟多也孟冬行春令則凍閉不密地氣發泄民多流亡行夏令則多

暴風。方冬不寒，蟄蟲復出。行秋令，則雪霜不時，小兵時起，土地侵削。十月官司馬，其樹檀。（冬講武，故官司馬）仲冬之月，招搖指子，昏壁中，旦軫中。（東壁，北方元武之宿。軫，南方朱鳥之宿）其位北方，其日壬癸，其蟲介，其音羽，律中黃鍾。其數六，其味鹹，其臭腐，其祀井，祭先腎。冰益壯，地始坼，鳱鴠不鳴，虎始交。（鳱鴠，夜鳴求旦之鳥，陰盛，故不鳴。虎，陽中之陰，陰氣盛，以類發也。鳱音天，鴠音旦，交讀校）天子衣黑衣，乘鐵驪，服元玉，建元旗，食黍與彘，服八風水，爨松燧火，北宮御女黑色，衣黑采，擊磬石，其兵鎩，其畜彘。朝於元堂太廟，命有司曰：土事無

作，無發室居，及起大眾，是謂發天地之藏，諸蟄則死，民必疾疫，又隨以喪。急捕盜賊，誅淫泆詐偽之人。命曰暢月。（陰氣在上，民人空閒，故命曰暢月。暢音暢）命奄尹，申宮令，（尹，正也。申宮令，重戒救也）審門閭，謹房室，必重閉。（助陰氣）省婦事，乃命大酋秫稻必齊，麴櫱必時。（婦事，婦功。大酋，酒官之長。秫稻麴櫱，酒材，齊多寡中度，時制度及時。秫音木）湛熺必潔，水泉必香。（湛，漬。熺，蒸炊也。潔，無所污。香，無穢惡之氣。湛音沈，熺音熾）陶器必良，火齊必得，無有差忒。（陶器，瓦器，良無罅漏之失，得適生熟之宜）天子乃命有司祀四海大川名澤。（冬令方中，水德至盛，故為民禱祀之）是月也，農有不收藏積聚，牛馬畜獸有放失者，

取之不詰。（詰，問也）山林藪澤，有能取疏食田獵禽獸者，野虞教導之；其有相侵奪，罪之不赦。是月也，日短至，陰陽爭。君子齋戒，處必掩身，欲靜，去聲色，禁嗜欲。（聲，絲竹金石之聲）寧身體，安形性。（閉情欲也）是月也，荔挺出，芸始生，蚯蚓結，麋角解，（荔，馬荔，草。芸，蒿菜名。結猶結也。麋角解墮，皆應微陽）水泉動，則伐樹木，取竹箭。罷官之無事、器之無用者。塗闕庭門閭，（塗音塗）築囹圄，所以助天地之閉。仲冬行夏令，則其國乃旱，氛霧冥冥，雷乃發聲。行秋令，則其時雨水，瓜瓠不成，國有大兵。行春令，則蟲螟為敗，水泉咸竭，民

多疾癘。十一月官都尉，其樹棗。（冬歲軍師，故官都尉）季冬之月，招搖指丑，昏婁中，旦氐中。（婁，西方白虎之宿。氐，東方蒼龍之宿）其位北方，其日壬癸，其蟲介，其音羽，律中大呂。其數六，其味鹹，其臭腐，其祀井，祭先腎。鴈北鄉，鵲加巢，（鵲感陽而動）雉雊雞呼卵。（雞呼鳴，求卵）天子衣黑衣，乘鐵驪，服元玉，建元旗，食麥與彘，服八風水，爨松燧火，北宮御女黑色，衣黑采，擊磬石，其兵鎩，其畜彘，朝於元堂右个，命有司大儺旁磔，出土牛，（旁磔，四面皆磔。出土牛，今鄉縣出勸農耕之土牛於外是也）命漁師始漁，天子親往射漁，先薦寢廟，令民出五種，令

農計耦耕事修耒耜具田器（耦合也）命樂師大合吹而罷乃命四監收秩薪以供寢廟及百祀之薪燎（大而可析謂之薪小而束謂之柴薪燎炊也燎及夜燎之用）是月也日窮於次月窮於紀星周於天歲將更始（日窮於次者次元枵也紀會也月與日相會窮盡於元枵也星周於天者謂二十八宿更見南方至是月周匝也）令靜農民無有所使天子乃與公卿大夫飭國典論時令以待嗣歲之宜乃命太史次諸侯之列賦之犧牲（賦布也）以供皇天上帝社稷之饗乃命同姓之國供寢廟之芻豢卿士大夫至於庶民供山林名川之祀季冬行秋令則白露

早降介蟲爲祅（祥同）四鄙失保行春令胎天傷國多痼疾命之曰逆行夏令則水潦敗國時雪不降冰凍消釋十二月官獄其樹櫟（歲盡刑殺故獄官也櫟可以爲車轂木不出火惟櫟爲然）五位東方之極自碣石山過朝鮮貫大人之國（朝鮮樂浪縣貫通也大人國在其東）東至日出之次榑木之地青土樹木之野（榑木榑桑音扶）太皞句芒之所司者萬二千里（句芒木神司主也）其令曰挺羣禁開閉闔通窮窒達障塞行優游棄怨惡解役罪免憂患休罰刑開關梁宣出財和外怨撫四方行柔惠止剛強南方之極自北戶孫之外（北戶孫國名日在其北故北戶）貫顓頊之國南至委火炎風之野赤帝祝融之所司者萬二千里（祝融火神）其令曰爵有德賞有功惠賢良救飢渴舉力農振貧窮惠孤寡憂罷疾出大祿行大賞起毀宗立無後封建侯立賢輔（應陽施也）中央之極自崑崙東絕兩恆山（自從也絕猶過也）日月之所道江漢之所出衆民之野五穀之所宜龍門河濟相貫以息壤堙洪水之州東至於碣石黃帝后土之所司者萬二千里（后土土神）其令曰平而不阿明而不苛包裹覆露（露潤也）無不囊懷溥氾無私正靜以和行稃鬻養

老衰弔死問疾以送萬物之歸（土四方之主故曰萬物之歸）西方之極自崑崙絕流沙沈羽西至三危之國石城金室飲氣之民不死之野少皞蓐收之所司者萬二千里（蓐收金神）其令曰審用法誅必辜備盜賊禁姦邪飾羣牧謹著聚修城郭補決竇塞蹊徑遏溝瀆止流水雝谿谷守門閭陳兵甲選百官誅不法（應金殺也）北方之極自九澤窮夏晦之極北至令正之谷（九澤北方之澤夏大晦暝也）有凍寒積冰雪雹霜霰漂潤羣水之野顓頊元冥之所司者萬二千里（元冥水神）其令曰申羣禁固閉藏修障塞

繕關梁禁外徙斷罰刑殺當罪閉關閭大搜客止交游禁夜樂蚤閉晏開以塞姦人已得執之必固天節已幾刑殺無赦雖有盛尊之親斷以法度毋行水毋發藏毋釋罪應陰殺六合孟春與孟秋爲合仲春與仲秋爲合季春與季秋爲合孟夏與孟冬爲合仲夏與仲冬爲合季夏與季冬爲合孟春始贏孟秋始縮贏長縮短仲春始出仲秋始內二月擀陽八月收陰季春大出季秋大內孟夏始緩孟冬始急四月陽安十月寒肅仲夏至修仲冬至短季夏德畢季冬刑畢德陽施刑刑殺故正月失政七月涼

風不至二月失政八月雷不藏三月失政九月不下霜四月失政十月不凍五月失政十一月蟄蟲冬出其鄉六月失政十二月草木不脫不零落七月失政正月大寒不解不解冰八月失政二月雷不發九月失政三月春風不濟十月失政四月草木不實十一月失政五月下雹霜十二月失政六月五穀疾狂不華而實春行夏令泄陽發泄行秋令水行冬令肅氣肅急夏行春令風行秋令蕪蕪穢生行冬令格思澤格不流下秋行夏令華華榮茂行春令榮生榮華行冬令耗零落也冬行春令泄布散發泄

行夏令旱行秋令霧制度陰陽大制有大度天爲繩地爲準春爲規夏爲衡秋爲矩冬爲權繩者所以繩萬物也準者所以準萬物也規者所以員萬物也衡者所以平萬物也矩者所以方萬物也權者所以權萬物也繩之爲度也直而不爭修而不窮久而不弊遠而不忘與天合德與神合明所欲則得所惡則亡自古及今不可移匡厥德孔密廣大以容是故上帝以爲物宗準之爲度也平而不險均而不阿廣大以容寬裕以和柔而不剛銳而不挫銳利挫折也流而不滯

易而不穢發通而有紀紀道也周密而不泄準平而不失萬物皆平民無險謀怨惡不生是故上帝以爲物平平評也規之爲度也轉而不復員而不垸復還垸轉也垸音患優而不縱廣大以寬感動有理發通有紀優優簡簡百怨不起優簡寬舒貌規度不失生氣乃理氣類理達也衡之爲度也緩而不後平而不怨施而不德弔而不責當平民祿以繼不足敦敖陽陽唯德是行養長化育萬物蕃昌以成五穀以實封疆其政不失天地乃明明理也矩之爲度也肅而不悖剛而不憒取而無怨內而

無害威厲而不懾令行而不廢殺伐既得仇敵乃克矩正不失百誅乃服權之為度也急而不贏殺而不割充滿以實周密而不泄敗物而弗取罪殺而不赦誠信以必堅慤以固糞除苛慝不可以曲故冬正將行必弱以強必柔以剛權正而不失萬物乃藏明堂之制靜而法準動而法繩春治以規秋治以矩冬治以權夏治以衡是故燥濕寒暑以節至甘雨膏露以時降

卷五終

淮南鴻烈解卷六

覽冥訓 覽觀幽冥變化之端

昔者師曠奏白雪之音而神物為之下降風雨暴至平公癃病晉國赤地白雪太乙五十弦琴瑟樂名神物謂元鶴之屬來至無頭鬼類操戈以舞平公晉君癃病篤疾赤地旱也德薄不能堪故篤病而大旱庶女叫天雷電下擊景公臺隕支體傷折海水大出齊寡婦無子不嫁事姑謹敬姑有女利母財令母嫁婦婦不肯女殺母以誣婦婦不能明冤結叫天雷電下擊景公之臺隕壞毀公支體海水為之溢出夫瞽師庶女位賤尚枲權輕飛羽尚主也枲枲耳菜名主是官者至微賤瞽師庶女役賤於主枲者也然而專精厲意委務積神上通九天激厲至精由此觀之上天之誅也雖在壙虛幽閒遼遠隱匿重襲石室界障險阻其無所逃之亦明矣武王伐紂渡於孟津陽侯之波逆流而擊疾風晦冥人馬不相見陽侯陵陽國侯也溺水能為大波於是武王左操黃鉞右秉白旄瞋目而撝之曰余任天下誰敢害吾意者於是風濟而波罷魯陽公與韓構難戰酣日暮援戈而撝之日為之退三舍魯陽楚之縣公撝揮也揮日令反却行三舍舍次也夫全性保真不虧其身遭急迫難精通於天若乃未始出其宗者何為而不成夫死生同域不可脅

陵勇武一人爲三軍雄彼直求名耳而能自要者尚猶若此又況夫宮天地懷萬物而友造化含至和直偶於人形外直偶於人形而內有太道觀九鑽一知之所不知而心未嘗死者乎昔雍門子以哭見於孟嘗君雍門子名周善彈琴又善哭雍門齊西門居近之因以爲氏已而陳辭通意撫心發聲孟嘗君爲之增欷歍唈歍音奮唈音過流涕狼戾不可止增重歍唈失聲也狼戾猶交橫精神形於內而外諭哀於人心此不傳之道言不可學而得使俗人不得其君形者而效其容必爲人笑君形者精神也故蒲且子之連鳥於百仞之上蒲且子楚人善

弋射者而詹何之騖魚於大淵之中此皆得清淨之道太浩之和也詹何楚人善釣令魚馳騖來趨釣餌夫物類之相應元妙深微知不能論辯不能解故東風至而酒湛溢蠶咡絲而商絃絕或感之也畫隨灰而月運闕鯨魚死而彗星出或動之也以蘆草灰圍畫缺其一面則月運亦缺於上鯨魚大魚長數里運音閒故聖人在位懷道而不言澤及萬民君臣乖心則背譎見於天神氣相應徵矣日旁五色氣在兩邊外出爲背外向爲譎故山雲草莽水雲魚鱗旱雲煙火涔雲波水各象其形類所以感之夫陽燧取火於日方諸取露於月天地

之間巧歷不能舉其數手徵忽怳不能覽其光然以掌握之中引類於太極之上而水火可立致者陰陽同氣相動也此傅說之所以騎辰尾也傅說死託精於辰尾星故至陰飂飂音留至陽赫赫兩者交接成和而萬物生焉衆雄而無雌又何化之所能造乎有陽無陰亦不能生物所謂不言之辯不道之道也故召遠者使無爲焉招遠人當以無爲親近者使無事焉親附近者當以無事惟夜行者爲能有之夜行諭陰行神化故能有之故却走馬以糞而車軌不接於遠方之外是謂坐馳陸沈晝冥宵明以冬鑠膠以夏

造冰夫道者無私就也無私去也能者有餘拙者不足順之者利逆之者凶道自無私人有能否逆順耳譬如隋侯之珠和氏之璧得之者富失之者貧得失之度深微窈冥難以知論不可以辯說也何以知其然今夫地黄主屬骨而甘草主生肉之藥也以其屬骨責其生肉以其生肉論其屬骨是猶王孫綽之欲倍偏枯之藥而欲以生殊死之人亦可謂失論矣殊死殊異而死王孫綽以一劑藥愈偏枯之病因欲倍其劑以生已死之人若夫以火能焦木也因使銷金則道行矣若以磁石之能連鐵也而求其引瓦則

難矣物固不可以輕重論也夫燧之取火於日磁石
之引鐵蟹之敗漆葵之鄉日雖有明智弗能然也然明
也故耳目之察不足以分物理心意之論不足以定
是非故以智爲治者難以持國唯通於太和而持自
然之應者爲能有之故嶢山崩而薄落之水涸薄落浮水
區冶生區冶音謳而淳鈞之劒成區越人善冶劒淳鈞古劍紂爲無道
左强在側左强紂諛臣太公並世故武王之功立由是觀
之利害之路禍福之門不可求而得也言忽然來至也夫道
之與德若韋之與革遠之則邇近之則遠欲遠之道反在側欲

求之去人已遠也不得其道若觀鯈魚鯈魚小魚可覩見而不可得故聖
若鏡不將不迎將送也應而不藏故萬化而無傷其得
之乃失之其失之非乃得之也自謂得乃失道自謂失道未必不得道
今夫調弦者叩宮宮應彈角角動此同聲相和者也
夫有改調一弦其於五音無所比鼓之而二十五弦
皆應此未始異於聲而音之君已形也故通於太和
者惛若純醉而甘臥以游其中而不知其所由也純
溫以淪鈍悶以終若未始出其宗純一溫和淪沒論潛伏也鈍悶無情
也是謂大通今夫赤螭青虬之游冀州也赤螭青虬皆龍屬

天淸地定毒獸不作飛鳥不駭入榛薄食薦梅薦梅草實
噆味含甘步不出頃畝之區而蛇鱓輕之以爲不能
與之爭於江海之中蛇鱓自以爲能勝赤螭青虬若乃至於元雲
之素朝元黑素白也雲升於朝也黑陰陽交爭降扶風雜凍雨扶
搖而登之降下也扶風疾風凍雨暴雨扶搖發動也登上也上風雨而去威動天地
聲震海內蛇鱓著泥百仞之中熊羆匍匐邱山磛巖
虎豹襲穴而不敢咆襲入咆嘷也猨狖顚蹶而失木枝狖猨
屬又況直蛇鱓之類乎鳳凰之翔至德也雷霆不作
風雨不興川谷不澹澹溢也草木不搖而燕雀佼之以

爲不能與之爭於宇宙之間燕雀自以爲能佼健於鳳凰也佼音交還
至其曾逝萬仞之上翱翔四海曾猶高也過崑崙之疏圃
飮砥柱之湍瀨砥柱在河東太原之東邅回蒙汜之渚邅回猶倘佯也
蒙汜日所出之地尚佯冀州之際徑躡都廣入日抑節躡至也都
廣東南山名言鳳凰過都廣之野送日入抑節之地翔之廣也羽翼弱水暮宿風穴
當此之時鴻鵠鶬鸛莫不憚驚伏竄注喙江裔注喙喙注
地不敢動裔邊也又況直燕雀之類乎此明於小動之迹而
不知大節之所由者也昔者王良造父之御也上車
攝轡馬爲整齊而斂諧整齊不差斂諧調諧也投足調均勞逸

若一心怡氣和體便輕畢畢疾也安勞樂進馳騖若滅左右若鞭周旋若環言疾也世皆以爲巧然未見其貴者也若夫鉗且大丙之御除轡銜去鞭棄策車莫動而自舉馬莫使而自走也日行月動星燿而元運電奔而鬼騰進退屈伸不見朕垠故不招指不咄叱過歸鴈於碣石言其御疾歸碣石之鴈疾過之也軼鶤鷄於姑餘自後過前日軼鶤鷄鳳凰別名言其御疾軼過鶤鷄於姑餘山也騁若飛騖若絕縱矢躡風追猋歸忽猋音標光中影忽恍惚也朝發榑桑日入落棠榑桑即扶桑落棠山名此假弗用而能以成其用者也非慮

思之察手爪之巧也嗜欲形於胷中而精神踰一作論於六馬此以弗御御之者也弗御御道術也昔者黃帝治天下而力牧太山稽輔之力牧太山稽黃帝師以治日月之行律治陰陽之氣節四時之度正律歷之數別男女異雌雄明上下等貴賤使强不掩弱衆不暴寡人民保命而不夭歲時熟而不凶百官正而無私上下調而無尤法令明而不闇輔佐公而不阿田者不侵畔漁者不爭隈道不拾遺市不豫賈城郭不關邑無盜賊鄙旅之人相讓以財狗彘吐菽粟於路而無忿爭之心

於是日月精明星辰不失其行風雨時節五穀登孰虎狼不妄噬鷙鳥不妄搏鳳凰翔於庭麒麟游於郊青龍進駕飛黃伏皁飛黃乘黃也皁櫪也諸北儋耳之國莫不獻其貢職然猶未及虙戲氏之道也往古之時四極廢九州裂天不兼覆地不周載火爁炎而不滅水浩洋而不息猛獸食顓民鷙鳥攫老弱攫撮也於是女媧鍊五色石以補蒼天斷鼇足以立四極鼇大龜天廢頓以鼇足柱之殺黑龍以濟冀州黑龍水精力牧太稻殺之以止雨積蘆灰以止淫水平地出水爲淫水蒼天補四極正淫水涸冀州平狡蟲

死顓民生背方州抱圓天方州地也和春陽夏殺秋約冬枕方寢繩方榘四寸也繩直身而臥陰陽之所壅沈不通者竅理之逆氣戾物傷民厚積者絕止之逆氣亂氣當此之時臥倨倨興眄眄倨倨臥無思慮眄眄視無智巧倨音虛一自以爲馬一自以爲牛其行蹎蹎蹎音嗔其視瞑瞑侗然皆得其和莫知所由生浮游不知所求魍魎不知所往當此之時禽獸蝮蛇無不匿其爪牙藏其螫毒無有攫噬之心考其功烈上際九天下契黃壚黃壚黃泉下壚土名聲被後世光暉重萬物乘雷車服駕應龍驂青虯中爲服旁爲驂有角

爲龍無角爲虬應龍有翼之龍援絕瑞。席蘿圖。黃雲絡。前白螭。後奔蛇。黃雲絡車白螭導前奔蛇騰蛇從後皆瑞應也浮游消搖。道鬼神。登九天。朝帝於靈門。宓穆休於太祖之下。宓寧穆和休息也太祖道之太宗然而不彰其功。不揚其聲。彰揚皆明也隱眞人之道。以從天地之固然。隱藏也何則道德上通而智故消滅也。逮至夏桀之時。主闇晦而不明。道瀾漫而不修。棄捐五帝之恩刑。推蹶三王之法籍。是以至德滅而不揚。帝道揜而不興。舉事戾蒼天。發號逆四時。春秋縮其和。天地除其德。縮藂也和氣不復行也仁君處位而不安。大夫隱

道而不言。羣臣準上意而懷當。準望懷思當合也合主意也疏骨肉而自容。邪人參耦比周而陰謀。居君臣父子之間。而競載驕主而像其意。像猶隨也亂人以成其事。是故君臣乖而不親。骨肉疏而不附。植社槁而壇裂。言不禋於神容臺振而掩覆。容臺禮容之臺不行禮故振動而敗犬羣嘷而入淵。將滅壞犬失其主故嘷而入淵也豕銜蓐而席澳。豕銜其蓐入澳美人挐首墨面而不容。首與髮并結爲挐首不修容飾也挐音御曼聲吞炭內閉而不歌。曼聲善歌也見世亂故吞炭自敗喪不盡其哀。獵不聽其樂。禮壞不盡哀樂崩不聽樂西姥折勝。黃神嘯吟。西王母折其頭上戴勝黃帝之神傷道之

哀故長嘆飛鳥鎩翼。走獸廢腳。山無峻榦。澤無注水。峻榦美材注水渟水狐狸首穴。馬牛放失。田無立禾。路無莎薠。莎草名薠音蹯金積折廉。璧襲無理。金積折其鋒廉璧文襲不用之煩數皆鈍無復文理也璧音辟磬龜無腹。磬空也象磬數鑽以卜故空盡無腹蓍策日施。晚世之時。七國異族。諸侯制法。各殊習俗。縱橫間之。舉兵而相角。南北縱西東橫攻城濫殺。覆高危安。掘高墳墓。揚人骸。大衝車高重京。衝車大鐵著其轅端所以衝城古者伐不敬取其鯨鯢收其骸尸聚土而揜之以爲京觀除戰道。便死路。犯嚴敵。殘不義。百往一反。名聲苟盛也。百人皆死一人得反是故質壯輕足者。爲甲卒千里之

外。家老羸弱悽愴於內。廝徒馬圉。輣車奉饟。廝役徒衆也牛曰牧馬曰圉輣音軿推也饟資糧也道路遼遠。霜雪亟集。短褐不完。衣不完民窮也人羸車弊。泥塗至膝。相攜於道。奮首於路。攜引也奮首民疲作路僵能舉頭言疲困也身枕格而死。格搒捲也役賦不畢者搒之於格上不得下枕格而死枕音九所謂兼國有地者。伏尸數十萬。破車以千百數。傷弓弩矛戟矢石之創者。扶舉於路。故世至於枕人頭。食人肉。菹人肝。飲人血。甘之芻豢。故自三代以後者。天下未嘗得安其情性。而樂其習俗。保其修命天而不夭於人虐也。所以然者何也。諸侯力征。天

下合而爲一家。逮至當今之時，天子在上位（漢孝武皇帝），持以道德，輔以仁義，近者獻其智，遠者懷其德，拱揖指麾而四海賓服，春秋冬夏皆獻其貢職，天下混而爲一，子孫相代，此五帝之所以迎天德也。夫聖人者不能生時，時至而弗失也。輔佐有能，黜讒佞之端，息巧辯之說，除刻削之法，去煩苛之事，屏流言之迹，塞朋黨之門，消知能（消除知巧之能），修太常，隳肢體，黜聰明，大通混冥，解意釋神，漠然若無魂魄，使萬物各復歸其根，則是所修伏犧氏之迹，而反五帝之道也。夫鉗且

大丙不施轡銜而以善御聞於天下，伏戲、女媧不設法度而以至德遺於後世，何則？至虛無純一而不嘤喋苛事也（嘤喋猶深算也，言不采取煩苛之事。嘤音雞，喋音牒）。周書曰：掩雉不得，更順其風（掩雉雖不得，當更從其上風，言猶當以道德爲本）。今若夫申、韓、商鞅之爲治也，捽拔其根（捽音孛），蕪棄其本，而不窮究其所由生，何以至此也。鑿五刑，爲刻削，乃背道德之本，而爭於錐刀之末，斬艾百姓，殫盡太半（殫，病也），而忻忻然常自以爲治，是猶抱薪而救火，鑿竇而出水。夫井植生梓而不容甕，溝植生條而不容舟，不過三月

必死。所以然者何也？皆狂生而無其本者也。河九折注於海而流不絕者，崑崙之輸也。潦水不泄，瀇瀁極（瀇音敖兩）望（瀁音蕩），旬月不雨則涸而枯，澤受瀷而無源者（瀷，疾流者）。譬若羿請不死之藥於西王母，姮娥竊以奔月（姮娥，羿妻。羿請藥於西王母，未及服，姮娥盜食之，得仙，奔入月中），悵然有喪，無以續之（悵然若有所喪亡，不能復得不死藥以續之）。何則？不知不死之藥所由生也。是故乞火不若取燧，寄汲不若鑿井。

卷六終

淮南鴻烈解卷七

精神訓 精者人之氣神者人之守也

古未有天地之時。惟像無形。惟思也 窈窈冥冥。芒芠漠閔。澒濛鴻洞。莫知其門。皆未成形之氣芒音莽芠音牧澒音項鴻音贛 有二神混生。經天營地。混生俱生也 孔乎莫知其所終極。滔乎莫知其所止息。孔深貌滔大貌 於是乃別爲陰陽。離爲八極。剛柔相成。萬物乃形。煩氣爲蟲。煩亂也 精氣爲人。是故精神天之有也。而骨骸者地之有也。精神入其門。而骨骸反其根。我尚何存。精神無形故入天門骨骸有形反根歸土 是故聖

人法天順情。不拘於俗。不誘於人。以天爲父。以地爲母。陰陽爲綱。四時爲紀。天靜以清。地定以寧。萬物失之者死。法之者生。夫靜漠者神明之宅也。虛無者道之所居也。是故或求之於外者。失之於內。有守之於內者。失之於外。譬猶本與末也。從本引之。千枝萬葉莫不隨也。夫精神者所受於天也。而形體者所稟於地也。故曰一生二。二生三。三生萬物。萬物背陰而抱陽。沖氣以爲和。故曰一月而膏。始育如膏 二月而胅。音跌 三月而胎。四月而肌。五月而筋。六月而骨。七月而成。八月而動。九月而躁。十月而生。形體以成。五藏乃形。是故肺主目。腎主鼻。膽主口。肝主耳。外爲表而內爲裏。開閉張歙。各有經紀。故頭之圓也象天。足之方也象地。天有四時五行九解。九解謂九十爲一解一說九解六一之所解合也一說八方中央故曰九解歙音脅 三百六十六日。人亦有四支五藏九竅三百六十六節。天有風雨寒暑。人亦有取與喜怒。故膽爲雲。肺爲氣。肝爲風。腎爲雨。脾爲雷。以與天地相參也。而心爲之主。是故耳目者日月也。血氣者風雨也。日中有踆烏。踆猶蹲也謂三足烏踆音逡 而月中有蟾蜍。日月

失其行。薄蝕無光。薄迫也 風雨非其時。毀折生災。五星失其行。州國受殃。夫天地之道。至紘以大。尚猶節其章光。愛其神明。人之耳目曷能久熏勞而不息乎。精神何能久馳騁而不既乎。是故血氣者人之華也。而五藏者人之精也。夫血氣能專於五藏而不外越。則胷腹充而嗜慾省矣。胷腹充而嗜慾省。則耳目清聽視達矣。耳目清聽視達。謂之明。五藏能屬於心而無乖。則敦志勝而行不僻矣。僻邪也勝或作遲 敦志勝而行之不僻。則精神盛而氣不散矣。精神盛而氣不散則理。

理則均均則通通則神神則以視無不見以聽無不聞也以爲無不成也是故憂患不能入也而邪氣不能襲故事有求之於四海之外而不能遇或守之於形骸之内而不見也故所求多者所得少所見大者所知小夫孔竅者精神之戶牖也而氣志者五藏之使候也耳目淫於聲色之樂則五藏搖動而不定矣五藏搖動而不定則血氣滔蕩而不休矣血氣滔蕩而不休則精神馳騁於外而不守矣（多情欲故神不内守）精神馳騁於外而不守則禍福之至雖如邱山無由識之

矣使耳目精明元達而無誘慕氣志虛靜恬愉而省嗜慾五藏定寧充盈而不泄精神内守形骸而不外越則望於往世之前而視於來事之後猶未足爲也豈直禍福之間哉故曰其出彌遠者其知彌少以言夫精神之不可使外淫也是故五色亂目使目不明五聲譁耳使耳不聽五味亂口使口爽傷趣舍滑心使行飛揚（飛揚不從軌度也）此四者天下之所養性也然皆人累也故曰嗜慾者使人之氣越而好憎者使人之心勞弗疾去則志氣日耗（越失）夫人之所以不能終

其壽命而中道夭於刑戮者何也以其生生之厚夫惟能無以生爲者則所以脩得生也夫天地運而相通萬物總而爲一（萬物合同統於一道）能知一則無一之不知也不能知一則無一之能知也譬吾處於天下也亦爲一物矣不識天下之以我備其物與且惟無我而物無不備者乎然則我亦物也物亦物也物之與物也又何以相物也（物亦物也何相名爲物也）雖然其生我也將以何益其殺我也將以何損夫造化者既以我爲坯矣將無所違之矣（言既以我爲人無所離之坯音坏）吾安知夫刺灸而

欲生者之非惑也又安知夫絞經而求死者之非福也或者生乃徭役也而死乃休息也天下茫茫孰知之哉其生我也不强求已（已止也言不惡生）其殺我也不强求止（言不畏死）欲生而不事（事治也）憎死而不辭賤之而弗憎貴之而弗喜（人賤已已不憎人尊已已不喜）隨其天資而安之不極吾生也有七尺之形吾死也有一棺之土吾生之比於有形之類猶吾死之淪於無形之中也然則吾生也物不以益衆吾死也土不以加厚吾又安知所喜憎利害其間者乎夫造化者之攫援物也（攫援引也）

譬猶陶人之埏埴也。其取之地而已為盆盎也。與其未離於地也無以異。其已成器而破碎漫瀾而復歸其故也。與其為盆盎亦無以異矣。人不當惡死死復歸其未生之故耳猶瓦器之破而復反於土也夫臨江之鄉。居人汲水以浸其園。江水弗憎也。苦洿之家。決洿而注之江。洿水弗樂也。是故其在江也。無以異其浸園也。其在洿也。亦無以異其在江也。是故聖人因時以安其位。當世而樂其業。夫悲樂者。德之邪也。而喜怒者。道之過也。好憎者。心之暴也。故曰其生也天行。其死也物化。如物之變化靜則

與陰俱閉。動則與陽俱開。精神澹然無極。不與物散。而天下自服。極盡也散雜亂貌自服服於德也故心者形之主也。而神者心之寶也。形勞而不休則蹶。精用而不已則竭。是故聖人貴而尊之。不敢越也。夫有夏后氏之璜者。匣匱而藏之。寶之至也。半璧曰璜夫精神之可寶也。非直夏后氏之璜也。是故聖人以無應有。必究其理。以虛受實。必窮其節。恬愉虛靜。以終其命。是故無所甚疏。而無所甚親。抱德煬和。以順于天。煬音養與道為際。與德為鄰。不為福始。不為禍先。魂魄處其宅。而精神守其根。死生無變於己。故曰至神。所謂真人者。性合于道也。故有而若無。實而若虛。處其一不知其二。治其內不識其外。治內守精神也不識其外不好憎也明白太素。無為復樸。體本抱神。以游于天地之樊。樊崖也音飯芒然彷徉于塵垢之外。而消搖于無事之業。浩浩蕩蕩乎。機械之巧弗載于心。是故死生亦大矣。而不為變。雖天地覆育。亦不與之抮抱矣。審乎無瑕而不與物糅。瑕猶釁也見事之亂而能守其宗。若然者。正肝膽。遺耳目。心志專于內。通達耦于一。居不知所為。行不知所之。言志意無所繫渾

然而往。逯然而來。渾轉行貌逯謂無所為忽然往來也渾音揮逯音祿形若槁木。心若死灰。槁木無氣死灰無熱喻無為也忘其五藏。損其形骸。不學而知。不視而見。不為而成。不治而辯。感而應。迫而動。迫切不得不動然後乃動也不得已而往。如光之燿。如景之放。以道為紃。有待而然。紃法也紃音巡抱其太清之本。而無所容與。無所容與於情欲也而物無能營。營惑也廓惝而虛。清靖而無思慮。大澤焚而不能熱。河漢涸而不能寒也。大雷毀山而不能驚也。大風晦日而不能傷也。是故視珍寶珠玉猶石礫也。視至尊窮寵猶行客也。視毛嬙西

施猶頻醜也。頻頭也方相氏黄金四目衣赭稀世之頻貌非生人也但其像耳目頻醜言極醜也頻音欺以死生爲一化。以萬物爲一方。方類也同精於太清之本。而游於忽區之旁。有精而不使。有神而不行。不濁其精不勞其神契大渾之樸。而立至清之中。樸猶質也渾不散之貌是故其寢不夢。其智不萌。其魄不抑。其魂不騰。其寢不夢神內守其智不萌無思念魄陰神魂陽神陰不沈抑陽不飛騰各守其宅也反復終始。不知其端緒。甘瞑太宵之宅。而覺視于昭昭之宇。休息于無委曲之隅。而游敖于無形埒之野。居而無容。處而無所。居無形容處無常所其動無形。其靜無體。存而若亡。

生而若死。出入無間。役使鬼神。淪於不測。入於無間。以不同形相嬗也。嬗音扇傳也終始若環。莫得其倫。此精神之所以能登假於道也。假至也是故眞人之所游。若吹呴呼吸。吐故內新。熊經鳥伸。鳧浴蝯躩。鴟視虎顧。是養形之人也。不以滑心。養形之人屈伸跳踉非眞人之道不足以亂眞人之心使神滔蕩而不失其充。日夜無傷。而與物爲春。則是合而生時于心也。且人有戒形而無損於心。有綴宅而無耗精。夫癩者趨不變。狂者形不虧。神將有所遠徙。孰暇知其所爲。癩者狂者精神散越故曰神有所遠徙故形有摩而神未嘗化者。以不化應化。千變萬抮而未始有極。摩滅猶死也神變歸於無形故曰未嘗化化猶死也不化者精神化者形骸化者復歸於無形也。不化者與天地俱生也。夫木之死也。青青去之也。夫使木生者豈木也。猶充形者之非形也。充形者氣也故曰非形故生生者未嘗死也。其所生則死矣。化物者未嘗化也。其所化則化矣。輕天下則神無累矣。細萬物則心不惑矣。齊死生則志不懾矣。同變化則明不眩矣。衆人以爲虛言。吾將舉類而實之。人之所以樂爲人主者。以其窮耳目之欲。而適躬體之便也。今高

臺層榭。人之所麗也。而堯樸桷不斲。素題不枅。樸采也桷椽也素題者不加采飾不枅者不施欂櫨枅音雞或作剖珍怪奇味。人之所美也。而堯糲粢之飯。藜藿之羹。糲音辣粗粢稷也文繡狐白。人之所好也。而堯布衣揜形。鹿裘御寒。養性之具不加厚。而增之以任重之憂。故舉天下而傳之於舜。若解重負然。非直辭讓。誠無以爲也。此輕天下之具也。禹南省方濟于江。黃龍負舟。舟中之人五色無主。禹乃熙笑而稱曰。我受命于天。竭力而勞萬民。生寄也。死歸也。何足以滑和。視龍猶蝘蜓。音偃廷蜥蜴也顏色不變。龍乃

弭耳掉尾而逃。禹之視物亦細矣。鄭之神巫相壺子林見其徵。告列子。列子行泣報壺子。徵兆也列子鄭之隱士壺子師子壺子持以天壤。名實不入。機發於踵。壺子之視死生亦齊矣。子求行年五十有四而病傴僂。脊管高于頂。腸下迫頤。兩脾在上。燭營指天。子求楚人也燭營讀曰括撮髻音歌匍匐自闚於井曰。偉哉造化者。其以我爲此拘拘邪。此其視變化亦同矣。故覩堯之道。乃知天下之輕也。觀禹之志。乃知天下之細也。原壺子之論。乃知死生之齊也。見子求之行。乃知變化之同也。夫至人倚不

拔之柱。行不關之塗。稟不竭之府。學不死之師。無往而不遂。無至而不通。生不足以挂志。死不足以幽神。屈伸俛仰。抱命而婉轉。禍福利害。千變萬紾。紾轉也孰足以患心。若此人者。抱素守精。蟬蛻蛇解。游於太清。輕舉獨往。忽然入冥。鳳凰不能與之儷。而況斥鷃乎。儷偶也斥澤之鷃飛不出頃畮勢位爵祿。何足以槩志也。晏子與崔杼盟。臨死地而不易其義。晏子名嬰崔杼弑齊莊公盟諸侯曰不唯崔慶是從者如此盟晏子曰嬰所不唯忠於君而利社稷者是從亦如之殖華將戰而死。莒君厚賂而止之。不改其行。殖杞梁華華周皆齊士爲君伐莒莒人圍之壯其勇力厚賂而止之不可遂戰而死故晏子可迫以仁。而不可劫以兵。殖華可止以義。而不可縣以利。君子義死。而不可以富貴留也。義爲而不可以死亾恐也。彼則直爲義耳。而尚猶不拘於物。又況無爲者矣。堯不以有天下爲貴。故授舜。公子札不以有國爲尊。故讓位。札吳壽夢之少子讓位不受凡國子罕不以玉爲富。故不受寶。子罕宋司城樂喜也宋人或得玉以獻子罕子罕不受獻玉者曰以天下人玉人以爲寶故敢獻之子罕曰我以不貪爲寶子以玉爲寶若與我是皆喪寶也不如人有其寶稽首告曰小人懷寶不可以越鄉納此以請死子罕置諸其里使玉人爲之攻之富而後使復其所務光不以生害義。故自投於淵。務光湯時隱士湯伐

桀讓天下於務光人謂務光曰湯殺其君將歸不義之名於子務光因抱石自投於深淵而死由此觀之。至貴不待爵。至富不待財。天下至大矣。而以與他人。身至親矣。而棄之淵。外此其餘。無足利矣。此之謂無累之人。無累之人。不以天下爲貴矣。上觀至人之論。深原道德之意。以下考世俗之行。乃足羞也。故通許由之意。金滕豹韜廢矣。金滕豹韜周公太公陰謀圖王之書延陵季子不受吳國。而訟閒田者慙矣。訟閒田者虞芮及暴桓公蘇信公是也子罕不利寶玉。而爭券契者媿矣。務光不汙於世。而貪利偷生者悶矣。故不觀大義者。不知生之不足

貪也。不聞大言者，不知天下之不足利也。（大義死君，親之難也）（大言，體道無欲之言）今夫窮鄙之社也，叩盆拊瓴，相和而歌，自以為樂矣。嘗試為之擊建鼓，撞巨鐘，乃始仍仍然知其盆瓴之足羞也。（仍仍，不得志之貌。或作聆聆，猶聞也）藏詩書，修文學，而不知至論之旨，則拊盆叩瓴之徒也。夫以天下為者，學之建鼓矣。尊勢厚利，人之所貪也。使之左據天下圖，（圖，國籍也）而右手刎其喉，愚夫不為。由此觀之，生尊于天下也。聖人食足以接氣，衣足以蓋形，適情不求餘。（接，續。蓋，覆。餘，饒也）無天下不虧其性，有天下不羡其和。（羡，過。和，適也）

有天下無天下，一實也。今贛人敖倉，予人河水，（贛音貢，賜也。敖，地名。倉，穀藏也）饑而餐之，渴而飲之，其入腹者不過簞食瓢漿，則身飽而敖倉不為之減也，腹滿而河水不為之竭也。有之不加飽，無之不為之饑，與守其筲筦有其井，一實也。（筲筦，受穀器。井，家人之井水也。筲音頷，筦音頓）人大怒破陰，大喜墜陽，大憂內崩，大怖生狂。除穢去累，莫若未始出其宗，乃為大通。清目而不以視，靜耳而不以聽，鉗口而不以言，委心而不以慮，棄聰明而反太素，休精神而棄知故，覺而若眯，以生而若死。（眯，暗厭也。是人謂厭為眯）

（喻無知也）終則反本未生之時，而與化為一體。死之與生一體也。今夫繇者揭钁臿，負籠土，（繇，役也。揭，舉也。钁，斫也。臿，鍬也。籠，受土籠也。钁音矍，臿音察）鹽汗交流，喘息薄喉，（汗鹹如鹽也。薄，迫也。氣衝喉也）當此之時，得茠越下，則脫然而喜矣。（茠，蔭也。脫，舒也。言繇人之得小休息，則氣得舒，故喜也）巖穴之間，非直越下之休也。病疵瘕者，捧心抑腹，膝上叩頭，蜷跼而諦，通夕不寐。（瘕音架，蜷音拳，跼音局）當此之時，噲然得卧，則親戚兄弟歡然而喜。夫脩夜之寧，非直一噲之樂也。故知宇宙之大，則不可劫以死生；知養生之和，則不可縣以天下；知未生之樂，則

不可畏以死。知許由之貴於舜，則不貪物。牆之立不若其偃也，又況不為牆乎？冰之凝不若其釋也，又況不為冰乎？自無蹠有，自有蹠無，終始無端，莫知其所萌。非通於外內，孰能無好憎？無外之外，至大也；無內之內，至貴也。能知大貴，何往而不遂？衰世湊學，不知原心反本，直雕琢其性，矯拂其情，以與世交。故目雖欲之，禁之以度；心雖樂之，節之以禮。趨翔周旋，詘節卑拜，肉凝而不食，酒澄而不飲，外束其形，內總其德，鉗陰陽之和，而迫性命之情，故終身為悲人。（悲，哀也）達

至道者則不然理性情治心術養以和持以適樂道而忘賤安德而忘貧性有不欲無欲而不得心有不樂無樂而不爲無益於情者不以累德不便於性者不以滑和故縱體肆意而度制可以爲天下儀今夫儒者不本其所以欲而禁其所欲不原其所以樂而閉其所樂是猶決江河之源而障之以手也 障蔽也言不能掩也 夫牧民者猶畜禽獸也不塞其囿垣使有野心系絆其足以禁其動而欲脩生壽終豈可得乎夫顔回季路子夏冉伯牛孔子之通學也然顔淵夭死季路

葅於衛子夏失明冉伯牛爲厲此皆迫性拂情而不得其和也故子夏見曾子一臞一肥曾子問其故曰出見富貴之樂而欲之入見先王之道又說之兩者心戰故臞先王之道勝故肥推其志非能貪富貴之位不便侈靡之樂直宜迫性閉欲以義自防也雖情心鬱殪形性屈竭猶不得已自強也故莫能終其天年若夫至人量腹而食度形而衣容身而游適情而行餘天下而不貪委萬物而不利 委棄也 處大廓之宇游無極之野 廓虛極盡也 登太皇馮太一玩天地於掌握之中 馮依玩弄也 夫豈爲貧富肥臞哉故儒者非能使人弗欲而能止之非能使人勿樂而能禁之夫使天下畏刑而不敢盜豈若能使無有盜心哉越人得髯蛇以爲上肴中國得而棄之無用 髯蛇大蛇也其長數丈俗以爲上肴髯音 然故知其無所用貪者能辭之不知其無所用廉者不能讓也夫人主之所以殘亡其國家損棄其社稷身死於人手爲天下笑未嘗非爲非欲也夫仇由貪大鐘之賂而亡其國 仇由近晉狄國晉智伯欲伐之先路以大鐘仇由之君貪受鐘爲和親智伯因是以兵滅取其國 虞君利垂棘之璧而擒其身獻

公豔驪姬之美而亂四世 晉獻公伐驪戎得驪姬豔其色而嬖之生奚齊遂殺太子申生而立奚齊亂四世者奚齊卓子惠公夷吾懷公圉也 桓公甘易牙之和而不以時葬 齊桓好味易牙蒸其首子而進之遂見信用專任國政桓公卒五公子爭立五月不葬 胡王淫女樂之娛而亡上地 胡西戎之君也秦穆公欲伐之先遺女樂以淫其志其臣由余諫不從去故來適秦秦伐戎得其上地 使此五君者適情辭餘以已爲度不隨物而動豈有此大患哉故射者非矢不中也學射者不治矢也御者非轡不行學御者不爲轡也知冬日之箑夏日之裘無用於已則萬物之變爲塵埃矣 箑音劄扇也楚人謂扇爲箑 故以湯止沸沸乃不

止誠知其本則去火而已矣

卷七終

淮南鴻烈解卷八

本經訓（本，始也。經，常也。治亂之由，得失有常也）

太清之始也，和順以寂漠，（太清之始，謂三皇之時。和順，不逆天暴物。寂漠，不接民）質真而素樸，閑靜而不躁，推而無故，在內而合乎道，出外而調于義，發動而成於文，行快而便於物，其言畧而循理，其行侻而順情，（畧，約。侻，簡易。音脫）其心愉而不僞，其事素而不飾，是以不擇時日，不占卦兆，（卦，八卦。兆，龜兆之兆。所以占吉凶也）不謀所始，不議所終，安則止，激則行，通體于天地，同精於陰陽，一和于四時，明照於日月，與造化者相雌雄，（雌雄，猶和適也）是以天覆以德，地載以樂，四時不失其敘，風雨不降其虐，日月淑清而揚光，五星循軌而不失其行。（軌，道。循，順也）當此之時，元元至碭而運照，（碭，音蕩，大也。盛德之君恩仁廣大，偏照四海也）鳳麟至，蓍龜兆，甘露下，竹實滿，流黃出而朱草生，機械詐僞莫藏於心。逮至衰世，鐫山石，（鐫，猶鑿也。求金玉也）鍥金玉，擿蚌蜃，（鍥，刻金玉以爲器。擿，猶開也。開以求珠也。鍥音結）消銅鐵而萬物不滋，（滋，長也）刳胎殺夭，麒麟不游，覆巢毀卵，鳳凰不翔，鑽燧取火，構木爲臺，焚林而田，竭澤而漁，人械不足，畜藏有餘，（械，器用也。畜藏，餘財庫貨也）而

萬物不繁兆萌牙卵胎而不成者處之太半矣積壤
而邱處糞田而種穀掘地而井飲疏川而爲利築城
而爲固拘獸以爲畜則陰陽繆戾四時失敘雷霆毀
折雹霰降虐氛霧霜雪不霽而萬物燋夭菑榛穢聚
埒畝茂草曰菑木藂曰榛積之於壟畝芟野菼長苗秀草木之句萌
銜華戴實而死者不可勝數乃至夏屋宮駕縣聯房
植夏屋大屋也縣聯受雀頭箸柂者植戶植也菼音坦橑檐榱題橑榱也音老檐屋垂
也音言雕琢刻鏤喬枝菱阿芙蓉芰荷五采爭勝流漫
陸離流漫采色相參和也陸離美好貌修掞曲校夭矯曾橈芒繁紛

挐皆屋飾也掞音琰以相交持公輸王爾無所錯其剞剧削
鋸公輸王爾皆古之巧匠剞剧鋸尺削兩刃句刀也然猶未能贍人主之欲也
是以松柏菌露夏槁松柏根茂菌露竹箭皆冬生難殺之木當是時負槁死也君作
事不時陰陽失序菌音綸江河三川絕而不流夷羊在牧夷羊土神殷之
將亡見於商郊牧野之地飛蛩滿野蛩蝗也天旱地坼坼音册燥裂也鳳凰
不下句爪居牙戴角出距之獸於是鷙矣句爪鷹鸇之屬居牙
熊虎之屬民之專室蓬廬無所歸宿專持小室也蓬廬蘧篨覆也凍餓
饑寒死者相枕席也及至分山川谿谷使有壤界計
人多少衆寡使有分數築城掘池設機械險阻以爲

備飾職事制服等異貴賤差賢不肖經誹譽行賞罰
經書也誹惡譽善也則兵革興而分爭生民之滅抑夭隱虐殺
不辜而刑誅無罪於是生矣天地之合和陰陽之陶
化萬物皆乘一氣者也是故上下離心氣乃上蒸君
臣不和五穀不爲距日冬至四十六日天含和而未
降地懷氣而未揚陰陽儲與呼吸浸潭包裹風俗儲與
猶尚羊無所主之貌浸潭廣衍也斟酌萬殊旁薄衆宜以相嘔咐醞
釀咐音符而成育羣生是故春肅秋榮冬雷夏霜皆賊
氣之所生由此觀之天地宇宙一人之身也六合之

內一人之制也是故明於性者天地不能脅也審於
符者怪物不能惑也故聖人者由近知遠而萬殊爲
一古之人同氣于天地與一世而優游當此之時無
慶賀之利刑罰之威禮義廉耻不設毀譽仁鄙不立
而萬民莫相侵欺暴虐猶在于混冥之中逮至衰世
人衆財寡事力勞而養不足於是忿爭生是以貴仁
仁鄙不齊比周朋黨設詐諝懷機械巧故之心而性
失矣是以貴義陰陽之情莫不有血氣之感男女羣
居雜處而無別是以貴禮性命之情淫而相脅脅迫也

以不得已則不和是以貴樂是故仁義禮樂者可以救敗而非通治之至也夫仁者所以救爭也義者所以救失也禮者所以救淫也樂者所以救憂也神明定於天下而心反其初心反其初而民性善民性善而天地陰陽從而包之則財足而人贍矣貪鄙忿爭不得生焉由此觀之則仁義不用矣道德定於天下而民純樸則目不營於色耳不淫於聲坐俳而歌謠被髮而浮游雖有毛嬙西施之色不知悅也掉羽武象不知樂也掉羽舞也武象周武王樂淫泆無別不得生焉由

此觀之禮樂不用也是故德衰然後仁生行沮然後義立沮敗也和失然後聲調禮淫然後容飾是故知神明然後知道德之不足爲也知道德然後知仁義之不足行也知仁義然後知禮樂之不足修也今背其本而求其末釋其要而索之于詳未可與言至也天地之大可以矩表識也矩度表影也星月之行可以歷推得也歷術推求也雷霆之聲可以鼓鐘寫也寫猶放效也風雨之變可以音律知也是故大可覩者可得而量也明可見者可得而蔽也蔽或作察聲可聞者可得而調也色

可察者可得而別也夫至大天地弗能含也至微神明弗能領也及至建律歷別五色異清濁商清宮濁味甘苦則樸散而爲器矣立仁義修禮樂則德遷而爲僞矣及僞之生也飾智以驚愚設詐以巧上巧欺也天下有能持之者有能治之者也持之者桀紂之民治之者湯武之君昔者蒼頡作書而天雨粟鬼夜哭造書契則詐僞萌生去本趨末棄耕作之業而務錐刀之利天知其將餓故爲雨粟鬼恐爲書文所劾故夜哭伯益作井而龍登元雲神棲崑崙益初作井鑿地而求水龍知將決川谷漉陂池恐見害故登雲能愈多而德愈薄矣故周鼎著倕使銜其指以明大巧之不

可爲也倕堯之巧工周鑄倕像於鼎使自銜其指以戒後世不當爲大巧也故至人之治也心與神處形與性調靜而體德動而理通隨自然之性而緣不得已之化洞然無爲而天下自和憺然無欲而民自樸無機祥而民不夭不忿爭而養足兼包海內澤及後世不知爲之者誰何是故生無號死無謚實不聚而名不立施者不德受者不讓德交歸焉而莫之充忍也忍不忍也故德之所總道弗能害也智之所不知辯弗能解也不言之辯不道之道若或通焉謂之天府能通不言之辯不道之道者入天之府藏取焉而不損酌

焉而不竭莫知其所由出是謂瑤光瑤光者資糧萬物者也（瑤光謂北斗杓第七星也居中而運歷指十二辰擿起陰陽以殺生萬物也一說瑤光和氣之見者也）振困窮補不足則名生（名仁名也）興利除害伐亂禁暴則功成（功武功也）世無災害雖神無所施其德上下和輯雖賢無所立其功昔容成氏之時道路鴈行列處（容成黃帝時造歷術者鴈行長幼有差也）託嬰兒於巢上置餘糧於晦首虎豹可尾虺蛇可蹍而不知其所由然（虎豹無害人之心故可尾虺蛇不螫毒故可蹍履也時人謂自當然耳故曰不知其所由然蹍音展晦音母）逮至堯之時十日並出焦禾稼殺草木而民無所食猰貐鑿

齒九嬰大風封豨脩蛇皆爲民害（猰貐音軋窳獸名狀若龍首或曰似貍善走而食人鑿齒獸名齒長三尺狀如鑿下徹頷下而持戈盾九嬰水火之怪爲人害大風風伯也能壞人屋舍封豨大豕脩蛇大蛇吞象三年而出其骨）堯乃使羿誅鑿齒於疇華之野（疇華南方澤名）殺九嬰於凶水之上（北狄之地有凶水）繳大風於青邱之澤（以繳繫矢射殺之青邱東方澤名）上射十日而下殺猰貐斷修蛇於洞庭擒封豨於桑林（洞庭南方澤名桑林桑山之林湯禱處）而萬民皆喜置堯以爲天子於是天下廣狹險易遠近始有道里舜之時共工振滔洪水以薄空桑（振動滔蕩也壅防百川滔高堙卑以害天下薄迫也空桑地名）龍門未開呂梁未發江淮

通流四海溟涬民皆上丘陵赴樹木（龍門河之隘在左馮翊夏陽北禹所鑿也呂梁在彭城呂縣石生水中禹決而通之民所由得度也故曰呂梁未發之時水道不通江淮合流四海溟涬無岸畔也）舜乃使禹疏三江五湖闢伊闕導廛澗（絕闕山名禹所闢以通伊水廛澗水名）平通溝陸流注東海鴻水漏九州乾萬民皆寧其性是以稱堯舜以爲聖晚世之時帝有桀紂爲琁室瑤臺象廊玉牀紂爲肉圃酒池燎焚天下之財罷苦萬民之力刳諫者剔孕婦攘天下虐百姓於是湯乃以革車三百乘伐桀於南巢放之夏臺（革車兵車也南巢今廬江巢縣夏臺大臺）武王甲卒三千破紂牧野

殺之於宣室（牧野地名在朝歌城外宣室殷宮名一曰獄也）天下寧定百姓和集是以稱湯武之賢由此觀之有賢聖之名者必遭亂世之患也今至人生亂世之中含德懷道抱無窮之智鉗口寢說遂不言而死者衆矣然天下莫知貴其不言也故道可道非常道名可名非常名著於竹帛鏤於金石可傳於人者其麤也五帝三王殊事而同指異路而同歸晚世學者不知道之所一體德之所總要（總凡要約也）取成之迹相與危坐而說之鼓歌而舞之故博學多聞而不免於惑詩云不敢暴虎不

敢馮河人知其一莫知其他此之謂也帝者體太一體法也王者法陰陽霸者則四時君者用六律秉太一者牢籠天地彈壓山川含吐陰陽伸曳四時伸曳猶押引和調之也紀綱八極經緯六合覆露照導普汜無私普太汜聚也蠉飛蠕動莫不仰德而生陰陽者承天地之和形萬殊之體含氣化物以成埒類埒形也嬴縮卷舒淪於不測嬴長縮短卷屈舒散淪入也終始虛滿轉於無原轉於無窮之原四時者春生夏長秋收冬藏取予有節出入有時開闔張歙不失其敘喜怒剛柔不離其理六律者生之與

殺也賞之與罰也予之與奪也非此無道也故謹於權衡準繩審乎輕重足以治其境內矣是故體太一者明於天地之情通於道德之倫聰明燿於日月精神通於萬物動靜調於陰陽喜怒和於四時德澤施于方外名聲傳於後世法陰陽者德與天地參明與日月並精與鬼神總戴圓履方抱表懷繩圓天方地表正繩直也內能治身外能得人能得人之歡心發號施令天下莫不從風則四時者柔而不脆剛而不鞼鞼折也寬而不肆肆緩也肅而不悖肅急也優柔委從以養羣類物類也其德

含愚而容不肖無所私愛用六律者伐亂禁暴進賢而退不肖扶撥以為正壞險以為平矯枉以為直明於禁舍開閉之道乘時因勢以服役人心也帝者體陰陽則侵王者法四時則削霸者節六律則辱君者失準繩則廢故小而行大則滔窕而不親滔窕不滿密不親不為下所親附也大而行小則陿隘而不容貴賤不失其體而天下治矣不失體大行大小行小也天愛其精地愛其平人愛其情天之精日月星辰雷電風雨也地之平水火金木土也人之情思慮聰明喜怒也故閉四關止五遁則

與道淪四關耳目心口遁逸也是故神明藏於無形精神反於至真則目明而不以視耳聰而不以聽心條達而不以思慮委而弗為和而弗矜冥性命之情而智故不得雜焉精泄於目則其視明在於耳則其聽聰留於口則其言當集於心則其慮通故閉四關則身無患百節莫苑苑病也莫死莫生莫虛莫盈是謂真人凡亂之所由生者皆在流遁流遁之所生者五流放也大構駕興宮室構連也駕材木相乘駕也延樓棧道雞棲井幹延樓高樓也棧道飛閣復道相通雞棲井幹復屋焚井刻花置其中也棧音湛榦音貫檦株欂櫨檦林柱類

構栟也櫨柱上柎卯梁上短柱也以相支持木巧之飾盤紆刻儼紆居
曲貌刻儼淨首虎頭之屬嬴鏤雕琢詭文回波詭文奇異之文也回波若水波也
淌游瀷減菱杼紾抱淌游瀷減皆文畫擬象水勢之貌菱芰杼采實紾戾也抱轉也
皆非禾相銜持貌也淌音敞瀷音敕減音郁紾音珍抱音繞芒繁亂澤巧為紛挐
音以相擁錯此遁於木也鑿汙池之深肆畛崖之遠
挐肆極也來谿谷之流飾曲岸之際積牒與疊同旋石以純
修碕飾治也牒累純緣也以玉石致之水邊為修以牒累流水邊為修修碕修碕曲中水沂崇處也
抑減怒瀨以揚激波抑止減怒水也瀨急流也抑止之故激揚之波起也曲拂
邅迴以像渦浯拂戾也邅迴轉流也渦浯二國多木故法而像之也渦音愚浯音吾益

樹蓮菱以食鱉魚鴻鵠鸕鶿稻粱饒餘龍舟鷁首浮
吹以娛此遁於水也龍舟刻為龍文鷁大鳥也畫其象著船頭吹籟與竽以為樂故
曰浮吹以娛高築城郭設樹險阻崇臺榭之隆設施榭正也為險阻
令難攻易守也侈苑囿之大以窮要妙之望有牆曰苑無牆曰囿魏闕
之高上際青雲大廈增加擬於崑崙門闕高崇嵬嵬然故曰魏闕際
接也修為牆垣甬道相連甬道飛閣複道也殘高增下積土為
山殘墮增益也接徑歷遠直道夷險道之屈者正直之夷平也終日馳
騖而無蹟蹈之患此遁於土也大鐘鼎美重器華蟲
流鏤以相繆紾繆紾相纏結也寢兕伏虎蟠龍連組蟠龍詰屈相連

文錯如纖紀焜昱錯眩照燿煇煌錯雜眩惑也照燿煇煌焜光澤色貌焜音混昱
音玉偃蹇寥糾曲成文章雕琢之飾鍛錫文鏡乍晦乍
明抑微滅瑕霜文沈居若簟籧篨鍛理之美没滅其瑕文鏡如霜皆没
身中故曰沈居簟竹蓆籧篨葦蓆取其邪文次敘細鏡美眩人目漆音漆鍛音段纚綢經冗
似數而疏綢文相句連纚如綺經冗如綿似數如疏此遁於金也煎熬焚
炙調齊和之適以窮荊吳甘酸之變荊吳二國善酸鹹之和
林而獵燒燎大木鼓橐吹埵以銷銅鐵鼓擊也橐冶鑪排橐也埵
銅橐口鐵筒入火中吹火者埵音朶靡流堅鍛無厭足日山無峻幹林
無柘梓燎木以為炭燔草而為灰野莽白素不得其

時上掩天光下殄地財此遁於火也殄音典盡也此五者
一足以亡天下矣是故古者明堂之制下之潤溼弗
能及上之霧露弗能入四方之風弗能襲明堂上圓下方堂四
出各有左右房謂之个凡十二所王者月居其房告朔朝歷頒宜其令謂之明堂土事不文
木工不斲不雕畫也金器不鏤不錯鏤文飾也衣無隅差之制隅角
也差邪也古者質皆全幅無衣裳無有邪角削殺也冠無觚嬴之理觚嬴之理謂若馬口
纚相連干也無者冠文取平直而已堂大足以周旋理文堂明堂所以序降揖讓
靜潔足以享上帝禮鬼神以示民知儉節夫聲色五
味遠國珍怪瓌異奇物足以變心易志搖蕩精神感

動血氣者不可勝計也夫天地之生財也本不過五（不過五行之數）聖人節五行則治不荒凡人之性心和欲得則樂樂斯動動斯蹈蹈斯蕩蕩斯歌歌斯舞舞節則禽獸跳矣人之性心有憂喪則悲悲則哀哀斯憤憤斯怒怒斯動動則手足不靜（靜寧也）人之性有侵犯則怒怒則血充（人怒盛氣血充盈）血充則氣激氣激則發怒發怒則有所釋憾矣故鍾鼓管簫干鍼羽旄（鍼音七）所以飾喜也衰絰苴杖（苴麻之有實者）哭踊有節所以飾哀也兵革羽旄金鼓斧鉞所以飾怒也必有其質乃爲之

文古者聖人在上政教平仁愛洽上下同心君臣輯睦衣食有餘家給人足父慈子孝兄良弟順生者不怨死者不恨天下和洽人得其願夫人相樂無所發貺故聖人爲之作樂以和節之末世之政田漁重稅關市急征澤梁畢禁網罟無所布耒耜無所設民力竭於徭役財用殫於會賦（會計人口數責其稅斂也）居者無食行者無糧老者不養死者不葬贅妻鬻子以給上求猶弗能贍愚夫惷婦皆有流連之心悽愴之志（流連猶離散失其職業也）乃使始爲之撞大鐘擊鳴鼓吹竽笙彈琴瑟失

樂之本矣古者上求薄而民用給君施其德臣盡其忠父行其慈子竭其孝各致其愛而無憾恨其間夫三年之喪非强而致之聽樂不樂食旨不甘思慕之心未能絕也晚世風流俗敗嗜慾多禮義廢君臣相欺父子相疑怨尤充胸思心盡亡（盡喪其思孝思慕之心）被衰戴絰戲笑其中雖致之三年失喪之本也古者天子一畿諸侯一同（方千里爲畿方百里爲同）各守其分不得相侵有不行王道者暴虐萬民爭地侵壤亂政犯禁召之不至令之不行禁之不止誨之不變乃舉兵而伐之戮

其君易其黨封其墓類其社卜其子孫以代之（卜擇其子孫之賢者）晚世務廣地侵壤并兼無已舉不義之兵伐無罪之國殺不辜之民絕先聖之後大國出攻小國城守驅人之牛馬傒人之子女（傒音雞因繫也）毀人之宗廟遷人之重寶血流千里暴骸滿野以贍貪主之欲非兵之所爲生也故兵者所以討暴非所以爲暴也樂者所以致和非所以爲淫也喪者所以盡哀非所以爲僞也故事親有道矣而愛爲務朝廷有容矣而敬爲上處喪有禮矣而哀爲主用兵有術矣而義爲本本

立而道行本傷而道廢

卷八終

淮南鴻烈解卷九

主術訓 主君也術道也人君國統御臣下之道也舉

人主之術處無爲之事而行不言之教清靜而不動一度而不搖因循而任下責成而不勞是故心知規而師傅論導口能言而行人稱辭足能行而相者先導耳能聽而執正進諫是故慮無失策謀無過事言爲文章行爲儀表於天下進退應時動靜循理不爲醜美好憎不爲賞罰喜怒名各自名類各自類事猶自然莫出於己故古之王者冕而前旒所以蔽明也

黈纊塞耳所以掩聰天子外屏所以自障故所理者遠則所在者邇所治者大則所守者少夫目妄視則淫耳妄聽則惑口妄言則亂夫三關者不可不慎守也若欲規之乃是離之若欲飾之乃是賊之天氣爲魂地氣爲魄反之元房各處其宅守而勿失上通太一太一之精通於天道天道元默無容無則大不可極深不可測尚與人化知不能得天道至大非人智慮所能得也昔者神農之治天下也神不馳於胷中神安靜不躁動也智不出於四域懷其仁誠之心甘雨時降五穀蕃植春生

夏長秋收冬藏月省時考歲終獻功以時嘗穀嘗新穀為之明堂嘗之也祀于明堂明堂之制有蓋而無四方風雨不能襲寒暑不能傷遷延而入之養民以公遷延循俏佯也其民樸重端慤不忿爭而財足不勞形而功成因天地之資而與之和同是故威厲而不殺刑錯而不用法省而不煩故其化如神其地南至交阯北至幽都東至暘谷西至三危莫不聽從當此之時法寬刑緩囹圄空虛而天下一俗莫懷姦心末世之政則不然上好取而無量下貪狼而無讓民貧苦而忿爭事力勞

而無功智詐萌興盜賊滋彰上下相怨號令不行執政有司不務反道矯拂其本而事修其末削薄其德曾累其刑而欲以為治無以異於執彈而來鳥揮梲而狎犬也揮音筦亂乃逾甚夫水濁則魚噞魚短氣出口於水喘息之論也噞音奄政苛則民亂故夫養虎豹犀象者為之圈檻供其嗜欲適其饑飽違其怒恚然而不能終其天年者形有所劫也是以上多故則下多詐上多事則下多態上煩擾則下不定上多求則下交爭不直之於本而事之於末譬猶揚堁而弭塵抱薪以救火也

堁塵也弭止也堁音課故聖人事省而易治求寡而易贍不施而仁不言而信不求而得不為而成塊然保真抱德推誠天下從之如響之應聲景之像形其所修者本也刑罰不足以移風殺戮不足以禁姦唯神化為貴至精為神夫疾呼不過聞百步志之所在踰于千里冬日之陽夏日之陰萬物歸之而莫使之然故至精之像弗招而自來不麾而自往窈窈冥冥不知為之者誰而功自成智者弗能誦辯者弗能形昔孫叔敖恬臥而郢人無所害其鋒郢楚國都也市南宜遼弄丸而

兩家之難無所關其辭宜遼姓名熊勇士居楚市南白公勝欲殺子西其臣石乞曰市南熊宜遼得之可以當五百人乃往告其故不從舉之以劍不動而弄丸不輟心志不懼日不能從子為亂亦不泄子之事謂兩家雖有難不怨宜遼也鞅鞈鐵鎧瞋目扼掔音捥其於以御兵刃縣矣御止也縣遠也券契束帛刑罰斧鉞其於以解難薄矣待目而照見待言而使令其於為治難矣蘧伯玉為相子貢往觀之曰何以治國曰以弗治治之簡子欲伐衛使史黯往覸焉簡子晉卿趙鞅史黯史墨也還報曰蘧伯玉為相未可以加兵固塞險阻何足以致之故皋陶瘖而為大理天下無虐刑有貴于言者

也師曠瞽而爲太宰晉無亂政有貴于見者也故不言之令不視之見此伏犧神農之所以爲師也故民之化也不從其所言而從所行故齊莊公好勇不使鬭爭而國家多難其漸至于崔杼之亂（崔杼齊大夫殺莊公）頃襄好色不使風議而民多昏亂其積至昭奇之難（頃襄楚王昭奇楚大夫也）故至精之所動若春氣之生秋氣之殺也雖馳傳騖置不若此其亟故君人者其猶射者乎於此毫末於彼尋丈矣故愼所以感之也夫榮啓期一彈而孔子三日樂感于和（孔子遊於太山見榮啓期行乎郕之野鹿裘帶索鼓

琴而歌）鄒忌一徽而威王終夕悲感于憂（徽鼓彈也音徽威王齊宣王之父）動諸琴瑟形諸音聲而能使人爲之哀樂縣法設賞而不能移風易俗者其誠心弗施也甯戚商歌車下桓公喟然而寤（甯戚飯牛車下叩角商歌齊桓公悟之用以爲相）夫至精入人深矣故曰樂聽其音則知其俗見其俗則知其化孔子學鼓琴於師襄而諭文王之志見微以知明矣延陵季子聽魯樂而知殷夏之風論近以識遠也作之上古施及千歲而文不滅況於竝世化民乎湯之時七年旱以身禱於桑林之際而四海之雲湊

千里之雨至（湊會也或作蒸）抱質效誠感動天地神諭方外令行禁止豈足爲哉古聖王至精形於內而好憎忘於外出言以副情發號以明旨陳之以禮樂風之以歌謠業貫萬世而不壅橫扃四方而不窮禽獸昆蟲與之陶化又況於執法施令乎故太上神化其次使不得爲非其次賞賢而罰暴衡之於左右無私輕重故可以爲平繩之於內外無私曲直故可以爲正人主之於用法無私好憎故可以爲命夫權輕重不差蟁首（蟁首猶微細也）扶撥枉橈不失鍼鋒直施矯邪不私辟

險姦不能枉讒不能亂德無所立怨無所藏是任術而釋人心者也故爲治者不與焉夫舟浮於水車轉於陸此勢之自然也木擊折轊（音遂）水戾破舟不怨木石而罪巧拙者（罪御者制舟者之巧拙）知故不載焉（言木石無巧詐故不怨也）是故道有智則惑德有心則險心有目則眩兵莫憯於志而莫邪爲下寇莫大於陰陽而枹鼓爲小今夫權衡規矩一定而不易不爲秦楚變節不爲胡越改容常一而不邪方行而不流一日刑之萬世傳之而以無爲爲之故國有亡主而世無廢道人有困窮

而理無不通。由此觀之。無爲者道之宗。故得道之宗。應物無窮。任人之才。難以至治。湯武聖主也。而不能與越人乘舲舟而浮於江湖。舲舟小船危險越人習水故能乘之舲音禮伊尹賢相也。而不能與胡人騎騵馬而服騊駼。黃馬白腹曰騵騊駼野馬也胡人所習騵音元騊音陶駼音余孔墨博通。而不能與山居者入榛薄險阻也。由此觀之。則人知之於物也淺矣。而欲以徧照海內。存萬方。不因道之數。而專己之能。則其窮不達矣。故智不足以治天下也。桀之力制觡伸鉤。索鐵歙金。椎移大犧。水殺黿鼉。陸捕熊羆。觡角索絞

淮南 〈卷九〉 六

也音格然湯革車三百乘。困之鳴條。擒之焦門。焦或由作巢由此觀之。勇力不足以持天下矣。智不足以爲治。勇不足以爲強。則人材不足任明也。而君人者不下廟堂之上。而知四海之外者。因物以識物。因人以知人也。故積力之所舉。則無不勝也。衆智之所爲。則無不成也。埳井之無黿鼉。隘也。埳音坎園中之無修木。小也。夫舉重鼎者。力少而不能勝也。及至其移徙之。不待其多力者。故千人之羣無絕梁。萬人之聚無廢功。夫華騮綠耳。一日而至千里。然其使之搏兔。不如豺狼伎

能殊也。鴟夜撮蚤蚊。察分秋毫。晝日顛越。不能見邱山。形性詭也。鴟鵂也夫螣蛇游霧而動。應龍乘雲而舉。猨得木而捷。魚得水而騖。騖疾也故古之爲車也。漆者不畫。鑿者不斲。工無二伎。士不兼官。各守其職。不得相姦。姦亂也人得其宜。物得其安。是以器械不苦而職事不嫚。嫚音慢夫責少者易償。職寡者易守。任輕者易權。權謀也上操約省之分。下效易爲之功。是以君臣彌久而不相厭。君人之道。其猶零星之尸也。尸祭尸也儼然玄默。而吉祥受福。尸不言語故曰玄默是故得道者不爲醜飾。不

淮南 〈卷九〉 七

爲僞善。一人被之而不褒。褒大也萬人蒙之而不褊。蒙冒褊小也是故重爲惠。若重爲暴。則治道通矣。通猶順也爲惠者。尚布施也。無功而厚賞。無勞而高爵。則守職者懈於官。而游居者亟於進矣。爲暴者妄誅也。無罪者而死亡。行直而被刑。則修身者不勸善。而爲邪者輕犯上矣。故爲惠者生姦。而爲暴者生亂。姦亂之俗。亡國之風。是故明主之治。國有誅者而主無怒焉。用法而行故不怒朝有賞者而君無與焉。因功而行故不與誅者不怨君。罪之所當也。賞者不德上。功之所致也。民知誅賞之來

皆在於身也故務功修業不受贛於君（贛音貢）是故朝
廷蕪而無迹田野辟而無草故太上下知有之（言太上之世下知之人皆能有此制）今夫橋直植立而不動俛仰取制焉（橋桔皐上衡也植柱權衡者行之俛仰取制於柱也）人主靜漠而不躁百官得修
焉譬如軍之持麾者妄指則亂矣慧不足以大寧智
不足以安危與其譽堯而毁桀也不如掩聰明而反
修其道也清靜無爲則天與之時廉儉守節則地生
之財處愚稱德則聖人爲之謀是故下者萬物歸之
虛者天下遺之（遺與也）夫人主之聽治也清明而不闇

虛心而弱志是故羣臣輻湊並進無愚智賢不肖莫
不盡其能於是乃始陳其禮建以爲基是乘衆勢以
爲車御衆智以爲馬雖幽野險塗則無由惑矣人主
深居隱處以避燥溼閨門重襲以避姦賊內不知閭
里之情外不知山澤之形帷幕之外目不能見十里
之前耳不能聞百步之外天下之物無不通者其灌
輸之者大而斟酌之者衆也是故不出戶而知天下
不窺牖而知天道乘衆人之智則天下之不足有也
專用其心則獨身不能保也是故人主覆之以德不

行其智而因萬人之所利夫舉踵天下而得所利故
百姓載之上弗重也錯之前弗害也舉之而弗高也
推之而弗厭主道員者運轉而無端化育如神虛無
因循常後而不先也臣道員者運轉而無方論是而
處當爲事先倡守職分明以立成功也是故君臣異
道則治同道則亂各得其宜處其當則上下有以相
使也夫人主之聽治也虛心而弱志清明而不闇是
故羣臣輻湊並進無愚智賢不肖莫不盡其能者則
君得所以制臣臣得所以事君治國之道明矣文王

智而好問故聖武王勇而好問故勝（勝殷也）夫乘衆人
之智則無不任也用衆人之力則無不勝也千鈞之
重烏獲不能舉也衆人相一則百人有餘力矣是故
任一人之力者則烏獲不足恃乘衆人之制者則天
下不足有也禹決江疏河以爲天下興利而不能使
水西流稷辟土墾草以爲百姓力農然不能使禾冬
生豈其人事不至哉其勢不可也夫推而不可爲之
勢而不修道理之數雖神聖人不能以成其功而況
當世之主乎夫載重而馬羸雖造父不能以致遠車

輕馬良雖中工可使追速是故聖人舉事也豈能拂道理之數詭自然之性以曲爲直以屈爲伸哉未嘗不因其資而用之也是以積力之所舉無不勝也而衆智之所爲無不成也聾者可令嗺筋（嗺音嗺 筋音斤）而不可使有聞也瘖者可使守圉而不可使言也形有所不周而能有所不容也是故有一形者處一位有一能者服一事力勝其任則舉之者不重也能稱其事則爲之者不難也毋小大修短各得其宜則天下一齊無以相過也聖人兼而用之故無棄才人主貴正

而尚忠忠正在上位執正營事則讒佞姦邪無由進矣譬猶方員之不相蓋而曲直之不相入夫鳥獸之不可同羣者其類異也虎鹿之不同遊者力不敵也是故聖人得志而在上位讒佞姦邪而欲犯主者譬猶雀之見鸇而鼠之遇狸也亦必無餘命矣是故人主之一舉也不可不慎也所任者得其人則國家治上下和羣臣親百姓附所任非其人則國家危上下乖羣臣怨百姓亂故一舉而不當終身傷得失之道權要在主是故繩正於上木直於下非有事焉所緣

以修者然也故人主誠正則直士任事而姦人伏匿矣人主不正則邪人得志忠者隱蔽矣夫人之所以莫抓（抓音嘲）玉石而抓瓜瓠者何也無得於玉石弗犯也（玉石堅抓之不入）使人主執正持平如從繩準高下則羣臣以邪來者猶以卵投石以火投水故靈王好細腰而民有殺食自飢也（殺食者食也）越王好勇而民皆處危爭死由此觀之權勢之柄其以移風易俗矣堯爲匹夫不能仁化一里桀在上位令行禁止由此觀之賢不足以爲治而勢可以易俗明矣書曰一人有慶萬民

賴之此之謂也天下多眩於名聲而寡察其實是故處人以譽尊（處人隱居也以名譽見尊也）而游者以辯顯（游行之人以辯辭自顯達）察其所尊顯無他故焉人主不明分數利害之地而賢衆口之辯也治國則不然言事者必究於法而爲行者必治於官上操其名以責其實臣守其業以效其功言不得過其實行不得踰其法羣臣輻湊莫敢專君事不在法律中而可以便國佐治必參五行之陰考以觀其歸並用周聽以察其化不偏一曲不黨一事是以中立而徧運照海內羣臣公正莫敢

爲邪百官述職務致其公迹也主精明於上官勸力於下姦邪滅迹庶功日進是以勇者盡於軍亂國則不然有衆咸譽者無功而賞守職者無罪而誅主上闇而不明羣臣黨而不忠說談者游於辯修行者競於往主上出令則非之以與法令所禁則犯之以邪（與黨與也以黨與非謗上令邪姦也）爲智者務於巧詐爲勇者務於鬬爭大臣專權下吏持勢朋黨周比以弄其上國雖若存古之人曰亡矣且夫不治官職而被甲兵不隨南畝而有賢聖之聲者非所以都於國也騏驥騄駬天

下之疾馬也驅之不前引之不止雖愚者不加體焉今治亂之機轍迹可見也而世主莫之能察此治道之所以塞權勢者人主之車輿爵祿者人臣之轡銜也是故人主處權勢之要而持爵祿之柄審緩急之度而適取予之節是以天下盡力而不倦夫臣主之相與也非有父子之厚骨肉之親也而竭力殊死不辭其軀者何也勢有使之然也昔者豫讓中行文子之臣（文子晉大夫荀寅也）智伯伐中行氏并吞其地豫讓背其主而臣智伯智伯與趙襄子戰於晉陽之下身死爲

戮國分爲三豫讓欲報趙襄子漆身爲厲吞炭變音擿齒易貌夫以一人之心而事兩主或背而去或欲身狥之豈其趨捨厚薄之勢異哉人之恩澤使之然也紂兼天下朝諸侯人迹所及舟檝所通莫不賓服然而武王甲卒三千人擒之於牧野豈周民死節而殷民背叛哉其主之德義厚而號令行也夫疾風而波興木茂而鳥集相生之氣也是故臣不得其所欲於君者君亦不能得其所求於臣也君臣之施者相報之勢也是故臣盡力死節以與君君計功垂爵以

與臣是故君不能賞無功之臣臣亦不能死無德之君君德不下流於民而欲用之如鞭蹏馬矣是猶不待雨而求熟稼必不可之數也君人之道處靜以修身儉約以率下靜則下不擾矣儉則民不怨矣下擾則政亂民怨則德薄政亂則賢者不爲謀德薄則勇者不爲死是故人主好鷙鳥猛獸珍怪奇物狡躁康荒不愛民力馳騁田獵出入不時如此則百官務亂事勦財匱（勦勞也）萬民愁苦生業不修矣人主好高臺深池雕琢刻鏤黼黻文章絺綌綺繡寶玩珠玉（葛精曰絺

葛曰絺五采具曰繡則賦斂無度而萬民力竭矣堯之有天下也非貪萬民之富而安人主之位也以爲百姓力征强凌弱衆暴寡於是堯乃身服節儉之行而明相愛之仁以和輯之是故茅茨不剪采椽不斷大路不畫大路土路不畫不文飾也越席不緣結蒲爲席也大羹不和不致五味粢食不毇毇音毁細也巡狩行教勤勞天下周流五嶽豈其奉養不足樂哉舉天下而以爲社稷非有利焉年衰志憫舉天下而傳之舜猶却行而脫蹝也衰世則不然一日而有天下之富處人主之勢則竭百姓之力以

奉耳目之欲志專在于宮室臺榭陂池苑囿猛獸熊羆玩好珍怪是故貧民糟糠不接於口而虎狼熊羆猒芻豢百姓短褐不完而宮室衣繡人主急兹無用之功百姓黎民顦顇於天下是故使天下不安其性人主之居也如日月之明也天下之所同側目而視側耳而聽延頸舉踵而望也是故非澹薄無以明德非寧靜無以致遠非寬大無以兼覆非慈厚無以懷衆非平正無以制斷是故賢主之用人也猶巧工之制木也制裁也大者以爲舟航柱梁小者以爲楫楔修

者以爲櫚榱櫚屋垂榱椽也榱音欸櫚音閭短者以爲朱儒枅櫨朱儒梁上戴蹲跪人也無小大修短各得其所宜規矩方圓各有所施天下之物莫凶於雞毒雞毒烏頭也然而良醫橐而藏之有所用也是故林莽之材猶無可棄者而況人乎今夫朝廷之所不舉鄉曲之所不譽非其人不肖也其所以官之者非其職也鹿之上山獐不能跂也及其下牧竪能追之才有所修短也是故有大略者不可責以捷巧有小智者不可任以大功人有其才物有其形有任一而太重或任百而尚輕是故審毫

釐之計者必遺天下之大數不失小物之選者惑於大數之舉譬猶貍之不可使搏牛虎之不可使搏鼠也今人之才或欲平九州并方外存危國繼絶世志在直道正邪決煩理挐而乃責之以閨閤之禮奥窔之間窔音要或佞巧小具諂進愉說隨鄉曲之俗卑下衆人之耳目而乃任之以天下之權治亂之機是猶以斧劗毛以刀抵木也劗剪也音攢皆失其宜矣人主者以天下之目視以天下之耳聽以天下之智慮以天下之力爭是故號令能下究而臣情得上聞百官修

同羣臣輻輳。羣臣歸君若輻之輳轂喜不以賞賜。怒不以罪誅。是故威厲立而不廢。聰明先而不蔽。法令察而不苛。耳目達而不闇。善否之情日陳於前而無所逆。是故賢者盡其智而不肖者竭其力。德澤兼覆而不偏。羣臣勸務而不怠。近者安其性。遠者懷其德。所以然者何也。得用人之道而不任己之才者也。故假輿馬者足不勞而致千里。假或作駕乘舟檝者不能游而絕江海。夫人主之情莫不欲總海內之智。盡衆人之力。然而羣臣志達效忠者希不困其身。使言之而是。雖在褐

夫芻蕘猶不可棄也。使言之而非也。雖在卿相人君揄策于廟堂之上。未必可用。揄出策謀也音兜是非之所在。不可以貴賤尊卑論也。是明主之聽於羣臣。其計乃可用。不羞其位。不羞其位卑而不用其言可行。而不責其辯。不責其辯美辭闇主則不然。所愛習親近者。雖邪枉不正不能見也。疏遠卑賤者。竭力盡忠不能知也。有言者窮之以辭。有諫者誅之以罪。如此而欲照海內。存萬方。是猶塞耳而聽清濁。掩目而視青黃也。其離聰明則亦遠矣。法者天下之度量。而人主之準繩也。縣法者

法不法也。設賞者賞當賞也。法定之後。中程者賞。缺繩者誅。尊貴者不輕其罰。而卑賤者不重其刑。犯法者雖賢必誅。中度者雖不肖必無罪。是故公道通而私道塞矣。古之置有司也。所以禁民使不得自恣也。其立君也。所以剬有司。剬音端使無專行也。法籍禮義者所以禁君使無擅斷也。人莫得自恣則道勝。道勝而理達矣。故反於無爲。無爲者非謂其凝滯而不動也。以其言莫從己出也。夫寸生於秝。秝生於日。日生於形。形生於景。此度之本也。秝禾穗秝乎倫頭芒也十秝爲一分十分爲一

寸十寸爲二尺十尺爲一丈秝音栗樂生於音。音生於律。律生於風。此聲之宗也。法生於義。義生於衆適。衆適合於人心。此治之要也。故通於本者不亂於末。覩於要者不惑於詳。法者非天墮。非地生。發於人間。而反以自正。是故有諸己不非諸人。無諸己不求諸人。所立於下者。不廢於上。所立法禁亦自修之不廢所禁於民者。不行於身。所謂亡國非無君也。無法也。變法者非無法也。有法者而不用。與無法等。是故人主之立法。先自爲檢式儀表。故令行於天下。孔子曰。其身正。不令而行。其身不正。雖

令不從故禁勝於身則令行於民矣（禁勝於身不敢自犯也）聖主之治也其猶造父之御齊輯之于轡銜之際而急緩之于脣吻之和正度于胷臆之中而執節于掌握之間（節策也）內得於心中外合於馬志是故能進退履繩而旋曲中規取道致遠而氣力有餘誠得其術也是故權勢者人主之車輿也大臣者人主之駟馬也體離車輿之安而手失駟馬之心而能不危者古今未有也是故輿馬不調王良不足以取道君臣不和唐虞不能以為治也執術而御之則管晏之智盡矣

明分以示之則蹠蹻之姦止矣（盜蹠孔子時人蹻作莊楚威王之將軍能大為盜也）夫據除而窺井底雖達視猶不能見其睛（睛目瞳子）借明於鑑以照之則寸分可得而察也是故明主耳目不勞精神不竭物至而觀其象事來而應其化近者不亂遠者治也是故不用適然之數而行必然之道故萬舉之無遺策矣今夫御者馬體調于車御心和于馬則歷險致遠進退周游莫不如志雖有騏驥騄駬之良臧獲御之則馬反自恣而人弗能制矣（臧獲古之不能御者）故治者不貴其自是而貴其不得為非也

故曰勿使可欲毋曰弗求勿使可奪毋曰不爭如此則人材釋而公道行矣美者正於度而不足者逮於用故海內可一也夫釋職事而聽非譽棄功勞而用朋黨則奇材佻長而干次守官者雍遏而不進如此則民俗亂於國而功臣爭於朝（奇材佻長之人干越其次功勞之臣反不顯烈故爭於朝）故法律度量者人主之所以執下釋之而不用是猶無轡銜而馳也羣臣百姓反弄其上是故有術則制人無術則制於人吞舟之魚蕩而失水則制於螻蟻離其居也猨狖失木而擒於狐狸非其處也

君人者釋所守而與臣下爭則有司以無為持位守職者以從君取容是以人臣藏智而弗用反以事轉任其上矣夫貴富者之於勞也達事者之於察也驕恣者之於恭也勢不及君君人者不任能而好自為之則智日困而自負其責也數窮於下則不能伸理行隨於國則不能專制智不足以為治威不足以行誅則無以與天下交也喜怒形於心者欲見於外則守職者離正而阿上有司枉法而從風賞不當功誅不應罪上下離心而君臣相怨也是以執政阿主而

有過則無以責之有罪而不誅則百官煩亂智弗能解也毀譽萌生而明不能照也不正本而反自然則人主逾勞人臣逾逸是猶代庖宰剝牲而爲大匠斲也與馬競走筋絕而弗能及上車執轡則馬死于衡下故伯樂相之王良御之明主乘之無御相之勞而致千里者乘於人資以爲羽翼也是故君人者無爲而有守也有爲而無好也有爲則讒生有好則諛起昔者齊桓公好味而易牙烹其首子而餌之虞君好寶而晉獻以璧馬釣之胡王好音而秦穆公以女樂

誘之是皆以利見制於人也故善建者不拔夫火熱而水滅之金剛而火銷之木強而斧伐之水流而土遏之唯造化者物莫能勝也故中欲不出謂之扃外邪不入謂之塞中扃外閉何事之不節外閉中扃何事之不成弗用而後能用之弗爲而後能爲之精神勞則越耳目淫則竭故有道之主滅想去意清虛以待不伐之言不奪之事循名責實使有司任而弗詔責而弗教以不知爲道以奈何爲寶如此則百官之事各有所守也攝權勢之柄其於化民易矣衛君役子路權重也衛君出公輒景桓公臣管晏位尊也怯服勇而愚制智其所託勢者勝也故枝不得大於榦末不得強於本則輕重大小有以相制也若五指之屬於臂搏援攫捷莫不如志言以小屬於大也是故得勢之利者所持甚小其存甚大所守甚約所制甚廣是故十圍之木持千鈞之屋五寸之鍵制開闔之門豈其材之巨小足哉所居要也孔邱墨翟修先聖之術通六藝之論口道其言身行其志慕義從風而爲之服役者不過數千人使居天子之位則天下徧爲儒

墨矣楚莊王傷文無畏之死於宋也奮袂而起衣冠相連於道遂成軍宋城之下權柄重也莊王使無畏聘於齊不假道於宋宋殺之莊王聞之怒故投袂而起楚文王好服獬冠楚國效之獬冠如今御史冠趙武靈王貝帶鵕鸃而朝趙國化之趙武靈王以大貝飾帶胡服鵕鸃讀曰私鈚二字三音曰郭洛帶係銚鎬也使在匹夫布衣雖冠獬冠帶貝帶鵕鸃而朝則不免爲人笑也夫民之好善樂正不待禁誅而自中法度者萬無一也下必行之令從之者利逆之者凶日陰未移而海內莫不被繩矣故握劍鋒以離北宮子司馬蒯蕢不使應敵北宮

（子北宮勁也司馬蒯蕢善擊劒）操其觚，招其末，則庸人能以制勝。（觚劒）（拊招衆也）今使烏獲藉蕃從後牽牛尾，尾絶而不從者，逆也。（烏獲藉蕃皆多力人）若指之桑條以貫其鼻，則五尺童子牽而周四海者，順也。夫七尺之橈而制船之左右者，以水爲資。（橈刺船櫂也資用也）天子發號令行禁止，以衆爲勢也。夫防民之所害，開民之所利，威行也，若發城決塘。（城水城塘隄也皆所以畜水音成）故循流而下易以至，背風而馳易以遠。桓公立政，去食肉之獸、食粟之鳥、係罝之網，三擧而百姓說。紂殺王子比干而骨肉怨，斮朝涉者之脛

（斮音卓）而萬民叛，再擧而天下失矣。故義者非能徧利天下之民也，利一人而天下從風；暴者非盡害海内之衆也，害一人而天下離叛。故桓公三擧而九合諸侯，紂再擧而不得爲匹夫。故擧錯不可不審。人主租斂於民也，必先計歲而收，量民積聚，知饑饉有餘不足之數，然後取車輿衣食供養其欲。高臺層榭，接屋連閣，非不麗也，然民有掘穴狹廬所以託身者，明主弗樂也。肥醲甘脆，非不美也，然民有糟糠菽粟不接於口者，則明主弗甘也。匡牀蒻席，非不寧也。（匡安蒻細也音弱）然民有處邊城、犯危難、澤死暴骸者，明主弗安也。故古之君人者，其慘怛於民也，國有饑者食不重味，民有寒者而冬不被裘，歲登民豐，乃始縣鍾鼓，陳干戚，（登成也）君臣上下同心而樂之，國無哀人。故古之爲金石管絃者，所以宣樂也；兵革斧鉞者，所以飾怒也；觴酌俎豆酬酢之禮，所以效善也；衰絰菅屨辟踊哭泣，所以諭哀也。（諭明也）此皆有充於内而成像於外。及至亂主，取民則不裁其力，（裁度也）求於下則不量其積，男女不得事耕織之業以供上之求，力勤財匱，君臣

相疾也。故民至於焦脣沸肝，有命無儲，（有今日之食無明日之儲也）而乃始撞大鐘，擊鳴鼓，吹竽笙，彈琴瑟，是猶貫甲冑而入宗廟，被羅紈而從軍旅，失樂之所由生矣。夫民之爲生也，一人蹠耒而耕，不過十畝，中田之獲，卒歲之收，不過畝四石，妻子老弱仰而食之，時有涔旱災害之患，（涔久雨水潦也）無以給上之徵賦車馬兵革之費。由此觀之，則人之生憫矣。夫天地之大計，三年耕而餘一年之食，率九年而有三年之畜，十八年而有六年之積，二十七年而有九年之儲，雖涔旱災害之殃，

民莫困窮流亡也。故國無九年之畜謂之不足，無六年之積謂之憫急（憫，憂急病也），無三年之畜謂之窮乏。故有仁君明王，其取下有節，自養有度，則得承受於天地，而不離饑寒之患矣。若貪主暴君，撓於其下，侵漁其民，以適無窮之欲，則百姓無以被天和而履地德矣。食者民之本也，民者國之本也，國者君之本也。是故人君者，上因天時，下盡地財，中用人力，是以羣生遂長，五穀蕃植。教民養育六畜，以時種樹，務修田疇，滋植桑麻，肥墝高下，各因其宜，丘陵阪險不生五穀

者，以樹竹木。春伐枯槁，夏取果蓏（有核曰果，無核曰蓏），秋畜疏食（菜蔬曰疏，穀食曰食），冬伐薪蒸（大曰薪，小曰蒸），以爲民資。是故生無乏用，死無轉尸（轉，棄也）。故先王之法，畋不掩羣（掩，猶盡也），不取麛夭，不涸澤而漁，不焚林而獵，豺未祭獸，罝罦不得布於野，獺未祭魚，網罟不得入於水，鷹隼未摯（隼音筍），羅網不得張於谿谷，草木未落，斤斧不得入山林，昆蟲未蟄，不得以火燒田，孕育不得殺，鷇卵不得探，魚不長尺不得取，彘不期年不得食（皆爲盡物故也）。是故草木之發若蒸氣，禽獸之歸若流泉，飛鳥之歸若煙雲，

有所以致之也。故先王之政，四海之雲至而修封疆（立春後四海出雲），蝦蟆鳴、燕降而達路除道，陰降百泉則修橋梁，昏張中則務種穀，大火中則種黍菽，虛中則種宿麥，昴中則收斂畜積，伐薪木，上告于天，下布之民。先王之所以應時修備，富國利民，實曠來遠者，其道備矣（實，滿；曠，空也）。非能目見而足行之也，欲利之也。欲利之也不忘於心，則官自備矣。心之於九竅四支也，不能一事焉，然而動靜聽視皆以爲主者，不忘於欲利之也。故堯爲善而衆善至矣，桀爲非而衆非來矣。善積

則功成，非積則禍極。凡人之論，心欲小而志欲大，智欲員而行欲方，能欲多而事欲鮮。所以心欲小者，慮患未生，備禍未發，戒過慎微，不敢縱其欲也。志欲大者，兼包萬國，一齊殊俗，并覆百姓，若合一族，是非輻輳而爲之轂。智欲員者，環復轉運，終始無端（若順連環，故曰無端），旁流四達，淵泉而不竭，萬物並興，莫不嚮應也。行欲方者，直立而不撓，素白而不汙，窮不易操，通不肆志。能欲多者，文武具備，動靜中儀，舉動廢置，曲得其宜，無所擊戾，無不畢宜也。事欲鮮者，執柄持術，得要

以應衆執約以治廣處靜持中運於璇樞以一合萬若合符者也故心小者禁於微也志大者無不懷也多所容也智員者無不知也行方者有不爲也非正道不爲能多者無不治也治猶作也事鮮者約所持也約要也古者天子聽朝公卿正諫博士誦詩瞽箴師誦庶人傳語史書其過宰徹其膳猶以爲未足也故堯置敢諫之鼓欲諫者擊鼓舜立誹謗之木書其善否於表木湯有司直之人司直官名武王立戒愼之鞀欲戒君令愼者搖鞀鼓過若毫釐而既已備之也夫聖人之於善也無小而不舉其於過也無

微而不改堯舜禹湯文武皆坦然天下而南面焉當此之時鼛鼓而食鼛鼓王者之樂鼛音羔奏雍而徹已飯而祭竈行不用巫祝言其率德蹈政無求於神鬼神弗敢祟山川弗敢禍可謂至貴矣然而戰戰慄慄日愼一日由此觀之則聖人之心小矣詩云惟此文王小心翼翼昭事上帝聿懷多福其斯之謂歟武王伐紂發鉅橋之粟散鹿臺之錢鉅橋紂倉名一說鉅鹿漕運之橋封比干之墓表商容之閭朝成湯之廟解箕子之囚使各處其宅田其田無故無新惟賢是親用非其有使非其人晏然若故有

之由此觀之則聖人之志大也文王周觀得失偏覽是非堯舜所以昌桀紂所以亡者皆著於明堂著猶圖也於是略智博問以應無方由此觀之則聖人之智員矣成康繼文武之業守明堂之制觀存亡之迹見成敗之變非道不言非義不行言不苟出行不苟爲擇善而後從事焉由此觀之則聖人之行方矣孔子之通智過於萇宏勇服於孟賁足躡郊菟力招城關能亦多矣萇宏周敬王臣知天道孟賁勇士招舉也以一手招城門關端能舉之然而勇力不聞伎巧不知專行教道以成素王事亦鮮矣春

秋二百四十二年亡國五十二弒君三十六采善鉏醜以成王道論亦博矣然而困於匡顏色不變絃歌不輟臨死亡之地犯患難之危據義行理而志不懾分亦明矣犯猶遭也懾猶懼也然爲魯司寇聽獄必爲斷作爲春秋不道鬼神不敢專己夫聖人之智固已多矣其所守者約故舉而必榮愚人之智固已少矣其所事者多故動而必窮矣吳起張儀智不若孔墨而爭萬乘之君此其所以車裂支解也夫以正教化者易而必成以邪巧世者難而必敗凡將設行立趣於天下

拾其易成者而從事難而必敗者愚惑之所致也。凡此六反者不可不察也。徧知萬物而不知人道不可謂智徧愛羣生而不愛人類不可謂仁。仁者愛其類也智者不可惑也。仁者雖在斷割之中其所不忍之色可見也智者雖煩難之事其不闇之效可見也內恕反情心之所欲其不加諸人由近知遠由己知人此仁智之所合而行也。小有教而大有存也小有誅而大有寧也。〔敎之以正故有存責之以義故有寧〕唯惻隱推而行之。此智者之所獨斷也。故仁智錯有時合合者爲正錯者

爲權其義一也。府吏守法君子制義法而無義亦府吏也不足以爲政耕之爲事也勞織之爲事也擾擾勞之事而民不舍者知其可以衣食也人之情不能無衣食衣食之道必始於耕織萬民之所公見也物之若耕織者始初甚勞終必利也衆愚人之所見者寡事可權者多愚之所權者少此愚者之所多患也。物之可備者智者盡備之可權者盡權之此智者所以寡患也故智者先忤而後合〔忤逆也〕愚者始於樂而終於哀今日何爲而榮乎。且日何爲而義乎此易言也今日何爲而義且日何爲而榮。此難知也問瞽師曰白素何如曰縞然。曰黑何若曰黮然。援白黑而示之則不處焉人之視白黑以目言白黑以口瞽師有以言白黑無以知白黑故言白黑與人同其別白黑與人異入孝於親出忠於君無愚智賢不肖皆知其爲義也使陳忠孝行而知所出者鮮矣凡人思慮莫不先以爲可而後行之其是或非此愚智之所以異凡人之性莫貴於仁莫急於智仁以爲質智以行之。兩者爲本而加之以勇力辯慧捷疾劬錄巧敏遲利

聰明審察盡衆益也身材未修伎藝曲備而無仁智以爲表幹而加之以衆美則益其損故不仁而有勇力果敢則狂而操利劍不知而辯慧懷給則棄驥而不式〔不智之人辯慧懷給不知所裁之〕雖有材能其施之不當其處之不宜適足以輔僞飾非伎藝之衆不如其寡也故有野心者不可借便勢有愚質者不可與利器魚得水而游焉則樂塘決水涸則爲螻蟻所食有掌修其隄防補其缺漏則魚得而利之〔掌主也〕國有以存人有以生。國之所以存者仁義是也人之所以生者行善

是也。國無義，雖大必亡；人無善志，雖勇必傷。治國上使不得與焉。使不得與亡傷之危，是上術也。孝於父母，弟於兄嫂，信於朋友，不得上令而可得爲也。釋己之所得爲，而責于其所不得制，悖矣。士處卑隱，欲上達，必先反諸己。上達有道，名譽不起，而不能上達矣。取譽有道，不信於友，不能得譽。信於友有道，事親不說，不信於友。說親有道，修身不誠，不能事親矣。誠身有道，心不專一，不能專誠。道在易而求之難，驗在近而求之遠，故弗得也。

淮南鴻烈解卷十

繆稱訓 繆異之論，稱物假類，同之神明，以知所貴。

道至高無上，至深無下，平乎準，直乎繩，圓乎規，方乎矩，包裹宇宙而無表裏，洞同覆載而無所礙。是故體道者，不哀不樂，不喜不怒，其坐無慮，其寢無夢，物來而名，事來而應。主者，國之心，心治則百節皆安，心擾則百節皆亂。故其心治者，支體相遺也；其國治者，君臣相忘也。黃帝曰：芒芒昧昧，從天之道，與元同氣。故至德者，言同略，事同指，上下一心，無岐道旁見者，遏

障之於邪，開道之於善，而民鄉方矣。故易曰：同人于野，利涉大川。道者，物之所導也；德者，性之所扶也；仁者，積恩之見證也；義者，比於人心而合於衆適者也。故道滅而德用，德衰而仁義生。故上世體道而不德，中世守德而弗壞也，末世繩繩乎唯恐失仁義。君子非仁義無以生，失仁義則失其所以生；小人非嗜欲無以活，失嗜欲則失其所以活。故君子懼失仁義，小人懼失利。觀其所懼，知各殊矣。易曰：卽鹿無虞，惟入于林中，君子幾不如舍，往吝。卽，就也。鹿以諭民。虞，欺也。幾，終也。就民欺之，卽

入林中幾終不如舍之使之不終如其吝也其施厚者其報美其怨大者其禍深薄施而厚望畜怨而無患者古今未之有也是故聖人察其所以往則知其所以來者聖人之道猶中衢而致尊邪尊酒器過者斟酌多少不同各得其所宜是故得一人所以得百人也人以其所願於上以交其下誰弗戴以其所欲於下以事其上誰弗喜詩云媚茲一人應侯慎德慎德大矣一人小矣能善小斯能善大矣君子見過忘罰故能諫見賢忘賤故能讓見不足忘貧故能施情繫於中行形於外凡行

戴情雖過無怨不戴其情雖忠來惡情誠也后稷廣利天下猶不自矜禹無廢功無廢財自視猶觖如也觖不滿也滿如陷陷少也實如虛盡之者也凡人各賞其所說而說其所快世莫不舉賢或以治或以亂非自遁求同乎已者也遁欺也已未必得賢而求與已同者而欲得賢亦不幾矣使堯度舜則可使桀度堯是猶以升量石也今謂狐狸則必不知狐又不知狸非未嘗見狐者必未嘗見狸也狐狸非異同類也而謂狐狸則不知狐狸是故謂不肖者賢則必不知賢謂賢者不

肖則必不知不肖者矣聖人在上則民樂其治在下則民慕其意小人在上位如寢關曝纊寢謂臥關上之不安纊蕭也曝蕭蝡動搖不休死乃止也不得須臾寧故易曰乘馬班如泣血漣如言小人處非其位不可長也物莫無所不用天雄烏喙藥之凶毒也良醫以活人侏儒瞽師人之困慰者也慰可憐也一曰慰極人主以備樂是故聖人制其剟材無所不用矣剟琢殺也音掇勇士一呼三軍皆辟其出之也誠故倡而不和意而不戴意恚聲戴嗟也中心必有不合者也故舜不降席而王天下者求諸已也故上多故則

民多詐矣身曲而景直者未之聞也說之所不至者容貌至焉容貌之所不至者感或至焉感乎心明乎智發而成形精之至也可以形勢接而不可以照誋戎翟之馬皆可以馳驅或近或遠唯造父能盡其力三苗之民皆可使忠信或賢或不肖唯唐虞能齊其美必有不傳者心致之微妙不可傳也中行繆伯手搏虎中行繆伯晉臣也而不能生也力能殺虎而德不能服之蓋力優而克不能及也克猶能也用百人之所能則得百人之力舉千人之所愛則得千人之心辟若伐樹而引其本千枝萬葉則

莫得弗從也。慈父之愛子，非為報也，不可內解於心；聖人之養民，非求用也，性不能已。若火之自熱，冰之自寒，夫有何修焉！及恃其力，賴其功者，若失火舟中。言同心救火也故君子見始，斯知終矣。媒妁譽人，而莫之德也；取庸而強飯之，莫之愛也。雖親父慈母，不加於此，有以為則恩不接矣。故送往者，非所以迎來也；施死者，非專為生也。誠出於己，則所動者遠矣。錦繡登廟，貴文也；登廟入也圭琸在前，尚質也。文不勝質之謂君子。故終年為車，無三寸之鎋，不可以驅馳；匠人斲戶，無一尺之楗，不可以閉藏。故君子行思乎其所結。結要終也心之精者，可以神化，而不可以導人；目之精者，可以消澤，而不可以昭認。認識也不可以教導戒人在混冥之中，不可諭於人。故舜不降席而天下治，桀不下陛而天下亂，蓋情甚乎叫呼也。無諸己，求諸人，古今未之聞也。同言而民信，信在言前也；同令而民化，誠在令外也。聖人在上，民遷而化，情以先之也。動於上，不應於下者，情與令殊也。故易曰："亢龍有悔。"三月嬰兒，未知利害也，而慈母之愛諭焉者，情也。故言之用者，昭昭乎小

淮南　八　卷十　四

哉！不言之用者，曠曠乎大哉！身君子之言，信也；身行君子之言也中君子之意，忠也。忠信形於內，感動應於外。故禹執干戚舞於兩階之間，而三苗服。鷹翔川，魚鱉沉，飛鳥揚，必遠害也。鷹懷欲害之心，故鳥魚遠之子之死父也，臣之死君也，世有行之者矣，非出死以要名也，恩心之藏於中，而不能違其難也。故人之甘甘，人之甘甘猶樂樂，而為之臣之死君，子之死父，非以求蹠蹠也非正為蹠也，而蹠焉往；君子之慘怛，非正為偽形也。諭乎人心，非從外入，自中出者也。義正乎君，仁親乎父。故君之於臣也，能死生之，不能使為苟簡易；君不能使臣為苟且簡易之行父之於子也，能發起之，不能使無憂尋。憂患尋求也。父母不能止子故義勝君，仁勝父，則君尊而臣忠，父慈而子孝。聖人在上，化育如神。太上曰："我其性與！"性自然也其次曰："微彼，其如此乎！"故詩曰："執轡如組。"易曰："含章可貞。"動於近，成文於遠。夫察所夜行，周公慚乎景，故君子慎其獨也。釋近斯遠，塞矣。聞善易，以正身難。夫子見禾之三變也，夫子，孔子也。三變，始於粟，生於苗，成於穗滔滔然曰："狐鄉邱而死，我其首禾乎！"禾穗垂而向根，君子不忘本也故君子見善則痛其身焉。痛其不能身苟正，懷遠易矣。

淮南　八　卷十　五

詖來也故詩曰弗躬弗親庶民弗信小人之從事也曰
苟得君子曰苟義所求者同所期者異乎擊舟水中
魚沉而鳥揚同聞而殊事其情一也僖負羈以壺餐
表其閭釐負羈曹臣重耳出亡過曹負羈遺以壺餐重耳反晉伐曹令兵不入其閭趙宣孟
以束脯免其軀趙宣孟餉以束脯活靈輒後免其難禮不隆而德有
餘隆多也仁心之感恩接而憯怛生憯音慘故其入人深
俱之叫呼也在家老則爲恩厚其在債人則生爭鬬
故曰兵莫憯於意志莫邪爲下寇莫大於陰陽抱鼓
爲小聖人爲善非以求名而名從之名不與利期而

利歸之故人之憂喜非爲躁躁焉往生也言非爲冀幸往生利
意也躁音鹿故至人不容不飾容故若眯而撫眯芥入目也撫捫之從中
發非爲觀容也若跌而據跌仆也聖人之爲治漠然不見賢焉
終而後知其可大也若日之行騏驥不能與之爭遠
今夫夜有求與瞽師併東方開斯照矣動而有益則
損隨之故易曰剝之不可遂盡也故受之以復物剝落而復生
積薄爲厚積卑爲高故君子日孳孳以成輝小人
日怏怏以至辱其消息也離朱弗能見也文王聞善
如不及宿不善如不祥非爲日不足也其憂尋推之

也故詩曰周雖舊邦其命維新懷情抱質天弗能殺
地弗能薶也聲揚天地之間配日月之光甘樂之者
也苟鄉善雖過無怨苟不鄉善雖忠來患過失誤也忠悉心計
謀故怨人不如自怨求諸人不如求諸己得也聲自
召也貌自示也名自命也文自官也無非己者操銳
以刺操刃以擊何怨乎人故筦子文錦也雖醜登廟筦仲相齊明法度齊國刑猶文錦雖惡宜以升廟
子產練染也美而不尊子產相鄭先恩而後法猶練染爲衣溫厚而非宗廟服虛而能滿淡而有味被褐
懷玉者故兩心不可以得一人一心可以得百人男

子樹蘭美而不芳蘭芳草男子樹之不芳繼子得食肥而不澤
繼子有假母情不相與往來也生所假也死所歸也故宏
演直仁而立死宏演衛懿公臣狄人攻衛食懿公其所在宏演剖腹以盛之王子
閭張掖而受刃楚白公欲立王子閭爲王不可劫之以兵子閭不受不以所託
害所歸也故世治則以義衛身世亂則以身衛義死
之日行之終也故君子愼一用之無勇者非先懾也
難至而失其守也貪婪者非先欲也見利而忘其害
也虞公見垂棘之璧而不知虢禍之及己也故至道
之人不可遏奪也不可遏抑脅奪人之欲榮也以爲己也於

彼何益聖人之行義也其憂尋出乎中也於已何以利故帝王者多矣而三王獨稱貧賤者多矣而伯夷獨舉以貴爲聖乎則聖者衆矣以賤爲仁乎則賤者多矣何聖仁之寡也獨專之意樂哉忽乎日滔滔以自新忘老之及已也始乎叔季歸乎伯孟必此積也少必至長不身遁斯亦不遁人遁隱也不能自隱身亦不能隱身於人故若行獨梁不爲無人不兢其容獨梁一木橋也行其上常兢兢恐陷故使人信已者易而蒙衣自信者難情先動動無不得無不得則無窘發窘而後快無窘結發動也窘音君故唐虞之舉

錯也非以借情也快已而天下治桀紂非正賊之也快已而百事廢喜憎議而治亂分矣言下有喜議而國治有憎議而國亂聖人之行無所合無所離譬若鼓無所與調無所不比絲竹金石小大修短有敘異聲而和君臣上下官職有差殊事而調夫織者日以進織前者進耕者日以却耕者却行事相反成功一也申喜聞乞人之歌而悲出而視之其母也申喜亡其母母乞食於道艾陵之戰也夫差曰夷聲陽句吳其庶乎夫差與齊戰於艾陵夷謂吳陽告也句吳夷語不正言吳加以句也庶幾也同是聲而取信焉異有諸情也故心哀而歌不

樂心樂而哭不哀夫子曰絃則是也其聲非也閔子騫三年之喪畢援琴而彈其絃是也其聲切切而哀文者所以接物也情繫於中而欲發外者也以文滅情則失情以情滅文則失文文情理通則鳳麟極矣言至德之懷遠也輸子陽謂其子曰良工漸乎矩鑿之中漸習也矩鑿之中固無物而不周聖王以治民造父以治馬醫駱以治病醫駱越醫同材而各自取焉上意而民載誠中者也上有意未言民皆載而行之志誠發中之於大未言而信弗召而至或先之也忮於不已知者不自知也忮急也音[illegible]矜怚生於不足怚驕也不足知不足

也華誣生於矜誠中之人樂而不伋如鴞好聲忠信之人自樂盾之非伋伋也如鴞自喜爲聲耳熊之好經經動導引夫有誰爲矜各任自性非矜也春女思秋士悲春女感陽則思秋士見陰而悲而知物化矣號而哭嘰而哀而知聲動矣容貌顏色理詘伿倨佝伿音弋佝音婁知情僞矣故聖人栗栗乎其內而至乎至極矣功名遂成天也循理受順人也太公望周公旦天非爲武王造之也崇侯惡來天非爲紂生之也有其世有其人也教本乎君子小人被其澤利本乎小人君子享其功昔東戶季子之世東戶季子古之人君道路不拾

遺隶稀餘糧宿諸晦首使君子小人各得其宜也故一人有慶兆民賴之凡高者貴其左（天道左旋）故下之於上曰左之臣辭也下者貴其右故上之於下曰右之君讓也故上左遷則失其所尊也臣右遷則失其所貴矣小快害道斯須害儀（斯須暫也）子產騰辭（騰傳也子產作刑書）獄繁而無邪（獄雖益多而下無邪也）失諸情者則塞於辭矣成國之道工無偽事農無遺力士無隱行官無失法譬若設網者引其綱而萬目開矣舜禹不再受命堯舜傳大焉先形乎小也（先見微小以知大）刑於寡妻至于兄弟

禪於家國而天下從風故戎兵以大知小人以小知大君子之道近而不可以至卑而不可以登無載焉而不勝大而章遠而隆知此之道不可求於人斯得諸己也釋己而求諸人去之遠矣君子者樂有餘而名不足小人樂不足而名有餘觀於有餘不足之相去昭然遠矣含而弗吐在情而不萌者未之聞也（懷其情必萌見）君子思義而不慮利小人貪利而不顧義子曰鈞之哭也（子孔子也）曰子予奈何兮乘我何其哀則同其所以哀則異故哀樂之襲人情也深矣鑿地漂池（人或有鑿穿或有填也言用心異也）非以勞苦民也各從其蹠而亂生焉其載情一也施人則異矣故唐虞日孳孳以致於王桀紂日快快以致於死不知後世之譏已也凡人情說其所苦即樂失其所樂則哀故知生之樂必知死之哀有義者不可欺以利有勇者不可劫以懼如饑渴者不可欺以虛器也人多欲虧義（欲則貪貪損義）多憂害智（憂閉塞故害智）多懼害勇嫚生乎小人（嫚侮也）蠻夷皆能之（嫚蠻夷之行）善生乎君子誘然與日月爭光天下弗能過奪故治國樂其所以存亡國亦樂其所以亡也金

錫不消釋則不流刑（流消流入型範）上憂尋不誠則不法民憂尋不在民則是絕民之繫也（繫維也）君反本而民繫固也至德小節備大節舉齊桓舉而不密（齊桓有大節小節疏也）晉文密而不舉（晉文有小節大節廢也）晉文得之乎閨內失之乎境外（閨內修而境外亂）齊桓失之乎閨內而得之本朝（閨內亂而朝廷治）水下流而廣大君下臣而聰明君不與臣爭功而治道通矣管夷吾百里奚經而成之（經營也）齊桓秦穆受而聽之（聽用二臣之謀）照惑者以東為西惑也見日而寤矣衛武侯謂其臣曰小子無謂我老而羸我

羸劣也有過必謫之是武侯如弗羸之必得羸故老而弗舍通乎存亡之論者也人無能作也有能爲也有能爲也而無能成也人之爲天成之終身爲善非天不行終身爲不善非天不亡故善否我也禍福非我也故君子順其在己者而已矣性者所受於天也命者所遭於時也有其材不遇其世天也太公何力比干何罪循性而行止或害或利求之有道得之在命故君子能爲善而不能必其得福不忍爲非而未能必免其禍君根本也臣枝葉也根本不美枝葉茂者

未之聞也有道之世以人與國以人與國使得其用無道之世以國與人堯王天下而憂不解授舜而憂釋憂而守之而樂與賢終不私其利矣凡萬物有所施之無小不可爲爲猶用也無所用之碧瑜糞土也瑜玉也人之情於害之中爭取小焉於利之中爭取大焉故同味而嗜厚膊者厚膊厚切肉也膊音博必其甘之者也同師而超羣者必其樂之者也弗甘弗樂而能爲表者未之聞也表見也君子時則進得之以義何幸之有不時則退讓之以義何不幸之有故伯夷餓死首陽之下猶不自悔

棄其所賤得其所貴也福之萌也緜緜禍之生也分分禍福之始萌微故民嫚之唯聖人見其始而知其終故傳曰魯酒薄而邯鄲圍魯與楚俱朝楚獻酒於楚魯酒薄而趙酒厚楚之主酒吏求酒於趙不與楚吏怒以趙所獻酒於楚王易魯薄酒楚王以爲趙酒薄而圍邯鄲羊羹不斟而宋國危宋將華元與鄭戰殺羊食士不及其御及戰御馳馬入鄭軍華元以獲明主之賞罰非以爲己也以爲國也適於己而無功於國者不施賞焉逆於己便於國者不加罰焉故楚莊謂共雍曰有德者受吾爵祿有功者受吾田宅是二者女無一焉吾無以與女可謂不踰於理乎其

謝之也猶未之莫與周政至殷政善夏政行共雍楚臣謝盡也行政善善未必至也至至之人不慕乎行不慙乎善含德履道而上下相樂也不知其所由然有國者多矣而齊桓晉文獨名泰山之上有七十壇焉封泰山七十二君而三王獨道君不求諸臣臣不假之君修近彌遠而後世稱其大不越鄰而成章而莫能至焉故孝己之禮可爲也而莫能奪之名也必不得其所懷也孝己殷高宗之子放逐而不失禮人不能與孝己爭名者不得孝己之所懷也義載乎宜之謂君子宜遺乎義之謂小人通智得而不勞通智達道之人

其次勞而不病其下病而不勞古人味而弗貪也嘗其味而已不貪戀也今人貪而弗味歌之修其音也長其音也音之不足於其美者也金石絲竹助而奏之猶未足以至於極也人能尊道行義喜怒取予欲如草之從風召公以桑蠶耕種之時弛獄出拘召公周太保使百姓皆得反業修職文王辭千里之地而請去炮烙之刑故聖人之舉事也進退不失時若夏就絺綌上車授綏之謂也老子學商容見舌而知守柔矣商容神人也商容吐舌示老子老子知舌柔齒剛列子學壺子觀景柱而知持後矣形可亡而影不

可傷故聖人不爲物先而常制之其類若積薪樵後者在上人以義愛以黨羣以羣強是故德之所施者博則威之所行者遠義之所加者淺則武之制者小矣鐸以聲自毀膏燭以明自鑠虎豹之文來射猨狖之捷來措措剌也故子路以勇死萇弘以智困以術輔周周人殺之能以智知而未能以智不知也故行險者不得履繩出林者不得直道夜行瞑目而前其手事有所至而明有所害人能貫冥冥入於昭昭可與言至矣鵲巢知風之所起歲多風則鵲作巢卑獺穴知水之高下水之所反則傾避而

爲穴暉目知晏暉目鴆鳥也晏無雲也天將晏靜暉目先鳴陰諧知雨天將陰雨則鳴爲是謂人智不如鳥獸則不然故通於一伎察於一辭可與曲說未可與廣應也甯戚擊牛角而歌桓公舉以大政雍門子以哭見孟嘗君涕流沾纓歌哭衆人之所能爲也一發聲入人耳感人心情之至者也故唐虞之法可效也其諭人心不可及也簡公以懦殺簡公齊君柔懦田成子殺之子陽以猛劫子陽鄭相尚剛而劫死皆不得其道者也故歌而不比於律者其清濁一也不與律合者尚其清濁偏于一繩之外與繩之內皆失直者也紂爲象箸

而箕子嘰嘰唬也魯以偶人葬而孔子歎見所始則知所終故水出於山入於海稼生乎野而藏乎倉聖人見其所生則知其所歸矣水濁者魚噞令苛者民亂城峭者必崩岸崝者必陀崝音振峭也陀音跎落也故商鞅立法而支解商鞅爲秦孝公立治法百姓怨之以罪支解吳起刻削而車裂吳起相楚設貴臣相坐之法卒車裂之治國譬若張瑟大絃組則組音縆急也小絃絶矣故急轡數策者非千里之御也有聲之聲不過百里無聲之聲施於四海是故祿過其功者損名過其實者蔽情行合而名副之禍福不虛至矣身

有醜聲不勝正行國有妖祥不勝善政是故前有軒
冕之賞不可以無功取也後有斧鉞之禁不可以無
罪蒙也素修正者弗離道也君子不謂小善不足爲
也而舍之小善積而爲大善不謂小不善爲無傷也
而爲之小不善積而爲大不善是故積羽沉舟羣輕
折軸故君子禁於微壹快不足以成善積快而爲德
壹恨不足以成非積恨而成怨故三代之稱千歲之
積譽也桀紂之謗千歲之積毀也天有四時人有四
用何謂四用視而形之莫明於目聽而精之莫聰於

耳重而閉之莫固於口含而藏之莫深於心目見其
形耳聽其聲口言其誠而心致之精則萬物之化咸
有極矣地以德廣君以德尊上也地以義廣君以義
尊次也地以強廣君以強尊下也故粹者王駁者霸
無一焉者亡昔二皇鳳凰至於庭三代至乎門周室
至乎澤德彌麤所至彌遠德彌精所至彌近君子誠
仁施亦仁不施亦仁小人誠不仁施亦不仁不施亦
不仁善之由我與其由人若仁德之盛者也故情勝
欲者昌欲勝情者亡欲知天道察其數 數謂行度之數也 欲

知地道物其樹 五土之宜各有所宜種 欲知人道從其欲 從其所欲而親之
勿驚勿駭萬物將自理勿撓勿攖萬物將自清
察一曲者不可與言化 一曲一事也 審一時者不可與言
大日不知夜月不知晝日月爲明而弗能兼也唯天
地能函之能包天地曰唯無形者也驕溢之君無忠
臣口慧之人無必信交拱之木無把之枝 拱抱也把搤也 尋
常之溝無吞舟之魚根淺則末短本傷則枝枯福生
於無爲患生於多欲害生於弗備穢生於弗耨 耨除去也
聖人爲善若恐不及備禍若恐不免蒙塵而欲毋眯

涉水而欲無濡不可得也是故知己者不怨人知命
者不怨天福由己發禍由己生聖人不求譽不辟誹
正身直行衆邪自息今釋正而追曲倍是而從衆是
與俗儷走而內行無繩 儷並也繩準也 故聖人反己而弗由
也道之有篇章形埒者 形埒兆朕也 非至者也嘗之而無
味視之而無形不可傳於人大戟去水亭歷愈脹 大戟亭歷二藥名
用之不節乃反爲病物多類之而非 似之而非也
唯聖人知其微善御者不忘其馬善射者不忘其弩
善爲人上者不忘其下誠能愛而利之天下可從也

弗愛弗利親子叛父天子有至貴而非勢位也有至富而非金玉也有至壽而非千歲也原心反性則貴矣適情知足則富矣明死生之分則壽矣言無常是行無常宜者小人也察於一事通於一伎者中人也兼覆蓋而并有之度伎能而裁使之者聖人也

卷十終

淮南鴻烈解卷十一

齊俗訓

（齊一也四宇之風世之衆理皆混其俗令為一道也）

率性而行謂之道得其天性謂之德性失然後貴仁道失然後貴義是故仁義立而道德遷矣禮義飾則純樸散矣是非形則百姓眩矣珠玉尊則天下爭矣凡此四者衰世之造也末世之用也夫禮者所以別尊卑異貴賤義者所以合君臣父子兄弟夫妻朋友之際也今世之為禮者恭敬而忮（忮害也音寘）為義者布施而德君臣以相非骨肉以生怨則失禮義之本也

故搆而多責（謂以權相交權盡而交疏也）夫水積則生相食之魚土積則生自穴之獸禮義飾則生偽匿之本夫吹灰而欲無眯涉水而欲無濡不可得也古者民童蒙不知東西貌不羨乎情而言不溢乎行其衣致煖而無文其兵戈銖而無刃（楚人謂刃頓為銖）其歌樂而無轉其哭哀而無聲鑿井而飲耕田而食無所施其美亦不求得親戚不相毀譽朋友不相怨德及至禮義之生貨財之貴而詐偽萌興非譽相紛怨德並行於是乃有曾參孝己之美而生盜跖莊蹻之邪故有大路龍旂

羽蓋垂綏（大路天子車交龍爲旂）結駟連騎則必有穿窬拊楗抽箕踰備之姦（抽㨨備後垣也）有詭文繁繡弱緆羅紈（弱緆細布羅縠紈素也緆音錯）必有菅屩跐踦短褐不完者（菅茅也）故高下之相傾也短修之相形也亦明矣夫蝦蟇爲鶉水蠆爲蟌蒽（青蛉也音予務）皆生非其類唯聖人知其化夫胡人見䴪（䴪麻子音蜚）不知其可以爲布也越人見毳不知其可以爲旃也故不通於物者難與言化昔太公望周公旦受封而相見太公望問周公曰何以治魯周公曰尊尊親親太公曰魯從此弱矣周公問太公曰何以治

齊太公曰舉賢而上功周公曰後世必有劫殺之君其後齊日以大至於霸二十四世而田氏代之魯日以削至三十二世而亡故易曰履霜堅冰至聖人之見終始微言故糟邱生乎象櫡炮烙生乎熱升子路撜溺而受牛謝（撜拯同舉也升出溺人主謝以牛也）孔子曰魯國必好救人於患子贛贖人而不受金於府（魯國之法贖人於他國者受金於府）孔子曰魯國不復贖人矣子路受而勸德子贛讓而止善孔子之明以小知大以近知遠通於論者也由此觀之廉有所在而不可公行也故行齊於

俗可隨也事周於能易爲也矜僞以惑世伉行以違眾聖人不以爲民俗廣廈闊屋連闥通房人之所安也鳥入之而憂高山險阻深林叢薄虎豹之所樂也人入之而畏川谷通原積水重泉黿鼉之所便也人入之而死咸池承雲（皆黃帝樂）九部（舜樂）六英（帝顓頊樂）人之所樂也鳥獸聞之而驚深谿峭岸峻木尋枝猨狖之所樂也人上之而慄形殊性詭所以爲樂者乃所以爲哀所以爲安者乃所以爲危也乃至天地之所覆載日月之所照認（音告）使各便其性安其居處其宜爲其

能故愚者有所修智者有所不足柱不可以摘齒筳（筳小簪也摘音的）不可以持屋馬不可以服重牛不可以追速鉛（音沿）不可以爲刀銅不可以爲弩鐵不可以爲舟木不可以爲釜各用之於其所適施之於其所宜即萬物一齊而無由相過夫明鏡便於照形其於以函食不如簞犧牛粹毛宜於廟牲其於以致雨不若黑蜧（黑蜧神蛇潛於神淵能興雲雨蜧音戾）由此觀之物無貴賤因其所貴而貴之物無不貴也因其所賤而賤之物無不賤也夫玉璞不厭厚角䚤不厭薄（角䚤刀劍羽間之漆覆角也䚤音齊）

不厭黑粉不厭白此四者相反也所急則均其用一
也今之裘與蓑孰急見雨則裘不用升堂則蓑不御
此代爲常者也譬若舟車楯肆窮廬故有所宜也（沙地宜肆泥地宜楯草野宜窮廬）故老子曰不上賢者言不致魚於水
沉鳥於淵故堯之治天下也舜爲司徒契爲司馬禹
爲司空后稷爲大田師奚仲爲工其導萬民也水處
者漁山處者木谷處者牧陸處者農地宜其事事宜
其械械宜其用用宜其人澤皐織網陵阪耕田得以
所有易所無以所工易所拙是故離叛者寡而聽從

者衆譬若播棊丸於地員者走澤方者處高各從其
所安夫有何上下焉若風之遇簫（簫籟也）忽然感之各
以清濁應矣夫猨狖得茂木不舍而穴狟狢得埵防
弗去而緣（狟狟豚埵水埒防隄也狟音垣埵音朶）物莫避其所利而就
其所害是故隣國相望雞狗之音相聞而足迹不接
諸侯之境車軌不結千里之外者皆各得其所安故
亂國若盛治國若虛亡國若不足存國若有餘虛者
非無人也皆守其職也盛者非多人也皆徼於末也
有餘者非多財也欲節事寡也不足者非無貨也民

躁而費多也故先王之法籍非所作也其所因也其
禁誅非所爲也其所守也凡以物治物者不以物以
睦治睦者不以睦以人治人者不以人以君治君者
不以君以欲治欲者不以欲以性治性者不以性以
德治德者不以德以道原人之性蕪穢而不得清明
者物或堁之也（堁塵）羌氐僰翟嬰兒生皆同聲（羌東戎氐南夷僰西夷翟北胡也）及其長也雖重象狄騠（象狄騠譯也象傳狄騠之語也）不
能通其言教俗殊也今三月嬰兒生而徙國則不能
知其故俗由此觀之衣服禮俗者非人之性也所受

於外也夫竹之性浮殘以爲牒束而投之水則沉失
其體也金之性沉託之於舟上則浮勢有所支也夫
素之質白染之以涅則黑縑之性黃染之以丹則赤
人之性無邪久湛於俗則易易而忘本合於若性（若性合於他性白若本性也）故日月欲明浮雲蓋之河水欲清沙石
濊之人性欲平嗜欲害之唯聖人能遺物而反己夫
乘舟而惑者不知東西見斗極則寤矣夫性亦人之
斗極也有以自見也則不失物之情無以自見則動
而惑營營若隴西之游愈躁愈沉孔子謂顏回曰吾

服汝也忘而汝服於我也亦忘雖然汝雖忘乎吾猶有不忘者存孔子知其本也夫縱欲而失性動未嘗正也以治身則危以治國則亂以入軍則破是故不聞道者無以反性故古之聖王能得諸己故令行禁止名傳後世德施四海是故凡將舉事必先平意清神神清意平物乃可正若璽之抑埴（璽印　埴泥也）正與之正（印正而封亦正）傾與之傾故堯之舉舜也決之於目桓公之取甯戚也斷之於耳而已矣為是釋術數而任耳目其亂必甚矣夫耳目之可以斷也反情性也聽失

於誹譽而目淫於采色而欲得事正則難矣夫載哀者聞歌聲而泣載樂者見哭者而笑哀可樂者笑可哀者載使然也是故貴虛（載猶作感）故水擊則波興氣亂則智昏智昏不可以為政波水不可以為平故聖王執一而勿失萬物之情既矣四夷九州服矣夫一者至貴無適於天下聖人託於無適故民命繫矣為仁者必以哀樂論之為義者必以取予明之目所見不過十里而欲遍照海內之民哀樂弗能給也無天下之委財而欲遍贍萬民利不能足也且喜怒哀樂有

感而自然者也故哭之發於口涕之出於目此皆憤於中而形於外者也譬若水之下流烟之上尋也夫有孰推之者故強哭者雖病不哀強親者雖笑不和情發於中而聲應於外故釐負羈之壺餐愈於晉獻公之垂棘趙宣孟之束脯賢於智伯之大鐘（智伯以大鐘滅仇由）故禮豐不足以效愛而誠心可以懷遠故公西華之養親也若與朋友處曾參之養親也若事嚴主烈君其養一也故胡人彈骨越人齧臂中國歃血也所由各異其於信一也三苗髽首羌人括領中國冠笄

越人劗鬋其於服一也（髽音撾以枲束髮　括結笄簪鬋鬄也）帝顓頊之法婦人不辟男子於路者拂之於四達之衢（拂放也）今之國都男女切踦（踦足也）肩摩於道故於俗一也故四夷之禮不同皆尊其主而愛其親敬其兄獫狁之俗相反（獫狁北胡）皆慈其子而嚴其上夫鳥飛成行獸處成群有孰教之故魯國服儒者之禮行孔子之術地削名卑不能親近來遠越王句踐劗髮文身無皮弁搢笏之服拘罷拒折之容（拘罷圜也　拒折方也）然而勝夫差於五湖南面而霸天下泗上十二諸侯皆率九夷以朝胡

貉匈奴之國，縱體拖髮（拖縱也），箕倨反言，而國不亡者，未必無禮也。楚莊王裾衣博袍（裾，裒也；衣裾也），令行乎天下，遂霸諸侯。晉文君大布之衣（大布，粗布），牂羊之裘（牂音臧），韋以帶劍，威立於海內，豈必鄒魯之禮之謂禮乎？是故入其國者從其俗，入其家者避其諱，不犯禁而入，不忤逆而進，雖之夷狄徙倮之國，結軌乎遠方之外，而無所困矣。禮者，實之文也；仁者，恩之效也。故禮因人情而為之節文，而仁發怦以見容（怦，色也）。禮不過實，仁不溢恩也，治世之道也。夫三年之喪，是強人所不反也，而以偽輔情也。三月之服，是絕哀而迫切之性也。夫儒墨不原人情之終始，而務以行相反之制，五縗之服（五縗謂三年、朞年、九月、五月、三月服）。悲哀抱於情，葬薶稱於養，不強人之所不能為，不絕人之所能已，度量不失於適，誹譽無所由生。古者非不知繁升降槃還之禮也，蹀采齊肆夏之容也（采齊、肆夏，皆樂名），以為曠日煩民而無所用，故制禮足以佐實喻意而已矣。古者非不能陳鐘鼓，盛筦簫，揚干戚，奮羽旄，以為費財亂政，制樂足以合歡宣意而已，喜不羨於音。非不能竭國麋民，虛府

殫財，含珠鱗施，綸組節束，追送死也，以為窮民絕業而無益於槁骨腐肉也，故葬薶足以收斂蓋藏而已。昔舜葬蒼梧，市不變其肆；禹葬會稽之山，農不易其畝。明乎生死之分，通乎侈儉之適者也。亂國則不然，言與行相悖，情與貌相反，禮飾以煩，樂優以淫，崇死以害生，久喪以招行，是以風俗濁於世，而誹譽萌於朝。是故聖人廢而不用也。義者，循理而行宜也；禮者，體情制文者也。義者，宜也；禮者，體也。昔有扈氏為義而亡（有扈氏，堯舜舉賢，禹傳與子，故伐啓，啓亡之），知義而不知宜也；魯治禮而削，知禮而不知體也。有虞氏之祀，其社用土，祀中霤，葬成畝，其樂咸池、承雲、九韶（舜兼用黃帝樂），其服尚黃。夏后氏其社用松，祀戶，葬牆置翣（翣，棺衣飾也），其樂夏籥九成、六佾、六列、六英（九成，變也；六列，六六為行列也；六英，禹兼用顓頊之樂），其服尚青。殷人之禮，其社用石，祀門，葬樹松，其樂大濩晨露（湯所作樂），其服尚白。周人之禮，其社用栗，祀竈，葬樹柏，其樂大武三象棘下，其服尚赤。禮樂相詭，服制相反，然而皆不失親疏之恩，上下之倫。今握一君之法籍，以非傳代之俗，譬由膠柱而調瑟也。故明王制禮

義而爲衣分節行而爲帶衣足以覆形從典墳虛循撓便身體適行步不務於奇麗之容隅眥之削帶足以結紐收衽束牢連固不亟於爲文句疏短之鞶故制禮義行至德而不拘於儒墨所謂明者非謂其見彼也自見而已所謂聰者非謂聞彼也自聞而已所謂達者非謂知彼也自知而已是故身者道之所托身得則道得矣道之得也以視則明以聽則聰以言則公以行則從故聖人裁制物也猶工匠之斲削鑿枘也宰庖之切割分別也曲得其宜而不折傷拙工

則不然大則塞而不入小則窕而不周動於心枝於手而愈醜夫聖人之斲削物也剖之判之離之散之已淫已失復揆以一旣出其根復歸其門已雕已琢還反於樸合而爲道德離而爲儀表其轉入元冥其散應無形禮義節行又何以窮至治之本哉世之明事者多離道德之本曰禮義足以治天下此未可與言術也所謂禮義者五帝三王之法籍風俗一世之迹也譬若芻狗土龍之始成（芻狗束芻爲狗以謝過求福土龍以請雨）文以青黃絹以綺繡纏以朱絲尸祝袀袨（袀純服袨墨齋衣也）大

夫端冕（端冕冠也）以送迎之及其已用之後則壤土草薊而已（芻音出）夫有孰貴之故當舜之時有苗不服於是舜修政偃兵執干戚而舞之時天下大雨禹令民聚土積薪擇丘陵而處之武王伐紂載尸而行（尸文王之木主也）海內未定故不爲三年之喪始禹遭洪水之患陂塘之事故朝死而暮葬此皆聖人之所以應時耦變見形而施宜者也今之修干戚而笑钁插（钁斫屬）知三年非一日是從牛非馬以徵笑羽也以此應化無以異於彈一弦而會棘下（棘下樂名一絃曾之不可成也）夫以一世之

變欲以耦化應時譬猶冬被葛而夏被裘夫一儀不可以百發（儀弩招頭也射百發遠近不可皆以一儀也）一衣不可以出歲儀必應乎高下衣必適乎寒暑是故世異則事變時移則俗易故聖人論世而立法隨時而舉事尚古之王封於泰山禪於梁父七十餘聖法度不同非務相反也時世異也是故不法其已成之法而法其所以爲法所以爲法者與化推移者也夫能與化推移爲人者至貴在焉爾故狐梁之歌可隨也其所以歌者不可爲也聖人之法可觀也其所以作法不可原也

辯士言可聽也其所以言不可形也淳均之劍不可愛也而歐冶之巧可貴也今夫王喬赤松子吹嘔呼吸吐故內新遺形去智抱素反眞以遊元眇上通雲天今欲學其道不得其養氣處神而放其一吐一吸時詘時伸其不能乘雲升假亦明矣五帝三王輕天下細萬物齊死生同變化抱大聖之心以鏡萬物之情上與神明爲友下與造化爲人今欲學其道不得其清明元聖而守其法籍憲令不能爲治亦明矣故曰得十利劍不若得歐冶之巧得百走馬不若得伯

樂之數樸至大者無形狀道至眇者無度量故天之圓也不得規地之方也不得矩往古來今謂之宙四方上下謂之宇道在其間而莫知其所故其見不遠者不可與語大其智不閎者不可與論至昔者馮夷得道以潛大川馮夷河伯也鉗且得道以處崑崙扁鵲以治病造父以御馬羿以之射倕以之斲倕堯時巧工所爲者各異而所道者一也夫稟道以通物者無以相非也譬若同陂而溉田其受水均也今屠牛而烹其肉或以爲酸或以爲甘煎熬燎炙齊味萬方其本一牛

之體伐楩柟豫樟而剖梨之剖判梨分也或爲棺槨或爲柱梁披斷撥檖披解也撥析理也檖順也音遂所用萬方然一木之樸也故百家之言指奏相反其合道一體也譬若絲竹金石之會樂同也其曲家異而不失於體伯樂韓風秦牙管青皆古善相馬者所相各異其知馬一也故三皇五帝法籍殊方其得民心均也故湯入夏而用其法武王入殷而行其禮桀紂之所以亡而湯武之所以爲治故剞劂銷鋸剞音几劂音厥銷音削陳非良工不能以制木鑪橐埵坊鑪橐埵皆治具坊土形也設非巧冶不能以治金屠

牛吐一朝解九牛而刀以剃毛屠牛吐齊之大屠庖丁用刀十九年而刀如新剖硎庖丁齊屠伯新剖始製也硎磨刀石何則游乎衆虛之間若夫規矩鉤繩者此巧之具也而非所以巧也故瑟無絃雖師文不能以成曲師文樂師徒絃則不能悲故絃悲之具也而非所以爲悲也若夫工匠之爲連鐖運開陰閉眩錯連鐖發也運開相通也陰閉獨閉也眩錯而相錯也入於冥冥之眇神調之極游乎心手衆虛之間而莫與物爲際者父不能以教子瞽師之放意相物寫神愈舞而形乎絃者兄不能以喻弟今夫爲平者準也

爲直者繩也若夫不在於繩準之中可以平直者此不共之術也故叩宮而宮應彈角而角動此同音之相應也其於五音無所比而二十五絃皆應此不傳之道也故蕭條者形之君（蕭條深靜也）而寂寞者音之主也天下是非無所定世各是其所是而非其所非所謂是與非各異皆自是而非人由此觀之事有合於已者而未始有是也有忤於心者而未始有非也故求是者非求道理也求合於己者也去非者非批邪施也去忤於心者也忤於我未必不合於人也合於

我未必不非於俗也至是之是無非至非之非無是此眞是非也若夫是於此而非於彼非於此而是於彼者此之謂一是一非也此一是非隅曲也夫一是非宇宙也今吾欲擇是而居之擇非而去之不知世之所謂是非者不知孰是孰非老子曰治大國若烹小鮮爲寬裕者曰勿數撓爲刻削者曰致其鹹酸而已矣晉平公出言而不當師曠襲琴而撞之跌衽宮壁（跌衽至平公衣衽中宮壁）左右欲塗之（欲塗師曠所敗壁也）平公曰舍之以此爲寡人失孔子聞之曰平公非不痛其體也欲

來諫者也韓子聞之曰羣臣失禮而弗誅是縱過也有以也夫平公之不霸也故賓有見人於宓子者（宓子子賤）賓出宓子曰子之賓獨有三過望我而笑是攓也（攓慢也音騫）談語而不稱師是返也交淺而言深是亂也賓曰望君而笑是公也談語而不稱師是通也交淺而言深是忠也故賓之容一體也或以爲君子或以爲小人所自視之異也故趣舍合卽言忠而益親身疏卽謀當而見疑親母爲其子治扢（音益）禿而血流至耳見者以爲其愛之至也使在於繼母則過者以爲

嫉也事之情一也所從觀者異也從城上視牛如羊視羊如豕所居高也闚面於盤水則員於杯則隨面形不變其故有所員有所隨者所自闚之異也今吾雖欲正身而待物庸遽知世之所自闚我者乎若轉化而與世競走譬猶逃雨也無之而不濡常欲在於虛則有不能爲虛矣（爲者失之執者敗之）若夫不爲虛而自虛者（性自然也）此所慕而不能致也故通於道者如車軸不運於己而與轂致千里轉無窮之原也不通於道者若迷惑告以東西南北所居聆聆（聆聆意此解也）一曲而辟

（辟邪辭也）然忽不得復迷惑也故終身隸於人辟若俔之
見風也（俔音遣候風者也世所謂五兩）無須臾之間定矣故聖人體
道反性不化以待化則幾於免矣（免免世難也）治世之體
易守也其事易為也其禮易行也其責易償也是以
人不兼官官不兼事士農工商鄉別州異是故農與
農言力士與士言行工與工言巧商與商言數是以
士無遺行農無廢功工無苦事商無折貨各安其性
不得相干故伊尹之興土功也修脛者使之跖钁（長脛以蹋插者使入深钁音矍）
強脊者使之負土（脊強者任負重）眇者使之準

（目不止因令睎）傴者使之塗（傴人塗地因其俛也）各有所宜而人性齊
矣胡人便於馬越人便於舟異形殊類易事而悖失
處而賤得勢而貴聖人總而用之其數一也夫先知
遠見達視千里人才之隆也而治世不以責於民博
聞強志口辯辭給人智之美也而人主不以求於下
敖世輕物不汙於俗士之伉行也而治世不以為民
化神機陰閉剞劂無迹人巧之妙也而治世不以為
民業故萇弘師曠先知禍福言無遺策而不可與眾
同職也公孫龍折辯抗辭別同異離堅白（公孫龍趙人好分折）

（詭異之言）不可與眾同道也北人無擇非舜而自投清泠
之淵（北人無擇古隱士非舜非其德衰）不可以為世儀魯般墨子以
木為鳶而飛之三日不集而不可使為工也故高不
可及者不可以為人量行不可逮者不可以為國俗
夫挈輕重不失銖兩聖人弗用而縣之乎銓衡視高
下不差尺寸明主弗任而求之乎浣準（浣準水望之平）何則
人才不可專用而度量可世傳也故國治可與愚守
也而軍制可與權用也夫待騕褭飛兔而駕之則世
莫乘車（騕褭良馬飛兔其子皆一日萬里）待西施毛嬙而為配則終

身不家矣（皆古好女）然非待古之英俊而人自足者因所
有而並用之夫騏驥千里一日而通駑馬十舍旬亦
至之（旬十日）由是觀之人材不足專恃而道術可公行
也亂世之法高為量而罪不及重為任而罰不勝危
為禁而誅不敢民困於三責則飾智而詐上犯邪而
干免故雖峭法嚴刑不能禁其姦何者力不足也故
諺曰鳥窮則噣（音啄）獸窮則𧣾（音觸）人窮則詐此之謂也
道德之論譬猶日月也江南河北不能易其指馳騖
千里不能易其處趨舍禮俗猶室宅之居也東家謂

之西家西家謂之東家雖皐陶爲之理不能定其處故趨舍同誹譽在俗意行鈞窮達在時湯武之累行積善可及也其遭桀紂之世天授也今有湯武之意而無桀紂之時而欲成霸王之業亦不幾矣昔武王執戈秉鉞以伐紂勝殷搢笏杖殳以臨朝武王既沒殷民叛之周公踐東宮履乘石（人君升車有乘石也）攝天子之位負扆而朝諸侯放蔡叔誅管叔克殷殘商祀文王于明堂七年而致政成王夫武王先武而後文非意變也以應時也周公放兄誅弟非不仁也以匡亂也

故事周於世則功成務合於時則名立昔齊桓公合諸侯以乘車退誅於國以斧鉞晉文公合諸侯以革車退行於國以禮義桓公前柔而後剛文公前剛而後柔然而令行乎天下權制諸侯鈞者審於勢之變也顏闔魯君欲相之（顏闔魯隱士）而不肯使人以幣先焉鑿培而遁之（培屋後牆也）爲天下顯武使遇商鞅申不害刑及三族又況身乎世多稱古之人而高其行並世有與同者而弗知貴也非才下也時弗宜也故六騏驥駟駃騠（駃騠北翟之良馬也）以濟江河不若窾木便者（窾空也）

處世然也是故立功之人簡於行而謹於時今世俗之人以功成爲賢以勝患爲智以遭難爲愚以死節爲戇（戇音壯）吾以爲各致其所極而已王子比干非不知箕子被髮佯狂以免其身也然而樂直行盡忠以死節故不爲也伯夷叔齊非不能受祿任官以致其功也然而樂離世伉行以絕衆故不務也許由善卷非不能撫天下寧海內以德民也然而羞以物滑和故弗受也豫讓要離（豫讓智伯臣要離吳王闔閭臣）非不知樂家室安妻子以偷生也然而樂推誠行必以死主故不留也

今從箕子視比干則愚矣從比干視箕子則卑矣從管晏視伯夷則戇矣從伯夷視管晏則貪矣趨舍相非嗜欲相反而各樂其務將誰使正之曾子曰擊舟水中鳥聞之而高翔魚聞之而淵藏故所趨各異而皆得所便故惠子從車百乘以過孟諸（惠子名施仕爲梁相視車百乘志尚未足孟諸宋澤）莊子見之弃其餘魚（莊子隱而不視見惠施之不足故弃餘魚）鵜胡飲水數斗而不足（鵜胡汙澤鳥）鱓鮪入口若露而死（鱓鮪魚名音善委）智伯有三晉而欲不贍林類榮啓期衣若縣衰而意不慊（林類榮啓期皆隱士慊恨也）由此觀之則趨行

各異何以相非也夫重生者不以利害已立節者見難不苟免貪祿者見利不顧身而好名者非義不苟得此相爲論譬猶冰炭鉤繩也何時而合若以聖人爲之中則兼覆而并之未有可是非者也夫飛鳥主巢狐貍主穴巢者巢成而得棲焉穴者穴成而得宿焉趍舍行義亦人之所棲宿也各樂其所安致其所蹠謂之成人（蹠至也）故以道論者總而齊之治國之道上無苛令官無煩治士無僞行工無淫巧其事經而不擾其器完而不飾亂世則不然爲行者相揭以高（揭擧）

爲禮者相矜以僞車輿極於雕琢器用逐於刻鏤求貨者爭難得以爲寶詆文者處煩撓以爲慧爭爲佹辯久積而不決無益於治工爲奇器歷歲而後成不周於用故神農之法曰丈夫丁壯而不耕天下有受其饑者婦人當年而不織天下有受其寒者故身自耕妻親織以爲天下先其導民也不貴難得之貨不器無用之物是故其耕不強者無以養生其織不強者無以揜形有餘不足各歸其身衣食饒溢姦邪不生安樂無事而天下均平故孔丘曾參無所施其善孟賁成荊無所行其威（成荊古勇士）衰世之俗以其知巧詐僞飾衆無用貴遠方之貨珍難得之財不積於養生之具澆天下之淳（澆薄淳厚也）析天下之樸牿服馬牛以爲牢滑亂萬民以清爲濁性命飛揚皆亂以營貞信漫瀾人失其情性於是乃有翡翠犀象黼黻文章以亂其目芻豢黍粱荊吳芬馨以嚂其口（嚂貪求也嚂音藍）鍾鼓管簫絲竹金石以淫其耳趍舍行義禮節謗議以營其心於是百姓糜沸豪亂暮行逐利煩挐澆淺（淺薄既薄向澆也）法與義相非行與利相反雖十管仲弗能

治也且富人則車輿衣纂錦（纂繒也）馬飾傅旄象帷幕茵席綺繡條組青黃相錯不可爲象貧人則夏被褐帶索哈菽飲水以充腸以支暑熱冬則羊裘解札（解札札裘敗解也）短褐不揜形而煬竈口（煬炙也）故其爲編戶齊民無以異然貧富之相去也猶人君與僕虜不足以論之夫乘奇技僞邪施者自足乎一世之間守正脩理不苟得者不免乎飢寒之患而欲民之去末反本由是發其原而壅其流也夫雕琢刻鏤傷農事者也錦繡纂組害女工者也農士廢女工傷則饑之本而寒

之原也夫饑寒並至能不犯法干誅者古今之未聞也故仁鄙在時不在行利害在命不在智夫敗軍之卒勇武遁逃將不能止也勝軍之陳怯者死行懼不能走也故江河決沉一鄉父子兄弟相遺而走爭升陵阪上高丘輕足先升不能相顧也世樂志平見隣國之人溺尚猶哀之又況親戚乎故身安則恩及隣國志爲之滅身危則忘其親戚而人不能解也游者不能拯溺手足有所急也灼者不能救火身體有所痛也夫民有餘即讓不足則爭讓則禮義生爭則暴

亂起扣門求水莫弗與者所饒足也林中不賣薪湖上不鬻魚所有餘也故物豐則欲省求贍則爭止秦王之時或人菹子利不足也劉氏持政獨夫收孤財有餘也劉氏謂漢故世治則小人守政而利不能誘也世亂則君子爲姦而法弗能禁也

淮南鴻烈解卷十二

道應訓 道之所行物動而應考之禍福以知驗符也

太清問於無窮曰子知道乎無窮曰吾弗知也又問於無爲曰子知道乎無爲曰吾知道子之知道亦有數乎無爲曰吾知道有數曰其數奈何無爲曰吾知道之可以弱可以强可以柔可以剛可以陰可以陽可以窈可以明可以包裹天地可以應待無方此吾所以知道之數也太清又問於無始曰鄉者吾問道於無窮曰吾弗知之又問於無爲無爲曰吾知道曰

子之知道亦有數乎無爲曰吾知道有數曰其數奈何無爲曰吾知道之可以弱可以强可以柔可以剛可以陰可以陽可以窈可以明可以包裹天地可以應待無方吾所以知道之數也若是則無爲知與無窮之弗知孰是孰非無始曰弗知之深而知之淺弗知内而知之外弗知精而知之粗太清仰而歎曰然則不知乃知耶知乃不知耶孰知知之爲弗知弗知之爲知耶無始曰道不可聞聞而非也道不可見見而非也道不可言言而非也孰知形之不形者乎故

老子曰天下皆知善之爲善斯不善也故知者不言言者不知也白公問於孔子曰人可以微言（白公楚太子建子勝也建見殺白公怨而欲復讐故問微言）孔子不應（知白公有陰謀也）白公曰若以石投水中何如曰吳越之善沒者能取之矣曰若以水投水何如孔子曰菑澠之水合易牙嘗而知之（菑澠齊二水名菑音甾澠音敏）白公曰然則人固不可與微言乎孔子曰何謂不可誰知言之謂者乎夫知言之謂者不以言言也爭魚者濡逐獸者趨非樂之也故至言去言至爲無爲夫淺知之所爭者末矣白公不得也

故死於浴室（楚殺白公於浴室之地）故老子曰言有宗事有君夫唯無知是以不吾知也白公之謂也惠子爲惠王爲國法（惠子惠施惠王梁惠王也）已成而示諸先生先生皆善之奏之惠王惠王甚說之以示翟煎翟煎曰善惠王曰善可行乎翟煎曰不可惠王曰善而不可行何也翟煎對曰今夫舉大木者前呼邪許後亦應之（許音虎）此舉重勸力之歌也豈無鄭衛激楚之音哉然而不用者不若此其宜也治國有禮不在文辯故老子曰法令滋彰盜賊多有此之謂也田駢以道術說齊王（田駢齊臣）王應之曰寡人所有齊國也道術難以除患願聞國之政田駢對曰臣之言無政而可以爲政譬之若林木無材而可以爲材願王察其所謂而自取齊國之政焉已雖無除其患害天地之間六合之內可陶冶而變化也齊國之政何足問哉此老聃之所謂無狀之狀無物之象者也若王之所問者齊也田駢所稱者材也材不及林林不及雨（雨然後材乃得生也）雨不及陰陽陰陽不及和和不及道白公勝得荆國不能以府庫分人七日石乙入曰（石乙白公黨）不義得之又不能布施患

必至矣不能予人不若焚之毋令人害我白公弗聽也九日葉公入（葉公自方城之外入殺白公）乃發大府之貨以予衆出高庫之兵以賦民因而攻之十有九日而擒白公夫國非其有也而欲有之可謂至貪也不能爲人又無以自爲可謂至愚矣譬白公之嗇也何以異於梟之愛其子也（梟子長食其母）故老子曰持而盈之不如其已揣而銳之不可長保也趙簡子以襄子爲後董閼于曰無卹賤今以爲後何也（董閼于趙氏臣無卹襄子名簡子之庶子）簡子曰是爲人也能爲社稷忍羞異日知伯與襄子飲

而撻襄子之首大夫請殺之襄子曰先君之立我也曰能為社稷忍羞豈曰能刺人哉處十月知伯圍襄子於晉陽襄子疏隊而擊之大敗知伯破其首以為飲器（飲溺器椑榼也）故老子曰知其雄守其雌其為天下谿

齧缺問道於被衣（齧缺被衣皆堯時賢人）被衣曰正女形壹女視天和將至攝女知正女度神將來舍德將來附若美而道將為女居惷乎若新生之犢而無求其故言未卒齧缺繼以讎夷（讎夷熟視不言貌）被衣行歌而去曰形若槁骸心如死灰直實不知以故自持墨墨恢恢無

心可與謀彼何人哉故老子曰明白四達能無以知乎

趙襄子攻翟而勝之取尤人終人（尤人終人翟二邑）使者來謁之襄子方將食而有憂色左右曰一朝而兩城下此人之所喜也今君有憂色何也襄子曰江河之大也不過三日飄風暴雨日中不須臾今趙氏之德行無所積今一朝兩城下亡其及我乎孔子聞之曰趙氏其昌乎夫憂所以為昌也而喜所以為亡也勝非其難者也賢主以此持勝故其福及後世齊楚吳越皆嘗勝矣然而卒取亡焉不通乎持勝也唯有道之主能持勝孔子勁杓國門之關（古者縣門下從上而杓引之者難也）不肯以力聞墨子為守攻公輸般服而不肯以兵知善持勝者以強為弱故老子曰道沖而用之又弗盈也

惠孟見宋康王蹀足謦欬（音咳蔡）疾言曰寡人所說者勇有功也不說為仁義者也客將何以教寡人惠孟對曰臣有道於此人雖勇刺之不入雖巧有力擊之不中大王獨無意邪宋王曰善此寡人之所欲聞也惠孟曰夫刺之而不入擊之而不中此猶辱也臣有道於此使人雖有勇弗敢刺雖有力不敢擊夫不

敢刺不敢擊非無其意也臣有道於此使人本無其意也夫無其意未有愛利之心也臣有道於此使天下丈夫女子莫不歡然皆欲愛利之心此其賢於勇有力也四累之上也大王獨無意邪宋王曰此寡人所欲得也惠孟對曰孔墨是已孔子墨翟無地而為君無官而為長（無地為君以道富也無官為長以德尊也）天下丈夫女子莫不延頸舉踵而願安利之者今大王萬乘之主也誠有其志則四境之內皆得其利矣賢於孔墨也遠矣宋王無以應惠孟出宋王謂左右曰辯矣客之以

說勝寡人也故老子曰勇於不敢則活由此觀之大勇反爲不勇耳昔堯之佐九人（禹皋陶稷契伯夷倕益夔龍）舜之佐七人（其七人與堯同臣）武王之佐五人（周公召公太公畢公毛公）堯舜武王於九七五者不能一事焉然而垂拱受成功者善乘人之資也故人與驥逐走則不勝驥託於車上則驥不能勝北方有獸其名曰蹷鼠前而兔後（鼠前足短兔後足長）趨則頓走則顛常爲蛩蛩駏驉（音巨虛）取甘草以與之（蛩蛩駏驉前足長後足短故謂之蹷故能乘虛而走不能上也）蹷有患害蛩蛩駏驉必負而走此以其能託其所不能故老子曰夫

代大匠斲者希不傷其手薄疑說衛嗣君以王術嗣君應之曰予所有者千乘也願以受教薄疑對曰烏獲舉千鈞又況一斤乎杜赫以安天下說周昭文君（昭文君周衰分爲西東各自立其君）文君謂杜赫曰願學所以安周赫對曰臣之所言不可則不能安周臣之所言可則周自安矣此所謂弗安而安者也故老子曰大制無割故致數輿無輿也魯國之法魯人爲人妾於諸侯有能贖之者取金於府子贛贖魯人於諸侯來而辭不受金孔子曰賜失之矣夫聖人之舉事也可以移風

易俗而受教順可施後世非獨以適身之行也今國之富者寡而貧者衆贖而受金則爲不廉不受金則不復贖人自今以來魯人不復贖人於諸侯矣孔子亦可謂知禮矣故老子曰見小曰明魏武侯問於李克曰（李克武侯相）吳之所以亡者何也李克對曰數戰而數勝武侯曰數戰數勝國之福其獨以亡何故也對曰數戰則民罷數勝則主憍以憍主使罷民而國不亡者天下鮮矣憍則恣恣則極物罷則怨怨則極慮上下俱極吳之亡猶晚矣夫差之所以自剄於干遂

也故老子曰功成名遂身退天之道也寗越欲干齊桓公困窮無以自達於是爲商旅將任車以商於齊暮宿於廓門之外桓公郊迎客夜開門辟任車爝火甚盛（爝炬火也）從者甚衆寗越飯牛車下望見桓公而悲擊牛角而疾商歌桓公聞之撫其僕之手曰異哉歌者非常人也命後車載之桓公及至從者以請桓公贛之衣冠而見說以爲天下桓公大說將任之羣臣爭之曰客衛人也衛之去齊不遠君不若使人問之問之而故賢者也用之未晚桓公曰不然問之患其

有小惡也以人之小惡而忘人之大美此人主之所以失天下之士也凡聽必有驗一聽而弗復問合其所以也合己聽知之意所以用之且人固難合也權而用其長者而已矣當是舉也桓公得之矣故老子曰天大地大道大王亦大域中有四大而王處其一焉以言其能包裹之也大王亶父居邠翟人攻之事之以皮帛珠玉而弗受曰翟人之所求者地無以財物為也大王亶父曰與人之兄居而殺其弟與人之父處而殺其子吾弗為皆勉處矣為吾臣與翟人奚以異且吾聞

之也不以其所養害其養杖策而去民相連而從之遂成國於岐山之下大王亶父可謂能保生矣雖富貴不以養傷身雖貧賤不以利累形今受其先人之爵祿則必重失之所自來者久矣而輕失之豈不惑哉故老子曰貴以身為天下則可寄於天下愛以身為天下乃可托於天下矣中山公子牟中山鮮虞之國謂詹子曰身處江海之上心在魏闕之下為之奈何詹子曰重生重生則輕利中山公子牟曰雖知之猶不能自勝詹子曰不能自勝則從之從之神無怨乎不能

自勝而強弗從者此之謂重傷重傷之人無壽類矣故老子曰知和曰常知常曰明益生曰祥心使氣曰強是故用其光復歸其明也楚莊王問詹何曰治國奈何對曰何明於治身而不明於治國楚王曰寡人得立宗廟社稷願學所以守之詹何對曰臣未嘗聞身治而國亂者也未嘗聞身亂而國治者也故本任於身不敢對以末楚王曰善故老子曰修之身其德乃真也桓公讀書於堂輪人斲輪於堂下釋其椎鑿而問桓公曰君之所讀者何書也桓公曰聖人之書

輪扁曰其人在焉桓公曰已死矣輪扁曰是直聖人之糟粕耳桓公勃然作色而怒曰寡人讀書工人焉得而譏之哉有說則可無說則死輪扁曰然有說臣試以臣之斲輪語之大疾則苦而不入大徐則甘而不固苦急意也甘緩意也不甘不苦應於手厭於心而可以至妙者臣不能以教臣之子而臣之子亦不能得之於臣是以行年七十老而為輪今聖人之所言者亦以懷其實窮而死獨其糟粕在耳故老子曰道可道非常道名可名非常名昔者司城子罕相宋謂宋君曰

夫國家之安危百姓之治亂在君行賞罰夫爵賞賜予民之所好也君自行之殺戮刑罰民之所怨也臣請當之宋君曰善寡人當其美子受其怨寡人自知不爲諸侯笑矣國人皆知殺戮之專制在子罕也大臣親之百姓畏之居不至期年子罕遂却宋君而專其政故老子曰魚不可脫于淵國之利器不可以示人王壽負書而行見徐馮于周 王壽古好書之人徐馮周之隱者 徐馮曰事者應變而動變生於時故知時者無常行書者言之所出也言出於知者知者藏書於是王壽乃焚書而舞之故老子曰多言數窮不如守中令尹子佩請飲莊王莊王許諾子佩疏揖北面立於殿下 子佩楚莊王相疏徒跣揖舉手也 曰昔者君王許之今不果往意者臣有罪乎莊王曰吾聞子具於強臺強臺者南望料山以臨方皇 料山山名方皇水名一曰山名 左江而右淮其樂忘死若吾薄德之人不可以當此樂也恐留而不能反故老子曰不見可欲使心不亂晉公子重耳出亡過曹無禮焉 曹共公聞重耳駢脅使袒而捕魚設薄以觀之 釐負羈之妻謂釐負羈曰君無禮於晉公子吾觀其從者皆賢人也 狐偃趙衰之屬

若以相夫子反晉國必伐曹子何不先加德焉釐負羈遺之壺餕而加璧焉重耳受其餕而反其璧及其反國起師伐曹尅之令三軍無入釐負羈之里故老子曰曲則全枉則直越王句踐與吳戰而不勝國破身亡困於會稽忿心張膽氣如涌泉選練甲卒赴火若滅然而請身爲臣妻爲妾親執戈爲吳兵先馬走果擒之於干遂 先馬走先馬前而走 故老子曰柔之勝剛也弱之勝強也天下莫不知而莫之能行越王親之故霸中國趙簡子死未葬中牟入齊 中牟自入臣於齊 已葬五日襄子起兵攻圍之未合而城自壞者十丈襄子擊金而退之軍吏諫曰君誅中牟之罪而城自壞是天助我何故去之襄子曰吾聞之叔向曰君子不乘人於利不迫人於險使之治城城治而後攻之中牟聞其義乃請降故老子曰夫唯不爭故天下莫能與之爭秦穆公謂伯樂曰子之年長矣子姓有可使求馬者乎 子姓謂伯樂子 對曰良馬者可以形容筋骨相也相天下之馬者若滅若失若亡 若滅其相不可見也若失作入作出也若亡髣髴不及也 其一若此馬者絕塵弭轍 絕塵不及也弭轍引迹疾也 臣之子皆

下材也可告以良馬而不可以告天下之馬臣有所與供儋纆采薪者九方堙（纆索也九方堙人姓名）此其於馬非臣之下也請見之穆公見之使之求馬三月而反報曰已得馬矣在於沙丘穆公曰何馬也對曰牡而黃使人往取之牝而驪穆公不說召伯樂而問之曰敗矣子之所使求者毛物牝牡弗能知又何馬之能知伯樂喟然太息曰一至此乎是乃其所以千萬臣而無數者也若堙之所觀者天機也得其精而忘其粗在內而忘其外見其所見而不見其所不見視其所

視而遺其所不視若彼之所相者乃有貴乎馬者馬至而果千里之馬故老子曰大直若屈大巧若拙吳起為楚令尹適魏問屈宜若曰（屈宜若楚大夫亡在魏）王不知起之不肖而以為令尹先生試觀起之為人也屈子曰將奈何吳起曰將衰楚國之爵而平其制祿損其有餘而綏其不足砥礪甲兵時爭利於天下屈子曰宜若聞之昔善治國家者不變其故不易其常今子將衰楚國之爵而平其制祿損其有餘而綏其不足是變其故易其常也行之者不利宜若聞之曰怒者

逆德也兵者凶器也爭者人之所本也今子陰謀逆德好用凶器始人之所本逆之至也且子用魯兵不宜得志於齊而得志焉子用魏兵不宜得志於秦而得志焉（起爲魯將伐齊敗之爲魏西河守秦兵不敢東下）宜若聞之非禍人不能成禍吾固惑吾王之數逆天道戾人理至今無禍差須夫子也（差須猶少待也）吳起惕然曰尚可更乎屈子曰成形之徒不可更也（形禍形已成）子不若敦愛而篤行之老子曰挫其銳解其紛和其光同其塵晉伐楚三舍不止大夫請擊之莊王曰先君之時晉不伐楚及

孤之身而晉伐楚是孤之過也若何其辱群大夫曰先臣之時晉不伐楚今臣之身而晉伐楚此臣之罪也請三擊之王俛而泣涕沾襟起而拜群大夫晉人聞之曰君臣爭以過為在己且輕下其臣不可伐也夜還師而歸老子曰能受國之垢是為社稷主宋景公之時熒惑在心公懼召子韋而問焉（子韋司星者）曰熒惑在心何也子韋曰熒惑天罰也心宋分野禍且當君雖然可移於宰相公曰宰相所使治國家也而移死焉不祥子韋曰可移於民公曰民死寡人誰為君

乎寧獨死耳子韋曰可移於歲公曰歲民之命歲饑民必死矣爲人君而欲殺其民以自活也其誰以我爲君者乎是寡人之命固已盡矣子韋無復言矣子韋還走北面再拜曰敢賀君天之處高而聽卑君有君人之言三天必有三賞君今夕星必徙三舍君延年二十一歲公曰子奚以知之對曰君有君人之言三故有三賞星必三徙舍舍行七里三七二十一故君移年二十一歲臣請伏於陛下以伺之星不徙臣請死之公曰可是夕也星果三徙舍故老子曰能受

國之不祥是謂天下王昔者公孫龍在趙之時謂弟子曰人而無能者龍不能與遊有客衣褐帶索而見曰臣能呼公孫龍顧謂弟子曰門下故有能呼者乎對曰無有公孫龍曰與之弟子之籍後數日往說燕王至於河上而航在一汜使善呼者呼之一呼而航來故曰聖人之處世不逆有伎能之士故老子曰人無棄人物無棄物是謂襲明子發攻蔡踰之子發楚將踰越勝也宣王郊迎列田百頃而封之執圭楚爵功臣賜以圭謂之執圭比附庸子發辭不受曰治國立政諸侯入賓此君之德也

發號施令師未合而敵遁此將軍之威也兵陳戰而勝敵者此庶民之力也夫乘民之功勞而取其爵祿者非仁義之道也故辭而弗受故老子曰功成而不居夫惟不居是以不去晉文公伐原原周邑襄王以原賜文公原叛伐之與大夫期三日三日而原不降文公令去之軍吏曰原不過一二日將降矣君曰吾不知原三日而不可得下也以與大夫期盡而不罷失信得原吾弗爲也原人聞之曰有君若此可弗降也遂降溫人聞亦請降時溫亦叛故老子曰窈兮冥兮其中有精其精甚眞

其中有信故美言可以市尊美行可以加人公儀休相魯公儀休故魯博士而嗜魚一國獻魚公儀子弗受其弟子諫曰夫子嗜魚弗受何也答曰夫唯嗜魚故弗受夫受魚而免於相雖嗜魚不能自給魚毋受魚而不免於相則能長自給魚此明於爲人爲己者也故老子曰後其身而身先外其身而身存非以其無私邪故能成其私又曰知足不辱狐丘丈人謂孫叔敖曰人有三怨子知之乎孫叔敖曰何謂也對曰爵高者士妬之官大者主惡之祿厚者怨處之孫叔敖曰吾

爵益高吾志益下吾官益大吾心益小吾祿益厚吾施益博是以免三怨可乎故老子曰貴必以賤爲本高必以下爲基大司馬捶鉤者年八十矣而不失鉤芒（捶音朵鍛銀擊也鉤鉤也）大司馬曰子巧邪有道邪曰臣有守也臣年二十好捶鉤於物無視也非鉤無察也是以用之者必假於弗用也而以長得其用而況持無不用者乎物孰不濟焉故老子曰從事於道者同於道文王砥德修政三年而天下二分歸之紂聞而患之曰余夙興夜寐與之競行則苦心勞形縱而置之

恐伐余一人崇侯虎曰周伯昌行仁義而善謀太子發勇敢而不疑中子旦恭儉而知時若與之從則不堪其殃縱而赦之身必危亡冠雖弊必加於頭及未成請圖之屈商乃拘文王於羑里（屈商紂臣羑里在河內湯陰）於是散宜生乃以千金求天下之珍怪得騶虞雞斯之乘（騶虞白虎黑文而仁食自死之獸日行千里雞斯神馬也）元玉百工（二玉爲一工）大貝百朋（五貝爲一朋）元豹黃羆青犴白虎文皮千合以獻於紂因費仲而通（犴音岸胡地野犬費仲紂佞臣）紂見而說之乃免其身殺牛而賜之文王歸乃爲玉門築靈臺相女童擊

鍾鼓（玉門以玉飾門相視一日匠也）以待紂之失也紂聞之曰周伯昌改道易行吾無憂矣乃爲炮烙剖比干剔孕婦殺諫者文王乃遂其謀故老子曰知其榮守其辱爲天下谷成王問政於尹佚曰（尹佚史佚也）吾何德之行而民親其上對曰使之時而敬順之王曰其度安在曰如臨深淵如履薄冰王曰懼哉王人乎尹佚曰天地之間四海之內善之則吾畜也不善則吾讎也昔夏商之臣反讎桀紂而臣湯武宿沙之民皆自攻其君而歸神農（伏羲神農之間有共工宿沙霸天下者）此世之所明知也如何

其無懼也故老子曰人之所畏不可不畏也跖之徒問跖曰盜亦有道乎跖曰奚適其無道也夫意而中藏者聖也入先者勇也出後者義也分均者仁也知可否者智也五者不備而能成大道者天下無之由此觀之盜賊之心必託聖人之道而後可行故老子曰絕聖棄智民利百倍楚將子發好求技道之士楚有善爲偷者往見曰聞君求技道之士臣偷也願以技齎一卒（齎備卒足也）子發聞之衣不給帶冠不暇正出見而禮之左右諫曰偷者天下之盜也何爲之禮君

曰此非左右之所得與後無幾何齊興兵伐楚子發將師以當之兵三却楚賢良大夫皆盡其計而悉其誠齊師愈强於是市偷進請曰臣有薄技願爲君行之子發曰諾不問其辭而遣之偷則夜解齊將軍之幬帳而獻之子發因使人歸之曰卒有出薪者得將軍之帷使歸之於執事明又復往取其枕子發又使人歸之明日又復往取其簪子發又使歸之齊師聞之大駭將軍與軍吏謀曰今日不去楚君恐取吾頭乃還師而去故曰無細而能薄在人君用之耳故老

子曰不善人善人之資也顏回謂仲尼曰回益矣仲尼曰何謂也曰回忘禮樂矣仲尼曰可矣猶未也異日復見曰回益矣仲尼曰何謂也曰回忘仁義矣仲尼曰可矣猶未也異日復見曰回坐忘矣仲尼遽然曰何謂坐忘顏回曰隳支體黜聰明離形去知洞於化通是謂坐忘仲尼曰洞則無善也化則無常矣而夫子薦賢薦先也丘請從之後故老子曰載營魄抱一能無離乎專氣至柔能如嬰兒乎秦穆公興師將以襲鄭蹇叔曰不可臣聞襲國者以車不過百里以人不過三十里爲其謀未及發泄也甲兵未及銳弊也糧食未及乏絕也人民未及罷病也皆以其氣之高與其力之盛至是以犯敵能威今行數千里又數絕諸侯之地以襲國臣不知其可也君重圖之穆公不聽蹇叔送師衰絰而哭之師遂行過周而東鄭賈人弦高矯鄭伯之命以十二牛勞秦師而賓之三帥乃懼而謀曰吾行數千里以襲人未至而人已知之其備必先成不可襲也還師而去當此之時晉文公適薨未葬先軫言於襄公曰先軫晉大夫襄公文公子昔吾先君與

穆公交天下莫不聞諸侯莫不知今吾君薨未葬而不弔吾喪而不假道是死吾君而弱吾孤也請擊之襄公許諾先軫舉兵而與秦師遇於殽大破之擒其三帥以歸穆公聞之素服廟臨以說於衆說解也故老子曰知而不知尚矣不知而知病也齊王后死王欲置后而未定使羣臣議薛公欲中王之意薛公田嬰也因獻十珥而美其一旦日因問美珥之所在因勸立以爲王后齊王大說遂尊重薛公故人主之意欲見於外則爲人臣之所制故老子曰塞其兌閉其門終身

不勤盧敖遊乎北海。經乎太陰。入乎元闕。至於蒙轂之上。（盧敖燕人秦始皇召以為博士使求神仙亡而不反太陰地名元闕北方之山蒙轂山名）見一士焉。深目而元鬢。淚注而鳶肩。（淚水）豐上而殺下。軒軒然方迎風而舞。顧見盧敖。慢然下其臂。遯逃乎碑。（匿於碑陰）盧敖就而視之。方倦龜殼而食蛤梨。（楚人謂倦為倦）盧敖與之語曰。唯敖為背羣離黨。窮觀於六合之外者。非敖而已乎。敖幼而好遊。至長不渝。周行四極。唯北陰之未闚。今卒睹夫子於是。子殆可與敖為友乎。若士者䪸然而笑曰。嘻。子中州之民。寧肯而遠至此。此猶光乎日月而載列星。（言太陰之地尚見日月也䪸音拳）陰陽之所行。四時之所生。其比夫不名之地。猶窔奧也。若我南游乎岡㝗之野。北息乎沉墨之鄉。西窮窅冥之黨。東開鴻濛之先。此其下無地而上無天。聽焉無聞。視焉無矚。此其外猶有汰沃之汜。（汰沃四海子天之際水流聲汜涯也㝗音浪矚音燭）其餘一舉而千萬里。（千萬里汰汜之外也）吾猶未能之在。今子游始於此。乃語窮觀。豈不亦遠哉。然子處矣。吾與汗漫期于九垓之外。吾不可以久駐。若士舉臂而竦身。遂入雲中。盧敖仰而視之。弗見。乃止駕柸治。（止駕謂止

淮南　卷十二　廿

其所駕之車楚人謂恨不得為柸治柸音抔）悖若有喪也。曰。吾比夫子。猶黃鵠與壤蟲也。（壤蟲蟲之幼也）終日行不離咫尺。（八寸為咫十寸為尺）而自以為遠。豈不悲哉。故莊子曰。小年不及大年。小知不及大知。朝菌不知晦朔。（朝菌朝生暮死之蟲生水上狀似蠶蛾一名孳母海南謂之蟲邪）蟪蛄不知春秋。（蟪蛄貂蟟也）此言明之有所不見也。季子治亶父三年。（季子子賤也）而巫馬期絻衣短褐。（絻音問）易容貌往觀化焉。見得魚釋之。巫馬期問曰。凡子所為魚者。欲得也。今得而釋之。何也。漁者對曰。季子不欲人取小魚也。所得者小魚。是以釋之。巫馬期歸以報孔子曰。季子之德至矣。使人闇行若有嚴刑在其側者。季子何以至於此。孔子曰。丘嘗問之以治。言曰。誠於此者刑於彼。季子必行此術也。故老子曰。去彼取此。罔兩問於景曰。昭昭者神明也。景曰。非也。罔兩曰。子何以知之。景曰。扶桑受謝。日照宇宙。昭昭之光。煇燭四海。闔戶塞牖。則無由入矣。若神明。四通並流。無所不及。上際於天。下蟠於地。化育萬物而不可為象。俛仰之間而撫四海之外。昭昭何足以明之。故老子曰。天下之至柔。馳騁天下之至堅。光耀問於

淮南　卷十二　圭

無有曰予果有乎其果無有乎無有弗應也光耀不得問而就視其狀貌寘然忽然視之不見其形聽之不聞其聲摶之不可得望之不可極也光耀曰貴矣哉孰能至於此乎予能有無矣未能無無也及其為無無又何從至於此哉故老子曰無有入於無間吾是以知無為之有益也白公勝慮亂（將為父復讎起兵所思慮之）罷朝而立倒杖策錣上貫頤（策馬捶端有針以刺馬謂之錣倒杖策故錣貫頤也錣音針）血流至地而弗知也鄭人聞之曰頤之忘將何不忘哉（白公之父死鄭人預之故懼）此言精神之越於外智慮

之蕩於內則不能漏理其形也是故神之所用者遠則所遺者近也故老子曰不出戶以知天下不窺牖以見天道其出彌遠其知彌少此之謂也秦皇帝得天下恐不能守發邊戍築長城修關梁設障塞具傳車置邊吏然劉氏奪之若轉閉錘（閉錘格也上之錘所以編薄席反覆之易）昔武王伐紂破之牧野乃封比干之墓表商容之閭柴箕子之門（舊居空故柴護之也）朝成湯之廟發鉅橋之粟散鹿臺之錢破鼓折枹弛弓絕絃去舍露宿以示平易解劍帶笏以示無仇（枹音孚）於此天下歌謠而樂之

諸侯執幣相朝三十四世不奪故老子曰善閉者無關鍵而不可開也善結者無繩約而不可解也尹需學御三年而無得焉私自苦痛常寢想之（寢堅思之）中夜夢受秋駕於師（秋駕善御之術）明日往朝師望之謂之曰吾非愛道於子也恐子不可予也今日教子以秋駕尹需反走北面再拜曰臣有天幸今夕固夢受之故老子曰致虛極守靜篤萬物並作吾以觀其復也昔孫叔敖三得令尹無喜志三去令尹無憂色延陵季子吳人願一以為王而不肯許由讓天下而弗受晏子

與崔杼盟臨死地不變其儀此皆有所遠通也精神通於死生則物孰能惑之荊有佽非得寶劍於干隊（干國在今臨淮出寶劍佽音次下讀作寒）還反度江至於中流陽侯之波兩蛟夾繞其船佽非謂枻船者曰（枻櫂也）嘗有如此而得活者乎對曰未嘗見也於是佽非瞋目勃然攘臂拔劍曰武士可以仁義之禮說也不可劫而奪也此江中之腐肉朽骨棄劍而已余有奚愛焉赴江刺蛟遂斷其頭船中人盡活風濤畢除荊爵為執圭孔子聞之曰夫善哉腐肉朽骨棄劍者佽非之謂乎故老

子曰夫唯無以生爲者是賢於貴生焉齊人淳于髡以從說魏王魏王辯之約車十乘將使荆辭而行人以爲從未足也復以衡說其辭若然魏王乃止其行而疏其身失從心志而又不能成衡之事是其所以固也夫言有宗事有本失其宗本技能雖多不若其寡也故周鼎著倕而使齕其指先王以見大巧之不可也故愼子曰匠人知爲門能以門所以不知門也故必杜然後能門愼子名到齊人不知門不知門之要門之要在門外墨者有田鳩者欲見秦惠王約車申轅申束也留於秦周年不

得見客有言之楚王者往見楚王楚王甚悅之予以節使於秦至因見予之將軍之節惠王見而說之出舍喟然而歎告從者曰吾留秦三年不得見不識道之可以從楚也物故有近之而遠遠之而近者故大人之行不掩以繩至所極而已矣此所謂筦子梟飛而維繩者言爲士者上下無常進退無恒不可繩也以喻飛梟從下繩維之而欲翔翔則不可也澧水之深千仞而不受塵垢投金鐵鍼焉則形見於外非不深且清也魚鱉龍蛇莫之肯歸也是故石上不生五穀禿山不遊麋鹿無所陰蔽隱也昔趙文

子問於叔向曰晉六將軍其誰先亡乎對曰中行知氏文子曰何乎對曰其爲政也以苛爲察以切爲明以刻下爲忠以計多爲功譬之猶廓革者也廓之大則大矣裂之道也故老子曰其政悶悶其民醇醇其政察察其民缺缺景公謂太卜曰子之道何能對曰能動地也震動晏子往見公公曰寡人問太卜曰子之道何能對曰能動地地可動乎晏子默然不對出見太卜曰昔吾見句星在房心之間地其動乎句星客星也駟房句星守房心則地動也太卜曰然晏子出太卜走往見公曰臣

非能動地地固將動也田子陽聞之曰晏子默然不對者不欲太卜之死往見太卜者恐公之欺也晏子可謂忠於上而惠於下矣故老子曰方而不割廉而不劌魏文侯觴諸大夫於曲陽飲酒酣文侯喟然歎曰吾獨無豫讓以爲臣乎蹇重舉白而進之蹇重文侯臣舉白進酒也曰請浮君浮罰也君曰何也對曰臣聞之有命之父母不知孝子有道之君不知忠臣夫豫讓之君亦何如哉文侯受觴而飲釂不獻釂盡也曰無管仲鮑叔以爲臣故有豫讓之功故老子曰國家昏亂有忠臣

孔子觀桓公之廟（桓公魯君）有器焉謂之宥卮（宥在坐右）孔子曰善哉予得見此器顧曰弟子取水水至灌之其中則正（中水中危也）其盈則覆孔子造然革容曰善哉持盈者乎子貢在側曰請問持盈曰益而損之曰何謂益而損之曰夫物盛而衰樂極則悲日中而移月盈而虧是故聰明睿智守之以愚多聞博辯守之以陋武力毅勇守之以畏富貴廣大守之以儉德施天下守之以讓此五者先王所以守天下而弗失也反此五者未嘗不危也故老子曰保此道者不欲盈夫唯不

盈故能弊而不新成武王問太公曰寡人伐紂天下是臣殺其主而下伐其上也吾恐後世之用兵不休鬬爭不已為之奈何太公曰甚善王之問也夫未得獸者唯恐其創之小也已得之唯恐傷肉之多也王若欲久持之則塞民於兌（兌耳目鼻口也）道全為無用之事煩擾之教彼皆樂其業佚其情昭昭而道冥冥於是乃去其督而載之木（督音篤彼髮也木鷸鳥冠也知文者冠鷸）解其劍而帶之笏為三年之喪令類不蕃高辭卑讓使民不爭酒肉以通之竽瑟以娛之鬼神以畏之繁文滋禮以弇其質厚葬久喪以亶其家（亶音丹）含珠鱗施綸組以貧其財深鑿高壟以盡其力家貧族少慮患者寡以此移風可以持天下弗失故老子曰化而欲作吾將鎮之以無名之樸也

卷十二終

淮南鴻烈解卷十三

氾論訓（博說世間古今得失以道爲化大歸於一也）

古者有鍪而綣領以王天下者矣。（古者蓋三皇以前鍪頭著兜鍪帽言未知制冠也綣領皮衣屈而紩之如今胡家韋襲反褶以爲領鍪音謀）其德生而不辱。（刑措不用也）予而不奪。（無所徵求於民）天下不非其服。同懷其德。當此之時。陰陽和平。風雨時節。萬物蕃息。烏鵲之巢可俯而探也。禽獸可羈而從也。豈必褒衣博帶。句襟委章甫哉。（褒衣吏人之左衣博帶大帶句襟曲領衣也委委貌章甫冠名）古者民澤處復穴。（復穴重窟也）冬日則不勝霜雪霧露。夏日則不勝

暑熱蟁虻。聖人乃作。爲之築土構木。以爲宮室。上棟下宇。以蔽風雨。（棟屋穩也宇屋之垂）以避寒暑。而百姓安之。伯余之初作衣也。（伯余黃帝臣世本曰伯余制衣裳一曰伯余黃帝）緂麻索縷。手經指挂。其成猶網羅。（緂音恬銳索功也）後世爲之機杼勝複。以便其用。而民得以掩形御寒。古者剡耜而耕。摩蜃而耨。（剡利也蜃大蛤摩令利用之耨苗也）木鉤而樵。抱甀而汲。（鉤鎌也樵新蒸甀武令兖州曰小武爲郵幽州曰瓦）民勞而利薄。後世爲之耒耜耰鉏。斧柯而樵。桔皋而汲。民逸而利多焉。古者大川名谷。衝絕道路。不通往來也。乃爲窬木方版。以爲舟航。（窬空也方並也舟相連爲航）故地勢有無。得相委輸。（運所有輸所無）乃爲靻蹻而超千里。肩荷負儋之勤也。（靻蹻靻轂也勤勞也靻音袓）而作爲之揉輪建輿。駕馬服牛。民以致遠而不勞。爲鷙禽猛獸之害傷人。而無以禁御也。而作爲之鑄金鍛鐵。以爲兵刃。猛獸不能爲害。故民迫其難。則求其便。困其患。則造其備。人各以其所知。去其所害。就其所利。常故不可循。器械不可因也。（循隨也）則先王之法度有移易者矣。古之制。婚禮不稱主人。（當婚者之身不稱其名稱父兄）舜不告而娶。非禮也。立子以長。文王舍伯邑考而用

武王。非制也。（伯邑考武王之兄廢長立聖以庶代嫡聖人之權也）禮三十而娶。文王十五而生武王。非法也。（三十而娶者陰陽未分時俱生於子男從子數左行三十年立於巳女從子數右行二十年亦立於巳合夫婦故聖人因是制禮使男三十而娶女二十而嫁其男子自巳數左行十得寅故人十月而生於寅男子數從寅起女自巳數右行得申亦十月而生於申故女子數從申起歲星十二歲而周天天道十二而備故國君十二歲而冠冠而娶十五生子重國嗣也故不從制）夏后氏殯於阼階之上。（阼階主位未忍以賓道遠之）殷人殯於兩楹之間。（楹柱也兩柱之間賓主共）周人殯於西階之上。（以賓道遣也）此禮之不同者也。有虞氏用瓦棺。（瓦棺匋瓦）夏后氏堲周。（以瓦廣二尺長四尺側身累之以蔽土曰堲周堲音卽）殷人用椁。周人牆

置翣此葬之不同者也。周人兼用棺槨故牆設翣如今要扇畫文插置棺車箱以爲飾多少之差各從其爵命之數夏后氏祭於闇中夜祭於室中殷人祭於陽平旦祭於堂上周人祭於日出以朝朝庭也日出時祭於庭中也此祭之不同者也。堯大章舜九韶禹大夏湯大濩周武象此樂之不同者也故五帝異道而德覆天下三王殊事而名施後世此皆因時變而制禮樂者譬猶師曠之施瑟柱也所推移上下者無寸尺之度而靡不中音故通於禮樂之情者能作音有本主於中而以知榘䉶之所周者也榘方也䉶音約度法也魯昭公有慈母而愛之死爲之練冠故有慈母之服慈母養己者禮緦麻昭公獨練爲陽侯殺蓼侯而竊其夫人故大饗廢夫人之禮陽侯陽陵國侯蓼侯偃姓國侯也今在廬江古者大饗飲酒君執爵夫人執豆陽侯見蓼侯夫人美豔因殺蓼侯而娶夫人由是廢夫人之禮先王之制不宜則廢之末世之事善則著之是故禮樂未始有常也故聖人制禮樂而不制於禮樂治國有常而利民爲本政教有經而令行爲上苟利於民不必法古苟周於事不必循舊夫夏商之衰也不變法而亡三代之起也不相襲而王故聖人法與時變禮與俗化衣服器械各便其用法度制令

各因其宜故變古未可非而循俗未足多也百川異源而皆歸於海百家殊業而皆務於治王道缺而詩作周室廢禮義壞而春秋作詩春秋學之美者也皆衰世之造也儒者循之以敎導於世豈若三代之盛哉以詩春秋爲古之道而貴之又有未作詩春秋之時夫道其缺也不若道其全也誦先王之詩書不若聞得其言聞得其言不若得其所以言得其所以言者言弗能言也故道可道者非常道也周公事文王也行無專制事無由已身若不勝衣言若不出口有奉持於文王洞洞屬屬如將不能恐失之可謂能子矣武王崩成王幼少周公繼文王之業履天子之籍聽天下之政籍或作阼平夷狄之亂誅管蔡之罪負扆而朝諸侯誅賞制斷無所顧問威動天地聲懾四海可謂能武矣成王既壯周公屬籍致政北面委質而臣事之以圖籍付屬成王致猶歸也北面委玉帛之贄稱臣之禮也請而後爲復而後行無擅恣之志無伐矜之色可謂能臣矣故一人之身而三變者所以應時矣何況乎君數易臣國數易君人以其位達其好憎以其威勢供嗜欲而欲以

一行之禮一定之法應時偶變其不能中權亦明矣故聖人所由曰道所爲曰事道猶金石一調不更事猶琴瑟每絃改調（金石鐘磬故不更琴瑟絃有數急柱有前却）故法制禮義者治人之具也而非所以爲治也故仁以爲經義以爲紀此萬世不更者也若乃人考其才而時省其用雖日變可也（言人能考度其才時省其行擇其善者而崇用之不必循常故曰雖日變可也）天下豈有常法哉當於世事得於人理順於天地祥於鬼神則可以正治矣古者人醇工龐商樸女重（醇厚不傷華也工龐器堅緻也商樸不爲詐也女重貞正無邪也）是以政教易化風

俗易移也今世德益衰民俗益薄欲以樸重之法治既弊之民是猶無鏑銜橛策錣而御馯馬也（鏑銜口中央鐵錣端頭鍼馯馬突馬也）昔者神農無制令而民從（無制令結繩以治）唐虞有制令而無刑罰（民無犯法于誅故曰無刑）夏后氏不負言（言而信也）殷人誓（以言語要誓）周人盟（有事而會不協而盟）逮至當今之世忍詢而輕辱（詢詬后）貪得而寡羞欲以神農之道治之則其亂必矣伯成子高辭爲諸侯而耕天下高之今之時人辭官而隱處爲鄉邑之下豈可同哉古之兵弓劍而已矣槽矛無擊修戟無刺（槽矛無擊無鐵刃也刺鋒也）

晚世之兵隆衝以攻渠幨以守（隆高也衝所以臨敵城衝突壞之渠塹也幨幰所以禦矢）連弩以射銷車以鬬（連車弩通一絃以牛挽之以刃著左右爲機關發之曰銷車）古之伐國不殺黃口不獲二毛（黃口幼也二毛有白髮者）於古爲義於今爲笑古之所以爲榮者今之所以爲辱也古之所以爲治者今之所以爲亂也夫神農伏羲不施賞罰而民不爲非然而立政者不能廢法而治民舜執干戚而服有苗然而征伐者不能釋甲兵而制强暴由此觀之法度者所以論民俗而節緩急也器械者因時變而制宜適也夫聖人作法而萬物

制焉（制猶從也）賢者立禮而不肖者拘焉制法之民不可與遠舉拘禮之人不可使應變耳不知清濁之分者不可令調音心不知治亂之源者不可令制法必有獨聞之耳獨見之明然後能擅道而行矣夫殷變夏周變殷春秋變周三代之禮不同何古之從大人作而弟子循（循遵也）知法治所由生則應時而變不知法治之源雖循古終亂今世之法籍與時變禮義與俗易爲學者循先襲業據籍守舊教以爲非此不治是猶持方枘而周員鑿也欲得宜適致固焉則難矣今

儒墨者稱三代文武而弗行。是言其所不行也。非今時之世而弗改。是行其所非也。稱其所是。行其所非。是以盡日極慮而無益於治。勞形竭智而無補於主也。今夫圖工好畫鬼魅而憎圖狗馬者何也。鬼魅不世出。而狗馬可日見也。夫存危治亂。非智不能。而道先稱古。雖愚有餘。故不用之法。聖王弗行。不驗之言。聖王弗聽。天地之氣。莫大於和。和者陰陽調。日夜分而生物。春分而生。秋分而成。生之與成。必得和之精。故聖人之道。寬而栗。嚴而溫。柔而直。猛而仁。太剛則

折。太柔則卷。聖人正在剛柔之間。乃得道之本。積陰則沉。積陽則飛。陰陽相接。乃能成和。夫繩之爲度也。可卷而伸也。引而伸之。可直而睎。（睎望也）故聖人以身體之。夫修而不橫。短而不窮。直而不剛。久而不忘者。其唯繩乎。故恩推則懦。懦則不威。（推猶移也）嚴推則猛。猛則不和。愛推則縱。縱則不令。（縱放也）刑推則虐。虐則無親。昔者齊簡公釋其國家之柄。而專任其大臣。（大臣陳成子）將相攝威擅勢。私門成黨。而公道不行。故使陳成田常鴟夷子皮得成其難。（殺簡公）使呂氏絕祀。而陳氏有國者。（太公姓呂絕祀陳氏代之也）此柔懦之所生也。鄭子陽剛毅而好罰。（子陽鄭相）其於罰也。執而無赦。舍人有折弓者。畏罪而恐誅。則因猘狗之驚以殺子陽。（舍人家臣也國人逐猘狗亂擾舍人因之殺子陽猘音制）此剛猛之所致也。今不知道者見柔懦者侵。則矜爲剛毅。見剛毅者亡。則矜爲柔懦。此本無主於中。而見聞舛馳於外者也。故終身而無所定趨。譬猶不知音者之歌也。濁之則鬱而無轉。清之則燋而不謳。（燋悴謳和也）及至韓娥秦青薛談之謳。（三人皆善謳者）侯同曼聲之歌。（二人善歌一曰曼長）憤於志。積於內。盈而發音

則莫不比於律而和於人心。何則中有本主以定清濁。不受於外而自爲儀表也。今夫盲者行於道。人謂之左則左。謂之右則右。遇君子則易道。遇小人則陷溝壑。何則目無以接物也。（接見也）故魏兩用樓翟吳起而亡西河。湣王專用淖齒而死於東廟。（湣音汶湣王齊王淖齒楚將奔齊爲臣湣王無道淖齒殺之擢其筋懸廟門之梁三日而死）無術以御之也。文王兩用呂望召公奭而王。楚莊王專任孫叔敖而霸。有術以御之也。夫弦歌鼓舞以爲樂。盤旋揖讓以修禮。厚葬久喪以送死。孔子之所立也。而墨子非之。兼

愛尚賢右鬼非命墨子之所立也而楊子非之全性
保真不以物累形楊子之所立也而孟子非之趨捨
人異各有曉心故是非有處得其處則無非失其處
則無是丹穴太蒙反踵空同大夏北戶奇肱修股之
民是非各異習俗相反君臣上下夫婦父子有以相
使也此之是非彼之是也此之非非彼之非也此諸華也
彼入寅也譬若斤斧椎鑿之各有所施也禹之時以五音
聽治懸鐘鼓磬鐸置鞀以待四方之士爲號曰教寡
人以道者擊鼓道和陰陽鼓一聲以調五音故擊之諭寡人以義者擊

鐘鐘金也義者斷割故擊之告寡人以事者振鐸鐸鈴金口木舌合爲音聲事者
非一品故振之語寡人以憂者擊磬磬石也聲急憂亦急務故擊之有獄訟
者搖鞀獄亦訟訟一辯於事故取小鞀搖也當此之時一饋而十起一
沐而三捉髮饋食也以勞天下之民此而不能達善効
忠者則才不足也秦之時高爲臺榭大爲苑囿遠爲
馳道鑄金人秦皇帝二十六年有長人見於臨洮其高五丈足迹六尺放寫其形鑄金人以
象之發適戍入芻稾戍守長城也入芻稾之稅以供國用頭會箕賦輸於
少府頭會隨民口數責其稅箕賦似箕然斂民財多取意也少府官名如今之司農丁壯丈
夫西至臨洮狄道臨洮隴西縣東至會稽浮石會稽山名浮石隨水

高下不沒皆在遼西界南至豫章桂林豫章豫章郡桂林鬱林郡北至飛狐
陽原飛狐山在代郡南陽原在太原道路死人以溝量言滿溝也當此之
時忠諫者謂之不祥而道仁義者謂之狂逮至高皇
帝存亡繼絶舉天下之大義身自奮袂執銳以爲百
姓請命于皇天當此之時天下雄儁豪英暴露于野
澤前蒙矢石而後墮谿壑出百死而紿一生紿音代以
爭天下之權奮武厲誠以決一旦之命當此之時豐
衣博帶而道儒墨者以爲不肖言尚武也逮至暴亂已勝
海內大定繼文之業立武之功履天子之圖籍造劉

氏之貌冠總鄒魯之儒墨通先聖之遺教戴天子之
旗乘大路建九斿撞大鐘擊鳴鼓奏咸池揚干戚當
此之時有立武者見疑一世之間而文武代爲雌雄
有時而用也今世之爲武者則非文也爲文者則非
武也文武更相非而不知時世之用也此見隅曲之
一指而不知八極之廣大也隅曲室中之區隅八極八方之極故東
面而望不見西牆南面而視不覩北方唯無所鄉者
則無所不通無所向則可以見四方也國之所以存者道德也家
之所以亡者理塞也理道也堯無百戶之郭舜無置錐

之地以有天下禹無十人之衆湯無七里之分以王諸侯文王處岐周之間也地方不過百里而立爲天子者有王道也夏桀殷紂之盛也人跡所至舟車所通莫不爲郡縣然而身死人手而爲天下笑者有亡形也故聖人見化以觀其徵（徵成也）德有盛衰風先萌焉（風氣也萌見也）故得王道者雖小必大有亡形者雖成必敗夫夏之將亡太史令終古先奔於商三年而桀乃亡殷之將敗也太史令向藝先歸文王朞年而紂乃亡（終古向藝二賢人名）故聖人之見存亡之迹成敗之際也非

待鳴條之野甲子之日也（湯伐桀會於鳴條武王誅紂以甲子誅之）今謂疆者勝則度地計衆富者利則量粟稱金若此則千乘之君無不霸王者而萬乘之國無不破亡者矣存亡之迹若此其易知也愚夫惷婦皆能論之趙襄子以晉陽之城霸智伯以三晉之地擒湣王以大齊亡田單以卽墨有功（燕伐齊而滅之得七十城唯卽墨未下田單以市吏率卽墨市民擊燕破之）故國之亡也雖大不足恃道之行也雖小不可輕由此觀之存在得道而不在於大也亡在失道而不在於小也詩云乃眷西顧此惟與宅言去殷而遷于周也（岐在西）故亂國之君務廣其地而不務仁義務高其位而不務道德是釋其所以存而造其所以亡也故桀囚於焦門而不能自非其所行而悔不殺湯於夏臺紂居於宣室而不反其過而悔不誅文王於羑里二君處彊大勢位修仁義之道湯武救罪之不給何謀之敢當若上亂三光之明下失萬民之心雖微湯武孰弗能奪也今不審其在已者而反備之于人天下非一湯武也殺一人則必有繼之者也且湯武之所以處小弱而能以王者以其有道也桀紂之

所以處彊大而見奪者以其無道也今不行人之所以王者而反益己之所以奪是趨亡之道也武王克殷欲築宮於五行之山（今太行山）周公曰不可夫五行之山固塞險阻之地也使我德能覆之則天下納其貢職者迴也（迴迂難也迴或作固必也）使我有暴亂之行則天下之伐我難矣此所以三十六世而不奪也周公可謂能持滿矣昔者周書有言曰上言者下用也下言者上用也（用可否相濟也）上言者常也下言者權也此存亡之術也（權謀也謀度事宜不失其道也）唯聖人爲能知權言而必信期而

必當天下之高行也直躬其父攘羊而子證之尾生與婦人期而死之直而證父信而溺死雖有直信孰能貴之夫三軍矯命過之大者也秦穆公興兵襲鄭過周而東鄭賈人弦高將西販牛道遇秦師於周鄭之閒乃矯鄭伯之命犒以十二牛賓秦師而却之以存鄭國故事有所至信反爲過誕反爲功何謂失禮而有大功昔楚恭王戰於陰陵（恭王與晉厲戰於陰陵呂錡射恭王中目因而擒之）潘尫養由基黄衰微公孫丙相與篡之（四子楚大夫）恭王懼而失體（威儀不如常）黄衰微舉足蹵其體恭王乃

覺怒其失禮奮體而起四大夫載而行昔蒼吾繞娶妻而美以讓兄此所謂忠愛而不可行者也是故聖人論事之局曲直與之屈伸偃仰無常儀表時屈時伸卑弱柔如蒲葦非攝奪也剛強猛毅志厲青雲非本矜也以乘時應變也夫君臣之接屈膝卑拜以相尊禮也至其迫於患也則舉足蹵其體天下莫能非也是故忠之所在禮不足以難之也孝子之事親和顔卑體奉帶運履（遞運也）至其溺也則捽其髮而拯（出溺引拯）非敢驕侮以救其死也故溺則捽父祝則名君勢

不得不然也此權之所設也故孔子曰可以共學矣而未可以適道也可與適道未可以立也可以立未可與權權者聖人之所獨見也故忤而後合者謂之知權合而後舛者謂之不知權不知權者善反醜矣故禮者實之華而僞之文也方於卒迫窮遽之中也則無所用矣是故聖人以文交於世而以實從事於宜不結於一迹之塗凝滯而不化是故敗事少而成事多號令行於天下而莫之能非矣猩猩知往而不知來（猩猩獸名知人姓字嗜酒人以酒搏之飲不息醉而被擒）乾鵲知來而不知

往（乾鵲鵲也人將有喜徵則鳴乾音干）此修短之分也昔者萇宏周室之執數者也（數歷術也）天地之氣日月之行風雨之變律歷之數無所不通然而不能自知車裂而死（周劉氏與晉范氏世爲婚姻萇宏事劉文公故周人助范氏晉人讓周周爲殺萇宏以釋之）蘇秦匹夫徒步之人也靻蹻羸蓋經營萬乘之主服諾諸侯然不自免於車裂之患徐偃王被服慈惠身行仁義陸地之朝者三十二國然而身死國亡子孫無類（偃王修行仁義不設武備楚王滅之）大夫種輔翼越王句踐而爲之報怨雪耻擒夫差之身開地數千里然而身伏屬鏤而死（種佐句踐）

（報吳越王終殺之賜屬鏤以死屬鏤利劍也）此皆達於治亂之機而未知全性之具者故萇宏知天道而不知人事蘇秦知權謀而不知禍福徐偃王知仁義而不知時大夫種知忠而不知謀（不知為身謀）聖人則不然論世而為之事權事而為之謀是以舒之天下而不窕內之尋常而不塞（不窕在大能大也八尺曰尋倍尋曰常在小能小不塞急也）使天下荒亂禮義絕綱紀廢強弱相乘力征相攘臣主無差貴賤無序甲冑生蟣虱（乘加也攘平除生蟣虱不離體也）燕雀處帷幄而兵不休息（蛀蠎也處猶巢也）而乃始服屬臾之貌（謹也）恭儉之禮則

必滅抑而不能興矣天下安寧政教和平百姓肅睦上下相親而乃始立氣矜奮勇力則必不免於有司之法矣是故聖人者能陰能陽能弱能強隨時而動靜因資而立功物動而知其反事萌而察其變化則為之象運則為之應是以終身行而無所困故事有可行而不可言者有可言而不可行者有易為而難成者有難成而易敗者所謂可行而不可言者趨舍也可言而不可行者偽詐也易為而難成者事也難成而易敗者名也此四策者聖人之所獨見而留意

也詘寸而伸尺（詘屈同）聖人為之小枉而大直君子行之周公有殺弟之累齊桓有爭國之名然而周公以義補缺（謂翼成王以致太平七年歸政北面為臣）桓公以功滅醜（九合一匡之功）而皆為賢今以人之小過掩其大美則天下無聖王賢相矣故目中有疵不害於視不可灼也（疵贅灼燃也）喉中有病無害於息不可鑿也河上之邱冢不可勝數猶之為易也水激興波高下相臨差以尋常猶之為平（雖有激波猶以為平平者多也）昔者曹子為魯將兵三戰不勝亡地千里使曹子計不顧後足不旋踵刎頸於陳中則

終身為破軍擒將矣然而曹子不羞其敗恥死而無功柯之盟揄三尺之刃造桓公之胷三戰所亡一朝而反之勇聞于天下功立於魯國（復汶陽田）管仲輔公子糾而不能遂不可謂智遁逃奔走不死其難不可謂勇束縛桎梏不諱其恥不可謂貞當此三行者布衣弗友人君弗臣然而管仲免於累紲之中立齊國之政九合諸侯一匡天下使管仲出死捐軀不顧後圖豈有此霸功哉今人君論其臣也不計其大功總其畧行而求其小善則失賢之數也（畧大也）故人有厚德

無問其小節而有大譽無疵其小故夫牛蹏之涔不能生鱣鮪（鱣鮪皆大魚）而蜂房不容鵠卵（房巢也）小形不足以包大體也夫人之情莫不有所短誠其大略是也雖有小過不足以爲累若其大略非也雖有閭里之行未足大舉夫顏喙聚梁父之大盜也（梁父齊邑）而爲齊忠臣段干木晉國之大駔也而爲文侯師（駔驕也一曰市儈也駔音詐）孟卯妻其嫂有五子焉然而相魏寧其危解其患（孟卯齊人爲魏臣戰國策曰芒卯也）景陽淫酒被髮而御於婦人威服諸侯（景陽楚將）此四人者皆有所短然而功名不滅者

其略得也季襄陳仲子立節抗行不入洿君之朝不食亂世之食遂餓而死（季襄魯人陳仲子齊人）不能存亡接絕者何小節伸而大略屈故小謹者無成功訾行者不容於衆（訾毀也行有毀缺）體大者節疏蹠距者舉遠（疏長蹠足距大也）自古及今五帝三王未有能全其行者也故易曰小過亨利貞言人莫不有過而不欲其大也夫堯舜湯武世主之隆也齊桓晉文五霸之豪英也然堯有不慈之名（天下予子）舜有卑父之謗（瞽瞍降在庶人）湯武有放弒之事五伯有暴亂之謀是故君子不責備於一人

方正而不以割廉直而不以切博通而不以訾文武而不以責（文武備具而不責備於人也）求於一人則任以人力（任其力所能任也）自修則以道德責人以人力易償也自修以道德難爲也難爲則行高矣易償則求贍矣夫夏后氏之璜不能無考（半圭曰璜夏后氏之珍玉考瑕釁也）明月之珠不能無纇然而天下寶之者何也其小惡不足妨大美也今志人之所短而忘人之所修而求得其賢於天下則難矣夫百里奚之飯牛伊尹之負鼎太公之鼓刀甯戚之商歌其美有存焉者矣衆人見其位之卑賤

事之洿辱而不知其大略以爲不肖及其爲天子三公而立爲諸侯賢相乃始信於異衆也夫發于鼎俎之間出于屠酤之肆（肆列也）解于累紲之中興于牛領之下洗之以湯沐被之以爟火立之于本朝之上倚之于三公之位（爟火取火於日之官也被音弗爟音灌）內不慚於國家外不愧於諸侯符勢有以內合故未有功而知其賢者堯之知舜功成事立而知其賢者市人之知舜也爲是釋度數而求之於朝肆草莽之中其失人也必多矣何則能效其求而不知其所以取人也夫物之

相類者世主之所亂惑也嫌疑肖象者衆人之所眩耀也故狠者類知而非知愚者類仁而非仁戇者類勇而非勇使人之相去也若玉之與石美之與惡則論人易矣夫亂人者芎藭之與藁本也蛇牀之與麋蕪也此皆相似者故劍工惑劍之似莫邪者唯歐冶能名其種歐冶良工也玉工眩玉之似碧盧者唯猗頓不失其情碧盧式云碔砆猗頓魯之富人能知玉理闇主亂于姦臣小人之疑君子者唯聖人能見微以知明故蛇舉首尺而修短可知也象見其牙而大小可論也薛燭庸子見若狐甲於劍而利鈍識矣薛齊邑燭庸氏子通利劍臾兒易牙淄澠之水合者嘗一哈水而甘苦知矣臾兒易牙皆齊之知味者哈口也音慼故聖人之論賢也見其一行而賢不肖分矣孔子辭廩丘終不盜刀鉤廩丘齊邑齊景公養孔子以言未見從道未得行不欲虛祿辭而不受故不復利人刀鉤也許由讓天子終不利封侯許由隱者陽城人堯欲以天下與之洗耳而不就故未嘗灼而不敢握火者見其有所燒也未嘗傷而不敢握刃者見其有所害也由此觀之見者可以論未發也而觀小節可以知大體矣故論人之道貴則觀其所舉富則觀其所施窮則觀其

所不受賤則觀其所不爲貧則觀其所不取視其更難以知其勇動以喜樂以觀其守委以財貨以論其仁振以恐懼以知其節則人情備矣古之善賞者費少而勸衆善罰者刑省而姦禁善予者用約而爲德善取者入多而無怨趙襄子圍於晉陽罷圍而賞有功者五人高赫爲賞首左右曰晉陽之難赫無大功今爲賞首何也襄子曰晉陽之圍寡人社稷危國家殆羣臣無不有驕侮之心唯赫不失君臣之禮故賞一人而天下爲忠之臣者莫不願忠於其君此賞少而勸善者衆也齊威王設大鼎於庭中而數無鹽令曰子之譽日聞吾耳察子之事田野蕪倉廩虛囹圄實子以姦事我者也乃烹之齊以此三十二歲道路不拾遺此刑省姦禁者也秦穆公出遊而車敗右服失馬野人得之穆公追而及之岐山之陽野人方屠而食之穆公曰夫食駿馬之肉而不還飲酒者傷人吾恐其傷汝等徧飲而去之處一年與晉惠公爲韓之戰晉惠公夷吾背秦納己之賂秦與兵伐晉戰於晉地韓原晉師圍穆公之車梁由靡扣穆公之驂獲之梁由靡晉大夫扣猶牽也將獲穆公食馬肉

者三百餘人皆出死爲穆公戰於車下遂克晉虜惠公以歸此用約而爲德者也齊桓公將欲征伐甲兵不足令有罪者出犀甲一戟（犀甲取其堅也戟車戟也長一尺六寸）有輕罪者贖以金分（輕小也以金分出金隨罪輕重有分兩也）訟而不勝者出一束箭（箭十二爲束）百姓皆說乃矯箭爲矢鑄金而爲刃（刃五刃也刀劍矛戟矢）以伐不義而征無道遂霸天下此入多而無怨者也故聖人因民之所喜而勸善因民之所惡而禁姦故賞一人而天下譽之罰一人而天下畏之故至賞不費至刑不濫孔子誅少正卯而魯國

之邪塞（少正官卯其名也魯之謟人孔子相魯七日誅之於東觀之下）子產誅鄧析而鄭國之姦禁（鄧析詭辯姦人之雄也子產誅之故姦禁）以近諭遠以小知大也故聖人守約而治廣者此之謂也天下莫易於爲善而莫難於爲不善也所謂爲善者靜而無爲也所謂爲不善者躁而多欲也適情辭餘無所誘惑循性保眞無變於己故曰爲善易越城郭踰險塞姦符節盜管金篡弑矯誣非人之性也故曰爲不善難今人所以犯囹圄之罪而陷於刑戮之患者由嗜慾無厭不循度量之故也何以知其然天下縣官法曰

發墓者誅竊盜者刑此執政之所司也夫法令者網其姦邪勒率隨其縱跡（勒主閭吏也）無愚夫惷婦皆知爲姦之無脫也犯禁之不得免也然而不材子不勝其欲蒙死亡之罪而被刑戮之羞然而立秋之後司寇之徒繼踵於門而死市之人血流於路何則惑於財利之得而蔽於死亡之患也夫今陳卒設兵兩軍相當將施令曰斬首拜爵而屈撓者要斬然而隊階之卒皆不能前遂斬首之功（遂成也）而後被要斬之罪是去恐死而就必死也故利害之反禍福之接不可不

審也事或欲之適足以失之或避之適足以就之楚人有乘船而遇大風者波至而自投於水非不貪生而畏死也惑於恐死而反忘生也故人之嗜慾亦猶此也齊人有盜金者當市繁之時至掇而去勒問其故曰而盜金於市中何也（繁衆而沒也）對曰吾不見人徒見金耳志所欲則忘其爲矣是故聖人審動靜之變而適受與之度理好憎之情和喜怒之節夫動靜得則患弗過也受與適則罪弗累也好憎理則憂弗近也喜怒節則怨弗犯也故達道之人不苟得不讓福

其有弗棄非其有弗索常滿而不溢恒虛而易足虛無欲也今夫霤水足以溢壺榼而江河不能實漏巵故人心猶是也自當以道術度量食充虛衣禦寒則足以養七尺之形矣若無道術度量而以自儉約則萬乘之勢不足以為尊天下之富不足以為樂矣孫叔敖三去令尹而無憂色爵祿不能累也荆佽非兩蛟夾繞其船而志不動怪物不能驚也聖人心平志易精神内守物莫足以惑之夫醉者俛入城門以為七尺之閭也趍江淮以為尋常之溝也酒濁其神也怯者

淮南　卷十三　二十三

夜見立表以為鬼也見寢石以為虎也懼揜其氣也揜奪也又況無天地之怪物乎夫雌雄相接陰陽相薄羽者為雛鷇音扣毛者為駒犢柔者為皮肉堅者為齒角人弗怪也水生蠬蜄山生金玉人弗怪也老槐生火久血為燐人弗怪也血精在地久則為燐遙望炯炯若燃火燐音吝山出㠜陽㠜陽山精也人形長大面黑色身有毛若反踵見人而笑㠜音交水生罔象木生畢方狀如鳥青色赤腳一足不食五穀井生墳羊魯季子穿井獲土缶其中有羊是也人怪之聞見鮮而識物淺也天下之怪物聖人之所獨見利害之反覆知者之所獨明達也同異嫌疑

者世俗之所眩惑也夫見不可布於海内聞不可明於百姓是故因鬼神禨祥而為之立禁禨祥吉凶也禁戒也總形推類而為之變象何以知其然也世俗言曰饗大高者而彘為上牲大高祖也一曰上帝葬死人者裘不可以藏相戲以刃者太祖軵其肘軵擠也音茸枕戶橉而臥者橉音藺鬼神蹠其首此皆不著於法令而聖人之所不口傳也夫饗大高而彘為上牲者非彘能賢於野獸麋鹿也而神明獨饗之何也以為彘者家人所常畜而易得之物也故因其便以尊之裘不可以藏者非能

淮南　卷十三　二十四

具綈綿曼帛溫煖於身也世以為裘者難得貴賈之物也曼帛細帛也而不可傳於後世無益於死者而足以養生故因其資以讋之資用讋忌也相戲以刃太祖軵其肘者夫以刃相戲必為過失過失相傷其患必大無涉血之讎爭忿鬭而以小事自内於刑戮愚者所不知忌也故因太祖以累其心枕戶橉而臥鬼神履其首者使鬼神能玄化則不待戶牖之行若循虛而出入則亦無能履也夫戶牖者風氣之所從往來而風氣者陰陽相捔者也離者必病離遭也故託鬼神以伸

誠之也凡此之屬皆不可勝著於書策竹帛而藏於官府者也故以禨祥明之爲愚者之不知其害乃借鬼神之威以聲其教所由來者遠於而愚者以爲禨祥而狠者以爲非唯有道者能通其志今世之祭井竈門戶箕箒臼杵者非以其神爲能饗之也恃賴其德煩苦之無已也是故以時見其德所以不忘其功也觸石而出膚寸而合不崇朝而雨天下者唯大山崇終也日旦至食時爲終朝赤地三年而不絕流澤及百里而潤草木者唯江河也是以天子秩而祭之故馬免人於

難者其死也葬之牛其死也葬以大車爲薦牛馬有功猶不可忘又況人乎此聖人所以重仁襲恩襲亦重累故炎帝於火而死爲竈禹勞天下而死爲社后稷作稼穡而死爲稷羿除天下之害而死爲宗布此鬼神之所以立羿堯時之諸侯河伯溺殺人羿射其左目風伯壞人屋室羿射中其膝又誅九嬰窫窳之屬有功於天下故死託於祀宗今祭田爲宗布一曰今人室中所祀之宗布或曰司命傍布也北楚有任俠者其子孫數諫而止之不聽也縣有賊大搜其廬事果發覺夜驚而走追道及之其所施德者皆爲之戰得免而遂反語其子曰汝數止吾爲俠今

有難果賴而免身而諫我不可用也知所以免於難而不知所以無難論事如此豈不惑哉宋人有嫁子者告其子曰嫁未必成也有如出不可不私藏私藏而富其於以復嫁易其子聽父之計竊而藏之若公知其盜也逐而去之其父不自非也而反得其計知爲出藏財而不知藏財所以出也爲論如此豈不勃哉今夫僦載者救一車之任極一牛之力爲軸之折也有加轅軸其上以爲造不知軸轅之趣軸折也楚王之佩玦而逐菟菟兔音爲走而破其玦也因珮兩玦

以爲之豫兩玦相觸破乃逾疾亂國之治有似於此夫鴟目大而眎不若鼠蚈足衆而走不若蛇物固有大不若小衆不若少者及至夫強之弱弱之彊危之安存之亾也非聖人孰能觀之大小尊卑未足以論也唯道之在者爲貴何以明之天子處於郊亭則九卿趨大夫走坐者伏倚者齊當此之時明堂太廟懸冠解劒緩帶而寢非郊亭大而廟堂狹小也至尊居之也天道之貴也非特天子之爲尊也所在而衆仰之夫蟄蟲鵲巢皆鄉天一者至和在焉爾帝者誠能

包稟道合至和則禽獸草木莫不被其澤矣而況兆民乎。

淮南鴻烈解卷十三終

淮南鴻烈解卷十四

詮言訓 詮就也就萬物之指以言其徵事之所謂道之所依也

洞同天地渾沌爲樸未造而成物謂之太一。同出於一所爲各異。有鳥有魚有獸謂之分物。方以類別物以羣分。性命不同。皆形於有隔而不通。分而爲萬物莫能及宗。故動而謂之生。死而謂之窮。皆爲物矣。非不物而物物者也。物物者亡乎萬物之中。不物之物恍惚虛無 物物造萬物者也此不在萬物之中 稽古太初人生於無形於有有形而制於物。能反其所生若未有形謂之眞人。眞人者未始分於太一者也。聖人不爲名尸 尸主也 不爲謀府不爲事任。不爲智主。藏無形。行無迹。遊無朕 朕兆也 不爲福先。不爲禍始。保於虛無動於不得已。欲福者或爲禍。欲利者或離害。故無爲而寧者失其所以寧則危。無事而治者失其所以治則亂。星列於天而明。故人指之。義列於德而見。故人視之。人之所指動則有章。人之所視行則有迹。動有章則詞。行有迹則議。故聖人揜明於不形。藏迹於無爲。王子慶忌死於劍 三子慶忌者吳王僚之子闔閭弒僚慶忌勇健亡在鄭闔閭畏之使要離刺慶忌 羿死於桃棓。

梧大杖以桃木爲之以擊殺羿棓音棒 子路菹於衛蘇秦死於口人莫不貴其所有而賤其所短然而皆溺其所貴而極其所賤所貴者有形所賤者無朕也故虎豹之彊來射蝯貁之捷來措 貁音鶴 人能貴其所賤賤其所貴可與言至論矣自信者不可以誹譽遷也知足者不可以勢利誘也故通性之情者不務性之所無以爲通命之情者不憂命之所無奈何通於道者物莫不足滑其調詹何曰未嘗聞身治而國亂者也未嘗聞身亂而國治者也矩不正不可以爲方規不正不可以爲

員身者事之規矩也未聞枉己而能正人者也原天命治心術理好憎適情性則治道通矣原天命則不惑禍福治心術則不妄喜怒理好憎則不貪無用適情性則欲不過節不惑禍福則動靜循理不妄喜怒則賞罰不阿不貪無用則不以欲用害性欲不過節則養性知足凡此四者弗求於外弗假於人反己而得矣天下不可以智爲也不可以慧識也不可以事治也不可以仁附也不可以强勝也五者皆人才也德不盛不能成一焉德立則五無殆五見則德無位矣 五事皆見而德無所立位 故得道則愚者有餘失道則智者不足渡水而無游數雖强必沉有游數雖羸必遂又況託於舟航之上乎爲治之本務在於安民安民之本在於足用足用之本在於勿奪時勿奪時之本在於省事省事之本在於節欲節欲之本在於反性反性之本在於去載 去浮華載於亡者也 去載則虛虛則平平者道之素也虛者道之舍也能有天下者必不失其國能有其國者必不喪其家能治其家者必不遺其身能脩其身者必不忘其心能原其心者必不虧其性能

全其性者必不惑於道故廣成子曰愼守而內周閉而外 廣成子黃帝時人 多知爲敗毋視毋聽抱神以靜形將自正不得之己而能知彼者未之有也故易曰括囊無咎無譽能成霸王者必得勝者也能勝敵者必强者也能强者必用人力者也能用人力者必得人心者也能得人心者必自得者也能自得者必柔弱也强勝不若己者至於與同則格 言人力能與己力同也己以强加之則戰格也 柔勝出於己者其力不可度故能以衆不勝成大勝者唯聖人能之善游者不學刺舟而便用之勁筋者

不學騎馬而便居之輕天下者身不累於物故能處之泰王亶父處邠狄人攻之事之以皮幣珠玉而不聽乃謝耆老而徙岐周百姓攜幼扶老而從之遂成國焉推此意四世而有天下不亦宜乎無以天下爲者必能治天下者霜雪雨露生殺萬物天無爲焉猶之貴天也厭文搔法厭揣搔音騷勞也治宮理民者有司也君無事焉猶尊君也辟地墾草者后稷也決河濬江者禹也聽獄制中者皋陶也有聖名者堯也故得道以御者身雖無能必使能者爲己用不得其道伎藝

雖多未有益也方船濟乎江有虛舟從一方來觸而覆之雖有忮心必無怨色有一人在其中一謂張之一謂歙之近岸爲歙遠岸爲張再三呼而不應必以醜聲隨其後向不怒而今怒向虛而今實也人能虛己以遊於世孰能訾之釋道而任智者必危棄數而用才者必困有以欲多而亡者未有以無欲而危者也有以欲治而亂者未有以守常而失者也故智不足免患愚不足以至於失寧守其分循其理失之不憂得之不喜故成者非所爲也得者非所求也入者有受而無

取山者有授而無予因春而生因秋而殺所生者弗德所殺者非怨則幾於道也聖人不爲可非之行不憎人之非己也修足譽之德不求人之譽己也不能使禍不至信己之不迎也不能使福必來信己之不攘也攘却也禍之至也非其求所至故窮而不憂福之至也非其求所成故通而弗矜知禍福之制不在於己也故閒居而樂無爲而治聖人守其所以有不求其所未得求其所無則所有者亡矣修其所有則所欲者至故用兵者先爲不可勝以待敵之可勝也治

國者先爲不可奪以待敵之可奪也舜修之歷山而海內從化文王修之岐周而天下移風使舜趨天下之利而忘修己之道身猶弗能保何尺地之有故治未固於不亂而事爲治者必危行未固於無非而急求名者必剉也福莫大無禍利莫美不喪動之爲物不損則益不成則毀不利則病皆險也道之者危故秦勝乎戎而敗乎殽秦穆公勝西戎爲晉所敗於殽楚勝乎諸夏而敗乎柏莒楚昭王服諸夏而吳敗之柏莒故道不可以勸而就利者而可以寧避害者故常無禍不常有福常無罪不常

有功聖人無思慮無設儲來者弗迎去者弗將（將送也）人雖東西南北獨立中央故處衆枉之中不失其直天下皆流獨不離其壇域故不爲善不避醜遵天之道不爲始不專己循天之理不豫謀不棄時與天爲期不求得不辭福從天之則不求所無不失所得內無旁禍外無旁福禍福不生安有人賊爲善則觀（衆人之所觀）爲不善則議觀則生貴議則生患故道術不可以進而求名而可以退而修身不可以得利而可以離害故聖人不以行求名不以智見譽法修自然己

無所與慮不勝數行不勝德事不勝道爲者有不成求者有不得人有窮而道無不通與道爭則凶故詩曰弗識弗知順帝之則有智而無爲與無智者同道有能而無事與無能者同德其智也告之者至然後覺其動也使之者至然後覺其爲也有智若無智有能若無能道理爲正也故功蓋天下不施其美澤及後世不有其名道理通而人僞滅也名與道不兩明人受名則道不用道勝人則名息矣道與人競長章人者息道者也（章明息止也）人章道息則危不遠矣故世

有慮名則哀之日至矣欲尸名者必爲善欲爲善者必生事事生則釋公而就私貨數而任己欲見譽於爲善而立名於爲賢則治不修故而事不須時治不修故則多責事不須時則無功責多功鮮無以塞之則妄發而邀當妄爲而要中功之成也不足以更責（更償也）事之敗也不足以斂身故重爲善若重爲非而幾於道矣天下非無信士也臨貨分財必探籌而定分以爲有心者之於平不若無心者也天下非無廉士也然而守重寶者必關戶而全封以爲有欲者之

於廉不若無欲者也人舉其疵則怨人鑑見其醜則善鑑人能接物而不與己焉則免於累矣公孫龍粲於辭而貿名（公孫龍以白馬非馬冰不寒炭不熱爲論）鄧析巧辯而亂法（鄧析教鄭人以訟訟不俱回子産誅之）蘇秦善說而亡國由其道則善無章修其理則巧無名故以巧鬭力者始於陽常卒於陰（始於陽明終於陰暗）以慧治國者始於治常卒於亂使水流下孰弗能治激而上之非巧不能故文勝則質揜邪巧則正塞之也德可以自修而不可以使人暴道可以自治而不可以使人亂雖有聖賢之寶不遇暴

亂之世可以全身而未可以霸王也湯武之王也遇桀紂之暴也桀紂非以湯武之賢暴也湯武遭桀紂之暴而王也故雖賢王必待遇遇者能遭於時而得之也非智能所求而成也君子修行而使善無名布施而使仁無章故士行善而不知善之所由來民贍利而不知利之所由出故無爲而自治善有章則士爭名利有本則民爭功二爭者生雖有賢者弗能治故聖人揜迹於爲善而息名於爲仁也外交而爲援事大而爲安不若內治而待時凡事人者非以寶幣

必以卑辭事以玉帛則貨殫而欲不饜卑體婉辭則諭說而交不結約束誓盟則約定而反無日（反背叛也）割國之錙錘以事人（六兩曰錙倍錙曰錘）而無自恃之道不足以爲全若誠外釋交之策而慎修其境內之事盡其地力以多其積厲其民死以牢其城上下一心君臣同志與之守社稷斆死而民弗離則爲名者不伐無罪而爲利者不攻難勝此必全之道也民有道所同道有法所同守爲義之不能相固威之不能相必也故立君以一民君執一則治無常則亂君道者非所

以爲也所以無爲也何謂無爲智者不以位爲事勇者不以位爲暴仁者不以位爲患可謂無爲矣夫無爲則得於一也一也者萬物之本也無敵之道也凡人之性少則猖狂壯則暴強老則好利一身之身既數變矣又況君數易法國數易君人以其位通其好憎下之徑衢不可勝理故君失一則亂甚於無君之時故詩曰不愆不忘率由舊章此之謂也君好智則倍時而任己棄數而用慮天下之物博而智淺以淺贍博未有能者也獨任其智失必多矣故好智窮術

也好勇則輕敵而簡備自偩而辭助（自偩自恃也辭助不受傍人之助偩音負）一人之力以禦強敵不杖衆多而專用身才必不堪也故好勇危術也好與則無定分上之分不定則下之望無止若多賦斂實府庫則與民爲讎少取多與數未之有也故好與來怨之道也仁智勇力人之美才也而莫足以治天下由此觀之賢能之不足任也而道術之可修明矣聖人勝心衆人勝欲君子行正氣小人行邪氣內便於性外合於義循理而動不繫於物者正氣也重於滋味淫於聲色發於喜怒

不顧後患者。邪氣也。邪與正相傷。欲與性相害。不可兩立。一置一廢。故聖人損欲而從事於性。目好色。耳好聲。口好味。接而說之。不知利害嗜慾也。食之不寧於體。聽之不合於道。視之不便於性。三官交爭。三官謂食視聽以義爲制者心也。割痤疽非不痛也。飲毒藥非不苦也。然而爲之者便於身也。渴而飲水非不快也。饑而大飧非不贍也。然而弗爲者害於性也。此四者耳目鼻口不知所取去。心爲之制。各得其所。由是觀之。欲之不可勝明矣。凡治身養性。節寢處。適飲食。和喜

淮南　卷十四　十

怒。便動靜。使在己者得。而邪氣因而不生。豈若憂瘕疵之與痤疽之發。而豫備之哉。夫函牛之鼎沸而蠅蚋弗敢入。函牛受一牛之鼎也崑山之玉瑱崑山崑崙也瑱戒也而塵垢弗能汚也。聖人無去之心而心無醜。無取之美而美不失。故祭祀思親不求福。饗賓修敬不思德。唯弗求者能有之。言不求而所求至也處尊位者以有公道而無私說。故稱尊焉。不稱賢也。有大地者以有常術而無鈐謀鈐音寒故稱平焉。不稱智也。內無暴事以離怨於百姓外無賢行以見忌於諸侯。上下之禮襲而不離。而爲

論者莫然不見所觀焉。此所謂藏無形者。非藏無形。孰能形三代之所道者因也。故禹決江河因水也。后稷播種樹穀因地也。湯武平暴亂因時也。故天下可得而不可取也。霸王可受而不可求也。在智則人與之訟。在力則人與之爭。未有使人無智者。有使人不能用其智於己者也。未有使人無力者。有使人不能施其力於己者也。此兩者常在久見。故君賢不見諸侯不備。不肖不見則百姓不怨。百姓不怨則民用可得。諸侯弗備則天下之時可承。事所與衆同也。功所

淮南　卷十四　十一

與時成也。聖人無焉。故老子曰。虎無所措其爪。兕無所措其角。蓋謂此也。鼓不滅於聲。故能有聲。鏡不沒於形。故能有形。金石有聲。弗叩弗鳴。管簫有音。弗吹無聲。聖人內藏。不爲物先倡。事來而制。物至而應。飾其外者傷其內。扶其情者害其神。見其文者蔽其質。無須臾忘爲質者。必困於性。常恐爲質不修自然則性困也百步之中不忘其容者。必累其形。故羽翼美者傷骨骸。枝葉美者害根莖。能兩美者。天下無之也。天有明。不憂民之晦也。百姓穿戶鑿牖。自取照焉。地有財。不憂民之

貧也百姓伐木芟草自取富焉至德道者若丘山嵬
然不動行者以爲期也直己而足物生萬物以凡百姓不爲
人贛用之者亦不受其德故寧而能久天地無予也
故無奪也日月無德也故無怨也喜德者必多怨喜
予者必善奪唯滅迹於無爲而隨天地自然者唯能
勝理而爲受名名興則道行道行則人無位矣故譽
生則毀隨之善見則怨從之利則爲害始福則爲禍
先唯不求利者爲無害唯不求福者爲無禍侯而求
霸者必失其侯霸而求王者必喪其霸故國以全爲

常霸王其寄也身以生爲常富貴其寄也能不以天
下傷其國而不以國害其身者焉可以託天下也不
知道者釋其所已有而求其所未得也苦心愁慮以
行曲故福至則喜禍至則怖神勞於謀智遽於事禍
福萌生終身不悔己之所生乃反愁人禍福皆生於己不喜
則憂中未嘗平持無所監謂之狂生人主好仁則無
功者賞有罪者釋好刑則有功者廢無罪者誅及無
好者誅而無怨施而不德放準循繩身無與事若天
若地何不覆載故合而舍之者君也制而誅之者法

也民已受誅怨無所滅謂之道道勝則人無事矣聖
人無屈奇之服屈短奇長也無瑰異之行服不視其所服衆不視
視也行不觀言不議通而不華窮而不懾榮而不顯隱
而不窮異而不見怪容而與衆同無以名之此之謂
大通升降揖讓趨翔周遊不得已而爲也非性所有
於身情無符檢行所不得已之事而不解構耳豈加
故爲哉故不得已而歌者不事爲悲不得已而舞者
不矜爲麗歌舞而不事爲悲麗者皆無有根心者善
博者不欲牟不恐不勝平心定意捉得其齊適也行

由其理雖不必勝得籌必多何則勝在於數不在於
欲馳者不貪最先馳音兕競驅也不恐獨後緩急調乎手御
心調乎馬雖不能必先載馬力必盡矣何則先在於
數而不在於欲也是故滅欲則數勝棄智則道立矣
賈多端則貧工多技則窮心不一也故木之大者害
其條水之大者害其深有智而無術雖鑽之不通無術
不能達有百技而無一道雖得之弗能守故詩曰淑人
君子其儀一也其儀一也心如結也君子其結於一
乎舜彈五絃之琴而歌南風之詩以治天下周公殽

臑不收於前（臑前肩之美也）鐘鼓不解於懸。以輔成王而海內平。匹夫百畮一守。不遑啓處。無所移之也。以一人兼聽天下。日有餘而治不足。使人爲之也。處尊位者如尸。守官者如祝宰。尸雖能剝狗燒彘。弗爲也。弗能無虧。俎豆之列次。黍稷之先後。雖知弗教也。弗能害也。不能祝者不可以爲祝。無害於爲尸。不能御者不可以爲僕。無害於爲佐。故位愈尊而身愈佚。身愈大而事愈少。譬如張琴。小弦雖急。大弦必緩。無爲者道之體也。執後者道之容也。無爲制有爲。術也。執後之

制先數也。放於術則強。審於數則寧。今與人卞氏之璧。未受者先也。求而致之。雖怨不逆者後也。三人同舍。二人相爭。爭者各自以爲直。不能相聽。一人雖愚。必從旁而決之。非以智。不爭也。而人相鬬。一羸在側（羸劣人也）助一人則勝。救一人則免。鬬者雖強。必制羸。非以勇也。以不鬬也。由此觀之。後之制先。靜之勝躁數也。倍道棄數以求苟遇。變常易故以知要遮。過則自非。中則以爲候。闇行繆改。終身不寤。此之謂狂。有禍則詘。有福則贏。有過則悔。有功則矜。遂不知反。此

謂狂人。員之中規。方之中矩。行成獸。止成文。（文謂成儀文采）可以將少。而不可以將衆。蓼菜成行。（蓼菜小菜皆行列）甂甌有堤。（堤甂甌下安也）量粟而舂。數米而炊。可以治家。而不可以治國。滌杯而食。洗爵而飲。浣而後饋。可以養家老。而不可以饗三軍。非易不可以治大。非簡不可以合衆。大樂必易。大禮必簡。易故能天。簡故能地。大樂無怨。大禮不責。四海之內。莫不繫統。故能帝也。心有憂者。筐牀衽席。弗能安也。菰飯犓牛。弗能甘也。（菰凋胡也）琴瑟鳴竽。弗能樂也。患解憂除。然後食甘寢寧。居安游樂。

由是觀之。生有以樂也。死有以哀也。今務益性之所不能樂。而以害性之所以樂。故雖富有天下。貴爲天子。而不免爲哀之人。凡人之性。樂恬而憎憫。（憫憂也）樂佚而憎勞。心常無欲。可謂恬矣。形常無事。可謂佚矣。遊心於恬。舍形於佚。以俟天命。自樂於內。無急於外。雖天下之大。不足以易其一槩。日月廋而無溉於志。（廋隱也。溉灌也。已自隱藏。不以他欲灌其志也）故雖賤如貴。雖貧如富。大道無形。大仁無親。大辯無聲。大廉不嗛。大勇不矜。五者無棄。而幾鄉方矣。（方道也）軍多令則亂。酒多約則辯亂

則降北辯則相賊。故治於都者常大於鄙，始於樂者常大於悲。其作始簡者，其終本必調。今有美酒嘉肴以相饗，卑體婉辭以接之，欲以合歡，爭盈爵之間反生鬭，（爭滿不滿之間）鬭而相傷，三族結怨，反其所憎，此酒之敗也。詩之失僻，樂之失刺，禮之失責。徵音非無羽聲也，羽音非無徵聲也，五音莫不有聲，而以徵羽定名者，以勝者也。故仁義智勇，聖人之所備有也，然而皆立一名者，言其大者也。陽氣起於東北，盡於西南；陰氣起於西南，盡於東北。陰陽之始皆調適相似，日長

其類，以侵相遠，或熱焦沙，或寒凝水，故聖人謹慎其所積。水出於山而入於海，稼生於野而藏於廩，見所始則知終矣。席之先雚蕈，樽之上元樽，俎之先生魚，（祭俎上希以生魚）豆之先泰羹，（泰羹大羹，不調五味）此皆不快於耳目，不適於口腹，而先王貴之，先本而後末。聖人之接物，千變萬軫，必有不化而應化者。夫寒之與煖相反，大寒地坼水凝，火弗為衰其暑；大熱鑠石流金，火弗為益其烈。寒暑之變，無損益於己，質有之也。聖人常後而不先，常應而不唱；不進而求，不退而讓；隨時三年

時去我先，去時三年，時在我後，無去無就，中立其所。天道無親，唯德是與。有道者不失時與人，無道者失於時而取人。直己而待命，時之至不可迎而反也；要遮而求合，時之去不可追而援也。故不曰我無以為而天下遠，不曰我不欲而天下不至。古之存己者，樂德而忘賤，故名不動志；（不以名移）樂道而忘貧，故利不動心。名利充天下，不足以概志，故廉而能樂，靜而能澹。故其身治者，可與言道矣。自身以上至於荒芒，亦遠矣。（荒芒，上古時也）自死而天地無窮，亦滔矣。（滔，長也）以數雜之

壽，（雜，匝也。從子至亥為一匝）憂天下之亂，猶憂河水之少，泣而益之也。龜三千歲，浮游不過三日，（浮游，渠略也，生三日死）以浮游而為龜憂養生之具，人必笑之矣。故不憂天下之亂而樂其身之治者，可與言道矣。君子為善不能使福必來，不為非而不能使禍無至。福之至也，非其所求，故不伐其功；禍之來也，非其所生，故不悔其行。內修極而橫禍至者，皆天也，非人也。故中心常恬漠，累積其德，狗吠而不驚，自信其情。故知道者不惑，知命者不憂。萬乘之主卒，葬其骸於廣野之中，祀其鬼神於明

堂之上。神貴於形也。貴之在堂故
故神制則形從神制謂情欲不
作形勝則神窮形勝謂人體躁動聰明雖用必反諸神謂之
太沖

卷十四終

淮南鴻烈解卷十五

兵畧訓兵在畧謀

古之用兵者非利土壤之廣而貪金玉之畧畧獲也將
以存亡繼絕平天下之亂而除萬民之害也凡有血
氣之蟲含牙帶角前爪後距有角者觸有齒者噬有
毒者螫有蹏者趹喜而相戲怒而相害天之性也人
有衣食之情而物弗能足也故羣居雜處分不均求
不贍則爭爭則強脅弱而勇侵怯人無筋骨之強爪
牙之利故割革而為甲爍鐵而為刃貪昧饕餮之人

殘賊天下萬人搔動莫寧其所有聖人勃然而起乃
討強暴平亂世夷險除穢以濁為清以危為寧故不
得不中絕中絕謂中絕滅兵之所由來者遠矣黃帝嘗與炎
帝戰矣顓頊嘗與共工爭矣故黃帝戰於涿鹿之野
堯戰於丹水之浦舜伐有苗啓攻有扈自五帝而弗
能偃也又況衰世乎夫兵者所以禁暴討亂也炎帝
為火災故黃帝擒之共工為水害故顓頊誅之教之
以道導之以德而不聽則臨之以威武臨之威武而
不從則制之以兵革故聖人之用兵也若櫛髮耨苗

所去者少而所利者多殺無罪之民而養無義之君害莫大焉殫天下之財而贍一人之欲禍莫深焉使夏桀殷紂有害於民而立被其患不至於爲炮烙晉厲宋康行一不義而身死國亡不至於侵奪爲暴此四君者皆有小過而莫之討也故至於攘天下攘奪也害百姓肆一人之邪而長海內之禍此大論之所不取也所爲立君者以禁暴討亂也今乘萬民之力而反爲殘賊是爲虎傅翼曷爲弗除夫畜池魚者必去猵獺食魚者也養禽獸者必去豺狼又況治人乎故霸王之兵以論慮之以策圖之以義扶之非以亡存也將以存亡也故聞敵國之君有加虐於民者則舉兵而臨其境責之以不義刺之以過行兵至其郊乃令軍師曰毋伐樹木毋抉墳墓毋爇五穀爇音熱燒也毋焚積聚毋捕民虜毋收六畜乃發號施令曰其國之君傲天侮鬼決獄不辜殺戮無罪此天之所以誅民之所以仇也兵之來也以廢不義而復有德也有逆天之道帥民之賊者身死族滅以家聽者祿以家以里聽者賞以里以鄉聽者封以鄉以縣聽者侯以縣剋國

不及其民廢其君而易其政尊其秀士而顯其賢良振其孤寡恤其貧窮出其囹圄賞其有功百姓開門而待之淅米而儲之淅漬也唯恐其不來也此湯武之所以致王而齊桓晉文之所以成霸也故君爲無道民之思兵也若旱而望雨渴而求飲夫有誰與交兵接刃乎故義兵之至也至於不戰而止晚世之兵君雖無道莫不設渠塹傅堞而守傅守也堞城上土墻塹音塹攻者非以禁暴除害也欲以侵地廣壤也是故至於伏尸流血相支以日而霸王之功不世出者自爲之故也夫爲地戰者不能成其王爲身戰者不能立其功舉事以爲人者衆助之舉事以自爲者衆去之衆之所助雖弱必強衆之所去雖大必亡兵失道而弱得道而強將失道而拙得道而工國得道而存失道而亡所謂道者體圓而法方背陰而抱陽左柔而右剛履幽而戴明變化無常得一之原以應無方是謂神明夫圓者天也方者地也天圓而無端故不可得而觀地方而無垠故莫能窺其門天化育而無形象地生長而無計量渾渾沉沉孰知其藏凡物有朕唯道無

朕所以無朕者以其無常形勢也輪轉而無窮象日月之運行若春秋有代謝若日月有晝夜終而復始明而復晦莫能得其紀制刑而無刑故功可成物物而不物故勝而不屈刑兵之極也至於無刑可謂極之矣是故大兵無創與鬼神通五兵不厲天下莫之敢當建鼓不出庫諸侯莫不慴悽沮膽其處慴音摺悽音零故廟戰者帝神化者王所謂廟戰者法天道也神化者法四時也修政於境內而遠方慕其德制勝於未戰而諸侯服其威內政治也古得道者靜而法天地

動而順日月喜怒而合四時叫呼而比雷霆音氣不戾八風詘伸不獲五度獲誤五度五行也下至介鱗上及毛羽條修葉貫萬物百族由本至末莫不有序是故入小而不偪迫也處大而不窕浸乎金石潤乎草木宇中六合振毫之末莫不順比道之浸洽滑淖纖微無所不在是以勝權多也夫射儀度不得則格的不中格射之樞質的射准也驥一節不用而千里不至夫戰而不勝者非鼓之日也謂陳兵擊鼓之日素行無刑久矣故得道之兵車不發軔騎不被鞍鼓不振塵旗不解卷求也甲不離

矢刃不嘗血朝不易位賈不去肆農不離野招義而責之大國必朝小城必下因民之欲乘民之力而為之去殘除賊也故同利相死同情相成同欲相助順道而動天下為嚮因民而慮天下為鬬獵者逐禽車馳人趨各盡其力無刑罰之威而相為斥闉要遮者斥候闚音因寒也同所利也同舟而濟於江卒遇風波百族之子捷捽招杼船捷疾取也捽音族若左右手不以相德其憂同也故明王之用兵也為天下除害而與萬民共享其利民之為用猶子之為父弟之為兄威之所加

若崩山決塘敵孰敢當故善用兵者用其自為用也不能用兵者用其為已用也用其自為用則天下莫不可用也用其為已用所得者鮮矣兵有三詆治國家理境內行仁義布德惠立正法塞邪隧羣臣親附百姓和輯上下一心君臣同力諸侯服其威而四方懷其德修政廟堂之上而折衝千里之外拱揖指撝而天下嚮應此用兵之上也地廣民衆主賢將忠國富兵強約束信號令明兩軍相當鼓錞相望錞錞汗也形如鐘以和鼓音淳未至兵交接刃而敵人奔亡此用兵之次也

知土地之宜。習險隘之利。明奇正之變。察行陳解贖之數。維枹綰而鼓之。綰貫也枹也係於臂以擊鼓也枹音浮白刃合流矢接。涉血屬腸。輿死扶傷。流血千里。暴骸盈場。乃以決勝。此用兵之下也。今夫天下皆知事治其末。而莫知務修其本。釋其根而樹其枝也。夫兵之所以佐勝者衆。而所以必勝者寡。甲堅兵利。車固馬良。畜積給足。士卒殷軫。殷衆軫乘輪多盛貌此軍之大資也。而勝亡焉。明於星辰日月之運。刑德奇賌之數。奇賌陰陽奇秘之要賌音該背鄉左右之便。此戰之助也。而全亡焉。良將之所以必

勝者。恒有不原之智。不道之道。難以衆同也。夫論除謹。論除論賢除吏動靜時。吏卒辨。兵甲治。正行伍。連什伯。明鼓旗。此尉之官也。前後知險易。見敵知難易。發斥不忘遺。發有所見斥斥度候視也此候之官也。軍候候望者隧路亟。隧道亟言治軍隧道疾也行輜治。行輜道路輜重也賦丈均。賦治也軍壘尺丈均平也處軍楫。井竈通。此司空之官也。司空補空修繕者收藏於後。遷舍不離。無淫輿。無遺輜。此輿之官也。輿衆諸領輿衆在軍之後者凡此五官之於將也。猶身之有股肱手足也。必擇其人技能其才。使官勝其任。人能其事。告之以政。申之以令。使之若虎豹之有爪牙。飛鳥之有六翮。莫不為用。然皆佐勝之具也。非所以必勝也。兵之勝敗本在於政。政勝其民。下附其上。則兵強矣。民勝其政。下畔其上。則兵弱矣。故德義足以懷天下之民。事業足以當天下之急。選舉足以得賢士之心。謀慮足以知強弱之勢。此必勝之本也。地廣人衆不足以為強。堅甲利兵不足以為勝。高城深池不足以為固。嚴令繁刑不足以為威。為存政者雖小必存。為亡政者雖大必亡。昔者楚人地南卷沅湘。沅湘二水名北繞潁泗。潁泗二水名潁音影

西包巴蜀。東裹郯淮。巴蜀郯淮地名郯音談潁汝以為洫。江漢以為池。垣之以鄧林。鄧林沔水上險緜之以方城。緜落也方城楚北塞也山高尋雲。谿肆無景。肆極極溪之深不見景也地利形便。卒民勇敢。蛟革犀兕。以為甲冑。修鍛短鏦。鏦小矛音匆齊為前行。積弩陪後。積弩連弩錯車衛旁。疾如錐矢。錐金鏃翦羽之矢合如雷電。解如風雨。然而兵殆於垂沙。地名衆破於栢舉。楚國之強。大地計衆。中分天下。然懷王北畏孟嘗君。背社稷之守。而委身強秦。兵挫地削。身死不還。二世皇帝。勢為天子。富有天下。人迹所至。舟檝所通。莫不

爲郡縣。然縱耳目之欲。窮侈靡之變。不顧百姓之饑寒窮匱也。興萬乘之駕。而作阿房之宮。發閭左之戍。收太半之賦。（貲民之三而稅二）百姓之隨逮肆刑挽輅首路死者。（隨逮應召肆刑極刑輅輓輦橫木也）一旦不知千萬之數。天下敖然若焦熱。傾然若苦烈。上下不相寧。吏民不相憀。（憀賴也音澄）戍卒陳勝興於大澤。攘臂袒右。（袒右脫右肩衣也）稱爲大楚。而天下嚮應。當此之時。非有牢甲利兵。勁弩強衝也。伐棘棗而爲矜。（棘棗酸棗也矜矛柄）周錐鑿而爲刃。（周內檠矜以內鑽鑿也）剡摲筡。奮儋钁。（剡銳钁斫也摲音懺筡音屠儋音詹钁音矍）以當修戟強弩。攻城畧地。莫不降下。天下爲之麋沸螘動。（螘音倚）雲徹席卷。方數千里。勢位至賤。而器械甚不利。然一人唱而天下應之者。積怨在於民也。武王伐紂。東面而迎歲。（太歲）至汜而水。（汜地名水大雨）至共頭而墜。（共頭山名在河曲）彗星出而授殷人其柄。（彗星柄在東方可以掃西人）當戰之時。十日亂於上。風雨擊於中。然而前無蹈難之賞。而後無遁北之刑。白刃不畢拔而天下得矣。是故善守者無與御。而善戰者無與鬬。明於禁舍開塞之道。乘時勢。因民欲。而取天下。故善爲政者積其德。善用兵

者畜其怒。德積而民可用。怒畜而威可立也。故文之所以加者淺。則勢之所勝者小。德之所施者博。而威之所制者廣。威之所制者廣。則我強而敵弱矣。故善用兵者。先弱敵而後戰者也。故費不半而功自倍也。湯之地方七十里而王者。修德也。智伯有千里之地而亡者。窮武也。故千乘之國行文德者王。萬乘之國好用兵者亡。故全兵先勝而後戰。敗兵先戰而後求勝。德均則衆者勝寡。力敵則智者勝愚。勢侔則有數者禽無數。凡用兵者。必先自廟戰。主孰賢。將孰能。民孰附。國孰治。蓄積孰多。士卒孰精。甲兵孰利。器備孰便。故運籌於廟堂之上。而決勝千里之外矣。夫有形埒者。天下訟見之。（訟公也）有篇籍者。世人傳學之。此皆以形相勝者也。善形者弗法也。所貴道者。貴其無形也。無形則不可制迫也。不可度量也。不可巧詐也。不可規慮也。智見者人爲之謀。形見者人爲之功。衆見者人爲之伏。器見者人爲之備。動作周還。倨句詘伸。可巧詐者。皆非善者也。善者之動也。神出而鬼行。星燿而元逐。進退詘伸。不見朕垠。鸞舉麟振。鳳飛龍騰。

發如秋風疾如駭龍當以生擊死以盛乘衰以疾掩遲以飽制饑若以水滅火若以湯沃雪何往而不遂何之而不用遂在中虛神在外漠志運於無形出於不意與飄飄往與忽忽來莫知其所之與條出與間入莫知其所集卒如雷霆疾如風雨若從地出若從天下獨出獨入莫能應圉疾如鏃矢何可勝偶一晦一明孰知其端緒未見其發固已至矣故善用兵者見敵之虛乘而勿假也追而勿舍也迫而勿去也擊其猶猶陵其與與疾雷不及塞耳疾霆不暇掩目善

用兵若聲之與響若鏜之與鞈（鞈鼓鞞聲）眯不給撫呼不給吸當此之時仰不見天俯不見地手不麾戈兵不盡拔擊之若雷薄之若風炎之若火凌之若波敵之靜不知其所守動不知其所爲故鼓鳴旗麾當者莫不廢滯崩阤天下孰敢厲威抗節而當其前者故凌人者勝待人者敗爲人杓者死（杓所繫也）兵靜則固專一則威分決則勇心疑則北力分則弱故能分人之兵疑人之心則錙銖有餘不能分人之兵疑人之心則數倍不足故紂之卒百萬之心武王之卒三千人皆

專而一故千人同心則得千人力萬人異心則無一人之用將卒吏民動靜如身乃可以應敵合戰故計定而發分決而動將無疑謀卒無二心動無墮容口無虛言事無嘗試應敵必敏發動必亟故將以民爲體而民以將爲心心誠則支體親刃心疑則支體撓北心不專一則體不節動將不誠心則卒不勇敢故良將之卒若虎之牙若兕之角若鳥之羽若蚿之足（蚿馬蠸也）可以行可以舉可以噬可以觸强而不相敗衆而不相害一心以使之也故民誠從其令雖少無畏

民不從令雖衆爲寡故下不親上其心不用卒不畏將其形不戰守有必固而攻有必勝不待交兵接刃而存亡之機固以形矣兵有三勢有二權有氣勢有地勢有因勢將充勇而輕敵卒果敢而樂戰三軍之衆百萬之師志厲青雲氣如飄風聲如雷霆誠積踰而威加敵人此謂氣勢硤路津關大山名塞龍蛇蟠卻（蟠屈也）笠居羊腸道發笱門（笱竹笱所以捕魚其門可入而不得出）一人守隘而千人弗敢過也此謂地勢因其勞倦怠亂饑渴凍暍推其揞揞擠其揭揭（擠排揞揞欲卧揭揭欲拔也揞音安）此

謂因勢善用間諜審錯規慮設蔚施伏（草木茂盛曰蔚）隱匿其形出於不意敵人之兵無所適備此謂知權陳卒正前行選進退俱什伍搏前後不相撚（撚蹂蹈也）左右不相干受刃者少傷敵者衆此謂事權權勢必形吏卒專精選良用才官得其人計定謀決明於死生舉錯得失莫不振驚故攻不待衝隆雲梯而城拔（雲梯所以瞰城中）戰不至交兵接刃而敵破明於必勝之攻也故兵不必勝不苟接刃攻不必取不爲苟發故勝定而後戰鈴縣而後動故衆聚而不虛散兵出而不徒歸唯

無一動動則凌天振地抗泰山蕩四海鬼神移徙鳥獸驚駭如此則野無校兵（敵家之兵不來相交接也）國無守城矣靜以合躁治以持亂無形而制有形無爲而應變雖未能得勝於敵敵不可得勝之道也敵先我動則是見其形也彼躁我靜則是罷其力也形見則勝可制也力罷則威可立也視其所爲因與之化觀其邪正以制其命餌之以所欲以罷其足彼若有間急塡其隙極其變而束之盡其節而仆之敵若反靜爲之出奇彼不吾應獨盡其調（言我之盡調以待敵也）若動而應有見

所爲彼持後節（彼尚敵待後節敵在後使先已）與之推移彼有所積必有所虧精若轉左陷其右陂（右陂西也）敵潰而走後必可移敵迫而不動名之曰奄遲擊之如雷霆斬之若草木燿之若火電欲疾以遬（音速）人不及步銷（音喧）車不及轉轂兵如植木弩如羊角人雖衆多勢莫敢格諸有象者莫不可勝也諸有形者莫不可應也是以聖人藏形於無而遊心於虛風雨可障蔽而寒暑不可開閉以其無形故也夫能滑淖精微貫金石窮至遠放乎九天之上蟠乎黃盧之下唯無形者也善用兵

者當擊其亂不攻其治是不襲堂堂之寇不擊塡塡之旗（塡塡旗立牢端貌）容未可見以數相持彼有死形因而制之敵人執數動則就陰以虛應實必爲之禽虎豹不動不入陷阱麋鹿不動不離罝罘飛鳥不動不絓網羅魚鼈不動不擐脣喙物未有不以動而制者也是故聖人貴靜靜則能應躁後則能應先數則能勝疏博則能禽缺故良將之用卒也同其心一其力勇者不得獨進怯者不得獨退止如邱山發如風雨所凌必破靡不毀沮動如一體莫之應圉是故傷敵者

衆而手戰者寡矣夫五指之更彈不若捲手之一挃
萬人之更進不如百人之俱至也今夫虎豹便捷（挃擣也）
熊羆多力然而人食其肉而席其革者不能通其知
而壹其力也夫水勢勝火章華之臺燒（章華楚臺）以升勺
抒而救之雖涸井而竭池無奈之何也舉壺榼盆盎
而以灌之其滅可立而待也今人之與人非有水火
之勝也而欲以少耦衆不能成其功亦明矣兵家或
言曰少可以耦衆此言所將非言所戰也或將衆而
用寡者勢不齊也（勢不齊士不同力也）將寡而用衆者用力諧

也若乃人盡其才悉用其力以少勝衆者自古及今
未嘗聞也神莫貴於天勢莫便於地動莫急於時用
莫利於人凡此四者兵之幹植也然必待道而後行
可一用也夫地利勝天時巧舉勝地利勢勝人故任
天者可迷也任地者可束也任時者可迫也任人者
可惑也夫仁勇信廉人之美才也然勇者可誘也仁
者可奪也信者易欺也廉者易謀也將衆者有一見
焉則爲人禽矣由此觀之則兵以道理制勝而不以
人才之賢亦自明矣是故爲麋鹿者則可以罝罘設

也（麋鹿有兵而不能以鬬無術之軍）爲魚鼈者則可以網罟取也（魚鼈
之兵散而不集）爲鴻鵠者則可以矰繳加也（鴻鵠之兵高而無被）唯無
形者無可奈也是故聖人藏於無原故其情不可得
而觀運於無形故其陳不可得而經無法無儀來而
爲之宜無名無狀變而爲之象深哉睭睭（睭音帚）遠哉悠
悠且冬且夏且春且秋上窮至高之末下測至深之
底變化消息無所凝滯建心乎窈冥之野而藏至乎
九旋之淵雖有明目孰能窺其情兵之所隱議者天
道也所圖畫者地形也所明言者人事也所以決勝

者鈐勢也故上將之用兵也上得天道下得地利中
得人心乃行之以機發之以勢是以無破軍敗兵及
至中將上不知天道下不知地利專用人與勢雖未
必能萬全勝鈐必多矣下將之用兵也博聞而自亂
多知而自疑居則恐懼發則猶豫是以動爲人禽矣
今使兩人接刃巧拙不異而勇士必勝者何也其行
之誠也夫以巨斧擊桐薪不待利時良日而後破之
加巨斧於桐薪之上而無人力之奉雖順招搖挾刑
德而弗能破者以其無勢也故水激則悍矢激則遠

夫括淇衛箘簬。括箭括淇衛箘簬箭之所出 載以銀錫。載飾也箭以銀錫 雖有薄縞之幨。縞繒幨飄 腐荷之矰。荷蓮莖 然猶不能獨射也。假之筋角之力。弓弩之勢。則貫兕甲而徑於革盾矣。夫風之疾至於飛屋折木。虛舉之下大遲自上高下。虛舉不能為也風疾飛之下大遲從上高下也 人之有所推也。是故善用兵者勢如決積水於千仞之隄。若轉員石於萬丈之谿。天下見吾兵之必用也。則孰敢與我戰者。故百人之必死也。賢於萬人之必北也。況以三軍之衆赴水火而不還踵乎。雖誂合刃於天下。誰敢在於上者。誂音

吊卒也雖卒然合與天下爭人誰敢在其上者 所謂天數者。左青龍。右白虎。前朱雀。後元武。角亢為青龍參井為白虎星張為朱雀斗牛為元武 所謂地利者。後生而前死。左牡而右牝。高者為生下者為死丘陵為牡谿谷為牝 所謂人事者。慶賞信而刑罰必。動靜時。舉錯疾。此世傳之所以為儀表者。固也。然而非所以生儀表者。固時而變化者也。是故處於堂上之陰而知日月之次序。見瓶中之冰而知天下之寒暑。夫物之所以相形者微。唯聖人達其至。故鼓不與於五音而為五音主。水不與於五味而為五味調。將軍不與於五官之事而為五官督。故能調五音者。不與五音者也。能調五味者。不與五味者也。能治五官之事者。不可揆度者也。是故將軍之心。滔滔如春。曠曠如夏。湫漻如秋。典凝如冬。典常凝正常正於冬也曠音壙漻音遼 因形而與之化。隨時而與之移。夫景不為曲物直。響不為清音濁。觀彼之所以來。各以其勝應之。是故扶義而動。推理而行。掩節而斷割。掩覆其節制斷割也 因資而成功。使彼知吾所出而不知吾所入。知吾所舉而不知吾所集。始如狐貍。彼故輕來。合如兕虎。敵故奔走。夫飛鳥之摯也。俛其首。猛獸

之攫也。匿其爪。虎豹不外其爪而噬不見齒。故用兵之道。示之以柔而迎之以剛。示之以弱而乘之以强。為之以歙而應之以張。將欲西而示之以東。先忤而後合。前冥而後明。若鬼之無迹。若水之無創。故所鄉非所之也。所見非所謀也。舉措動靜。莫能識也。若雷之擊。不可為備。所用不復。故勝可百全。與元明通。莫知其門。是謂至神。兵之所以强者。民也。民之所以必死者。義也。義之所以能行者。威也。是故合之以文。齊之以武。是謂必取。威儀竝行。是謂至强。夫人之所樂

者生也而所憎者死也然而高城深池矢石若雨平原廣澤白刃交接而卒爭先合者彼非輕死而樂傷也爲其賞信而罰明也是故上視下如子則下視上如父上視下如弟則下視上如兄上視下如子則必王四海下視上如父則必正天下上視下如弟則不難爲之死下視上如兄則不難爲之亡是故父子兄弟之寇不可與鬬者積恩先施也故四馬不調造父不能以致遠弓矢不調羿不能以必中君臣乖心則孫子不能以應敵孫子孫武是故內修其政以積其德外

塞其醜以服其威察其勞佚以知其飽饑故戰日有期視死若歸故將必與卒同甘苦俟饑寒故其死可得而盡也故古之善將者必以其身先之暑不張蓋寒不被裘所以程寒暑也險隘不乘上陵必下所以齊勞佚也軍食熟然後敢食軍井通然後敢飲所以同饑渴也合戰必立矢射之所及以共安危也故良將之用兵也常以積德擊積怨以積愛擊積憎何故而不勝主之所求於民者二求民爲之勞也欲民爲之死也民之所望於主者三饑者能食之勞者能息之有功者能德之民以償其二積而上失其三望國雖大人雖衆兵猶且弱也若苦者必得其樂勞者必得其利斬首之功必全死事之後必賞死事以軍事死賞其後子孫也四者既信於民矣主雖射雲中之鳥而釣深淵之魚彈琴瑟聲鐘竽敦六博敦致也投高壺兵猶且強令猶且行也是故上足仰則下可用也德足慕則威可立也將者必有三隧四義五行十守所謂三隧者上知天道下習地形中察人情此三事人所從蹊隧者也所謂四義者便國不負兵負恃也爲主不顧身見難不畏死決疑

不辟罪所謂五行者柔而不可卷也剛而不可折也仁而不可犯也信而不可欺也勇而不可凌也所謂十守者神清而不可濁也謀遠而不可慕也操固而不可遷也知明而不可蔽也不貪於貨不淫於物不嚂於辯嚂音罕不推於方不可喜也不可怒也是謂至於窈窈冥冥孰知其情發必中銓言必合數動必順時解必中揍揍理也通動靜之機明開塞之節審舉措之利害若合符節疾如彍弩彍音廓勢如發矢一龍一蛇動無常體莫見其所中莫知其所窮攻則不可守

守則不可攻。蓋聞善用兵者，必先脩諸己而後求諸人；先為不可勝，而後求勝。脩己於人，求勝於敵，己未能治也，而攻人之亂，是猶以火救火，以水應水也，何所能制？今使陶人化而為埴，則不能成盆盎；工女化而為絲，則不能織文錦。同莫足以相治也，故以異為奇。兩爵相與鬬，未有死者也；鸇鷹至，則為之解，以其異類也。故靜為躁奇，有出於人治為亂奇，飽為饑奇，佚為勞奇。奇正之相應，若水火金木之代為雌雄也。善用兵者，持五殺以應，五殺五行故能全其勝；拙者處五死以

貪，故動而為人禽。兵貴謀之不測也，形之隱匿也，出於不意，不可以設備也。謀見則窮，形見則制，故善用兵者，上隱之天，下隱之地，中隱之人。隱之天者，無不制也。何謂隱之天？大寒甚暑，疾風暴雨，大霧冥晦，因此而為變者也。何謂隱之地？山陵丘阜，林叢險阻，可以伏匿而不見形者也。何謂隱之人？蔽之於前，望之於後，出奇行陳之間，發如雷霆，疾如風雨，摩巨旗，摩卷取也止鳴鼓，而出入無形，莫知其端緒者也。故前後正齊，四方如繩，出入解續，不相越凌，翼輕邊利，翼軍之翼之邊而刑或前或後，離合散聚，不失行伍，此善脩行陳者也。明於奇正賌、陰陽、刑德、五行、望氣、候星、龜策、禨祥，此善為天道者也。設規慮，施蔚伏，見用水火，出珍怪，鼓譟軍，所以營其耳也。曳梢肆柴，揚塵起堨，梢小柴堨埃所以營其目者，此善為詐佯者也。錞鉞牢重，固植而難恐，勢利不能誘，死亡不能動，此善為充幹者也。充盈幹強也剽疾輕悍，勇敢輕敵，疾若滅沒，此善用輕出奇者也。相地形，處次舍，治壁壘，審煙斥，居高陵，舍出處，此善為地形者也。因其饑渴凍暍，勞倦怠亂，恐懼窘步，

乘之以選卒，擊之以宵夜，此善因時應變者也。易則用車，易平地也險則用騎，涉水多弓，水中不可引弩故以弓便隘則用弩，隘可以手弩以為距晝則多旌，夜則多火，晦冥多鼓，此善為設施者也。凡此八者，不可一無也，然而非兵之貴者也。夫將者，必獨見獨知。獨見者，見人所不見也；獨知者，知人所不知也。見人所不見，謂之明；知人所不知，謂之神。神明者，先勝者也。先勝者，守不可攻，戰不可勝，攻不可守，虛實是也。上下有隙，將吏不相得，所持不直，卒心積不服，所謂虛也。主明將良，上下同心，氣

意俱起所謂實也若以水投火所當者陷所薄者移牢柔不相通而勝相奇者虛實之謂也故善戰者不在少善守者不在小勝在得威敗在失氣夫實則鬭虛則走盛則強衰則北吳王夫差地方二千里帶甲七十萬南與越戰棲之會稽北與齊戰破之艾陵西遇晉公擒之黃池（晉公謂晉平侯擒之謂服晉也）此用民氣之實也其後驕溢縱欲拒諫喜諛憢悍遂過（憢勇急也）不可正喻大臣怨懟百姓不附越王選卒三千人擒之干隧因制其虛也夫氣之有虛實也若明之必晦也故勝兵

者非常實也敗兵者非常虛也善者能實其民氣以待人之虛也不能者虛其民氣以待人之實也故虛實之氣兵之貴者也凡國有難君自宮召將詔之曰社稷之命在將軍即今國有難願請子將而應之將軍受命乃令祝史太卜齋宿三日之太廟鑽靈龜卜吉日以受鼓旗君入廟門西面而立將入廟門趨至堂下北面而立主親操鉞持頭授將軍其柄曰從此上至天者將軍制之復操斧持頭授將軍其柄曰從此下至淵者將軍制之將已受斧鉞答曰國不可從外治也軍不可從中御也二心不可以事君疑志不可以應敵臣既以受制於前矣鼓旗斧鉞之威臣無還請願君亦以垂一言之命於臣也君若不許臣不敢將君若許之臣辭而行乃爪鬋（鬋爪送終之禮去手足爪）設明衣也（明衣喪衣在於闕冥故言明）鑿凶門而出（凶門北出門將軍之出以喪禮處之以其必死也）乘將軍車載旌旗斧鉞累若不勝其臨敵決戰不顧必死無有二心是故無天於上無地於下無敵於前無主於後進不求名退不避罪唯民是保利合於主國之實也上將之道也如此則智者為之慮

勇者為之鬭氣厲青雲疾如馳騖是故兵未交接而敵人恐懼若戰勝敵奔畢受功賞吏遷官益爵祿割地而為調決於封外卒論斷軍中（言有罪而誅）顧反於國放旗以入斧鉞報畢於君曰軍無後治乃縞素辟舍請罪於君君曰赦之退齋服大勝三年反舍（大勝敵者還三年乃反故舍也）中勝二年下勝期年兵之所加者必無道國也故能戰勝而不報取地而不反民不疾疫將不夭死五穀豐昌風雨時節戰勝於外福生於內是故名必成而後無餘害矣

卷十五終

淮南鴻烈解卷十六

說山訓 說道之旨委積若山

魄問於魂曰道何以為體 魄人陰神魂人陽神 曰以無有為體魄曰無有有形乎魂曰無有何得而聞也魂曰吾直有所遇之耳 遇然遭遇之 視之無形聽之無聲謂之幽冥幽冥者所以喻道而非道也魄曰吾聞得之矣乃內視而自反也魂曰凡得道者形不可得而見名不可得而揚今汝已有形名矣何道之所能乎魄曰言者獨何為者 魄語魂曰言者獨何為者耶 吾將反吾宗矣 宗本也反詡無形

魄反顧魂忽然不見反而自存亦以淪於無形矣 魄亦入於無形之中 人不小學不大迷 學不博不通道故大迷 不小慧不大愚 慧不能通物故大愚 人莫鑑於沫雨而鑑於澄水者以其休止不蕩也詹公之釣千歲之鯉不能避 詹公詹何也 曾子攀柩車引輴者為之止也 曾子至孝送親哀悲哀摯援柩車而挽者感之為之止輴棺下輴音春 老母行歌而動申喜猜之至也 申喜楚人也少亡母聞乞人行歌聲感而出視則其母也 瓠巴鼓瑟而淫魚出聽 瓠巴楚人善鼓瑟淫魚喜音出於水而聽之淫魚長丈餘無鱗出江中 伯牙鼓琴駟馬仰秣 仰秣仰頭吹吐謂馬笑也 介子歌龍蛇而文君垂泣 介子介推也從晉文公重耳出奔翟遊難絕糧介子推割肌唁之公子復國賞從亡者子推獨不及故歌曰有龍矯矯而失其所有蛇從之而喪其已龍既升雲蛇獨泥處文公悟求子推不得而泣 故玉在山而草木潤淵生珠而岸不枯螾無筋骨之強爪牙之利上食晞堁下飲黃泉用心一也 晞乾也堁土塵也一猶專也 清之為明杯水見眸子濁之為闇河水不見太山視日者眩聽雷者聾人無為則治有為則傷無為而治者載無也 載行也 為者不能有也 為者有為也 不能無為者不能有為也人無言而神有言者則傷無言而神者載無有言則傷其神之神者鼻之所以息耳之所以聽終以其無用

者為用矣 以其所無用為用也 物莫不因其所有而用其所無以為不信視籟與竽念慮者不得臥止念慮則有為其所止矣 止猶去也去念慮非真無念慮 兩者俱忘則至德純矣 兩者念慮與不念慮 聖人終身言治所用者非其言也用所以言也歌者有詩然使人善之者非其詩也 善之者善其音之清和不善其詩 鸚鵡能言而不可使長是何則得其所言而不得其所以言故循迹者非能生迹者也 循遵也隨人故迹不能自為新迹 神蛇能斷而復續而不能使人勿斷也神龜能見夢元王而不能自出漁者之籠 宋元王夜夢見得神龜漁者豫且捕

魚得鼇以獻四方皆道之門戶牖嚮也在所從闚之故釣可以教騎騎可以教御御可以教刺舟越人學遠射參天而發適在五步之內不易儀也越人不知射向天而發失勢盡而還近在五步之內儀射法不知易去參天之法世已變矣而守其故譬猶越人之射也月望日奪其光陰不可以乘陽也日出星不見不能與之爭光也故末不可以強於本指不可以大於臂下輕上重其覆必易一淵不兩鮫水定則清正動則失平故惟不動則所以無不動也江河所以能長百谷者能下之也夫惟能下之是以能上

之天下莫相憎於膠漆相拌不解故曰相憎一說膠入漆則敗漆入膠亦敗而莫相愛於冰炭冰得炭則解水復其性炭得冰則保其炭故曰相愛膠漆相賊冰炭相息也牆之壞愈其立也冰之泮愈其凝也以其反宗宗本也泰山之容巍巍然高去之千里不見埵塊遠之故也秋毫之末淪於不測是故小不可以為內者大不可以為外矣蘭生幽谷不為莫服而不芳舟在江海不為莫乘而不浮君子行義不為莫知而止休夫玉潤澤而有光其聲舒揚渙乎其有似也似君子無內無外不匿瑕穢匿藏也近之而濡望之而隧夫

照鏡見眸子微察秋毫明照晦冥故和氏之璧隨侯之珠出於山淵之精君子服之順祥以安寧服佩也君子佩而象之順善以安其身侯王寶之為天下正陳成子恒之劫子淵捷也陳成子將弒齊簡公脅其大夫子淵捷子罕之辭其所不欲而得其所欲孔子之見黏蟬者黏音拈白公勝之倒杖策也衛姬之論罪於桓公衛姬衛女齊桓公夫人桓公有伐衛之志衛姬望見桓公色而知之故請公敎贖衛之罪子見子夏曰何肥也魏文侯見之反被裘而負芻也兒說之為宋王解閉結也此皆微眇可以觀論者微眇未章顯也觀論觀察而議論人有嫁其子而教之

曰爾行矣慎無為善曰不為善將為不善邪應之曰善且由弗為況不善乎此全其天器者天器猶言天則拘囹圄者以日為脩當死市者以日為短日之脩短有度也有所在而短有所在而脩也則中不平也中心也故以不平為平者其平不平也嫁女於病消者夫死則後難復處也以女為妨夫後人不敢娶故難復處也故沮舍之下不可以坐沮舍壞也倚牆之傍不可以立為辟壓也執獄牢者無病執主也厲鬼畏之故不病罪當死者肥澤計決心無外思刑者多壽心無累也刑者宮人也無情欲之累精神不耗故多壽良醫者常治無病之病

故無病。聖人者常治無患之患，故無患也。夫至巧不用劍（巧在心手，故不用劍），善閉者不用關揵（善閉其心，故不關楗）。淳于髡之告失火者，此其類（淳于髡告其鄰，使曲突徙薪，鄰人不從，後竟失火，言者不爲功，焦頭爛額爲上客）。以清入濁必困辱，以濁入清必覆傾。君子之於善也，猶采薪者見一芥掇之，見青葱則拔之（言無所令也，君子於善亦如之）。天二氣則成虹，地二氣則泄藏，人二氣則成病。陰陽不能且冬且夏，月不知晝，日不知夜。善射者發不失的，善於射矣，而不善所射（所射者死）。善釣者無所失，善於釣矣，而不善所釣（所釣者魚也）。故有所善則

淮南　卷十六　五

不善矣。鐘之與磬也，近之則鐘音充，遠之則磬音章。物固有近不若遠，遠不如近者。今曰稻生於水，而不能生於湍瀨之流；紫芝生於山，而不能生於盤石之上；慈石能引鐵，及其於銅則不行也。水廣者魚大，山高者木脩。廣其地而薄其德，譬猶陶人爲器也，揲挻其土而不益厚，破乃愈疾（愈，益也；疾，速也）。聖人不先風吹，不先雷毀，不得已而動，故無累。月盛衰於上，則蠃蠬應於下，同氣相動，不可以爲遠（類能相感，故曰不遠）。執彈而招鳥，揮棁而呼狗，欲致之，顧反走。故魚不可以無餌釣也，

獸不可以虛器召也。剝牛皮鞟以爲鼓，正三軍之衆，然爲牛計者，不若服於軛也。狐白之裘，天子被之而坐廟堂，然爲狐計者，不若走於澤。亡羊而得牛，則莫不利失也；斷指而免頭，則莫不利爲也。故人之情，於利之中則爭取大焉，於害之中則爭取小焉。將軍不敢騎白馬（爲見者所識。一說白凶服，故不敢騎也），亡者不敢夜揭炬（亡，逃也），保者不敢畜噬狗（保，保家也；噬狗，噬人之狗）。雞知將旦，鶴知夜半，而不免於鼎俎。山有猛獸，林木爲之不斬；園有螫蟲，藜藿爲之不采（言人畏也）。爲儒而踞里閭（儒尚禮義，踞里閭非也），

淮南　卷十六　六

爲墨而朝吹竽（墨道尚儉，不好樂，縣名朝歌，墨子不入，吹竽非也）。欲滅迹而走雪中，拯溺者而欲無濡，是非所行而行所非。今夫闇飲者非嘗不遺飲也，使之自以平，則雖愚無失矣。是故不同於和而可以成事者，天下無之矣（和猶適也）。求美則不得美，不求美則美矣（自求美名，則不得美名；自損則有美名）。求醜則不得醜，求不醜則有醜矣。不求美又不求醜，則無美無醜矣，是謂元同。申徒狄負石自沉於淵而溺者，不可以爲抗（申徒狄，殷末人，不忍見紂，負石自沉於淵。抗，高也）。弦高誕而存鄭，誕者不可以爲常。事有一應而不可循行，人有

多言者猶百舌之聲喻人雖多言無益於事人有少言者猶不脂之戶也不脂之戶難開閉也六畜生多耳目者不祥讖書著之祥善也多耳目人以爲妖災也百人抗浮不若一人挈而趨抗舉浮瓠也百人共舉不如一人持之便物固有衆而不若少者引車者二六而後之二六十二人也事固有相待而成者兩人俱溺不能相拯一人處陸則可矣故同不可相治必待異而後成千年之松下有茯苓上有兎絲茯苓千歲松脂也兎絲生其上而無根一名女蘿上有叢蓍下有伏龜聖人從外知內以見知隱也喜武非俠也俠輕也喜文非儒也好方非醫也好

馬非騶也知音非瞽也知味非庖也此有一槩而未得主名也一槩一當也善之而未純故無所適名被甲者非爲十步之內也百步之外則爭深淺深則達五藏淺則至膚而止矣死生相去不可爲道里言相遠也楚王亡其猨而林木爲之殘猨捷躁依木而處故殘林以求之宋君亡其珠池中魚爲之殫故澤失火而林憂上求材臣殘木上求魚臣乾谷上求楫而下致船上言若絲下言若綸綸大緻也上有一善下有二譽上有三衰下有九殺上之所好下尤甚焉大夫種知所以強越而不知所以存身萇宏知周之所存

而不知身所以亡知遠而不知近遠謂越周近謂身也畏馬之辟也不敢騎懼車之殺也不敢乘是以虛禍距公利也不孝弟者或詈父母生子者所不能任其必孝也然猶養而長之任保也范氏之敗有竊其鐘負而走者范氏范吉射敗者趙簡子伐之鎗然有聲懼人聞之遽掩其耳憎人聞之可也自掩其耳悖矣升之不能大於石也升在石之中夜之不能修其歲也夜在歲之中仁義之不能大於道德也仁義在道德之包先針而後縷可以成帷先縷而後針不可以成衣針成幕蔂成城事之

成敗必由小生言有漸也幕帷也上曰幕旁曰帷縷非刺無以通故宜先也蔂音纍土籠也始一匱以上於城染者先青而後黑則可先黑而後青則不可工人下漆而上丹則可下丹而上漆則不可萬事由此所先後上下不可不審水濁而魚噞形勞則神亂故國有賢君折衝萬里因媒而嫁而不因媒而成因人而交不因人而親行合趨同千里相從行不合趨不同對門不通海水雖大不受胔芥胔青芥日月不應非其氣陽燧取火方諸取水非此不得故曰不應非其氣君子不容非其類也人不愛倕之手而愛己之指倕堯之巧工也倕手無益

於己拊也不愛江漢之珠而愛己之鉤江漢雖有美珠不為己用故不愛也以束薪為鬼以火煙為氣以束薪為鬼朅鉤可以得魚故愛之而走見束薪以為鬼故去而走以火煙為氣殺豚烹狗以火煙為吉凶之氣殺牲以禳之先事如此不如其後巧者善度知者善豫豫備也羿死桃部不給射慶忌死劍鋒不給搏桃部地名羿為逢蒙所殺不及攝己而射搏捷也慶忌吳王僚之子要離為所刺之故死不及設其捷疾之力誠非者戶告之曰我實不與我諛亂謗乃愈起止言以言止事以事譬猶揚堁而弭塵抱薪而救火揚堁止塵塵愈起抱薪救火火愈熾也流言雪汙譬猶以涅拭素也流放雪除涅黑素白也

矢之於十步貫兕甲於三百步不能入魯縞騏驥一日千里其出致釋駕而僵釋稅僵仆也力竭勢盡也大家攻小家則為暴大國并小國則為賢小馬非大馬之類也小知非大知之類也被羊裘而貨固其事也貂裘而負籠甚可怪也籠[illegible]籠以潔白為汙辱譬猶沐浴而抒溷薰燧而負彘治疽不擇善惡醜肉而并割之農夫不察苗莠而并耘之豈不虛哉壞塘以取龜發屋而求狸掘室而求鼠割脣而治齲音區桀跖之徒君子不與殺戎馬而求狐狸援兩鼈而失靈龜斷右臂而爭一

毛折鏌邪而爭錐刀用智如此豈足高乎寧百刺以針無一刺以刀寧一引重無久持輕寧一月饑無一旬餓饑食不足餓困乏也萬人之蹪愈於一人之隧隧陷也有譽人之力儉者舂至旦不中員呈猶譴之察之乃其母也譴責怒也稱譽人力儉呈作不中科員而責怒也君子視之乃自呈作其母以為力故以此譽人孫如殺之故諺曰問誰毀之小人譽之此之謂也故小人之譽人反為損東家母死其子哭之不哀西家子見之歸謂其母曰社何愛速死吾必悲哭社江淮謂母為社夫欲其母之死者雖死亦不能悲哭矣謂學不暇者雖學亦不能學矣見窾

木浮而知為舟見飛蓬轉而知為車見鳥迹而知著書以類取之以非義為義以非禮為禮譬猶倮走而追狂人盜財而予乞者竊簡而寫法律蹲踞而誦詩書割而舍之鏌邪不斷肉執而不釋馬氂截玉氂馬尾也聖人無止無以歲賢昔日愈昨也賢猶勝也歲賢今歲勝於昔歲所謂止也愈勝今日勝於昨日無止也馬之似鹿者千金天下無千金之鹿玉待礛諸而成器礛諸攻玉之石言物有待我而貴者也礛音藍有千金之璧而無錙錘之礛諸六銖曰錙八銖曰錘言其賤也受光於隙照一隅受光於牖照北壁受光於戶照室中無遺物況

受光於宇宙乎天下莫不藉明於其前矣由此觀之所受者小則所見者淺所受者大則所照者博江出岷山河出崑崙濟出王屋潁出少室漢出嶓冢分流舛馳注於東海所行則異所歸者一通於學者若車軸轉轂之中不運於己與之致千里終而復始轉無窮之源不通於學者若迷惑告之以東西南北所居聆聆背而不得不知凡要寒不能生寒熱不能生熱不寒不熱能生寒熱故有形出於無形未有天地能生天地者也至深微廣大矣雨之集無能霑待其止而能有濡（集下也）矢之發無能貫待其止而能有穿唯止能止衆止（矢止乃能穿物）因高而爲臺就下而爲池各就其勢不敢更爲聖人用物若用朱絲約芻狗若爲土龍以求雨芻狗待之而求福（求猶得也待芻狗之靈而得福也）土龍待之而得食（土龍致雨雨而成穀故得食）魯人身善制冠妻善織屨往徙於越而大困窮以其所修而遊不用之鄉譬若樹荷山上而畜火井中操釣上山揭斧入淵欲得所求難也方車而蹠越乘桴而入胡欲無窮不可也楚王有白蝯（音猨）王自射之則搏矢而熙（熙戲也）使養由

基射之始調弓矯矢未發而蝯擁柱號矣有先中中者也咼氏之璧（咼音和）夏后之璜揖讓而進之以合歡夜以投人則爲怨時與不時醜西施之面美而不可說規孟賁之目大而不可畏君形者亡焉人有昆弟相分者無量（多不可計）而衆稱義焉夫惟無量故不可得而量也登高使人欲望臨深使人欲闚處使然也射者使人端釣者使人恭事使然也曰殺罷牛可以贖良馬之死莫之爲也殺牛必亡之數（法禁殺牛犯之者誅故曰必亡之數）以必亡贖不必死未能行之者矣季孫氏劫公家孔子說之先順其所爲而後與之入政曰舉枉與直如何不得舉直與枉勿與遂往此所謂同汙而異塗者衆曲不容直衆枉不容正故人衆則食狼狼衆則食人欲爲邪者必相明正欲爲曲者必相達直公道不立私欲得容者自古及今未嘗聞也此以善託其醜衆議成林無翼而飛三人成市虎（三人從市中來皆言市中有虎人信以爲有故曰三人成市虎）一里撓椎（撓弱一里之人皆有能撓椎者人則信之也）夫游沒者不求沐浴已自足其中矣故食草之獸不疾易藪（疾患也）水居之蟲不疾易水行小變而不失常信

有非禮而失禮。尾生死其梁柱之下。此信之非也。孔氏不喪出母。此禮之失者。曾子立孝。不過勝母之閭。墨子非樂。不入朝歌之邑。曾子立廉。不飲盜泉。所謂養志者也。紂爲象箸而箕子唏。魯以偶人葬而孔子歎。故聖人見霜而知冰。有鳥將來。張羅而待之。得鳥者羅之一目也。今爲一目之羅。則無時得鳥矣。今被甲者以備矢之至。若使人必知所集。則懸一札而已矣。事或不可前規。物或不可慮。卒然不戒而至。故聖人畜道以待時。（道德均化無不稟受故聖人畜養以待時時至而應）髡屯犁牛

既科以犧。决鼻而羈。（髡屯犁牛貌犁牛不純色無角犧無尾决鼻羈頭而牽髡音坤科音科犧音修）生子而犧。尸祝齋戒以沈諸河。（犧者牲也尸祭神之主祝祈福祥之辭祝河曰沈）河伯豈羞其所從出。辭而不享哉。得萬人之兵。不如聞一言當。（當謂明其時地利和人之言可以不戰屈人之兵也）得隋侯之珠。不若得事之所由。得和氏之璧。不若得事之所適。（由用適宜適也）撅良馬者。非以逐狐狸。將以射麋鹿。砥利劍者。非以斫縞衣。將以斷兕犀。故高山仰止。景行行止。鄉者其人。見彈而求鴞炙。（彈可以彈鴞見鳥因求其炙）見卵而求晨夜。（雞知將旦鶴知夜半見其卵因望其夜鳴）見黂（音焚）而求成布。

（黂麻之有實者可以爲布因求其成）雖其理哉。亦不病暮。象解其牙。不憎人之利之也。死而棄其招簣。不怨人取之。（招簣死者浴牀上之簀也簀音債）人能以所不利利人則可。狂者東走。逐者亦東走。東走則同。所以東走則異。溺者入水。拯之者亦入水。入水則同。所以入水者則異。故聖人同死生。愚人亦同死生。聖人之同死生。通於分理。愚人之同死生。不知利害所在。徐偃王以仁義亡國。國亡者非必仁義。比干以忠靡其體。被誅者非必忠也。故寒顫（音尃）懼者亦顫。此同名而異實。（同名於顫異者寒與懼）明月之珠

出於蠬蜃。周之簡圭。生於垢石。（珠有夜光明月生於蠬中簡圭大圭美玉出於石中故曰生垢石）大蔡神龜。出於溝壑。（大蔡元龜之所出地名因名其龜爲大蔡）萬乘之主。冠錙錘之冠。履百金之車。牛皮爲踐。正三軍之衆。（鼓聲氣故可以齊三軍之衆）欲學歌謳者。必先徵羽樂風。欲美和者。必先始於陽阿采菱。（陽阿采菱樂曲）此皆學其所不學。而欲至其所欲學者。爝蟬者務在明其火。釣魚者務在芳其餌。明其火者。所以燿而致之也。芳其餌者。所以誘而利之也。（爝明芳香也明火香餌則蟬魚至）欲致魚者先通水。欲致鳥者先樹木。水積而魚聚。木茂而鳥集。

好弋者先具繳與矰好魚者先具罟與罛未有無其具而得其利遺人馬而解其羈遺人車而稅其轙轙所以縛衡也轙音倚所愛者少而所亡者多故里人諺曰烹牛而不鹽敗所爲也烹羹不與鹽不成羹桀有得事堯有遺道嫫母有所美嫫母古之醜女西施有所醜故亡國之法有可隨者治國之俗有可非者琬琰之玉在洿泥之中雖廉者弗釋琬琰音遠演美玉也釋舍也弊箄甑瓾在袇茵之上雖貪者不搏甗甑帶搏取也箄音瓾甀音風袇音然美之所在雖汙辱世不能賤惡之所在雖高隆世不能貴不能賤喻賢者在下位不能貴喻小人在上位春貸秋賦民皆欣春賦秋貸衆皆怨得失同喜怒爲別其時異也爲魚德者非挈而入淵爲蝯賜者非負而緣木縱之其所而已貂裘而雜不若狐裘而粹故人莫惡於無常行有相馬而失馬者然良馬猶在相之中今人放燒或操火往益之或接水往救之兩者皆未有功而怨德相去亦遠矣郢人有買屋棟者求大三圍之木而人予車轂跪而度之巨雖可而長不足巨大也蘧伯玉以德化公孫鞅以刑罪所極一也病者寢席醫之用針石巫之用糈藉所救鈞也貍

淮南　卷十六　十五

頭愈鼠雞頭已瘻鼠齧人瘡狸愈之瘻頸腫疾雞頭水中芡虻散積血斲木愈齲此類之推者也膏之殺鼈鵲矢中蝟中亦殺也爛灰生蠅漆見蟹而不乾此類之不推者也推與不推若非而是若是而非孰能通其微天下無粹白狐而有粹白之裘掇之衆白也善學者若齊王之食雞必食其蹠數十而後足蹠雞足踵也喻學取道衆多然後優刀便剃毛至伐大木非斧不剋物固有以剋適成不逮者視方寸於牛不知其大於羊總視其體乃知其大相去之遠孕婦見兔而子缺脣見麋而子四目小馬大目不可謂大馬大馬之目眇所謂之眇馬物固有似然而似不然者故決指而身死決傷也或斷臂而顧活類不可必推厲利劍者必以柔砥擊鐘磬者必以濡木轂強必以弱輻兩堅不能相和兩強不能相服故梧桐斷角馬氂截玉言柔勝剛也媒但者非學謾也但成而生不信但猶詐也立慬者慬音勤非學鬭爭也慬立而生不讓故君子不入獄爲其傷恩也不入市爲其侳廉也侳辱也積不可不慎者也走不以手縛手走不能疾飛不以尾屈尾飛不能遠物之用者必待不用者故所止見者

淮南　卷十六　十六

乃不見者也使鼓鳴者乃不鳴者也嘗一臠肉知一鑊之味（有足曰鼎，無足曰鑊）懸羽與炭而知燥溼之氣（燥故炭輕也溼故炭重也）以小明大見一葉落而知歲之將暮睹瓶中之冰而知天下之寒以近論遠三人比肩不能外出戶一人相隨可以通天下（言不並也）足蹍地而為迹暴行而為影此易而難（蹍履也履地迹自成行日中影自生是其易使迹正影直是其難也）楚王誅里史孫叔敖制冠浣衣（里史佞臣惡人死叔敖自知當見用故制冠浣衣）文公棄荏席後黴黑咎犯辭歸（晉文棄其臥席之下黴黑者咎犯感其捐舊物故辭歸黴音梅）故桑葉落而長年悲也（桑葉落長年懼命盡故感而悲）

鼎錯日用而不足貴（錯小鼎錯日見用不足貴）周鼎不爨而不可賤（周家大鼎不日炊而不可賤）物固有以不用而為有用者地平則水不流重鈞則衡不傾物之尤必有所感物固有以不用為大用者先倮而浴則可以浴而倮則不可先祭而後饗則可先饗而後祭則不可物之先後各有所宜也祭之日而言狗生取婦夕而言衰麻置酒之日而言上冢渡江河而言陽侯之波（陽陵侯能為大波為人作害舟人所不欲言也）或曰知其且赦也而多殺人或曰知其且赦也而多活人其望赦同所利害異故或吹火而然

或吹火而滅所以吹者異也烹牛以饗其里而罵其東家母德不報而身見殆文王汚膺鮑申傴背以成楚國之治（文王楚武子之子汚膺陷胷也鮑申楚相）裨諶出郭而知以成子產之事（裨諶鄭大夫謀於野則獲鄭國有難子產載如野與議四國之事故曰成子產之事也）朱儒問徑天高於修人修人不知曰子雖不知猶近之於我故凡問事必於近者（脩人長人也）寇難至躄者告盲者盲者負而走兩人皆活得其所能也故使盲者語使躄者走失其所也郢人有鬻其母為請於買者曰此母老矣幸善食之而勿苦此行大不義而欲

為小義者介蟲之動以固貞蟲之動以毒螫（貞蟲無牝牡之合而有毒故能螫）熊羆之動以攫搏（攫撥也熊羆多力故能撥攫有所搏也）兕牛之動以觝觸物莫措其所修而用其短也（措置也）治國者若鋤田去害苗者而已今沐者墮髮而猶為之不止以所去者少所利者多砥石不利而可以利金（金刀劍之屬）檠不正而可以正弓（檠弓之擠排也音禁）物固有不正而可以正不利而可以利（不正者檠不利者砥）力貴齊知貴捷得之同遬為上（齊捷皆疾也齊音劑）勝之同遲為下所以貴鏌邪者以其應物而斷割也劙（音幾）靡勿釋牛車絕轔（劙切）

楚人謂門切之橉車行其上則斷之也。爲孔子之窮於陳蔡而廢六藝則惑爲醫之不能自治其病。病而不就藥則悖矣。

卷十六終

淮南鴻烈解卷十七

說林訓 木叢生曰林說萬物承皋若林之聚

以一世之度制治天下。譬猶客之乘舟中流遺其劍。遽契其舟桅。契刻也桅船弦板也墮劍於中流刻下船弦言識其於此下失劍也桅音佹暮薄而求之。其不知物類亦甚矣。夫隨一隅之迹而不知因天地以游。惑莫大焉。雖時有所合然而不足貴也。譬若旱歲之土龍。疾疫之芻狗。是時爲帝者也。土龍求雨芻狗求福時見貴也曹氏之裂布。蛷者貴之然非夏后氏之璜。楚人名命爲曹今俗間以始織布繫著其旁謂之曹布燒以傅蠼螋瘡則愈故蛷者貴之璜以發泉國家之寶故曰然非夏后氏之璜也蛷音求無古無今。無始無終。未有天地而生天地至深微廣大矣。足以蹍者淺矣。然待所不蹍而後行。蹍音蹍履也待所履而行者則不得行故曰待所不履而後行智所知者褊矣。然待所不知而後明。褊狹知所知所不知以成明矣游者以足蹶以手㧊音撥不得其數。愈蹶愈敗。及其能游者非手足者矣。鳥飛反鄉。兔走歸窟。狐死首邱。寒將翔水。各哀其所生。寒將水鳥哀猶愛也毋貽盲者鏡。毋予躄者履。毋賞越人章甫。非其用也。越人斷髮無用冠爲椎固有柄。不能自椓。音涿目見百步之外。不能自見其眦。喻人能有所爲而不能自爲也狗彘不擇甂甌而食。甂扁音偷肥其體而顧近其死。偷取顧反也肥則烹之故近死也鳳凰高翔千仞之上。故莫之能致。非聖德君不致也月照天下。蝕於詹諸。騰蛇游霧而殆於蝍蛆。詹諸月中蝦蟇蝍蛆蟋蟀上螣蛇不敢動蝍音卽蛆音且烏力勝日而服於鵻禮。能有修短也。烏在日中而見故曰勝日服猶畏也鵻禮鸈苙泰人謂之祝祝鳩鸒時晨鳴人含者鴻烏皆畏之鵻音追莫壽於殤子。而彭祖爲夭矣。生寄死歸殤子去所寄歸所卜故以爲壽彭祖壽入百歲不早歸故以爲夭短綆不可以汲深器。小不可以盛大。非其任也。怒出於不怒。爲出於不爲。視於無形。則得其所見矣。聽於無聲。則得其所聞矣。

淮南 〈卷十七 二十

至味不慊。至言不文。至樂不笑。至音不叫。叫音斗大匠不斲。大豆不具。大勇不鬬。慊快叫譟呼也不斲不自斲大勇人鬬自畏之不復鬬也得道而德從之矣。譬若黃鍾之比宮。太簇之比商。無更調焉。更改也以瓦鉒者全。以金鉒者跋。以玉鉒者發。鉒者提馬維家謂之投翮全者全發除跛者刺跛走發者疾迅也鉒音柱是故所重者在外。則內爲之掘。掘氣不安祥也逐獸者目不見太山。嗜慾在外。則明所蔽矣。不見其害聽有音之音者聾。聽無音之音者聰。不聾不聰。與神明通。卜者操龜。筮者端策。以問於數。安所問之哉。舞者舉節。坐者不期而拚皆如一。

所極同也。日出暘谷。入于虞淵。莫知其動。須臾之間。俛人之頸。俛猶戾也人莫欲學御龍。而皆欲學御馬。莫欲學治鬼。而皆欲學治人。急所用也。解門以爲薪。塞井以爲臼。人之從事。或時相似。或有也相似似其恩水火相憎。鏏在其間。五味以和。鏏小鼎又曰鼎無耳爲鏏鏏受水而火炊之鏏音彗骨肉相愛。讒賊間之。而父子相危。夫所以養而害所養。譬猶削足而適履。殺頭而便冠。昌羊去蚤蝨而來蛉窮。昌羊昌蒲蛉窮蚰蜒入耳之蟲也除小害而致大賊。故小快而害大利。牆之壞也。不若無也。然逾屋之覆。牆之壞更爲土歸於本故曰逾屋之

淮南 〈卷十七 三

覆也璧瑗成器。礛諸之功。礛諸治玉之石礛一讀曰廉鏌邪斷割。砥礪之力。狡兔得而獵犬烹。高鳥盡而強弩藏。喻不復用也虻與驥致千里而不飛。無糗糧之資而不饑。失火而遇雨。失火則不幸。遇雨則幸也。故禍中有福也。鬻棺者欲民之疾病也。畜粟者欲歲之荒饑也。水靜則平。平則清。清則見物之形。弗能匿也。故可以爲正。川竭而谷虛。丘夷而淵塞。夷平塞滿也脣竭而齒寒。河水之深。其壤在山。鈞之縞也。一端以爲冠。一端以爲絑。冠則戴致之。絑則蹍履之。知己者不可誘以物。明於死生

者不可却以危故善游者不可懼以涉親其親於骨肉節族之屬連也骨肉謂一人之身故曰節族之連也心失其制乃反自害言心失制度則自害身也況疏遠乎聖人之於道猶葵之與日也雖不能與終始哉其鄉之誠也宮池涔則溢旱則涸江水之原淵泉不能竭蓋非橑不能蔽日輪非輻不能追疾然而橑輻未足恃也金勝木者非以一刃殘林也土勝水者非以一𡎺塞江也躄者見虎而不走非勇勢不便也傾者易覆也倚者易𨄅也幾易助也濕易雨也𨄅尤也幾近也設鼠者機動釣魚者泛杭任

動者車鳴也動發也發則得鼠泛釣浮杭動動則得魚任者棄也芻狗能立而不能行蛇牀似麋蕪而不能芳蛇牀臭麋蕪香謂許由無德烏獲無力莫不醜於色醜猶怒也一曰愧也人莫不奮于其所不足以兔之走使犬如馬則逮日歸風言其疾也及其為馬則又不能走矣冬有雷電夏有霜雪然而寒暑之勢不易小變不足以妨大節黃帝生陰陽黃帝古天神始造人之時化生陰陽也上駢生耳目桑林生臂手上駢桑林皆神名此女媧所以七十化也終日之言必有聖之事百發之中必有羿逢蒙之巧然而世不與也其守節非也非者非其與也牛蹏彘顱亦骨也而世弗灼必問吉凶於龜者以其歷歲久矣近敖倉者不為之多飯臨江河者不為之多飲期滿腹而已蘭芝以芳未嘗見霜鼓造辟兵壽盡五月之望鼓造謂梟一曰蝦蟇五月望作梟羹亦作蝦蟇羹舌之與齒孰先礲也錞之與刃孰先弊也繩之與矢孰先直也今鱓之與蛇蠶之與蠋蠋音蜀狀相類而愛憎異人愛鱓與蠶畏蛇與蠋晉以垂棘之璧得虞虢驪戎以美女亡晉國美女驪姬也亡猶亂也聾者不謌無以自樂盲者不觀無以接物接猶見也觀射者遺其藝觀書者忘其愛意有所在則忘

其所守古之所為不可更則推車至今無蟬匷蟬匷車類匷音嬰使但吹竽使氐厭竅雖中節而不可聽但古不知吹人但讀燕無其君形者也與死者同病難為良醫與亡國同道難與為謀為客治飯而自藜藿名尊於實也尊重享仁義之名重於治飯之實也乳狗之噬虎也伏雞之搏狸也恩之所加不量其力使景曲者形也使響濁者聲也情泄者中易測華不時者不可食也華實若今八九月食晚瓜令人病瘧之類故卜食喻人多言不時適不可聽用也蹠越者或以舟或以車雖異路所極一也蹠至也極亦至也佳人不同體美人不同面而皆

說於目梨橘棗栗不同味而皆調於口人有盜而富者富者未必盜有廉而貧者貧者未必廉蔐苗類絮而不可爲絮（蔐荻也即所謂蘆花絮也）廣（音熒）不類布而可以爲布出林者不得直道行險者不得履繩（繩亦直也）羿之所以射遠中微者非弓矢也造父之所以追速致遠者非轡銜也海內其所出故能大輪復其所過故能遠羊肉不慕螘螘慕於羊肉羊肉羶也醯酸不慕蚋蚋慕於醯酸嘗一臠肉而知一鑊之味懸羽與炭而知燥濕之氣以小見大以近喻遠十頃之陂可以灌四十

頃（畜水曰陂）而一頃之陂可以灌四頃大小之衰然（衰差也）明月之光可以遠望而不可以細書甚霧之朝可以細書而不可以遠望尋常之外畫者謹毛而失貌（謹悉微毛留意於小則失其大貌）射者儀小而遺大治鼠穴而壞里閭潰小皰而發痤疽（皰面氣也痤疽癰也）若珠之有纇玉之有瑕置之而全去之而虧（置其纇瑕也）榛巢者處林茂安也窟穴者託埵防便也（埵防高處防隄也）王子慶忌足躡麋鹿手搏兕虎置之冥室之中不能搏龜鼈勢不便也湯放其主而有榮名崔杼弒其君而被大謗所以爲之

則同其所以爲之則異呂望使老者奮（呂望鼓刀釣魚年七十始學讀書九十爲文王作師佐武王伐紂成王封之於齊故老者慕之而自奮勵）項託使嬰兒矜以類相慕（項託年七歲窮難孔子而爲之作師小兒聞之咸自矜大）使葉落者風搖之使水濁者魚撓之虎豹之文來射蝯狖之捷來作（蝯狖屈仰鼻而長尾作猶疾也以其捷來使疾擊而取之）行一棊不足以見智彈一弦不足以見悲三寸之管而無當（當猶底也）天下弗能滿十石而有塞百斗而足矣以筩測江筩終而以水爲測惑矣（筩擿船以筩渡江筩沒因以江水爲盡故曰惑也）漁者走淵木者走山所急者存也朝之市則走夕過市則步所

求者亡也豹裘而雜不若狐裘之粹白璧有考（黷汙）不得爲寶言至純之難也戰兵死之鬼憎神巫（兵死之鬼善行病人巫能祝劾殺之故憎畏）盜賊之輩醜吠狗無鄉之社易爲黍肉無國之稷易爲求福鼈無耳而目不可以瞥精于明也（不可瞥瞥之則見也）瞽無目而耳不可以察精于聰也（不可以察察之則聞）遺腹子不思其父無貌于心也（不知父貌）不夢見像無形于目也（不見父像）蝮蛇不可爲足虎豹不可使緣木（蝮蛇有毒螫人不爲足爲足益甚虎猛獸不可使能緣木）馬不食脂桑扈不啄粟非廉也（桑扈青雀馬不宿齧）秦通崤塞而魏築城也（魏徙都大梁閉）

（秦通溮崤關知欲來東兼之故築城設守備也）饑馬在廄寂然無聲投芻其傍爭心乃生引弓而射非弦不能發矢弦之爲射百分之一也道德可常權不可常故逍關不可復亡犴（音衆）不可再環可以喻員不可以輪條可以爲繶（音亦）不凶以紃（紃亦繶也絃轉數也紃音巡）日月不竝出狐不二雄神龍不匹猛獸不羣鷙鳥不雙循繩而斵則不過懸衡而量則不差（衡秤也）植表而望則不惑損年則嫌于弟益年則疑于兄不如循其理若其當（理道當猶實也）人不見龍之飛舉而能高者風雨奉之（奉助也）蠹衆則木折隙大

淮南　卷十七　八

則牆壞懸垂之類有時而隧（隧墜也）枝格之屬有時而弛（弛落也）當凍而不死者不失其適（死乃爲失適又死故曰不失其適也）當暑而不暍者不亡其適（亡亦失也）未嘗適亡其適（亡無也言不凍亦暍何適之有）湯沐具而蟣虱相弔大厦成而燕雀相賀憂樂別也柳下惠見飴曰可以養老盜跖見飴曰可以黏牡見物同而用之異（牡門戶籥牡也）蠶食而不飲二十二日而化蟬飲而不食三十日而蛻蜉蝣不食不飲三日而死人食礜石而死蠶食之而不饑（礜石出陰山一曰能殺鼠礜音譽）魚食巴菽而死鼠食之而肥（菽豆總名）類不可必

推死以火成不可以得火竹以水生不可以得水揚堁而欲弭塵被裘而以翣翼豈若適衣而已哉槁竹有火弗鑽不熱土中有水弗掘無泉蚘象之病人之寶也（蚘大蛤中有珠象有牙故人以爲寶）人之病將有誰寶之者乎爲酒人之利而不酤則竭爲車人之利而不僦則不達握火提人反先之熱（不欲使酒人車人得利不酤不僦而先自竭先不達猶以火投人先會熱爛也）鄰之母死往哭之妻死而不泣有所劫以然也（嫌於情色故曰有所劫）西方之倮國鳥獸弗辟與爲一也一膊炭熯（一膊一挺也膊音轉）掇之則爛指萬石俱熯去之十步

淮南　卷十七　九

而不死同氣異積大勇小勇有似於此今有六尺之廣臥而越之下材弗難植而踰之上材弗易勢施異也百梅足以爲百人酸一梅不足以爲一人和（喻衆能濟少少不能有所成也）有以飵死者而禁天下之食有以車爲敗者而禁天下之乘則悖矣釣者靜之罧者扣舟罩者抑之罣者舉之爲之異得魚一也（罧者以柴積水中以取魚扣擊也魚聞擊舟皆藏柴下壅而取之也罧音于）見象牙乃知其大於牛見虎尾乃知其大於貍一節見而百節知也小國不鬬於大國之間兩鹿不鬬於伏兕之旁（畏見食也）佐祭者得嘗救

鬪者得傷蔭不祥之木爲雷電所撲或謂冢或謂隴或謂笠或謂簦（簦音登）頭虱與空木之瑟名同實異也（頭中虱空木瑟其音同其實則異也）日月欲明而浮雲蓋之蘭芝欲修而秋風敗之虎有子不能搏攫者輒殺之爲墮武也（墮廢也武威也）龜紐之璽賢者以爲佩（龜紐之璽衣印也紐係佩服也）土壤布在田能者以爲富（能動者播殖嘉穀以爲饒富也）予拯溺者金玉不若尋常之纆索視書上有酒者下必有肉上有年者下必有月以類而取之蒙塵而眯固其理也爲其不出戶而墚之也（爲不出戶而墚眯之非其道）屠者羹藿爲車者

淮南 〈卷十七 十

步行陶者用缺盆匠人處狹廬爲者不得用用者弗肯爲轂立三十輻各盡其力不得相害使一輻獨入衆輻皆棄豈能致千里哉夜行者掩目而前其手涉水者解其馬載之舟事有所宜而有所不施橘柚有鄉萑葦有叢（萑音歡）獸同足者相從游鳥同翼者相從翔田中之潦流入於海附耳之言聞於千里也蘇秦步曰何故趨曰何趨馳有爲則議多事固苛（蘇秦爲多事之人故見議見背也）皮將弗覩毛將何顧畏首畏尾身凡有幾（有幾言常畏也）欲觀九州之土足無千里之行心無政敎之

原而欲爲萬民之上則難（無其術故曰難）的的者獲提提者射（的的明也爲衆所見故獲提提安也若鳥不飛獸不走提提安時故爲人所射）故大白若辱大德若不足（若辱自同於衆人若不足者實若虛之貌）未嘗稼穡粟滿倉未嘗桑蠶絲滿囊得之不以道用之必橫海不受流胔（胔音恣）太山不上小人（胔有肉日胔太山王者所封禪處不令小人得上）旁光不升俎（旁光胞也俎豆之實唯肩髀脇肋不得升也）騶駁不入牲（犧牲以純色也騶音番）中夏用箑快之（箑音歃）至冬而不知去褰衣涉水至陵而不知下未可以應變有山無林有谷無風有石無金（林生於山山未必皆有林風出於谷谷未必皆有風金生於石石未必皆有金喻聖

淮南 〈卷十七 十一

人出衆人衆人未必皆聖賢也）滿堂之坐視鉤各異（滿堂坐人視其鉤各異形）於環帶一也（類雖異所用者同）獻公之賢欺於驪姬（殺申生也）叔孫之智欺於豎牛（三日不食而餓死也）故鄭詹入魯春秋曰佞人來佞人衆（鄭詹鄭文公大夫以齊桓公卒不使鄭伯朝齊而使朝於楚齊人執之自齊逃至魯魯謂之佞人也）君子有酒鄙人鼓缶雖不見好亦不見醜（醜惡）人性便絲衣帛或射之則被鎧甲爲其所不便以得所便（便利也）輻之入轂各值其鑿不得相通猶人臣各守其職不得相干（干亂也）嘗被甲而免射者被而入水嘗抱壺而度水者抱而蒙火可謂不知類矣君子

之居民上若以腐索御奔馬若履薄氷蛟在其下若入林而遇乳虎言常驚懼也化不洽於民民不附善用人者若蚈之足衆而不相害若脣之與齒堅柔相摩而不相敗摩近敗贁也情醶之美如於耒耜醶音薟清酒也黼黻之美在於杼軸白與黑爲黼青與赤爲黻皆文衣也布之新不如紵紵之弊不如布或善爲新或惡爲故善猶宜也靨酺在頰則好在顙則醜靨酺者頰上窐也窐者在顙以桀故醜靨音葉酺音付繡以爲裳則宜以爲冠則譏譏人非之也馬齒非牛蹏檀根非椅枝故見其一本而萬物知知猶別也石生而堅蘭生而芳少有其質長而

愈明扶之與提謝之與讓故之與先諾之與已也相去千里汙準而粉其顙腐鼠在壇楚人謂中庭爲壇燒薰於宮入水而憎濡懷臭而求芳雖善者弗能爲工善或作巧再生者不穫華大旱者不胥時落不胥時落不待秋時而零落也母曰不幸甑終不墮井抽簪招燐有何爲驚燐血精似野火招之應聲而至血灑汙人以聲招問不至故曰何驚也使人無度河可中河使無度不可見虎一文不知其武一文一班也見驥一毛不知善走水蠆爲蟌蟌音聰孑孑爲𧕿孑音厥兔齧爲蟹兔齧蟲名蟹音形物之所爲出於不意弗知者驚知者不怪銅英青

金英黃玉英白黂燭掬膏燭澤也以微知明以外知內象肉之味不知於口鬼神之貌不著於目捕景之說不形於心指所不嘗見之冬冰可折夏水可結時難得而易失木方茂盛終日采而不知秋風下霜一夕而殫病熱而強之餐救暍而飲之寒救經而引其索拯溺而授之石欲救之反爲惡惡猶害也雖欲謹亡馬不發戶轔言馬亡不可發戶限而求轔戶限也楚人謂之轔轔音鄰雖欲豫就酒不懷蘗孟賁探鼠穴鼠無時死必噬其指失其勢也孟賁勇士探鼠於穴故爲失勢山雲蒸柱礎潤礎柱下石礩也礎音楚伏苓掘兔絲死

所生者亡故死一家失熛熛音標百家皆燒讒夫陰謀百姓暴骸粟得水濕而熱甑得火而液水中有火火中有水疾雷破石陰陽相薄湯沐之於河有益不多流潦注海雖不能益猶愈於已已止也一目之羅不可以得鳥無餌之釣不可以得魚遇士無禮不可以得賢兔絲無根而生蛇無足而行魚無耳而聽蟬無口而鳴有然之者也然如是也鶴壽千歲以極其游蜉蝣朝生而暮死而盡其樂修短各得其志紂醢梅伯文王與諸侯構之構謀也桀辜諫者湯使人哭之狂馬不觸木猘狗不自投於

河獺音制雖聾蟲而不自陷又況人乎愛熊而食之鹽愛獺而飲之酒雖欲養之非其道熊食鹽而死獺飲酒而敗故曰非其道心所說毀舟為杕杕音第心所欲毀鐘為鐸杕舟尾鐸大鈴也管子以小辱成大榮蘇秦以百誕成一誠誠信也質的張而弓矢集林木茂而斧斤入非或召之形勢所致者也待利而後拯溺人亦必以利溺人矣利謂人者利人之溺得其利也舟能沉能浮愚者不加足舟船能載浮物愚者不敢加足畏其沉也騏驥驅之不進引之不止人君不以取道里刺我行者欲與我交訾我貨者欲與我市刺非訾毀也以水和水

不可食一絃之瑟不可聽以其失和故不可聽刺專用也駿馬以抑死直士以正窮賢者擯於朝美女擯於宮擯棄也行者思於道而居者夢於牀慈母吟於巷適子懷於荊精相往來也赤肉懸則烏鵲集鷹隼鷙則眾鳥散物之散聚交感以然食其食者不毀其器食其實者不折其枝塞其源者竭背其本者枯交畫不暢連環不解其解之不以解暢達也臨河而羨魚不如歸家織網明月之珠蠬之病而我之利虎爪象牙禽獸之利而我之害易道良馬使人欲馳飲酒而樂使人欲謌是而行之

故謂之斷非而行之必謂之亂斷猶治也矢疾不過二里也步之遲百舍不休千里可致聖人處於陰眾人處於陽聖人行於水眾人行於霜水行之無迹霜雪履有迹異音者不可聽以一律異形者不可合於一體合同也農夫勞而君子養焉君子謂君養焉以化澤與休之愚者言而智者擇焉擇可用者捨茂林而集于枯不弋鵠而弋烏難與有圖圖謀也言其愚也寅丘無壑泉源不溥尋常之谿灌千頃之澤言有源也見之明白處之如玉石玉之與石見之闇晦必留其謀言可別也闇晦不明留猶思謀也以天下之大託於一人之才譬若

懸千鈞之重於木之一枝負子而登牆謂之不祥為其一人隕而兩人傷善舉事者若乘舟而悲謌一人唱而千人和不能耕而欲黍粱不能織而喜采裳無事而求其功難矣有榮華者必有憔悴有羅紈者必有麻蒯鳥有沸波者河伯為之不潮畏其誠也大鵬翔水上扇魚令出沸波攫而食之故河伯深藏於淵故一夫出死千乘不輕匹夫志意出死必戰雖大國兵車千乘不輕之也蝮蛇螫人傅以和堇則愈和堇野葛毒藥物故有重而害反為利者聖人之處亂世若夏暴而待暮桑榆之間逾易忍也言亂世將盡如日在西方桑榆間將夕故

曰易忍 水雖平必有波。衡雖正必有差。尺寸雖齊必有詭。（詭不同也）非規矩不能定方圓。非準繩不能正曲直。用規矩準繩者。亦有規矩準繩焉。舟覆乃見善游。馬奔乃見良御。嚼而無味者弗能內於喉。視而無形者不能思於心。兕虎在於後。隨侯之珠在於前。弗及掇者先避患而後就利。逐鹿者不顧兔。決千金之貨者不爭銖兩之價。弓先調而後求勁。馬先馴而後求良。人先信而後求能。陶人棄索。車人掇之。屠者棄銷。而鍛者拾之。所緩急異也。百星之明不如一月之光。十牖

畢開不如一戶之明。矢之於十步貫兕甲。及其極不能入魯縞。（言勢極也）太山之高。背而弗見。秋毫之末。視之可察。山生金。反自刻。木生蠹。反自食。人生事。反自賊。巧冶不能鑄木。工匠不能斲金者。形性然也。白玉不雕。美珠不文。質有餘也。故跬步不休。跛鱉千里。累積不輟。可成丘阜。城成於土。木直於下。非有事焉。所緣使然。凡用人之道。若以燧取火。疏之則弗得。（疏猶遠也）數之則弗中。（數猶疾也）正在疏數之間。（得其節火乃生）從朝視夕者移。從枉準直者虧。聖人之偶物也。若以鏡視形。曲

得其情。楊子見逵路而哭之。為其可以南可以北。（逵道九達曰逵）墨子見練絲而泣之。為其可以黃可以黑。（練白也）趨舍之相合。猶金石之一調。相去千歲。合一音也。（雖久不變故千歲一音）鳥不干防者。雖近弗射。（鳥[illegible]之[illegible]）其當道。雖遠弗釋。（當道作防害者故曰不釋）酤酒而酸。買肉而臭。然酤酒買肉不離屠沽之家。故求物必於近之者。以詐應詐。以譎應譎。若披蓑而救火。毀瀆而止水。乃愈益多。西施毛嬙狀貌不可同。世稱其好美鈞也。堯舜禹湯法籍殊類。得民心一也。聖人者隨時而舉事。因資而立功。潦

則具擢對。旱則修土龍。（擢對貯水器　土龍致雨物也）臨淄之女織紈而思行者。為之悖戾。（臨淄齊都　悖戾惡也）室有美容。縞為之纂繹。（不密緻志有感故纂）徵羽之操。不入鄙人之耳。軫和切適。舉坐而善。（軫轉也轉其和更作急調激楚之音非正樂故舉坐而善之）過府而負手者。希不有盜心。（府藏貨所主也）故侮人之鬼者。過社而搖其枝。（侮猶病也）晉陽處父伐楚以救江。故解捽者不在於捌格。在於批伉。（批擊也伉推擊其要也伉音沉）木大者根擢。山高者基扶。蹠巨者志遠。體大者節疏。狂者傷人。莫之怨也。嬰兒詈老。莫之疾也。賊心亡。（賊害也亡音忙）尾生之信不如

隨牛之誕（尾生死信於婦人信之失隨牛竝高矯君命爲誕以存國故不如牛）而又況一不信者乎（一猶常也）憂父之疾者子治之者醫進獻者祝治祭者庖（庖宰也）

卷十七終

淮南鴻烈解卷十八

人間訓（人間之事得失之端存亡之幾也）

清淨恬愉人之性也儀表規矩事之制也知人之性其自養不勃知事之制其舉錯不惑發一端散無竟周八極總一筦謂之心見本而知末觀指而睹歸執一而應萬握要而治詳謂之術居知所爲行知所之事知所秉動知所由謂之道道者置之前而不鞼（音志）錯之後而不軒內之尋常而不塞布之天下而不窕是故使人高賢稱譽己者心之力也使人卑下誹謗己者心之罪也夫言出於口者不可止於人行發於邇者不可禁於遠事者難成而易敗也名者難立而易廢也千里之隄以螻螘之穴漏百尋之屋以突隙之煙焚（突竈突也）堯戒曰戰戰慄慄日慎一日人莫蹪於山而蹪於垤（蹪躓也）是故人皆輕小害易微事以多悔患至而後憂之是猶病者已惓而索良醫也（惓劇也）雖有扁鵲俞跗之巧猶不能生也（俞跗黃帝時醫）夫禍之來也人自生之福之來也人自成之禍與福同門利與害爲鄰非神聖人莫之能分凡人之舉事莫不先以其

智規慮揣度而後敢以定謀其或利或害此愚智之所以異也曉自然以爲智知存亡之樞機禍福之門戶舉而用之陷溺於難者不可勝計也使知所爲是者事必可行則天下無不達之塗矣是故知慮者禍福之門戶也動靜者利害之樞機也百事之變化國家之治亂待而後成是故不溺於難者成是故不可不慎也天下有三危少德而多寵一危也才下而位高二危也身無大功而有厚祿三危也故物或損之而益或益之而損何以知其然也昔者楚莊王旣勝

晉於河雍之間(莊王敗晉荀林父之師於邲邲河雍地也)歸而封孫叔敖辭而不受病疽將死謂其子曰吾則死矣王必封女女必讓肥饒之地而受沙石之間有寢邱者其地确石而名醜(寢邱今汝南固始地前有垢谷後有莊邱名醜确音學)荊人鬼(好鬼也)越人機(機祥也)人莫之利也孫叔敖死王果封其子以肥饒之地其子辭而不受請有寢之邱楚國之俗功臣二世而爵祿惟孫叔敖獨存此所謂損之而益也何謂益之而損昔晉厲公南伐楚東伐齊西伐秦北伐燕兵橫行天下而無所綣(綣音卷屈也)威服四方而無所詘遂合諸侯於嘉陵氣充志驕淫侈無度暴虐萬民內無輔拂之臣外無諸侯之助戮殺大臣親近導諛明年出遊匠驪氏欒書中行偃劫而幽之諸侯莫之救百姓莫之哀三月而死夫戰勝攻取地廣而名尊此天下之所願也然而終於身死國亡此所謂益之而損者也夫孫叔敖之請有寢之邱沙石之地所以累世不奪也晉厲公之合諸侯於嘉陵所以身死於匠驪氏也衆人皆知利利而病病也唯聖人知病之爲利知利之爲病也夫再實之木根必傷掘藏之

家必有殃(掘藏謂發冢得伏藏)以言大利而反爲害也張武教智伯奪韓魏之地而擒於晉陽(張武智伯臣也爲趙襄子所殺)申叔時教莊王封陳氏之後而霸天下(申叔時楚大夫)孔子讀易至損益未嘗不憤然而歎曰益損者其王者之事與事或欲以利之適足以害之或欲害之乃反以利之利害之反禍福之門戶不可不察也陽虎爲亂於魯魯君令人閉城門而捕之得者有重賞失者有重罪圍三卒而陽虎將舉劍而伯頤(伯迫也)門者止之曰天下探之不窮我將出子陽虎因赴圍而逐揚劍提戈

而走門者出之。顧反取其出之者、以戈推之、攘袂薄腋。袪，袂也。出之者怨之。曰我非故與子反也、爲之蒙死被罪、而乃反傷我、宜矣其有此難也。魯君聞陽虎失、大怒。問所出之門、使有司拘之。以爲傷者受大賞、而不傷者被重罪。此所謂害之而反利者也。何謂欲利之而反害之。楚恭王與晉人戰於鄢陵。戰酣、恭王傷而休、晉人射恭王中目。司馬子反渴而求飲。豎陽穀奉酒而進之。豎，小使。陽穀，名也。子反之爲人也、嗜酒而甘之、不能絶於口。遂醉而臥。恭王欲復戰、使人召司馬子反、辭以

心痛。王駕而往視之。入幄中而聞酒臭。恭王大怒曰、今日之戰、不穀親傷。不穀，人君自謂。所恃者司馬也。而司馬又若此、是亡楚國之社稷而不率吾衆也。不穀無與復戰矣。於是罷師而去之。斬司馬子反爲僇。故豎陽穀之進酒也、非欲禍子反也。誠愛而欲快之也、而適足以殺之。此所謂欲利之而反害之者也。夫病溫而强之食、病暍而飲之寒。此衆人之所以爲養也、而良醫之所以爲病也。悅於目、悅於心、愚者之所利也、然而有道者之所辟也。故聖人先忤而後合、衆人先合而後忤。有功者人臣之所務也。有罪者人臣之所辟也。或有功而見疑、或有罪而益信。何也、則有功者離恩義、有罪者不敢失仁心也。魏將樂羊攻中山、其子執在城中。城中縣其子以示樂羊。樂羊曰、君臣之義不得以子爲私、攻之愈急。中山因烹其子、而遺之鼎羹與其首。樂羊循而泣之曰、是吾子。已、爲使者跪而毀三杯。使者歸報。中山曰、是伏約死節者也、不可忍也。遂降之。爲魏文侯大開地有功。自此之後、日以不信。此所謂有功而見疑者也。何謂有罪而益信。孟孫

獵而得麑。孟孫，魯大夫。使秦西巴持歸烹之。麑母隨之而嗁。秦西巴弗忍、縱而予之。孟孫歸、求麑安在。秦西巴對曰、其母隨而嗁、臣誠弗忍、竊縱而予之。孟孫怒、逐秦西巴。居一年、取以爲子傅。左右曰、秦西巴有罪於君、今以爲子傅、何也。孟孫曰、夫一麑而不忍、又何況於人乎。此謂有罪而益信者也。故趨舍不可不審也。此公孫鞅之所以抵罪於秦、而不得入魏也。商君有罪走魏，魏人不入。功非不大也、然而累足無所踐者、不義之故也。事或奪之而反與之、或與之而反取之。智伯求地於

魏宣子宣子弗欲與之任登曰智伯之强威行於天下求地而弗與是爲諸侯先受禍也不若與之宣子曰求地不已爲之奈何任登曰與之使喜必將復求地於諸侯諸侯必植耳（竦耳而聽也）與天下同心而圖之一心所得者非直吾所亡也魏宣子裂地而授之又求地於韓康子韓康子不敢不予諸侯皆恐又求地於趙襄子襄子弗與於是智伯乃從韓魏圍襄子於晉陽三國通謀擒智伯而三分其國此所謂奪人而反爲人所奪也何謂與之而反取之晉獻公欲假道

於虞以伐虢遺虞垂棘之璧與屈産之乘虞公惑於璧與馬而欲與之道宮之奇諫曰不可夫虞之與虢若車之有輪輪依於車車亦依輪虞之與虢相恃而勢也若假之道虢朝亡而虞夕從之矣虞公弗聽遂假之道荀息伐虢遂克之還反伐虞又拔之此所謂與之而反取者也聖王布德施惠非求其報於百姓也郊望禘嘗（郊祭天望祭山川禘嘗祭宗廟也）非求福於鬼神也山致其高而雲起焉水致其深而蛟龍生焉君子致其道而福祿歸焉夫有陰德者必有陽報有陰行者必

有昭名古者溝防不修水爲民害禹鑿龍門辟伊闕平治水土使民得陸處百姓不親五品不慎契教以君臣之義父子之親夫妻之辨長幼之序田野不修民食不足后稷乃教之辟地墾草糞土種穀令百姓家給人足故三后之後無不王者有陰德也周室衰禮義廢孔子以三代之道教導於世其後繼嗣至今不絶者有隱行也秦王趙政兼吞天下而巳（趙政始皇生於趙故名趙政）智伯侵地而滅商鞅支解李斯車裂三代種德而王齊桓繼絶而霸故樹黍者不獲稷樹怨者無

報德昔者宋人好善者三世不解家無故而黑牛生白犢以問先生先生曰此吉祥以饗鬼神（白犢純色可以爲犧牲）居一年其父無故而盲牛又復生白犢其父又復使其子以問先生其子曰前聽先生言而失明今又復問之奈何其父曰聖人之言先忤而後合其事未究固試往復問之其子又復問先生先生曰此吉祥也復以饗鬼神歸致命其父其父曰行先生之言也居一年其子又無故而盲其後楚攻宋圍其城當此之時易子而食析骸而炊丁壯者死老病童兒皆上

城牢守而不下。楚王大怒。城已破。諸城守者皆屠之。此獨以父子盲之故。得無乘城。軍罷圍解。則父子俱視。（視復明也）夫禍福之轉而相生。其變難見也。近塞上之人有善術者。馬無故亡而入胡。人皆弔之。其父曰。此何遽不爲福乎。居數月。其馬將胡駿馬而歸。人皆賀之。其父曰。此何遽不能爲禍乎。家富良馬。其子好騎。墮而折其髀。人皆弔之。其父曰。此何不遽爲福乎。居一年。胡人大入塞。丁壯者引弦而戰。近塞之人。死者十九。此獨以跛之故。父子相保。故福之爲禍。禍之爲

福。化不可極。深不可測也。或直於辭而不害於事者。或虧於耳以忤於心而合於實者。高陽魋（宋大夫）將爲室。問匠人。匠人對曰。未可也。木尚生。加塗其上。必將撓。以生材任重塗。今雖成。後必敗。高陽魋曰。不然。夫木枯則益勁。塗乾則益輕。以勁材任輕塗。今雖惡。後必善。匠人窮於辭。無以對。受令而爲室。其始成。竘然善也。（竘高壯貌音口）而後果敗。此所謂直於辭而不可用者也。何謂虧於耳。忤於心而合於實。靖郭君將城薛。（靖郭君齊威王子也封於薛）賓客多止之。弗聽。靖郭君謂謁者曰。無

為賓通言。齊人有請見者曰。臣請道三言而已。過三言。請烹。靖郭君聞而見之。賓趨而進。再拜而興。因稱曰。海大魚。則反走。靖郭君止之曰。願聞其說。賓曰。臣不敢以死爲熙。（熙戲也）靖郭君曰。先生不遠道而至此。爲寡人稱之。賓曰。海大魚。網弗能止也。釣弗能牽也。蕩而失水。則螻蟻皆得志焉。今夫齊。君之淵也。君失齊。則薛能自存乎。靖郭君曰。善。乃止不城薛。此所謂虧於耳。忤於心。而得事實者也。夫以無城薛止城薛。其於以行說。乃不若海大魚。故物或遠之而近。或近

之而遠。或說聽計當而身疏。或言不用。計不行而益親。何以明之。三國伐齊。圍平陸。（三國韓魏趙也）括子以報於牛子曰。三國之地。不接於我。踰鄰國而圍平陸。利不足貪也。然則求名於我也。請以齊侯往。牛子以爲善。括子出。無害子入。（三子皆齊臣）牛子以括子言告無害子。無害子曰。異乎臣之所聞。牛子曰。國危而不安。患結而不解。何謂貴智。無害子曰。臣聞之。有裂壤土以安社稷者。聞殺身破家以存其國者。不聞出其君以爲封疆者。牛子不聽無害子之言。而用括子之計。三國

之兵罷而平陸之地存自此之後括子日以疏任寛子日以進故謀患而患解國國而國存括子之智得矣無害子之慮無中於策謀無益於國然而心調於君有義行也今人待冠而飾首待屨而行地冠屨之於人也寒不能煖風不能障暴不能蔽也然而冠冠屨屨者其所自託者然也夫咎犯戰勝城濮而雍季無尺寸之功然而雍季先賞而咎犯後存者其言有貴者也故義者天下之所賞也百言百當不如擇趨而審行也或無功而先舉或有功而後賞何以明之

昔晉文公將與楚戰城濮問於咎犯曰爲奈何咎犯曰仁義之事君子不厭忠信戰陳之事不厭詐僞君其詐之而已矣辭咎犯問雍季雍季對曰焚林而獵愈多得獸後必無獸以詐僞遇人雖愈利後亦無復君其正之而已矣於是不聽雍季之計而用咎犯之謀與楚人戰大破之還歸賞有功者先雍季而後咎犯左右曰城濮之戰咎犯之謀也君行賞先雍季何也文公曰咎犯之言一時之權也雍季之言萬世之利也吾豈可以先一時之權而後萬世之利也哉智

伯率韓魏二國伐趙圍晉陽決晉水而灌之城下緣木而處縣釜而炊襄子謂張孟談曰城中力已盡糧食匱乏大夫病爲之奈何張孟談曰亡不能存危弗能安無爲貴智士臣請試潛行見韓魏之君而約之乃見韓之君說之曰臣聞之脣亡而齒寒今智伯率二君而伐趙趙將亡矣趙亡則君爲之次矣不及今而圖之禍將及二君二君曰智伯之爲人也粗中而少親我謀而泄事必敗爲之奈何張孟談曰言出君之口入臣之耳人孰知之者乎且同情相成同利相

死君其圖之二君乃與張孟談陰謀與之期張孟談乃報襄子至其日之夜趙氏殺其守隄之吏決水灌智伯智伯軍救水而亂韓魏翼而擊之襄子將卒犯其前大敗智伯軍殺其身而三分其國襄子乃賞有功者而高赫爲賞首羣臣請曰晉陽之存張孟談之功也而赫爲賞首何也襄子曰晉陽之圍也寡人國家危社稷殆羣臣無不有驕侮之心者唯赫不失君臣之禮吾是以先之由此觀之義者人之大本也雖有戰勝存亡之功不如行義之隆故君子曰美言可

以市撙美行可以加人或有罪而可賞也。或有功而可罪也。西門豹治鄴。廩無積粟。府無儲錢。庫無甲兵。官無計會。人數言其過於文侯。文侯身行其縣。果若人言。文侯曰。翟璜任子治鄴而大亂。子能道則可。不能。將加誅於子。西門豹曰。臣聞王主富民。霸王富武。亡國富庫。今王欲爲霸王者也。臣故稸積於民。君以爲不然。臣請升城鼓之。一鼓。甲兵粟米可立具也。於是乃升城而鼓之。一鼓。民被甲括矢。操兵弩而出。再鼓。負輦粟而至。文侯曰。罷之。西門豹曰。與民約信。非

一日之積也。一舉而欺之。後不可復用也。燕常侵魏八城。臣請北擊之。以復侵地。遂舉兵擊燕。復地而後反。此有罪而可賞者也。解扁爲東封。（解扁魏臣從東封者）上計而入三倍。有司請賞之。文侯曰。吾土地非益廣也。人民非益衆也。入何以三倍。對曰。以冬伐木而積之。於春浮之河而鬻之。文侯曰。民春以力耕。暑以強耘。秋以收斂。冬閒無事。以伐林而積之。負軛而浮之河。是用民不得休息也。民以敝矣。雖有三倍之入。將焉用之。此有功而可罪也。賢主不苟得。忠臣不苟利。何以

明之。中行穆伯攻鼓。弗能下。（鼓北翟）餽聞倫曰。鼓之嗇夫。聞倫知之。（聞倫晉人）請無罷武大夫。而鼓可得也。穆伯弗應。左右曰。不折一戟。不傷一卒。而鼓可得也。君奚爲弗使。穆伯曰。聞倫爲人佞而不仁。若使聞倫下之。吾可以勿賞乎。若賞之。是賞佞人。佞人得志。是使晉國之武。舍仁而爲佞。雖得鼓。將何所用之。攻城者。欲以廣地也。得地不取者。見其本而知其末也。秦穆公使孟盟舉兵襲鄭。過周以東。鄭之賈人弦高、蹇他。（蹇他弦高黨）相與謀曰。師行數千里。數絕諸侯之地。其勢必

襲鄭。凡襲國者。以爲無備也。今示以知其情。必不敢進。乃矯鄭伯之命。以十二牛勞之。三率相與謀（三率白乙孟明西乙）曰。凡襲人者。以爲弗知。今已知之矣。守備必固。進必無功。乃還師而反。晉先軫舉兵擊之。（先軫晉大夫）大破之殽。鄭伯乃以存國之功賞弦高。弦高辭之曰。誕而得賞。則鄭國之信廢矣。爲國而無信。是俗敗也。賞一人而敗國俗。仁者弗爲也。以不信得厚賞。義者弗爲也。遂以其屬徙東夷。終身不反。故仁者不以欲傷生。知者不以利害義。聖人之思修。愚人之思叕。（叕音哲短）

忠臣者務崇君之德諂臣者務廣君之地何以明之陳夏徵舒弒其君楚莊王伐之陳人聽令莊王以討有罪遣卒戍陳（戍守也欲有陳也）大夫畢賀申叔時使於齊反還而不賀莊王曰陳爲無道寡人起九軍以討之征暴亂誅罪人羣臣皆賀而子獨不賀何也申叔時曰牽牛蹊人之田田主殺其人而奪之牛罪則有之罰亦重矣今君王以陳爲無道興兵而攻因以誅罪人遣人戍陳諸侯聞之以王爲非誅罪人也貪陳國也蓋聞君子不棄義以取利王曰善乃罷陳之戍

立陳之後諸侯聞之皆朝於楚此務崇君之德者也張武爲智伯謀曰（張武晉人）晉六將軍中行文子最弱而上下離心可伐以廣地於是伐范中行滅之矣又教智伯求地於韓魏趙韓魏裂地而授之趙氏不與乃率韓魏而伐趙圍晉陽三年三國陰謀同計以擊智氏遂滅之此務爲君廣地者也夫爲君崇德者霸爲君廣地者滅故千乘之國行文德者王湯武是也萬乘之國好廣地者亡智伯是也非其事者勿仞也非其名者勿就也無故有顯名者勿處也無功而富貴

者勿居也夫就人之名者廢仞人之事者敗無功而大利者後將爲害譬猶緣高木而望四方也雖愉樂哉然而疾風至未嘗不恐也患及身然後憂之六驥追之弗能及也是故忠臣事君也計功而受賞不爲苟得積力而受官不貪爵祿其所能者受之勿辭也其所不能者與之勿喜也辭所能則匿欲所不能則惑辭所不能而受所能則得無損墮之勢而無不勝之任矣昔者智伯驕伐范中行而克之又劫韓魏之君而割其地尚以爲未足遂興兵伐趙韓魏反之軍

敗晉陽之下身死高梁之東頭爲飲器國分爲三爲天下笑此不知足之禍也老子曰知足不辱知止不殆可以修久此之謂也或譽人而適足以敗之或毀人而乃反以成之何以知其然也費無忌復於荊平王曰（費無忌楚臣）晉之所以霸者近諸夏也而荊之所以不能與之爭者以其僻遠也楚王若欲從諸侯不若大城城父而令太子建守焉以來北方王自攻其南是得天下也楚王悅之因命太子建守城父命伍子奢傅之居一年伍子奢遊人於王側（遣說於王之左側）言太

子甚仁且勇能得民心王以告費無忌無忌曰臣固聞之太子內撫百姓外約諸侯齊晉又輔之將以害楚其事已構矣王曰爲我太子又尚何求曰以秦女之事怨王王因殺太子建而誅伍子奢此所謂見譽而爲禍者也何謂毀人而反利之唐子短陳駢子於齊威王唐子齊大夫威王欲殺之陳駢子與其屬出亡奔薛孟嘗君聞之使人以車迎之至而養以芻豢黍梁五味之膳日三至冬日被裘罽音計夏日服絺紵出則乘牢車駕良馬孟嘗君問之曰夫子生於齊長於齊

夫子亦何思於齊對曰臣思夫唐子者孟嘗君曰唐子者非短子者耶曰是也孟嘗君曰子何爲思之對曰臣之處於齊也糲粢之飯藜藿之羹冬日則寒凍夏日則暑傷自唐子之短臣也以身歸君食芻豢飯黍粱服輕煖乘牢良臣故思之此謂毀人而反利之者也是故毀譽之言不可不審也或貪生而反死或輕死而得生或徐行而反疾何以知其然也魯人有爲父報讐於齊者刳其腹而見其心坐而正冠起而更衣徐行而出門上車而步馬顏色不變其御欲驅

撫而止之曰今日爲父報讐以出死非爲生也今事已成矣又何去之追者曰此有節行之人不可殺也解圍而去之使被衣不暇帶冠不及正蒲伏而走上車而馳必不能自免於千步之中矣今坐而正冠起而更衣徐行而出門上車而步馬顏色不變此衆人所以爲死也而乃反以得活此所謂徐而馳遲於步也夫走者人之所以爲疾也步者人之所以爲遲也今反乃以人之所爲遲者反爲疾明於分也有知徐之爲疾遲之爲速者則幾於道矣故黃帝亡其元珠

使離朱捷剟索之而弗能得之也於是使忽怳而後能得之離朱明目捷剟疾利忽怳善忘之人皆黃帝臣也聖人敬小慎微動不失時百射重戒射象也禍乃不滋計福勿及慮禍過之同日被霜蔽者不傷愚者有備與知者同功夫爝火在縹煙之中也一指之所能息也塘漏若鼷穴一墣之所能塞也及至火之燔孟諸而炎雲臺孟諸宋大澤雲臺高至雲也水決九江而漸荆州雖起三軍之衆弗能救也夫積愛成福積怨成禍若癰疽之必潰也所浼者多矣浼汚也諸御鞅復於簡公諸御鞅齊臣簡公齊君曰陳成常

宰子二子者甚相憎也臣恐其構難而危國也君不
如去一人簡公不聽居無幾何陳成常果攻宰予於
庭中而弒簡公於朝此不知敬小之所生也魯季氏
與郈氏鬭雞（皆魯大夫）郈氏介其雞（介以芥菜塗其雞翅也）而季氏
為之金距（施金芒於距也）季氏之雞不勝季平子怒因侵郈
氏之宮而築之郈昭伯怒譖之魯昭公曰禱於襄公
之廟舞者二人而已（時魯禱先君襄公六佾之舞庭者凡二人也）其餘盡
舞於季氏季氏之無道無上久矣弗誅必危社稷公
以告子家駒（子家駒魯大夫）子家駒曰季氏之得衆三家為

一其德厚其威強君胡得之昭公弗聽使郈昭伯將
卒以攻之仲孫氏季孫氏相與謀曰無季氏死亡無
日矣遂興兵以救之郈昭伯不勝而死魯昭公出奔
齊故禍之所從生者始於雞足及其大也至於亡社
稷故蔡女蕩舟齊師大侵楚兩人構怨廷殺宰予簡
公遇殺身死無後陳氏代之齊乃無呂兩家鬭雞季
氏金距郈公作難魯昭公出走故師之所處生以棘
楚（楚荊也）大禍生而不蚤滅若火之得燥水之得湯浸而
益大癰疽發於指其痛遍於體故蠹啄剖梁柱蟁蝱

走牛羊此之謂也人皆務於救患之備而莫能知使
患無生夫使患無生易於救患而莫能加務焉則未
可與言術也晉公子重耳過曹曹君欲見其駢脅使
之袒而捕魚釐負羈止之曰公子非常也從者三人
皆霸王之佐也（三人謂狐偃趙衰胥臣）遇之無禮必為國憂君
弗聽重耳反國起師而伐曹遂滅之身死人手社稷
為墟禍生於袒而捕魚齊楚欲救曹不能存也聽釐
負羈之言則無亡患矣今不務使患無生患生而救
之雖有聖知弗能為謀且患禍之所由來者萬端無

方是故聖人深居以避辱靜安以待時小人不知禍
福之門戶妄動而絓羅網雖曲為之備何足以全其
身譬猶失火而鑿池被裘而用箑也且塘有萬穴（塘堤
也言堤之有萬穴也）塞其一魚遽無由出室有百戶閉其一盜
遽無從入夫牆之壞也於隙劍之折必有齧（齧缺也）聖
人見之蚤故萬物莫能傷也太宰子朱侍飯於令尹
子國（子朱子國皆楚大夫）令尹子國啜羹而熱投卮漿而沃之
明日太宰子朱辭官而歸其僕曰楚太宰未易得也
辭官去之何也子朱曰令尹輕行而簡禮其辱人不

難明年伏郎尹而笞之三百（郎尹主郎官之尹）夫仕者先避
之見終始微矣夫鴻鵠之未孚於卵也一指篾之則
靡而無形矣及至其筋骨之已就而羽翮之既成也
則奮翼揮䎴（䎴音慧六翮之末也）淩乎浮雲背負青天膺摩赤
霄（赤霄飛雲也）翱翔乎忽荒之上徜徉乎虹蜺之閒雖有
勁弩利矰微繳蒲且子之巧亦弗能加也江水之始
出於岷山也可攓裳而越也及至乎下洞庭騖石城
經丹徒起波濤舟杭一日不能濟也是故聖人者常
從事於無形之外而不畱思盡慮於成事之内是故

患禍弗能傷也人或問孔子曰顏回何如人也曰仁
人也丘弗如也子貢何如人也曰辯人也丘弗如也
子路何如人也曰勇人也丘弗如也賓曰三人皆賢
夫子而爲夫子役何也孔子曰丘能仁且忍辯且訥
勇且怯以三子之能易丘一道丘弗爲也孔子知所
施之也秦牛缺徑於山中（牛缺隱士）而遇盜奪之車馬解
其橐笥拖其衣被（拖奪也）盜還反顧之無懼色憂志驩
然有以自得也盜遂問之曰吾奪子財貨劫子以刀
而志不動何也秦牛缺曰車馬所以載身也衣被所

以揜形也聖人不以所養害其養盜相視而笑曰夫
不以欲傷生不以利累形者世之聖人也以此而見
王者必且以我爲事也還反殺之此能以知知矣而
未能以知不知也能勇於敢而未能勇於不敢也凡
有道者應卒而不乏遭難而能免故天下貴之今知
所以自行也而未知所以爲人行也其所論未之究
者也人能由昭昭於冥冥則幾於道矣詩曰人亦有
言無哲不愚此之謂也事或爲之適足以敗之或備
之適足以致之何以知其然也秦皇挾錄圖見其傳

曰亡秦者胡也因發卒五十萬使蒙公楊翁子（蒙公家居楊翁子亦秦將）將築修城西屬流沙北擊遼水東結朝鮮中
國内郡輓車而餉之又利越之犀角象齒翡翠珠璣（翡赤雀翠青雀圓者爲珠頎者爲璣）乃使尉屠睢（尉屠睢秦將）發卒五十萬
爲五軍一軍塞鐔城之嶺（鐔城在武陵西南接鬱林）一軍守九疑
之塞（九疑在零陵）一軍處番禺之都（番禺在南海）一軍守南野之
界（南野在豫章）一軍結餘干之水（餘干在豫章）三年不解甲弛
弩使監祿無以轉餉又以卒鑿渠而通糧道（監祿秦將鑿通湘水離水之渠）以與越人戰殺西嘔君譯吁宋（西嘔越人譯吁宋西嘔君）

（歐君名也）而越人皆入叢薄中與禽獸處莫肯爲秦虜相置桀駿以爲將而夜攻秦人大破之殺尉屠睢伏尸流血數十萬乃發適戍以備之當此之時男子不得修農畝婦人不得剡麻考縷（考成也）羸弱服格於道大夫箕會於衢（箕會以箕於衢會斂）病者不得養死者不得葬於是陳勝起於大澤奮臂大呼天下席卷而至於戲（戲地名在新豐）劉項興義兵隨而定若折槁振落遂失天下禍在備胡而利越也欲知築修城以備亡不知築修城之所以亡也發適戍以備越而不知難之從中發也

夫鵲先識歲之多風也去高木而巢扶枝（扶旁也）大人過之則探鷇嬰兒過之則挑其卵知備遠難而忘近患故秦之設備也鳥鵲之智也或爭利而反强之或聽從而反止之何以知其然也魯哀公欲西益宅史爭之以爲西益宅不祥（西益宅築舊居之西更以爲田宅）哀公作色而怒左右數諫不聽乃以問其傅宰折睢（名姓）曰吾欲益宅而史以爲不祥子以爲何如宰折睢曰天下有三不祥西益宅不與焉哀公大喜而悅頃復問曰何謂三不祥對曰不行禮義一不祥也嗜慾無止二不祥也不聽强諫三不祥也哀公默然深念憤然自反遂不西益宅夫史以爭爲可以止之而不知不爭而反取之也智者離路而得道愚者守道而失路夫兒說之巧於閉結無不解（兒說宋大夫）非能閉結而盡解之也不解不可解也至乎以弗解解之者可與及言論矣或明禮義推道體而不行或解構妄言而反當何以明之孔子行遊馬失食農夫之稼野人怒取馬而繫之子貢往說之卑辭而不能得也孔子曰夫以人之所不能聽說人譬以大牢享野獸以九韶樂飛鳥

也子之罪也非彼人之過也乃使馬圉往說之（圉養馬者）至見野人曰子耕於東海至於西海吾馬之失安得不食子之苗野人大喜解馬而與之說若此其無方也而反行事有所至而巧不若拙故聖人量鑿而正枘夫歌采菱發陽阿鄙人聽之不若此延路陽局（延路陽局鄙歌曲也）非歌者拙也聽者異也故交畫不暢（暢申也）連環不解物之不通者聖人不爭也仁者百姓之所慕也義者衆庶之所高也爲人之所慕行人之所高此嚴父之所以敎子而忠臣之所以事君也然世或用

之而身死國亡者不同於時也昔徐偃王好行仁義陸地之朝者三十二國王孫厲謂楚莊王（王孫厲楚臣也）曰王不伐徐必反朝徐王曰偃王有道之君也好行仁義不可伐王孫厲曰臣聞之大之與小強之與弱也猶石之投卵虎之啗豚又何疑焉且夫爲文而不能達其德爲武而不能任其力亂莫大焉楚王曰善乃舉兵而伐徐遂滅之此仁義而不知世變者也申菽杜茝（菽音椒茝音采皆香草）美人之所懷服也及漸之於滫（滫音脩臭汁也）則不能保其芳矣古者五帝貴德三王用義五

霸任力今取帝王之道而施之五霸之世是猶乘驥逐人於榛薄而蓑笠盤旋也今霜降而樹穀氷泮而求穫欲其食則難矣故易曰潛龍勿用者言時之不可以行也故君子終日乾乾夕惕若厲無咎終日乾乾以陽動也夕惕若厲以陰息也因日以動因夜以息唯有道者能行之夫徐偃王爲義而滅燕子噲行仁而亡哀公好儒而削代君爲墨而殘滅亡削殘暴亂之所致也而四君獨以仁義儒墨而亡者遭時之務異也非仁義儒墨不行非其世而用之則爲之擒

矣夫戟者所以攻城也鏡者所以照形也宮人得戟則以刈葵（宮人宦侍也）盲者得鏡則以蓋卮不知所施之也故善鄙不同誹譽在俗趨舍不同逆順在君狂譎不受祿而誅（狂譎東海之上人也耕田而食讓不受祿太公以爲飾虛亂民而誅）段干木辭相而顯所行同也而利害異者時使然也故聖人雖有其志不遇其世僅足以容身何功名之可致也知天之所爲知人之所行則有以任於世矣知天而不知人則無以與俗交知人而不知天則無以與道遊單豹倍世離俗巖居谷飲不衣絲麻不食五穀

行年七十猶有童子之顏色卒而遇餓虎殺而食之張毅好恭（張毅好禮之人）過宮室廊廟必趨見門閭聚衆必下廝徒馬圉皆與伉禮然不終其壽內熱而死豹養其內而虎食其外毅修其外而疾攻其內故直意適情則堅強賊之以身役物則陰陽食之此皆載務而戲乎其調者也得道之士外化而內不化外化所以入人也內不化所以全身也故內有一定之操而外能詘伸嬴縮卷舒與物推移故萬舉而不陷所以貴聖人者以其能龍變也今捲捲然守一節推一行雖

以毀碎滅沉猶且弗易者此察於小好而塞於大道
也趙宣孟活餓人於委桑之下而天下稱仁焉荆佽
非犯河中之難不失其守而天下稱勇焉是故見小
行則可以論大體矣田子方見老馬於道田子方魏人喟
然有志焉以問其御曰此何馬也其御曰此故公家
畜也老罷而不爲用出而鬻之田子方曰少而貪其
力老而棄其身仁者弗爲也束帛以贖之罷武聞之
知所歸心矣齊莊公出獵有一蟲舉足將搏其輪問
其御曰此何蟲也對曰此所謂螳螂者也其爲蟲也

知進而不知卻不量力而輕敵莊公曰此爲人而必
爲天下勇武矣廻車而避之勇武聞之知所盡死矣
故田子方隱一老馬而魏國載之齊莊公避一螳螂
而勇武歸之湯教祝網者而四十國朝文王葬死人
之骸而九夷歸之武王蔭暍人於樾下武王哀暍者之熱故蔭之
於樾下左擁而右扇之而天下懷其德越王句踐一決
獄不辜援龍淵而切其股血流至足以自罰也而戰
武士必其死故聖人行之於小則可以覆大矣審之
於近則可以懷遠矣孫叔敖決期思之水而灌雩婁

之野雩婁今廬江莊王知其可以爲令尹也子發辯擊劇
而勞佚齊辯次第也擊劇次第罷勞之責各有齊等也楚國知其可以爲
兵主也此皆形於小微而通於大理者也聖人之舉
事不加憂焉察其所以而已矣今萬人調鐘不能比
之律誠得知者一人而足矣說者之論亦猶此也誠
得其數則無所用多矣夫車之所以能轉千里者以
其要在三寸之轄夫勸人而弗能使也禁人而弗能
止也其所由者非理也昔者衛君朝於吳吳王囚之
欲流之於海說者冠蓋相望而弗能止魯君聞之撤

鐘鼓之縣縞素而朝仲尼入見曰君胡爲有憂色魯
君曰諸侯無親以諸侯爲親大夫無黨以大夫爲黨
今衛君朝於吳王吳王囚之而欲流之於海孰衛君
之仁義而遭此難也吾欲免之而不能爲奈何仲尼
曰若欲免之則請子貢行魯君召子貢授之將軍之
印子貢辭曰貴無益於解患在所由之道斂躬而行
至於吳見太宰嚭太宰嚭甚悅之欲薦之於王子貢
曰子不能行說於王奈何吾因子也太宰嚭曰子焉
知嚭之不能也子貢曰衛君之來也衛國之半曰不

若朝於晉其半曰不若朝於吳然衛君以爲吳可以歸骸骨也故求身以受命今子受衛君而囚之又欲流之於海是賞言朝於晉者而罰言朝於吳也且衛君之來也諸侯皆以爲蓍龜兆（以卜朝吳之吉凶）今朝於吳而不利則皆移心於晉矣子之欲成霸王之業不亦難乎太宰嚭入復之於王王報出令於百官曰比十日而衛君之禮不具者死子貢可謂知所以說矣魯哀公爲室而大公宣子諫曰室大衆與人處則譁少與人處則悲願公之適公曰寡人聞命矣築室不輟

公宣子復見曰國小而室大百姓聞之必怨吾君諸侯聞之必輕吾國魯君曰聞命矣築室不輟公宣子復見曰左昭而右穆（昭穆先君之宗廟）爲大室以臨二先君之廟得無害於子乎公乃令罷役除版而去之魯君之欲爲室誠矣公宣子止之必矣然三說而一聽者其二者非其道也夫臨河而釣日入而不能得一鯈魚者非江河魚不食也所以餌之者非其欲也及至良工執竿投而擐脣吻者能以其所欲而釣者也夫物無不可奈何有人無奈何（物皆可術而治也有人材所不及無奈之何）

鈆之與丹異類殊色而可以爲丹者得其數也故繁稱文辭無益於說審其所由而已矣物類之相摩近而異門戶者衆而難識也故或類之而非或不類之而是或若然而不然者或不若然而然者諺曰鳶墮腐鼠而虞氏以亡何謂也曰虞氏梁之大富人也家充盈殷富金錢無量財貨無貲升高樓臨大路設樂陳酒積博其上游俠相隨而行樓下博上者射朋張中反兩（射朋張上棋中之以一反兩也）而笑飛鳶適墮其腐鼠而中游俠游俠相與言曰虞氏富樂之日久矣而常有輕

易人之志吾不敢侵犯而乃辱我以腐鼠如此不報無以立務於天下（務勢也）請與公僇力一志悉率徒屬而必以滅其家此所謂類之而非者也何謂非類而是屈建告石乞（屈建楚大夫石乞白公之黨）曰白公勝將爲亂石乞曰不然白公勝卑身下士不敢驕賢其家無筦籥之信關楗之固大斗斛以出輕斤兩以內而乃論之以不宜也屈建曰此乃所以反也居三年白公勝果爲亂殺令尹子椒司馬子期（子椒子期皆白公之季父）此所謂弗類而是者也何謂若然而不然子發爲上蔡令民有

罪當刑獄斷論定決於令尹前子發喟然有悽愴之心罪人已刑而不忘其恩此其後子發盤罪威王而出奔盤辟也發得罪辟於威王刑者遂襲恩者恩者逃之於城下之廬追者至踹足而怒踹足蹀足也踹音短曰子發視決吾罪而被吾刑怨之憯於骨髓憯痛也使我得其肉而食之其知厭乎追者以爲然而不索其内果活子發此所謂若然而不若然者何謂不然而若然者昔越王句踐卑下呉王夫差請身爲臣妻爲妾奉四時之祭祀而入春秋之貢職委社稷效民力隱居爲蔽而戰爲

鋒行禮甚卑辭甚服其離叛之心遠矣然而甲卒三千人以擒夫差於姑胥此四策者不可不審也夫事之所以難知者以其竄端匿跡立私於公倚邪於正而以勝惑人之心者也若使人之所懷於内者與所見於外者若合符節則天下無亡國破家矣夫狐之捕雉也必先卑體彌耳以待其來也雉見而信之故可得而擒也使狐瞋目植睹植睹柱尾也見必殺之勢雉亦知驚憚遠飛以避其怒矣夫人僞之相欺也非直禽獸之詐計也物類相似若然而不可從外論者衆而難識矣是故不可不察也

卷十八終

淮南鴻烈解卷十九

修務訓（修勉務趨聖人趨時冠敝弗顧履遺不取以濟萬民）

或曰無爲者寂然無聲漠然不動引之不來推之不往如此者乃得道之像（或人以爲如此乃爲得道故以下曉之）吾以爲不然嘗試問之矣若夫神農堯舜禹湯可謂聖人乎有論者必不能廢以五聖觀之則莫得無爲明矣古者民茹草飲水采樹木之實食蠃蛖之肉時多疾病毒傷之害於是神農乃始教民播種五穀相土地宜燥濕肥墝高下嘗百草之滋味水泉之甘苦令民知所避就當此之時一日而遇七十毒堯立孝慈仁愛使民如子弟西教沃民東至黑齒北撫幽都南道交趾（四者遠裔不覩聖人之化故親往行教）放讙兜於崇山竄三苗於三危（讙兜堯佞臣帝鴻氏之裔子渾敦少昊氏之裔子窮奇縉雲氏之裔子饕餮三族之苗裔故謂之三苗一曰三苗國名）流共工於幽州殛鯀於羽山舜作室築牆茨屋辟地樹穀令民皆知去巖穴各有家室南征三苗道死蒼梧禹沐浴霪雨櫛扶風（禹勞天下不避風雨扶風疾風）決江疏河鑿龍門闢伊闕（龍門水門魚遊其中得過者便爲龍故曰龍門禹闢而大之故言鑿伊闕山名禹開截山體令伊水得過）修彭蠡之防乘四載隨山栞

木平治水土定千八百國（修治防隄也四載山行用樏水行用舟陸行用車澤行用輴隨循也栞刊識之言刊）湯夙興夜寐以致聰明輕賦薄斂以寬民氓（早起夜寐以思萬事能得其精故日以致聰明寬猶富也野民曰氓）布德施惠以振困窮弔死問疾以養孤孀百姓親附政令流行乃整兵鳴條困夏南巢譙以其過放之歷山（鳴條地名南巢今廬江居巢譙責也讓及桀之過也）此五聖者天下之盛主勞形盡慮爲民興利除害而不懈（懈惰也）奉一爵酒不知於色挈一石之尊則白汗交流（言其輕也言其重也）又況贏天下之憂而海內之事者乎其重於尊亦遠也（遠猶多也）且夫聖人者不恥身之賤而愧道之不行不憂命之短而憂百姓之窮是故禹之爲水以身解於陽盱之河（爲治水解禱以身爲質陽盱河在秦地）湯旱以身禱於桑山之林聖人憂民如此其明也而稱以無爲豈不悖哉且古之立帝王者非以奉養其欲也聖人踐位者非以逸樂其身也爲天下強掩弱衆暴寡詐欺愚勇侵怯懷知而不以相教積財而不以相分故立天子以齊之（齊等也）爲一人聰明而不足以遍照海內故立三公九卿以輔翼之（輔正翼佐也）絕國殊俗僻遠幽閒之處不能被德承澤

故九諸侯以教誨之(絕遠殊異能猶及也)是以地無不任時無
不應官無隱事國無遺利(隱病失職之事)所以衣寒食饑養
老弱而息勞倦也若以布衣徒步之人觀之則伊尹
負鼎而干湯呂望鼓刀而入周百里奚轉鬻管仲束
縛孔子無黔突墨子無煖席(突竈不至於黑坐席不至於温汲汲於行道也)
是以聖人不高山不廣河蒙恥辱以干世主非以貪
祿慕位欲事起天下利而除萬民之害(不以山爲高不以河爲廣必踰渡之)
蓋聞傳書曰神農憔悴堯瘦臞舜黴黑禹胼胝
由此觀之則聖人之憂勞百姓甚矣故自天子以下

至於庶人四肢不動(肢背庶)思慮不用事治求贍者未
之聞也夫地勢水東流人必事焉然後水潦得谷行
(水勢雖東流猶必藉人通之)禾稼春生人必加功焉故五穀得遂
長聽其自流待其自生則鯀禹之功不立而后稷之
智不用若吾所謂無爲者私志不得入公道嗜欲不
得枉正術循理而舉事因資而立權自然之勢而曲
故不得容者事成而身弗伐功立而名弗有非謂其
感而不應攻而不動者若夫以火熯井以淮灌山此
用己而背自然故謂之有爲若夫水之用舟沙之用

鳩泥之用輴山之用蔂夏瀆而冬陂因高爲田因下
爲池此非吾所謂爲之(此皆因其宜用之故曰非吾所謂爲)聖人之從
事也殊體而合于理其所由異路而同歸其存危定
傾若一志不忘於欲利人也何以明之昔者楚欲攻
宋墨子聞而悼之自魯趍而十日十夜足重繭而不
休息裂衣裳裹足至於郢見楚王(郢楚都)曰臣聞大王
舉兵將攻宋計必得宋而後攻之乎亡其苦衆勞民
頓兵挫銳負天下以不義之名而不得咫尺之地猶
且攻之乎王曰必不得宋又且爲不義曷爲攻之墨

子曰臣見大王之必傷義而不得宋王曰公輸天下
之巧士作雲梯之械設以攻宋曷爲弗取墨子曰令
公輸設攻臣請守之於是公輸般設攻宋之械墨子
設守宋之備九攻而墨子九却之弗能入於是乃偃
兵輟不攻宋段干木辭祿而處家魏文侯過其閭而
軾之其僕曰君何爲軾文侯曰段干木在是以軾其
僕曰段干木布衣之士君軾其閭不已甚乎文侯曰
段干木不趍勢利懷君子之道隱處窮巷聲施千里
寡人敢勿軾乎段干木光於德寡人光於勢段干木

富於義寡人富於財勢不若德尊財不若義高干木雖以已易寡人不爲使干木之已賢易寡人之尊不肯爲之也吾曰悠悠慙于影影形影也子何以輕之哉其後秦將起兵伐魏司馬庾諫曰段干木賢者庾秦大夫也或作唐其君禮之天下莫不知諸侯莫不聞舉兵伐之無乃妨於義乎於是秦乃偃兵輟不攻魏夫墨子跌蹏而趨千里以存楚宋跌音蝶疾行也蹏趍走也段干木闔門不出以安秦魏夫行與止也其勢相反而皆可以存國此所謂異路而同歸者也今夫救火者汲水而趨之或以甕瓶或以盆盂其

淮南 卷十九 五

方員銳橢音妥不同盛水各異其於滅火鈞也故秦楚燕魏之謌也異轉而皆樂轉音聲也九夷八狄之哭也殊聲而皆悲一也東方之夷九種北方之夷八類夫謌者樂之徵也哭者悲之效也憤於中則應於外憤發也故在所以感夫聖人之心日夜不忘於欲利人其澤之所及者効亦大矣世俗廢衰而非學者多非者不善之辭故曰非人性各有所修短若魚之躍若鵲之駮此自然者不可損益吾以爲不然夫魚者躍鵲者駮也猶人馬之爲人馬筋骨形體所受於天不可變以此論之則不類矣夫馬

之爲草駒之時跳躍揚蹏翹尾而走人不能制馬五尺以下爲駒放在草中故曰草駒翹學包制禁也齕咋足以嚙肌碎骨蹶蹏足以破盧陷匈齕音劾咋音窄齧也嚙音雜穿也及至圉人擾之良御教之圉養馬官擾順也掩以衡扼連以轡銜則雖歷險超塹弗敢辭故其形之爲馬馬不可化其可駕御教之所爲也馬聾蟲也無知也而可以通氣志猶待教而成又況人乎且夫身正性善發憤而成仁帽憑而爲義帽憑盈滿積思之貌性命可說不待學問而合於道者堯舜文王也沉湎耽荒不可教以道不可喻以德嚴父弗能正

淮南 卷十九 六

賢師不能化者丹朱商均也曼頰皓齒形夸骨佳不待脂粉芳澤而性可說者西施陽文也曼頰細理也夸弱佳好也性猶姿也啳睽哆噅籧蒢戚施雖粉白黛黑弗能爲美者嫫母仳倠也籧蒢偃也戚施僂也皆醜貌啳音權睽音癸哆音夸仳音痱倠音睢夫上不及堯舜下不及商均美不及西施惡不若嫫母此教訓之所喻也而芳澤之所施且子有弒父者然而天下莫疏其子何也愛父者衆也儒有邪辟者而先王之道不廢何也其行之者多也今以爲學者之有過而非學者則是以一飽之故絕穀不食以一蹪之

[illegible]轂足不行惑也今有良馬不待策錣而行駑馬雖策錣之不能進爲此不用策錣而御則愚矣夫怯夫操利劍擊則不能斷刺則不能入及至勇武攘捲一擣則摺脇傷幹（摺折也）爲此棄干將鏌邪而以手戰則悖矣所謂言者齊於衆而同於俗今不稱九天之頂則言黃泉之底（頂極高底極卑也）是兩末之端議何可以公論乎夫橘柚冬生而人曰冬死死者衆薺麥夏死人曰夏生生者衆江河之回曲亦時有南北者而人謂江河東流攝提鎮星日月東行而人謂星辰日月西

移者以大氐爲本胡人有知利者而人謂之駤（駤忿戾不通達音至）越人有重遲者而人謂之訬（訬輕利善趨者謂之訬音抄）以多者名之若夫堯眉八彩九竅通洞而公正無私一言而萬民齊舜二瞳子是謂重明作事成法出言成章禹耳參漏是謂大通（參三也漏穴也）興利除害疏河決江文王四乳是謂大仁天下所歸百姓所親皋陶馬喙是謂至信（喙若馬口）決獄明白察於人情禹生於石（禹母脩己感石而生禹坼胸而出）契生於卵（契母有娀氏之女吞燕卵而生契愊背而出）史皇產而能書（史皇蒼頡生而見鳥跡知著書）羿左臂修而善射若此九

賢者千歲而一出猶繼踵而生今無五聖之天奉（奉助也）四俊之才難（才千人爲俊）欲棄學而循性是謂猶釋船而欲蹍水也（蹍履也）夫純鈞魚腸之始下型擊則不能斷刺則不能入（純鈞利劍名魚腸文理屈襞若魚腸者良劍也型或作𠛱）及加之砥礪摩其鋒剽則水斷龍舟陸剸犀甲（龍舟大舟剸音團）明鏡之始下型曚然未見形容及其粉以玄錫摩以白旃鬢眉微毫可得而察夫學亦人之砥錫也而謂學無益者所以論之過知者之所短不若愚者之所修（短缺修長也）賢者之所不足不若衆人之有餘何以知其

然夫宋畫吳冶刻刑鏤法亂脩曲出（宋人之畫吳人之冶刻鏤刑法亂理之文修飾之巧曲出於不意也）其爲微妙堯舜之聖不能及蔡之幼女衛之稚質（稚質少女）梱纂組雜奇彩抑黑質揚赤文（梱叩椓纂綵組邪文如今之綬設黑耳亦言其巧也梱音閫）禹湯之智不能逮夫天之所覆地之所載包於六合之內託於宇宙之間陰陽之所生血氣之精含牙戴角前爪後距奮翼攫肆蚑行蟯動之蟲喜而合怒而鬬（攫搏也肆極也）見利而就避害而去其情一也雖所好惡其與人無以異然其爪牙雖利筋骨雖彊不免制於人者知不能相通才

力不能相一也各有其自然之勢無稟受於外（無有學問受蔣慮於外以益其思）故力竭功沮夫鴈順風以愛氣力銜蘆而翔以備矰弋（未秀曰蘆已秀曰葦矰矢弋繳銜蘆所以令繳不得截其翼也）螘知為垤貛貉為曲穴虎豹有茂草野彘有艽莦（貛音歡艽音仇莦音梢）槎櫛堀虛連比以像宮室陰以防雨景以蔽日此亦鳥獸之所以知求合於其所利今使人生於辟陋之國（辟遠陋鄙小也）長於窮櫚漏室之下長無兄弟少無父母目未嘗見禮節耳未嘗聞先古（先古謂聖賢之道也）獨守專室而不出門（專室小室也）使其性雖不愚然其知者必寡矣昔者蒼頡作書容成造歷（容成黃帝臣作歷知日月星辰之行度）胡曹為衣（胡曹黃帝臣）后稷耕稼儀狄作酒奚仲為車（奚仲夏車正）此六人者皆有神明之道聖智之迹故人作一事而遺後世非能一人而獨兼有之各悉其知貴其所欲達（達通也）遂為天下備（備猶用也）今使六子者易事而明弗能見者何（見猶知也言人各有所不通）萬物至眾而知不足以奄之（奄蓋之也）周室以後無六子之賢而皆修其業當世之人無一人之才而知其六賢之道者何教順施續（施設續傳也）而知能流通由此觀之學不可已明矣今

夫盲者目不能別晝夜分白黑然而搏琴撫弦參彈復徽攫援摽拂手若蔑蒙不失一弦（參彈撫弦復徽上下手也攫援援也摽拂數也蔑蒙言其疾也）使未嘗鼓瑟者雖有離朱之明攫掇之捷猶不能屈伸其指（攫掇黃帝時捷疾者也）何則服習積貫之所致故弓待檠而後能調劍待砥而後能利玉堅無敵鏤以為獸首尾成形礛諸之功木直中繩揉以為輪其曲中規檃括之力唐碧堅忍之類猶可刻鏤揉以成器用（唐碧石似玉）又況心意乎且夫精神滑淖纖微倏忽變化與物推移雲蒸風行在所設施君子有能精搖摩監砥礪其才自試神明覽物之博通物之壅觀始卒之端見無外之境以逍遙仿佯於塵埃之外超然獨立卓然離世此聖人之所以游心若此而不能閑居靜思鼓琴讀書追觀上古及賢大夫學問講辯日以自娛蘇援世事分白黑利害（蘇援猶索也）籌策得失以觀禍福設儀立度可以為法則窮道本末究事之情立是廢非明示後人死有遺業生有榮名如此者人才之所能逮然而莫能至焉者偷慢懈惰多不暇日之故夫瘠地之民多有心者勞也（心向義之心也）沃

地之民多不才者。饒也。由此觀之。知人無務。不若愚而好學。自人君公卿至于庶人。不自彊而功成者。天下未之有也。詩云。日就月將。學有緝熙于光明。此之謂也。名可務立。功可彊成。故君子積志委正以趣明師。勵節亢高以絕世俗。不羣於衆也何以明之。昔者南榮疇恥聖道之獨亡於己。身淬霜露。敕蹻趹。跋涉山川。冒蒙荊棘。淬浴猶著也蹻履趹趣也不從蹊遂曰跋涉故觸犯荊棘南姓榮疇字魯人淬音萃敕音衡趹音決百舍重趼。不敢休息。百里一舍趼音繭足胝生也南見老聃受教一言。精神曉泠。鈍悶條達。曉明泠猶了也鈍悶猶鈍惽也

欣然七日不食。如饗太牢。是以明照四海。名施後世。達略天地。察分秋毫。稱譽葉語。至今不休。葉世也稱譽世傳相語至今不止此所謂名可彊立者。吳與楚戰。莫囂大心撫其御之手曰。今日距彊敵。犯白刃。蒙矢石。戰而身死。卒勝民治。全我社稷。可以庶幾乎。遂入不返。決腹斷頭。不旋踵運軌而死。申包胥竭筋力以赴嚴敵。伏尸流血。不過一卒之才。不如約身卑辭求救於諸侯。於是乃贏糧跣走。跋涉谷行。贏裹也跣足不及著履也上峭山。赴深谿。游川水。犯津關。躐蒙籠。歷沙石。蹠達膝。曾繭重胝。

七月七夜至於秦庭。蹷蹠足達穿也鶴跱而不食。跱音致晝吟宵哭。面若死灰。顏色黴黑。鶴跱跱立不動黴音梅涕液交集。以見秦王。曰。吳為封豨脩蛇。蠶食上國。虐始於楚。封修豕大也脩蛇喻貪也上國中國害始先屯言將以次至秦也寡君失社稷。越在草茅。百姓離散。夫婦男女。不遑啟處。遑暇啟跪處安也使下臣告急。秦王乃發車千乘。步卒七萬。屬之子虎。子虎秦大夫子車鍼虎踰塞而東。塞谷擊吳濁水之上。果大破之。以存楚國。濁水蓋江水烈藏廟堂。著於憲法。此功之可彊成者也。夫七尺之形。心知憂愁。勞苦膚知疾痛寒暑。人情一

也。聖人知時之難得。務可趣也。苦心勞形。焦心怖肝。怖音備不避煩難。不違危殆。蓋聞子發之戰。子發楚將進如激矢。合如雷電。解如風雨。員之中規。方之中矩。破敵陷陳。莫能壅御。澤戰必克。攻城必下。彼非輕身而樂死。務在於前。遺利於後。故名立而不墮。此自強而成功者也。是故田者不強。囷倉不盈。官御不厲。心意不精。將相不強。功烈不成。侯王懈惰。後世無名。詩云。我馬唯騏。六轡如絲。載馳載驅。周爰諮謀。以言人之有所務也。通於物者。不可驚以怪。喻於道者。不可動以

奇察於辭者不可燿以名，名虛實之名 審於形者不可遯以狀。狀貌也 世俗之人多尊古而賤今，故為道者必託之於神農黃帝而後能入說。說言也入說人用之 亂世闇主高遠其所從來，因而貴之。為學者蔽於論而尊其所聞，相與危坐而稱之，正領而誦之，此見是非之分不明。夫無規矩，雖奚仲不能以定方圓；無準繩，雖魯般不能以定曲直。是故鍾子期死而伯牙絕絃破琴，知世莫賞也。鍾官氏子通稱期名也達於音律伯牙楚人 惠施死而莊子寢說言，見世莫可為語者也。夫項託七歲為孔子師，孔子有以聽其言也。以年之少為閭丈人說，救敲不給，何道之能明也。閭里也敲橫也丈人長老之稱年少為之說事老人敲其頭自救不暇何能明道也 昔者謝子見於秦惠王，惠王說之，以問唐姑梁。唐姑梁秦大夫言謝子辯士也常矜其巧說以取少主之權 唐姑梁曰：謝子山東辯士，固權說以取少主。惠王因藏怒而待之，後日復見，逆而弗聽也。非其說異也，所以聽者易也。易革也 夫以徵為羽，非絃之罪；罪在絃也 以甘為苦，非味之過。過在嘗也 楚人有烹猴而召其鄰人，以為狗羹也而甘之。後聞其猴也，據地而吐之，盡寫其食。此未始知味者也。邯鄲師

有出新曲者，託之李奇，李奇古之名倡 諸人皆爭學之。後知其非也，而皆棄其曲。此未始知音者也。鄙人有得玉璞者，喜其狀，以為寶而藏之。以示人，人以為石也，因而棄之。此未始知玉者也。故有符於中，則貴是而同今古。符驗也古今一也故曰同 無以聽其說，則所從來者遠而貴之耳。言無中心明驗無以識人說之是否但見其言遠古之事便珍貴之耳 此和氏之所以泣血於荊山之下。今劍或絕側羸文，齧缺卷銋，絕無側羸無文齧齒卷銋鈍弊無刃 而稱以頊襄之劍，則貴人爭帶之。託之為楚頊襄王所服劍故貴人慕而爭帶之 琴或撥剌枉橈，闊解漏越，而稱以楚莊之琴，側室爭鼓之。撥剌不正也枉橈曲弱也闊解壞漏也越音聲散也託之為楚莊王琴則側室之寵人爭鼓之也 苗山之鋌，羊頭之銷，雖水斷龍舟，陸剸兕甲，莫之服帶。苗山楚山利金所出羊頭之銷白羊子刀雖有利用無所稱說故無人服帶 山桐之琴，澗梓之腹，雖鳴廉修營，唐牙莫之鼓也。伐山桐以為琴溪澗之梓以為腹鳴廉有廉隅修營音清涼聲和調 通人則不然，服劍者期於銛利，而不期於墨陽莫邪；墨陽莫邪美劍名 乘馬者期於千里，而不期於驊騮綠耳；鼓琴者期於鳴廉修營，而不期於濫脅號鐘；濫脅音不和號鐘商聲 誦詩書者期於通道略物，而不期於洪範商頌。聖人見

是非若白墨之於目辯清濁之於耳聽衆人則不然中無主以受之譬若遺腹子之上隴以禮哭泣之而無所歸心自不識父之顏心不哀也故夫孿子之相似者孿音杳唯其母能知之玉石之相類者唯良工能識之書傳之微者唯聖人能論之微妙論敍也今取新聖人書名之孔墨則弟子句指而受者必衆矣故美人者非必西施之種通士者不必孔墨之類曉然意有所通於物故作書以喻意以爲知者也喻明也作書者以明古今傳代之事以爲知者施也誠得清明之士執元鑑於心照物明白不爲古今易

意攄書明指以示之雖闔棺亦不恨矣昔晉平公令官爲鐘鐘成而示師曠師曠曰鐘音不調平公曰寡人以示工工皆以爲調而以爲不調何也而汝也師曠曰使後世無知音者則已若有知音者必知鐘之不調故師曠之欲善調鐘也以爲後之有知音者也三代與我同行五伯與我齊智彼獨有聖智之實我曾無有閭里之聞窮巷之知者何彼并身而立節我誕謾而悠忽誕謾倨傲也悠忽謂遊蕩怪物也今夫毛嬙西施天下之美人若使之銜腐鼠蒙蝟皮衣豹裘帶死蛇則布衣韋帶之人過者莫不左右睥睨而掩鼻嘗試使之施芳澤正娥眉設笄珥衣阿錫曳齊紈笄婦人首飾珥瑱也阿細穀錫細布紈素齊所出粉白黛黑佩玉環揄步雜芝若籠蒙目視雜佩芝若香草籠蒙猶奄也冶由笑目流眺冶猶笑巧笑流睛盼也口曾撓奇牙出𩑸酺搖曾則也撓弱也口則弱撓冐若將笑故好齒出詩云齒如瓠犀是也𩑸酺頰邊文婦人之媚也𩑸酺二音見前則雖王公大人有志嚴頡頏之行者無不憚悇癢心而悅其色矣憚悇貪欲也癢心煩悶也憚音擔悇音豫今以中人之才蒙愚惑之智被汙辱之行無本業所修方術所務焉得無有睥面掩鼻之容哉今鼓舞者

鼓舞或作鄭舞鄭細楚褒王幸姬善詩攻舞繞身若環曾撓摩地扶旋猗那動容轉曲便媚擬神擬象也身若秋葯被風葯白芷香草也被風言其弱也髮若結旌屈而復舒也騁馳若騖言其疾也木熙者舉梧檟據句枉熙戲也舉援也梧桐檟梓皆大木句枉曲枝見枉猨自縱好茂葉舞者若蝯不復戲好上茂木之枝葉龍夭矯燕枝拘言遒蘊若蟠龍燕枝拘言其若樹如燕附枝也援豐條舞扶疏援持也持人條以木舞扶疏貌龍從鳥集搏援攫肆蔑蒙踊躍言其舞體如龍登雲如鳥集山特捷太極其巧蔑蒙踊躍言其疾也且夫觀者莫不爲之損心酸足觀者見其技妙危險皆爲之損動中心酸其足也彼乃始徐行微笑被衣修擢彼舞者更復徐行小笑被

倡衣修擢舞爲後曲也夫鼓舞者非柔縱言非生而柔弱屈伸柔縱而木熙者非眇勁眇絕也言非自有絕眇之強力淹浸漬漸靡使然也是故生木之長莫見其益有時而修砥礪䃺監莫見其損有時而薄有時積時言非一日然也藜藿之生蟯蟯然日加數寸不可以爲櫨棟楩柟豫章之生也七年而後知故可以爲棺舟知覺其大夫事有易成者名小難成者功大君子修美雖未有利福將在後至美善也故詩云日就月將學有緝熙於光明此之謂也

淮南鴻烈解卷二十

泰族訓

泰言古今之道萬物之指族於一理明其所謂也

天設日月列星辰調陰陽張四時日以暴之夜以息之風以乾之雨露以濡之其生物也莫見其所養而物長其殺物也莫見其所喪而物亡此之謂神明聖人象之故其起福也不見其所由而福起其除禍也不見其所以而禍除遠之則邇延之則踈稽之弗得察之不虛日計無算歲計有餘夫濕之至也莫見其形而炭已重矣風之至也莫見其象而木已動矣日

之行也不見其移騏驥倍日而馳草木爲之靡縣燧未轉縣燧遞侯見虜舉燧轉相受行道里最疾者也而日在其前故天之且風草木未動而鳥已翔矣鳥巢居知風也其且雨也陰曀未集而魚已噞矣魚潛居知雨也噞音儉以陰陽之氣相動也故寒暑燥濕以類相從聲響疾徐以音相應也故易曰鳴鶴在陰其子和之高宗諒闇三年不言四海之內寂然無聲一言聲然大動天下是以天心呿唫者也呿音佉唫音吟故一動其本而百枝皆應若春雨之灌萬物也渾然而流沛然而施無地而不澍無物而不生澍音

故聖人者懷天心聲然能動化天下者也故精神感於內形氣動於天則景星見黃龍下祥鳳至醴泉出嘉穀生河不滿溢海不溶波故詩云懷柔百神及河嶠嶽逆天暴物則日月薄蝕五星失行四時干乖晝冥宵光山崩川涸冬雷夏霜詩曰正月繁霜我心憂傷天之與人有以相通也故國危亡而天文變世惑亂而虹蜺見萬物有以相連精祲有以相蕩也精祲氣之侵入者也祲音浸故神明之事不可以智巧為也不可以觔力致也天地所包陰陽所嘔雨露所濡化生萬物

瑤碧玉珠翡翠玳瑁文彩明朗潤澤若濡摩而不玩久而不渝奚仲不能旅魯般不能造此之謂大巧宋人有以象為其君為楮葉者三年而成莖柯毫芒鋒殺顏澤亂之楮葉之中而不可知也列子曰使天地一年而成一葉則萬物之有葉者寡矣夫天地之施化也嘔之而生吹之而落豈此契契哉故凡可度者小也可數者少也至大非度之所能及也至衆非數之所能領也故九州不可頃畝也八極不可道里也太山不可丈尺也江海不可斗斛也故大人者與天地合德日月合明鬼神合靈與四時合信故聖人懷天氣抱天心執中含和不下廟堂而衍四海變習易俗民化而遷善若性諸己能以神化也詩云神之聽之終和且平夫鬼神視之無形聽之無聲然而郊天望山川禱祠而求福雩兌而請雨卜筮而決事詩云神之格思不可度思矧可射思此之謂也天致其高地致其厚月照其夜日照其晝陰陽化列星朗正其道而物自然故陰陽四時非生萬物也雨露時降非養草木也神明接陰陽和而萬物生矣故高山深林

非為虎豹也大木茂枝非為飛鳥也流源千里淵源百仞非為蛟龍也致其高崇成其廣大山居木棲巢枝穴藏水潛陸行各得其所寧焉夫大生小多生少天之道也故丘阜不能生雲雨滎水不能生魚鼈者小也牛馬之氣蒸生蟣虱蟣虱之氣蒸不能生牛馬故化生於外非生於內也夫蛟龍伏寢於淵而卵剖於陵蛟龍乳於陵而伏於淵其卵自孕螣蛇雄鳴於上風雌鳴於下風而化成形精之至也故聖人養心莫善於誠至誠而能動化矣今夫道者藏精於內棲神於心靜漠恬

淡訟繆胸中訟容繆靜也邪氣無所留滯四枝節族毛蒸理泄則機樞調利百脉九竅莫不順比其所居神者得其位也豈節拊而毛修之哉拊音夫聖主在上位廓然無形寂然無聲官府若無事朝廷若無人無隱人無軼民無勞役無寃刑四海之內莫不仰上之德象主之指夷狄之國重譯而至非戶辯而家說之也推其誠心施之天下而已矣詩曰惠此中國以綏四方內順而外寧矣太王亶父處邠狄人攻之杖策而去百姓攜幼扶老負釜甑踰梁山而國乎岐周非令之

所能召也秦穆公爲野人食駿馬肉之傷也飲之美酒韓之戰以其死力報非券之所責也宓子治亶父巫馬期往觀化焉見夜漁者得小即釋之非刑之所能禁也孔子爲魯司寇道不拾遺市買不豫賈田漁皆讓長而班白不負戴非法之所能致也夫矢之所以射遠貫牢者弩力也其所以中的剖微者正心也賞善罰暴者政令也其所以能行者精誠也故弩雖強不能獨中令雖明不能獨行必自精氣所以與之施道故攄道以被民而民弗從者誠心弗施也天地

四時非生萬物也神明接陰陽和而萬物生之聖人之治天下非易民性也拊循其所有而滌蕩之故因則大化則細矣能循則大化而欲作則小禹鑿龍門闢伊闕決江濬河東注之海因水之流也后稷墾草發菑糞土樹穀使五種各得其宜因地之勢也湯武革車三百乘甲卒三千人討暴亂制夏商因民之欲也故能因則無敵於天下矣夫物有以自然而後人事有治也故良匠不能斲金巧冶不能鑠木金之勢不可斲而木之性不可鑠也埏埴而爲器窬木而爲舟鑠鐵而爲

刃鑄金而爲鐘因其可也駕馬服牛令雞司夜令狗守門因其然也民有好色之性故有大婚之禮有飲食之性故有大饗之誼有喜樂之性故有鐘鼓筦絃之音有悲哀之性故有衰絰哭踊之節故先王之制法也因民之所好而爲之節文者也因其好色而制婚姻之禮故男女有別因其喜音而正雅頌之聲故風俗不流因其寧家室樂妻子教之以順故父子有親因其喜朋友而教之以悌故長幼有序然後修朝聘以明貴賤饗飲習射以明長幼蒔搜振旅以習用

兵也（搜篇車馬出曰治兵入曰振旅）入學庠序以修人倫此皆人之所有於性而聖人之所匠成也故無其性不可教訓有其性無其養不能遵道繭之性爲絲然非得工女煮以熱湯而抽其統紀則不能成絲卵之化爲雛非慈雌嘔煖覆伏累日積久則不能爲雛人之性有仁義之資非聖人爲之法度而教導之則不可使鄉方故先王之教也因其所喜以勸善因其所惡以禁姦故刑罰不用而威行如流政令約省而化燿如神故因其性則天下聽從拂其性則法縣而不用昔者五

帝三王之蒞政施教必用參五何謂參五仰取象於天俯取度於地中取法於人乃立明堂之朝行明堂之令（明堂布令之宮有十二月之政令）以調陰陽之氣以和四時之節以辟疾病之菑俯視地理以制度量察陵陸水澤肥墽高下之宜立事生財以除饑寒之患中考乎人德以制禮樂行仁義之道以治人倫而除暴亂之禍乃澄列金木水火土之性故立父子之親而成家別清濁五音六律相生之數以立君臣之義而成國察四時季孟之序以立長幼之禮而成官此之謂參制

君臣之義父子之親夫婦之辨長幼之序朋友之際此之謂五乃裂地而州之分職而治之築城而居之割宅而異之分財而衣食之立大學而教誨之夙興夜寐而勞力之此治之綱紀也然得其人則舉失其人則廢堯治天下政教平德潤洽在位七十載乃求所屬天下之統令四岳揚側陋四岳舉舜而薦之堯堯乃妻以二女以觀其內任以百官以觀其外旣入大麓烈風雷雨而不迷乃屬以九子贈以昭華之玉而傳天下焉以爲雖有法度而朱弗能統也夫物未

嘗有張而不弛成而不毀者也惟聖人能盛而不衰盈而不虧神農之初作琴也以歸神及其淫也反其天心夔之初作樂也皆合六律而調五音以通八風及其衰也以沉湎淫康不顧政治至於滅亡蒼頡之初作書以辯治百官領理萬事愚者得以不忘智者得以志遠至其衰也爲姦刻僞書以解有罪以殺不辜湯之初作囿也以奉宗廟鮮犞之具（生肉爲鮮乾肉爲犞）簡士卒習射御以戒不虞及至其衰也馳騁獵射以奪民時罷民之力堯之舉禹契后稷皋陶政教平姦宄

息獄訟止而衣食足賢者勸善而不肖者懷其德及至其末朋黨比周各推其與廢公趨私外内相推舉姦人在朝而賢者隱處故易之失也卦書之失也敷樂之失也淫詩之失也辟禮之失也責春秋之失也刺天地之道極則反盈則損五色雖明有時而渝茂木豐草有時而落物有隆殺不得自若故聖人事窮而更爲法弊而改制非樂變古易常也將以救敗扶衰黜淫濟非以調天地之氣順萬物之宜也聖人天覆地載日月照陰陽調四時化萬物不同無故無新

無疏無親故能法天天不一時地不一利人不一事是以緒業不得不多端趨行不得不殊方五行異氣而皆適調六藝異科而皆同道温惠柔良者詩之風也淳龐敦厚者書之教也清明條達者易之義也恭儉尊讓者禮之爲也寬裕簡易者樂之化也刺幾辯義者春秋之靡也故易之失鬼易以氣定吉凶故鬼樂之失淫樂變至於鄭聲淫也詩之失愚詩人怒怒近愚書之失拘書有典謨之制拘以法也禮之失忮禮尊尊卑卑尊不下卑故忮也春秋之失訾春秋貶絕不避王人訾人之辭相者也六者聖人兼用而財制之失本則亂得本則

治其美在調其失在權水火金木土穀異物而皆任規矩權衡準繩異形而皆施丹青膠漆不同而皆用各有所適物各有宜輪圓輿方轅從衡橫勢施便也驂欲馳服欲步驂騑服中央馬也帶不厭新鉤不厭故處地宜也關雎興於鳥而君子美之爲其雌雄之不乖居也鹿鳴興於獸君子大之取其見食而相呼也泓之戰軍敗君獲宋襄公與楚戰於泓楚人敗之獲襄公而春秋大之取其不鼓不成列也宋伯姬坐燒而死伯姬共公夫人夜失火待傅母不至不下堂而燒死春秋大之取其不踰禮而行也成功立事豈

足多哉方指所言而取一槩焉爾王喬赤松去塵埃之間離羣慝之紛慝惡也吸陰陽之和食天地之精呼而出故吸而入新踐虛輕舉乘雲游霧可謂養性矣而未可謂孝子也周公誅管叔蔡叔以平國弭亂可謂忠臣也而未可謂弟也湯放桀武王伐紂以爲天下去殘除賊可謂惠君而未可謂忠臣矣樂羊攻中山未能下中山烹其子而食之以示威可謂良將而未可謂慈父也故可乎可而不可乎不可不可乎不可而可乎可舜許由異行而皆聖伊尹伯夷異道而

皆仁箕子比干與趨而皆賢故用兵者或輕或重或貪或廉此四者相反而不可一無也輕者欲發重者欲止貪者欲取廉者不利非其有故勇者可令進鬬而不可令持牢重者可令埴固而不可令凌敵貪者可令進取而不可令守職廉者可令守分而不可令進取信者可令持約而不可令應變五者相反聖人兼用而財使之夫天地不包一物陰陽不生一類海不讓水潦以成其大山不讓土石以成其高夫守一隅而遺萬方取一物而棄其餘則所得者鮮而所治

者淺矣治大者道不可以小地廣者制不可以狹位高者事不可以煩民衆者教不可以苛夫事碎難治也法煩難行也求多難贍也寸而度之至丈必差銖而稱之至石必過石秤丈量徑而寡失簡絲數米煩而不察（言事當因大法如簡閱絲數米則煩而無功也）故大較易為智曲辯難為慧故無益於治而有益於煩者聖人不為無益於用而有益於費者智者弗行也故功不厭約事不厭省求不厭寡功約易成也事省易治也求寡易贍也衆易之於以任人易矣孔子曰小辯破言小利破

義小藝破道小見不達必簡河以逶蛇故能遠山以陵遲故能高陰陽無為故能和道以優游故能化夫徹於一事察於一辭審於一技可以曲說而未可廣應也蓼菜成行甂甌有堤秤薪而爨數米而炊可以治小而未可以治大也員中規方中矩動成獸止成文可以愉舞而不可以陳軍滌杯而食洗爵而飲盥而後饋可以養少而不可以饗衆今夫祭者屠割烹殺剝狗燒豕調平五味者庖也陳簠簋（器方中者為簠圓中者為簋也）列樽俎設籩豆者祝也齊明盛服淵默而不言神

之所依者尸也宰祝雖不能尸不越樽俎而代之故張瑟者小絃急而大絃緩立事者賤者勞而貴者逸舜為天子彈五弦之琴調南風之詩而天下治周公肴臑（音猱）不收於前鐘鼓不解於懸而四夷服趙政晝決獄而夜理書御史冠蓋接於郡縣覆稽趨留戍五嶺以備越築修城以守胡然姦邪萌生盜賊群居事愈煩而亂愈生故法者治之具也而非所以為治也而猶弓矢中之具而非所以中也黃帝曰芒芒昧昧因天之威與元同氣故同氣者帝同義者王同力者

霸無一焉者亡故人主有伐國之志邑犬羣嗥（伐國逆天之行則將必有大禍）雄雞夜鳴庫兵動而戎馬驚（戎馬兵馬雞夜鳴而起氣之感動也）今日解怨偃兵家老甘臥巷無聚人妖菑不生非法之應也精氣之動也故不言而信不施而仁不怒而威是以天心動化者也施而仁言而信怒而威是以精誠感之者也施而不仁言而不信怒而不威是以外貌為之者也故有道以統之法雖少足以化矣無道以行之法雖衆足以亂矣治身太上養神其次養形治國太上養化其次正法神清志平百節皆

寧養性之本也肥肌膚充腸腹供嗜慾養生之末也民交讓爭處卑委利爭受寡力事爭就勞日化上遷善而不知其所以然此治之上也利賞而勸善畏刑而不為非法令正於上而百姓服於下此治之末也上世養本而下世事末此太平之所以不起也夫欲治之主不世出而可與興治之臣不萬一以萬一求不世出此所以千歲不一會也水之性淖以清窮谷之汙生以青苔（青苔水垢也）不治其性也掘其所流而深之茨其所決而高之（茨積土塡滿也）使得循勢而行乘衰而

流（衰下也）雖有腐髊（背自）流漸弗能汙也（腐髊骨也漸水也）其性非與也通之與不通也風俗猶此也誠決其善志防其邪心啟其善道塞其姦路與同出一道則民性可善而風俗可美也所以貴扁鵲者非貴其隨病而調藥貴其壓息脈血知病之所從生也（言人之喘息脈之病可知壓音葉）所以貴聖人者非貴隨罪而鑒刑也貴其知亂之所由起也若不修其風俗而縱之淫辟乃隨之以刑繩之以法法雖殘賊天下弗能禁也禹以夏王桀以夏亡湯以殷王紂以殷亡非法度不存也紀綱不張

風俗壞也三代之法不亡而世不治者無三代之智也六律具存而莫能聽者無師曠之耳也故法雖在必待聖而後治律雖具必待耳而後聽故國之所以存者非以有法也以有賢人也其所以亡者非以無法也以無賢人也晉獻公欲伐虞宮之奇存焉為之寢不安席食不甘味而不敢加兵焉賂以寶玉駿馬宮之奇諫而不聽言而不用越疆而去荀息伐之兵不血刃抱寶牽馬而去故守不待渠塹而固攻不待衝降而拔得賢之與失賢也故臧武仲以其智存魯

而天下莫能亡也璩伯玉以其仁寧衛而天下莫能危也易曰豐其屋蔀其家窺其戶闃其無人無人者非無衆庶也言無聖人以統理之也民無廉耻不可治也非修禮義廉耻不立民不知禮義法弗能正也非崇善廢醜不向禮義無法不可以爲治也不知禮義不可以行法法能殺不孝者而不能使人爲孔曾之行法能刑竊盜者而不能使人爲伯夷之廉孔子弟子七十養徒三千人皆入孝出悌言爲文章行爲儀表教之所成也墨子服役者百八十人皆可使赴

火蹈刃死不還踵化之所致也夫刻肌膚鑱皮革被創流血至難也然越爲之以求榮也越人以箴刺皮爲龍文所以爲尊榮之也聖王在上明好惡以示之經誹譽以導之親賢而進之賤不肖而退之無被創流血之苦而有高世尊顯之名民孰不從古者法設而不犯刑錯而不用非可刑而不刑也百工維時庶績咸熙禮義修而任賢德也故舉天下之高以爲三公一國之高以爲九卿一縣之高以爲二十七大夫一鄉之高以爲八十一元士故智過萬人者謂之英千人者謂之俊百人

者謂之豪十人者謂之傑明於天道察於地理通於人情大足以容衆德足以懷遠信足以一異知足以知變者人之英也德足以教化行足以隱義仁足以得衆明足以照下者人之俊也行足以爲儀表知足以決嫌疑廉足以分財信可使守約作事可法出言可道者人之豪也守職而不廢處義而不比見難不苟免見利不苟得者人之傑也英俊豪傑各以小大之材處其位得其宜由本流末以重制輕上唱而民和上動而下隨四海之内一心同歸背貪鄙而向義

理其於化民也若風之搖草木無之而不靡今使愚教知使不肖臨賢雖嚴刑罰民弗從也小不能制大弱不能使強也故聖主者舉賢以立功不肖主舉其所與同文王舉太公望召公奭而王桓公任管仲隰朋而霸此舉賢以立功也夫差用太宰嚭而滅秦任李斯趙高而亡此舉所與同故觀其所舉而治亂可見也察其黨與而賢不肖可論也夫聖人之屈者以求伸也枉者以求直也故雖出邪辟之道行幽昧之塗將欲以直大道成大功猶出林之中不得直道拯

溺之人不得不濡足也伊尹憂天下之不治調和五味負鼎俎而行五就桀五就湯將欲以濁爲清以危爲寧也周公股肱周室輔翼成王管叔蔡叔奉公子祿父而欲爲亂周公誅之以定天下緣不得已也管子憂周室之卑諸侯之力征夷狄伐中國不得寧處故蒙恥辱而不死將欲以憂夷狄之患平夷狄之亂也孔子欲行王道東西南北七十說而無所偶故因衛夫人彌子瑕而欲通其道此皆欲平險除穢由冥冥至炤炤動於權而統於善者也夫觀逐者於其反

也而觀行者於其終也故舜放弟周公殺兄猶之爲仁也文公樹米（晉文公樹米而欲生之也）曾子架羊（架連架所以備知也）猶之爲知也當今之世醜必託善以自爲解邪必蒙正以自爲辟遊不論國仕不擇官行不辟汙曰伊尹之道也分別爭財親戚兄弟搆怨骨肉相賊曰周公之義也行無廉恥辱而不死曰管子之趨也行貨賂趣勢門立私廢公比周而取容曰孔子之術也此使君子小人紛然淆亂莫知其是非者也故百川並流不注海者不爲川谷趨行蹐馳不歸善者不爲君子故

善言歸乎可行善行歸乎仁義田子方段干木輕爵祿而重其身不以欲傷生不以利累形李克竭股肱之力領理百官輯穆萬民使其君生無廢事死無遺憂此異行而歸於善者（田子方段干木李克皆魏文侯臣）張儀蘇秦家無常居身無定君約從衡之事爲傾覆之謀濁亂天下撓滑諸侯使百姓不遑啟居或從或横或合衆弱或輔富強此異行而歸於醜者也故君子之過也猶日月之蝕何害於明小人之可也猶狗之晝吠鴟之夜見何益於善夫知者不言發擇善而爲之計義

而行之故事成而功足賴也身死而名足稱也雖有知能必以仁義爲之本然後可立也知能蹐馳百事並行聖人一以仁義爲之準繩中之者謂之君子弗中者謂之小人君子雖死亡其名不滅小人雖得勢其罪不除使人左據天下之圖而右刎喉愚者不爲也身貴於天下也死君親之難視死若歸義重於身也天下大利也比之身則小身所重也比之義則輕義所全也詩曰愷悌君子求福不回言以信義爲準繩也欲成霸王之業者必得勝者也能得勝者必强

者也能强者必用人力者也能用人力者必得人心者也能得人心者必自得者也故心者身之本也身者國之本也未有得已而失人者也未有失已而得人者也故爲治之本務在寧民寧民之本在於足用足用之本在於勿奪時勿奪時之本在於省事省事之本在於節用節用之本在於反性未有能搖其本而靜其末濁其源而清其流者也故知性之情者不務性之所無以爲知命之情者不憂命之所無奈何故不高宮室者非愛木也不大鐘鼎者非愛金也直

行性命之情而制度可以爲萬民儀今目悅五色口嚼滋味耳淫五聲七竅交爭以害其性日引邪欲而澆其身夫調身弗能治奈天下何故自養得其節則養民得其心矣所謂有天下者非謂其履勢位受傳籍稱尊號也言運天下之力而得天下之心紂之地左東海右流沙前交趾後幽都師起容關至浦水士億有餘萬然皆倒矢而射傍戟而戰武王左操黃鉞右執白旄以麾之則瓦解而走遂土崩而下紂有南面之名而無一人之德此失天下也故桀紂不爲王

湯武不爲放周處豐鎬之地方不過百里而誓紂牧之野入據殷國朝成湯之廟表商容之閭封比干之墓解箕子之囚乃折枹毀鼓偃五兵縱牛馬搢笏而朝天下百姓謌謳而樂之諸侯執禽而朝之得民心也闔閭伐楚五戰入郢燒高府之粟破九龍之鍾鞭荆平王之墓舍昭王之宮昭王奔隨百姓父兄攜幼扶老而隨之乃相率而爲致勇之寇皆方命奮臂而爲之鬬當此之時無將卒以行列之各致其死却吳兵復楚地靈王作章華之臺發乾谿之役外內搔動

百姓罷敝棄疾乘民之怨而立公子比（棄疾靈王之兄弟）百姓放臂而去之餓於乾谿食莽飲水（莽草也）枕塊而死楚國山川不變土地不易民性不殊昭王則相率而殉之靈王則倍畔而去之得民之與失民也故天子得道守在四夷天子失道守在諸侯諸侯得道守在四鄰諸侯失道守在四境故湯處亳七十里文王處酆百里皆令行禁止於天下周之衰也戎伐凡伯于楚丘以歸（凡伯周大夫）故得道則以百里之地令於諸侯失道則以天下之大畏於冀州故曰無恃其不吾奪

也恃吾不可奪行可奪之道而非篡弒之行無益於
持天下矣凡人之所以生者衣與食也今囚之冥室
之中雖養之以芻豢衣之以綺繡不能樂也以目之
無見耳之無聞穿隙穴見雨零則快然而歎之況開
戶發牖從冥冥見炤炤乎見炤炤猶尚肆然而喜又
況出室坐堂見日月光乎見日月光曠然而樂又況
登泰山履石封以望八荒視天都若蓋江河若帶又
況萬物在其間者乎其為樂豈不大哉且聾者耳形
具而無能聞也盲者目形存而無能見也夫言者所

以通已於人也聞者所以通人於已也瘖者不言聾
者不聞既瘖且聾人道不通故有瘖聾之病者雖破
家求醫不顧其費豈獨形骸有瘖聾哉心智亦有之
夫指之拘也莫不事申也心之塞也莫知務通也不
明於類也夫觀六藝之廣崇窮道德之淵深達乎無
上至乎無下運乎無極翔乎無形廣於四海崇於太
山富於江河曠然而通昭然而明天地之間無所繫
戾其所以監觀豈不大哉人之所知者淺而物變無
窮曩不知而今知之非知益多也問學之所加也夫

物常見則識之嘗為則能之故因其患則造其備犯
其難則得其便夫以一世之壽而觀千歲之知今古
之論雖未嘗更也其道理素具可不謂有術乎人欲
知高下而不能教之以管準則說欲知輕重而無以
予之以權衡則喜欲知遠近而不能教之以金目則
快射（金目深目所以望遠近射準也）又況知應無方而不窮哉犯大
難而不懾見煩繆而不惑晏然自得其為樂也豈直
一說之快哉夫道有形者皆生焉其為親亦戚矣享
穀食氣者皆受焉其為君亦惠矣諸有智者皆學焉

其為師亦博矣射者數發不中人教之以儀則喜矣
又況生儀者乎人莫不知學之有益於已也然而不
能者嬉戲害人也人皆多以無用害有用故智不博
而日不足以鑿觀池之力耕則田野必辟矣以積土
山之高修隄防則水用必足矣以食狗馬鴻鴈之費
養士則名譽必榮矣以弋獵博奕之日誦詩讀書聞
識必博矣故不學之與學也猶瘖聾之比於人也凡
學者能明於天人之分通于治亂之本澄心清意以
存之見其終始可謂知略矣天之所為禽獸草木人

之所為禮節制度構而為宮室制而為舟輿是也治之所以為本者仁義也所以為末者法度也凡人之所以事生者本也其所以事死者末也本末一體也其兩愛之一性也先本後末謂之君子以末害本謂之小人君子與小人之性非異也所在先後而已矣草木洪者為本而殺者謂末禽獸之性大者為首而小者為尾末大於本則折尾大於要則不掉矣故食其口而百節肥灌其本而枝葉美天地之性也天地之生物也有本末其養物也有先後人之於治也豈

得無終始哉故仁義者治之本也今不知事修其本而務治其末是釋其根而灌其枝也且法之生也以輔仁義今重法而棄義是貴其冠履而忘其頭足也故仁義者為厚基者也不益其厚而張其廣者毀不廣其基而增其高者覆趙政不增其德而累其高故滅智伯不行仁義而務廣地故亡其國語曰不大其棟不能任重重莫若國棟莫若德國主之有民也猶城之有基木之有根根深則本固基美則上寧五帝三王之道天下之綱紀治之儀表也今商鞅之啓塞

申子之三符韓非之孤憤張儀蘇秦之從衡皆掇取之權一切之術也非治之大本事之恒常可博聞而世傳者也子囊北而全楚北不可以為庸（子囊楚大夫北逐走庸常也）弦高誕而存鄭誕不可以為常今夫雅頌之聲皆發於詞本於情故君臣以睦父子以親故韶夏之樂也聲浸乎金石潤乎草木今取怨思之聲施之於絃管聞其音者不淫則悲淫則亂男女之辯悲則感怨思之氣豈所謂樂哉趙王遷流於房陵（秦滅趙王遷之漢中房陵）思故鄉作為山水之嘔（嘔謳曲）聞者莫不殞涕荊軻

西刺秦王高漸離宋意為擊筑而謳於易水之上（高漸離宋意皆太子丹之客筑曲二十一絃易水燕之南水也）聞者莫不瞋目裂眦髮植穿冠因以此聲為樂而入宗廟豈古之所謂樂哉故弁冕輅輿可服而不可好也（弁冕冠也）大羹之和可食而不可嗜也（大羹不和五味）朱絃漏越（朱絃練絲漏穿越琴瑟兩頭也）一唱而三歎可聽而不可快也故無聲者正其可聽者也其無味者正其足味者也吠聲清於耳兼味快於口非其貴也故事不本於道德者不可以為儀言不合乎先王者不可以為道音不調乎雅頌者不可以為

樂故五子之言所以便說掇取也非天下之通義也聖王之設政施教也必察其終始其縣法立儀必原其本末不苟以一事備一物而已矣見其造而思其功觀其源而知其流故博施而不竭彌久而不垢夫水出於山而入于海稼生于田而藏於倉聖人見其所生則知其所歸矣故舜深藏黃金於嶄巖之山（嶄音讒）所以塞貪鄙之心也儀狄爲酒禹飲而甘之遂疏儀狄而絕旨酒所以遏流湎之行也師延爲平公鼓朝歌北鄙之音師曠曰此亡國之樂也大息而撫之

所以防淫辟之風也故民知書而德衰知數而厚衰知券契而信衰知械機而實衰也（實質也）巧詐藏于胸中則純白不備而神德不全矣琴不鳴而二十五絃各以其聲應軸不還而三十輻各以其力旋絃有緩急小大然後成曲車有勞逸動靜而後能致遠使有聲者乃無聲者也能致千里者乃不動者也故上下異道則治同道則亂位高而道大者從事大而道小者凶故小快害義小慧害道小辯害治苛削傷德大政不險故民易道至治寬裕故下不相賊至忠復素

故民無匿情商鞅爲秦立相坐之法而百姓怨矣吳起爲楚減爵祿之令而功臣畔矣商鞅之立法也吳起之用兵也天下之善者也然商鞅以法亡秦察於刀筆之跡而不知治亂之本也吳起以兵弱楚習於行陳之事而不知廟戰之權也晉獻公之伐驪得其女非不善也然而史蘇歎之見其四世之被禍也吳王夫差破齊艾陵勝晉黃池非不捷也而子胥憂之見其必擒於越也小白奔莒重耳奔曹非不困也而鮑叔咎犯隨而輔之知其可與至於霸也句踐棲於

會稽修政不殆謨慮不休知禍之爲福也襄子再勝而有憂色（謂伐狄勝二邑）畏福之爲禍也故齊桓公亡汶陽之田而霸（曹子劫桓公取汶陽之田公不背信諸侯朝之）智伯兼三晉之地而亡聖人見禍福於重閉之內而慮患於九拂之外者也（九拂九曲）螈蠶一歲再收（螈音原再也）非不利也然而王法禁之者爲其殘桑也離先稻熟而農夫耨之（離與稻相似）不以小利傷大穫也家老異飯而食殊器而享子婦跣而上堂跪而斟羹非不費也然而不可省者爲其害義也待媒而結言聘納而取婦紱絕而親迎非

不煩也然而不可易者所以防淫也使民居處相司有罪相覺於以舉姦非不掇也然而傷和睦之心而構仇讎之怨故事有鑿一孔而生百隙樹一物而生萬葉者所鑿不足以為便而所開足以為敗所樹不足以為利而所生足以為濊愚者惑於小利而忘其大害昌羊去蚤虱而人弗庠者為其來蛉窮也貍執鼠而不可脫於庭者為搏雞也故事有利於小而害於大得於此而亡於彼者故行棊者或食兩而路窮行棊謂大博也或予蹄而取勝予蹄予對家奇一棊也偷利不可以為

行而智術不可以為法故仁知人材之美者也所謂仁者愛人也所謂知者知人也愛人則無虐刑矣知人則無亂政矣治由文理則無悖謬之事矣刑不侵濫則無暴虐之行矣上無煩亂之治下無怨望之心則百殘除而中和作矣此三代之所昌故書曰能哲且惠黎民懷之何憂讙兜何遷有苗智伯有五過人之材美髯長大一材也射御足力二材也材藝畢給三材也攻文辯慧四材也强毅果敢五材也而不免於身死人手者不愛人也齊王建有三過人之巧力能引强走先馳馬超能越高而身虜於秦者不知賢也任用后勝之計不用淳于越之言故仁莫大於愛人知莫大於知人二者不立雖察慧捷巧劬祿疾力不免於亂也

卷二十終

淮南鴻烈解卷二十一

要畧鴻烈二十篇畧數其要明其所指序其微妙論其大體也

夫作爲書論者所以紀綱道德經緯人事上考之天下揆之地中通諸理雖未能抽引元妙之中才繁然足以觀終始矣總要舉凡而語不剖判純樸靡散大宗懼爲人之惽惽然弗能知也故多爲之辭博爲之說又恐人之離本就末也故言道而不言事則無以與世浮沉言事而不言道則無以與化游息故著二十篇有原道有俶眞有天文有地形有時則有覽冥

有精神有本經有主術有繆稱有齊俗有道應有氾論有詮言有兵畧有說山有說林有人間有修務有泰族也原道者盧牟六合盧牟猶規模也混沌萬物象太一之容測窈冥之深以翔虛無之軫託小以苞大守約以治廣使人知先後之禍福動靜之利害誠通其志浩然可以大觀矣欲一言而寤則尊天而保眞欲再言而通則賤物而貴身欲參言而究則外物而反情執其大指以內洽五藏瀸濇肌膚瀸音籤被服法則而與之終身所以應待萬方覽耦百變也若轉丸掌中足以自樂也俶眞者窮逐終始之化嬴垀有無之精嬴繞匝也垀音呼靡類也離別萬物之變合同死生之形使人遺物反已審仁義之間通同異之理觀至德之統知變化之紀說符元妙之中通迴造化之母也天文者所以和陰陽之氣理日月之光節開塞之時列星辰之行知逆順之變避忌諱之殃順時運之應法五神之常使人有以仰天承順而不亂其常者也地形者所以窮南北之修極東西之廣經山陵之形區川谷之居明萬物之主知生類之衆列山淵之數規遠近之

路使人通迴周備不可動以物不可驚以怪者也時則者所以上因天時下盡地力據度行當合諸人則刑十二節一月爲人一節以爲法式終而復始轉於無極因循倣依以知禍福操舍開塞各有龍忌中國以鬼神之日忌北胡南越皆謂之請龍發號施令以時教期使君人者知所以從事覽冥者所以言至精之通九天也至微之淪無形也純粹之入至清也昭昭之通冥冥也乃始攬物引類覽取撟掇浸想宵類撟掇拾取也浸微視也宵物似也類衆也物之可以喻意象形者乃以穿通窘滯決瀆壅塞引人之意

紘之無極乃以明物類之感同氣之應陰陽之合形
埒之朕所以令人遠觀博見者也精神者所以原本
人之所由生而曉寤其形骸九竅取象與天合同其
血氣與雷霆風雨比類其喜怒與晝宵寒暑並明審
死生之分別同異之跡節動靜之機以反其性命之
宗所以使人愛養其精神撫靜其魂魄不以物易已
而堅守虛無之宅者也本經者所以明大聖之德通
維初之道埒略衰世古今之變以褒先世之隆盛而
貶末世之曲政也所以使人黜耳目之聰明精神之

感動樽流遁之觀（樽止也遁放散也）節養性之和分帝王之
操列小大之差者也主術者君人之事也所以因作
任督責使羣臣各盡其能也明攝權操柄以制羣下
提名責實考之參伍所以使人主秉數持要不妄喜
怒也其數直施而正邪外私而立功使百官條通而
輻輳各務其業人致其功此主術之明也繆稱者破
碎道德之論差次仁義之分略雜人間之事總同乎
神明之德假象取耦以相譬喻斷短爲節以應小具
所以曲說攻論應感而不匱者也齊俗者所以一羣

生之短修同九夷之風氣通古今之論貫萬物之理
財制禮義之宜擘畫人事之終始者也道應者攬掇
遂事之蹤追觀往古之跡察禍福利害之反考驗乎
老莊之術而以合得失之勢者也氾論者所以箴縷
縩繺之間（縩音菜繺納縩也）攕揳唲齵之郄也（攕音先揳音恰唲音哇齵音偶郄隙同攕薛揳寒唲齵錯梧也）接徑直施以推本樸而兆見得失之
變利病之反所以使人不妄沒於勢利不誘惑於事
態有符曬睨兼稽時勢之變而與化推移者也詮言
者所以譬類人事之指解喻治亂之體也差擇微言

之眇詮以至理之文而補縫過失之闕者也兵略者
所以明戰勝攻取之數形機之勢詐譎之變體因循
之道操持後之論也（持後不敢爲主而爲客也）所以知戰陣分爭
之非道不行也知攻取堅守之非德不强也誠明其
意進退左右無所失擊危乘勢以爲資清靜以爲常
避實就虛若驅羣羊此所以言兵也說山說林者所
以竅窕穿鑿百事之壅遏而通行貫扃萬物之窒塞
者也假譬取象異類殊形以領理人之意解墮結細
說捭摶困而以明事埒事者也（捭摶圜也困橐也埒兆朕也）人間者

所以覩禍福之變察利害之反鑽脉得失之跡標舉終始之壇也壇場也分別百事之微敷陳存亡之機使人知禍之爲福亡之爲得成之爲敗利之爲害也誠喻至意則有以傾側偃仰世俗之間而無傷乎讒賊螫毒者也修務者所以爲人之於道未淹味論未深見其文辭反之以清靜爲常恬淡爲本則懈墮分學縱欲適情欲以偷自佚而塞於大道也今夫狂者無憂聖人亦無憂聖人無憂和以德也狂者無憂不知禍福也故通而無爲也與塞而無爲也同其無爲則

同其所以無爲則異故爲之浮稱流說其所以能聽所以使學者孳孳以自幾也泰族者橫八極致高崇上明三光下和水土經古今之道治倫理之序總萬方之指而歸之一本以經緯治道紀綱王事乃原心術理性情以館清平之靈澄徹神明之精以與天和相嬰薄嬰繞抱也所以覽五帝三王懷天氣抱天心執中含和德形於内以著凝天地發起陰陽序四時正流方綏之斯寧推之斯行乃以陶冶萬物遊化羣生唱而和動而隨四海之内一心同歸故景星見祥風至

黃龍下鳳巢列樹麟止郊野德不内形而行其法藉專用制度神祇弗應福祥不歸四海不賓兆民弗化故德形於内治之大本此鴻烈之泰族也凡屬書者所以窺道開塞庶後世使知舉錯取舍之宜適外與物接而不眩内有以處神養氣宴煬至和而已自樂所受乎天地者也故言道而不明終始則不知所倣依言終始而不明天地四時則不知所避諱言天地四時而不引譬援類則不識精微言至精而不原人之神氣則不知養生之機原人情而不言大聖之德

則不知五行之差言帝道而不言君事則不知小大之衰言君事而不爲稱喻則不知動靜之宜言稱喻而不言俗變則不知合同大指已言俗變而不言往事則不知道德之應知道德而不知世曲則無以耦萬方知氾論而不知詮言則無以從容通書文而不知兵指則無以應卒已知大略而不知譬喻則無以推明事知公道而不知人間則無以應禍福知人間而不知修務則無以使學者勸力欲強省其辭覽總其要弗曲行區入則不足以窮道德之意故著書二十一

十篇則天地之理究矣人間之事接矣帝王之道備矣其言有小有巨有微有粗指奏卷異各有爲語今專言道則無不在焉然而能得本知末者其唯聖人也今學者無聖人之才而不爲詳說則終身顛頓乎混溟之中而不知覺寤乎昭明之術矣今易之乾坤足以窮道通意也八卦可以識吉凶知禍福矣然而伏羲爲之六十四變周室增以六爻所以原測淑清之道而攙逐萬物之祖也攙音鑱夫五音之數不過宮商角徵羽然而五絃之琴不可鼓也必有細大駕和

而後可以成曲今畫龍首觀者不知其何獸也具其形則不疑矣今謂之道則多謂之物則少謂之術則博謂之事則淺推之以論則無可言者所以爲學者固欲致之不言而已也夫道論至深故多爲之辭以抒其情萬物至衆故博爲之說以通其意辭雖壇卷連漫絞紛遠援所以洮汰滌蕩至意洮汰潤也使之無凝竭底滯捲握而不散也夫江河之腐胔不可勝數胔音慈然祭者汲焉大也一杯酒白蠅漬其中匹夫弗嘗者小也誠通乎二十篇之論睹凡得要以通九野徑

十門外天地捭山川其於逍遙一世之間宰匠萬物之形亦優游矣若然者挾日月而不烑挾至也烑音姚光也潤萬物而不耗曼兮洮兮足以覽矣藐兮浩兮曠曠兮可以游矣文王之時紂爲天子賦斂無度殺戮無止康梁沉湎宮中成市康梁耽樂沉湎淫酒也作爲炮烙之刑刳諫者剔孕婦天下同心而苦之文王四世纍善修德行義處岐周之間地方不過百里天下二垂歸之文王欲以卑弱制強暴以爲天下去殘除賊而成王道故太公之謀生焉陰符兵謀文王業之而不卒武王繼文

王之業用太公之謀悉索薄賦薄少賦兵也躬擐甲胄擐貫著也以伐無道而討不義誓師牧野以踐天子之位天下未定海內未輯武王欲昭文王之令德使夷狄各以其賄來貢遼遠未能至故治三年之喪殯文王於兩楹之間殯大斂也兩楹堂柱之間以俟遠方武王立三年而崩成王在褓襁之中未能用事蔡叔管叔輔公子祿父祿父紂之兄子而欲爲亂周公繼文王之業持天子之政以股肱周室輔翼成王懼爭道之不塞臣下之危上也故縱馬華山放牛桃林敗鼓折枹搢笏而朝以寧靜

王室鎮撫諸侯成王既壯能從政事周公受封於魯以此移風易俗孔子脩成康之道述周公之訓以教七十子使服其衣冠脩其篇籍故儒者之學生焉墨子學儒者之業受孔子之術以爲其禮煩擾而不悅厚葬靡財而貧民服傷生而害事故背周道而用夏政禹之時天下大水禹身執虆垂以爲民先剔河而道九岐剔洩去也九岐河水播岐爲九以入海虆音雷鑿江而通九路辟五湖而定東海當此之時燒不暇撌濡不給扢撌排去也音胃扢拭也音亥死陵者葬陵死澤者葬澤故節財薄葬閑服

生焉齊桓公之時天子卑弱諸侯力征南夷北狄交伐中國中國之不絕如綫綫線也齊國之地東負海而北障河地狹田少而民多智巧桓公憂中國之患苦夷狄之亂欲以存亡繼絕崇天子之位廣文武之業故管子之書生焉齊景公內好聲色外好狗馬獵射亡歸好色無辨作爲路寢之臺族鑄大鐘撞之庭下郊雉皆呴一朝用三千鍾贛族聚也呴鳴也鍾十斛贛賜也一朝賜羣臣之費三萬斛梁丘據子家噲導於左右二人者公臣也導諫也故晏子之諫生焉晚世之時六國諸侯谿異谷別水絕山隔各自治其境內守其分地握其權柄擅其政令下無方伯上無天子力征爭權勝者爲右恃連與國約重致剖信符結遠援以守其國家持其社稷故縱橫修短生焉申子者韓昭釐之佐韓晉別國也地墽民險墽音敲而介於大國之間晉國之故禮未滅韓國之新法重出先君之令未收後君之令又下新故相反前後相繆百官背亂不知所用故刑名之書生焉秦國之俗貪狼強力狼荒也寡義而趨利可威以刑而不可化以善可勸以賞而不可厲以名被險而帶河四塞

以爲固地利形便畜積殷富孝公欲以虎狼之勢而吞諸侯故商鞅之法生焉若劉氏之書觀天地之象通古今之事權事而立制度形而施宜原道之心合三王之風以儲與扈冶儲與猶攝業也扈冶廣大也玄眇之中精搖靡覽楚人謂精進爲精搖靡小皆覽之棄其畛挈楚人謂澤濁爲畛挈斟其淑靜以統天下理萬物應變化通殊類非循一跡之路守一隅之指拘繫牽連於物而不與世推移也故置之尋常而不塞布之天下而不窕窕緩也

卷二十一終